Folter vor dem Forum des Rechts

Deutsches, europäisches und internationales Strafrecht und Strafprozessrecht

Herausgegeben von
Martin Paul Waßmer

Band 1

PL ACADEMIC RESEARCH

Jan-Maximilian Zeller

Folter vor dem Forum des Rechts

PL ACADEMIC RESEARCH

Bibliografische Information der Deutschen Nationalbibliothek
Die Deutsche Nationalbibliothek verzeichnet diese Publikation in der Deutschen Nationalbibliografie; detaillierte bibliografische Daten sind im Internet über http://dnb.d-nb.de abrufbar.

Zugl.: Köln, Univ., Diss., 2013

D 38
ISSN 2197-8417
ISBN 978-3-631-65036-3 (Print)
E-ISBN 978-3-653-04040-1 (E-Book)
DOI 10.3726/978-3-653-04040-1

PL Academic Research ist ein Imprint der Peter Lang GmbH.

Peter Lang – Frankfurt am Main · Bern · Bruxelles · New York · Oxford · Warszawa · Wien

Dieses Buch erscheint in einer Herausgeberreihe bei PL Academic Research und wurde vor Erscheinen peer reviewed.

www.peterlang.com

Die vorliegende Arbeit wurde im Wintersemester 2013/2014 von der Rechtswissenschaftlichen Fakultät der Universität zu Köln als Dissertation angenommen.

Besonderer Dank gilt meinem Doktorvater Prof. Dr. Martin Waßmer, nicht nur für die hervorragende Betreuung. Er zeichnete sich während meiner Tätigkeit an seiner Professur als äußerst hilfsbereiter Vorgesetzter aus, dem die Belange seiner Mitarbeiter stets am Herzen lagen. Bedanken möchte ich mich auch bei Herrn Prof. Dr. Michael Kubiciel für die zügige Erstellung des Zweitgutachtens.

Ferner bin ich meinen Kollegen Rechtsanwältin Anne Haarmann und Rechtsanwalt Dr. Sebastian Wollschläger zu Dank verpflichtet, denn es waren sie, die mir die promotionsbegleitende Anstellung als wissenschaftlicher Mitarbeiter am Institut für Strafrecht und Strafprozessrecht der Universität zu Köln vermittelten. Weiterhin danke ich meiner lieben ehemaligen Kollegin Frau Dr. Jasmin Schlenzka für die hilfreichen Diskussionen über das Thema der Arbeit. Frau Ursula Weber danke ich für ihre Korrekturhilfe.

Schließlich gilt ganz außerordentlicher Dank meiner Familie, insbesondere meinen Eltern, die mich auf meinem Lebensweg in jeder Hinsicht liebevoll und bedingungslos unterstützt haben. Letztlich hat ihre uneingeschränkte Förderung auch die Anfertigung vorliegender Arbeit erst möglich gemacht. Gleichsam möchte ich meiner Tante Sigrid Krings für die vielen bedenkenswerten Hinweise zum Thema Folter danken.

Ich widme diese Arbeit meinen verstorbenen Großeltern, die zeitlebens rege an meiner Entwicklung Anteil nahmen und mir ein Höchstmaß an Unterstützung zuteilwerden ließen.

Inhaltsverzeichnis

Abkürzungsverzeichnis

A	Assembly (Document)
a.A.	andere Ansicht
a.a.O.	am angegebenen Ort
a.E.	am Ende
a.F.	alte Fassung
Abl.	Amtsblatt (der Europäischen Gemeinschaften)
Abs.	Absatz
Abschn.	Abschnitt
AEMR	Allgemeine Erklärung der Menschenrechte vom 10.12.1948
AFA	Anti-Folter-Ausschuss (Committee against Torture)
AFD	Anti-Folter-Deklaration (Erklärung über den Schutz aller Personen vor Folter und anderer grausamer, unmenschlicher Behandlung oder Strafe vom 09.12.1975)
Afr.MRK	Afrikanische Charta der Rechte der Menschen und Völker vom 27.06.1981 („Banjul-Charta“)
AGK	Anti-Genozid-Konvention (Konvention über die Bestrafung und Verhütung des Völkermordes vom 09.12.1948)
allg.	allgemein
ALR	Albany Law Review
AMRC	Überarbeitete Arabische Charta der Menschenrechte vom 22.05.2004.
AMRK	Amerikanische Menschenrechtskonvention vom 22.11.1969.
Anm.	Anmerkung
Art.	Artikel
ASEAN	Association of Southeast Asian Nations
AufenthG	Aufenthaltsgesetz (Gesetz über den Aufenthalt, die Erwerbstätigkeit und die Integration von Ausländern im Bundesgebiet)

Aufl.	Auflage
AVR	Archiv des Völkerrechts
Az.	Aktenzeichen
Bd.	Band
bes.	besonders
Beschl.	Beschluss
best.	bestimmt
BGBl.	Bundesgesetzblatt (seit 1951 Teil I und II)
BGH	Bundesgerichtshof
bspw.	beispielsweise
BVerfG	Bundesverfassungsgericht
BVerfGE	Entscheidungen des Bundesverfassungsgerichts
BVerwG	Bundesverwaltungsgericht
BVerwGE	Entscheidungen des Bundesverwaltungsgerichts
bzgl.	bezüglich
bzw.	beziehungsweise
CPT	Committee for the Prevention of Torture and Inhuman or Degrading Treatment or Punishment
CULR	The Catholic University Law Review
d.h.	das heißt
ders.	derselbe
Diss.	Dissertation
div.	divers
DJILP	Denver Journal of International Law and Policy
doc.	document
DÖV	Die Öffentliche Verwaltung
dt.	deutsch
DVBl	Deutsches Verwaltungsblatt
EG	Europäische Gemeinschaft
EGC	Europäische Grundrechtscharta (Charta der Grundrechte der Europäischen Union vom 07.12.2000)

EGGVG	Einführungsgesetz zum Gerichtverfassungsgesetz
EGMR	Europäischer Gerichtshof für Menschen-rechte
EGV	Vertrag zur Gründung der Europäischen Gemeinschaft (ursprünglich Vertrag zur Gründung der Europäischen Wirtschaftsgemeinschaft; unterzeichnet am 25.03.1957; in Kraft getreten am 01.01.1958) in der Fassung des "Vertrags von Nizza" (unterzeichnet am 26.02.2001; in Kraft getreten am 01.02.2003)
Einf.	Einführung
EJIL	European Journal of International Law
EMRK	Europäische Menschenrechtskonvention (Konvention zum Schutze der Menschenrechte und Grundfreiheiten vom 04.11.1950)
engl.	englisch
et al.	et alii; et aliae; et alia (lateinisch: „und andere")
etc.	et cetera
EU	Europäische Union
EuAFK	Europäische-Anti-Folter-Konvention (Europäisches Übereinkommen zur Verhütung von Folter und unmenschlicher oder erniedrigender Behandlung oder Strafe vom 26.11.1987)
EuGH	Gerichtshof der Europäischen Gemeinschaften
EuGRZ	Europäische Grundrechte Zeitschrift
EUV	Vertrag über die Europäische Union (ursprünglich unterzeichnet am 07.02.1992; in Kraft getreten am 01.11.1993) in der Fassung des "Vertrags von Nizza" (unterzeichnet am 26.02.2001; in Kraft getreten am 01.02.2003)
f.	folgend
FAZ	Frankfurter Allgemeine Zeitung
ff.	fortfolgend
Fn.	Fußnote
GA	Die vier Genfer Abkommen vom 12. August 1949
GA I	Genfer Abkommen vom 12. August 1949 zur Ver-

	besserung des Loses der Verwundeten und Kranken der bewaffneten Kräfte im Felde
GA II	Genfer Abkommen vom 12. August 1949 zur Verbesserung des Loses der Verwundeten, Kranken und Schiffbrüchigen der bewaffneten Kräfte zur See
GA III	Genfer Abkommen vom 12. August 1949 über die Behandlung der Kriegsgefangenen
GA IV	Genfer Abkommen vom 12. August 1949 über den Schutz von Zivilpersonen in Kriegszeiten
GAS	Goltdammer´s Archiv für Strafrecht
GB	Great Britain
gem.	gemäß
gew.	gewiss
GH	Gerichtshof
grds.	grundsätzlich
GSS	General Security Service (of Israel)
GUS	Gemeinschaft unabhängiger Staaten
GUSMRK	GUS-Menschenrechtskonvention(GUS Konvention über die Rechte und Grundfreiheiten der Menschen vom 26.05.1995)
GV	Generalversammlung der Vereinten Nationen
h.M.	herrschende Meinung
H.R.	Human Rights
HFR	Humboldt Forum Recht. Die juristische Internet-Zeitschrift an der Humboldt-Universität zu Berlin.
Hg.	Herausgeber
HRLJ	Human Rights Law Journal
HRLR	Human Rights Law Review
HRRS	Online Zeitschrift für Höchstrichterliche Rechtsprechung im Strafrecht
HS	Halbsatz
HUDOC	Human Rights Documentation (Onlinedatenbank des Europäischen Gerichtshofs für Menschenrechte)

HuV-I	Humanitäres Völkerrecht-Informationsschriften
i.d.F.	in der Fassung
i.E.	im Ergebnis
i.e.S.	im engeren Sinn
i.F.	im Falle
i.R.	im Rahmen
i.S.	im Sinne
i.S.v.	im Sinne von
i.V.m.	in Verbindung mit
i.w.S.	im weiteren Sinne
IAAFK	Inter-Amerikanische-Anti-Folter-Konvention (Inter-Amerikanische Konvention zur Verhütung und Bestrafung der Folter vom 09.12.1985)
IAGMR	Interamerikanischer Gerichtshof für Menschenrechte
ICC	International Criminal Court
ICCS	(Rome) Statute of the International Criminal Court
ICRC	International Committee of the Red Cross
ICTR	International Criminal Tribunal for Rwanda
ICTRS	Statute of the International Criminal Tribunal for Rwanda
ICTY	International Criminal Tribunal for the former Yugoslavia
ICTYS	Statute of the International Criminal Tribunal for the Former Yugoslavia
IGH	Internationaler Gerichtshof
IGHS	Statut des Internationalen Gerichtshofs vom 26.06.1945
IHL	International Humanitarian Law
IHR(L)	International Human Rights (Law)
ILA	International Law Association
ILC	International Law Commission (Völkerrechtskommission)

ILM	International Legal Materials
ILR	Israel Law Review
IMT	International Military Tribunal (Internationaler Militärgerichtshof in Nürnberg)
IMTFE	International Military Tribunal for the Far East (Internationaler Militärgerichtshof für den fernen Osten)
IMTS	International Military Tribunal Statute = Statut für den Internationalen Militärgerichtshof, Nürnberg (Bestandteil des Londoner Vier-Mächte-Abkommens vom 08.08.1945)
inkl.	inklusive
insb.	insbesondere
int.	international
IPbpR	Internationaler Pakt über bürgerliche und politische Rechte vom 19.12.1966
IPwskR	Internationaler Pakt über wirtschaftliche, soziale und kulturelle Rechte vom 19.12.1966
IRRC	International Review of the Red Cross
IYHR	Israel Yearbook on Human Rights
JA	Juristische Arbeitsblätter
JICJ	Journal of International Criminal Justice
JR	Juristische Rundschau
JuS	Juristische Schulung
JVA	Justizvollzugsanstalt
JZ	Juristen Zeitung
Kap.	Kapitel
KJ	Kritische Justiz
KRG 10	Kontrollratsgesetz Nr. 10 vom 20.12.1945 (Gesetz Nr. 10 über die Bestrafung von Personen, die sich Kriegsverbrechen, Verbrechen gegen den Frieden oder die Menschlichkeit schuldig gemacht haben)
KritV	Kritische Vierteljahresschrift für Gesetzgebung und Rechtswissenschaft

lat.	lateinisch
lit.	littera
m.w.N.	mit weiteren Nachweisen
mögl.	möglich
MRM	Menschenrechtsmagazin
n.F.	neue Fassung
NGO	Nongovernmental Organization
NJ	Neue Justiz
NJW	Neue Juristische Wochenschrift
no.	number
NQHR	Netherlands Quarterly of Human Rights
Nr.	Nummer
NStZ	Neue Zeitschrift für Strafrecht
NVwZ	Neue Zeitschrift für Verwaltungsrecht
o.ä.	oder ähnlich
o.Ä.	oder Ähnliche(s)
o.g.	oben genannt
OAS (OEA)	Organisation Amerikanischer Staaten/Organization of American States (Organización de los Estados Americanos)
OAU	Organisation of African Unity (Organisation für Afrikanische Einheit)
OSZE	Organisation für Sicherheit und Zusammenarbeit in Europa
p.	page
para.	paragraph
POW	Prisoner of War
RES	Resolution
resp.	respektive
RGBl.	Reichsgesetzblatt (seit 1922 Teil I und II)
Rn.	Randnummer
Rspr.	Rechtsprechung

S.	Seite
s.	siehe
s.A.	siehe Anhang
s.o.	siehe oben
s.u.	siehe unten
SAARC	South Asian Association for Regional Cooperation
scil.	scilicet (lateinisch: das heißt, das bedeutet)
sic	lat. für „so“ (i.S. eines verstärkenden „so ist es wirklich“)
sog.	so genannt
SoldG	Gesetz über die Rechtsstellung der Soldaten (Soldatengesetz)
spez.	speziell
SZ	Süddeutsche Zeitung
u.a.	unter anderem (-n)
UN	United Nations
UNTS	United Nations Treaty Series
Urt.	Urteil
US(A)	United States (of America)
v.	vom
VBlBW	Verwaltungsblätter für Baden-Württemberg
Verf.	Verfasser
vers.	versus
vgl.	vergleiche
VN	Vereinte Nationen
VNAFK	Vereinte Nationen-Anti-Folter-Konvention (Übereinkommen gegen Folter und andere grausame, unmenschliche oder erniedrigende Behandlung oder Strafe vom 10.12.1984)
VNC	Charta der Vereinten Nationen vom 26.06.1945
VNMRA	Menschenrechtsausschuss der Vereinten Nationen
VNMRK	Menschenrechtskommission der Vereinten Nationen

VNMRR	Menschenrechtsrat der Vereinten Nationen
VNWSR	Wirtschafts- und Sozialrat der Vereinten Nationen
Vol.	volume
Vorbem.	Vorbemerkung
VStGB	Völkerstrafgesetzbuch
WRP	Weltrechtsprinzip
WVK	Wiener Vertragsrechtskonvention (Wiener Übereinkommen über das Recht der Verträge vom 23.05.1969)
z.B.	zum Beispiel
z.T.	zum Teil
ZaöRV	Zeitschrift für ausländisches öffentliches Recht und Völkerrecht
ZEuS	Zeitschrift für Europarechtliche Studien
ZP(e)	Zusatzprotokoll(e)
ZRP	Zeitschrift für Rechtspolitik
ZSR	Zeitschrift für Schweizerisches Recht
ZStW	Zeitschrift für die gesamte Strafrechtswissenschaft

Folter vor dem Forum des Rechts

Einleitung

„Recht kann nur dort unbestritten Recht sein, wo die Aussicht besteht, dass das juristische Urteil von der Alltagsvernunft der Menschen, nicht anders als vor dem externen Gerichtshof der Moral nachvollzogen und akzeptiert werden kann. (...) auch das rigorose Verbot gebotenen Handelns kann das Recht überfordern, schlimmstenfalls sogar moralisch diskreditieren.“[1]

Das Thema der vorliegenden Arbeit führte nach dem Ende des 2. Weltkriegs und der Aufarbeitung der mit ihm verbundenen Gräueltaten ein gewisses Nischendasein, zumindest was die öffentliche Wahrnehmung betraf. Eine über den vorbezeichneten Themenkomplex hinausgehende Rezeption fand zwar z.B. auch im Zuge der Erörterung stalinistischer Schreckenstaten, des Korea-, Algerien- oder Vietnamkrieges statt. Der Begriff Folter schien bis zum Anfang des 21. Jahrhunderts gemeinhin aber Assoziationen zu wecken, welche eher mit mittelalterlicher Tortur und Hexenverfolgung verbunden waren, als mit Geschehnissen der Gegenwart. Der Medienfokus richtet sich im Zusammenhang mit dem Foltersujet seit dem 11. September 2001 und dem ihm folgenden „Krieg gegen den Terror“ aber immer stärker auf die heutige Zeit.

Aktuelle Überlegungen zu etwaigen Ausnahmemöglichkeiten von rechtlich verbrieften Folterverboten beziehen sich vornehmlich auf Folter als Mittel zur Gefahrenabwehr bzw. zur Bekämpfung sicherheitsgefährdender Aktivitäten (z.B. des islamistischen Terrorismus). Ob eine schmerzhafte Informationsabnötigung im vorgenannten Kontext legitim oder sogar legal ist, war aber schon im demokratischen (sic!) Europa der Nachkriegszeit Teil der politischen Diskussion.[2] So wurden beispielsweise am Ende der 1970er Jahre an den damaligen Justizminister der Bundesrepublik Deutschland, Hans-Jochen Vogel, Forderungen herangetragen, im Kampf gegen den RAF-Terrorismus zu „härteren“ Maßnahmen zu greifen. Rund dreißig Jahre später zu diesem Ansinnen befragt, äußerte sich Vo-

---

1 Di Fabio, NJW 2008, S. 421 (424).

2 Die juristische Fachwelt setzte sich hingegen mit dem Themenkomplex – zumindest in Deutschland – nur sehr eingeschränkt auseinander. Von gewisser Prominenz ist eine Stelle in der Dissertation des ehemaligen niedersächsischen Ministerpräsidenten Ernst Albrecht, an der ein terroristisches Bedrohungsszenario skizziert wird, in dem Albrecht Folter für „(...) sittlich geboten (...)“ erachtet, um „(...) ein namenloses Verbrechen zu verhindern (Albrecht, Der Staat, S. 174).“

gel wie folgt: „Mehr als einmal musste ich darauf hinweisen, dass unsere Verfassung unübersteigbare Vorentscheidungen getroffen hat, wie die Unantastbarkeit der Menschenwürde, das Folterverbot, den Rechtsstaat.“[3] Mit ähnlichen Fragen wird die französische Regierung beim Kampf gegen militante korsische Separatisten, die englische Staatsmacht beim Nordirlandkonflikt und die spanische Führung bei der Auseinandersetzung mit dem terroristischen Teil der baskischen Separatistenbewegung konfrontiert gewesen sein. Außerhalb Europas bietet sich das Beispiel Israels an, da es sich dabei um einen demokratischen Rechtsstaat handelt, in dem über Folter als „Sicherheitsmaßnahme“ nicht nur diskutiert wurde. Vielmehr setzte der israelische Inlandsgeheimdienst Schin Bet im Kampf gegen den seit Beginn der 1. Intifada im Jahr 1987 eskalierenden palästinensischen Terrorismus Verhörmethoden ein, die aufgrund ihrer Folterqualität bzw. der Folterähnlichkeit Ende der 1990er Jahre sogar Gegenstand eines Verfahrens vor dem Obersten Gerichtshof Israels waren.[4]

Seit dem 11. September 2001 besteht in der westlichen Welt ein grundsätzlicher Konsens, nachdem der global operierende Terrorismus neue Herausforderungen an die Sicherheitspolitik stellt. Ungeachtet der Tatsache, dass die zentralen Fragen nach einer probaten Reaktion auf Terrorismus oder organisierte Kriminalität – wenn auch eher landesspezifisch – schon vor diesem Schlüsselereignis diskutiert wurden, war das Bild der Medien nach den Anschlägen des Jahres 2001 geprägt von beunruhigten Stimmen, die auf ein „völlig neuartiges“ Bedrohungsszenario hinwiesen.

Der ehemalige Bundesinnenminister Otto Schily bemerkte: „Wir sind ebenfalls im Visier der Terroristen.“[5] Diese Ansicht teilte der prominente britische Schriftsteller Ian McEwanman: „Wir sind alle verunsichert bis ins Mark.“[6] Ist die erste Welle der Erregung auch abgeklungen, so kann keinesfalls angenommen werden, die terrorismusbedingte Sicherheitsdiskussion sei abgeebbt. Beispielsweise erhoben die aussichtsreichsten Präsidentschaftskandidaten der Republikanischen Partei im Vorwahlkampf zu den US-Präsidentschaftswahlen 2012 fast unisono die Forderung nach der Wiedereinführung zumindest folterähnlicher Mittel im Kampf gegen den Terrorismus.[7] Vielsagend erklärte der schließlich zum Präsidentschaftskandidaten gekürte Mitt Romney: „Wir verhandeln nicht mit Terroristen.“[8] Sogar der renommierte Harvard-Rechtsprofessor

---

3 Vogel, zitiert nach Klingst, Die Zeit v. 22.11.2007, S. 18.

4 Zu dem Verfahren s.u. 1. Teil, Drittes Kap., I).

5 Schily, Spiegel 29/2005, S. 42.

6 McEwan, Spiegel 29/2005, S. 112.

7 Pitzke, Spiegel Online v. 13.11.2011.

8 Romney, zitiert nach Pitzke, Spiegel Online v. 13.11.2011.

Alan Dershowitz hielt Folter in einer akuten terroristischen Bedrohung großen Ausmaßes für erwägenswert.[9]

Allerdings divergieren die Schlussfolgerungen, welche aus der gemeinschaftlich empfundenen Bedrohung gezogen werden. Wohlgemerkt spiegeln die geharnischten Forderungen im Republikanischen US-Vorwahlkampf nur einen relativ kleinen Anteil des gesamten Meinungsspektrums wider. Die teilweise sehr hitzige Diskussion, wie der terroristischen Gefahr begegnet werden soll, dauert sowohl in der Öffentlichkeit als auch in wissenschaftlichen Fachkreisen weiterhin an.

In Deutschland wurden Forderungen nach unmittelbarem Zwang zur Abgabe von Erklärungen bzw. nach einer Reduktion rechtsstaatlicher Standards nicht nur im Kampf gegen Terrorismus laut.[10] So ordnete Wolfgang Daschner, der ehemalige Vize-Polizeipräsident von Frankfurt a.M. im Jahre 2002 an, den Kindesentführer Magnus Gäfgen unter Androhung körperlicher Schmerzen dazu zu bringen, den Aufenthaltsort des entführten Jakob von Metzler preiszugeben.[11] Die Auffassung, in lebensbedrohlichen Ausnahmesituationen aus Gefahrenabwehraspekten äußerstenfalls sogar unmittelbaren Zwang zur Informationsgewinnung einzusetzen, bekräftigte Daschner in einem Interview noch ein halbes Jahr nach den Vorgängen um die Entführung Jakob von Metzlers.[12] Ebenfalls im Zusammenhang mit der Gewaltandrohung gegen Magnus Gäfgen äußerte der ehemalige Richter und bekannte Journalist Heribert Prantl hingegen: „Es gibt keinen einzigen Grund, der je Folter rechtfertigen könnte.“[13]

Unabhängig von der Bewertung teilweise gewiss streitbarer Strategien zur Lösung von einzelnen Extremfällen wie in der Causa von Metzler bzw. Gäfgen oder zur Lösung der durch militanten Separatismus bedingten Bedrohungen, führt die zunehmende Internationalisierung besonders im Bereich des islamistischen Terrorismus zweifellos zu einer Gefahrenpotenzierung. In diesem Kontext ist insbesondere auch auf die von Massenvernichtungswaffen ausgehende Gefahr hinzuweisen, welche durch die schleichende Proliferation steigt. Wie der Giftgasanschlag der japanischen Aum-Sekte auf die U-Bahn von Tokio im Jahre 1995 gezeigt hat, können Terroranschläge mit Massenvernichtungswaffen durchaus Realität werden.

---

9 Dershowitz (in Levinson: Torture), Tortured Reasoning, S. 257ff.

10 Im Zusammenhang mit Terrorismus bemerkte der langjährig an der Universität der Bundeswehr in München tätige Professor Michael Wolffsohn (s. auch Weiland, Spiegel Online v. 11.05.2004): „Als eines der Mittel gegen Terroristen halte ich Folter oder die Androhung von Folter für legitim. Jawohl (Fernsehinterview auf N-TV mit Sandra Maischberger v. 05.05.2004).“

11 Zu diesem Fall s. auch unten 1. Teil, Zweites Kap., II), 2), b), aa), (1), (a), (ac).

12 Daschner, FAZ.NET v. 21.02.2003.

13 Prantl, SZ v. 01.07.2008, S. 4.

Vor diesem Hintergrund sucht die vorliegende Arbeit am Beispiel der Folter zu eruieren, wie weit ein Staat nach Vorgabe des internationalen Rechts zur Gewährleistung der inneren Sicherheit gehen kann. Ergänzend zur staatlichen Perspektive wird die Sichtweise von Individuen eingenommen, welche sich in extremen Situationen – gleich dem ehemaligen Vize-Polizeipräsidenten Frankfurts – veranlasst sehen, die Wahrung eigener oder fremder Rechtsgüter mittels Folter oder ihr ähnelnder Maßnahmen anzustreben. Es gilt also zu klären, ob das völkerrechtliche Folterregime, aber auch das entsprechende deutsche Recht, das rechte Maß zwischen individueller Freiheitsverbürgung einerseits und allgemeinem Sicherheitsbedürfnis andererseits wahrt. Schließlich ist Freiheit nicht ohne Sicherheit, Sicherheit aber auch nicht ohne Freiheit denkbar.

Mit diesem schwierigen Balanceakt setzt sich die vorliegende Arbeit auseinander, um schließlich die dem Eingangszitat innewohnende Frage beantworten zu können, ob das internationale und nationale Rechtsregime für Folter und ähnlich gelagerte Misshandlungsarten vor der Alltagsvernunft der Menschen genauso bestehen kann, wie vor einem externen Gerichtshof der Moral.

Im 1. Teil der Arbeit werden primär Regelungen bzw. Rechtsregimes im internationalen Recht untersucht, um auf diese Art einen differenzierten Überblick über Inhalt, Ausgestaltung und Durchsetzungsmechanismen einschlägiger völkerrechtlicher (Verbots-)Vorschriften zu gewinnen. Das herauskristallisierte Regelungsgeflecht wird im 2. Teil darauf untersucht, ob es in Extremsituationen Ausnahmen von den Verboten zulässt. Hierbei wird unterschieden zwischen Ausnahmen, die für den Staat selbst gelten könnten und solchen, die von dem handelnden Individuum geltend gemacht werden könnten. Zur besseren Veranschaulichung wird auf das Beispiel Deutschland abgestellt, an dem konkrete Auswirkungen des völkerrechtlichen Folterregimes auf staatliches und individuelles Handeln untersucht werden sollen.

1.Teil – Das völkerrechtliche Folterverbot

Mittlerweile gehört das Folterverbot zu den grundlegenden Normen des individuellen völkerrechtlichen Menschenrechtsschutzes.[14] Die Entwicklung des völkerrechtlichen Schutzes vor Folter konnte aber erst mit der grundsätzlichen Anerkennung des Individuums als möglichem Träger von Rechten und Pflichten im Völkerrecht am Ende des 19. Jahrhunderts beginnen. Ab diesem Zeitpunkt wuchs die Anzahl und später auch die Regelungsdichte völkerrechtlicher Bestimmungen mit dem Ziel Folterschutz stetig an.

Grundlegende und unabdingbare Voraussetzung eines effektiven völkerrechtlichen Schutzes vor Folter ist die von einem Großteil der Völkergemeinschaft geteilte Achtung der Menschenwürde und nicht zuletzt daraus resultierend die einvernehmliche Ächtung der Folter.[15] Der Wille zur Ächtung kann in rechtlich unverbindlichen Deklarationen (sog. „soft law“)[16], in völkerrechtlich bindenden Verträgen und im Völkergewohnheitsrecht zum Ausdruck kommen.

Das völkerrechtliche Schutzniveau ist stets mit der jeweiligen Ausgestaltung des Folterverbots verbunden, wobei die Ausgestaltungsvarianten mannigfaltig sind. Einigen Instrumenten kommt dabei lediglich empfehlender Charakter zu, andere sind dagegen verbindlich, leiden jedoch nicht selten an einem mangelnden Durchsetzungsinstrumentarium.

Eine konsequente Verwirklichung des völkerrechtlichen Folterverbotes ist durch präventive und repressive Maßnahmen möglich.[17] Im repressiven Kontext denkbar ist beispielsweise die mit einer Pönalisierungs- und Verfolgungspflicht einhergehende Sanktionierung der Folter, ferner ein (Individual-)Beschwerde- bzw. Klagerecht potentieller Folteropfer und/oder ein Recht auf Wiedergutmachung, Entschädigung und Rehabilitation. Ein effektiver präventiver Schutz kann zum Beispiel mittels eines vorbeugenden Besuchssystems erreicht werden, welches gemeinhin derart ausgestaltet ist, dass einer (internationalen) Überwachungsorganisation ein Recht auf spontane Besuche an Orten eingeräumt wird, an denen Menschen durch den Staat die Freiheit entzogen ist. Regelmäßig verfolgen die

---

14 Hofmann (in Ostendorf: Folter), Völkerrechtliches Folterverbot, S. 9 (10).

15 Vgl. Kooijmans (in Cassese: Int. Fight Against Torture), The UN Special Rapporteur on Torture, S. 56 (65).

16 Unter „soft law” werden außerrechtliche Erklärungen oder Vereinbarungen verstanden, die nicht den klassischen Völkerrechtsquellen im Sinne von Art. 38 IGHS zuzuordnen sind und die deshalb zwar keine völkerrechtlich bindenden Verpflichtungen begründen können, denen aber gleichwohl (politische) Bedeutung oder (innerstaatliche) Sanktionswirkung zukommen kann (s. dazu Ambos, AVR 1999, S. 318 (322), Fn. 27; Hobe/Kimminich, Völkerrecht, S. 198ff.).

17 Report by the UN Special Rapporteur on Torture P. Kooijmans, UN-Doc. E /CN.4/1986/15v. 19.02.1986, S. 5.

einschlägigen Instrumente eher den repressiven Ansatz. Teilweise werden sie jedoch von vorneherein oder aber nach ihrem Inkrafttreten durch fakultative Zusatzprotokolle um präventive Schutzfunktionen ergänzt.

Unerlässlich ist eine möglichst präzise Definition der Folter. Anders ist das notwendige Maß an Bestimmtheit bzw. Rechtssicherheit und damit ein verlässlicher Schutz nicht zu erreichen.

Schließlich muss eine Verletzung des Folterverbots sowohl für den betreffenden Staat (öffentliche Perspektive), als auch für die individuell Beteiligten (private Perspektive) Konsequenzen haben. Diese müssen in Anbetracht tatbeteiligter Individuen in der grundsätzlichen Strafbarkeit von Foltertaten und einer entsprechenden (Straf-)Verfolgungspraxis liegen. Verantwortliche Staaten muss eine deliktische völkerrechtliche Haftung treffen. Ohne derartige Sanktionsformen kann den Zwecken und Notwendigkeiten, wie man sie heute zur Begründung des Strafbedürfnisses im individuellen Bereich anführt, nämlich positiver und negativer General- und Spezialprävention, die im übertragenen Sinn (eingeschränkt) auch für den kollektiven Bereich gelten, nicht genüge getan werden.

Anspruch des 1. Teils der Arbeit ist es, nach einer einleitenden Darstellung gängiger Foltermethoden, die Evolution des völkerrechtlichen Folterverbots – mit besonderem Fokus auf der Entwicklung der völkerrechtlichen Folterdefinition – darzustellen, die gewohnheitsrechtlichen Aspekte des Folterschutzes herauszustellen, auf etwaige Rechtsfolgen eines Verstoßes gegen das völker(gewohnheits)rechtliche Verbot der Folter einzugehen und schließlich die völkerstrafrechtliche Dimension der Folter zu ergründen.

Erstes Kapitel – Historie der Folter

Die Feststellung, Folter sei vermutlich so alt wie die Menschheit,[18] ist dem geneigten Leser wohl geläufig. Mag man für die bis zu den „frühen“ Griechen existenten jungsteinzeitlichen, vorstaatlich organisierten Stammesgesellschaften noch nicht von Folter nach heute überwiegendem Verständnis sprechen, weil in diesen nicht-staatlich organisierten Gesellschaften eine zweckgerichtete Zwangsausübung von Staatsseiten naturgemäß nicht vorkommen konnte,[19] so impliziert die eingangs getroffene Feststellung förmlich, dass auch das „Folterhandwerk“ bzw. die Foltermethodik sich im Laufe der Menschheitsgeschichte entwickelt, ja sublimiert hat.

In der stammesgesellschaftlichen Epoche mangelte es nicht nur an Staatlichkeit, sondern ebenfalls an einem „Recht“ nach heutigem Begriffsverständnis.[20] Konflikte wurden entweder friedlich durch Verhandlungen oder unfriedlich über Mechanismen wie Selbsthilfe, Rache, Blutrache und Fehde beendet.[21] Im Folterkontext besonders herauszustellen ist ein weiterer, zu dieser Zeit verbreiteter Konfliktlösungsansatz, das sogenannte Ordal.[22] Das Ordal war eine Art der „Rechtsfindung“ mittels „göttlicher Einflussnahme“. Hierbei wurde unter Inkaufnahme eines Risikos für Leib und/oder Leben über Schuld oder Unschuld entschieden. So wurde eine beschuldigte Person z.B. veranlasst Gift zu nehmen. Überlebte sie, wertete man dies als Freispruch einer göttlichen und somit unabhängigen Instanz, starb sie, so verstand man dies als göttliches Todesurteil.[23]

Änderungen betreffend die Folter und die eingesetzten Foltermethoden traten aus europäischer Perspektive betrachtet, wie sich aus ersten schriftlichen grie-

18 Kern (in Goerlich: Staatliche Folter), Folter in der rechtsgeschichtlichen Entwicklung, S. 41.

19 So Stein, Verbot der Folter, S. 34, m.w.N. in Fn. 23, der ein Vorkommen von Folter in „Stämmen älterer Zeit ohne staatlichen Organisationsgrad“ in Ermangelung einer zweckgerichteten Zwangsausübung von Staatsseiten aus verneint und dies durch einen Hinweis auf eine alttestamentarische Stelle in einem der „Bücher“ Moses zu belegen sucht, nach der i.R. einer Art strafrechtlichen Verfahrens nur der Zeugenbeweis Gültigkeit haben soll, nicht aber ein durch quasi-staatliche Zwangsausübung gewonnenes Geständnis o.Ä.

20 Wesel, Frühformen des Rechts, S. 318.

21 Wesel, Frühformen des Rechts, S. 325.

22 Zu diesem Ansatz vergleiche ebenfalls Wesel, Frühformen des Rechts, S. 326.

23 Die Methodik der Gottesurteile ähnelt jedoch der Folter dadurch, dass sie einerseits ein sippenspezifisches Selbstregulierungsverfahren darstellt und somit einen in Ansätzen kollektiven (Sanktions-)Charakter aufweist, und andererseits bspw. die genannte Einnahme von Gift bei dem Betroffenen zu starken Schmerzen führen kann.

chischen und römischen Quellen ergibt, erst in der Antike ein.[24] So wurde im antiken Griechenland bspw. erstmalig ein Folterrad, das „eculeus“, eingesetzt, was als Vorbild für das in der Antike wohl gängigste Foltergerät diente, das aufgrund seiner Ähnlichkeit mit einem kleinen Pferd unter „polderus“ bekannt war.[25] Dieses Instrument ist mit der mittelalterlichen Streck- oder Folterbank verwandt. Auf dieser wurden Arme und Beine des Folteropfers fixiert. Danach wurden dazu vorgesehene bewegliche Elemente langsam auseinandergekurbelt. Dies führte dazu, dass die Gelenke des Gepeinigten sich schrittweise überdehnten und die Knochen schlimmstenfalls völlig aus den Gelenken gelöst wurden. Bedenkt man, dass in der Zeit des fließenden Übergangs von der Antike zum Mittelalter die Folter in der antiken Form nahezu verschwand, so ist mit „eculeus“ bzw. Streckbank – bezogen auf die europäische Geschichte – die Brücke zur Wiederkehr der Folter im 13. Jahrhundert und damit zum notorischen Folterinstrumentarium des Spätmittelalters und der frühen Neuzeit geschlagen.

In den germanischen Staaten Westeuropas, die prägend für die Epoche des frühen Mittelalters waren, wurde Folter im eigentlichen Sinne entweder nicht, oder nur solange und soweit praktiziert, wie das römische Recht in ihren Rechtssystemen (nach-)wirkte. Folterähnliche Praktiken kamen im Urtyp der germanischen (Stammes-)Gesellschaft wenn überhaupt, dann lediglich in Form des Knechtsordals, also eines Gottesurteils[26], vor.[27]

---

24 Unter dem geschichtswissenschaftlichen Begriff Antike wird der Zeitraum zwischen dem 2. Jahrtausend vor Christus bis zum 6. Jahrhundert nach Christus verstanden (vgl. Brockhaus, Bd. 1, S. 575f.). Zum Auftauchen der Folter im griechischen und später im römischen Recht s. Peters, Folter, S. 33ff.; S. 42ff.

25 Stein, Verbot der Folter, S. 30, m.w.N. in Fn. 5.

26 Die Ordalssystematik des keltischen oder germanischen Rechtssystems ähnelt stark den schon oben genannten Ordalen, wie sie in jungsteinzeitlichen Stammesgesellschaften praktiziert wurden. Sie macht Erfolg und Scheitern der streitenden Parteien ebenfalls explizit von einer göttlichen Einflussnahme abhängig. Bekannt ist bspw. die sog. „Feuerprobe“, bei der ein Angeklagter seine Hand in offenes Feuer strecken musste, um seine Unschuld zu „beweisen“. Blieb die Hand unversehrt, so galt seine Unschuld, andernfalls seine Schuld als bewiesen. Ebenfalls in starker Anlehnung an die jungsteinzeitlichen Stammesgesellschaften verstanden besagte Rechtssysteme die Verbrechensverfolgung ursprünglich nicht als staatliche Aufgabe, sondern als Sache der Parteien. Dieses Verständnis erklärt, warum Folter sich bspw. in den fränkischen Quellen nur bis hin zum 10. Jahrhundert findet, also so lange, bis das mit der Ausbreitung des römischen Reiches auch in germanische Volksrechtssysteme eingedrungene römische Prinzip der Verbrechensverfolgung von Staats wegen – auch mit der Folter – durch die Rückbesinnung auf die tradierte private Verfolgungsform vollends verdrängt wurde. Somit scheint nicht nur ein gewisser staatlicher Organisationsgrad, sondern insbesondere das durch ein Subordinationsverhältnis gekennzeichnete (Straf-)Rechtssystem Folter zu ermöglichen bzw. zu begünstigen.

Einen Eindruck der zwischen Spätmittelalter und Neuzeit praktizierten Foltermethoden vermag folgende plastische Beschreibung zu vermitteln, die sich im „Schwabenspiegel“ von 1275 findet:

„Man soll ihn [den zu Peinigenden] mit Schlägen am Pranger und mit erschwerter Gefangenschaft und mit Hunger und mit Kälte und anderen üblen Dingen peinigen, bis dass er gesteht. Das soll man ihm einen Monat lang antun.“[28]

Neben dem weltlichen Recht kannte auch das Kirchenrecht die Folter. Insbesondere zu Beginn des 13. Jahrhunderts wurde mit dem System der von Kirchengerichten betriebenen Inquisition bzw. dem kirchlichen (neben dem bereits existierenden weltlichen) Inquisitionsprozess ein Rechtsraum geschaffen, in dem es im Kampf gegen „Ketzer“ bzw. das „Verbrechen der Häresie“ zu einem Höchstmaß an Folter kam. So wurden im Verlauf besagten Jahrhunderts päpstliche Dekretale erlassen, die darin gipfelten, dass es selbst Geistlichen erlaubt wurde zu foltern. Berühmtheit erlangten die päpstliche Bulle von Innozenz VIII. aus dem Jahre 1484 und der „Malleus Maleficarum“ (sog. „Hexenhammer“) aus dem Jahre 1486.

Der „Hexenhammer“ sieht vor, „peinlich“ zu Befragende[29] in einem ersten Schritt zu entkleiden und auf mitgeführtes Zauberwerkzeug zu untersuchen. Danach werden ihnen die Folterwerkzeuge vorgeführt (sog. „territio“). Schließlich soll die Folter mittels der Seile[30] oder anderer Werkzeuge „mäßig“ und ohne

---

27 Vgl. Kern, (in Goerlich: Staatliche Folter), Folter in der rechtsgeschichtlichen Entwicklung, S. 42.

28 Schwabenspiegel, III, 375, III zitiert nach Derschka, Schwabenspiegel, S. 222.

29 Der „Hexenhammer“ zielt besonders auf die Bekämpfung weiblicher „Häresie“ ab, obwohl er am Rande auch männliche „Schadenszauberer“ erwähnt. Die augenscheinliche Frauenfeindlichkeit wird mit der Herleitung des Begriffes „femina“ von „fides“ (lat. für Glauben) und „minus“ (lat. für weniger) begründet, wonach die Frau „naturgemäß“ eine größere Sündenanfälligkeit aufweise (s. dazu Der Hexenhammer, S. 20ff.).

30 Übliche Formen der Marter mittels der Zuhilfenahme von Seilen waren die Expansion und die Elevation. Bei ersterer wurden dem zu Befragenden die Hände auf den Rücken gebunden. Im Anschluss wurden die auf dem Rücken gefesselten Hände mittels eines zweiten Seils in Richtung Kopf gezogen, bis die Arme verdreht über dem Kopf standen. Dies geschah z.B. über eine Art Leiter, bei der in der häufig vorkommenden Version des „gespickten Hasen“ mittig eine mit Spitzen gespickte Rolle angebracht war, über die der Körper der Gepeinigten bei der Dehnung gezogen wurde. Bei der Elevation wurden die Hände des Opfers ebenfalls auf den Rücken gebunden. Dann wurde es an den so fixierten Händen über eine Rolle mit einem Seil in die Höhe gezogen, bis kein Bodenkontakt mehr bestand. In dieser sehr schmerzhaften Position verdrehter Arme über dem Kopf wurde das Opfer längere Zeit hängen gelassen. Erfolgte noch immer kein Geständnis, so wurden schwere Gewichte an seine Füße gebunden, was

Blutvergießen durchgeführt werden.[31] Bleibt ein „Geständnis" dabei aus, so sieht die nächste Intensitätsstufe die Vorführung anderer Arten von Folterwerkzeugen und im Anschluss hieran die Verkündung der Fortführung der Folter an einem zweiten und wenn nötig dritten Tag per Urteilsspruch vor. Vor der Vollziehung der blutigen Marter ist der Verhörten jedwede Körperbehaarung zu entfernen. Schließlich ist die Befragung unter Vollziehung der weiteren Folter fortzuführen, wobei die (Steigerung der) Intensität im Ermessen des Richters liegt. Ständige Bewachung soll einen Suizid der Verhörten unmöglich machen,[32] was auf die mit diesem Teil der Tortur einhergehende enorme Intensität der Qualen schließen lässt. Regelmäßig kam es dabei zur Anwendung der Daumenschrauben oder der „spanischen Hosenträger"[33]. Wurde auch so kein Geständnis erwirkt, quälte man das Opfer mit Verbrennungen durch offenes Feuer oder zum Glühen gebrachtes Eisen, erhitzte auf seiner Haut aufgebrachte Öle oder Fette (sog. „Feuerfolter") oder setzte es auf Stühle mit einer Sitzfläche aus eisernen Stacheln o.ä. Im Laufe der Folterprozedur sollte bei Gelegenheit durch vorgetäuschtes Inaussichtstellen des Verzichts auf die Todesstrafe und/oder Drohungen auf ein „Geständnis" hingewirkt werden.

Die Wechselwirkung des kirchlichen und des weltlichen (Inquisitions-) Verfahrens führte zu einer zunehmenden Härte des Strafverfahrens.[34]

Ein Höchstmaß an Regelungsdichte wurde mit der „Constitutio Criminalis Carolina", der „Peinlichen Halsgerichtsordnung" Karls V. von 1532 erreicht.[35] Diese Strafprozessordnung bezeichnete konkret die verschiedensten Foltermethoden, bspw. den „Bock", Spitzrutenstreiche, „Spanische Stiefel", Daumenschrauben, Schnüren und „Leiter mit und ohne gespickten Hasen", wobei alle vorgesehenen

---

regelmäßig die Auskugelung der Gelenke bewirkte. Beide Varianten weisen starke Parallelen zur Folterung mittels der Streckbank auf.

31 Der Hexenhammer, S. 673ff. Weder werden die genauen Methoden der Folter, noch andere Werkzeuge als das Seil benannt. Es bleibt bei dem Verweis auf die Vollziehung des Folterbeschlusses durch leichtere oder stärkere Befragung – was vom jeweiligen Verbrechensvorwurf abhängt – „(...) nach den gewohnten und nicht neuen noch auch ausgesuchten Methoden (Der Hexenhammer, S. 676)".

32 Der Hexenhammer, S. 677.

33 Ein Folterinstrument, bei dem mittels eiserner Riemen die Brust zusammengedrückt wurde.

34 Peters, Folter, S. 96f.

35 Kern, (in Goerlich: Staatliche Folter), Folter in der rechtsgeschichtlichen Entwicklung, S. 44. Die „Carolina" orientiert sich für den weltlich geführten Hexenprozess gerade im folterrelevanten prozessrechtlichen Teil an den Bestimmungen des „Hexenhammers" (s. Der Hexenhammer, S. 77).

Methoden in drei verschiedenen Intensitätsgraden und insgesamt nicht länger als maximal eine Stunde am Stück angewendet werden sollten.[36]

Gegen die Folterung im Rahmen von Inquisitionsprozessen wurden vermehrt ab dem 16. Jahrhundert Stimmen laut, die zwar zumeist nicht die Existenz von Hexen leugneten, jedoch das Mittel der Folter zur Wahrheitsfindung anprangerten.[37] Obwohl z.B. das bayrische und das österreichische Strafgesetzbuch des 18. Jahrhunderts Folter noch vorsahen,[38] bereiteten im Rahmen der Aufklärung[39] die Schriften herausragender Autoren wie die des Christian Thomasius Schülers Martin Bernhardt („Disputatio de Tortura in foris Christianorum proscribenda" aus dem Jahre 1705) und die von Cesare Beccaria („Dei delitti e delle pene" aus dem Jahre 1764) eine sukzessive Verbannung der Folter aus den europäischen und nordamerikanischen Gesetzbüchern vor. Dieser Prozess mündete in einer formellen Abschaffung der Folter in den meisten europäischen Ländern, aber auch in anderen europäisch geprägten Teilen der Welt, in der zweiten Hälfte des 19. Jahrhunderts.[40]

Im 20. Jahrhundert kam es besonders im Rahmen der sich im Europa der 1920er und 1930er Jahre ausbreitenden radikalen politischen Ideologien, insbesondere im faschistischen Deutschland und Italien, sowie in der stalinistischen Sowjetunion, zu einer Renaissance der Folter, zwar nicht als gesetzlich normiertem Teil der Strafjustiz, sondern als faktischem Phänomen politischen Kampfes und staatlicher Unterdrückung.[41]

Von den mittelalterlichen Foltermethoden ist man im 20./21. Jahrhundert tendenziell abgerückt, hin zu einer „sauberen Folter", worunter zumeist seelische Foltermethoden zu verstehen sind, was in einer globalisierten Welt, in der eine

---

36 Kern, (in Goerlich: Staatliche Folter), Folter in der rechtsgeschichtlichen Entwicklung, S. 45.

37 Siehe Nachweise bei Ross (in Roth/Worden: Torture), History of Torture, S. 11 (Rn. 12); 12 (Rn. 13f.).

38 Kern, (in Goerlich: Staatliche Folter), Folter in der rechtsgeschichtlichen Entwicklung, S. 45.

39 Eine gegen Ende des 17. Jahrhunderts entstandene und bis in das 19. Jahrhundert wirkende (europäische) Geistesbewegung, die in der Vernunft das Wesen des Menschen erblickte und nach Immanuel Kant den Ausgang des Menschen aus seiner selbstverschuldeten Unmündigkeit kennzeichnet (s. Brockhaus, Bd. 2, S. 60ff.).

40 Ross weist in diesem Kontext darauf hin (Ross (in Roth/Worden: Torture), History of Torture, S. 14), dass Folter dennoch weiterhin praktiziert wurde, nun insbesondere als Mittel zur politischen Einflussnahme (ohne rechtsförmiges Verfahren oder gesetzliche Legalität). Auch blieb die Morphologie der Folter bis ins 19. Jahrhundert stark orientiert an den mittelalterlichen Erscheinungsformen, die – wie im Folgenden gezeigt wird – nie völlig verschwunden sind.

41 Ross (in Roth/Worden: Torture), History of Torture, S. 14ff.

einfach nachweisbare Folterpraxis einen Staat in der Staatengemeinschaft leicht marginalisieren könnte, besonders wichtig erscheint.

Grundsätzlich bedient sich die heutige Folter der Erkenntnisse verschiedener Wissenschaften, z.B. der Medizin, Psychiatrie, Pharmazie und der Psychologie.[42] So verwundert es kaum, dass auch die Folterer kaum noch vergleichbar sind mit mittelalterlichen Folterknechten. Heutzutage werden Folterer oft einer profunden „Ausbildung" unterzogen, die dazu dient, die Persönlichkeit der „Auszubildenden" zu brechen, um sie neu, ohne (hinderliche) menschliche Regungen wie Mitleid etc. aufzubauen. Zusätzlich wird Wert darauf gelegt, innerhalb der „Auszubildenden" einen starken Gruppenzusammenhalt zu erreichen.[43]

Wo es an besagtem „Know How" fehlt, werden körperliche Foltermethoden trotz der Risiken, die sie für ihre Anwender(-staaten) bergen, weiterhin praktiziert, da sie grundsätzlich weder ein besonderes Wissen, noch eine profunde Ausbildung voraussetzen. Demnach bietet sich eine Differenzierung der heute gängigen Foltermethoden zwischen solchen physischer und solchen psychisch-seelischer Art an.[44]

Unter physische Folter fallen:[45] systematische und unsystematische Schläge, sexuelle Übergriffe, Elektroschocks, „Water Torture", Beibringen von Verbrennungen, Aufhängen in schmerzhaften Positionen, Verabreichung von Pharmazeutika, Verstümmelung und Auszehrung des Körpers.[46]

Auf einige der genannten Praktiken soll unter Zuhilfenahme der Erläuterungen von Sørensen/Kemp Genefke genauer eingegangen werden.[47]

So versteht man unter systematischen Schlägen solche, die gezielt Schwachpunkte des Körpers angreifen, beispielsweise das gleichzeitige Schlagen auf beide Ohren mit offenen Handflächen, sogenannte „Telefone Torture", was zum

---

42 Lipps (in Schulz-Hageleit: Folter), Psychologie und Folter, S. 47.

43 Hilgendorf, JZ 2004, S. 331 (335).

44 Eine derartige Differenzierung findet sich im Report by the UN Special Rapporteur on Torture P. Kooijmans, UN-Doc. E /CN.4/1986/15 v. 19.02.1986, S. 28; s. auch Sørensen/Kemp Genefke (in Cassese: International fight against torture), Medical aspects of torture, S. 11ff.

45 Dies entspricht der Aufzählung bei Sørensen/Kemp Genefke (in Cassese: International fight against torture), Medical aspects of torture, S. 12.

46 Die genannten Methoden physischer Folter sind lediglich exemplarisch. Weitere Methoden sind aufgeführt bei Lipps (in Schulz-Hageleit: Folter), Psychologie und Folter, S. 52ff. sowie im Report by the UN Special Rapporteur on Torture, P. Kooijmans, UN-Doc. E /CN.4/1986/15 v. 19.02.1986, S. 28f.

47 Sørensen/Kemp Genefke (in Cassese: International fight against torture), Medical aspects of torture, S. 13ff.

Reißen des Trommelfells und zu irreversiblen Hörschäden führen kann. In den Kontext systematischer Schläge fällt auch die Falanga (ebenfalls unter den Synonymen Falaka oder Bastonade bekannt), bei der dem mit gestreckten Beinen fixierten Opfer – oft über Stunden – mit einem Rohrstock auf die nackten Fußsohlen geschlagen wird.

Unter sexuelle Folter fallen zumeist Vergewaltigungen (durch gleich- und andersgeschlechtliche Täter), auch durch Tiere, sowie die Penetration mit Gegenständen.

Für die „Elektro-Folter“ werden beim Opfer Elektroden an sensiblen Körperstellen angebracht, die unter Strom gesetzt werden.

Die „Water Torture“, auch „Waterboarding“ genannt, ein Begriff, der in jüngerer Vergangenheit häufig in Presseberichten über Misshandlungen von Häftlingen durch CIA-Agenten und US-amerikanische Militärangehörige, zunehmend auch durch Mitarbeiter privater Sicherheits- oder Militärunternehmen[48] fiel, folgt unabhängig von ihren verschiedenen Ausformungen immer dem Muster, dass der Kopf des (fixierten) Opfers bis kurz vor dem Ersticken unter Wasser (z.T. auch beigemengt mit Exkrementen, Urin und Erbrochenem) gedrückt oder mit Wasser benetzt wird. Dieser Vorgang kann sich unter Aufsicht eines Arztes, der darüber wacht, dass der Puls nicht aufhört zu schlagen bzw. die Fingernägel nicht blau anlaufen, über Stunden wiederholen.

Verbrennungen werden meist mit Zigaretten oder erhitzten Elektrostäben beigebracht.

Bei Foltermethoden, die mit Aufhängen verbunden sind, wird das Opfer regelmäßig an den Händen, Füßen oder Hoden aufgehängt.[49] Dies geschieht ähnlich der oben geschilderten mittelalterlichen Streck- bzw. Dehnfolter mit auf dem Rücken gefesselten Händen, wobei der Gefolterte in dieser Position mit einem an den Handknöcheln angebrachten Seil in einer frei schwebenden Position aufgehängt wird (sog. „Palästinensisches Hängen“).

Folterrelevante Medikamente sind u.a. solche, die Erbrechen, Hyperventilation und Kreislaufschwächen verursachen. Ferner werden Neuroleptika eingesetzt, die zwar auch rein körperliche Wirkungen wie Zittern und Schüttelfrost bewir-

---

48 Negative Berühmtheit hat die vornehmlich mit der Übernahme von „Sicherheitsaufgaben“ im Irak von der US-Regierung beauftragte Firma Blackwater, die mittlerweile unter Xe Services firmiert, erlangt, deren Angestellte an Folterungen im Irak beteiligt gewesen sein sollen. Man spricht insofern auch vom „Outsourcing“ der Folter.

49 Report by the UN Special Rapporteur on Torture, P. Kooijmans, UN-Doc. E /CN.4/1986/15 v. 19.02.1986, S. 29.

ken, jedoch in erster Linie gefügig machen, indem sie Apathie bewirken und den Geist vernebeln.[50]

Ein Auszehren des Körpers wird durch den Entzug von Schlaf, hygienischen Mindeststandards, Nahrung, medizinischer Versorgung und ganz allgemein von Ruhemöglichkeiten erreicht.[51]

Da letztgenannte Foltermethoden auch eine gewollte, starke Beeinträchtigung der Psyche nach sich ziehen, ist von Überlappungen und verstärkenden Wechselwirkungen zwischen physischer und psychisch-seelischer Folter auszugehen.

Unter psychisch-seelische Folter fallen: Verbalattacken (Beleidigungen/Hohn), Isolation, Monopolisierung der Wahrnehmung durch Deprivation, erzwungene Anwesenheit bei Folterungen Mitgefangener/nahestehender Personen, Scheinexekutionen, Drohungen (mit dem eigenen oder dem Tod und/oder der Folterung von nahe stehenden Personen), Demütigung (z.B. völliger Entzug von Intims- und Privatsphäre), Herbeiführung von Entkräftung (z.B. durch lange Verhöre), Demonstration von Allmacht, Erzwingung totalen Gehorsams (durch harte Sanktionierung auch kleinster Abweichungen von gewünschten Verhaltensmustern).[52]

Hier soll abermals auf einige der genannten Praktiken eingegangen werden und zwar wiederum unter Zuhilfenahme der Erläuterungen von Sørensen/Kemp Genefke.[53]

Demütigungen und Beleidigungen werden häufig mit körperlichen Foltermethoden kombiniert, z.B. Vergewaltigungen, was zu Gefühlen der absoluten Verlassenheit und zum Verlust jeder Selbstsicherheit führt.

Wie bereits gesagt, kann auch die Anwendung rein physischer Folter gravierende psychische Effekte generieren. So entspringt Eingriffen in die Geschlechtsregion regelmäßig ein Gefühl der Demütigung, das zu Ohnmachts- und Resignationserscheinungen führt. Am Ende lässt sich hierüber die beabsichtigte Willfährigkeit des Opfers erreichen.

---

50 Report by the UN Special Rapporteur on Torture, P. Kooijmans, UN-Doc. E /CN.4/1986/15 v. 19.02.1986, S. 29.

51 Report by the UN Special Rapporteur on Torture, P. Kooijmans, UN-Doc. E /CN.4/1986/15v. 19.02.1986, S. 29.

52 Die genannten Methoden psychisch-seelischer Folter sind wiederum nur exemplarisch. Eine detaillierte, über die hier gegebenen ersten Einblicke hinausgehende Beschreibung findet sich bei Lipps (in Schulz-Hageleit: Folter), Psychologie und Folter, S. 52ff.

53 Sørensen/Kemp Genefke (in Cassese: International fight against torture), Medical aspects of torture, S. 16ff.

Isolation findet häufig in äußerst kleinen Zellen statt (bspw. 2 mal 1,5 Meter). Zudem wird dem Opfer suggeriert, niemand könne ihm helfen oder werde je wieder an seinem Schicksal teilhaben, was extreme Gefühle der Ohnmacht, Einsamkeit und Verlassenheit auslöst. Die Isolation ist oft mit sensorischer Deprivation verbunden, so sind Zellen völlig dunkel oder nur mit fahlem (künstlichen) Licht ausgeleuchtet. Teilweise wird der Kopf eines Inhaftierten zusätzlich mit einer undurchsichtigen Kapuze verhüllt; ergänzend kann (Dauer-)Beschallung mit lauter Musik oder Geräuschen erfolgen. Zudem wird Nahrung nur in völlig unregelmäßigen Abständen gereicht. Die vorgenannten Deprivationsmaßnahmen für sich gesehen führen bereits dazu, dass eine ihnen unterworfene Person jedes Zeitgefühl verliert. Häufig wird auch jede Möglichkeit der Körperpflege oder des Toilettengangs verwehrt. Die Kombination aus Isolation und Deprivation kann Halluzinationen und das Gefühl, den Verstand zu verlieren, auslösen.

Erzwungene Anwesenheit bei der Folterung von anderen Gefangenen, insbesondere von nahestehenden Personen, ist für Betroffene kaum erträglich und führt zu den schlimmsten Folgewirkungen. Führt die Folter zum Tod, verstärken sich die psychischen Effekte der zur Anwesenheit gezwungenen Angehörigen oder Mitgefangenen.

Die Methoden psychisch-seelischer Folter zielen letztlich darauf ab, die geistige und körperliche Widerstandsfähigkeit des Opfers zu eliminieren, sowie Abhängigkeiten und gewohnheitsmäßigen Gehorsam zu erzeugen.[54] Zudem haben sie den erwünschten Vorteil, keine äußerlich erkennbaren Spuren zu hinterlassen.

Sehr wahrscheinlich fallen vorgenannte Methoden auch unter die völkerrechtliche Folterdefinition oder stellen zumindest eine grausame, unmenschliche oder erniedrigende Strafe oder Behandlung dar.[55] Da dies im Einzelfall jedoch gewiss strittig sein wird, ist es unerlässlich, die rechtliche Qualität derartiger Methoden unter Berücksichtigung aller Umstände des Einzelfalls anhand klarer Definitionen zu bestimmen, welche im Folgenden herausgearbeitet werden sollen.

Im Ergebnis haben sich die Foltermethoden im Laufe der Jahrhunderte also immer stärker sublimiert. Zudem ist ein Trend weg von der leicht nachweisbaren physischen Folterung hin zu subtileren Methoden der psychischen Folter festzustellen, der sich dadurch erklärt, dass die weltweite Folterächtung folternde Staaten zur politisch und wirtschaftlich notwendigen Wahrung des Anscheins der Nichtanwendung von Folter zwingt.

---

54 Lipps (in Schulz-Hageleit: Folter), Psychologie und Folter, S. 54.

55 Dabei handelt es sich um eine geläufige völkerrechtliche Kategorie zwar geächteter, aber unterhalb der Folterschwelle liegender Misshandlungsformen (dazu s.u. 1. Teil, Zweites Kap., II), 2), a), ab), (1), (b)).

Eingedenk der „Klaviatur des Schreckens“, die in den skizzierten Foltermethoden zu sehen ist, sollte nicht unerwähnt bleiben, welche Auswirkungen die Folter regelmäßig auf ihre Opfer hat. Gewiss lassen sich Befunde insofern nicht verallgemeinern, da sie von den vielen variierenden Parametern abhängig sind, die eine Foltersituation charakterisieren, insbesondere Art, Länge und Dauer der Einwirkung sowie Konstitution des Opfers. Generell sind aber letztlich sowohl Kurz- als auch Langzeitschäden psychischer und/oder physischer Art denkbar.

Als körperliche Folterfolgen kommen – ohne Anspruch auf Vollständigkeit – Verlust des Bewusstseins, Narben, Knochenbrüche, Verstümmelungen, Muskelrisse, Gelenkauskugelungen und Gehirnschädigungen in Betracht.[56] Als psychische Folterfolge, nicht nur aufgrund von Methoden seelischer Folterung, sondern auch als Resultat rein physischer Folter, ist primär auf die Traumatisierung der Opfer zu verweisen. Die Traumatisierung kann vielerlei verschiedene Facetten haben und gewinnt besonders dadurch an Gewicht, dass auslösendes Ereignis die Schädigung durch Menschenhand in einer Situation der Ohnmacht unter Negation jedweder Integrität des Opfers ist.[57] Aufgrund der Traumatisierung stellen sich bei schwer misshandelten Personen irreversible Störungen der Persönlichkeitsstruktur ein, die mannigfaltige Folgeerscheinungen einschließen können, z.B. chronische Angststörungen, soziale Vereinsamung, allgemeine Leistungsschwäche und Depressionen.[58]

Die hoheitlich-systematische Folteranwendung impliziert als Mittel kollektiver Unterdrückung zudem weitreichende massenpsychologische Effekte.[59]

---

56 Aufzählung nach Stein, Verbot der Folter, S. 80, m.w.N. in Fn. 142.

57 Stein, Verbot der Folter, S. 80f.

58 Stein, Verbot der Folter, S. 81, der an gleicher Stelle darauf hinweist, dass „(...) die posttraumatischen chronischen Belastungsstörungen bei einer Häufigkeit von 20 bis 50 % liegen.“

59 Siehe dazu Beispiele bei Stein, Verbot der Folter, S. 82.

Zweites Kapitel – Entwicklung des völkerrechtlichen Folterverbots

Die Anerkennung von unmittelbaren Rechten und Pflichten des Individuums auf der Ebene der Völkerrechtsordnung (sog. Völkerrechtssubjektivität des Menschen), als Ausprägung allgemeiner Rechtsgrundsätze des internationalen Menschenrechtsschutzes, erfolgte erst langsam, was der Grundstruktur des klassischen Völkerrechts geschuldet war, nach welcher der einzelne Mensch lediglich Objektqualität (sog. Objekttheorie)[60] besaß.[61]

So kristallisierte sich erst gegen Ende des 19. Jahrhunderts, als Folge einer immer stärker werdenden Verfestigung der Rechte von Individuen in den nationalen Rechtsordnungen heraus, dass auch die Einzelperson als Träger originärer Rechte und Pflichten im Völkerrecht in Frage kommt.[62] Diese Entwicklung verfestigte sich durch die Kodifikation von individualschützenden Regelungen im Humanitären Völkerrecht des bewaffneten Konfliktes.[63] Hier wurde erstmalig eine typisierte Einzelperson, nämlich der Soldat im Feld, aufgrund ihrer durch kriegsspezifische Leiden offenkundigen besonderen Schutzbedürftigkeit unter entsprechenden Schutz gestellt.[64]

Mit dem Ende des Zweiten Weltkrieges hat der völkerrechtliche Schutz des Individuums bzw. der Menschenrechtsschutz als Teilbereich des Völkerrechts schließlich enorm an Bedeutung gewonnen.[65]

Dies führte u.a. dazu, dass nach 1945 neben anderen menschenrechtlichen Verbürgungen auch das Folterverbot in zahlreiche universelle[66] und regionale Menschenrechtsinstrumente Einzug fand, die eine Anwendung von Folter strikt untersagen.[67]

---

60 Nach der Objekttheorie besitzen allein die Staaten Völkerrechtssubjektivität. Demzufolge kommt das Individuum lediglich mittelbar, quasi „mediatisiert" durch den Staat, dessen Staatsangehörigkeit es besitzt, mit dem Völkerrecht in Berührung. Bei einer Verletzung der Rechte eines Staatsangehörigen wird somit nicht der Einzelne in persona durch das Völkerrecht als rechtlich verletzt betrachtet, sondern nur sein Heimatstaat. Dieser gilt dann als in seinen Rechten beeinträchtigt; dies jedoch in der Person seines Staatsangehörigen (s. Doehring, Völkerrecht, Rn. 967).

61 Vgl. Doehring, Völkerrecht, Rn. 967; Hobe/Kimminich, Völkerrecht, S. 393.

62 Doehring, Völkerrecht, Rn. 969.

63 Doehring, Völkerrecht, Rn. 970; Ipsen, Völkerrecht, S. 1230f.

64 Doehring, Völkerrecht, Rn. 970.

65 Siehe Hobe/Kimminich, Völkerrecht, S. 393; Hofmann (in Ostendorf: Folter), Völkerrechtliches Folterverbot, S. 9 (10); Report by the UN Special Rapporteur on Torture P. Kooijmans, UN-Doc. E /CN.4/1986/15v. 19.02.1986, S. 1; Raess, Schutz vor Folter im Völkerrecht, S. 50.

66 Hierunter sind global ausgerichtete Menschenrechtsinstrumente zu verstehen.

67 Marx, KJ 2004, S. 278 (280).

Seit dem Beginn der Menschenrechtsbewegung in der Nachkriegszeit stellt gerade das Folterverbot eine Kernvorschrift des modernen völkerrechtlichen Schutzes von Individuen dar.[68]

In diesem Kapitel werden die einzelnen völkerrechtlichen Deklarationen und Verträge genannt, welche ein Folterverbot enthalten. Die Aufzählung ist nicht abschließend. Sie soll lediglich einen Überblick über die wichtigsten Bestimmungen ermöglichen. Weitestgehend werden Übereinkommen und Erklärungen ausgespart, die primär anderen Themenkreisen gewidmet sind und ein Folterverbot nur am Rande beinhalten.[69]

Eingegangen wird in gebotener Kürze auch auf Probleme die dadurch entstehen, dass es aufgrund der Verankerung des Folterverbots in diversen Instrumenten zu Überlappungen der Anwendungsbereiche kommen kann, also Konkurrenzsituationen entstehen.

Begonnen werden soll jedoch mit den Ursprüngen des völkerrechtlichen Folterverbots im Humanitären Völkerrecht. Dazu sollen die einschlägigen Bestimmungen chronologisch vorgestellt werden.

I) Folterverbot im Humanitären Völkerrecht

Ein völkerrechtliches Folterverbot entwickelte sich auf universeller Ebene erstmals im Humanitären Völkerrecht.[70]

1) Geschichtlicher Hintergrund

So besagt Art. 4 der Haager Landkriegsordnung,[71] die dem Haager Abkommen betreffend die Gesetze und Gebräuche des Landkrieges[72] vom 18.10.1907 als Anlage beigefügt ist:

---

68 O'Connell, Ohio State Law Journal 2005, S. 1230 (1247).

69 Der ehemalige VN Sonderberichterstatter für Folter Peter Kooijmans hat in seinem Bericht über Folter und andere grausame, unmenschliche oder erniedrigende Behandlung oder Strafe schon im Jahre 1986 je nach Zählweise entweder 28 oder 30 internationale Deklarationen und Konventionen aufgezählt, die dem Schutz vor Folter dienende Bestimmungen enthalten, wobei Kooijmans entgegen der Praxis in der vorliegenden Arbeit auch folterbezogene Vorschriften in eher anderen Themenkreisen gewidmeten Übereinkünften berücksichtigt hat (s. Report by the UN Special Rapporteur on Torture P. Kooijmans, UN-Doc. E /CN.4/1986/15v. 19.02.1986, S. 5ff.).

70 Siehe Bruha/Steiger, Folterverbot im Völkerrecht, S. 9; Hofmann (in Ostendorf: Folter), Völkerrechtliches Folterverbot,
S. 9 (11); Raess, Schutz vor Folter im Völkerrecht, S. 49, 68.

„Die Kriegsgefangenen stehen unter der Gewalt der feindlichen Regierung, nicht in der Gewalt der Personen oder der Abteilungen, die sie gefangen genommen haben.

Sie sollen mit Menschlichkeit behandelt werden [Hervorhebung durch den Verf.]."

Obwohl hiermit noch kein ausdrückliches Folterverbot statuiert wird, ist die Vorschrift von besonderer Relevanz, verbietet sich eine Folterung doch grundsätzlich, so man das Gebot des „menschlichen Umgangs" ernst nimmt. Die Haager Landkriegsordnung ist weitgehend zum Völkergewohnheitsrecht geworden,[73] insbesondere was das (mittelbare) Verbot der Folterung Kriegsgefangener betrifft.[74]

2) Genfer Abkommen von 1949[75]

Nach dem Zweiten Weltkrieg führte die durch vielfache Missachtung des „ius in bello"[76] während des Krieges belegte Revisionsbedürftigkeit des Humanitären Völkerrechts zum Abschluss der vier Genfer Abkommen vom 12.08.1949.[77]

---

71 RGBl. 1910, S. 132.

72 RGBl. 1910, S. 107.

73 Ipsen, Völkerrecht, S. 1198.

74 Hofmann (in Ostendorf: Folter), Völkerrechtliches Folterverbot, S. 9 (11); Kühner (in Bernhardt: Encyclopedia of public International Law, Volume IV), Torture, S. 869, Anm. 6. Zum gewohnheitsrechtlichen Verbot der Folterung von Kriegsgefangenen wird in diesem Absatz noch ausgeführt.

75 Genfer Abkommen vom 12. August 1949 zur Verbesserung des Loses der Verwundeten und Kranken der bewaffneten Kräfte im Felde; Genfer Abkommen vom 12. August 1949 zur Verbesserung des Loses der Verwundeten, Kranken und Schiffbrüchigen der bewaffneten Kräfte zur See; Genfer Abkommen vom 12. August 1949 über die Behandlung der Kriegsgefangenen; Genfer Abkommen vom 12. August 1949 über den Schutz von Zivilpersonen in Kriegszeiten.

76 Unter „ius in bello" sind jene völkerrechtlichen Regeln zu verstehen, welche die militärische Austragung von Konflikten reglementieren, i.S. einer Eingrenzung von Gewalt durch Völkerrecht (Graf Vitzthum-Bothe, 8. Abschn., Rn. 56). Neben dem Begriff „ius in bello" werden – von einzelnen Abgrenzungsschwierigkeiten abgesehen – synonym die Begriffe „Recht des bewaffneten Konflikts", „Humanitäres Völkerrecht", „Kriegsrecht" und „Kriegsvölkerrecht" verwandt (Stein/v. Buttlar, Völkerrecht, Rn. 1214). Hinsichtlich des „ius in bello" ist zu beachten, dass es sich an alle Beteiligten eines bewaffneten Konflikts richtet, so z.B. an eine sich rechtmäßig verteidigende Partei, aber auch an einen ohne völkerrechtliche Legitimation Angreifenden (Stein/v. Buttlar, Völkerrecht, Rn. 1210). Eine zweite Kategorie ist das „ius ad bellum", wozu die Nor-

Die Genfer Abkommen regeln in Abkehr von der Haager Landkriegsordnung nicht nur den Umgang mit Kriegsgefangenen (GA III), sondern auch mit Verwundeten und Kranken der bewaffneten Kräfte im Felde (GA I); mit Verwundeten, Kranken und Schiffbrüchigen der bewaffneten Kräfte zur See (GA II) und den Schutz von Zivilpersonen in Kriegszeiten (GA IV).

a) Im Folterkontext relevante materielle Regelungen

In den GA setzt sich durch die jeweilige Implementierung einer dem Art. 4 der Haager Landkriegsordnung ähnlichen Regelung die Linie der Verankerung des Folterverbots in Verträgen des Humanitären Völkerrechts fort.[78] Die folterspezifischen Bestimmungen der GA spiegelten den damaligen Stand des Völkergewohnheitsrechts wider.[79]

Anders als Art. 4 der Haager Landkriegsordnung, aus dem sich das gewohnheitsrechtliche Verbot der Folterung von Kriegsgefangenen entwickelt hatte, enthalten die GA jedoch erstmals ausdrückliche, völkervertraglich vereinbarte und somit bindende Folterverbote und weitere Regeln zum Schutz der Würde und der physischen und psychischen Integrität. Sie finden nach den wortgleichen Artikeln 2 GA grundsätzlich nur in bewaffneten internationalen Konflikten Anwendung. Eine Definition dessen, was nach den GA und ihren Zusatzprotokollen unter Folter oder anderen Formen verbotener Misshandlungen zu verstehen ist, wird weder in den Konventionen noch in den Zusatzprotokollen gegeben.[80] Nach hergebrachter Ansicht kann jedoch auch im Humanitären Völkerrecht auf die Folterdefinition des Art. 1 Abs. 1 VNAFK zurückgegriffen werden.[81]

---

men zählen, die militärische Gewalt grds. verbieten und nur unter Ausnahmebedingungen erlauben (Stein/v. Buttlar, Völkerrecht, Rn. 1208f.).

77 Doehring, Völkerrecht, Rn. 582ff.

78 Hofmann (in Ostendorf: Folter), Völkerrechtliches Folterverbot, S. 9 (11).

79 Raess, Schutz vor Folter im Völkerrecht, S. 68.

80 Rodley, DJILP 2006, S. 145 (153).

81 ICRC, Commentary, Protocol I additional to the Geneva Conventions of 12 August 1949, art. 75, p. 873. Ein Rückgriff auf die Definition in Art. 1 Abs. 1 VNAFK ist im Völkerstrafrecht, das bei der Formulierung der Kriegsverbrechenstatbestände auf das Kriegsrecht rekurriert und demnach viele Überschneidungspunkte mit letztgenanntem Rechtsgebiet aufweist, nicht mehr ohne Weiteres möglich. Mittlerweile existieren im Völkerstrafrecht nämlich eigene definitorische Ansätze, was unter Folter zu verstehen ist (s. ICTY, Prosecutor vers. Kunarac, Urt. v. 12.06.2002, Case No. IT-96-23/1-A, http://www.icty.org/case/kunarac/4,Rn. 147f.; s. dazu auch unten 1. Teil, Fünftes Kap.). Aufgrund der Konnexität von Kriegsrecht und Völkerstrafrecht wäre auch denkbar, die hinter Folter i.w.S. stehenden Definitionen im IHL dem Kriegsverbre-

Ausweislich der nahezu identischen Art. 12 GA I und II sind in die Hand des Gegners gefallene Personen, die dem Schutzbereich der ersten beiden GA unterfallen,[82] ohne jede Benachteiligung – beispielsweise wegen des Geschlechts – mit Menschlichkeit zu behandeln und zu pflegen. Gem. Art. 12 Abs. 2 GA I und GA II ist „jeder Angriff auf Leib oder Leben dieser Personen und besonders, sie umzubringen oder auszurotten, sie zu foltern, an ihnen biologische Versuche vorzunehmen, sie vorsätzlich ohne ärztliche Hilfe oder Pflege zu lassen (...)" streng verboten.

Nach Art. 13 GA III sind Kriegsgefangene nicht nur mit Menschlichkeit zu behandeln. Darüber hinaus ist jede unerlaubte Handlung oder Unterlassung seitens des Gewahrsamsstaates, die den Tod oder eine schwere Gefährdung der Gesundheit eines in ihrem Gewahrsam befindlichen Kriegsgefangenen zur Folge hat, verboten und als „schwere Verletzung" („grave breach") des GA III zu betrachten. Ferner sind Kriegsgefangene aufgrund selbigen Artikels jederzeit zu schützen; „namentlich auch vor Gewalttätigkeit oder Einschüchterung, Beleidigungen und der öffentlichen Neugier". Gem. Art. 14 GA III haben sie unter allen Umständen Anspruch auf Achtung ihrer Person und ihrer Ehre. Art. 17 Abs. 4 GA III bestimmt, dass Kriegsgefangene nicht gefoltert und auch keinen anderen erdenklichen Druckmitteln ausgesetzt werden dürfen, um Informationen von ihnen zu gewinnen. Des Weiteren ist es laut Art. 52 GA III grundsätzlich untersagt, Kriegsgefangene zu schädlichen Arbeiten einzusetzen. Stets unzulässig ist die Heranziehung zu Arbeiten, „die für einen Angehörigen der bewaffneten Kräfte des Gewahrsamsstaates als erniedrigend angesehen würden". Besonders weit reicht der Schutz durch Art. 87 Abs. 3 GA III der „(...) sämtliche Körperstrafen, jedes Einsperren in Räumen ohne Tageslicht und ganz allgemein jede Art von Folter und Grausamkeit (...)" verbietet. Schließlich untersagt Art. 99 Abs. 2 GA III die Anwendung von moralischen oder physischen Druckmitteln zur Erlangung eines Geständnisses.

Gem. Art. 27 GA IV haben durch das Abkommen geschützte Personen unter allen Umständen Anspruch auf Achtung u.a. ihrer Person und Ehre. Sie sind mit Menschlichkeit zu behandeln. Das impliziert ihren Schutz „namentlich vor Gewalttätigkeit oder Einschüchterung, vor Beleidigungen und der öffentlichen Neugier". Art. 32 GA IV verbietet explizit jede Handlung, die Leiden eines in der Gewalt des Gegners befindlichen Zivilisten verursachen könnte. Als Beispiel für verbotene Handlungen werden u.a. Folterungen, körperliche Strafen, Verstümmelungen, medizinisch nicht indizierte Behandlungen und andere Grausamkeiten genannt.

---

chenstatbestand des ICCS zu entnehmen, der völkerstrafrechtliches Gewohnheitsrecht kodifiziert (dazu s.u. 1. Teil, Fünftes Kap., III), 3)).

82 Das sind Verwundete und Kranke der bewaffneten Kräfte im Felde (GA I) bzw. Verwundete, Kranke und Schiffbrüchige der bewaffneten Kräfte zur See (GA II).

Darüber hinaus sind gewisse Handlungen nicht nur untersagt, sie gelten vielmehr als „schwere Verletzung" der GA, sofern sie gegen Personen begangen werden, die durch das jeweilige Abkommen geschützt sind. Folgende Handlungen sind in diesem Kontext zu nennen: „(…) Folterungen oder unmenschliche Behandlung, einschließlich biologischer Experimente, vorsätzliche Verursachung großer Leiden oder schwere Beeinträchtigung der körperlichen Integrität oder Gesundheit (…)".[83]

Nach dem allen GA gemeinsamen Art. 3, der nur in internen bewaffneten Konflikten gilt,[84] sind all jene, die nicht mehr aktiv oder direkt an den Kampfhandlungen teilnehmen bzw. die Waffen gestreckt haben und durch den Gegner gefangen genommen oder inhaftiert wurden, mit Menschlichkeit zu behandeln und „(…) Angriffe auf Leib und Leben, namentlich Mord jeglicher Art, Verstümmelung, grausame Behandlung und Folterungen (…)" sowie „(…) Beeinträchtigungen der persönlichen Würde, namentlich erniedrigende und entwürdigende Behandlungen (…)" hinsichtlich dieser Personen ausdrücklich verboten. Diese Bestimmung bietet einen umfassenden Schutz vor Folter und ähnlichen Misshandlungen.[85] Ihr wird der Rang von Völkergewohnheitsrecht,[86] wenn nicht sogar der Status zwingenden Völkerrechts („ius cogens") zugesprochen.[87] Demzufolge gilt sie für jeden an einem Bürgerkrieg beteiligten Staat bzw. für jede daran beteiligte Partei, unabhängig davon, ob die jeweilige Partei die Abkommen ratifiziert oder sich zumindest an diese gebunden erklärt hat oder nicht.[88] Sie ist ein Beispiel dafür, dass bestimmte Regeln des Humanitären Völkerrechts auch

---

83 Art. 50 des I. Genfer Abkommen; Art. 51 des II. Genfer Abkommen; Art. 130 des III. Genfer Abkommen; Art. 147 des IV. Genfer Abkommen. Zum Regime der „grave breaches" vgl. Werle, Völkerstrafrecht, Rn. 1046, m.w.N. in Fn. 80; Wise/Podgor, International Criminal Law, S. 692.

84 Grds. beinhaltet das Humanitäre Völkerrecht für interne bewaffnete Konflikte nur weit weniger detaillierte Bestimmungen als für internationale Konflikte (Gasser, (in Hangartner /Trechsel: Völkerrecht im Dienste des Menschen), Genfer Abkommen und Terrorismusverbot. S. 76).

85 Fraglich ist, wie es um den Schutz vor „grausamen, unmenschlichen oder erniedrigenden *Strafen*" (zu diesem im Völkerrecht geläufigen Begriff s.u. 1. Teil, Zweites Kap., II), 2), a), ab), (1), (b)) steht. Dem allg. Gebot der menschenwürdigen Behandlung zufolge dürften aber auch derartige Strafen – obwohl nicht explizit genannt – verboten sein. Zudem liegt im Vollzug einer Strafe ja letztlich auch eine „Behandlung". Demnach ist „Strafe" als Unterform der „Behandlung" miterfasst.

86 Rodley, DJILP 2006, S. 145 (150f.).

87 Hofmann (in Ostendorf: Folter), Völkerrechtliches Folterverbot, S. 9 (12).

88 Hofmann (in Ostendorf: Folter), Völkerrechtliches Folterverbot, S. 9 (12).

im Verhältnis zwischen dem Staat und seinen eigenen Staatsangehörigen gelten.[89]

Nach einer Studie des ICRC soll es im IHL nicht nur ein völkergewohnheitsrechtliches Verbot von Folter, sondern auch von „cruel or inhuman treatment and outrages on personal dignity, in particular humiliation and degrading treatment (...)“ geben.[90] Als wesentliche Quelle eines derartigen Verbots wird Art. 75 ZP I („Grundlegende Garantien“) angeführt. Die Vorschrift enthält nicht nur ein ausdrückliches Verbot von Folter, wobei explizit auch seelische Folter erwähnt ist. Sie verbietet darüber hinaus auch ähnliche Formen einer Beeinträchtigung der persönlichen Würde, insbesondere entwürdigende und erniedrigende Behandlungen.[91] Auch die Androhung der verbotenen Verhaltensweisen wird ausdrücklich untersagt. Zudem liegt in ihr eine Erweiterung des personellen Schutzbereichs. Sie spricht nämlich jeder Person einen zumindest rudimentären Schutz zu, die sich in der Gewalt einer an einem bewaffneten Konflikt (i.S.v. Art. 1 ZP I) beteiligten Partei befindet und die irgendwie durch den Konflikt o-

---

89 Neben der ausdrücklich auch die Behandlung der eigenen Bürger regelnden spezifischen Bürgerkriegsvorschrift des gemeinsamen Art. 3 GA und den Bestimmungen des ZP II gibt es weitere, die Beziehung zu eigenen Staatsangehörigen regelnde Vorschriften, auch hinsichtlich internationaler bewaffneter Konflikte, bspw. die Verpflichtung zur Verbreitung des Wissens um das Humanitäre Völkerrecht in der eigenen Zivilbevölkerung (dazu s. Fleck, Handbuch, Rn. 103, S. 10).

90 Siehe Nachweis bei Rodley, DJILP 2006, S. 145 (151), Fn. 29.

91 Eine Handlung der in Art. 75 Nr. 2 ZP I aufgeführten Art kann für den betreffenden Staat mit der Konsequenz der Staatenverantwortlichkeit (dazu s.u. 1. Teil, 4. Kap.) verbunden sein (s. auch Art. 32 GA IV). Dies stellte der ICTY im Fall Kunarac fest: „The Trial Chamber draws a clear distinction between those provisions which are addressed to states and their agents and those provisions which are addressed to individuals. Violations of the former provisions result exclusively in the responsibility of the state to take the necessary steps to redress or make reparation for the negative consequences of the criminal actions of its agents. On the other hand, violations of the second set of provisions may provide for individual criminal responsibility, regardless of an individual's official status. (...) Several humanitarian law provisions fall within the first category of legal norms, expressly providing for the possibility of state responsibility for the acts of its agents: thus, Article 75 ("Fundamental Guarantees") of Additional Protocol I provides that acts of violence to the life, health, or physical or mental well-being of persons such as murder, torture, corporal punishment and mutilation, outrages upon personal dignity, the taking of hostages, collective punishments and threats to commit any of those acts when committed by civilian or by military agents of the state could engage the state's responsibility (ICTY, Prosecutor vers. Kunarac, Case No. IT-96-23-T, Urt. v. 22.02.2001, http://www.icty.org/case/kunarac/4, Rn. 470).“.

der eine Besatzung betroffen ist und nicht bereits einen weiterreichenden Schutz aufgrund des ZP I oder der GA genießt. Da vielen der Regelungen in Art. 75 ZP I der Status von Völkergewohnheitsrecht zukommt,[92] könnte in einer Zusammenschau dieses Artikels für internationale bewaffnete Konflikte (i.S. der Art. 2 GA und Art. 1 Nr. 4 ZP I) und des Art. 3 GA für interne bewaffnete Konflikte, nicht nur ein allumfassendes gewohnheitsrechtliches Folterverbot im Kriegsvölkerrecht, sondern auch ein gewohnheitsrechtliches Verbot von Beeinträchtigungen der persönlichen Würde, namentlich von erniedrigenden und entwürdigenden Behandlungen, unterstellt werden.[93]

Explizite Ausnahmen vom Verbot der Folter sind in den Abkommen nicht vorgesehen. Nach ganz herrschender Meinung sind die Folterverbote im gesamten Humanitären Völkerrecht von absoluter Natur.[94]

Im Jahre 1977 wurden als Reaktion auf die fortschreitende technische Entwicklung sowie aus rechtsdogmatischen Erwägungen zwei die GA ergänzende und modernisierende Zusatzprotokolle unterzeichnet.[95] Diese enthalten – neben dem bereits erwähnten Art. 75 ZP I – ebenfalls für den Folterschutz relevante Bestimmungen.

Durch Art. 1 Nr. 4 ZP I wird der Schutzbereich der GA auf Konflikte ausgedehnt, in denen „Völker gegen Kolonialherrschaft und fremde Besetzung sowie gegen rassistische Regimes in Ausübung ihres Rechts auf Selbstbestimmung kämpfen".

---

92 Nach O´Connell kommt allen Regelungen des Art. 75 ZP I jedenfalls der Status einfachen Gewohnheitsrechts zu, wobei das dort statuierte Folterverbot(Art. 75 Nr. 2 lit. a, lit. ii) sogar im Rang von „ius cogens" stehen soll (O'Connell, Ohio State Law Journal 2005, S. 1230 (1243), Rn. 47). Dem ICRC Kommentar zu Art. 75 ZP I zufolge handelt es sich bei der Bestimmung um eine „minimum rule of protection" bzw. eine „summary of the law" als Ausdruck „fundamentaler Prinzipien" des Humanitären Völkerrechts (ICRC, Commentary, Protocol I additional to the Geneva Conventions of 12 August 1949, art. 75, p. 865; sehr ähnlich auch Rodley, DJILP 2006, S. 145 (151)).

93 Zur Frage, ob ein derartiges Verbot wirklich existiert, s.u. 1. Teil, Drittes Kap., V).

94 Shany, CULR 2007, Rn. 842, Fn. 23 m.w.N.; Van der Vyver, ALR 2003, S. 427 (444f.). Das Humanitäre Völkerrecht sieht für die in Rede stehenden Verbote auch keine Möglichkeit vor, sie in besonderen Ausnahmesituationen zu suspendieren. Dies verwundert nicht, schließlich betrifft das ius in bello eine Materie, deren Regelungsgebiet schon per definitionem der Ausnahmezustand in Form des bewaffneten Konfliktes ist. Zu den Begriffen „Absolutheit" und „Nicht-Suspendierbarkeit" s.u. 1. Teil, Zweites Kap., II), 2), a), ab), (1), (e).

95 „Zusatzprotokoll zu den Genfer Abkommen vom 12. August 1949 über den Schutz der Opfer internationaler bewaffneter Konflikte (Protokoll I)" und „ Zusatzprotokoll zu den Genfer Abkommen vom 12. August 1949 über den Schutz der Opfer nicht internationaler bewaffneter Konflikte (Protokoll II)" v. 12.12.1977.

Jeder inhaltlichen Betrachtung hat stets die Prüfung voranzugehen, ob der Schutzbereich des ZP I überhaupt eröffnet ist, also ein Fall des in Bezug genommenen Art. 2 GA bzw. des Art. 1 Nr. 4 ZP I überhaupt vorliegt.

Nach Art. 11 ZP I darf „(...) die körperliche oder geistige Gesundheit und Unversehrtheit von Personen, die sich in der Gewalt der gegnerischen Partei befinden (...) nicht durch ungerechtfertigte Handlungen oder Unterlassungen gefährdet werden (...)".[96] Ferner wird dort unter allen Umständen die medizinisch nicht indizierte „Behandlung" von Kriegsopfern untersagt und jede vorsätzliche Zuwiderhandlung oder Unterlassung betreffend vorgenannte Bestimmungen zur schweren Vertragsverletzung erklärt.

Durch Art. 1 Nr. 1 ZP II wird der Schutzbereich erneut erweitert und zwar auf „alle bewaffneten Konflikte, die von Art. 1 des ZP I nicht erfasst sind und die im Hoheitsgebiet einer Vertragspartei, zwischen deren Streitkräften und abtrünnigen Streitkräften oder anderen organisierten bewaffneten Gruppen stattfinden". Ein dem Art. 75 Nr. 2 lit. a ZP I stark angeglichenes Verbot enthält Art. 4 Nr. 2 lit. a ZP II. Zudem werden die Bestimmungen des gemeinsamen Art. 3 GA, welche die Mindestvoraussetzungen des zeitgenössischen Kriegsvölker(gewohnheits)rechts für nicht-internationale Konflikte darstellen, in den Art. 5 und 6 des ZP II bestätigt und ergänzt. Ausweislich der letztgenannten Bestimmungen sind Personen, denen die Freiheit entzogen wurde, in ihrer körperlichen und geistigen Integrität zu schützen. Sie dürfen nur medizinisch indizierten Behandlungen unterzogen werden. Die Todesstrafe darf bei Minderjährigen nicht verhängt werden.

b) Formelle (Durchsetzungs-)Mechanismen

Nachdem die im Folterkontext wesentlichen materiellen Bestimmungen des Humanitären Völkerrechts umrissen wurden, sollen nun die zu deren Durchsetzung notwendigen formellen Vorschriften fokussiert werden.

aa) Generelles

Das Folterverbot im Humanitären Völkerrecht, welches neben den auf staatlicher Seite Handelnden auch andere Konfliktbeteiligte bindet, erscheint nach den skizzierten materiellen Regelungen der GA nebst Zusatzprotokollen recht weitgehend. Die Gefahr ist jedoch groß, dass in der für den Staat und den einzelnen Beteiligten extremen Situation des bewaffneten Konflikts rechtliche Grenzen überschritten werden, sei es aus (rechtlichem) Unwissen, um ein nur unter Ver-

96 Gem. Art. 9 i.V.m. Art. 8 ZP I umfasst der Schutzbereich verwundete, kranke oder schiffbrüchige Militär- und Zivilpersonen.

stoß gegen das Kriegsrecht zu erreichendes Ziel zu realisieren oder aus anderen Gründen.[97] Demnach bedarf es zur Gewährleistung der Einhaltung des Kriegsvölkerrechts solider verfahrensrechtlicher Regeln, die nun in einer kurzen Analyse vorgestellt werden.

Es gibt noch keinen von der gesamten Völkergemeinschaft akzeptierten, die Jurisdiktion über alle Kriegsrechtsverstöße innehabenden internationalen „Kriegsgerichtshof“ samt dazugehörigem rechtsförmigen Verfahren.[98] Demzufolge ist die Durchsetzung des Kriegsrechts – neben dem hierfür notwendigen politischen Willen – in erster Linie abhängig von den entsprechenden nationalstaatlichen Regeln.[99]

Grundsätzlich trifft jeden Vertragsstaat der GA die Pflicht, die sogenannten „schweren Verletzungen“ der Abkommen unter den spezifischen Voraussetzungen der Konventionen im innerstaatlichen Recht mit Strafe zu bewähren.[100]Zudem ist einem Vorwurf einer „schweren Verletzung“ durch Ermittlung der Beschuldigten nachzugehen.[101] Letztgenannte sind schließlich entweder vor ein eigenes Gericht zu stellen, oder sie sind einer anderen an der gerichtlichen Verfolgung interessierten Vertragspartei zu übergeben.[102] Exemplarisch ist insofern Art. 129 GA III.[103] Anders als Folterungen und unmenschliche Behandlungen fallen erniedrigende Behandlungen, die keine großen Leiden oder schweren Be-

---

97 Stein/v. Buttlar, Völkerrecht, Rn. 1284.

98 Allerdings hat der ICC als quasi „Weltstrafgerichtshof“ mit sachlicher Zuständigkeit auch für Kriegsverbrechen seine Arbeit aufgenommen. Sein Statut wurde bereits von 120 Staaten ratifiziert. Schwer wiegt allerdings, dass Länder wie die USA, Russland, die Volksrepublik China, Israel, Indien, Pakistan und der Iran bisher keine Vertragsstaaten geworden sind. Dennoch gewinnt das Völkerstrafrecht immer mehr an Bedeutung, auch und gerade für den Folterschutz, weshalb es an späterer Stelle dieser Arbeit besonders berücksichtigt wird (s.u. 1. Teil, Fünftes Kap. und 2. Teil, Drittes Kap., III), 1)).

99 Giffard, Torture reporting Handbook, S. 22, Rn. 3.6.2.1.

100 Davon unabhängig ist die Frage zu beantworten, ob diese Pflicht, auch in einer Gesamtschau mit weiteren, im Folgenden benannten Pflichten, die ausnahmslose Bestrafung eines Folterers ohne Möglichkeit der Geltendmachung von Straffreistellungsgründen impliziert (dazu s.u. 2. Teil, Drittes Kap., 2)). Unter Straffreistellungsgründen sind alle Umstände zu verstehen, die zu einem Ausschluss der (völker-)strafrechtlichen Verantwortlichkeit führen können (Werle, Völkerstrafrecht, Rn. 409, 409).

101 Beutler, Strafbarkeit der Folter zu Vernehmungszwecken, S. 281.

102 Beutler, Strafbarkeit der Folter zu Vernehmungszwecken, S. 281.

103 In Deutschland sind die in diesem Kontext relevanten strafrechtlichen Vorschriften im „Abschnitt 2 Kriegsverbrechen“ des am 26.06.2002 verkündeten und am 30.06.2002 in Kraft getretenen VStGB enthalten. Für die „grave breaches“ existiert wegen ihrer Natur als Kriegsverbrechen eine weitgehende internationale Jurisdiktion (s. dazu Rodley, DJILP 2006, S. 145 (149)).

einträchtigungen der körperlichen Integrität oder Gesundheit mit sich bringen, nicht unter das „grave breaches“-Regime. Für sie scheidet eine Pönalisierungspflicht insofern ebenso aus wie – bei rein „grammatischer“ Auslegung – für unmenschliche und/oder erniedrigende Bestrafungen, solange sie keine großen Leiden oder schweren Beeinträchtigungen der körperlichen Integrität oder Gesundheit verursachen.[104] Die Pönalisierungspflicht erstreckt sich auch auf Fälle des Handelns auf Befehl. In ihnen muss die Strafbarkeit neben dem unmittelbar handelnden Täter auch den Vorgesetzten umfassen.

Des Weiteren sind die Vertragsstaaten grundsätzlich dazu verpflichtet, bei Verdacht einer „schweren Verletzung“ Ermittlungen aufzunehmen, potentielle Täter zu verfolgen und abzuurteilen.[105] Ferner kann der Ergreifungsstaat Personen, die einer „schweren Verletzung“ der Konventionen angeschuldigt werden, anstatt sie selber abzuurteilen, auch an eine andere an der Verfolgung interessierte Vertragspartei ausliefern.[106] Ausweislich der einschlägigen Bestimmungen gilt die Verpflichtung zur Verfolgung von schweren Vertragsverletzungen unabhängig von der Nationalität des Täters. Die Zuständigkeit und Pflicht zur Verfolgung trifft letztlich jeden Vertragsstaat der GA und nicht nur die am Konflikt Beteiligten, also quasi die ganze Weltgemeinschaft.[107] Hierbei handelt es sich (wohl) um eine Form des vertraglich vereinbarten bedingten Weltrechtsprinzips, da zu unterstellen ist, dass zumindest die Anwesenheit des Tatverdächtigen im Hoheitsgebiet des Ergreifungsstaates als konstituierender Anknüpfungspunkt gegeben sein muss.[108]

---

104 Allerdings sind die Vertragsparteien dazu angehalten, ebenfalls die „notwendigen“ Maßnahmen zur Unterbindung von Zuwiderhandlungen zu ergreifen, die nicht zu den „schweren Vertragsverletzungen“ der GA zählen; so exemplarisch Art. 129 Abs. 3 GA III. Durch die Verwendung des unbestimmten Rechtsbegriffs „notwendig“ verbleibt den Vertragsstaaten aber ein relativ weiter Spielraum, welche individuellen Maßnahmen sie ergreifen.

105 Art. 49des I. Genfer Abkommens; Art. 50des II. Genfer Abkommens; Art. 129des III. Genfer Abkommens; Art. 146 des IV. Genfer Abkommens. Vertiefend zu dem mit dem Verfolgungsgebot für Kriegsverbrechen verbundenen Regime (insb. „aut dedere, aut iudicare“) s. Maierhöfer, „Aut dedere, aut iudicare“, S. 160ff., 336ff.

106 Eine derartige Verpflichtung firmiert im Völkerrecht auch als Pflicht des „aut dedere, aut iudicare“ (s. hierzu im Allgemeinen Bassiouni/Wise, Aut dedere aut iudicare, S. 3ff). Betreffend das aufgrund des ZP I ausgeweitete und verstärkte „aut dedere, aut iudicare“-Regime des Genfer Rechts, seiner Implikationen, Entwicklung und spezifischen Probleme s. Kreß, JICJ 2009, S. 789ff.

107 Gasser, (in Hangartner/Trechsel: Völkerrecht im Dienste des Menschen), Genfer Abkommen und Terrorismusverbot, S. 76.

108 Vgl. Cassese, Int. Criminal Law, S. 338, Fn. 4. Das bedingte Weltrechtsprinzip findet sich in Deutschland bspw. in §§ 6 Nr. 9 und 7 Abs. 2 Nr. 2 StGB. Davon zu unterscheiden ist das absolute Weltrechtsprinzip, nachdem ein Staat Verdächtige unabhän-

Ein Problem dürfte aber der zuweilen mangelnde politische Wille zur tatsächlichen Verfolgung von Kriegsverbrechen bzw. -verbrechern sein. Für nichtinternationale bewaffnete Konflikte kommt erschwerend hinzu, dass die nichtstaatlich organisierten beteiligten Kräfte nur schwer die Möglichkeit haben werden, Kriegsverbrechen mittels einer eigenen Gerichtsbarkeit zu verfolgen; ganz abgesehen von der meist zu unterstellenden Unwissenheit derartiger Konfliktparteien um die Bestimmungen des Humanitären Völkerrechts. Auch aufgrund dieser Schwierigkeiten ist die Etablierung einer internationalen Strafgerichtsbarkeit zur Verfolgung schwerer Kriegsrechtsverstöße notwendig.[109]

Neben den nationalen Bestimmungen zur Ahndung von Verstößen gegen das Kriegsrecht soll der „Rechtsgrundsatz der Gegenseitigkeit" – von dem in den GA und ihren Zusatzprotokollen aber weitestgehend abgerückt wurde[110] – die widerstreitenden Parteien anhalten, sich rechtskonform zu verhalten, um sich nicht der Gefahr einer Repressalie des Gegners gegenüberzusehen oder den Gegner zu veranlassen, seinerseits zu unzulässigen Kampfmitteln zu greifen.[111]

Einen weiteren Eckpfeiler bilden in allen vier Genfer Abkommen identische Klauseln, z.B. Art. 83 ZP I, die eine Verpflichtung der Vertragsparteien beinhalten, die Texte der Abkommen so weit wie irgend möglich bekannt zu machen und insbesondere das Militär in Schulungen ausführlich über deren Verbürgungen zu informieren.[112] Dieser Ansatz war der Erkenntnis von Militärrechtlern geschuldet, dass das Wissen um die Existenz und den Inhalt des im Falle eines

---

gig von ihrer Staatsangehörigkeit, dem Tatort, der Staatsangehörigkeit des Opfers oder von einem gegenwärtigen, zukünftigen oder vergangenen Aufenthalt in einem seiner Gerichtsbarkeit unterfallenden Gebiet verfolgen kann (s. Cassese, Int. Criminal Law, S. 336ff.).

109 In diesem Kontext ist auf die Arbeit der Ad-hoc-Strafgerichtshöfe für das ehemalige Jugoslawien und Ruanda und des Internationalen Strafgerichtshofs zu verweisen, die innerhalb ihrer jeweiligen Jurisdiktion für die Verfolgung von Kriegsverbrechen zuständig sind (Art. 2, 3 ICTYS; Art. 4 ICTRS; Art. 8 ICCS).

110 Siehe u. 2. Teil, Drittes Kap., I).

111 Unter einer Repressalie im völkerrechtlichen Sinne versteht man ein Mittel der einseitigen Rechtsdurchsetzung. Das Schadensminimierungsinteresse der Gegenpartei soll durch die Repressalie oder die Drohung mit ihr dazu führen, dass der Gegner eine Rechtsverletzung beendet. Die Reaktion auf einen Rechtsverstoß mit einem Gegenverstoß muss jedoch verhältnismäßig sein. Zudem ist ein Gegenverstoß hinsichtlich bestimmter besonders geschützter Personen (Kriegsgefangener, Verwundeter, Kranker, Zivilisten) unzulässig (s. zum Ganzen Graf Vitzthum-Bothe, 8. Abschn., Rn. 95; Stein/v. Buttlar, Völkerrecht, Rn. 1286). Ferner ist die Folter als Repressalie nach überwiegender Ansicht verboten (s. Machacek (in Morscher et al.: Festschrift Klecatsky), Für die Menschenwürde, S. 143 (148); Raess, Schutz vor Folter im Völkerrecht, S. 69).

112 Tomuschat, Human Rights, S. 262.

bewaffneten Konflikts anwendbaren Rechts wesentlich für dessen Wirksamkeit ist.[113] Es wird jedoch grundsätzlich schwer sein, quasi „jedermann“ schon vor dem Ausbrechen von Konflikten über das Humanitäre Völkerrecht zu unterrichten. Besonders schwer wird dies bei Widerstandsbewegungen, Rebellen- und Guerillagruppen etc. sein, wenn sie einmal in den bewaffneten Kampf gezogen sind. Gerade für derartige Konfliktparteien bietet sich das ICRC als objektive und neutrale Instanz der Verbreitung des Wissens um das Kriegsrecht an.[114]

Zudem soll die Beachtung des Humanitären Völkerrechts durch Rechtsinstrumente, die eine Einbeziehung von Dritten vorsehen, gestärkt werden. Wie sich aus Art. 8 GA I bis III und Art. 9 GA VI ergibt, ist im Rahmen der klassischen Streitbeilegung bei zwischenstaatlichen bewaffneten Konflikten die Hinzuziehung einer Schutzmacht[115] als „Dritte Partei“ vorgesehen. Diese wird von jeder Konfliktpartei jeweils für sich bestimmt, es ist jedoch stets das Einverständnis beider Parteien notwendig. Mithin handelt es sich beim Rechtsinstitut der Schutzmacht um ein Element konsensualer Rechtsdurchsetzung.[116] Der Schutzmacht obliegt die Mitwirkung und Aufsicht bei der Durchführung der GA. Nach Art. 11 GA I kommt ihr insbesondere die Aufgabe zu, zwischen den Konfliktparteien zu vermitteln. Zu beachten ist allerdings die Tatsache, dass es seit dem 2. Weltkrieg nur äußerst selten zur Bestimmung einer Schutzmacht kam. Das ICRC oder ähnliche unparteiische Organisationen wurden hierzu noch in keinem Fall bestimmt.[117]

Trotz dieses Befundes wurde mit dem ZP I ein weiteres konsensuales Konfliktlösungsverfahren für internationale bewaffnete Konflikte eingeführt, nämlich die „Internationale humanitäre Ermittlungskommission“, die in Fällen von Kriegsrechtsverletzungen deren Tatsachengrundlage erforschen und feststellen soll. Sie kann allerdings keine Feststellungen hinsichtlich etwaiger Rechtsverletzungen anstellen (vgl. Art. 90 ZP I GA). Die Teilnahme an dem Verfahren ist fakultativ.[118] Die Kommission kann ihre Ermittlungen nicht aus eigener Machtvollkommenheit („motu proprio“) aufnehmen, sondern nur auf Antrag eines Vertragsstaats, der ihre Kompetenz selbst anerkannt hat. Der Ermittlungskommission kann ein Fall auch „ad hoc“ während eines laufenden Konflikts unterbreitet werden.[119] Kroatien (1992), Bosnien-Herzegowina (1992) und Kolumbien

---

113 Tomuschat, Human Rights, S. 262.

114 Tomuschat, Human Rights, S. 262.

115 Hierbei kann es sich gem. Art. 10 GA I auch um eine unparteiische Organisation wie das ICRC handeln.

116 Graf Vitzthum-Bothe, 8. Abschn., Rn. 96.

117 Graf Vitzthum-Bothe, 8. Abschn., Rn. 96.

118 Eine Anerkennung der Zuständigkeit der Internationalen humanitären Ermittlungskommission haben derzeit 72 Staaten erklärt.

119 Graf Vitzthum-Bothe, 8. Abschn., Rn. 97.

(1995) haben die Zuständigkeit der Kommission zwar „ad hoc" während eines laufenden Konfliktes anerkannt, hiermit waren allerdings keine Anträge auf die Aufnahme von Ermittlung verbunden. Der praktische Nutzen dieses Verfahrens kann derzeit in Ermangelung der notwendigen empirischen Befunde nicht geklärt werden.

ab) Internationales Komitee vom Roten Kreuz

Wichtigste Instanz zur Förderung der Achtung des Humanitären Völkerrechts im bewaffneten Konflikt ist das ICRC, dem zwar nicht direkt über die GA, jedoch gewohnheitsrechtlich anerkannt die Funktion als Hüter der Beachtung des Kriegsrechts zukommt.[120] Anders als die oben angesprochenen Schutzmächte in Form von Drittstaaten ist das ICRC eine neutrale Instanz.[121] Die zentrale Kontrollbefugnis des ICRC ist darin zu sehen, dass es gem. Art. 126 GA III – gleich einer Schutzmacht – das Recht hat, Kriegsgefangene bei internationalen Konflikten unmittelbar nach ihrer Gefangennahme aufzusuchen. Dieses Recht ist gem. Art. 127 GA III nur vorübergehend und ausnahmsweise aus zwingenden militärischen Gründen suspendierbar. Daneben besteht für das ICRC gem. Art. 143 GA IV – ebenfalls gleich einer Schutzmacht – ein Zugangsrecht zu inhaftierten Zivilpersonen. Dies steht unter dem Vorbehalt, dass von einer Person keine Gefahr für den Gewahrsamsstaat ausgeht, die sich durch einen Besuch in irgendeiner Weise realisieren könnte (Art. 5 GA IV). Die Gefangenenbesuche müssen die Möglichkeit der Inaugenscheinnahme von Inhaftierungsorten und des wiederholten persönlichen Gesprächs von ICRC-Vertretern mit den inhaftierten Kriegsgefangenen oder Zivilpersonen beinhalten (Art. 126 GA III, 143 GA IV).

Im Kontext des Aufgabenspektrums des ICRC ist auch auf den gemeinsamen Art. 3 der GA hinzuweisen, der zur Förderung der Einhaltung des Kriegsrechts in nichtinternationalen bewaffneten Konflikten explizit auf die Möglichkeit des Hinzuziehens des ICRC hinweist. Die Ausgestaltung der Kontrollmöglichkeiten für die Einhaltung des Humanitären Völkerrechts in Bürgerkriegen ist bereits durch das lediglich fakultative Hinzuziehen des ICRC defizitär. Die mangelnde Regelungsdichte ist Folge einer überzogenen Konzession an den staatlichen Souveränitätsanspruch. Sie ist aber wohl auch der Erkenntnis geschuldet, dass Widerstandsbewegungen in internen Konflikten regelmäßig schon nicht über die – für eine gleich umfassende Kontrolle wie bei zwischenstaatlichen bewaffneten Konflikten – notwendige staatliche Infrastruktur verfügen.

---

120 Graf Vitzthum-Bothe, 8. Abschn., Rn. 98.

121 Dieser Erkenntnis folgend kommt dem ICRC bei internationalen Konflikten bereits laut GA III und IV sowie durch Art. 5 ZP I quasi die Stellung einer Schutzmacht zu (Raess, Schutz vor Folter im Völkerrecht, S. 71).

c) Motivationspsychologische Mechanismen

Nach Erfahrungswerten ist die Achtung des Humanitären Völkerrechts nicht in erster Linie auf rechtliche Konsequenzen eines Verstoßes zurückzuführen. Motivationsquelle scheint eher das Zurückschrecken vor den politischen und konflikttechnischen Konsequenzen der Nichtbeachtung des Kriegsrechts zu sein.[122] Bedenkt man das regelmäßig zu unterstellende Interesse der Konfliktparteien an Schadensminimierung, so scheint die Einhaltung von Rechtsbestimmungen grundsätzlich nur zu funktionieren, weil und damit sich die Gegenseite ihrerseits an das Recht hält, was wiederum den eigenen Schaden minimiert.[123] Übertragen auf die Situation eines bewaffneten Konfliktes kann es sich demnach grundsätzlich keine Konfliktpartei leisten, offen die Missachtung des Kriegsrechts zu demonstrieren. Schließlich hat das Erscheinungsbild eines Staates einen politischen und indirekt auch einen wirtschaftlichen Wert, der durch das Publikwerden von Rechtsverletzungen geschmälert werden könnte. Ein Element der Schadensminimierung ist es demnach, eine öffentliche Anerkennung der eigenen Kampfführung als kriegsrechtskonform zu erreichen. So ist es kaum verwunderlich, dass öffentliche Vorwürfe von Kriegsrechtsverstößen stets dementiert werden.[124] Neben den abwägend-rationalen Motiven spielen auch kulturelle Faktoren eine Rolle. Zu nennen sind hier z.B. tradierte soldatische Ehrbegriffe wie Ritterlichkeit.[125]

---

122 Stein/v. Buttlar, Völkerrecht, Rn. 1285.

123 Graf Vitzthum-Bothe, 8. Abschn., Rn. 93. Besagte Gleichung setzt jedoch zumindest ähnliche Ausgangsvoraussetzungen der widerstreitenden Parteien (insbesondere hinsichtlich ihres militärischen Potentials) voraus. Hieraus kann gefolgert werden, dass Gegenseitigkeitserwägungen bei sog. asymmetrischen Konflikten, bei denen die Art der Kampfführung und die Verwundbarkeit der beiden Seiten aufgrund eines völlig disproportionalen Kräfteverhältnisses stark differieren, für das Interesse der Schadensminimierung – soweit vorhanden – eher nachrangig sind. In derartigen Situationen kann der „Mechanismus der Gegenseitigkeit“ mithin motivationspsychologisch nicht mehr zu einer Achtung des Kriegsrechts führen. Allerdings wird das Schadensbegrenzungsinteresse der „überlegenen“, staatlich organisierten Konfliktpartei sie aus oben genannten, weiteren Gründen zumindest anhalten, den Anschein der Kriegsrechtskonformität aufrecht zu erhalten bzw. wieder herzustellen. Zu der Sonderkonstellation asymmetrischer Konflikte s. Scheidle, HFR 2009, S. 220ff.

124 Möglich wäre bspw. die Einnahme einer (meistens fragwürdigen) Rechtsposition, welche das eigene Verhalten als kriegsrechtskonform darstellt. In Evidenzfällen, die keine derartige Darstellung mehr ermöglichen, wird dann zumindest versucht, den Anschein von Legitimität zu erwecken. Vergleichbarer Verteidigungsstrategien bedienen sich aus ähnlichen Erwägungen auch Staaten, die sich öffentlichen Foltervorwürfen ausgesetzt sehen.

125 Vgl. Graf Vitzthum-Bothe, 8. Abschn., Rn. 93. Einer kulturellen Wertung bzw. Ethik liegt aber zumeist eine rationale Abwägung zu Grunde.

d) Wechselbeziehungen von Friedens- und Kriegsvölkerrecht

Der nur eingeschränkte Wirkungsbereich der Regeln des Humanitären Völkerrechts macht sie ergänzungsbedürftig. Deshalb findet das Friedensvölkerrecht dort Anwendung, wo keine speziellere Regelung durch das Humanitäre Völkerrecht getroffen wird.[126] Nach anderer Ansicht behält das Friedensvölkerrecht zumindest in Form von Menschenrechtsverträgen zwischen den Vertragsparteien auch nach Beginn von Feindseligkeiten weiter seine Geltung.[127] Im Falle eines bewaffneten Konfliktes zwischen europäischen Staaten, die sowohl Vertragsparteien der EuAFK als auch der GA sind, hätte dies eine Kollision des ICRC-Besuchsrechts nach den GA mit dem Besuchsrecht nach der EuAFK zur Folge.[128] Der auch im Völkerrecht anerkannte Grundsatz des Vorrangs spezialgesetzlicher Regelungen spricht neben derartigen Kollisionsproblemen für eine vorrangige Anwendung des Humanitären Völkerrechts.

---

126 So die vorzugswürdige Ansicht Tomuschats. Ihm zufolge sind die Regeln des Kriegsrechts dort, wo sie einen Sachverhalt regeln, bspw. hinsichtlich der Rechtsstellung von Kriegsgefangenen, lex specialis zu den Regeln des IPbpR. Sie verdrängen dessen Regelungen in derartigen Fällen. Im Umkehrschluss fänden die Bestimmungen des IPbpR aber Anwendung, wenn ein Sachverhalt nicht entsprechend kriegsrechtlich reglementiert ist (Tomuschat, DÖV 2006, S. 357 (365f.)).

127 Der VNMRA hat in „General Comment“ No. 29 (die „General Comments“ sind übersetzt abgedruckt in Klein (in Bielefeld: „General Comments“), Allg. Bemerkungen und Empfehlungen der VN-Vertragsorgane) in para. 3 bereits angedeutet, dass die den Missbrauch von Notstandsvollmachten durch den Staat zu verhindern suchenden Regelungen des IPbpR während bewaffneter Konflikte durch einschlägige Bestimmungen des IHL ergänzt, also nicht verdrängt werden. Diese Ansicht verfestigt sich in „General Comment“ No. 31 para. 11 (zur Rechtsnatur der „General Comments“ s.u. 1. Teil, Zweites Kap., II), 2), a), ab), (1), (a)). Allerdings seien in bewaffneten Konflikten die einschlägigen IHL-Normen besonders relevant für die Auslegung des IPbpR. Martin Scheinin stellt in seinem Bericht „Mission to the United States of America“ eingangs allgemein fest, dass – ungeachtet von Klassifizierungsfragen – internationale Menschenrechtsverbürgungen auch während bewaffneter Konflikte anwendbar blieben. Hinsichtlich des Verhältnisses von Art. 9 Abs. 4 IPbpR und Humanitärem Völkerrecht bemerkte er: „(…) the right to judicial review of any form of detention does not depend on whether humanitarian law is also applicable“ (Report of the Special Rapporteur on the promotion and protection of human rights and fundamental freedoms while countering terrorism, Martin Scheinin, Addendum: Mission to the United States of America v. 22.11.2007 (Un-Doc. A/HRC/6/17/Add. 3, S. 7f., 11)). Der Sonderberichterstatter spricht sich damit wie der VNMRA – anders als hier vertreten – gegen eine Verdrängung des Friedensvölkerrechts durch das IHL aus. Das IHL soll nur ergänzend zur Anwendung kommen. Aufgrund der ausschließlichen Bezugnahme auf den IPbpR gilt diese Aussage aber wohl nur für vertraglich gesicherte int. Menschenrechte.

128 Raess, Schutz vor Folter im Völkerrecht, S. 73.

Es bleibt dabei: Friedensvölkerrecht in Form von Menschenrechtsverträgen, was erst recht für Friedensvölkerrecht in Form von „soft law“ gilt, muss solange zurückstehen, wie spezialgesetzliche Regelungen greifen.[129] Diese Ansicht führt auch nicht etwa zu einem geringeren Schutzniveau. So kann die vorrangige Anwendung einschlägiger kriegsrechtlicher Bestimmungen, z.B. des Art. 75 ZP I GA, in einer Situation, in der nicht-notstandsfeste allgemeine Menschenrechtsschutzbestimmungen im Rahmen der anerkannten Grundsätze außer Kraft gesetzt werden könnten, einen Zugewinn an Schutz bedeuten.

Da das Verhältnis zwischen Kriegs- und Friedensvölkerrecht aber letztlich hoch umstritten ist, können die hier getroffenen Feststellungen ob ihrer Kürze lediglich als Denkanstöße verstanden werden.[130]

3) Zwischenergebnis

Die Bestimmungen des Humanitären Völkerrechts gewähren materiell betrachtet ein absolutes Maximum an Schutz, bedenkt man die Extremsituation, in der sich ihnen unterworfene Personen befinden.[131] Alleine ihre Durchsetzung erscheint problematisch, da die internationalen Verfahren zur Gewährleistung der Beachtung des Kriegsvölkerrechts alle an der mangelnden Sanktionierbarkeit von Verstößen und ihrer (zu) stark konsensualen Ausrichtung leiden.[132] Deshalb fällt der Fokus schnell auf innerstaatliche Umsetzungsmaßnahmen kriegsrechtlicher Vorgaben, insbesondere auf die strafrechtliche Sanktionierung von Kriegsrechtsverstößen. Die konfliktbeteiligten Parteien werden aus verschiedenen Gründen jedoch davor zurückschrecken, ihre eigenen Kämpfer wegen der Verletzung Humanitären Völkerrechts zu verfolgen bzw. zu bestrafen, z.B. um einer „Lähmung“ der Kampfkraft durch „juristische Überfrachtung“ vorzubeugen, um die Truppenstärke nicht durch Abwesenheit von einzelnen bzw. ganzen Truppenteilen aufgrund gegen sie geführter Kriegsrechtsverfahren zu schwächen oder aus Korpsgeist-Denkmustern. Darüber hinaus sind auch Gründe dafür denkbar, eigentlich für Kriegsverbrechen zu belangende Kriegsgefangene des Geg-

129 Raess, Schutz vor Folter im Völkerrecht, S. 73. Ebenso äußert sich die Inter-Amerikanische Kommission für Menschenrechte: „In certain circumstances, however, the test for evaluating the observance of a particular right, such as the right to liberty, in a situation of armed conflict may be distinct from that applicable in time of peace. In such situations, international law, including the jurisprudence of this Commission, dictates that it may be necessary to deduce the applicable standard by reference to international humanitarian law as the applicable lex specialis (s. Nachweis bei Ramcharan, Defence of Human Rights, S. 188).“

130 Zum Streitstand s. Steiger, HFR 2009, S. 197 (198), Rn. 4 m.w.N.

131 Ob das IHL dennoch Ausnahmemöglichkeiten vom Verbot der Folter i.w.S. zulässt, wird weiter unten eruiert (2. Teil, Drittes Kap., I)).

132 Auszunehmen ist insofern das Verfahren vor dem ICC.

ners nicht zu bestrafen, z.B. um eigene Soldaten keiner erhöhten Verfolgungs- bzw. Bestrafungsgefahr auszusetzen. Aus den genannten Gründen blieben in der Vergangenheit viele Kriegsverbrechen ungesühnt.[133] Insofern ist die mittlerweile initiierte Ergänzung durch das Völkerstrafrecht bzw. den ICC ein Lichtblick. Die weitere Entwicklung auf diesem Gebiet bleibt abzuwarten.

II) Folterverbot als Kernelement des allgemeinen Völkerrechts

Der mit dem Ende des zweiten Weltkriegs einsetzende Prozess universeller Einforderung eines umfangreichen menschenrechtlichen Schutzes spiegelt sich bereits in Art. 1 Nr. 3, Art. 56 i.V.m. Art. 55 lit. c der Charta der 1945 neu gegründeten Vereinten Nationen[134] wider, deren Hauptaufgabe u.a. die Verbesserung des menschenrechtlichen Schutzes weltweit war und ist.[135] Art. 1 Nr. 3 VNC lautet:

„Die Vereinten Nationen setzen sich folgende Ziele: (...) die Achtung vor den Menschenrechten und Grundfreiheiten für alle ohne Unterschied der Rasse, des Geschlechts, der Sprache oder der Religion zu fördern und zu festigen (...).“

Seit der Renaissance der Folter im 20. Jahrhundert[136] und den damit einhergehenden verheerenden Erfahrungen, z.B. im nationalsozialistischen Deutschland oder im stalinistischen Russland, ist an der zentralen Bedeutung des Folterverbots für den internationalen Menschrechtsschutz nicht mehr zu zweifeln. Ein umfassender Schutz vor Folter durch das Allgemeine Völkerrecht ist aufgrund des naturgemäß auf Fälle des bewaffneten Konfliktes begrenzten Folterschutzes durch das Humanitäre Völkerrecht dringend notwendig. Dadurch erklärt sich auch die überragende Stellung des Folterverbots im Bereich des Allgemeinen Völkerrechts und dessen vielfältige Verankerung in zahlreichen universellen und regionalen Menschenrechtsinstrumenten nach 1945.

1) Folterverbot in Resolutionen/Deklarationen der VN

Dem Geiste obiger Ausführungen folgend betonen auch die Organe der Vereinten Nationen die Bedeutung des Folterverbots in verschiedenen Resolutionen.

Entschließungen internationaler Organisationen, die sich nicht auf den organisationsinternen Bereich beschränken, insbesondere der Generalversammlung der Vereinten Nationen, kommt aufgrund ihres Charakters als Empfehlungen (Art.

---

133 Graf Vitzthum-Bothe, 8. Abschn., Rn. 99.

134 BGBl. 1980 II, S. 1252 (Fassung der Bekanntmachung v. 28.08.1980).

135 Ipsen, Völkerrecht, S. 98; Raess, Schutz vor Folter im Völkerrecht, S. 49f.

136 Hilgendorf, JZ 2004, S. 331 (333).

10-14 der VNC) grundsätzlich aber keine Rechtsverbindlichkeit zu.[137] Sie können jedoch als Indiz für bestehendes Völkergewohnheitsrecht herangezogen werden,[138] zumindest für den Nachweis der Rechtsüberzeugung, als einem der zwei für die Annahme von Völkergewohnheitsrecht konstitutiven Elemente.[139]

Im Kontext des Folterverbots besonders wichtig erscheinen die Allgemeine Erklärung der Menschenrechte von 1948 und die Erklärung über den Schutz aller Personen vor Folter und anderer grausamer, unmenschlicher oder erniedrigender Behandlung oder Strafe von 1975, die nachfolgend besprochen werden. Aus Gründen der Chronologie wird aber mit den VN-Wirtschafts- und Sozialratsresolutionen begonnen, die Mitte der 1940er-Jahre zur Gründung der VN-Menschenrechtskommission geführt haben.

a) VN-Wirtschafts- und Sozialrat Resolution 5 (I)[140], 9 (II)[141] und 1235 (XLII)[142]

Die VNMRK wurde 1946 durch Resolution 5 (I) und 9 (II) des VN-Wirtschafts- und Sozialrates als Hilfsorgan zum Schutz der Menschenrechte gegründet.[143]

Im Jahre 1967 erließ der VN-Wirtschafts- und Sozialrat die Resolution 1235 (XLII), in welcher er die VNMRK ermächtigte, Informationen nachzugehen, die eine schwere Verletzung der Menschenrechte und Grundfreiheiten nahelegen (sog. „1235-Verfahren"). Dabei handelt es sich um ein Verfahren mit durchweg öffentlichem Charakter, um einen größeren Druck auf potentiell die Menschenrechte verletzende Staaten zu erreichen. Für die Untersuchungen kann die VNMRK (heute VNMRR) entweder themen- oder länderspezifische Arbeitsgruppen oder Sonderberichterstatter einsetzen. Speziell das Foltersujet betreffend richtete die VNMRK auf Grundlage der Resolution 1235 (XLII) als drittes themenspezifisches Mandat den VN-Sonderberichterstatter über Folter (UN

---

137 Ipsen, Völkerrecht, S. 221, 241f.; Schmahl/Steiger, AVR 2005, S. 358 (360f.).

138 Hofmann (in Ostendorf: Folter), Völkerrechtliches Folterverbot, S. 9 (13).

139 Ipsen, Völkerrecht, S. 242. Auf ein etwaiges völkergewohnheitsrechtliches Folterverbot wird weiter unten eingegangen(1. Teil, Drittes Kap.).

140 UN-Doc. E/RES/5(I) v. 16.02.1946.

141 UN-Doc. E/RES/9(II) v. 21.06.1946.

142 Economic and Social Council Resolution 1235 (XLII), 42 U.N., ESCOR Supp. (No. 1) at 17, U.N. Doc. E/4393 (1967).

143 Aufgabe des VN-Wirtschafts- und Sozialrates ist es gem. Art. 62 Abs. 2 VN-Charta durch Empfehlungen „die Achtung und Verwirklichung von Menschenrechten und Grundfreiheiten für alle zu fördern" (s. zu den weiteren Aufgaben des Rates: Graf Vitzthum-Klein, 4. Abschn., Rn. 155ff.).

Special Rapporteur on Torture) ein.[144] Anders als in einem frühen Entwurf wurde das Mandat zur Einrichtung des Sonderberichterstatters in der letztlich verabschiedeten Resolution lediglich für Folterfragen erteilt.[145] Dies steht eindeutig im Widerspruch zur Ausrichtung der AFD und der VNAFK, die auch auf „andere grausame, unmenschliche oder erniedrigende Behandlungen oder Strafen" abstellen.[146] Hierin ist eine Konzession an einige Länder zu sehen, die befürchteten, dass die Möglichkeit des Sonderberichterstatters, sich auch mit minder schweren Misshandlungen zu befassen, zu weit ginge. Im ersten jemals von einem VN-Sonderberichterstatter über Folter verfassten Bericht bediente sich der damals den Posten bekleidende Peter Kooijmans folgenden rhetorischen Kunstgriffs, um die Restriktion zu umgehen:

„Nevertheless, the Special Rapporteur should take into account certain "cruel, inhuman or degrading treatment or punishment" that could, in a further analysis, constitute an act of torture. As a matter of fact, there is a "grey area" between "torture" and "other treatment or punishment", that could be clarified if the appropriate international legal concept of torture and its practical implementation are taken into account."[147]

Von diesem weiten Verständnis seines Mandats ist der Sonderberichterstatter ausweislich späterer Berichte nicht mehr abgerückt.[148]

Zur Überwachung und Verwirklichung des Menschenrechtsschutzes bedient der VN-Sonderberichterstatter über Folter sich eines speziellen Überwachungsverfahrens. So holt er von Regierungen, zwischenstaatlichen Organisationen, speziellen Gruppen, NGOs und Einzelpersonen Informationen über Folterungen ein. Er ersucht die VN-Mitgliedsstaaten regelmäßig um Informationen über getroffene oder beabsichtigte präventive und repressive Anti-Foltermaßnahmen. Nach einer förmlichen Anfrage bei einer mit Foltervorwürfen konfrontierten Regierung kann der VN-Sonderberichterstatter auch Vor-Ort-Besuche anstreben, sogenannte „fact-finding-missions".[149] Grundsätzlich sendet er im Falle der

---

144 VNMRK RES 1985/33 v. 13.03.1985. Das ursprünglich nur auf ein Jahr ausgelegte Mandat wurde fortlaufend verlängert (s. Raess, Verbot der Folter, S. 186).

145 Kooijmans (in Cassese: Int. Fight Against Torture), The UN Special Rapporteur on Torture, S. 59.

146 Raess, Schutz vor Folter im Völkerrecht, S. 185, Fn. 4.

147 Report by the UN Special Rapporteur on Torture P. Kooijmans, UN-Doc. E /CN.4/1986/15 v. 19.02.1986, S. 5.

148 Kooijmans (in Cassese: Int. Fight Against Torture), The UN Special Rapporteur on Torture, S. 60.

149 Kooijmans (in Cassese: Int. Fight Against Torture), The UN Special Rapporteur on Torture, S. 66. Eine derartige Mission setzt allerdings das Einverständnis der betreffenden Regierung voraus. Da eine berechtigten Foltervorwürfen ausgesetzte Regierung

Kenntniserlangung von Foltervorwürfen aufgrund eigener Untersuchungen eine Note an die betreffende Regierung, in der er u.a. konkret zu dem vorgeworfenen Sachverhalt Stellung bezieht und Untersuchungen, wie auch die Ergreifung von Maßnahmen zur Verbesserung der Situation, anmahnt.[150] Zusätzlich besteht die Möglichkeit eines „Dringlichkeitsverfahrens“.[151] Dies ermöglicht es auf aktuelle Informationen über Folterungen derart umgehend zu reagieren, dass es möglich ist, eine betroffene Regierung spontan aufzufordern, eine fortdauernde bzw. unmittelbar bevorstehende Folterung zu unterbinden. Schließlich setzt der Sonderberichterstatter zu Händen der VNMRK (heute VNMRR) umfassende Jahresberichte auf, die eine Analyse der aktuellen Weltlage in Anbetracht von Folter, rechtliche Hinweise zu einschlägigen Folterbestimmungen und Verbesserungsempfehlungen enthalten.[152] Zudem kooperiert er mit dem im Rahmen der VNAFK eingerichteten Ausschuss gegen Folter.[153]

Abschließend betrachtet leidet die Effizienz der Arbeit des Sonderberichterstatters an seiner Abhängigkeit von der Kooperationsbereitschaft der VN-Mitgliedsstaaten. Allerdings ist die Schaffung von „Öffentlichkeit“ im Folterkontext ein durchaus scharfes Schwert.

Seit ihrer Gründung Mitte der 1940er-Jahre stand die Menschenrechtskommission 60 Jahre lang im Zentrum des VN-Menschenrechtsschutzsystems.[154] Die Effizienz und Glaubwürdigkeit ihrer Arbeit ist jedoch zunehmend angezweifelt worden. Bemängelt wurden u.a. die Nichtöffentlichkeit und Langwierigkeit des Verfahrens, die Zusammensetzung aus staatlichen Vertretern (anstatt aus unabhängigen Experten), eine sachlich unangebrachte Selektivität des Umgangs mit Menschenrechtsverletzungen in verschiedenen Ländern sowie eine Lähmung durch die wechselseitige Blockade gewisser Staatengruppen und die mangelnde Reaktionsfähigkeit.[155]

Diese Kritikpunkte führten zu einem sich ausweitenden Diskurs über Möglichkeiten einer Reform der Menschenrechtskommission.[156] Konkrete Reformanstöße erfolgten im Jahre 2004 durch den Bericht der „Hochrangigen Gruppe für

---

sich wohl kaum freiwillig bereiterklären wird, eine „fact-finding-mission“ auf ihrem Territorium zu dulden, ist das Mandat insofern eher schwach ausgestaltet.

150 Stein, Verbot der Folter, S. 106.

151 Kooijmans (in Cassese: Int. Fight Against Torture), The UN Special Rapporteur on Torture, S. 63f.

152 Raess, Schutz vor Folter im Völkerrecht, S.189.

153 Stein, Verbot der Folter, S. 106.

154 Theissen, VN 2006, S. 138.

155 Siehe Machacek (in Morscher et al.: Festschrift Klecatsky), Für die Menschenwürde, S. 143 (146); Theissen, VN 2006, S. 138.

156 Theissen, VN 2006, S. 138f.

Bedrohungen, Herausforderungen und Wandel“[157] und durch einen Bericht des VN-Generalsekretärs aus dem Jahre 2005[158]. Die darauf folgenden Konsultationen führten im Jahre 2006 schließlich zum Erlass der Gründungsresolution[159] des in Genf neu einzurichtenden VN-Menschenrechtsrats. Dieser trat vom 19.06.2006 bis 30.06.2006 zu seiner konstituierenden Sitzung zusammen und ersetzt seitdem die zugleich aufgelöste Menschenrechtskommission. Ihm kommt, anders als der Kommission, nicht mehr der Status als Hilfsorgan des VN-Wirtschafts- und Sozialrates zu, sondern als Nebenorgan der VN-Generalversammlung.[160]

Reagiert auf die im Wesentlichen bemängelten Punkte an der VNMRK wurde u.a. durch eine Ausdehnung der Sitzungsanzahl und Sitzungsdauer, durch die geheime Wahl jedes einzelnen Kandidaten mit absoluter Mehrheit aller Generalversammlungsmitglieder, durch die Verpflichtung der Mitglieder zur Einhaltung der höchsten Menschenrechtsstandards und durch die regelmäßige Überprüfung, in welchem Maße die Mitgliedsstaaten der VN (beginnend mit den Mitgliedern des VNMRR) ihren Menschenrechtsverpflichtungen nachkommen.[161]

Zweifelsohne wurde mit der Einsetzung des VNMRR der Menschenrechtsschutz im System der Vereinten Nationen optimiert.[162] Ob hierdurch eine nachhaltige Verbesserung des weltweiten Menschenrechtsschutzes erreicht wird, wird die Zukunft zeigen. Optimistisch stimmt die in der fünften Sitzung des VNMRR (11.06. bis 18.06.2007) beschlossene Ausgestaltung des regelmäßigen allgemeinen Prüfungsverfahrens, das der Kontrolle der Einhaltung der Menschenrechtsverpflichtungen dient, zu einem relativ umfassenden, belastbaren Prüfungsmechanismus. Vorgesehen ist eine turnusgemäße Überprüfung (alle vier Jahre) jedes einzelnen der derzeit 193 Mitgliedsstaaten der Vereinten Nationen. Es handelt sich um ungefähr 48 Staatenüberprüfungsverfahren jährlich. Das Prüfungsverfahren wird von einer Arbeitsgruppe aus Ratsmitgliedern geleitet. Deren Arbeit soll durch folgende Komponenten unterstützt werden:

eine Gruppe von Berichterstattern aus drei Staaten, Informationen von NGOs, Einschätzungen nationaler Menschenrechtsorganisationen aus dem zu überprüfenden Mitgliedsstaat, Informationen von im Kontext spezifischer Menschenrechtsinstrumente tätigen Organen (z.B. des i.R. des IPbpR eingerichteten Ausschuss für Menschenrechte) und spezielle im Rahmen der Menschenrechtskommission entwickelte Mechanismen (sog. „special procedures“).

---

157 UN-Doc. A/59/565 v. 02.12.2004.

158 UN-Doc. A/59/2005 v. 21.03.2005.

159 UN-Doc. A/RES/60/251 v. 15.03.2006.

160 Theissen, VN 2006, S. 138 (142).

161 Theissen, VN 2006, S. 138 (139ff.).

162 Theissen, VN 2006, S. 138 (145).

Insbesondere die entweder aus einem speziellen Berichterstatter, einem speziellen Beauftragten des Generalsekretärs, einem unabhängigen Experten oder einer Arbeitsgruppe aus den fünf Weltregionen bestehenden „special procedures" versprechen, aufgrund ihrer besonders strengen Auswahl- und Verhaltensregeln, Quelle ungeschönter Lageberichte zu sein.

b) Allgemeine Erklärung der Menschenrechte von 1948[163]

Eigentlicher Ausgangspunkt des Folterverbots im Völkerrecht ist die Allgemeine Erklärung der Menschenrechte vom 10.12.1948.[164] Auf die Kodifizierung der AEMR wirkte insbesondere die VNMRK hin.[165] Der AEMR kommt die Funktion zu, die in Art. 1 Nr. 3 VNC enthaltene Bezugnahme auf die Menschenrechte zu konkretisieren.[166]

Unabhängig davon, ob man der AEMR im Ganzen als Völkergewohnheitsrecht Verbindlichkeit zusprechen mag,[167] den gewohnheitsrechtlichen Status zumindest für einige der Bestimmungen unterstellt, oder aufgrund des Resolutionscharakters für eine rechtliche Unverbindlichkeit plädiert,[168] kann der Erklärung kaum genug Beachtung geschenkt werden. Schließlich statuiert sie in Art. 5 – im Gegensatz zu Art. 1 Nr. 3 der VNC – auf universeller Ebene erstmalig ein ausdrückliches Verbot der Folter:

„Niemand darf der Folter oder grausamer oder erniedrigender Behandlung oder Strafe unterworfen werden."

Dieses Folterverbot dient als Orientierungshilfe für entsprechende Bestimmungen in diversen der AEMR folgenden, universellen und regionalen Menschenrechtsinstrumenten.[169]

Unabhängig vom strittigen Status der AEMR und ihrer Verbürgungen könnte die Erklärung auch im Falle ihrer Zugehörigkeit zum Völkergewohnheitsrecht in Ermangelung eines Durchsetzungsinstrumentariums keinen effektiven Folterschutz gewährleisten.[170]

---

163 Resolution der VN-Generalversammlung 217 A (III) v. 10.12.1948.

164 Hofmann (in Ostendorf: Folter), Völkerrechtliches Folterverbot, S. 9 (13).

165 Theissen, VN 2006, S. 138.

166 So Beutler, Strafbarkeit der Folter zu Vernehmungszwecken, S. 136; Raess, Schutz vor Folter im Völkerrecht, S. 55.

167 Der völkergewohnheitsrechtliche Charakter wird bejaht in Verdross/Simma, Völkerrecht, § 1234.

168 So Kinzig, ZStW 2003, S. 791 (798); Lauff, NJW 1981, S. 2611 (Fn. 3); Stein/v. Buttlar, Völkerrecht, Rn. 1007. Zu diesen Fragen s.u. 1. Teil, Drittes Kap, I).

169 Hofmann (in Ostendorf: Folter), Völkerrechtliches Folterverbot, S. 9 (13).

170 Vgl. Raess, Schutz vor Folter im Völkerrecht, S. 56.

c) Erklärung über den Schutz aller Personen vor Folter und anderer grausamer, unmenschlicher oder erniedrigender Behandlung oder Strafe von 1975[171]

Nicht zuletzt inspiriert durch die seit 1973 von Amnesty International geführte Anti-Folter-Kampagne und in Anbetracht der andauernden weltweiten Folterpraxis forderte die Generalversammlung der Vereinten Nationen ihre Mitglieder Anfang der 1970er Jahre auf, Berichte über ihre innerstaatlichen Maßnahmen zum Schutze vor Folter auszuarbeiten.[172] Aus den vorgelegten Berichten wurde eine umfassende Dokumentation angefertigt, die als Basisdokument der am 09.12.1975 von der Generalversammlung verabschiedeten Erklärung über den Schutz aller Personen vor Folter und anderer grausamer, unmenschlicher oder erniedrigender Behandlung oder Strafe diente.

Die AFD zeitigt aufgrund ihres völkerrechtlich unverbindlichen Resolutionscharakters zwar keine rechtliche Bindungswirkung,[173] sie ist jedoch als politisch bedeutsam einzustufen.[174] Ihre besondere Bedeutung ist darin zu sehen, dass die Deklaration schon die maßgeblichen Elemente des später folgenden Übereinkommens gegen Folter und andere grausame, unmenschliche oder erniedrigende Behandlung oder Strafe von 1984 enthielt,[175] insbesondere eine Definition der Folter in Art. 1 Abs. 1:

„Unter Folter im Sinne dieser Erklärung ist jede Handlung zu verstehen, durch die einer Person von einem Träger staatlicher Gewalt oder auf dessen Veranlassung hin vorsätzlich starke körperliche oder geistig-seelische Schmerzen oder Leiden zugefügt werden, um von ihr oder einem Dritten eine Aussage oder ein Geständnis zu erzwingen, sie für eine tatsächlich oder mutmaßlich von ihr begangene Tat zu bestrafen oder sie oder andere Personen einzuschüchtern. Nicht darunter fallen Schmerzen oder Leiden, die sich lediglich in einem mit den Mindestbestimmungen über die Behandlung von Strafgefangenen zu vereinbarenden Maß aus gesetzlich zulässigen Zwangsmaßnahmen ergeben, diesen anhaften oder als deren Nebenfolge auftreten."[176]

Zudem ist in Art. 3 S. 2 der Erklärung ein Derogationsverbot enthalten, nach dem „außergewöhnliche Umstände gleich welcher Art, sei es Krieg oder Kriegsgefahr, innenpolitische Instabilität oder ein sonstiger öffentlicher Notstand, nicht als Rechtfertigung für Folter oder andere grausame, unmenschliche

---

171 UN-Doc. A/RES/3452 (XXX) v. 09.12.1975.

172 Marx, ZRP 1986, S. 81.

173 Raess, Schutz vor Folter im Völkerrecht, S. 120f.

174 Schmahl/Steiger, AVR 2005, S. 358 (360f.).

175 Dazu s.u. 1. Teil, Zweites Kap., II, 2), a), ac).

176 Deutsche Übersetzung abgedruckt in Tomuschat (in Schulz-Hageleit: Alltag, Macht, Folter), Rechtlicher Schutz gegen Folter, S. 100.

oder erniedrigende Behandlung oder Strafe geltend gemacht werden dürfen". Auch das Derogationsverbot war maßgeblich für die entsprechende Regelung der VNAFK.

Unter die Folterdefinition der AFD fallen ausdrücklich auch „gesetzlich zulässige Zwangsmaßnahmen", wenn das durch sie hervorgerufene Maß von Schmerzen oder Leiden sich nicht mit den „Mindestbestimmungen über die Behandlung von Strafgefangenen",[177] einem bereits in den 1950er Jahren durch den UN-Wirtschafts- und Sozialrat angenommenen Regelwerk, vereinbaren lässt.

2) Folterverbot in völkerrechtlichen Verträgen

Das Folterverbot wurde nach 1945 neben seiner Implementierung in rechtlich unverbindlichen Deklarationen bzw. Resolutionen der UN-Generalversammlung auch in eine Vielzahl völkerrechtlicher Verträge aufgenommen.[178]

Anfänglich soll das Augenmerk einzig auf den universellen Übereinkommen liegen, die im Rahmen der Vereinten Nationen verwirklicht wurden. Auf die regionalen Übereinkommen wird anschließend eingegangen.

b) Universelle Übereinkommen

Die universellen Übereinkommen des Individual- bzw. Menschenrechtsschutzes sind dadurch gekennzeichnet, dass es sich bei ihnen um multilaterale Verträge handelt, die allen Staaten der Welt eine Mitgliedschaft anheimstellen und demnach einen weltweiten Wirkungsgrad besitzen.[179]

Innerhalb dieser Übereinkommen beinhalten einige einen ausführlichen Katalog unterschiedlicher Menschenrechte, z.B. die beiden VN-Menschenrechtspakte von 1966 (universelle allgemeine Übereinkünfte). Andere wiederum beschränken sich auf einzelne Gegenstände, wie z.B. die AGK auf den Völkermord oder die VNAFK auf die Folter (universelle spezielle Übereinkünfte).

---

177 Economic and Social Council RES 663 C (XXIV) of 31.07.1957 and 2076 (LXII) of 13.04.1977.

178 Siehe Hilgendorf, JZ 2004, S. 331 (333); Marx, KJ 2004, 278 (280f.); Selbmann, NJ 2005, S. 300.

179 Ipsen, Völkerrecht, S. 773ff.

aa) Konvention über die Bestrafung und Verhütung des Völkermordes von 1948[180]

Die Anti-Genozid-Konvention vom 09.12.1948 ist im Zusammenhang mit den Ambitionen der Vereinten Nationen zu sehen, den globalen Schutz der Menschenrechte zu fördern, und bringt ihre Bereitschaft zum Ausdruck, die Verletzung grundlegender Menschenrechte strafrechtlich zu sanktionieren.[181] Unmittelbarer Anknüpfungspunkt der Anti-Genozid-Konvention sind die sogenannten „Nürnberger Prinzipien“.[182]

In Art. 2 lit. b der Konvention wird die „Verursachung von schwerem körperlichem oder seelischem Schaden (...)“ – bei Vorliegen der für alle in Art. 2 genannten Tathandlungsvarianten gültigen besonderen subjektiven Voraussetzungen – als Völkermord klassifiziert, wobei unter diese Varianten ebenfalls die Folter zu subsumieren ist.[183] Ferner ist Völkermord, begangen durch jedwede in der Konvention benannte Handlungsvariante, gem. Art. 1 AGK, als Verbrechen nach internationalem Recht zu werten.

Auch wenn die AGK selbst kein gerichtsförmiges Verfahren zu ihrer Durchsetzung bereithält, kommt ihr dennoch Bedeutung als Wegbereiterin für die spätere Pönalisierung der Folter im ICTYS, ICTRS und ICCS zu, jedenfalls dann, wenn die Misshandlung im Zuge eines Völkermordes geschieht.[184] Die Bedeutung der

---

180 BGBl. 1954 II, S. 729; Ratifikationsstand: 140 Staaten.

181 Siehe Graf Vitzthum-Klein, 4. Abschn., Rn. 203; Werle, ZStW 1997, S. 808f.

182 Das IMTS und das Urteil des IMT wurden im Jahre 1946 von der 1. VN-Vollversammlung mit Resolution 95 (I) als geltendes Völkerrecht anerkannt (Ferencz, Aufbau 2006, S. 6ff.; de Zayas (in Demandt: Macht und Recht), Nürnberger Prozess, 249 (268)). Zugleich beauftragte die Generalversammlung die VN-Völkerrechtskommission die tragenden Prinzipien des Urteils herauszuarbeiten, um sie einer späteren allgemeinen Anwendung zugänglich zu machen. Ergebnis dieser Ausarbeitung waren die von der Völkerrechtskommission im Jahre 1950 veröffentlichten sieben sog. „Nürnberger Prinzipien“: das Prinzip der persönlichen Haftung; der Vorrang des Völkerrechts gegenüber dem nationalen Recht; keine Immunität nach der Theorie der Hoheitsakte; keine Immunität aufgrund höheren Befehls; das Recht auf ein gerechtes Verfahren; Definitionen des Verbrechens gegen den Frieden, gegen die Menschlichkeit und des Kriegsverbrechens und die Festschreibung der Beihilfe als völkerrechtliches Verbrechen (zitiert nach de Zayas (in Demandt: Macht und Recht), Nürnberger Prozess, 249 (268)). Wie bereits die Verabschiedung der AGK zeigt, haben die sieben Prinzipien maßgeblich zur Kodifizierung des Völker(straf)rechts beigetragen (s. dazu de Zayas (in Demandt: Macht und Recht), Nürnberger Prozess, 249 (268)). Diese Entwicklung ist noch nicht abgeschlossen, hat aber mit der Formulierung des ICCS ihren derzeitigen Höhepunkt erreicht (dazu s.u. 1. Teil, Fünftes Kap., III)).

183 Raess, Schutz vor Folter im Völkerrecht, S. 56.

184 Im vor dem ICTR verhandelten Fall Akayesu wurde die AGK erstmals zur Grundlage für die Rechtsfindung und Verurteilung eines Angeklagten wegen Völkermordes durch

AGK für die weitere Entwicklung des Völkerstrafrechts – bzw. einer eigenen internationalen völkerstrafrechtlichen Gerichtsbarkeit – ist nicht zuletzt auch darin begründet, dass der AGK bereits Vorschläge für die Statuten eines internationalen Strafgerichtshofs beigefügt waren.[185]

ab) Internationaler Pakt über bürgerliche und politische Rechte von 1966[186]

Der IPbpR vom 19.12.1966 trat erst gut neun Jahre nach seiner Unterzeichnung am 23.03.1976 in Kraft.

Er enthält einen Menschenrechtskatalog im Sinne klassischer Abwehrrechte des Individuums gegenüber dem Staat,[187] wie man ihn auch im Grundgesetz findet.[188] Der Pakt stellt rechtlich bindendes, selbstständiges Völkervertragsrecht dar,[189] das eigenen vertragsbasierten Mechanismen unterliegt, die ein schärferes Instrumentarium zulassen, als es bei den Instituten der VNC möglich ist.[190] Da er trotz seiner Eigenständigkeit unter dem Dach der VN ausgearbeitet worden ist, stellte er für diese einen erheblichen Fortschritt dar, denn erst mit ihm und dem IPwskR[191] ist durch Völkervertragsrecht das in Art. 1 Nr. 3 VNC gesetzte Ziel der weltweiten nachhaltigen Verbesserung des menschenrechtlichen Schutzes verbindlich fixiert worden.[192]

Der IPbpR wird derzeit durch zwei fakultative Zusatzprotokolle, die einer gesonderten Unterzeichnung und Ratifikation bedürfen, ergänzt.[193] Das zur selben Zeit wie der IPbpR selbst unterzeichnete und in Kraft getretene 1. Fakultativprotokoll zum IPbpR[194] enthält eine Beschwerdemöglichkeit für Einzelpersonen (Individualbeschwerdeverfahren). Das am 11.07.1991 in Kraft getretene 2. Fa-

---

ein internationales Gericht, insbesondere weil ihre Definition des Völkermordes wortwörtlich in das ICTRS Einzug gefunden hatte (The Prosecutor of the Tribunal against Jean-Paul Akayesu, Case No. ICTR 96-4-T, Urt. v. 02.10.1998, http://www.unictr.org/tabid/128/Default.aspx?id=18&mnid=4, Rn. 113).

185 Ferencz, Aufbau 2006, S. 6ff.

186 BGBl. 1973 II, S. 1534; Ratifikationsstand: 167 Staaten.

187 Stein/v. Buttlar, Völkerrecht, Rn. 1009.

188 Bruha/Steiger, Folterverbot im Völkerrecht, S. 10.

189 Stein/v. Buttlar, Völkerrecht, Rn. 1008.

190 Hobe/Kimminich, Völkerrecht, S. 401.

191 BGBl. 1973 II, S. 1570; Ratifikationsstand: 160 Staaten.

192 Beutler, Strafbarkeit der Folter zu Vernehmungszwecken, S. 140; Ipsen, Völkerrecht, S. 787.

193 Hobe/Kimminich, Völkerrecht, S. 402ff. ; Stein/v. Buttlar, Völkerrecht, Rn. 1010.

194 BGBl. 1992 II, S. 1247; Ratifikationsstand: 114 Staaten.

kultativprotokoll zum IPbpR[195] (vom 15.12.1989) befasst sich mit der Abschaffung der Todesstrafe.

(1) Im Folterkontext relevante Regelungen

Mit Art. 7 IPbpR[196] enthält der Pakt erstmals ein allgemeines, internationales, rechtlich bindendes Folterverbot, das auch in Friedenszeiten gilt.[197] Die Formulierung des Folterverbots in Art. 7 IPbpR entspricht der des Art. 5 AEMR. Die Regelung des Art. 7 IPbpR geht jedoch mit dem in Satz zwei der Vorschrift ausdrücklich formulierten Verbot der erzwungenen Heranziehung zu medizinischen oder wissenschaftlichen Versuchen weiter als Art. 5 AEMR.[198]

Zur Interpretation des IPbpR ist die wichtigste Erkenntnisquelle in den sogenannten „General Comments" („Allgemeine Bemerkungen") zu sehen. Sie sind zwar nicht im strengen Sinne völkerrechtlich verbindlich, ihnen kommt jedoch politisch-rechtliches Gewicht zu, da sie den jeweils aktuellen Stand der Interpretation der Konventionsnormen durch das zuständige Vertragsorgan (VNMRA) widerspiegeln. Aufgrund ihrer steten Aktualisierung machen sie die Konventionen zu einem „lebenden Instrument" („living instrument"). In ihnen werden verfahrensrechtliche Fragen, in erster Linie aber grundsätzliche materielle Rechtsfragen und (rechtliche wie faktische) Probleme der Umsetzung konkreter Ver-

---

195 BGBl. 1992 II, S. 391; Ratifikationsstand: 73 Staaten.

196 „Niemand darf der Folter oder grausamer, unmenschlicher oder erniedrigender Behandlung oder Strafe unterworfen werden. Insbesondere darf niemand ohne seine freiwillige Zustimmung medizinischen oder wissenschaftlichen Versuchen unterworfen werden."(Übersetzung abgedruckt in Tomuschat, Völkerrecht, III. Menschenrechte, 16. Pakt über bürgerliche und politische Rechte, S. 1ff.).

197 Raess, Schutz vor Folter im Völkerrecht, S. 57; Stein, Verbot der Folter, S. 109. Zu beachten ist, dass o.g. folterspezifische Regelungen des IHL schon früher Geltung erlangten.

198 Eine explizite Einbeziehung erzwungener medizinischer oder wissenschaftlicher Experimente an Personen, welche der Freiheit beraubt sind, enthalten zudem weder die VNAFK, noch die wichtigsten regionalen Menschenrechtskonventionen EMRK und AMRK. Der Passus erscheint besonders progressiv, schließlich fand er weit vor Verabschiedung der VNAFK Einzug in den Text des IPbpR. Allerdings ist er gleichermaßen unvermeidlich, bedenkt man die leidlichen Erfahrungen mit derartigen Experimenten im Zuge des 2. Weltkriegs.

tragspflichten erörtert.[199] Insofern kommt den „General Comments" die Funktion eines quasi „amtlichen Kommentars" zu.[200]

Im Folgenden soll anhand der Ausführungen in der zu Art. 7 IPbpR ergangenen „General Comment" No. 20 of 10.03.1992,[201] die eine Weiterentwicklung der „General Comment" No. 7 of 30.05.1982 darstellt, eine inhaltliche Konkretisierung besagten Artikels auch im Hinblick auf seine Interaktion mit anderen IPbpR-Bestimmungen vorgenommen werden.

Schutzgut des Art. 7 ist neben der Würde die körperliche und geistige Integrität des Individuums („General Comment" No. 20, Para. 2).

(a) Folterbegriff des Art. 7 IPbpR

Nicht zuletzt der teilweise inflationäre Gebrauch des Terminus Folter in der öffentlichen Diskussion der letzten Jahre verdeutlicht das Bedürfnis zur möglichst präzisen Bestimmung der darunter zu verstehenden Verhaltensweisen. Es ist dem EGMR beizupflichten, der im Hinblick auf das im europäischen Kontext maßgebliche Folterverbot aus Art. 3 EMRK festgestellt hat, Folter sei schon terminologisch von unmenschlicher oder erniedrigender Strafe oder Behandlung abzugrenzen (deren Verbot im Völkerrecht häufig neben dem Folterverbot genannt wird), um der Folter ein spezifisches Stigma anzuheften.[202] Es kann nicht oft genug darauf hingewiesen werden, dass es sich bei der Folter nicht nur absolut um einen äußerst schweren Vorwurf handelt. Vielmehr stellt sie auch in Relation zur grausamen, unmenschlichen oder erniedrigenden Behandlung oder Strafe die schwerste Form der Beeinträchtigung der einschlägigen Rechtsgüter dar. Dies belegt abermals die Notwendigkeit einer eindeutigen Definition.

Eine eigene Legaldefinition der Folter wird im IPbpR nicht gegeben. Zur Interpretation kann jedoch grundsätzlich auf die von fünf Grundelementen geprägte Folterdefinition des Art. 1 Abs. 1 VNAFK[203] rekurriert werden.[204] Kurz gesagt

---

199 Klein (in Bielefeld: „General Comments"), Allg. Bemerkungen und Empfehlungen der VN-Vertragsorgane, S. 20.

200 Stein, Verbot der Folter, S. 110.Die„General Comments" sind in gewisser Weise mit den„Elements of Crimes" vergleichbar (zu letztgenannten „Elements" s.u. 1. Teil, Fünftes Kap., I), 1)).

201 Übersetzt abgedruckt in: Klein (in Bielefeld: „General Comments"), Allg. Bemerkungen und Empfehlungen der VN-Vertragsorgane, S. 84ff.

202 EGMR, EuGRZ 1979, S. 149ff.; EGMR, NJW 2001, S. 56ff.

203 Die Folterdefinition der VNAFK lautet: „Im Sinne dieses Übereinkommens bezeichnet der Ausdruck „Folter" jede Handlung, durch die einer Person vorsätzlich große körperliche oder seelische Schmerzen oder Leiden zugefügt werden, zum Beispiel um von ihr oder einem Dritten eine Aussage oder ein Geständnis zu erlangen, um sie für eine tatsächlich oder mutmaßlich von ihr oder einem Dritten begangene Tat zu bestrafen oder

setzt Folter danach ein Verhalten eines der Staatsgewalt nahe stehenden Täters voraus, das sich als vorsätzliche Beibringung schwerer physischer oder psychischer Schmerzen oder Leiden darstellt und dem Zweck der Erlangung von Informationen oder Geständnissen oder der Bestrafung, Einschüchterung oder Diskriminierung dient.

Die vorgenannte Definition soll nun im Lichte des IPbpR umfassend analysiert werden, wobei zwischen besagten fünf Grundelementen differenziert wird.

(aa) Objektives Merkmal „hoher Intensitätsgrad der Misshandlung"

Als erstes objektives Kriterium wird eine hohe Intensität der verursachten Schmerzen oder Leiden verlangt.

Nach weit verbreiteter, sich auf den Passus „(…) torture means any act by which (…)" in Art. 1 Abs. 1 VNAFK stützender und damit beachtlicher Ansicht, können die Leiden oder Schmerzen auch durch ein Unterlassen hervorgerufen worden sein.[205] Dem „General Comment" No. 20, para. 5 zufolge können auch Misshandlungen, die „nur" seelisches Leid verursachen, dem Verbot des Art. 7 IPbpR unterfallen. Ob physische oder psychische Qualen oder Leiden als „schwer" im Sinne der Folterdefinition bezeichnet werden können, richtet sich

---

um sie oder einen Dritten einzuschüchtern oder zu nötigen, oder aus einem anderen, auf irgendeiner Art von Diskriminierung beruhenden Grund, wenn diese Schmerzen oder Leiden von einem Angehörigen des öffentlichen Dienstes oder einer anderen in amtlicher Eigenschaft handelnden Person, auf deren Veranlassung oder mit deren Einwilligung oder unter deren Duldung zugefügt werden. Der Ausdruck umfasst nicht Schmerzen oder Leiden, die sich lediglich aus gesetzlich zulässigen Sanktionen ergeben, dazu gehören oder damit verbunden sind."

204 Nowak, IPbpR, Art. 7, Rn. 6; Seidel, Handbuch Grund- und Menschenrechte, S. 19. Auch Joseph/Schultz/Castan, IPbpR, Rn. 9.04ff. stellen unter Verweis auf den Weltrang der VNAFK und eine ihres Erachtens nach damit verbundene weite Akzeptanz der Folterdefinition des Art. 1 Abs. 1 VNAFK auf diese ab, um den i.R. des Art. 7 IPbpR relevanten Folterbegriff zu skizzieren. Da menschenrechtliche Verträge stets nach aktuellen Maßstäben zu interpretieren sind – man spricht insofern von einer „dynamischen Interpretation" (s. dazu Beutler, Strafbarkeit der Folter zu Vernehmungszwecken, S. 57) – ist es auch unschädlich, dass die VNAFK erst im Jahre 1984 und damit fast 20 Jahre nach der Verabschiedung des IPbpR verabschiedet wurde.

205 Beutler nennt als in Frage kommendes Unterlassen den Entzug von Nahrung, die Nichtgewährung ausreichender medizinischer Versorgung oder die Nicht-Beheizung von Zellen im Winter (Beutler, Strafbarkeit der Folter zu Vernehmungszwecken, S. 58); s. auch Nowak, IPbpR, Art. 7, Rn. 6 und Nowak/McArthur, Convention against Torture, Art. 1, Rn. 92.

insbesondere und unstreitig nach einer Gesamtwertung, die alle Umstände des Einzelfalls berücksichtigt.[206]

Entgegen einer Ansicht, die im Rahmen dieser Abwägung auch auf das subjektive Empfinden des Opfers abstellt,[207] ist ein eher objektivierender Ansatz vorzuziehen.[208] Aufgrund der enormen Bandbreite denkbarer Opferempfindungen im Falle rein deskriptiv bzw. objektiv betrachtet ein und derselben Misshandlung erscheint die Orientierung am persönlichen Empfinden des Opfers als zu vages unbestimmtes Kriterium.[209] Der objektive Ansatz hingegen bedingt die Berücksichtigung aktueller Referenzkriterien aus Medizin und Psychologie, die indexiert werden könnten und als Bezugspunkt für den Einzelfall fruchtbar zu machen wären. So ist eine voraussehbare und verlässliche Wertung und damit weitestgehende Vergleichbarkeit und Rechtssicherheit erreichbar.

In die Wertung ist ebenfalls mit einzubeziehen, ob eine Misshandlung zu bleibenden Gesundheitsschäden des Opfers geführt hat,[210] was für eine foltertypisch hohe Intensität der Einwirkung spricht. Für die Bejahung der notwendigen Intensität stets eine gewisse Dauerhaftigkeit des beeinträchtigenden Verhaltens zu fordern, erscheint fragwürdig.[211] Zwar sind die vom VNMRA als Folter deklarierten Fälle, die meistens im Zusammenhang mit der Militärdiktatur in Uruguay stehen, regelmäßig dadurch gekennzeichnet, dass gefangen gehaltene (vermeintliche) Regimegegner über längere Zeit hinweg Misshandlungen ausgesetzt waren. Allerdings legt dies nicht den Schluss nahe, nur längerfristige Misshandlungen könnten als Folter gewertet werden. So verwundert es kaum, dass der VNMRA zumindest nie explizit geäußert hat, eine längere Zeitspanne der Misshandlungen als konstitutives Folterelement für notwendig zu erachten. In einer Gesamtbetrachtung spielt der zeitliche Faktor gewiss eine Rolle, aber es ist schlechterdings nicht ersichtlich, warum eine kürzere oder kurze Misshandlung nicht gleich gravierende Folgen für Betroffene haben kann, wie eine längerfris-

---

206 Nowak, IPbpR, Art. 7, Rn. 6.

207 Siehe Nachweis bei Nowak, IPbpR, Art. 7, Rn. 6.

208 Auf die Vorzüge eines objektivierenden Ansatzes wird auch noch einmal explizit im Rahmen der Ausführungen zur erniedrigenden Behandlung oder Strafe eingegangen (s.u. 1. Teil, Zweites Kap., II), 2), a), ab), (1), (b), (ab)).

209 Man bedenke, dass jeder Mensch ein verschiedenartiges Schmerzempfinden bzw. eine individuelle Schmerztoleranz hat. Diese hängt stark von zufälligen Parametern wie Geschlecht, Alter, physischer und/oder psychischer Konstitution, aber auch (kultureller) Sozialisation ab.

210 Nowak, IPbpR, Art. 7, Rn. 9.

211 So wohl Gollwitzer (Löwe/Rosenberg, Bd. 8, Art. 3 EMRK/Art. 7 IPbpR, Rn. 18), der davon ausgeht, dass Folter „(…) der engere Begriff ist, der beabsichtigte schwere physische oder psychische Misshandlungen einer Person umfasst, durch die diese in einen *länger währenden* Zustand körperlicher oder seelischer Schmerzen oder Angst versetzt werden soll [Hervorhebung durch den Verf.].“

tige Misshandlung. War ein Mensch auch „nur" einmal dem Gefühl völliger Ohnmacht, Ausweglosigkeit, Verängstigung und Instrumentalisierung seiner Schmerzempfänglichkeit als Mittel zur Brechung seines eigenen Willens ausgesetzt, so zeitigt dies zweifellos identische, zumindest sehr stark vergleichbare Folgen, wie es bei längerfristigeren Misshandlungen der Fall ist.[212] Auch bei nur kurz andauernder Misshandlung können Körper und Seele nachhaltig geschädigt und der Wille gebrochen werden. Man stelle sich den einmaligen Fall der Exekution eines Familienmitgliedes in Anwesenheit des zu Nötigenden oder die einmalige Tortur nach mittelalterlichem Vorbild vor.[213] Im Ergebnis ist ebenfalls keine dauerhafte Schädigung[214] oder Verletzung[215] zu verlangen,[216] wobei allerdings sowohl eine Verletzung als auch eine Schädigung alternativ oder kumulativ starke Indizien für das Vorliegen einer großen Intensität der Beeinträchtigung sein können.

Abschließend bleibt der Hinweis auf die besondere Wichtigkeit des Intensitätskriteriums, dient es doch dazu, den herausragenden Charakter des völkerrechtlichen Folterverbots vor einer Bagatellisierung des Folterbegriffs durch Einbeziehung minder schwerer Fälle zu bewahren.[217]

---

212 Für von vornherein als längerfristig geplante „Folterungen" bleibt zu berücksichtigen, dass sie aus „taktischen Gründen" einer langsamen Steigerung unterliegen, und die ersten Misshandlungen meist (noch) gar keine besonders hohe Intensität aufweisen.

213 Ein Vorschlag Großbritanniens bei der Ausarbeitung der VNAFK, nach dem nicht schon eine einzelne vorsätzliche Schmerzzufügung für das Folterverdikt genügen sollte, sondern die Misshandlung zudem systematisch erfolgt sein müsse, wurde von der VNAFK-Arbeitsgruppe nicht aufgegriffen. Damit können im Rahmen der VNAFK auch einzelne, isolierte Handlungen Folter darstellen, solange sie die weiteren Definitionsmerkmale aufweisen (Nowak/McArthur, Convention against Torture, Art. 1, Rn. 108).

214 Beutler, Strafbarkeit der Folter zu Vernehmungszwecken, S. 59, Fn. 269 m.w.N..

215 Bruha/Steiger, Folterverbot im Völkerrecht, S. 27.

216 Diese Feststellung steht in eklatantem Gegensatz zu der im sog. „Bybee-Memorandum" (dazu s.u. 2. Teil, Drittes Kapitel, I), 1), a)) getroffenen Feststellung, die Beibringung seelischen Schmerzes sei nur dann verboten, wenn diese Schmerzen zu einer signifikanten Verletzung der Psyche von nicht unerheblicher Dauer (Monate oder Jahre) führten. Besagter Passus bezog sich zwar explizit nur auf die vermeintliche Rechtslage nach VNAFK bzw. eines ihr folgenden inneramerikanischen Transformationsgesetzes, diese ist aber hinsichtlich der Folterbegrifflichkeit richtungsweisend für die Situation i.R. des IPbpR.

217 Vgl. Hilgendorf, JZ 2004, S. 331 (334).

(ab) Objektives Merkmal „Nähe des Täters zur staatlichen Gewalt"

Das zweite objektive Kriterium der Legaldefinition des Art. 1 Abs. 1 VNAFK, die „Nähe des Täters zur staatlichen Gewalt" (Hoheitskriterium), hat der VNM-RA nicht zwangsläufig für erforderlich gehalten, und eine „horizontale Wirkung" des Art. 7 IPbpR bejaht:

„Jeder Vertragsstaat ist verpflichtet, dem Einzelnen durch gesetzgeberische oder andere Maßnahmen Schutz vor den durch Art. 7 verbotenen Handlungen zu gewährleisten, unabhängig davon, ob diese von Personen begangen werden, die im Rahmen ihrer offiziellen Kompetenz, außerhalb dieser oder privat handeln."[218]

Hier besteht eine offensichtliche Parallele zur gleichgelagerten Problematik im Rahmen von Art. 3 i.V.m. Art. 1 EMRK. Auch der EGMR geht von einer „horizontalen Wirkung" aus:

„The Court reiterates that the obligation of the High Contracting Parties under Article 1 of the Convention to secure to everyone within their jurisdiction the rights and freedoms defined in the Convention, taken together with Article 3, requires States to take measures designed to ensure that individuals within their jurisdiction are not subjected to ill-treatment, including ill-treatment administered by private individuals (…)."[219]

---

218 Weiterführung der schon in „General Comment" No. 7 of 30.05.1982, para. 2 (übersetzt abgedruckt in: Klein (in Bielefeld: „General Comments"), Allg. Bemerkungen und Empfehlungen der VN-Vertragsorgane, S. 43f.) geäußerten Sichtweise durch „General Comment" No. 20 para. 2.

219 EGMR, M.C./Bulgaria, application no. 39272/98, Urt. v. 04.12.2003, HUDOC, Rn. 149; EGMR, A./United Kingdom, application no. 25599/94, Urt. v. 23.09.1998, HUDOC, Rn. 22; EGMR, H.L.R./France, application no. 24573/94, Urt. v. 29.04.1997, HUCOC, Rn. 40. So wie sich der EGMR in den Entscheidungen M.C./Bulgaria und A./United Kingdom formuliert, könnte der Eindruck entstehen, dass er sich nur auf die i.S.v. Art. 3 EMRK verbotenen „Behandlungen" bezieht. Der englische Begriff „ill–treatment" lässt sich ins Deutsche mit Misshandlung übersetzen. In Art. 3 der EMRK ist jedoch von „inhuman or degrading treatment" die Rede, was mit unmenschlicher oder erniedrigender Behandlung übersetzt werden kann. Der nicht weiter spezifizierte Begriff „Misshandlung" könnte nur die beiden folternahen, aber „milderen" Praktiken betreffen, oder aber auch die Folter selbst mit einschließen. Für die erste Möglichkeit spricht, dass der mit einem besonderen Stigma behaftete Vorwurf der Verletzung des Art. 3 EMRK in Form der Folter sich nur dann rechtfertigt, wenn der Täter die in der VNAFK geforderte Nähe zum Staat aufweist. Für die zweite Möglichkeit spricht, dass der EGMR im o.g. Urteil in H.L.R./France, Rn. 40 nur ganz Allgemein formuliert: „(…) Art. 3 of the Convention may also apply where the danger emanates from persons or groups of persons who are not public official." Wie sich später zeigen wird, geht der EGMR i.F. der Folter nicht nur von einer „horizontalen Wirkung" aus. Vielmehr bringt er klar zum Ausdruck, dass er für die Bejahung von Folter begrifflich be-

Die Formulierung des Art. 1 Abs. 1 VNAFK geht in diesem Punkt jedoch schon über das Verständnis der AFD hinaus, die als weitestgehende Zurechnungsform die „Veranlassung durch einen Träger staatlicher Gewalt" vorsah. Unter den Begriff „Angehörige des öffentlichen Dienstes" (VNAFK) bzw. „Träger staatlicher Gewalt" (AFD) fallen alle Personen, die unter der Staatsgewalt handeln bzw. eine amtliche Funktion innehaben.[220] Dabei kann es dahinstehen, wie das jeweilige Arbeitsverhältnis im Einzelfall ausgestaltet ist.[221] Insoweit besteht (noch) volle Kongruenz mit der Legaldefinition der AFD.

Die VNAFK stellt jedoch ferner auf „andere in amtlicher Eigenschaft handelnde Personen" ab. Dieser Passus erweitert das Spektrum auf Personen, die zwar nicht direkt in den Staatsapparat eingebunden sind, jedoch de facto Staatsgewalt ausüben.[222] Nach dem im deutschen Verwaltungsrecht geläufigen Verständnis fielen hierunter z.B. sogenannte Beliehene[223] oder Verwaltungshelfer[224]. Darüberhinaus bezieht der Passus auch Mitglieder von Guerilla- oder Widerstandsgruppen ein, die lediglich in gewissen Regionen eines noch existierenden Staates die tatsächliche Hoheitsgewalt ausüben, während der Großteil des Staatsgebietes einheitlich durch die Staatsmacht kontrolliert wird.[225] Hierfür sprechen die evidenten Parallelen, die eine Misshandlung, gestützt durch ein System faktischer, lokaler oder regionaler Machtausübung mit der Misshandlung als Ausdruck staatlicher Machtausübung aufweist. Auch die einem nichtstaatlichen Kollektiv zurechenbaren Misshandlungen beinhalten die typischen folterrelevanten Erschwerungskriterien. Von ihnen geht ebenfalls eine höhere Organisations- und Ausführungsgefahr aus, als dies bei Taten Einzelner, nicht in derartige Strukturen eingebundener Privatpersonen, der Fall ist. Für eine Einbeziehung kollektiver Machtausübung nichtstaatlichen Ursprungs in die Folterdefinition des Art. 7 IPbpR spricht zudem, dass es inkonsequent wäre, z.B. „Be-

---

reits keine Involvierung hoheitlicher Stellen voraussetzt (s.u. 1. Teil, Zweites Kap., II), 2), b), aa), (1), (a), (ab)).

220 Membrez (in Grant: Kampf gegen die Straflosigkeit), Folter, S. 81 (82); Pajarola, Gewalt im Verhör, S. 133.

221 Membrez (in Grant: Kampf gegen die Straflosigkeit), Folter, S. 81 (82); Pajarola, Gewalt im Verhör, S. 133.

222 Nowak/McArthur, Convention against Torture, Art. 1, Rn. 117.

223 Beliehene sind Privatpersonen, denen die Kompetenz zur selbstständigen Wahrnehmung hoheitlicher Aufgaben im eigenen Namen übertragen wurde, z.B. Flug- und Schiffskapitäne (Maurer, Verwaltungsrecht, § 23, Rn. 56).

224 Verwaltungshelfer sind Privatpersonen, die von der Verwaltung zur Erledigung staatlicher Aufgaben herangezogen werden. Die Zuständigkeit und Verantwortung verbleibt aber bei der Verwaltung, z.B. der private Abschleppunternehmer, der ein verkehrswidrig parkendes Kfz entfernt (Maurer, Verwaltungsrecht, § 23, Rn. 59).

225 So für Art. 1 Abs. 1 VNAFK festgestellt in Nowak/McArthur, Convention against Torture, Art. 1, Rn. 117.

freiungsbewegungen“ i.S.v. Art. 1 Nr. 4 ZP I GA den Schutz des Humanitären Völkerrechts zukommen zu lassen, ohne ihnen aber gleichzeitig auf menschenrechtlicher Ebene Verpflichtungen, wie die Achtung des Folterverbots, aufzubürden, zumal gerade derartige Gruppierungen zum Einsatz von Folter und Terrorismus neigen.[226] Eine weite Auslegung des Hoheitskriteriums, die auch Misshandlungen durch Gruppierungen beinhaltet, die lediglich staatsähnliche Gewalt innehaben, erscheint mithin angezeigt. Wegen weitestgehender Übereinstimmung des entscheidenden Faktors, nämlich der Ausübung konzentrierter Macht, erfasst die weite Auslegung auch Situationen, in denen ein Staat zwar völkerrechtlich weiterhin besteht, die Aufrechterhaltung der tatsächlichen Kontroll- und Ordnungsherrschaft aber zumindest temporär nicht mehr einheitlich möglich ist.[227] Man denke an somalische „Warlords“ auf dem Staatsgebiet des völkerrechtlich weiterhin existenten Staates Somalia.

Ferner ist es nach der VNAFK bereits ausreichend, wenn der Täter auf „Veranlassung“ („instigation“), mit „Einwilligung“ („consent“) oder Duldung („acquiescence“) eines Hoheitsträgers – wobei die zwei letztgenannten Varianten wiederum eine Erweiterung der AFD-Definition darstellen –, oder einer „anderen in amtlicher Eigenschaft handelnden Person“ handelt. Der notwendige Hoheitsbezug ist bei der „Veranlassung“ noch relativ intensiv. Er nimmt bis zur „Duldung“ stetig ab. Die „Veranlassung“ gleicht dem deutschen Rechtsinstitut der Anstiftung gem. § 26 StGB und bereitet hinsichtlich ihrer Voraussetzungen kaum Schwierigkeiten. Anders liegt der Fall bei den Merkmalen „consent or aquiescence“.[228] Nach US-amerikanischem Verständnis verlangt die schwächste Zurechnungsform „aquiescence“ bereits, dass die „in amtlicher Eigenschaft handelnde Person“ schon vor Beginn der Tat, die Folter darstellen könnte, Kenntnis des drohenden Misshandlungssachverhaltes gehabt hat, und ihre rechtliche Verpflichtung, solche Taten zu verhindern, dadurch gebrochen hat, dass sie nicht eingeschritten ist.[229] Nach anderer Ansicht soll es bereits ausreichen, wenn der (de facto) Hoheitsträger von der Misshandlung durch einen Privaten hätte

---

226 Vgl. Lerner, VNAFK, S. 126 (134).

227 Hiergegen votiert Tomuschat (in Schulz-Hageleit: Alltag, Macht, Folter), Rechtlicher Schutz gegen Folter, S. 104.

228 Hier wäre bspw. ein Angestellter eines privaten „Sicherheitsdienstes“ zu nennen, der mit Einwilligung oder Duldung eines Hoheitsträgers Terrorismusverdächtige zur Informationspreisgabe mittels Beibringung von Schmerzen oder Leiden zwingt. Ein ähnliches Beispiel findet sich in Nowak/McArthur, Convention against Torture, Art. 1, Rn. 117. „Veranlasst“ der Hoheitsträger gar einen Anderen zu seiner Tat, könnte dieser nach oben Gesagtem aber bereits als eine „andere in amtlicher Eigenschaft handelnde Personen“ i.S. des Art. 1 Abs. 1 VNAFK zu klassifizieren sein.

229 Siehe Nachweis bei Nowak/McArthur, Convention against Torture, Art. 1, Rn. 117, Fn. 95.

Kenntnis haben müssen.[230] Exemplarisch wird hier das „Outsourcing" von Vernehmungen durch Hoheitsträger an private „Sicherheitsfirmen" genannt, die sich dann ihrerseits zu Verhören foltertypischer Methoden bedienen, was der delegierende Hoheitsträger hätte erkennen können. Diese Meinung lässt also das fahrlässige Nichtwissen ausreichen, um den für das Folterverdikt nach VNAFK notwendigen Staatsbezug herzustellen. Hiergegen bestehen jedoch erhebliche Bedenken.

Schon etymologisch bedingt eine „Duldung" die Hinnahme eines Verhaltens aus Nachsicht, ohne ernsthaften Widerspruch dagegen einzulegen, oder Maßnahmen zu ergreifen.[231] Dies impliziert zumindest positive Kenntnis der Umstände, die dem geduldeten Vorgang zugrunde liegen.

Auch als Rechtsinstitut bedingt die „Duldung" in ihren verschiedenen Zusammenhängen grundsätzlich das Wissen um den ihr zugrunde liegenden Sachverhalt. So erfordert sie nach deutschen Rechtsgrundsätzen als Grundlage einer zivilrechtlichen Duldungsvollmacht das Wissen des Vertretenen, dass ein Anderer für ihn handelt. Trotz dieses Wissens muss der Vertretene ein gewisses Verhalten zurechenbar, das heißt bewusst geduldet haben. Nur so kann wirksam ein Rechtsschein entstehen, auf den Dritte vertrauen können. Im Verwaltungsrecht kann ein informelles Verwaltungshandeln, was sich als „Duldung" einer genehmigungspflichtigen Tätigkeit darstellt, als Genehmigungsersatz gelten.[232] Von einer „Duldung" kann aber jedenfalls dann nicht gesprochen werden, wenn eine Behörde aufgrund schlichter Unkenntnis des zugrundeliegenden Sachverhalts nicht einschreitet.[233] Im Bereich des Strafrechts ist eine verwaltungsbehördliche „Duldung" besonders als Rechtfertigungsgrund für die Umweltdelikte der §§ 324ff. StGB relevant. Hier gilt ebenfalls der Grundsatz, nachdem eine „bloße Duldung" im Regelfall nicht die Rechtswidrigkeit ausschließen kann.[234] Toleriert eine Fachbehörde im Rahmen ihres Ermessensspielraums jedoch wissentlich eine ungenehmigte, tatbestandsmäßige Umweltbeeinträchtigung, so hat diese „Duldung" regelmäßig rechtfertigende Wirkung.[235]

In Conclusio setzt eine „Duldung" zumindest Kenntnis der Umstände, die dem „geduldeten" Verhalten zu Grunde liegen, durch den „Duldenden" voraus.[236]

---

230 Nowak/McArthur, Convention against Torture, Art. 1, Rn. 117.

231 Bedeutungswörterbuch, S. 275.

232 Schönke/Schröder, Lenckner, Vorbem. §§ 32ff., Rn. 62. In diesem Zusammenhang wird häufig der Begriff „aktive Duldung" verwandt.

233 MüKo StGB/Schmitz, Vorbem. §§ 324ff., Rn. 89.

234 Schönke/Schröder, Cramer/Heine, Vorbem. §§ 324ff., Rn. 20.

235 MüKo StGB/Schmitz, Vorbem. §§ 324ff., Rn. 89.

236 Schröder prangert es erratisch als „Defizit" der VNAFK an, dass die Duldung von Folterhandlungen durch Amtspersonen nicht Bestandteil der Legaldefinition der Konvention sei (Schroeder (in Courakis: Festschrift Spinellis), Begriff der Folter, S. 983

Die Ansicht, nach der es für die „Duldung“ genügen soll, wenn ein Hoheitsträger von der Misshandlung durch einen Privaten hätte Kenntnis haben müssen, ist abzulehnen.

Ferner bleibt fraglich, ob mit dem VNMRA auf das durch sein weites Zurechnungsspektrum bereits äußerst integrative Hoheitskriterium wirklich verzichtet werden kann. Hierbei handelt es sich um ein Problem, das – wie bereits angedeutet – auch im Rahmen der EMRK von besonderem Interesse ist. Da weder der IPbpR noch die EMRK eine Folterdefinition beinhalten, die verantwortlichen Organe beider Konventionen aber entgegen der VNAFK-Definition von der Verzichtbarkeit des Hoheitskriteriums ausgehen, bietet sich eine gemeinsame Erörterung der Problematik an. In Anbetracht dessen, dass der Fundus an EGMR-Entscheidungen zur EMRK den der VNMRA-Verlautbarungen zum IPbpR qualitativ und quantitativ um ein Weites übersteigt, soll bereits an dieser Stelle eine Analyse der maßgeblichen EGMR-Rechtsprechung zum Thema „Dritt- bzw. horizontale Wirkung“ vorgenommen werden.

Der EGMR hat bereits in seiner Entscheidung zum Fall Costello-Roberts/United Kingdom im Jahre 1993 festgestellt, dass Anknüpfungspunkt für eine Verantwortlichkeit des Staates auch das konkrete Handeln einer Privatperson sein kann.[237] In dem der Entscheidung zugrundeliegenden Fall hatte der Direktor einer Privatschule Schüler körperlich gezüchtigt. Nach dem EGMR ist es ausweislich des Art. 2 1. ZP zur EMRK grundsätzlich Sache des Staates, das Recht auf Ausbildung zu garantieren und in Ausbildungsverhältnissen die Grundrechte der Auszubildenden zu schützen. Eine Delegation auf private Organisationen oder Individuen könne den Mitgliedsstaat nicht aus seiner Verantwortung nehmen. Besonderes Charakteristikum dieses Falls ist die Annahme einer „Horizontalwirkung“ der EMRK; jedenfalls dann, wenn Bereiche tangiert werden, die typischerweise der staatlichen Verantwortung unterstehen.[238] Ferner wird eine staat-

---

(1003)). Dies mag an einer fehlerhaften Übersetzung dessen, was im englischen Vertragstext unter „acquiescence“ firmiert, ins Deutsche liegen. Hierunter ist unter Berücksichtigung der gängigen Auslegungskriterien nicht etwa ein „stillschweigendes Einverständnis“, sondern eine „Duldung“ zu verstehen. Wie hier vertreten, verlangt jedoch auch Schroeder, dass eine Duldung jedenfalls wissentlich zu erfolgen hat (Schroeder, a.a.O.).

237 EGMR, ÖJZ 1993, S. 707ff.; hierzu s. auch Frowein/Peukert, EMRK, Art. 1, Rn. 10, m.w.N. in Fn. 24.

238 Löwe/Rosenberg, Bd. 8, Art. 1 EMRK/Art. 2 IPbpR, Rn. 21. Damit kann eine Verletzung der durch die EMRK gewährleisteten Rechte durch „Private“ insbesondere dann als Schutzpflichtverletzung gewertet werden, wenn der Staat sich dieser Personen an Stelle eigener Organe zur Erfüllung seiner staatlichen Aufgaben bedient.

liche Schutzpflicht in Fällen bejaht, in denen die Zusicherungen einzelnen Konventionsverbürgungen durch den Staat sonst leerlaufen würden.[239]

In den genannten Fallgruppen ist eine mittelbare Drittwirkung der EMRK-Rechte in Form von Gewährleistungsrechten der Vertragsstaaten weitestgehend anerkannt. Der Staat muss sich letztlich immer dann das Handeln „Privater" zurechnen lassen, „wenn er durch die Duldung der Verletzung oder Duldung eines sie ermöglichenden Zustandes eine ihm aus einem Artikel der Konvention erwachsene Schutzpflicht verletzt".[240] Kommt das Handeln von Privatleuten als Ausdruck einer Verletzung von staatlichen Gewährleistungsrechten in Frage, so ist es aber unerlässlich, eine genaue Prüfung und Interpretation der Konventionsrechte vorzunehmen, die verletzt worden sein könnten.[241]

Überträgt man diese Grundsätze auf den Fall der „Privatfolter", so verwundert es, dass der EGMR sogar für Fälle, die nicht einmal als „Duldung der Verletzung (des Folterverbots des Art. 3 EMRK) oder Duldung eines sie ermöglichenden Zustandes" durch einen Vertragsstaat erscheinen, eine Verletzung von Gewährleistungsrechten als möglich unterstellt. Gemeint sind Fälle, in denen Bereiche tangiert werden, die typischerweise gerade nicht der staatlichen Verantwortung unterstehen, z.B. die Misshandlung eines Menschen durch seine Nachbarn als fataler Höhepunkt jahrelanger Nachbarschaftsstreitigkeiten. Derartige Ausgangslagen unterfallen nämlich weder einem typischerweise in staatlicher Hand liegenden Bereich, noch ist insofern ein „Leerlaufen" von Konventionsbestimmungen zu befürchten. Schließlich werden die regelmäßig durch Folter tangierten und von Art. 3 EMRK unter Schutz gestellten Rechtsgüter jedenfalls für den „privaten" Bereich bereits durch die nationalen Gesetze der EMRK-Mitgliedsstaaten geschützt.[242]

Weiterhin wäre es zirkulär unter pauschalem Verweis auf die „Drittwirkung" des Folterverbotes von Art. 3 EMRK (Art. 7 IPbpR), auch den skizzierten Fall als vom Schutzbereich der Vorschrift erfasst zu sehen. Es gilt ja gerade zu klären, was Folter begrifflich kennzeichnet, um im nächsten Schritt zu bestimmen, wie weit staatliche Schutzverpflichtungen gehen.[243]

Im Ergebnis passt die Annahme von Schutz- bzw. Gewährleistungspflichten im Rahmen von Art. 3 EMRK, und damit einer „Horizontalen Wirkung" in Fällen,

---

239 Löwe/Rosenberg, Bd. 8, Art. 1 EMRK/Art. 2 IPbpR, Rn. 21.

240 Löwe/Rosenberg, Bd. 8, Art. 1 EMRK/Art. 2 IPbpR, Rn. 22.

241 Frowein/Peukert, EMRK, Art. 1, Rn. 12.

242 Zu etwaig betroffenen Rechtsgütern s.u. 2. Teil, Erstes Kap.

243 I.R. der Begriffsbestimmung ist vorrangig die Frage zu stellen, ob und wenn ja, inwiefern überhaupt Bedarf für eine Reglementierung innerstaatlichen Handelns durch völkervertragliche Regeln, hier aufgrund Art. 7 i.V.m. Art. 2 IPbpR (analog Art. 1 i.V.m. Art. 3 EMRK), besteht.

die das Handeln „Privater“ ohne jegliche Einbeziehung staatlicher bzw. staatsähnlicher Stellen kennzeichnet, zumindest nicht ohne Weiteres in die bisherige zur „Drittwirkungsproblematik“ entwickelte Kasuistik des EGMR. Die pauschale EGMR-Feststellung, nach der die Vertragsstaaten hinsichtlich aller Art. 3 EMRK-Verbürgungen auch Gewährleistungspflichten, bezogen auf die Verhinderung von „(...) ill-treatment administered by private individuals (...)“, träfen, ist aufgrund ihrer Weite und Unbestimmtheit systemwidrig. Sie vermag die vermeintliche Notwendigkeit der Annahme einer „Drittwirkung” für die hier erörterten Fälle ebenso wenig zu begründen, wie die vergleichbare Feststellung des VNMRA.

Die Frage nach einer etwaigen Verzichtbarkeit des Hoheitskriteriums könnte man aber auch durch Rückschlüsse aus der rechtlichen Natur der VNAFK einerseits und des IPbpR bzw. der EMRK andererseits zu beantworten versuchen.

Entgegen den vorgenannten Verträgen enthält die VNAFK kein explizites Folterverbot, wodurch sie sich maßgeblich von Menschenrechtsverträgen wie dem IPbpR unterscheidet.[244] Vielmehr erlegt sie ihren Vertragsstaaten Verpflichtungen zum Schutze vor Misshandlungen durch die Ergreifung spezifisch strafrechtlicher Maßnahmen auf.[245] Das Völkerstrafrecht i.e.S. wiederum ist gekennzeichnet durch die Normierung internationaler Verbrechenstatbestände, wie sie im ICCS enthalten sind, aus denen sich unmittelbar die Strafbarkeit des Einzelnen ergibt.[246] Anders als bei der VNAFK ist Ziel des Völkerstrafrechts i.e.S. also nicht, einen Gleichklang strafrechtlicher Vorschriften möglichst vieler Länder auf nationaler Ebene zu erreichen. Demzufolge ist die VNAFK weder dem International Human Rights Law noch dem Völkerstrafrecht zuzuordnen. Es handelt sich um eine Konvention „sui generis“.[247]

Die VNAFK greift mit den Verpflichtungen zur Umsetzung bestimmter nationaler Strafrechtsbestimmungen in einen Kernbereich nationaler Souveränität ein, denn das Strafrecht ist als eine der maßgeblichen Ausprägungen staatlicher Souveränität zu betrachten.[248] Derartige Eingriffe sind im internationalen Recht die Ausnahme und bedürfen einer besonderen Rechtfertigung.[249] Diese liegt im Fal-

---

244 Nowak/McArthur, Convention against Torture, Art. 2, Rn. 46.

245 Damit ist auch der generelle Zweck und Gegenstand der VNAFK beschrieben, „which is to strengthen the existing prohibition of torture by specific measures of criminal law aimed at deterring torture and other measures of a preventive nature“ (Nowak/McArthur, Convention against Torture, Art. 2, Rn. 49).

246 Werle, Völkerstrafrecht, Rn. 86ff. Zum Begriff des Völkerstrafrechts i.e.S. s.u. 1. Teil, Fünftes Kap.

247 Andere Autoren sprechen von einem „Hybrid“ (bspw. Gaeta, JICJ 2008, S. 183 (187ff.)).

248 Gaeta, JICJ 2008, S. 183 (189).

249 Gaeta, JICJ 2008, S. 183 (189).

le der Folter in der Notwendigkeit der Eindämmung von Makrokriminalität,[250] die augenscheinlich eine internationale Vorgabe verlangt.[251] Nur in diesem Bereich besteht ein überragendes Interesse an internationalen Vorgaben nebst Verpflichtung zu innerstaatlichen Umsetzungsmaßnahmen.[252] Das Hoheitskriterium sichert die Einschränkung auf den Bereich der Makrokriminalität und verleiht der Rechtfertigung des Souveränitätseingriffs Gestalt.

Will man das Hoheitskriterium allerdings lediglich als notwendige Einschränkung internationaler Bestimmungen verstanden wissen, die – wie die VNAFK – in die staatliche Souveränität eingreifen, so fragt sich, warum die rechtlich unverbindliche AFD ebenfalls per definitionem einen Staatsbezug verlangt, der sogar noch enger formuliert ist.[253] Alleine der Hinweis darauf, dass mit der AFD ein „(...) erster Schritt in Richtung einer Anti-Folter-Konvention (...)" getan war,[254] dürfte nicht ausreichend sein. Denn zum Zeitpunkt der Ausarbeitung der AFD war weder konkret beabsichtigt, noch stand es gar fest, dass ihr Text später Einzug in eine Konvention gegen Folter finden sollte. Vielmehr konnte gerade aufgrund ihres unverbindlichen Charakters auch für später umstrittene Punkte ein Konsens gefunden und die Verabschiedung in der Generalversammlung erreicht werden.[255]

Das entscheidende Kriterium scheint nach dem Gesagten letztlich nicht der rechtfertigungsbedürftige Eingriff in die Souveränität der VNAFK-Mitgliedsstaaten zu sein. Besonders in den Fokus zu rücken ist vielmehr der Telos, und damit die Frage nach der grundsätzlichen Notwendigkeit internationaler

---

250 „Unter Makrokriminalität versteht man systemkonforme und situationsangepasste kriminelle Verhaltensweisen innerhalb eines Organisationsgefüges, Machtapparates oder sonstigen kollektiven Aktionszusammenhangs (Jäger in Lüderssen, Kriminalpolitik III, S. 122f.)."

251 Dies ist der logische Schluss daraus, dass Makrokriminalität vom Staat ausgeht, und die Staatsmacht keine gesetzlichen Maßnahmen aufgrund autonomen Entschlusses ergreifen wird, derartige Kriminalität zu unterbinden. Zumindest wird man eventuell vorhandenen nationalen Schutzgesetzen, sei es aus Korpsgeist oder aufgrund einer Systemimmanenz von Misshandlungen, nicht ausreichend Gestalt durch die Verfolgung und Aburteilung von Tätern verleihen. Es bedarf mithin einer externen, das heißt international begründeten Verpflichtung zum Handeln.

252 Die bereits geschilderte weitreichende Schutzrichtung des Völkerrechts, welches das Individuum mittlerweile seit mehr als 100 Jahren als Träger von Rechten und Pflichten betrachtet, und die immer umfassendere universelle Einforderung eines umfangreichen menschenrechtlichen Schutzes machen derartige Vorgaben im Kontext der Makrokriminalität unabdingbar.

253 Obwohl aufgrund des Charakters der AFD (dazu s.o. 1. Teil, Zweites Kap., II, 1), c)) ja gerade kein Eingriff in staatliche Souveränität zu befürchten stand.

254 Raess, Schutz vor Folter im Völkerrecht, S. 120.

255 Raess, Schutz vor Folter im Völkerrecht, S. 120f.

Vorgaben. Ziel der EMRK und des IPbpR ist es, wie es auch in den Präambeln zum Ausdruck kommt, einen möglichst optimalen Schutz gewisser Rechtsgüter zu erreichen. Der Schutz impliziert jedoch keine uferlose Weite. Er erfolgt nicht gegen jeden erdenklichen Angriff auf die geschützten Rechtsgüter, sondern gegen bestimmte Angriffsformen, bzw. ist regelmäßig kontextual eingegrenzt. Andernfalls wäre das Risiko von Perplexität in Ermangelung einer ausreichenden Bestimmtheit, einer gefestigten Rechtsprechung und der allgemeinen Unsicherheiten bei der Auslegung internationaler Bestimmungen zu groß.[256]

Im Kontext der Folter ist es gerade die dem Staat immanente kollektive Ausübung von Macht auf das Individuum, welche die foltertypische Ohnmacht, Ausweglosigkeit, Hoffnungslosigkeit und das Gefühl des Alleingelassenwerdens der Folteropfer bedingt. Wird eine Person von Hoheitsträgern, zumindest aber mit staatlicher Duldung, schwer misshandelt, so kann sie sich dieser Situation kaum entziehen.[257] Anders verhält es sich bei der „Privatfolter". Private Misshandlungen sind nach den nationalen Rechtsordnungen regelmäßig nicht nur verboten, sondern auch strafbewehrt. Sie werden aufgrund staatlichen Eigeninteresses – Aufrechterhaltung der inneren Sicherheit und des staatlichen Gewaltmonopols – in aller Regel von dem Staat verfolgt, in dem sie sich ereignen. Es werden zumeist Schutzpflichten aus innerstaatlichem Verfassungsrecht bestehen. In Deutschland könnte das vermehrte Auftreten „privater" Misshandlungen, z.B. in Form von Gewalt gegenüber Frauen in einem abgeschlossenen sozialen Milieu patriarchaler Prägung,[258] Indikator einer Verletzung der aus Art. 2 Abs. 2 GG resultierenden Gewährleistungspflicht des Staates sein, das Recht auf Leben und körperliche Unversehrtheit der seiner Staatsgewalt unterliegenden Menschen zu schützen. Derartige Schutzpflichtverletzungen sind jedoch nicht Ausdruck eines repressiven Staatsapparates bzw. einer auf Repression durch Folter ausgelegten Staatsorganisation. Also werden Fälle „privater Folter" genau aus dem Interesse verfolgt, aus dem Fälle „staatlicher Folter" gerade nicht verfolgt werden. Demzufolge bestehen nicht nur bereits auf nationaler Ebene Schutzpflichten, vielmehr werden diese aus vitalem staatlichen Eigeninteresse auch grundsätzlich beachtet. Etwaiger aus Art. 7 i.V.m. Art. 2 IPbpR (bzw. Art. 1 i.V.m. Art. 3 EMRK) resultierender Schutzpflichten bedarf es hier also nicht.

Ein weiterer besonders gewichtiger Gesichtspunkt ist, dass nur einer staatlichen schweren Misshandlung eine besonders destruktive Symbolwirkung für die

---

256 Diesem Gedanken zufolge verwundert es wenig, dass sich weder in der EMRK noch im IPbpR eine derart weite Verbürgung befindet, wie sie für den Schutz der Menschenwürde mit Art. 1 Abs. 1 GG in Deutschland normiert wurde.

257 Perron (in Heinrich et al.: Festschrift Weber), Foltern in Notwehr, S. 143 (152).

258 Man denke hier bspw. an das Phänomen sog. „Ehrenmorde" und ihnen vorgelagerter Misshandlungen.

Rechtsordnung immanent ist.[259] Somit besteht ein grundsätzliches Bedürfnis nach völkerrechtlicher Einflussnahme nur in Fällen, die mindestens unter staatlicher Duldung im oben genannten Sinne geschehen. In Ermangelung der „systematischen Dimension" ist das der Folter eigene Stigma für die „Privatfolter" nicht zu begründen. Ein erhöhtes völkerrechtliches Schutzbedürfnis existiert in Fällen von „Privatfolter" nicht.[260]

Im Ergebnis kommt man schlichtweg nicht umhin, einen gleich dem Art. 1 Abs. 1 VNAFK qualifizierten Staatsbezug zu verlangen. Eine reine „Privatfolter" kann es per definitionem nicht geben.

Letztlich kommt eine Schutzpflichtverletzung im Rahmen des Art. 7 i.V.m. Art. 2 IPbpR nur dann in Frage, wenn mögliche staatliche Maßnahmen angesichts einer privaten Misshandlung, die zumindest von „einer in amtlicher Eigenschaft handelnden Person" geduldet wurde, und die zudem alle weiteren Folterdefinitionsmerkmale aufweist, nicht ergriffen wurden. Allein aufgrund seiner konventionsbedingten Schutz- bzw. Gewährleistungspflichten ist der Staat demnach nur angehalten, privates Handeln wirksam zu verhindern, was jedenfalls den ausführlich beschriebenen staatlichen Mindestbezug aufweist. Vertritt man diese Ansicht, so wird man der durch den VNMRA postulierten „horizontalen Wirkung" zumindest insofern gerecht, als dass man im Rahmen des enger eingegrenzten Gewährleistungsrahmens ausreichenden Schutz durch geeignete staatliche Maßnahmen gewährt.

Die Ablehnung einer reinen, also keinen Staatsbezug nach Art. 1 Abs. 1 VNAFK aufweisenden „Privatfolter" führt auch nicht etwa in Fällen von Misshandlungen durch Privatpersonen, die aufgrund ihrer Zugehörigkeit zu einer

---

259 Perron (in Heinrich et al.: Festschrift Weber), Foltern in Notwehr, S. 143 (152).

260 Für „private" Misshandlungen ist bereits grds. ein ausreichendes nationales, gegebenenfalls auch internationales Schutzniveau gegeben. So sind bspw. die Rechte von Frauen international nicht nur in dem in Art. 1 Nr. 3 VNC und Art. 2 AEMR proklamierten Gleichbehandlungsgebot betont, sondern auch im Übereinkommen von New York über die politischen Rechte der Frau von 1953 und dem Übereinkommen zur Beseitigung jeder Form der Diskriminierung der Frau von 1979 nebst Fakultativprotokoll geschützt. Zusätzlich enthalten z.B. der IPbpR in Art. 3 und die EMRK in Art. 14 Diskriminierungsverbote, die unter den o.g. Bedingungen auch „Drittwirkung" entfalten können. Ferner ist in Art. 23 Abs. 4 IPbpR ein spezielles Gebot festgeschrieben, sicherzustellen, dass die Ehegatten gleiche Rechte und Pflichten bei der Eheschließung, während der Ehe und bei der Auflösung der Ehe haben. Letztlich sind die durch Misshandlungen typischerweise tangierten Rechtsgüter auch aufgrund anderer Konventionsrechte, wie dem Recht auf Leben (Art. 2 EMRK, Art. 6 IPbpR), dem Verbot der Sklaverei (Art. 4 EMRK, Art. 8 IPbpR) oder dem Recht auf Freiheit (Art. 5 EMRK, Art. 9 IPbpR) geschützt und in den einschlägigen Konstellationen von staatlichen Gewährleistungsverpflichtungen flankiert.

speziellen Kultur von staatlicher Seite nicht bekämpft werden, die mithin auch nicht strafbewehrt sind,[261] zu Lücken im Schutzbereich der Konvention. Schließlich sind derartige Fälle bei Vorliegen der weiteren Folterdefinitionsmerkmale, insbesondere der Zweckgebundenheit, die aber in den besagten Fällen häufig in der Diskriminierungsvariante zu bejahen sein wird, aufgrund ihrer regelmäßigen Übereinstimmung mit einem ausdrücklichen oder stillschweigenden Einverständnis von Hoheitsseiten ohne Weiteres unter die Folterdefinition des Art. 1 Abs. 1 VNAFK bzw. des Art. 7 IPbpR zu subsumieren. Zum selbigen Ergebnis kommt wohl auch der ehemalige VN-Sonderberichterstatter über Folter Peter Kooijmans, der jedenfalls für den Bereich der Staatenverantwortlichkeit folgendes formuliert hat:[262]

„However, private acts of brutality - even the possible sadistic tendencies of particular security officials - should not imply State responsibility, since these would usually be ordinary criminal offences under national law. Nevertheless, the authorities' passive attitude regarding customs broadly accepted in a number of countries (i.e. sexual mutilations and other tribal traditional practices) might be considered as "consent or acquiescence", particularly when these practices are not prosecuted as criminal offences under domestic law, probably because the State itself is abandoning its function of protecting its citizens from any kind of torture.“[263]

Nach dem zur „horizontalen Wirkung“ Gesagten kann eine private Misshandlung Indikator für eine staatliche Schutzpflichtverletzung hinsichtlich Art. 7 IPbpR sein.

Eigentlicher Anknüpfungspunkt des Konventionsverletzungsvorwurfs soll in derartigen Fällen, die nach Ansicht des VNMRA wohlgemerkt nicht den staatlichen Mindestbezug aufweisen müssen, also nicht zumindest „unter Duldung einer in amtlicher Eigenschaft handelnden Person“ erfolgt sein müssen, nicht die Misshandlung durch „Private“ sein, sondern die faktische Ermöglichung bzw.

---

261 Bspw. die Beschneidung junger Mädchen in islamisch geprägten Regionen Afrikas.

262 Bedenkt man, dass die Staatenverantwortlichkeit die dem Staate zurechenbare Verletzung von Völkerrecht voraussetzt (s. hierzu Graf Vitzthum-Schröder, 7. Abschn., Rn. 4ff.; s. auch unten 1. Teil, Viertes Kap.), also letztlich ein Verhalten einer natürlichen Person, so ist offensichtlich, dass Peter Kooijmans, indem er für die Annahme der Staatenverantwortlichkeit im Zusammenhang mit Folter nur ein zumindest von staatlicher Seite geduldetes privates Verhalten ausreichen lässt, das Erfordernis des qualifizierten Hoheitsbezugs indirekt auch für die Folterdefinition verlangt.

263 Report by the UN Special Rapporteur on Torture P. Kooijmans, UN-Doc. E /CN.4/1986/15v. 19.02.1986, S. 11.

der nicht erfolgte staatliche Schutz vor der Misshandlung.[264] Insbesondere in vom EGMR beschiedenen Abschiebefällen, auf die aufgrund des Gleichlaufs der Ansichten betreffend die horizontale Wirkung von EGMR und VNMRA auch hier Bezug genommen werden kann, in denen dem Abzuschiebenden im Zielstaat womöglich Misshandlung durch „Private“ droht, kristallisiert sich klar heraus, dass nach Ansicht des Gerichtshofs nicht die (drohende) Misshandlung Anknüpfungspunkt für eine Verletzung des Art. 3 EMRK i.V.m. Art. 1 EMRK ist, sondern eine Schutzpflichtverletzung.[265] Anders verhielt es sich in einem Fall, bei dem eine Verletzung des Art. 3 EMRK hinsichtlich eines an AIDS erkrankten Beschwerdeführers bejaht wurde, da ihm nach seiner Abschiebung auf die Karibikinsel St. Kitts schweres psychisches und physisches Leid wegen der dort nicht gewährleisteten medizinischen Versorgung gedroht habe. Hier stellte der EGMR einzig auf die in der beabsichtigten Abschiebung gesehene Missachtung (vermeintlich) aus Art. 3 i.V.m. Art. 1 EMRK resultierender Schutzpflichten ab. Anknüpfungspunkt sollte jedoch nicht eine Schutzpflichtverletzung sein, sondern die den Aufenthalt beendende Maßnahme selbst. Der Schwerpunkt liege nämlich auf dem aktiven Handeln in Form der Abschiebung.[266]

Unabhängig von der Frage, wo man den Anknüpfungspunkt einer etwaigen Konventionsverletzung verorten will, kann sich ein Vertragsstaat nach hier vertretener Ansicht jedenfalls nur dann einer Verletzung von Schutzpflichten schuldig machen, wenn eine der abzuschiebenden Person drohende Misshandlung im Ausland mindestens „unter Duldung einer in amtlicher Eigenschaft handelnden Person“ erfolgen würde.[267]

---

264 Hier sei der Hinweis gegeben, dass schon grundsätzlich einschränkend bemerkt werden muss, dass der Staat für das mit vernünftigen rechtsstaatlichen Mitteln nicht beherrschbare Verhalten „Privater“ schon nicht verantwortlich gemacht werden kann. Ein allumfassendes Sicherungssystem zur Verhinderung von Misshandlungen durch „Private“ kann und sollte der Staat auch nicht aufbauen, schließlich würden die Nachteile – ständige Überwachung des Bürgers durch staatliche Stellen – die Vorteile eines solchen Systems bei Weitem überwiegen.

265 So verhielt es sich auch im o.g. Fall H.L.R./France, in dem ein Drogendealer, nachdem er das „Gebot des Schweigens“ gebrochen hatte, nach Kolumbien abgeschoben werden sollte. Dort hätten ihm nach eigener Auskunft vermutlich Misshandlung und Ermordung durch Drogenkartell-Häscher gedroht. Allerdings ging der EGMR hier davon aus, dass kolumbianische staatliche Stellen gewillt und in der Lage wären, den Abzuschiebenden zu schützen, und verneinte aus diesem Grund eine Verletzung von Art. 3 EMRK durch den zur Abschiebung entschlossenen französischen Staat.

266 Uerpmann-Wittzack (in Ehlers: Europäische Grundrechte), Höchstpersönliche Rechte S. 98.

267 Hiervon zu differenzieren ist die Frage, ob ein Vertragsstaat sich in den Fällen, die hinsichtlich der Misshandlung nicht den notwendigen Staatsbezug aufweisen, gegebenenfalls einer Verletzung der aus Art. 7 i.V.m. Art. 2 IPbpR für „mildere“ verbotene

Nach alldem speist sich das besondere Stigma der Folter insbesondere aus ihrer Staatsnähe. Daher kann die Folterdefinition nur solche Misshandlungen umfassen, die einen Staatsbezug im Sinne der Definition des Art. 1 Abs. 1 VNAFK aufweisen, indem sie zumindest von einer „Duldung“ einer „in amtlicher Eigenschaft handelnden Person“ gedeckt sind.

Den zitierten Verlautbarungen der Konventionsorgane (VNMRA und EGMR) ist jedenfalls nicht zu entnehmen, dass das Folterverbot in Art. 7 IPbpR (bzw. Art. 3 EMRK) direkt auf „Private“ anwendbar ist. Somit werden Privatleuten Misshandlungen durch die Konventionen nicht untersagt. Schließlich betreffen die Verlautbarungen ausschließlich die Verantwortung der jeweiligen Vertragsstaaten.

(ac) Objektives Merkmal „qualifiziertes Tatobjekt“

Fraglich ist, ob nicht nur der Täter eine spezifische Qualität aufweisen muss, sondern auch das Opfer.

Hier ist abermals auf die VNAFK, genauer auf die Folterdefinition des Art. 1 Abs. 1 VNAFK, abzustellen. Diese trifft keine exakte Aussage über das Folteropfer. Es ist unspezifisch von einer Handlung die Rede, „durch die eine Person“ beeinträchtigt wird, bzw. im englischen Originaltext von einer Handlung „inflicted on a person“.[268] Demzufolge könnten die „Väter“ der VNAFK keinerlei Einschränkungen bezüglich der potentiellen Folteropfer intendiert haben, sonst hätten sie, wie dies mit der expliziten Formulierung in Art. 1 Abs. 1 VNAFK für die Staatsnähe des Tatsubjektes geschah, wohl auch einen einschränkenden Passus für das Tatobjekt in den Konventionstext aufgenommen.

Allerdings fanden nach einem Hinweis von Burgers, der in den 1980er-Jahren den Vorsitz der Arbeitsgruppe zur Ausarbeitung des Konventionstextes der VNAFK innehatte, alle im Rahmen der Entstehungsgeschichte sowohl der AFD als auch der VNAFK erörterten Erwägungen im Kontext von „persons subjected to any form of detention or imprisonment“ statt.[269] Insofern bildeten den Rahmen der Erwägungen stets Situationen, in denen Personen auf die eine oder andere Art und Weise ihrer Freiheit beraubt waren. So liegt die Vermutung einer Beschränkung des durch die Konvention geschützten Personenkreises auf Menschen in derart prekären Situationen nah.

Misshandlungsformen resultierenden Schutzpflichten schuldig gemacht hat. Dies hängt davon ab, ob auch für die grausame, unmenschliche oder erniedrigende Strafe oder Behandlung ein entsprechender Staatsbezug zu verlangen ist (dazu s.u. 1. Teil, Zweites Kap., II), 2), a), ab), (1), (b)).

268 Dieselbe unspezifische Formulierung findet sich in der AFD, s.o. 1. Teil, Zweites Kap., II),1), c).

269 Burgers/Danelius, Convention against Torture, S. 120f.

Systematisch spricht für die Begrenzung des persönlichen Schutzbereichs auf „persons who are deprived of their liberty or who are at least under the factual power or control of the person inflicting the pain or suffering“[270], dass Art. 1 VNAFK im Kontext von Vorschriften steht, die sich explizit auf Personen beziehen, denen die Freiheit entzogen wurde, z.B. Art. 10 und 11 VNAFK.[271]

Das wichtigere Argument für eine Beschränkung des Folterschutzes auf besagten Personenkreis ergibt sich jedoch aus teleologischen Erwägungen. Wie bereits bei den Ausführungen zum objektiven Merkmal „Nähe des Täters zur staatlichen Gewalt“ festgestellt, werden die foltertypische Ohnmacht, Ausweglosigkeit, Hoffnungslosigkeit und das Gefühl des Alleingelassenwerdens der Folteropfer dadurch bedungen, dass sie sich einem Kollektiv gegenübersehen, welches Gewalt auf sie ausübt. Eine völlig ungestörte, gar absolute Machtausübung, welche erst geeignet ist, die genannten Opferempfindungen (in höchstem Maße) hervorzurufen, ist jedoch erst denkbar, wenn das Opfer wehrlos ist, weil es sich auf irgendeine Weise in der Gewalt seiner Peiniger befindet. Da Folter als eine der, oder sogar die schlimmste Verletzung der menschlichen Würde und Integrität verstanden wird – erst aus dieser Betrachtung resultiert ja das spezifische Stigma – kann auf den Faktor Machtlosigkeit und Ausgeliefertsein des Opfers nicht verzichtet werden. Die Machtlosigkeit kann dabei – muss aber nicht zwangsläufig – auf einem Freiheitsentzug beruhen.

Es sind auch andere Formen denkbar, in denen faktisch effektiv Macht oder Kontrolle über eine Person ausgeübt wird, die ohne physisches Festgehaltensein im ursprünglichen Sinn dieselbe Ohnmachtssituation des Opfers bedingen. Man stelle sich einen Vater vor, der durch die Drohung der sofortigen Tötung seiner Familienangehörigen – für den Fall, dass er sich abwende – dazu gezwungen wird, in „Echtzeit“ über Internet der Folterung seiner Familie beizuwohnen, wobei er gleichzeitig (bild-)telefonisch aufgefordert wird, Informationen preiszugeben. In einem derartigen Vorgang läge gewiss auch eine Folterung des Vaters.

Auch wenn man weder die gleichen historischen noch systematischen Erwägungen hinsichtlich des IPbpR anstellen kann, wie sie hier betreffend die VNAFK angestellt wurden. Schließlich wurde im Rahmen des IPbpR mit Art. 10 gerade eine spezielle Schutzvorschrift für der Freiheit beraubte Personen in den Pakt aufgenommen, was darauf schließen lassen mag, dass eine Einschränkung des Schutzbereichs des Folterverbots von Art. 7 IPbpR auf den genannten Personenkreis nicht beabsichtigt gewesen sein mag, so vermag das genannte teleologische Argument jedoch auch hier zu überzeugen.[272]

---

270 Burgers/Danelius, Convention against Torture, S. 120.

271 Burgers/Danelius, Convention against Torture, S. 120f.

272 Den Äußerungen des ehemaligen Sonderberichterstatters über Folter betreffend die Unterscheidung der Folter von den anderen Formen verbotener Behandlung oder Stra-

Eine andere Frage ist es, ob auch der Schutz vor grausamer, unmenschlicher oder erniedrigender Behandlung oder Strafe notwendigerweise auf besagten Personenkreis zu beschränken ist. Hierauf soll im Folgenden bei der Erörterung der verbotenen folternahen Praktiken gesondert eingegangen werden.[273]

Der VNMRA hat die Notwendigkeit der Eingrenzung des Opferkreises allerdings (noch) nicht gesehen, oder ohne ernsthafte Erwägungen dazu anzustellen, für nicht gegeben erachtet. Jedenfalls ist die Einforderung eines Kriteriums der Machtlosigkeit des Missbrauchsopfers durch ihn nicht ersichtlich.

(ad) Subjektives Merkmal „Vorsatz"

Als erstes subjektives Kriterium setzt Folter nach Art. 1 VNAFK Vorsatz voraus.

Eine grob fahrlässige schwere Misshandlung fällt jedenfalls auch im Rahmen des IPbpR nicht mehr unter den Folterbegriff.[274] Ob eine konkrete Vorsatzform, und gegebenenfalls welche mindestens notwendig ist, um von Vorsätzlichkeit im Sinne des Art. 1 Abs. 1 VNAFK sprechen zu können, ist fraglich. Nach Gollwitzer ist Folter nur die „vorbedachte und gewollte (...) Zufügung schwerster körperlicher oder seelischer Qualen".[275] Da er die vorgenannten Merkmale als deutscher Autor im Zusammenhang mit der Abgrenzung folterrelevanter schwerer Misshandlungen von nicht-folterrelevanten, grob fahrlässigen Misshandlungen nennt, ist davon auszugehen, dass er mit „gewollt" das voluntative und mit „Vorbedacht" das kognitive Vorsatzelement nach deutscher Strafrechtsdogmatik meint. Letztlich verlangt Gollwitzer also ein „Wissen" und „Wollen" der schweren Misshandlung. Eine Eingrenzung des Vorsatzerfordernisses in Art. 1 Abs. 1 VNAFK lediglich auf „deliberately and maliciously" beigebrachte Pein, wie von den Vereinigten Staaten vorgeschlagen, fand jedenfalls keinen Einzug in die VNAFK.[276] Nach Ansicht von Hall verlangt das Vorsatzerforder-

---

fe ist zu entnehmen, dass auch er das „Ohnmachtskriterium" für wesentlich hält (Report by the UN Special Rapporteur on Torture Manfred Nowak, UN-Doc. E /CN.4/2006/6 v. 23.12.2005, S. 13): „(…) the decisive criteria for distinguishing torture from CIDT may best be understood to be the purpose of the conduct and the powerlessness of the victim (…)."

273 Siehe unten 1. Teil, Zweites Kap., II), 2), a), ab), (1), (b).

274 Nowak, IPbpR, Art. 7, Rn. 6, m.w.N. in Fn. 15; Löwe/Rosenberg, Bd. 8, Art. 3 EMRK/Art. 7 IPbpR, Rn. 18.

275 Löwe/Rosenberg, Bd. 8, Art. 3 EMRK/Art. 7 IPbpR, Rn. 18. Gollwitzer trifft diese Feststellung im Bereich des IPbpR bzw. der EMRK. Aufgrund der Interdependenz zwischen den Konventionen gilt sie gleichermaßen für die Situation im Rahmen der VNAFK.

276 Nowak/McArthur, Convention against Torture, Art. 1, Rn. 106.

nis zwar nicht „Böswilligkeit“ („maliciousness“). Gleich dem amerikanischen Vorschlag bedürfe es aber eines von der Absicht („deliberation“) getragenen Verhaltens, Schmerzen oder Leiden zu verursachen.[277] Zudem erachtet er die Schwere der verursachten Leiden nicht als vorsatzrelevanten Faktor, und auf ein kognitives Vorsatzelement verzichtet er gleich ganz.[278] Das Vorsatzmerkmal in Art. 1 Abs. 1 VNAFK solle nämlich lediglich dazu dienen, Schmerzen oder Leiden von der Folterdefinition auszunehmen, die „the result of an accident or of mere negligence“ sind.[279]

Dieser Ansicht ist eine klare Absage zu erteilen. Zum einen konnte sich schon der Vorschlag der Amerikaner zur Verengung des Vorsatzes u.a. auf nur absichtliche Verhaltensweisen bei den Verhandlungen zur VNAFK nicht durchsetzen. Zum anderen ist aus völkerstrafrechtlicher Perspektive, die im Zusammenhang mit der Erörterung des Merkmals „Vorsatz“, eines originär strafrechtlichen Terminus, besonders relevant ist, für die subjektive Tatseite grundsätzlich „intent“ zu verlangen.[280] Mit diesem auch in Art. 1 Abs. 1 VNAFK verwandten Begriff konnotiert in der Rechtsprechung der internationalen Strafgerichtshöfe im Allgemeinen das, was nach deutscher Strafrechtsdogmatik unter vorsätzlichem Handeln verstanden wird,[281] also „Wissen“ und „Wollen“ der Tatbestandsverwirklichung. Es ist sogar ein Trend in der neueren Rechtsprechung des ICTY zu beobachten, das Wahrscheinlichkeitswissen des Täters als die maßgebliche subjektive Voraussetzung zu begreifen. Zusätzlich wird zumeist ein voluntatives Element verlangt, das insbesondere bei offenkundig besonders gefährlichen Verhaltensweisen– ähnlich der Rechtsprechung des Bundesgerichtshofs zum Vorsatz bei lebensgefährlichen Handlungen – aus dem „Wissen“ hergeleitet wird.[282] Daran vermag auch die von Hall zitierte Entscheidung des ICTY im Fall Kvocka[283] nichts zu ändern. Die zitierte Stelle bezieht sich lediglich auf einen Spezialfall, nämlich die Zurechnung einer Exzesstat im Rahmen eines „joint criminal enterprise“, und damit auf den spezifischen Konnex von Vorsatz und spezieller Beteiligungsform. Diesem Spezialfall kann aber keine allgemeingültige Aussage über den Vorsatz im Rahmen der Folter entnommen werden. Weiter dient das Vorsatzerfordernis zwar dazu, fahrlässiges Verhalten vom Folterbegriff auszunehmen. Eine Reduktion des Vorsatzes auf das voluntative Element

---

277 Hall, zitiert nach Burgers/Danelius, Convention against Torture, S. 118.

278 Hall, zitiert nach Burgers/Danelius, Convention against Torture, S. 118.

279 Hall, zitiert nach Burgers/Danelius, Convention against Torture, S. 118.

280 Vgl. Werle, Völkerstrafrecht, Rn. 421ff.

281 Werle, Völkerstrafrecht, Rn. 423, Fn. 72.

282 Werle, Völkerstrafrecht, Rn. 427.

283 ICTY, Prosecutor vers. Kvocka u.a., Urt. v. 28.02.2005, Case No. IT-98-30/1-A, http://www.icty.org/case/kvocka/4,insb. Rn. 83 und 308.

ist damit jedoch nicht zu begründen. Im Ergebnis bleibt es für Folter also mit Gollwitzer beim zweigliedrigen Vorsatzbegriff.

Entgegen der Ansicht Halls muss sich der Vorsatz zudem auf die große Intensität der beigebrachten Leiden beziehen.[284] Warum der Täter sich nicht über die für Folter typische Schwere der Misshandlung bewusst sein muss, ist nicht ersichtlich. In strafrechtlichen Worten gesprochen, muss der Vorsatz alle objektiven Tatbestandsmerkmale einbeziehen. Hier also auch die Intensität der beigebrachten Schmerzen. Schließlich ist diese gerade kennzeichnend für den Unrechtsgehalt der Folter, auch in Abgrenzung zu den folternahen Misshandlungsformen.[285]

Nach hier vertretener Ansicht muss sich der Vorsatz zusätzlich auf den Staatsbezug des Verhaltens und auf die „Ohnmacht" des Opfers beziehen.

In Anbetracht der generellen Zweckbestimmung des IPbpR als Vertragswerk zur Beschränkung staatlicher Machtvollkommenheit könnte man argumentieren, eine strafrechtliche Betrachtungsweise biete sich hier nicht an, und es sei einzig auf die Opferperspektive abzustellen. Danach scheint es auf den ersten Blick irrelevant, ob der Täter vorsätzlich handelt. Bedenkt man aber den Ansatz des VNMRA, nach dem für Art. 7 IPbpR von einer „horizontalen Wirkung" auszugehen ist, so erscheint ein Abstellen auf den einzelnen Täter und damit auch auf die strafrechtliche Perspektive, nicht abwegig. Ferner kann das subjektive Opferempfinden nicht unerheblich von dem Empfinden im Falle einer vorsätzlichen Misshandlung divergieren, wenn eine schwere Misshandlung „nur" fahrlässig erfolgt. Ein vorsätzlich handelnder Täter gibt dem Opfer durch die willentliche und wissentliche Missachtung seiner Menschenwürde eher das Gefühl, bloßes Objekt fremder Willkür zu sein, als es in Fahrlässigkeitsfällen der Fall ist.

Des Weiteren verlangt der VNMRA inzident ein zweckbezogenes Vorgehen des Folterers. Schließlich sieht er in dem „Zweckkriterium" ein Merkmal zur Abgrenzung der verschiedenen Misshandlungsformen des Art. 7 IPbpR.[286] Die schwere Misshandlung wird im Zusammenhang mit Folter also grundsätzlich

---

284 Nowak/McArthur, Convention against Torture, Art. 1, Rn. 107, wonach der Vorsatz sich daneben auch noch auf den mit der Misshandlung verbundenen bestimmten Zweck beziehen muss. Klarer formuliert muss die vorsätzliche Zufügung schwerer Schmerzen im Zusammenhang mit der im nächsten Abschnitt behandelten spezifischen Gesinnung bzw. Absicht des Täters stehen.

285 So die Rechtsprechung der Ad-hoc-Gerichtshöfe (s. Nachweise bei Dörmann in Triffterer, Rome Statute Commentary. Art. 8, Rn. 19; s. auch unten 1. Teil, Zweites Kap., II), 2), a), ab), (1), (c)).

286 „General Comment" No. 20 para. 4.

zur Erreichung eines gewissen Zwecks eingesetzt.[287] Somit muss der Folterer denknotwendig wissen, welches Mittel er wie zur Erreichung des angedachten Zwecks einsetzt. Wer aber zweckgerichtet besonders gefährliche Gewalthandlungen ausübt, wird auch wissen, dass diese beim Opfer große körperliche oder seelische Schmerzen oder Leiden bedingen (kognitives Vorsatzelement). Da regelmäßig gerade diese Folgen für die Erzwingung des vom Täter angestrebten Zwecks notwendig sein werden, wird er sie auch beabsichtigen (voluntatives Vorsatzelement). Danach setzt der VNMRA – ohne es explizit festgestellt zu haben – letztlich ebenfalls vorsätzliches Handeln voraus. Diesen Ausführungen folgend, und angesichts der grundsätzlichen Orientierung des VNMRA an der VNAFK-Folterdefinition, ist davon auszugehen, dass auch für die IPbpR-Folterdefinition ein Vorsatzerfordernis nach obiger Maßgabe zu verlangen ist.

(ae) Subjektives Merkmal „Misshandlungszweck und -grund“

Auf subjektiver Ebene wird im Rahmen des Art. 7 IPbpR ebenfalls gleich dem Art. 1 Abs. 1 VNAFK die Verfolgung eines Zwecks gefordert, wobei die Legaldefinition des letztgenannten Artikels abermals der Orientierung dient, und einer der dort genannten Zwecke vorauszusetzen ist.[288] Wie sich aus Art. 1 Abs. 1 VNAFK ergibt, ist neben der Erzwingung einer Aussage[289] oder eines Geständnisses auch die Bestrafung als möglicher Zweck anerkannt. Neben der Annahme eines Zweckkriteriums als Abgrenzungsmoment zwischen den Verletzungsvarianten des Art. 7 IPbpR in Abs. 4 stellt der VNMRA in seinem „General Comment“ No. 20 para. 5 fest, Misshandlungen zum Zwecke der körperlichen Bestrafung, also zur exzessiven Züchtigung – egal ob als strafrechtliche Sanktion, Erziehungs- oder Disziplinarmaßnahme –, können unter das Folterverbot des Art. 7 IPbpR fallen. Eine schwere Misshandlung zum Zwecke der Einschüchterung oder Nötigung fällt ebenfalls unter Art. 1 Abs. 1 VNAFK. Die misshandelte Person muss nicht zwangsläufig diejenige sein, die eingeschüchtert oder zu irgendeinem Verhalten genötigt werden soll.[290] Das Nötigungselement erweitert das in Frage kommende Spektrum möglicher Zweckrichtungen gegenüber der AFD, die dieses Element nicht beinhaltet. Durch die Einbeziehung von

---

287 Siehe dazu den folgenden Abschnitt.

288 Nowak, IPbpR, Art. 7, Rn. 6.

289 Hier geht es allerdings nicht um Aussagen im strafprozessualen Sinn. Der englische Begriff „information“ im Originaltext lässt darauf schließen, dass es um die Abnötigung jeglicher Art von Information geht. Wäre ein strafprozessualer Kontext gewollt, hätte man Begriffe wie „statement“ oder „testimonial“ benutzt.

290 Die zweckgerichtete Misshandlung von dem Einschüchterungs- oder Nötigungsadressaten nahe stehenden Personen, zumeist in dessen Anwesenheit, ist damit auch als Folter zu klassifizieren (vgl. Hofmann (in Ostendorf: Folter), Völkerrechtliches Folterverbot, S. 9 (22f.)).

jedem „(…) anderen, auf irgendeiner Art von Diskriminierung beruhenden Grund (…)“ wird auf die einer Misshandlung zugrunde liegende Ursache abgestellt, und damit von dem final ausgerichteten Zweckkriterium abgerückt. Hierdurch wird der Folterbegriff jeder unter Missachtung des Gleichheitsgrundsatzes erfolgten Misshandlung eröffnet.[291] Schließlich ist die Liste der genannten Zwecke nicht abschließend, sondern lediglich exemplarisch. Das ist der Formulierung „(…) zum Beispiel um (…)“ zu entnehmen.[292]

Demnach unterfällt ein äußerst breites Spektrum an Zweckrichtungen der Definition des Art. 1 Abs. 1 VNAFK, und damit auch des Art. 7 IPbpR. Trotzdem sprechen sich Einige dafür aus, überhaupt kein Zweckkriterium mehr vorauszusetzen. So konstatiert Gollwitzer, dass „(…) in Abkehr vom engeren, rechtshistorischen Folterbegriff nur noch auf Dauer und Schwere der absichtlich zugefügten Qualen abzustellen ist, und nicht zusätzlich noch auf das Motiv des Folterers oder des die Folter anordnenden oder zulassenden Staatsorgans“.[293] Hiernach würde auch die rein sadistische oder durch persönliche Rachsucht motivierte schwere Misshandlung unter den Folterbegriff fallen. Deshalb kann von einem erweiterten Zweckkriterium gesprochen werden.

Im direkten Gegensatz zu dieser Meinung steht der rechtsgeschichtliche Folterbegriff, nach dem unter Folter nur eine Art der „Wahrheitsfindung“ zu verstehen war, die der Erlangung von strafprozessual zu verwertenden „Beweisen“ und Geständnissen als Verurteilungsgrundlage diente.[294]

Nun kann man wohl mit Fug und Recht behaupten, dass sich der heutige Folterbegriff von der rechtsgeschichtlichen Konzeption klar emanzipiert hat, weg von

291 Tomuschat nennt als Regelfälle eine rassische, religiöse oder politische Diskriminierung (Tomuschat (in Schulz-Hageleit: Alltag, Macht, Folter), Rechtlicher Schutz gegen Folter, S. 103).

292 Burgers/Danelius, Convention against Torture, S. 118; Wendland, UN Convention against Torture, S. 28.

293 Löwe/Rosenberg, Bd. 8, Art. 3 EMRK/Art. 7 IPbpR, Rn. 18. Andere sprechen sich dafür aus, jeden beliebigen Zweck ausreichen zu lassen. So der BGH, nach dem „(…) jede zweckbezogene Quälerei eines Menschen durch staatliche Organe oder mit staatlicher Billigung dem Begriff der Folter unterfallen kann (BGHSt 46, S. 292 (304)).“ Da jedem (vorsätzlichen) Handeln eine gewisse Zweckgebundenheit innewohnt, unterscheidet sich die letztgenannte Ansicht im Ergebnis nicht merklich von der Ansicht Gollwitzers, auf den der BGH sich auch explizit bezieht.

294 Vgl. Jerouschek/Kölbel, JZ 2003, S. 613 (614); Norouzi, JA 2005, S. 306 (307). Der historische Folterbegriff umfasste ebenfalls Fälle, in denen Folter die Strafe ersetzte, wenn es auf ein Urteil nicht ankam. Auch Glaubensgerichtsfälle, in denen Folter eingesetzt wurde, um „Komplizen eines Teufelsbundes“ zu ermitteln und das Opfer zur Umkehr zu bewegen, sind vom geschichtlichen Folterkonzept einbegriffen (Sofsky, Traktat, S. 90).

der prozessualen, hin zu einer weit über den prozessrechtlichen Kontext hinausgehenden Funktion.[295] So betrifft beispielsweise die folterrelevante Rechtsprechung des EGMR häufig staatliches Präventivhandeln.[296]

Hiervon ist wiederum zu unterscheiden was (zumindest im westlichen Kulturkreis) umgangssprachlich unter Folter verstanden wird. Es lässt sich ein allgemeiner Sprachgebrauch feststellen, nachdem quasi jedwede Beibringung von körperlichem oder seelischem Leid,[297] wenn nicht sogar jede irgendwie unangemessene Behandlung,[298] als Folter bezeichnet wird.

Der (rechts-)historische Folterbegriff ist zu eng, und somit überkommen. Das Element der prozessualen „Wahrheitsfindung“ ist in vielen Fällen anderen Zwecken gewichen, die dennoch einer Einbeziehung in eine moderne Folterdefinition bedürfen, insbesondere weil sie in eindeutigem Konnex mit der Ausübung staatlicher Macht stehen.[299] Des Weiteren ist es dem immer größeren Stellenwert des Menschenwürdeschutzes geschuldet, zumindest ergänzend die Opferperspektive stärker in den Fokus zu rücken. Diese Überlegungen finden ihren Niederschlag in der Folterdefinition der VNAFK.

Der umgangssprachliche Folterbegriff ist aufgrund seiner ausufernden Weite und der damit verbundenen Unbestimmtheit rechtlich nicht handhabbar zu machen. Zudem erfasst er zwangsläufig auch Handlungen mit geringerem Unrechtsgehalt, wodurch das aus oben genannten Gründen schon aktuell gefährdete Stigma der Folter vollends verloren ginge.

Denjenigen, die überhaupt kein Zweckkriterium mehr voraussetzen bzw. jeden beliebigen Zweck ausreichen lassen wollen, ist zuzugestehen, dass es aus der Sicht des Opfers einer schweren Misshandlung eventuell nicht darauf ankommt, warum es misshandelt wird. Wird jedoch z.B. der Vater eines Regimekritikers malträtiert, um Informationen über den Aufenthaltsort seines Sohnes zu erlangen, so liegt darin für den Betreffenden durchaus eine schwerere Beeinträchtigung, als es der Fall wäre, wenn er rein sadistisch motiviert misshandelt würde. Der in dem Beispiel genannte Vater wird entweder bereits daran gehindert, überhaupt noch einen dem Informationsverlangen der Häscher entgegenstehenden Willen zu bilden, oder aber daran, entsprechend einem entgegenstehenden Willen zu handeln und keine Auskunft zu erteilen. Somit wird seine Schmerzempfindlichkeit als Mittel zum Willensbruch genutzt. Das intendierte Ergebnis

295 Jerouschek/Kölbel, JZ 2003, S. 613 (614), m.w.N. in Fn. 10.

296 Hierzu s. die Nachweise bei Klugmann, EMRK, S. 85ff.

297 Hilgendorf, JZ 2004, S. 331.

298 Kern, (in Goerlich: Staatliche Folter), Folter in der rechtsgeschichtlichen Entwicklung, S. 41.

299 Bspw. in totalitären Regimes vorkommende schwere Misshandlungen, die der Einschüchterung und der Unterjochung der Bevölkerung dienen.

dieses Vorgangs, die Preisgabe des Aufenthaltsortes, würde das Leben des Sohnes gefährden, was beim Vater zusätzliche seelische Pein verursachen dürfte. Der Erfolgsunwert der Misshandlung erscheint hier im Vergleich zur „nur" sadistischen Misshandlung gesteigert. Insofern ist der Zweck bzw. der Grund einer Misshandlung ein durchaus relevantes, gar eines der entscheidenden Kriterien zur Abgrenzung der Folter von weniger gravierenden Misshandlungsformen.

Dem Ansinnen besagter „Erweiterungsansicht" ist ferner entgegenzuhalten, dass der Folterbegriff des Art. 1 Abs. 1 VNAFK bereits ein weites Zweck- und Ursachenspektrum beinhaltet. Dabei führt insbesondere die Einbeziehung der Diskriminierungsfälle in die Legaldefinition zu einer Ausweitung des Begriffs, welche erhebliche Unschärfen mit sich bringt. Hierdurch wird schon nach derzeitiger Fassung des Art. 1 Abs. 1 VNAFK die Gefahr der Aufweichung des spezifischen Stigmas der Folter durch „Verwässerung" des Begriffs evoziert.[300] Mit einer völligen Preisgabe des Zweckkriteriums würde die Grenze zur gewöhnlichen Kriminalität verwischt.[301] Auch der Wortlaut spricht gegen eine Ausweitung. So legt die englische Formulierung im Originalkonventionstext „(...) for such purposes as (...)" nahe, dass nur solche weiteren Zwecke erfasst sein sollen, die eine Kongruenz zu den ausdrücklich genannten Zwecken aufweisen.

Gemeinsamer Anknüpfungspunkt für das Zweckkriterium ist ein irgendwie gearteter subjektiver Zusammenhang mit einer Staatsdoktrin oder sonstigem staatlichen bzw. hoheitlichen Interesse. Dabei kommt es nicht darauf an, ob das verfolgte Ziel auch illegitim ist. So erscheint beispielsweise die Bestrafung eines Schwerverbrechers als durchaus legitimes Staatsinteresse, das zu verfolgen berechtigtes Anliegen einer mit öffentlichem Einverständnis handelnden Person ist. Sollte man versuchen, diesen an sich legitimen Zweck mit dem verbotenen Mittel der schweren Misshandlung zu erreichen, könnten staatliche Stellen in Versuchung geraten, derartige Misshandlungen nicht oder nicht energisch genug zu verfolgen. Dies liefe dem ureigenen Zweck der VNAFK (und auch des Art. 7 IPbpR) zuwider, der eben gerade darin liegt, die von Staatsseite ausgehenden Misshandlungen zu unterbinden. Rein sadistisches, oder auf anderen privaten Motiven beruhendes Verhalten weist jedoch nicht nur keinen Bezug zu Staatsinteressen auf, es widerstrebt diesen sogar regelmäßig. Blinde Ausübung von Gewalt durch einzelne Hoheitsträger impliziert für einen Staat die Gefahr der Schaffung oder Stärkung oppositioneller Kräfte. Diese Gefahr würde jedoch kein Staat lediglich für die private „Aggressionsabfuhr" einzelner Hoheitsträger eingehen. Außerdem gibt es keine rechtspolitische Notwendigkeit, inakzeptable Misshandlungen, die auf anderen, als den in Art. 1 Abs. 1 VNAFK genannten

300 Schroeder (in Courakis: Festschrift Spinellis), Begriff der Folter, S. 983 (1001).

301 Tomuschat (in Schulz-Hageleit: Alltag, Macht, Folter), Rechtlicher Schutz gegen Folter, S. 102f.

Motiven beruhen,[302] als Folter einzustufen. Schließlich bleibt für sie der Rückgriff auf die unmenschliche oder erniedrigende Behandlung oder Strafe.[303] In Einzelfällen mag die Differenzierung, ob eine Misshandlung in irgendeinem Bezug zu staatlichen Interessen stand, oder rein privaten Motiven folgte, schwierig sein. Aus teleologischen Gründen sollte es genügen, wenn Hoheitsträger in typischerweise von einem Über-/Unterordnungsverhältnis geprägten Situationen zumindest auch aus einem (gegebenenfalls nur von ihnen gewähnten) hoheitlichen Interesse handeln.

Die Wichtigkeit des Zweckkriteriums lässt sich ferner daran ablesen, dass der ICTY[304] und der ehemalige VN-Sonderberichterstatter über Folter[305] dieses Kriterium als maßgeblich zur Unterscheidung zwischen Folter und den anderen verbotenen Misshandlungsformen erachten.[306]Mithin begreifen auch sie das Vorliegen eines staatsbezogenen Zwecks als ein qualifizierendes, Unrecht verschärfendes und Gefahr intensivierendes Merkmal.

---

302 Bspw. rein der Belustigung eines Diktators dienende Misshandlungen. Allerdings dürften derartige Misshandlungen zumeist von einem Motivbündel getragen werden, was entweder nötigende, einschüchternde oder diskriminierende Aspekte beinhaltet, und somit letztlich doch eine Subsumtion unter die Folterdefinition der VNAFK bzw. des IPbpR ermöglicht.

303 Marx, KJ 2004, S. 278 (287).

304 So hat der ICTY Folter bspw. vom Kriegsverbrechen der „Verursachung großer Leiden oder schwerer Gesundheitsschäden“ wie folgt unterschieden: „The offence of willfully causing great suffering or serious injury to body or health is distinguished from torture primarily on the basis that the alleged acts or omissions need not be commited for a prohibited purpose such as is required for the offence of torture (ICTY, Prosecutor vers. Delalic et al., Case No. IT-96-21-T, Judgement v. 16.11.1998, http://www.icty.org/cases/party/675/4,Rn. 442).”

305 Auch Nowak lässt sich hinsichtlich der Unterscheidung der Folter von den anderen Formen verbotener Behandlung oder Strafe ähnlich wie der ICTY ein (Report by the UN Special Rapporteur on Torture Manfred Nowak, UN-Doc. E /CN.4/2006/6 v. 23.12.2005, S. 13): „(…) the decisive criteria for distinguishing torture from CIDT may best be understood to be the purpose of the conduct and the powerlessness of the victim (…).“

306 Laut Nowak ist das Zweckkriterium ebenfalls das einzige Element zur Differenzierung des Kriegsverbrechens der Folter vom Kriegsverbrechen der grausamen und unmenschlichen Behandlung i.R. des ICCS (Nowak/McArthur, Convention against Torture, Art. 1, Rn. 110, Fn. 183). Der VNMRA nennt es zumindest als eines von drei Unterscheidungskriterien zwischen den einzelnen Verletzungsvarianten des Art. 7 IPbpR („General Comment“ No. 20 para. 4). Demnach hält er eine (völlige) Abkehr von diesem Kriterium wohl nicht für ratsam.

Insofern ist sowohl einer Erweiterung als auch einem gänzlichen Verzicht auf das Finalitätselement des Art. 1 Abs. 1 VNAFK eine klare Absage zu erteilen.[307]

(a) Grausame, unmenschliche oder erniedrigende Behandlung oder Strafe

Neben der Folter verbietet Art. 7 IPbpR die grausame, unmenschliche oder erniedrigende Behandlung oder Strafe.

Unter einer Behandlung im Sinne des Art. 7 IPbpR versteht man jedes Tun oder Unterlassen, welches sich auf das Opfer bezieht und – anders als die Folter – weder vorsätzlich noch in bestimmter Absicht erfolgt sein muss.[308] Auch Auslieferungen, Ausweisungen oder Abschiebungen können eine im Sinne von Art. 7 IPbpR verbotene Behandlung darstellen, wobei sie jedoch nicht bereits grundsätzlich von Art. 7 IPbpR (oder Art. 3 EMRK) ausgeschlossen werden.[309] Allerdings erstreckt sich der Begriff der Behandlung nicht auf eine menschenunwürdige Situation, die sich lediglich als Folge der allgemeinen Lebensbedingungen oder der gesellschaftlich-wirtschaftlichen Verhältnisse eines Aufnahmestaates darstellt.[310]

Die einen Spezialfall der Behandlung darstellende Strafe umfasst jede von staatlichen Organen als Sanktion für ein Fehlverhalten angeordnete Zufügung von Leiden, Beschränkungen oder Nachteilen, z.B. echte Kriminalstrafen, daneben aber auch weitere Rechtsfolgen mit strafrechtlichem Sanktionscharakter.[311] Insbesondere im Bereich präventiver Maßnahmen ist die Grenze zwischen Behandlung und Strafe fließend, was wegen ihrer Gleichbehandlung jedoch ohne praktische Konsequenzen ist.[312]

Für Misshandlungen durch „Private" ist im Rahmen des IPbpR – entgegen der Regelung des Art. 16 VNAFK – kein spezifischer Staatsbezug zu verlangen. Zwar besteht auch für die grausame, unmenschliche oder erniedrigende Behandlung oder Strafe ein völkervertragliches Regelungsbedürfnis in aller Regel nur dann, wenn sie als Teil eines repressiven Staatsapparates systemimmanent auftritt. Die in der Präambel des IPbpR proklamierte Förderung und Achtung der Menschenrechte als Zweck des Paktes, insbesondere der Schutz der Menschenwürde, erlauben aber eine weite Interpretation. So können Grenzfälle, bei denen

---

307 A.A. Pajarola, Gewalt im Verhör, S. 148, der zumindest im staatsrechtlichen Kontext „eine Ausrichtung an der Absicht des Folterers" ablehnt.

308 Löwe/Rosenberg, Bd. 8, Art. 3 EMRK/Art. 7 IPbpR, Rn. 13; Nowak, IPbpR, Art. 7, Rn. 6, m.w.N. in Fn. 15.

309 Zum ganzen Problem s. vertiefend Löwe/Rosenberg, Bd. 8, Art. 3 EMRK/Art. 7 IPbpR, Rn. 13ff.

310 Löwe/Rosenberg, Bd. 8, Art. 3 EMRK/Art. 7 IPbpR, Rn. 15.

311 Löwe/Rosenberg, Bd. 8, Art. 3 EMRK/Art. 7 IPbpR, Rn.16.

312 Löwe/Rosenberg, Bd. 8, Art. 3 EMRK/Art. 7 IPbpR, Rn.16.

der nach Art. 1 Abs. 1 VNAFK geforderte staatliche Mindestbezug nicht völlig zweifelsfrei zu belegen ist, zu Gunsten Betroffener gegebenenfalls als grausame, unmenschliche oder erniedrigende Behandlung oder Strafe eingestuft werden. Diese Wertung wird dadurch gestützt, dass nur die Folter ein ganz herausragendes, spezifisches Stigma impliziert.

Organisiert sich ein Vertragsstaat nicht effektiv genug, was „folternahe" Misshandlungen durch „Private" begünstigt, so macht er sich gegebenenfalls einer Verletzung der vertraglichen Schutz- bzw. Gewährleistungspflichten schuldig. Der Fall ähnelt dem oben genannten Fall einer Verletzung der Schutzpflichtendimension des Art. 7 IPbpR betreffend das Folterverbot.

Zu beantworten ist ferner die Frage, ob der Schutz vor grausamer, unmenschlicher oder erniedrigender Behandlung oder Strafe gleich der Folter auf Personen zu beschränken ist, die ihrem Peiniger wehrlos ausgeliefert sind. Würde man dies bejahen, so wären Situationen dem Schutzbereich des Art. 7 IPbpR in Gänze entrückt, in denen Personen ihren Peinigern nicht gänzlich wehrlos gegenüberstünden, z.B. bei Demonstrationen oder (Gefängnis-)Revolten. Doch auch in diesen Fällen sehen sich die Demonstranten bzw. Gefangenen regelmäßig einer beachtlichen Macht seitens der staatlichen Gewalt gegenüber, was sie als äußerst verletzlich und eines besonderen Schutzes bedürftig erscheinen lässt. Gerade wenn man bedenkt, dass die Übergänge solcher – aus der Sicht potentieller Opfer der Staatsgewalt schon prekären Lagen – hin zu folterrelevanten Situationen völliger Ohnmacht infolge schwerer Verletzung oder Festnahme fließend sind. Insofern ist eine Beschränkung des Kreises potentieller Tatobjekte hier im Allgemeinen verfehlt.

Allerdings ist es in besagten prekären Situationen unerlässlich, die Unverhältnismäßigkeit der angewandten Machtausübung, beispielsweise der Polizeigewalt bei der Auflösung einer Demonstration, festzustellen. Jeden Eingriff in das Verbot der grausamen, unmenschlichen oder erniedrigenden Strafen oder Behandlungen zwangsläufig auch als Verletzung des Verbots zu werten, erscheint unzulässig. Sonst hätte der Staat in Fällen wie denen einer Gefängnisrevolte gar keine Handhabe, die öffentliche Sicherheit und Ordnung auf legalem Wege wieder herzustellen bzw. den Schutz elementarer Rechtsgüter zu gewährleisten. In Situationen wie den beschriebenen ist stets zu erörtern, ob die Gewalt erstens im Rahmen der jeweiligen nationalen Gefahrenabwehrgesetze ausgeübt wurde, zweitens ob sie einen legitimen Zweck verfolgte (s. als Anhaltspunkte die in Art. 2 Abs. 2 lit. a bis c EMRK angegebenen Zwecke), drittens ob die Art der Gewaltausübung im konkreten Einzelfall auch erforderlich und viertens auch angemessen war.[313] Sollten diese Voraussetzungen vorliegen, so läge keine Verlet-

---

313 Report by the UN Special Rapporteur on Torture Manfred Nowak, UN-Doc. E /CN.4/2006/6 v. 23.12.2005, S. 14.

zung des Art. 7 IPbpR vor. Nach Ansicht des ehemaligen VN-Sonderberichterstatters über Folter, Manfred Nowak, findet die Verhältnismäßigkeitsprüfung aber dann automatisch keine Anwendung mehr, wenn eine Person ihr Vermögen, Widerstand zu leisten, verloren hat,[314] z.B. bei einer Demonstration verwundet zu Boden gegangen ist. Dann wäre jede Ausübung von weiterer Gewalt gegen diese Person ein Verstoß gegen das Verbot der grausamen, unmenschlichen oder erniedrigenden Behandlung; der Eingriff in den Schutzbereich also gleichzusetzen mit dessen Verletzung.[315] Folgt man der herrschenden Folterdogmatik, ist es konsequent, bei Misshandlungen von Personen, die ihr Vermögen Widerstand zu leisten, verloren haben, eine Verhältnismäßigkeitsprüfung auch für den Vorwurf der Verletzung des Art. 7 IPbpR in Form der verbotenen folternahen Verhaltensweisen als entbehrlich zu betrachten. Aufgrund der durch die Wehrlosigkeit gesteigerten Ungefährlichkeit und Schutzbedürftigkeit des Opfers könnte sich auch in diesen Fällen ein „tatbestandlich" indiziertes Verletzungsverdikt rechtfertigen. Eine derart strikte Sichtweise ließe sich dadurch begründen, eine Art von Interessenabwägung könne ja – analog zur Folter – auch in derartigen Fällen schon auf Seite des „Tatbestandes" erfolgen.[316]

(aa) Grausame, unmenschliche Behandlung oder Strafe

Alle Formen schwerer Misshandlungen können hierunter fallen, die aufgrund des Fehlens eines der konstitutiven Elemente der Folterdefinition nicht unter diese subsumiert werden können. Fraglich ist, ob es wie bei der erniedrigenden Behandlung genügt, dass lediglich ein gewisses Minimum an Schmerz oder Leid zugefügt wird, oder ob die Einwirkung von höherer Intensität sein muss, vielleicht sogar von gleich hoher Intensität wie bei der Folter. In der VNMRA-Kasuistik wird z.B. in folgenden Fällen von einer grausamen und/oder unmenschlichen Behandlung ausgegangen:

erzwungene Experimente mit Psychopharmaka, erzwungenes bewegungsloses Sitzen auf einer Matratze für mehrere Tage, Vollzug der Todesstrafe mittels zum

---

314 Report by the UN Special Rapporteur on Torture Manfred Nowak, UN-Doc. E /CN.4/2006/6 v. 23.12.2005, S. 13f.

315 Für Misshandlungen, die alle folterrelevanten Elemente aufweisen, wird nach herrschender Meinung in jedem Eingriff in den Schutzbereich automatisch eine Verletzung des Folterverbots gesehen, sodass jedwede Verhältnismäßigkeitserwägung ausbleiben müsste. Ob dies so pauschal richtig ist, wird noch zu eruieren sein (s.u. 2. Teil, Drittes Kap., II)).

316 Man könnte auch sagen, dass die Verhältnismäßigkeitsprüfung nicht wegfällt, die Unverhältnismäßigkeit jedoch durch die „Tatbestandsmäßigkeit" ausnahmsweise unwiderlegbar vermutet wird. Zu eventuellen Möglichkeiten der Einschränkung des Folterverbots auf „Tatbestandsebene" s.u. 2. Teil, Drittes Kap., II), 1).

Erstickungstod führenden Gases, Vollzug von Körperstrafen sowie Nahrungs- und Wasserentzug über mehrere Tage während der Haft.[317]

Alle diese Fälle weisen eine der Folter vergleichbare Misshandlungsintensität auf. Dies verwundert kaum, assoziiert man mit Worten wie „grausam" sehr harte, rücksichtslose, gefühllose Maßnahmen oder rohe, sadistische Personen,[318] mit „unmenschlich" rohem und brutalem Verhalten gegenüber Anderen ohne jedes menschliche Mitgefühl.[319] Insofern legt der Wortlaut gleich der Folter eine besonders hohe Einwirkungsintensität nahe.

Rekurriert man in diesem Zusammenhang auf die VNAFK als wichtigste Orientierungshilfe, darf nicht außer Acht gelassen werden, dass Art. 1 Abs. 1 VNAFK die Folterdefinition des Art. 1 Abs. 1 AFD weitestgehend übernommen hat, sich im Bereich Zweck bzw. Grund der Misshandlung wie auch hinsichtlich der Partizipation eines Hoheitsträgers jedoch weiter formuliert. Eingedenk der grundsätzlichen Übernahme der AFD-Folterdefinition wollten die Urheber der VNAFK in den wenigen nicht bzw. nicht unterschiedslos übernommenen Punkten wohl bewusst eigene Akzente setzen. Die Nichtübernahme der Aussage des Art. 1 Abs. 2 AFD, der Folter als eine „(…) aggraved (...) form of cruel, inhuman or degrading treatment or punishment" spezifiziert, lässt aber nicht zwangsläufig darauf schließen, dass die „Konventionsväter" davon ausgingen, lediglich Folter bedürfe einer besonders schweren Schmerzzufügung.[320] Schließlich ist auch die Steigerung einer bereits qualifizierten Misshandlung denkbar. Diesen Gedanken aufgreifend, könnte für grausame, unmenschliche Behandlungen oder Strafen im Einklang mit dem Wortlaut eine hohe Eingriffsintensität verlangt werden, ohne das herausragende Folterstigma zu beeinträchtigen. Von Folter wäre dann eben nur in Fällen extremster Einwirkungsintensität auszugehen. Ein Vergleich zur AFD führt hinsichtlich der VNAFK, dem primären Bezugspunkt für die Folterdefinition im Rahmen des IPbpR, also nicht zu dem Schluss, dass lediglich die eigentliche Folter einer besonders hohen Eingriffsintensität bedarf.

Berücksichtigt man des Weiteren, dass der IPbpR, wie schon seine Präambel formuliert, im Kontext mit der VNC und der AEMR zu sehen ist, und die systematische Interpretation zudem eine Vergleichsanalyse mit der EMRK erlaubt,[321] wobei die vorgenannten zwei Konventionen und die Menschenrechtserklärung als Reaktionen auf die Gräueltaten des 2. Weltkriegs und die ihn in seiner Monstrosität erst ermöglichenden faschistischen bzw. totalitären Gesellschafts-

---

317 Siehe Hinweise bei Nowak, IPbpR, Art. 7, Rn. 11f.

318 Deutsches Wörterbuch, S. 642.

319 Bedeutungswörterbuch, S. 944.

320 A.A. Bruha/Steiger, Folterverbot im Völkerrecht, S. 27.

321 Nowak, IPbpR, Introduction, Rn. 18.

und Staatsverständnisse zu sehen sind,[322] so spricht Vieles dafür, auch den schon Ende der 1940er-Jahre in maßgeblichen Ansätzen ausgearbeiteten IPbpR in diesen Kontext zu rücken. Insofern ist davon auszugehen, dass aufgrund der unmittelbaren Erfahrungen der damaligen Generation mit Krieg und Gräuel die Betrachtung dessen, was die „Konventionsväter" für grausam oder unmenschlich hielten, auch an diesen Erfahrungen zu messen ist. Führt man sich die in dem Zusammenhang paradigmatischen Ereignisse der Zeit vor Augen, z.B. den Holocaust, die fanatische Bekämpfung zu Feinden erklärter Personen im In- und Ausland durch das faschistische Deutschland oder das stalinistische Russland, so kann die historische und kontextual-systematische Interpretation der Begriffe „cruel, inhuman treatment or punishment" nur zum Ergebnis haben, dass ein Niveau an (körperlichem oder seelischem) Schmerz bzw. Leid hervorgerufen worden sein muss, das sich dem der Folter zumindest annähert. Aufgrund des besonderen Stigmas der Folter muss es jedoch nicht in jeder Hinsicht identisch gravierend sein. Durch diese Wertung wird auch nicht etwa der Schutz vor Gewaltanwendungen über die Maßen eingeschränkt, was gewiss dem Ansinnen des VNMRA widersprechen würde. Schließlich fungiert die erniedrigende Behandlung oder Strafe als quasi „Auffangtatbestand", der keiner extremen Einwirkungsintensität bedarf.[323]

Für die Forderung nach einer sich der Folter annähernden Eingriffsintensität spricht auch die gesonderte Betrachtung der grausamen, unmenschlichen Bestrafung. So kann jedwede Form der Bestrafung unmenschlich anmutende Komponenten beinhalten. Aufgrund des legitimen Strafbedürfnisses, was in seiner Umsetzung notwendigerweise mit Menschenrechtseinschränkungen verbunden ist, beispielsweise Freiheitsentzug, ist es aber notwendig, nicht schon jede Bestrafung als grausame, unmenschliche Strafe gem. Art. 7 IPbpR zu begreifen. Vielmehr muss ein weiteres Element hinzutreten, welches das Unrecht höher erscheinen lässt, als im Sinne von Art. 7 IPbpR zulässig. Dieses weitere Element lässt sich aufgrund der Frage bestimmen, ob nach den gesamten Umständen des Einzelfalls „mit den allgemeinen Geboten der Menschlichkeit schlechthin unvereinbare körperliche oder seelische Qualen oder Leiden zugefügt wurden".[324]

322 Gerade diese verhängnisvollen Annahmen zu Staat und Gesellschaft haben nämlich durch eine „Nichtanerkennung und Verachtung der Menschenrechte zu Akten der Barbarei geführt" (AEMR Präambel, auf Deutsch übersetzt abgedruckt in Tomuschat, Völkerrecht, III. Menschenrechte, 11. Allgemeine Erklärung der Menschenrechte, S. 1ff).

323 Dazu s. den folgenden Abschnitt.

324 Löwe/Rosenberg, Bd. 8, Art. 3 EMRK/Art. 7 IPbpR, Rn.22.

Indikatoren sind Art, Dauer und Schwere der zugefügten Leiden sowie Verhalten und Motiv des Täters.[325]

Grundsätzlich problematisch sind jedoch körperliche Bestrafungen und die Todesstrafe. Ausweislich „General Comment" No. 20 para. 5 können Misshandlungen zum Zwecke der körperlichen Bestrafung unter das Verbot des Art. 7 IPbpR fallen. In diesem Kontext ist der vom VNMRA beschiedene Fall Osbourne vers. Jamaica zu erwähnen, in dem der Ausschuss in einer Grundsatzentscheidung klarstellte, dass, unabhängig vom Unwert des zu bestrafenden Verbrechens, jedwede Körperstrafe eine Verletzung des Art. 7 IPbpR in Form einer grausamen, unmenschlichen oder erniedrigenden Behandlung oder Bestrafung darstelle.[326] Mit dieser Entscheidung ging der Ausschuss noch über vorgenannte Feststellung in der „Allgemeinen Bemerkung" Nr. 20 hinaus.

In der Todesstrafe sieht der VNMRA nicht zwangsläufig einen Verstoß gegen Art. 7 IPbpR. Er bevorzugt gleich dem EGMR, an dem er sich in dieser Frage orientiert, eine systematische Interpretation der relevanten menschenrechtlichen Bestimmungen.[327] Auch der EGMR hat im Fall Soering/United Kingdom festgestellt, die Todesstrafe verstoße für sich gesehen nicht zwangsläufig gegen das Verbot der Folter und der unmenschlichen Strafe oder Behandlung.[328] Dies wäre auch widersinnig, bedenkt man, dass gem. Art. 2 Abs. 1 S. 2 EMRK die Vollstreckung eines Todesurteils zulässig ist, „(...) das ein Gericht wegen eines Verbrechens verhängt hat, für das die Todesstrafe gesetzlich vorgesehen ist".[329]

---

325 Löwe/Rosenberg, Bd. 8, Art. 3 EMRK/Art. 7 IPbpR, Rn.22. Es ist abermals zu betonen, dass ein besonderes (verwerfliches) Motiv des Täters nicht notwendigerweise zu verlangen ist. Ein derartiges Motiv ist hier neben den anderen Indikatoren lediglich i.R. der Gesamtschau relevant.

326 Siehe Nachweis bei Nowak, IPbpR, Art. 7, Rn. 18.

327 Siehe Nachweis bei Nowak, IPbpR, Art. 7, Rn. 19.

328 EGMR, EuGRZ 1989, S. 314 (321). In diesem Fall ging es um eine Auslieferung an die USA. Der Beschwerdeführer vor dem EGMR, ein deutscher Staatsangehöriger, hatte in den USA einen Doppelmord begangen. Einige Zeit später wurde er in Großbritannien verhaftet und man wollte ihn aufgrund eines Auslieferungsvertrags mit den USA an diese überstellen. In den USA war er wegen der Morde angeklagt worden, und ihm drohte die Todesstrafe.

329 Aufgrund der Existenz der verschiedenen Zusatzprotokolle, hier insbesondere des 6. Zusatzprotokolls zur EMRK vom 28.04.1983, das die Abschaffung der Todesstrafe für Friedenszeiten vorsieht, ist es als erwiesen zu betrachten, dass die EMRK-Vertragsstaaten sich zu einer Abänderung des ursprünglichen Vertragstextes nur der herkömmlichen Methode mittels zusätzlicher Abkommen bzw. Zusatzprotokolle bedienen wollten. Eine stillschweigende Abbedingung der ausnahmsweisen Zulässigkeit der Tötung eines Menschen nach Art. 2 Abs. 1 EMRK über eine entsprechende Staatenpraxis, also durch steten Verzicht auf die Verhängung und/oder Vollstreckung der

Vorbezeichneter EGMR-Entscheidung zufolge kann aber die Art der Verurteilung oder Vollstreckung der Todesstrafe gegen Art. 3 EMRK verstoßen, wobei nicht nur der Vollzug der Strafe, sondern auch die Ungewissheit darüber konventionswidrig sein könne.[330] Der Gerichtshof kam zu dem Ergebnis, dass die Auslieferung Herrn Soerings an die USA angesichts des sogenannten „Todeszellensyndroms", ausgelöst durch das jahrelange Warten auf den Vollzug der Todesstrafe,[331] einen Verstoß gegen Art. 3 EMRK darstelle. Auch der VNMRA wertet das „Todeszellensyndrom" als grausam im Sinne von Art. 7 IPbpR.

Letztlich wertet der VNMRA eine Handlung meistens gleichsam als „grausam" und „unmenschlich". Beide Begriffe verwendet er also analog. Wegen der Gleichbehandlung der Varianten erscheint eine Differenzierung überflüssig.[332]

(ab) Erniedrigende Behandlung oder Strafe

Die schwächste Form der Verletzung des Art. 7 IPbpR stellt die erniedrigende Behandlung dar, bei der es in erster Linie nicht auf die Schwere der Misshandlung, sondern auf die Erniedrigung des Opfers ankommt,[333] allerdings muss auch hier ein gewisses Minimum an (körperlichen oder seelischen) Schmerzen oder Leiden beigebracht worden sein.[334] Anhand einer Einzelfallbetrachtung und unter Berücksichtigung des Verhältnismäßigkeitsgrundsatzes ist zu ermitteln, ob ein Verhalten als Ausdruck der Missachtung der Persönlichkeit und letztlich als erhebliche Negierung der Menschenwürde des Betroffenen erscheint.[335] Schläge mit einem Gummiknüppel können zulässiges Mittel zur Auflösung einer Demonstration sein. Hingegen können Haftbedingungen, die der Verunsicherung und Erniedrigung von Gefangenen dienen, wie wiederholte Einzelhaft, ständiges Verbringen in neue Zellen und Gefangenhalten in zu niedrig temperierten Zellen missbräuchlich bzw. erniedrigend im Sinne von Art. 7 IPbpR sein. So hat der VNMRA bspw. im Fall Francis/Jamaica eine erniedrigende Behandlung nach 7 IPbpR angenommen.[336] Der inhaftierte Herr Francis wurde von seinen Wächtern

---

Todesstrafe auch in Vertragsstaaten, in denen sie nach nationalem Recht noch vorgesehen ist, kann somit nicht unterstellt werden (Eisele, JA 2005, S. 901 (902)).

330 EGMR, EuGRZ 1989, S. 314 (321).

331 Wobei insbesondere die andauernde Angst, exekutiert zu werden, besonders stark ins Gewicht falle.

332 Insofern ist es vom Ergebnis her betrachtet auch irrelevant, dass bspw. die EMRK in Art. 3 neben der Unmenschlichkeit und Erniedrigung nicht auch noch auf die Grausamkeit einer Behandlung oder Strafe rekurriert (Löwe/Rosenberg, Bd. 8, Art. 3 EMRK/Art. 7 IPbpR, Rn.21; Seidel, Handbuch Grund- und Menschenrechte, S. 19).

333 Nowak, IPbpR, Art. 7, Rn. 14.

334 Nowak, IPbpR, Art. 7, Rn. 6.

335 Nowak, IPbpR, Art. 7, Rn. 14.

336 Siehe Nachweis bei Joseph/Schultz/Castan, IPbpR, Rn. 9.36.

u.a. geschlagen, mit Urin übergossen, mit einem Bajonett vorangetrieben, und seine Mahlzeiten nebst Wasser wurden auf den Zellenboden geschleudert. Im Fall Thomas/Jamaica sah der VNMRA dadurch eine erniedrigende Behandlung als gegeben an, dass der Beschwerdeführer mit Gewehrkolben traktiert und ihm die aufgrund dieser Misshandlung benötigte medizinische Versorgung verwehrt wurde.[337] In einem weiteren Fall, der sich ebenfalls in jamaikanischer Haft ereignete, wurde der Beschwerdeführer in eine äußerst kleine Zelle gesperrt, ihm wurden seine Habseligkeiten gestohlen, sein Bett wurde wiederholt völlig durchnässt, und seine Wächter griffen ihn tätlich an. Diese Geschehnisse wertete der Menschenrechtsausschuss ebenfalls als erniedrigende Behandlung.[338]

Weniger einschneidende, in gewisser Weise aber dennoch erniedrigende Behandlungen von gefangen gehaltenen Personen können zumindest eine Verletzung des die Haftbedingungen betreffenden Art. 10 IPbpR darstellen.[339] Hierfür ist es irrelevant, ob ein Freiheitsentzug rechtens oder rechtswidrig ist.[340] Besagter Artikel verlangt eine geringere Intensität der zum Ausdruck gebrachten Missachtung der menschlichen Würde, als es im Rahmen des Art. 7 IPbpR der Fall ist.[341]

Ergänzend bleibt anzumerken, dass die Einordnung einer Behandlung als erniedrigend nur mittels einer objektivierenden Analyse des zugrundeliegenden Verhaltens möglich ist. Stellt man nämlich auf die subjektive Einschätzung des Opfers ab, kann keine ausreichende Bestimmtheit erreicht werden. Das Spektrum von Empfindungen, das Menschen hinsichtlich eines wohlmöglich erniedrigenden Verhaltens empfinden können, ist mannigfaltig. Ja selbst ein und dieselbe Person mag eine äußerlich betrachtet identische Behandlung zu unterschiedlichen Zeitpunkten in ihrem Leben oder in unterschiedlichen Lebenssituationen mal als erniedrigend, mal als lediglich anstößig, und schließlich als eher bedeutungslos empfinden. So fühlt sich der „gemeine“ im Strafvollzug befindliche Straftäter von gewissen ungewöhnlichen, aber nicht völlig außerhalb des rüden Alltags in einer Strafvollzugsanstalt liegenden Behandlungsarten zuweilen erniedrigt, der extremistische Überzeugungstäter fühlt sich hingegen durch eine gegen ihn gerichtete Grobheit gestärkt und bestärkt, empfindet es möglicherweise gar als „Ritterschlag“, von den stellvertretend für den erklärten Feind, den Staat, handelnden Justizvollzugsbeamten grob behandelt zu werden. Genauso muss es dahinstehen, ob der „Täter“ auch erniedrigen wollte, weil sonst aber-

337 Siehe Nachweis bei Joseph/Schultz/Castan, IPbpR, Rn. 9.36.
338 Siehe Nachweis bei Joseph/Schultz/Castan, IPbpR, Rn. 9.36.
339 Nach Art.10 Abs. 1 IPbpR ist jeder, dem seine Freiheit entzogen wurde, mit Achtung der dem Menschen innewohnenden Würde zu behandeln.
340 Nowak, IPbpR, Art. 10, Rn. 9.
341 Nowak, IPbpR, Art. 10, Rn. 9.

mals ein hohes Maß an Subjektivität Einzug in die Prüfung erhielte, mit der unerwünschten Folge einer Verschwimmung der Begriffsgrenzen.[342]

Im vorliegenden Zusammenhang könnte die Frage aufgeworfen werden, ob es Verhaltensweisen gibt, die im Sinne der deontologischen Ethik intrinsisch schlecht bzw. erniedrigend sind. Es könnte auch anhand einer konsequentialistischen Betrachtung eruiert werden, welche Auswirkung ein Verhalten regelmäßig auf eine mit dem „Opfer“ vergleichbare Durchschnittsperson in gleicher Lage hätte. Zudem wäre es denkbar, aufgrund der langjährigen Verlautbarungs- und Entscheidungspraxis einschlägiger Konventionsorgane Fallgruppen zu bilden, die im Allgemeinen einen Verstoß gegen das Verbot der erniedrigenden Behandlung oder Bestrafung darstellen.

Leider wurde es in der Auseinandersetzung mit (möglichen) Fällen erniedrigender Behandlungen bis dato vom VNMRA verpasst, auf vorgenannte präzise, eine Vorhersehbarkeit – und damit ausreichende Bestimmtheit bzw. Bestimmbarkeit – gewährleistende Ansätze abzustellen. Dies führt zu Problemen der Grenzziehung zwischen Verhaltensweisen, die noch als erniedrigend zu betrachten sind, und solchen, die bereits unterhalb der Untergrenze des Art. 7 IPbpR liegen, und somit nicht mehr vom Verbot erfasst sind.

(b) Abgrenzung der einzelnen Verletzungsvarianten des Art. 7 IPbpR

Aus der Historie der VNMRA-Entscheidungen lässt sich schlussfolgern, dass der Ausschuss es nicht für zwingend notwendig erachtet, klar zwischen den verschiedenen Formen der im Rahmen des Art. 7 IPbpR verbotenen Verhaltensweisen zu differenzieren. Der VNMRA hielt die Differenzierung wohl für wenig relevant, da er bei Vorliegen jedweder der in Art. 7 IPbpR aufgeführten Verletzungsvarianten pauschal einen Verstoß gegen Art. 7 IPbpR festgestellt hat. Für einen Vertragsstaat kann es allerdings durchaus von Interesse sein, ob ihm Folter oder eine der anderen Misshandlungsvarianten des Art. 7 IPbpR vorgeworfen wird. Aufgrund des enormen Gewichts des mit Folter verbundenen Unwerturteils dürfe stets ein Interesse daran bestehen, „nur“ dem Vorwurf der verbotenen Strafen oder Behandlungen ausgesetzt zu sein. Aus diesem Grunde soll auf die Differenzierung,[343] die in Abkehr von der früheren Praxis mittlerweile auch mehr und mehr durch den VNMRA vorgenommen wird,[344] eingegangen werden.

---

342 Diesen Ausführungen folgend, ist ein dolus directus des Täters für die Einordnung eines Verhaltens als erniedrigend jedenfalls nicht erforderlich.

343 Auch im Rahmen der VNAFK werden in den Art. 1 und 16 (wortlautidentisch) die gleichen Missbrauchsvarianten wie in Art. 7 IPbpR genannt. Dort wird das Unterscheidungsbedürfnis jedoch zusätzlich dadurch verstärkt, dass die VNAFK einige Verpflichtungen (bspw. eine Pönalisierungspflicht) nur für Folter vorsieht.

344 Nowak, IPbpR, Art. 7, Rn. 4.

Grundsätzlich stehen die „Tathandlungsvarianten“ des Art. 7 IPbpR in einem Stufenverhältnis, das sich laut VNMRA nach Art, Zweck und Schwere bzw. Intensität der Misshandlung bestimmt:[345]

Folter stellt den schwersten Vorwurf dar, gefolgt von grausamer, unmenschlicher Strafe oder Behandlung; dieser folgt als letzte Stufe die „bloß“ erniedrigende Strafe oder Behandlung. Alle „Tathandlungsvarianten“ sind sowohl durch Tun als auch durch Unterlassen begehbar.[346] Die Übergänge der einzelnen gegen das Verbot des Art. 7 IPbpR verstoßenden Verhaltensweisen sind graduell und fließend. Insbesondere die Einstufung eines Verhaltens als erniedrigend ist aufgrund der Abhängigkeit von den kontinuierlich im Wandel begriffenen Moralvorstellungen nicht statisch. Generell sind alle schweren Misshandlungsformen, die lediglich aufgrund des Fehlens einer der konstitutiven Foltervoraussetzungen keine Folter darstellen, als unmenschliche oder erniedrigende Behandlung zu qualifizieren.[347] Auch „leichtere“ Misshandlungsarten können dem Art. 7 IPbpR unterfallen. Dies allerdings nur, wenn sie die für die Erreichung der Eingangsschwelle zur erniedrigenden Behandlung oder Strafe notwendige Mindestintensität aufweisen.[348]

Für die Abgrenzung der Folter von grausamen, unmenschlichen Behandlungen oder Strafen bleibt fraglich, ob der verbreiteten Ansicht, nach der das Kriterium der Schwere der beigebrachten Leiden für die Abgrenzung maßgeblich sei,[349] gefolgt werden kann.[350] Da der VNMRA es lange Zeit für unnötig hielt, eine klare Unterscheidung der verschiedenen Verletzungsvarianten des Art. 7 IPbpR zu praktizieren, verwundert es kaum, dass man sich betreffend der Differenzierung der stärksten von der zweitstärksten Verletzungsvariante über das Intensitätskriterium in erster Linie auf Verlautbarungen des EGMR bezieht.[351] Wie be-

---

345 „General Comment“ No. 20 para. 4.

346 Joseph/Schultz/Castan, IPbpR, Rn. 9.08.

347 Nowak, IPbpR, Art. 7, Rn. 11.

348 Löwe/Rosenberg, Bd. 8, Art. 3 EMRK/Art. 7 IPbpR, Rn. 17.

349 So Nowak, IPbpR, Art. 7, Rn. 6.

350 Unstreitig soll hier bereits gestellt werden, dass dieses Kriterium der Abgrenzung von Folter bzw. unmenschlicher, erniedrigender Behandlung oder Strafe von der erniedrigenden Behandlung oder Strafe dient.

351 Nach der im Fall Ireland/United Kingdom (s. dazu auch unten 1. Teil, Zweites Kap., II), 2), b), aa), (1), (a), (aa)) vertretenen Ansicht des EGMR ist Abgrenzungskriterium zwischen der Folter und den anderen Varianten des Art. 3 EMRK die Intensität des zugefügten Leidens, auch in Relation zu Geschlecht, Alter und Gesundheitszustand des Betroffenen:
„(...) In order to determine whether the five techniques should also be qualified as torture, the Court must have regard to the distinction, embodied in Article 3 (art. 3), between this notion and that of inhuman or degrading treatment. In the Court’s view, this distinction derives principally from a difference in the intensity of the suffering inflict-

reits ausgeführt, ist für die Bejahung einer grausamen, unmenschlichen Behandlung oder Strafe zwar eine hohe, nicht jedoch gleichhohe Eingriffsintensität zu fordern, wie sie für die Folter zu verlangen ist. Insofern ist eine Abgrenzung beider Varianten über den Intensitätsgrad der Misshandlung grundsätzlich möglich. Bedenkt man aber, dass die jeweils zu verlangenden Intensitätsgrade sich im Ergebnis ähneln und eine Differenzierung dadurch im Einzelfall sehr schwer sein kann, sollte – soweit dies der jeweilige Fall ermöglicht – die Unterscheidung vorrangig über die nur der Folter vorbehaltenen Merkmale Misshandlungszweck und -grund, Vorsatz sowie Täter- und Opferqualität erfolgen.[352]

Die Abgrenzung der grausamen, unmenschlichen Behandlung oder Strafe von der erniedrigenden Behandlung oder Strafe hat über das Merkmal der Schwere der Misshandlung und ferner danach zu erfolgen, ob objektiv die Erniedrigung des Opfers im Vordergrund steht. Sollte Letzteres der Fall sein, so ist bei eher geringer Eingriffsintensität allgemein von einer erniedrigenden Behandlung oder Strafe auszugehen.

Die Abgrenzung der einzelnen Varianten innerhalb des Art. 7 und des Art. 7 von Art. 10 der Konvention lässt sich gut am Beispiel der Dauer von Einzelhaft illustrieren.[353] In diesem Kontext kristallisieren sich klar die Vorteile der Gesamtbetrachtung heraus. Einzelne Beeinträchtigungen für sich gesehen können gegebenenfalls nicht die notwendige Intensität für das Folterverdikt oder die Klassi-

---

ed. The Court considers in fact that, whilst there exists on the one hand violence which is to be condemned both on moral grounds and also in most cases under the domestic law of the Contracting States but which does not fall within Article 3 (art. 3) of the Convention, it appears on the other hand that it was the intention that the Convention, with its distinction between "torture" and "inhuman or degrading treatment", should by the first of these terms attach a special stigma to deliberate inhuman treatment causing very serious and cruel suffering. Moreover, this seems to be the thinking lying behind Article 1 in fine of Resolution 3452 (XXX) adopted by the General Assembly of the United Nations on 9 December 1975, which declares: "Torture constitutes an aggravated and deliberate form of cruel, inhuman or degrading treatment or punishment". Although the five techniques, as applied in combination, undoubtedly amounted to inhuman and degrading treatment, although their object was the extraction of confessions, the naming of others and/or information and although they were used systematically, they did not occasion suffering of the particular intensity and cruelty implied by the word torture as so understood (EGMR, Ireland/United Kingdom, application no. 5310/71, Urt. v. 18.01.1978, HUDOC, Rn. 167)."

352 Siehe auch Nowak/McArthur, Convention against Torture, Art. 16, Rn. 43; Report by the UN Special Rapporteur on Torture Manfred Nowak, UN-Doc. E /CN.4/2006/6 v. 23.12.2005, S. 12f.; BGH, Urt. v. 21.02.2001, BGHSt 46, S. 292 (303).

353 UN Doc. A/56/44, §§ 33-43.

fizierung als grausame, unmenschliche Behandlung aufweisen. Die Kombination der verübten körperlichen und/oder seelischen Gewalt kann eine derartige Einstufung jedoch rechtfertigen. Wie bereits oben erwähnt, ist die Einstufung eines Verhaltens als konventionswidrig nach Art. 10 IPbpR mit einer geringeren Hürde in puncto der zum Ausdruck gebrachten Missachtung vor der menschlichen Persönlichkeit verbunden, als dies bei Art. 7 IPbpR der Fall ist. So verletzt eine kurze (Untersuchungs-)Isolationshaft einer hochgradig gefährlichen Person grundsätzlich schon nicht Art. 10 IPbpR.[354] Dauert die Isolationshaft allerdings ein paar Monate, so liegt eine Verletzung des Art. 10 IPbpR nahe. Bei über einem Jahr andauernder Isolationshaft liegt mit einiger Wahrscheinlichkeit bereits eine unmenschliche Behandlung gem. Art. 7 IPbpR vor. Eine Folter nahm der VNMRA in zwei Fällen an, in denen die Isolationshaft an einem geheimen Ort mehr als drei Jahre andauerte.[355] Neben dem Zeitfaktor können weitere erschwerende Faktoren für die Einordnung einer Haftsituation ausschlaggebend sein, z.B. (völlige) sensorische und/oder soziale Isolation. So hat der VNMRA in einem Verfahren gegen Madagaskar schon bei einer „nur“ einige Monate währenden Isolationshaft eine unmenschliche Behandlung angenommen, und zwar aufgrund der insgesamt harten Haftbedingungen.[356] Diese wurden darin gesehen, dass die Zellengröße lediglich 1,5 mal 2 Meter betrug, die Zellen zeitweilig (auch tagsüber) dunkel waren, und die inhaftierte Person teilweise ans Bett gekettet wurde. Der AFA hat Folter beispielsweise in einem Fall angenommen, in dem die konkrete Art und Weise der Isolationshaft eine fortwährende sensorische Deprivation bedungen hat, kombiniert mit einer totalen Kontaktsperre, also der Verwehrung jeglicher Art von Kommunikation.[357]

Aus praktischen Erwägungen soll ab hier der Begriff Folter i.e.S. verwendet werden, wenn es besonders darauf ankommt, dass die betreffende Aussage nur die eigentliche Folter als schwerste Form der Misshandlung betrifft, und Folter

---

354 Ähnlich äußert sich auch das BVerfG in seiner Entscheidung zum sog. Kontaktsperregesetz, das eine Haft in relativer Isolation aufgrund der Kontaktsperregesetz-Novellierung des EGGVG für grds. zulässig und im Einklang mit den Grundrechten befand, insbesondere mit dem Recht Betroffener auf Menschenwürde aus Art. 1 Abs. 1 S. 1 GG und dem Verbot, festgehaltene Personen seelisch oder körperlich zu misshandeln aus Art. 104 Abs. 1 S. 2 GG (s. auch Europäische Menschenrechtskommission, EuGRZ 1978, S. 314 (322)).

355 Siehe Nachweis bei Nowak, IPbpR Art. 7, Rn. 10.

356 Siehe Nachweis bei Nowak, IPbpR, Art. 7, Rn. 13.

357 In diesem Peru betreffenden Fall waren Guerilla-Führer, die hohe Freiheitsstrafen auf einer Marinebasis verbüßten, täglich 23 Stunden in komplett schallisolierten Isolationszellen eingesperrt. Dabei hatten sie pro Tag nur eine Stunde Hofgang, wiederum völlig alleine und lediglich auf einem kleinen, von hohen Mauern umringten Hof. Nur einmal im Monat durften sie für eine halbe Stunde Besuch naher Familienmitglieder empfangen. Zu den sonstigen Umständen s. UN Doc. A/56/44, §§ 42, 43.

i.w.S., wenn zugleich die „milderen“ verbotenen Misshandlungsformen eingeschlossen sind, also die (grausamen) unmenschlichen oder erniedrigenden Behandlungen oder Strafen.

(c) Verbot medizinischer oder wissenschaftlicher Experimente gem. Art. 7 S. 2 IPbpR

Als Reaktion auf die von den Nationalsozialisten durchgeführten Menschenversuche an wehrlosen Personen wurde der Art. 7 S. 2 in den IPbpR aufgenommen.[358]

Medizinisch indizierte Behandlungen im Interesse der Gesundheit fallen nicht unter den Begriff „Experimente“ gem. Art. 7 S. 2 IPbpR.[359]

Fraglich ist, wie sich die Zustimmung Gefangener zu Experimenten an ihnen auswirkt. Nach einer Auffassung kann sie das Unzulässigkeitsurteil abwenden. Die Zustimmung müsse allerdings klar zum Ausdruck gebracht worden sein. Ein bloßes Hinnehmen bzw. Dulden soll nicht genügen.[360] Zudem dürfe auf den Betroffenen keinerlei Druck ausgeübt worden sein.[361] Der VNMRA hat in „General Comment“ No. 20 para. 7 explizit darauf hingewiesen, dass Gefangene nach seiner Auffassung generell nicht rechtswirksam ihre Einwilligung zu medizinischen oder wissenschaftlichen Versuchen erteilen können. Diese Ansicht kann sich auf die äußerst schwache Position stützen, in der sich Gefangene regelmäßig befinden. Diese macht sie für Manipulationen und Nötigungen leichter zugänglich, was sie als besonders schutzwürdig erscheinen lässt. Die Ansicht des VNMRA ist demnach vorzugswürdig.

Experimente sind allerdings nur dann verboten, wenn der mit ihnen verbundene Eingriff in die Integrität des Opfers ausreicht, um sie zumindest als erniedrigende Behandlung nach Art. 7 S. 1 IPbpR qualifizieren zu können.[362] Insofern stellen die verbotenen Experimente einen explizit benannten Spezialfall der Missbrauchsvarianten des Art. 7 S. 1 IPbpR dar.

---

358 Joseph/Schultz/Castan, IPbpR, Rn. 9.99.

359 Nowak, IPbpR, Art. 7, Rn. 56.

360 Nowak, IPbpR, Art. 7, Rn. 57.

361 Nowak, IPbpR, Art. 7, Rn. 57.

362 Löwe/Rosenberg, Bd. 8, Art. 3 EMRK/Art. 7 IPbpR, Rn. 17.

(d) Absolutheit und Derogationsverbot

Das Verbot des Art. 7 IPbpR gilt als absolut und notstandsfest.[363] Eine menschenrechtliche Bestimmung hat absoluten Charakter, wenn von ihr unter normalen Umständen nicht abgewichen werden darf, sie also im Normalfall keinerlei Schranken unterworfen ist.[364] Als notstandsfest gilt sie hingegen dann, wenn sie auch unter außergewöhnlichen Umständen, also in Notstandssituationen, nicht eingeschränkt oder außer Kraft gesetzt werden darf.[365] Insofern ist weder eine Suspendierung einer derartigen Bestimmung, noch eine Rechtfertigung einer gegen sie verstoßenden Verhaltensweise unter Rückgriff auf den allgemeinen völkerrechtlichen Notstandsgrundsatz möglich. Allerdings muss ein Recht nicht zwangsläufig sowohl absolut als auch nicht-derogierbar sein. So zählt z.B. das Recht auf Leben nach Art. 4 Abs. 2 IPbpR zu den notstandsfesten Bestimmungen des Paktes. In Art. 6 IPbpR wird die Todesstrafe allerdings unter gewissen Umständen für zulässig gehalten. Das Lebensrecht unterliegt also einer Schranke und ist nicht absolut.[366] Genau andersherum verhält es sich beispiels-

---

363 Siehe Ehrlich/Johannsen (in Hasse et al.: Menschenrechte), Folter, S. 332 (336); Marx, KJ 2004, S. 278 (280ff.); Nowak, IPbpR, Art. 7, Rn. 1; Ramcharan, Defence of Human Rights, S. 192; Schmahl/Steiger, AVR 2005, S. 358 (360ff.); Selbmann, NJ 2005, S. 300; zur „Notstandsfestigkeit" s. Pajarola, Gewalt im Verhör, S. 150 und „General Comment" No. 20 para. 3.

364 So ist eine Regierung in derartigen Fällen grds. nicht berechtigt, nach herkömmlichem Muster eine Abwägung zwischen staatlichen und individuellen Rechtspositionen vorzunehmen und letztgenannte Positionen einzuschränken (Nowak/McArthur, Convention against Torture, Art. 2, Rn. 60). Ein anderes „Absolutheitskonzept" steht hinter dem Begriff des „absoluten Rechts" als Untergliederung der „subjektiven Rechte", also der Rechte, die den Individuen von der Rechtsordnung verliehenen rechtlichen Herrschaftsbereich gegenüber anderen Rechtssubjekten festschreiben. In diesem Kontext versteht man unter „absolutem Recht" ein Recht der ausschließlichen Herrschaft einer Person, das gegenüber jedermann wirkt, z.B. das Eigentum (vgl. dazu Köbler, Juristisches Wörterbuch, S. 308).

365 Nowak/McArthur, Convention against Torture, Art. 2, Rn. 60.

366 Dies ist besonders bemerkenswert, da das Recht auf Leben z.B. nach dem BVerfG in untrennbarem Zusammenhang mit der Menschenwürde steht (s.u. 2. Teil, Zweites Kap., I)), die das herausragende Schutzgut der Verbürgungen gegen Folter i.w.S. ist. Das Leben dient danach als „vitale Basis" der Menschenwürde und rangiert nach einer noch weitergehenden Ansicht sogar auf ein und derselben Hierarchiestufe wie die Menschenwürde (Kloepfer (in Starck: BVerfG und GG), Grundrechtstatbestand und Grundrechtsschranken, S. 405 (412); für eine Rechtfertigung des Eingriffs in die Menschenwürde im Einzelfall, um den Schutz des Grundrechts auf Leben zu sichern, wird sich ausgesprochen in Münch, Staatsrecht Bd. II, Rn. 306, m.w.N. in Fn. 33).

weise mit dem Recht auf Meinungsfreiheit nach Art. 19 Abs. 1 IPbpR, das zwar absolut, jedoch nicht notstandsfest ist.[367]

Der VNMRA weist explizit darauf hin, dass der Wortlaut des Art. 7 IPbpR keine Einschränkungsmöglichkeiten enthält.[368] So wird Art. 7 IPbpR zu den wenigen absoluten Rechten des Paktes gezählt.[369] Neben dem Wortlautargument wird für die Absolutheit insbesondere des Verbots der Folter i.e.S. die Menschenwürde ins Feld geführt.[370] Aufgrund der Geltung der „(...) Würde des Menschen, worunter seine physische und psychische Integrität falle, als höchstes und unveräußerliches Gut des Menschen (...)“, welches Grundlage aller Menschenrechte sei, verbiete sich jedwede Relativierung des Folterverbots.[371] Demnach scheint jedenfalls das in Art. 7 IPbpR enthaltene Verbot der Folter i.e.S. von absoluter Natur zu sein. Dies könnte ebenso für die „milderen“ Misshandlungsformen gelten, wollte man im Rahmen des Art. 7 IPbpR ähnliche Erwägungen anstellen, wie sie der EGMR zu Art. 3 EMRK angestellt hat.[372]

Akzeptiert man mit der herrschenden Meinung die Absolutheit des Art. 7 IPbpR, so wäre keine der in ihm genannten Misshandlungsarten einer Abwägung mit anderen Interessen zugänglich,[373] z.B. der nationalen Sicherheit oder der Menschenrechte Dritter. Jedes unter Art. 7 IPbpR subsumierbare Verhalten würde zwingend und ausnahmslos eine Verletzung des Verbots darstellen. Man könnte

---

367 Nowak, IPbpR, Art. 19, Rn. 10.

368 „General Comment“ No. 20 para. 3. Dies stellt auch im Rahmen der Bestimmungen des IPbpR eine Besonderheit dar, da nicht wenige Bestimmungen des Paktes explizit formulierte Schranken enthalten.

369 Joseph/Schultz/Castan, IPbpR, Rn. 9.01.

370 Siehe Beestermöller (in Beestermöller/Brunkhorst: Rückkehr der Folter), Daumenschrauben an der Würde des Menschen, S. 120ff.; Löwe/Rosenberg, Bd. 8, Art. 3 EMRK/Art. 7 IPbpR, Rn. 7; Pajarola, Gewalt im Verhör, S. 151; Raess, Schutz vor Folter im Völkerrecht, S. 113f.

371 Raess, Schutz vor Folter im Völkerrecht, S. 113, der insofern auf die VNC und die AEMR verweist; ähnlich auch Stein, Verbot der Folter, S. 338ff., 343ff.

372 Für das Verbot der Folter i.w.S. gem. Art. 3 EMRK hat der EGMR formuliert: „The Convention prohibits in absolute terms torture and inhuman or degrading treatment or punishment, irrespective of the victim's conduct. Unlike most of the substantive clauses of the Convention and of Protocols Nos. 1 and 4 (P1, P4), Article 3 (art. 3) makes no provision for exceptions and, under Article 15 para. 2 (art. 15-2), there can be no derogation therefrom even in the event of a public emergency threatening the life of the nation (EGMR, Ireland/United Kingdom, application no. 5310/71, Urt. v. 18.01.1978, HUDOC, Rn. 159).“

373 Es wird jedoch in einem gesonderten Kapitel zu untersuchen sein, ob entgegen der herrschenden Meinung nicht doch Konstellationen denkbar sind, in denen u.a. auch nach dem IPbpR eine Relativierung des Misshandlungsverbots denkbar ist (s.u. 2. Teil, Drittes Kap., II)).

auch formulieren, der Schutzbereich des Verbots falle mit dem Kerngehalt zusammen, der stets den unantastbaren Bereich eines Grund- bzw. Menschenrechts markiert. Unter Zugrundelegung des Gesagten erschien die Rechtfertigung eines „tatbestandlichen“ Verhaltens als nicht möglich.[374]

Für die Einordnung einer Misshandlung als Folter ist aber das obligatorische Kriterium der hohen Eingriffsintensität anhand einer Gesamtwertung aller Umstände des Einzelfalls festzustellen.[375] Ergebnis der Gesamtschau kann nach herrschender Meinung zwar nicht etwa sein, dass trotz Feststellung eines Eingriffs in den Schutzbereich des Art. 7 IPbpR im Einzelfall eine Eingriffsrechtfertigung möglich sei, beispielsweise mittels dogmatischer Ansätze wie der deutschen „Grundrechtsschrankendogmatik“. Die zur Konkretisierung der unbestimmten Rechtsbegriffe des Art. 7 IPbpR bemühte Gesamtbetrachtung impliziert aber eine Art Interessenabwägung. Diese erfolgt zwar nicht auf Rechtfertigungsebene, aber vorgelagert auf Ebene des „Tatbestandes“.[376]

Wie die meisten nationalen Verfassungen, enthält der IPbpR eine sogenannte „Notstandsklausel“. Derartige Klauseln entfalten im Kriegsfall oder anderen höchst prekären Ausnahmesituationen spezielle Regimes, die es Staatsoberhäuptern oder Regierungen ermöglichen, außerordentliche Maßnahmen wie die Einschränkung von Grundrechten zu ergreifen. Die Notstandsklausel in Art. 4 Abs. 1 IPbpR ist wie folgt formuliert:

„Im Falle eines öffentlichen Notstands, der das Leben der Nation bedroht und der amtlich verkündet ist, können die Vertragsstaaten Maßnahmen ergreifen, die ihre Verpflichtungen aus diesem Pakt (...) außer Kraft setzen (...).“

---

374 Joseph/Schultz/Castan, IPbpR, Rn. 9.32. Die Rechtfertigung eines „tatbestandlichen“ Verhaltens wäre dann auch nicht unter Berufung auf dessen etwaige Zulässigkeit nach dem nationalen Recht eines Vertragsstaates denkbar. Es gelte insofern Art. 27 WVK, nach dem „eine Vertragspartei sich nicht auf ihr innerstaatliches Recht berufen kann, um die Nichterfüllung eines Vertrages zu rechtfertigen“. Ein gleichlautender Hinweis erfolgt in „General Comment“ No. 31 of 21.04.2004, para. 4, in Übersetzung abgedruckt bei: Klein (in Bielefeld: „General Comments“), Allg. Bemerkungen und Empfehlungen der VN-Vertragsorgane, S. 154. In diesem Kontext könnte wie schon bei der AFD geschlussfolgert werden, der Schutzbereich des IPbpR sei weiter als der Schutzbereich der VNAFK. Schließlich beinhaltet auch der IPbpR keine Art. 1 Abs. 1 S. 2 VNAFK entsprechende Vorbehaltsklausel, nach der die mit gesetzlich zulässigen Maßnahmen verbundenen Schmerzen oder Leiden vom Folterverbot ausgenommen sind. Dies hängt jedoch von der Auslegung besagter VNAFK-Vorbehaltsklausel ab, auf die im 2. Teil dieser Arbeit eingegangen wird (s.u. 2. Teil, Drittes Kap., II), 1), a)).

375 Einer Gesamtbetrachtung bedient sich auch der EGMR hinsichtlich Art. 3 EMRK.

376 Joseph/Schultz/Castan, IPbpR, Rn. 9.32.

In Art. 4 Abs. 2 IPbpR wird allerdings bezüglich einiger dort ausdrücklich genannter Rechte folgende Rückausnahme gemacht:

„Auf Grund der vorstehenden Bestimmung dürfen die Art. 6, 7, 8 (Absätze 1 und 2), 11, 15, 16 und 18 nicht außer Kraft gesetzt werden.“

Demnach ist das gesamte Verbot des Art. 7 IPbpR „notstandsfest“,[377] also nicht nur das der Folter i.e.S.[378] Hiernach erscheint weder eine Suspendierung[379] noch eine Rechtfertigung von Folterhandlungen i.w.S. unter Geltendmachung eines öffentlichen Notstandes als zulässig.[380]

(e) Pönalisierungspflicht

Ergänzend ist die Verpflichtung der Vertragsstaaten zu berücksichtigen, den durch Art. 7 IPbpR verbürgten Schutz zu gewährleisten.[381] Sie genügen ihren vertraglichen Pflichten laut VNMRA nur dann, wenn sie u.a. geeignete gesetzgeberische, administrative und gerichtliche Maßnahmen ergreifen, um Folter und folternahe Behandlungen oder Strafen in allen ihrer Gerichtsbarkeit unterstellten Hoheitsgebieten zu verhüten und unter Strafe zu stellen.[382] Personen, die

---

377 Siehe Beutler, Strafbarkeit der Folter zu Vernehmungszwecken, S. 140; Bruha/Steiger, Folterverbot im Völkerrecht,S. 10.; Kooijmans, Report by the UN Special Rapporteur on Torture P. Kooijmans, UN-Doc. E /CN.4/1986/15v. 19.02.1986, S. 1; Löwe/Rosenberg, Bd. 8, Art. 3 EMRK/Art. 7 IPbpR, Rn. 17; Raess, Schutz vor Folter im Völkerrecht, S. 58; Seidel, Handbuch Grund- und Menschenrechte, S. 19;Wagenländer, Strafrechtliche Beurteilung der Rettungsfolter, S. 171.

378 O'Connell, Ohio State Law Journal 2005, S. 1230 (1255). Die vergleichbare Vorschrift in Art. 2 Abs. 2 VNAFK bezieht sich ihrem Wortlaut nach nur auf die Folter i.e.S.. Ob dennoch auch das Verbot „milderer“ Misshandlungsformen unter das Derogationsverbot der Konvention fällt, soll i.R. der Ausführungen zur VNAFK an späterer Stelle geklärt werden (s.u. 1. Teil, Zweites Kap., II, 2), ac), (3)); s. zu diesem Problem auch Nowak/McArthur, Convention against Torture, Art. 2, Rn. 59.

379 „General Comment“ No. 29 of 31.08.2001, Abs. 7 (in Übersetzung abgedruckt bei: Klein (in Bielefeld: „General Comments“), Allg. Bemerkungen und Empfehlungen der VN-Vertragsorgane, S. 141ff.).

380 Siehe „General Comment“ No. 29 of 31.08.2001, Abs. 7; Pajarola, Gewalt im Verhör, S. 150. Zu der Frage, ob und wenn ja, wie sich dies auf eine etwaige Relativierbarkeit des Folterverbots auswirkt, s.u. 2. Teil, Drittes Kap., II) und III).

381 So Art. 2 IPbpR und „General Comment“ No. 20 para. 2.

382 Der VNMRA ist über die insofern ergriffenen Maßnahmen in Kenntnis zu setzen („General Comment“ No. 20 para. 8). Betreffend der Sanktionen der unter Art. 7 IPbpR subsumierbaren Misshandlungen geht der Ausschuss von der Notwendigkeit einer Differenzierung danach aus, ob die Tat von einem öffentlich Bediensteten oder anderen für den Staat handelnden Personen oder von „Privaten“ begangen wurde („General Comment“ No. 20 para. 13).

sich der Anstiftung, Anordnung, Duldung oder Begehung einer durch Art. 7 IPbpR verbotenen Misshandlung schuldig gemacht haben, müssten zur Verantwortung gezogen werden.[383] Bei rein „grammatischer" Betrachtung formuliert der VNMRA durch diese Festlegungen eine Art Gesetzgebungsbefehl an die IPbpR-Vertragsstaaten, ihr Strafrecht seinen (Pönalisierungs-)Vorstellungen anzugleichen. Angesichts der einem solchen Gesetzgebungsbefehl immanenten Souveränitätseinschränkungen würde ein derartiges Verständnis der aus Art. 7 i.V.m. Art. 2 IPbpR folgenden Verpflichtungen dazu führen, dass der Pakt der VNAFK letztlich in nichts mehr nachstünde. Dies ließe das für den IPbpR oben verneinte Bedürfnis nach einer spezifischen Staatsnähe auch für die folternahen Misshandlungsformen wieder stärker in den Fokus rücken.[384] Aufgrund der weitreichenden Souveränitätseinschnitte hätte eine Pönalisierungspflicht jedoch explizit im Vertragstext festgeschrieben werden müssen. Die Feststellung des VNMRA hierzu kann lediglich als Denkanstoß verstanden werden.

Ob ein Vertragsstaat den angemahnten „Verpflichtungen" auch durch Auslieferung eines Beschuldigten an eine andere an der Verfolgung interessierte Vertragspartei gerecht wird („aut dedere, aut iudicare"-Grundsatz), z.B. den Heimatstaat des Täters, ist alleine anhand der Verlautbarungen des VNMRA nicht zu ermitteln. Ein derartiges Vorgehen wäre jedoch dann im Einklang mit dem Telos des Art. 7 i.V.m. Art. 3 IPbpR, und damit grundsätzlich zulässig, wenn der die Auslieferung ersuchende Staat dieselbe Gewähr für eine effektive Ahndung böte wie der Ergreifungsstaat.[385]

Amnestien für Folterer sind im Allgemeinen unzulässig, da sie die Untersuchungspflicht des Staates, das Verfahren gerichtlichen Rechtsschutzes und das Ziel der Prävention konterkarieren.[386]

(f) Befehlsnotstandsausschluss

Obwohl nicht ausdrücklich im Text des IPbpR erwähnt, geht der VNMRA davon aus, „(...) dass kein Grund, einschließlich des Befehls eines Vorgesetzten oder einer öffentlichen Behörde als Rechtfertigung oder mildernder Umstand zur Entschuldigung einer Verletzung des Art. 7 geltend gemacht werden

383 „General Comment" No. 20 para. 13. Korrespondierend hierzu darf die Verweigerung eines Befehls, der ein i.S. des Art. 7 relevantes Verhalten zum Inhalt hat, weder mit Strafe noch mit anderen nachteiligen Folgen verbunden sein.

384 Siehe oben 1. Teil, Zweites Kap., II), 2), a), ab), (1), (b).

385 Diese Auslegung steht in voller Konformität zur VNAFK, die in Art. 5 Abs. 2 VNAFK den Grundsatz „aut dedere, aut iudicare" explizit vorsieht, s.u. 1. Teil, Zweites Kap., II), 2), a), ac), (6).

386 „General Comment" No. 20 para. 13; Joseph/Schultz/Castan, IPbpR, Rn. 9.124ff.

kann".[387] Hiermit unterstreicht der Ausschuss seine Ansicht vom absoluten und notstandsfesten Charakter des Art. 7 IPbpR. Sollte man darin gar eine Art „Richtlinie" für (nationale) Strafgerichte erblicken, keinerlei „defences"[388] im Rahmen eines Strafverfahrens wegen der Verletzungen des Folterverbots i.w.S. zu akzeptieren, so würde sich die Frage stellen, ob ein derartiges Postulat im Einklang mit den Regeln des Völker- bzw. Völkerstrafrechts stünde. Dieser Frage soll jedoch erst im speziell der etwaigen Relativierbarkeit des völkerstrafrechtlichen Folterschutzes gewidmeten Kapitel dieser Arbeit nachgegangen werden.[389]

(g) Weitere im Folterkontext relevante Regelungen

Die folgenden Feststellungen orientieren sich nunmehr ausschließlich an den „General Comments" des VNMRA.

Die nationalen Rechtssysteme der Vertragsstaaten sollen danach derart konzipiert sein, dass alle durch Art. 7 IPbpR verbotenen Misshandlungen unverzüglich beendet werden.

Der VNMRA verlangt insofern zunächst, potentiellen Opfern kurzfristig rechtliches Gehör zu gewähren, und zwar in einem Verfahren, das unparteiische Untersuchungen einer zuständigen Behörde gewährleistet und Rechtsmittel beinhaltet.[390] Ferner seien Erklärungen und Geständnisse, die durch Zwangsanwendung im Sinne von Art. 7 IPbpR bewirkt wurden, in Gerichtsverfahren weder verwertbar noch ein zulässiges Beweismittel.[391] Schließlich seien geeignete Wiedergutmachungsmaßnahmen zu ergreifen.[392]

Nicht nur Personen, die auf irgendeine Weise mit der Bewachung oder Behandlung von Festgenommenen, Inhaftierten oder Gefangenen betraut sind, müssen über die Verbürgungen des Art. 7 IPbpR informiert werden, sondern die gesamte Bevölkerung der Vertragsstaaten.[393] Verhörvorschriften und Vorschriften für den Vollzug des Freiheitsentzugs seien systematisch auf ihre Konformität mit

---

387 „General Comment" No. 20 para. 3. Hinsichtlich des Befehlsnotstandes nimmt der VNMRA indirekt Bezug auf die dementsprechende Regelung in Art. 2 Abs. 3 VNAFK.

388 Unter „defences" sind grds. alle die Verantwortlichkeit ausschließenden Umstände zu verstehen, d.h. nicht nur die materiellen Straffreistellungsgründe wie Notwehr und Notstand, sondern auch prozessuale Verfolgungshindernisse wie Strafunmündigkeit und Verjährung (Werle, Völkerstrafrecht, Rn. 397, Fn. 14 m.w.N.).

389 Siehe unten 2. Teil, Drittes Kap., III).

390 „General Comment" No. 20 para. 14.

391 „General Comment" No. 20 para. 12.

392 „General Comment" No. 20 para. 14.

393 „General Comment" No. 20 para. 10.

Art. 7 IPbpR zu überprüfen.[394] Zusätzlich seien Hafträumlichkeiten frei von Gerätschaften zu halten, die einer Misshandlung dienen könnten und jedweder Freiheitsentzug sei völlig transparent zu gestalten.[395]

Des Weiteren sei den Vertragsstaaten die Auslieferung, Ausweisung oder Abschiebung von Personen in Staaten versagt, in denen ihnen Folter droht, sogenannter „non-refoulement"-Grundsatz (Rückschiebeverbot).[396]

(h) Durchsetzungsmechanismen

Der IPbpR sieht dreierlei Verfahrensarten zu seiner Durchsetzung vor, das Berichtsverfahren sowie die Staaten- und Individualbeschwerde. Die Durchsetzung wird vom bereits erwähnten, nach Art. 28 Abs. 1 IPbpR eingerichteten VNMRA betreut, bei dem es sich um ein unabhängiges Vertragsorgan handelt, das zwar kein Organ der VN ist, mit diesen aber zusammenarbeitet.[397] Der VNMRA kann weder verbindliche Entscheidungen treffen, noch Sanktionen verhängen oder „Vor-Ort-Untersuchungen" durchführen.[398]

Nach dem gem. Art. 40 Abs. 1 IPbpR obligatorischen Staatenberichtsverfahren sind die Vertragsstaaten verpflichtet, dem VNMRA in regelmäßigen Abständen Berichte vorzulegen, in denen sie u.a. darüber Rechenschaft ablegen sollen, welche Maßnahmen sie zur Umsetzung der im Pakt verbürgten Rechte getroffen haben. Diese Berichte werden vom VNMRA geprüft, und er übersendet den Vertragsstaaten seinerseits eigene Berichte und in Form der „General Comments" inhaltliche Kommentierungen zu den Staatenberichten (vgl. Art. 40 Abs. 4 IPbpR).[399] Weigert sich ein Vertragsstaat konsequent, einen Bericht vorzulegen, bzw. verspätet sich ein Rapport erheblich, so prüft der VNMRA nach vorheriger Ankündigung auch ohne Vorliegen eines Staatenberichts den Stand der Umsetzung der Vertragsverpflichtungen im betreffenden Staat.[400] Zusätzlich werden seit 1977 Vertreter der Vertragsstaaten geladen, um vor dem VNMRA

---

394 „General Comment" No. 20 para. 11.

395 „General Comment" No. 20 para. 11.

396 „General Comment" No. 20 para. 9. Im deutschen Asyl- und Ausländerrecht findet sich der „non-refoulement"-Grundsatz in § 60 Abs. 2 AufenthG. Zum Rückschiebeverbot s. auch Nowak, IPbpR, Art. 7, Rn. 45ff.; Löwe/Rosenberg, Bd. 8, Art. 3 EMRK/Art. 7 IPbpR, Rn. 13f.

397 Schilling, Internationaler Menschenrechtsschutz, S. 241.

398 Raess, Schutz vor Folter im Völkerrecht, S. 58.

399 Raess, Schutz vor Folter im Völkerrecht, S. 58; Schilling, Internationaler Menschenrechtsschutz, S. 244.

400 Stein, Verbot der Folter, S. 113.

mündlich Rede und Antwort zu ihren Berichten zu stehen, was sich teilweise als aufschlussreichere Informationsquelle als die Berichte selbst erwiesen hat.[401]

Das in Art. 1 des 1. Fakultativprotokoll IPbpR vorgesehene Individualbeschwerdeverfahren[402] ermöglicht es Einzelpersonen, nicht etwa NGOs, eine Beschwerde gegen einen Vertragsstaat vor dem VNMRA zu erheben. Die hierzu notwendigen prozessualen Voraussetzungen ähneln denen einer Verfassungsbeschwerde in Deutschland; vorausgesetzt wird u.a. Klagebefugnis und Erschöpfung des innerstaatlichen Rechtswegs. Das Verfahren endet gem. Art. 5 Abs. 4 1. Fakultativprotokoll IPbpR mit der Mitteilung von Auffassungen des VNMRA an den betreffenden Staat und den Beschwerdeführer.

Dem Individualbeschwerdeverfahren haften elementare Schwächen an. Abgesehen von der nicht bestehenden Möglichkeit von „Vor-Ort-Untersuchungen" fallen die nicht Einbeziehung von NGOs sowie strukturelle Schwächen negativ auf.[403] Größtes Defizit dürfte jedoch sein, dass es sich bei den „Auffassungen" des VNMRA nicht um rechtlich bindende Entscheidungen handelt.[404] Darüber hinaus wurde dem Ausschuss kein Durchsetzungs- bzw. Sanktionsinstrumentarium an die Hand gegeben.[405] Allerdings ist das politische Gewicht der Entscheidungen besonders im Falle der Feststellung einer Verletzung des Paktes nicht zu unterschätzen.[406] Außerdem dient das hohe Quantum an schon getroffenen Entscheidungen in Individualbeschwerdeverfahren (weit über 1000 Fälle) der Orientierung anderer Menschenrechtsgremien.

Das fakultative Staatenbeschwerdeverfahren nach Art. 41 Abs. 1 S. 1 IPbpR eröffnet den Vertragsstaaten die Möglichkeit, mittels Erklärung die Zuständigkeit des VNMRA anzuerkennen, Beschwerden anderer, ebenfalls besagtem Verfahren beigetretener Vertragsparteien entgegenzunehmen und zu prüfen, in denen der beschwerdeführende Vertragsstaat behauptet, ein anderer Vertragsstaat erfülle seine Vertragsverpflichtungen nicht. Kann in einem vorgeschalteten konsensualen Verfahren keine Einigung zwischen den Streitparteien erreicht werden, so wird eine Ad-hoc-Vergleichskommission eingesetzt, die jedoch keine Kompetenz zur rechtlichen Beurteilung des Falls besitzt.[407] Das Staatenbeschwerdeverfahren hat sich bis dato als in der Praxis wenig hilfreich erwiesen, da der Status quo der Nichterhebung von Staatenbeschwerden aus politischen

401 Raess, Schutz vor Folter im Völkerrecht, S. 58.

402 Ratifikationsstand: 114 Staaten.

403 Hinsichtlich der strukturellen Schwächen und weiterer Defizite des Verfahrens vgl. Stein, Verbot der Folter, S. 116.

404 Stein/v. Buttlar, Völkerrecht, Rn. 1013.

405 Stein, Verbot der Folter, S. 116.

406 Stein/v. Buttlar, Völkerrecht, Rn. 1013.

407 Stein, Verbot der Folter, S. 119.

Gründen und aufgrund der nur geringen Aussichten einer konsensualen Streitbeilegung stets beibehalten wurde.[408]

(2) Abschließende Bewertung

Auch wenn das Instrumentarium zur Durchsetzung der Vertragspflichten an mangelnder Effizienz leidet, so besitzt der IPbpR im Bereich des Schutzes vor Folter i.w.S. eine beachtliche globale Relevanz. Der Pakt enthält das erste auch in Friedenszeiten geltende internationale, rechtlich bindende Verbot der Folter, ja sogar der Folter i.w.S. Zudem ist der mittlerweile erreichte Ratifikationsstand derart hoch, dass mit Fug und Recht von einer globalen Wirkungsmacht des Paktes gesprochen werden kann. Schließlich dient das außerordentlich hohe Quantum an bereits durchgeführten Individualbeschwerdeverfahren der Orientierung anderer Menschenrechtsgremien, und die kontinuierlich weiterentwickelten „General Comments" bilden einen instruktiven Fundus für Wissenschaft, Praxis und Politik.

ac) Übereinkommen gegen Folter und andere grausame, unmenschliche oder erniedrigende Behandlung oder Strafe von 1984[409]

Im Rahmen der Vereinten Nationen wurde, basierend auf der völkerrechtlich unverbindlichen AFD von 1975 am 10.12.1984, ein rechtlich bindendes Übereinkommen gegen Folter und andere grausame, unmenschliche oder erniedrigende Behandlung oder Strafe verabschiedet, das am 26.06.1987 in Kraft trat.

Bei der VNAFK handelt es sich um das bis zum heutigen Zeitpunkt einzige universelle Vertragswerk, welches sich explizit gegen Folter richtet.[410]

Vorrangig sollte die Konvention dem internationalen Folterverbot durch ein komplexes Regelwerk zur Bekämpfung der Folter und ähnlicher Praktiken größere Wirksamkeit verleihen, als man sie vorher, trotz der bereits erfolgten Implementierung des Verbots in bindendem Völkervertragsrecht (insb. im IPbpR), erreicht hatte.[411] Die VNAFK sucht die angestrebte Verbesserung des internationalen Rechtsschutzes vor Folter zu erzielen, indem sie die Vertragsstaaten verpflichtet, geeignete rechtliche, aber auch darüber hinausgehende Maßnahmen zu ergreifen. So soll ein höheres Maß an Prävention und Opferschutz erreicht werden. Die Pflicht der Vertragsstaaten, im Kampf gegen die Folter wirksame Maßnahmen zu ergreifen, ergibt sich aus Art. 2 Abs. 1 VNAFK. Das Zusammenspiel aus dieser Vorschrift und dem die Frage der Strafbarkeit betreffenden Art. 4

---

408 Stein/v. Buttlar, Völkerrecht, Rn. 1011.

409 BGBl. 1990 II, S. 246ff.; Ratifikationsstand: 150 Staaten.

410 Wendland, UN Convention against Torture, S. 7.

411 Burgers/Danelius, Convention against Torture, Preface Seite V.

VNAFK kann man als mittelbares Folterverbot werten. Ein ausdrückliches Verbot wird durch die Konvention nicht statuiert.[412] Da Art. 2 VNAFK die konkrete Umsetzung der Vertragsverpflichtungen generell den Vertragsstaaten vorbehält, kommt weder dem mittelbaren Folterverbot noch dem Gros der weiteren Konventionsbestimmungen ein self-executing-Charakter zu.[413]

Allerdings wird zumindest betreffend das Rückschiebeverbot aus Art. 3 VNAFK, den Grundsatz „aut dedere, aut iudicare" und der Einbeziehung der in Art. 4 VNAFK genannten Straftaten in jeden Auslieferungsvertrag eine unmittelbare Anwendbarkeit angenommen.[414] Ihre besondere Prägung erhält die VNAFK jedoch durch ihre strafrechtliche Dimension, die auch ihren Charakter als Vertragswerk „sui generis" kennzeichnet. Besondere Bedeutung erlangt die Konvention durch die erstmalige begriffliche Präzisierung der Folter in einem bindenden völkerrechtlichen Vertrag. Die Folterdefinition des Art. 1 Abs. 1 VNAFK hat seit der Verabschiedung der Konvention enorme Auswirkungen auf die Sprachpraxis der Überwachungsorgane internationaler Menschenrechtsinstrumente gehabt.[415] Allerdings bezieht sich Art. 1 VNAFK, anders als beispielsweise Art. 7 IPbpR, nur auf die Folter i.e.S. Mit Art. 16 VNAFK werden die anderen grausamen, unmenschlichen oder erniedrigenden Behandlungen oder Strafen zwar angesprochen, eine Definition wird insofern jedoch nicht gegeben.[416] Zudem sind die Pflichten angesichts der folternahen Misshandlungsformen weniger weitgehend, als es für die Folter i.e.S. der Fall ist.

(1) VNAFK-Folterbegriff i.e.S.

Die Konvention enthält in ihrem Art. 1 Abs. 1 eine auf fünf zentralen Elementen beruhende Definition der Folter i.e.S.

Im Folgenden soll auf eine eingehende Analyse der fünf Definitionskriterien jedoch verzichtet werden, da sie bereits im Rahmen der Erörterungen des IPbpR-Folterbegriffs erfolgt ist.[417] Eingegangen wird aber auf etwaige Besonder-

---

412 Siehe Beutler, Strafbarkeit der Folter zu Vernehmungszwecken, S. 142; Nowak/McArthur, Convention against Torture, Art. 2, Rn. 46; Pajarola, Gewalt im Verhör, S. 100.

413 Siehe Beutler, Strafbarkeit der Folter zu Vernehmungszwecken, S. 142; Pajarola, Gewalt im Verhör, S. 100; Raess, Schutz vor Folter im Völkerrecht, S.126.

414 Raess, Schutz vor Folter im Völkerrecht, S.126.

415 Hofmann (in Ostendorf: Folter), Völkerrechtliches Folterverbot, S. 9 (15).Wie bereits gezeigt, gilt dies bspw. für den VNMRA, s.o. 1. Teil, Zweites Kap., II), 2), a), ab).

416 Die Verfasser der VNAFK konnten bzw. wollten sich wohl nicht auf eine einheitliche Definition der Begrifflichkeiten einigen (Nowak/McArthur, Convention against Torture, Art. 16, Rn. 3).

417 Siehe oben 1. Teil, Zweites Kap., II, 2), a), ab), (1), (a).

heiten der Abgrenzung von Folter i.e.S., von den grausamen, unmenschlichen oder erniedrigenden Behandlungen oder Strafen im Rahmen der VNAFK.

Wie bereits gezeigt wurde, fallen auch große seelische Leiden unter den Folterbegriff i.e.S.,[418] was sich jedoch in Teilbereichen als durchaus problematisch erweist. So geht z.B. mit dem für eine effektive Strafrechtspflege unerlässlichen Vollzug von Freiheitsstrafen gerade bei erstmalig inhaftierten Personen typischerweise seelisches Leid einher, was auch für die im Zivil- und Strafprozessrecht vorgesehene Zwangs- oder Beugehaft (§ 70 Abs. 2 StPO, §§ 901ff. ZPO) gilt.[419]

Um der in den vorgenannten Beispielen zum Ausdruck kommenden Weite des Folterbegriffs entgegenzuwirken, wurde die Einschränkung nach Art. 1 Abs. 1 S. 2 in die VNAFK aufgenommen, nach der „der Ausdruck [Folter] nicht Schmerzen oder Leiden umfasst, die sich lediglich aus gesetzlich zulässigen Sanktionen ergeben, dazu gehören oder damit verbunden sind."

Nach der AFD sind hingegen nur solche gesetzlich zulässigen Zwangsmaßnahmen vom Folterbegriff auszunehmen, die mit den „Mindestbestimmungen über die Behandlung von Strafgefangenen" in Einklang stehen.[420] Dies galt auch für

418 Siehe oben 1. Teil, Zweites Kap., II, 2), a), ab), (1), (a), (aa).

419 Die Bestrafung wurde als möglicher Zweck der Misshandlung in Art. 1 Abs. 1 VNAFK in die Folterdefinition einbezogen, was auch für die Aussage- oder Geständniserlangung gilt. Fraglich ist, wie die Institute der Zwangs-, Beuge-und Untersuchungshaft in diesem Kontext zu beurteilen sind. Die Beugehaft nach § 70 Abs. 2 StPO hat zum Ziel, einen Zeugen, der ohne gesetzlichen Grund das Zeugnis verweigert, zwangsweise zur Aussage zu veranlassen (Meyer-Goßner, § 71, Rn. 12ff.). Damit dient sie einer Aussageerlangung und ist zumindest rein von ihrem Zweck her von der Folterdefinition des Art. 1 Abs. 1 VNAFK umfasst. Die Haft nach § 901 ZPO verfolgt das Ziel, die Offenbarungsversicherung (auch „eidesstattliche Versicherung") zu erzwingen (Thomas/Putzo, § 901, Rn. 1). Damit bezweckt sie eine Aussageerzwingung und fällt zumindest unter einen von der Folterdefinition der Konvention gedeckten Zweck. Anders liegt der Fall bei der Untersuchungshaft nach §§ 112ff. StPO, deren Zweck „ausschließlich die Durchsetzung des Anspruchs der staatlichen Gemeinschaft auf vollständige Aufklärung der Tat und rasche Bestrafung des Täters" ist (Meyer-Goßner, vor § 112, Rn. 4). Der Untersuchungshäftling soll durch den Vollzug der Untersuchungshaft – so zumindest die Gesetzesintention – weder bestraft, noch zu einer Aussage oder einem Geständnis gezwungen werden. Damit unterfällt sie bei förmlicher Betrachtung keinem der drei vorgenannten Zwecke. Es sind aber Fälle denkbar, in denen auch die Untersuchungshaft de facto einen folterspezifischen Zweck verfolgt, z.B. wenn sie zur Erlangung von Auskünften oder eines Geständnisses, zur Einschüchterung, Nötigung oder zur „Bestrafung" einer mutmaßlich von dem Untersuchungshäftling begangenen Tatzweck entfremdet wird (dazu siehe auch unten 2. Teil, Zweites Kap., I), 2), a)).

420 Siehe oben 1. Teil, Zweites Kap., II), 1), c).

den auf der AFD beruhenden Schwedischen Entwurf einer Konvention gegen die Folter aus dem Jahre 1978,[421] der die Grundlage für die weiteren Beratungen betreffend den noch aufzusetzenden Konventionstext bildete.[422]

Nach Art. 31 der „Mindestbestimmungen über die Behandlung von Strafgefangenen“ sind Körperstrafen und alle Formen grausamer, inhumaner oder erniedrigender Strafen verboten.

Nun fehlt gerade die Bezugnahme auf die „Mindestbestimmungen“ in Art. 1 Abs. 1 S. 2 VNAFK. Fraglich ist, wie die Klausel ohne den Verweis zu interpretieren ist. Dieser Frage wird in dem einer etwaigen Ausnahmefähigkeit des Folterverbots gewidmeten 2. Teil dieser Arbeit explizit nachgegangen.[423]

(2) Grausame, unmenschliche oder erniedrigende Behandlung oder Strafe und ihre Abgrenzung von Folter i.e.S.

Die VNAFK ist in erster Linie ein Abkommen gegen die Folter i.e.S. Sie enthält folgerichtig keine Definition der grausamen, unmenschlichen oder erniedrigenden Behandlung oder Strafe. Bemerkenswert ist aber, dass sie sich in ihrer Präambel auf Art. 7 IPbpR bezieht, der explizit dem Schutz vor Folter i.w.S. gewidmet ist. Darüber hinaus wird in der Präambel ausdrücklich der Hinweis gegeben, die Konvention diene auch dem Schutz vor grausamer, unmenschlicher oder erniedrigender Behandlung oder Strafe. Mit Art. 16 enthält sie eine Schutzbestimmung, nach der die Vertragsstaaten verpflichtet sind, besagte Behandlungen oder Strafen in jedem ihrer Hoheitsgewalt unterstehenden Gebiet zu verhindern.

In Ermangelung einer konventionsinternen Definition kann im Einklang mit der oben im Rahmen des IPbpR bereits skizzierten Definition unter einer grausamen, unmenschlichen Behandlung oder Strafe jede schwere Leids- oder Schmerzzufügung, egal ob physischer oder psychischer Art, durch positives Tun oder Unterlassen verstanden werden.[424] Zudem ist weder Vorsatz noch ein erweitertes Zweckkriterium, noch ein Beruhen der Misshandlung auf irgendeiner Form von Diskriminierung zu verlangen.[425]

Die erniedrigende Behandlung oder Strafe ist unter Bezugnahme auf die Ausführungen zum IPbpR als ein auf die Erniedrigung des Opfers abzielendes Ver-

---

421 UN-Doc. E/CN 4/1285.

422 Marx, ZRP 1986, S. 81 (82).

423 Siehe unten 2. Teil, Drittes Kap., II), 1), a).

424 Nowak/McArthur, Convention against Torture, Art. 16, Rn. 43.

425 Nowak/McArthur, Convention against Torture, Art. 16, Rn. 43.

halten zu klassifizieren, was auch nur mit leichteren physischen oder seelischen Schmerzen oder Leiden verbunden sein kann.[426]

Anders als es beim IPbpR der Fall ist, muss sich das in Rede stehende Verhalten als Ausdruck staatlichen Handelns zeigen. Der Art. 16 Abs. 1 VNAFK enthält insofern eine identische Formulierung wie Art. 1 Abs. 1 VNAFK. Dass der Vertragstext der VNAFK auch für die „milderen" verbotenen Misshandlungsformen eine derartige Nähe des Täters zur staatlichen Gewalt verlangt, wie er sie für die Folter i.e.S. festschreibt, könnte abermals mit der speziellen Natur der VNAFK begründet werden. Dann müsste die Konvention jedoch auch hinsichtlich der grausamen, unmenschlichen oder erniedrigenden Behandlungen oder Strafen derart einschneidende strafrechtliche Verpflichtungen enthalten, wie es für Folter i.e.S. der Fall ist.[427] Nur derartige Verpflichtungen implizierten einen besonders einschneidenden Souveränitätseingriff und bedürfen einer Rechtfertigung und begrifflichen Einschränkung.

Hier ist zunächst auf die nach der Verweisungsklausel des Art. 16 Abs. 1 S. 2 VNAFK[428] ausdrücklich auch für die folternahen Verhaltensweisen anzuwendenden Art. 10 bis 13 VNAFK abzustellen. Nach Art. 10 VNAFK ist auf dem innerstaatlichen Sektor insbesondere dafür Sorge zu tragen, dass alle durch den Staat einer Freiheitsentziehung unterworfenen Personen nur mit solchem Personal in Kontakt geraten, das mit den Verbürgungen der Konvention vertraut ist. Des Weiteren sind die dem Schutze dieser Personen dienenden Bestimmungen wie Verhörvorschriften und Strafvollzugsreglungen regelmäßig zu überprüfen (Art. 11 VNAFK). Nach Art. 12 VNAFK ist bei hinreichendem Folterverdacht umgehend eine unparteiische Untersuchung durchzuführen. Jede Person, die beklagt, Opfer von Folter geworden zu sein, hat ein Recht auf unparteiische Prüfung ihres Vorwurfs (Art. 13 S. 1 VNAFK). Die Beschwerde darf nach Art. 13 S. 2 VNAFK weder für den Beschwerdeführer noch für etwaige Zeugen mit Nachteilen bzw. Gefahren verbunden sein.

Alle durch die Verweisungsklausel in Bezug genommenen Vorschriften sind demnach präventiven Charakters, zumindest überwiegt dieser deutlich. Sie können keine Notwendigkeit begründen, auch für die grausamen, unmenschlichen oder erniedrigenden Behandlungen oder Strafen einen engen Hoheitsbezug zu verlangen.

---

426 Siehe oben 1. Teil, Zweites Kap., II, 2), a), ab), (1), (b), (ab).

427 Zu den strafrechtlichen VNAFK-Vorgaben für Folter i.e.S. sogleich mehr (1. Teil, Zweites Kap., II), 2), a), ac), (4ff.)).

428 „In particular, the obligations contained in articles 10, 11, 12 and 13 shall apply with the substitution for references to torture or references to other forms of cruel, inhuman or degrading treatment or punishment."

Fraglich ist jedoch, ob die Formulierung „in particular (...)" dahingehend verstanden werden könnte, alle,[429] zumindest aber einige der nicht ausdrücklich in Bezug genommenen weiteren Konventionsbestimmungen seien auch auf die folternahen Misshandlungsarten anwendbar.[430]

Da die Verhinderungsklausel des Art. 16 Abs. 1 VNAFK schon vom Wortlaut her klar präventiv ausgerichtet ist, und die in Art. 16 Abs. 1 S. 2 VNAFK für entsprechend anwendbar erklärten Konventionsbestimmungen ebenfalls ganz überwiegend präventiver Natur sind, erscheint es verfehlt, die Regelungen zur Implementierung strafrechtlicher (Anti-Folter-)Regimes auf die „milderen" Misshandlungsformen anzuwenden. Schließlich sind die strafrechtlichen Klauseln, z.B. Art. 2 Abs. 3 und Art. 4 VNAFK, naturgemäß von einem repressiven Charakter geprägt. Sie beziehen sich laut Konventionstext expressis verbis nur auf die Folter i.e.S. Es finden also nur die nichtstrafrechtlichen Präventionsmechanismen der VNAFK auf die grausamen, unmenschlichen oder erniedrigenden Strafen oder Behandlungen Anwendung. Damit schreibt die VNAFK für die folternahen Praktiken keine einer Einschränkung über das Hoheitskriterium bedürfenden Souveränitätseingriffe vor.

Mit dem Argument, eine gesteigerte Notwendigkeit völkerrechtlicher Vorgaben bestehe lediglich im Falle einer makrokriminellen Dimension von Misshandlungen, ist es aber vertretbar, es für die VNAFK beim Wortlaut zu belassen, und auch für die grausamen, unmenschlichen oder erniedrigenden Behandlungen oder Strafen den für Folter i.e.S. skizzierten Staatsbezug zu verlangen.[431]

Fraglich bleibt, wie die Folter i.e.S. von den in Art. 16 Abs. 1 VNAFK genannten „milderen" Misshandlungsformen abzugrenzen ist. Nach der oben schon als vorzugswürdig vorgestellten Ansicht der Europäischen Menschenrechtskommission[432] und der VNMRK in Person des ehemaligen Sonderberichterstatters über Folter[433], ist nicht etwa die Schwere des beigebrachten Leids das vorrangige Differenzierungskriterium zwischen Folter und grausamer, unmenschlicher Behandlung. Vielmehr sind diese Verletzungsvarianten über den Zweck bzw.

---

429 Voyame, der erste Präsident des AFA hielt alle Konventionsbestimmungen für entsprechend anwendbar (s. Nachweis bei Nowak/McArthur, Convention against Torture, Art. 16, Rn. 68, Fn. 161).

430 So hält der AFA ein dem Art. 14 VNAFK gleiches Recht über die in Art. 16 Abs. 1 S. 1 statuierte Verhinderungspflicht auch hinsichtlich der Folter i.w.S. für anwendbar, s. Nachweis bei Nowak/McArthur, Convention against Torture, Art. 16, Rn. 68, Fn. 163.

431 Dieses Ergebnis lässt sich zusätzlich dadurch rechtfertigen, dass ja schon i.R. der Folter i.e.S. ein weites Zurechnungsspektrum besteht.

432 Siehe Nachweis bei Nowak/McArthur, Convention against Torture, Art. 1, Rn. 94, Rn. 147.

433 Report by the UN Special Rapporteur on Torture Manfred Nowak, UN-Doc. E /CN.4/2006/6 v. 23.12.2005, S. 12f.

Grund der Misshandlung abzugrenzen. Zusätzlich dienen der Vorsatz und eingeschränkt auch eine etwaige „Ohnmacht" des Opfers der Abgrenzung.[434] Die Einwirkungsintensität ist jedoch Hauptdifferenzierungskriterium zwischen Folter und grausamer, unmenschlicher Behandlung einerseits und erniedrigender Behandlung andererseits.[435]

Eine einschränkende Wirkung durch den relativ geringen Schutzumfang der VNAFK hinsichtlich der grausamen, unmenschlichen oder erniedrigenden Behandlungen oder Strafen ist für Vertragsparteien von Konventionen mit weiterreichenden Schutzbestimmungen nicht zu besorgen (Art. 16 Abs. 2 VNAFK).[436]

(3) Absolutheit und Derogationsverbot

Ferner ist das in der Konvention mittelbar statuierte Folterverbot i.e.S. nach herrschender Meinung absolut, und aufgrund des Art. 2 Abs. 2 VNAFK auch nicht außer Kraft setzbar.[437] Es bestehen insofern starke Parallelen zu den Ausführungen zur Absolutheit und Nichtderogierbarkeit im Rahmen des Art. 7 IPbpR.[438]

Folgt man für die grausamen, unmenschlichen oder erniedrigenden Behandlungen oder Strafen den Denkansätzen der herrschenden Meinung, so könnte man auch im Rahmen der VNAFK zumindest das Würdeargument für eine Absolutheit des Schutzes vor derartigen Misshandlungen anführen. Allerdings betreffen sowohl die Pönalisierungspflicht des Art. 4 VNAFK als auch die aus Art. 2 VNAFK resultierenden Pflichten lediglich die Folter i.e.S. Die in Art. 16 VNAFK statuierte „Verhinderungspflicht" ist allgemein formuliert und mitnichten so ausdifferenziert, wie beispielsweise der Art. 2 VNAFK. Damit statuiert die Konvention für die „milderen" Misshandlungsformen kein mittelbares Verbot, sondern eben nur besagte Verhinderungspflicht. Wie oben gezeigt, ist die Dichte an Schutzvorschriften für die folternahen Praktiken nicht annähernd so weitgehend, wie bei der Folter i.e.S. Im Ergebnis ist von einer Absolutheit des

---

434 Das „Hoheitskriterium" kann i.R. der VNAFK natürlich nicht der Abgrenzung der Folter i.e.S. von den nur folternahen Praktiken dienen, da es von allen Varianten gleichermaßen vorausgesetzt wird.

435 Zum Ganzen s. auch oben 1. Teil, Zweites Kap., II), 2), a), ab), (1), (c).

436 Nowak/McArthur, Convention against Torture, Art. 16, Rn. 77ff.

437 Nowak/McArthur, Convention against Torture, Art. 2, Rn. 60; Raess, Schutz vor Folter im Völkerrecht, S. 133. Nach Art. 2 Abs. 2 VNAFK „dürfen außergewöhnliche Umstände gleich welcher Art, sei es Krieg oder Kriegsgefahr, innenpolitische Instabilität oder ein sonstiger öffentlicher Notstand, nicht als Rechtfertigung für Folter geltend gemacht werden."

438 Betreffend die Absolutheit ist sogar vollumfänglich auf obige Ausführungen zu verweisen (s.o. 1. Teil, Zweites Kap., II), 2), a), ab), (1), (e)).

Schutzes vor grausamen, unmenschlichen oder erniedrigenden Behandlungen oder Strafen nicht auszugehen.

Eine Anwendbarkeit des Derogationsverbots aus Art. 2 Abs. 2 VNAFK auf die folternahen Praktiken erscheint noch fraglicher. Hierfür wäre einzig der in der Präambel der VNAFK erklärte Wille anzuführen, den Kampf nicht nur gegen Folter i.e.S., sondern auch gegen die folternahen Verhaltensweisen zu intensivieren.[439] Die systematische Stellung des Derogationsverbots in Art. 2 Abs. 2 VNAFK, nach der Folterdefinition in Art. 1 VNAFK und der generellen Verpflichtung, die Folter zu verhüten in Art. 2 Abs. 1 VNAFK[440], lässt aber darauf schließen, dass das Verbot in Art. 2 Abs. 2 VNAFK nur die Folter i.e.S. betrifft.[441] Zusätzlich ist der Wortlaut eindeutig auf Folter i.e.S. beschränkt, und die Aussparung der Misshandlungsformen nach Art. 16 Abs. 1 VNAFK erscheint beabsichtigt.[442] Schließlich erfolgt generell durchaus eine Nennung der folternahen Praktiken. Aber hinsichtlich des Derogationsverbotes bleibt eine explizite Bezugnahme gerade aus. Weiterhin spricht die historische Betrachtung für eine restriktive Interpretation. Die Verfasser der Konvention änderten den schwedischen Verhandlungsentwurf hinsichtlich Art. 2 Abs. 2 VNAFK auf Anregung der amerikanischen Delegation ohne großen Widerstand dahingehend, dass er keinen Passus mehr enthielt, der das Derogationsverbot neben der Folter auch (ausdrücklich) auf die grausame, unmenschliche oder erniedrigende Behandlung oder Strafe erstreckt.[443] Schließlich enthält die Verweisungsnorm des Art. 16 Abs. 1 S. 2 VNAFK keinen Passus, nach dem Art. 2. Abs. 2 VNAFK auch für die in Art. 16 Abs. 1 VNAFK genannten „milderen" Praktiken gilt.

---

439 Wie bereits erwähnt, verweist die Präambel zudem auf die mit dem IPbpR und der AFD gesetzten Standards, was im Kontext der aufgeworfenen Frage ebenfalls dafür spräche, dass das Derogationsverbot des Art. 2 Abs. 2 auch für das Verbot der grausamen, unmenschlichen oder erniedrigenden Behandlung oder Strafe gilt. Schließlich wird genau dies in Art. 4 IPbpR und Art. 3 S. 2 AFD festgelegt.

440 Dessen Äquivalent Art. 16 Abs. 1 S. 1 VNAFK darstellt.

441 Vgl. Nowak/McArthur, Convention against Torture, Art. 16, Rn. 71.

442 Obwohl auch Mary E. O´Connell anmerkt, der Konventionstext würde eine Geltendmachung von Notstandsaspekten im Hinblick auf die „milderen" verbotenen Misshandlungsformen nicht explizit ausschließen, kommt sie unter dogmatisch wenig validem Hinweis auf die einschlägige Regelung im IPbpR und eine Verlautbarung des Ministerrates des Europarates zu dem Schluss, auch die milderen Praktiken seien notstandsfest (O'Connell, Ohio State Law Journal 2005, S. 1230 (1255)).

443 Nowak/McArthur, Convention against Torture, Art. 2, Rn. 59. Nach Ansicht der US-Delegation bei den Verhandlungen zur VNAFK im Jahre 1979 ist der Begriff grausame, unmenschliche oder erniedrigende Behandlung ein relativer, und was in Friedenszeiten darunter subsumiert werden könne, müsse nicht zwangsläufig auch in Notsituationen hierunter fallen.

Im Ergebnis beschränkt sich das Derogationsverbot des Art. 2 Abs. 2 VNAFK auf die Folter i.e.S.[444]

(4) Pönalisierungspflicht gem. Art. 4 VNAFK

Nach Art. 4 VNAFK ist jeder Vertragsstaat verpflichtet, Folterhandlungen in seinem Strafrecht mit angemessener, an der Schwere der Tat orientierter Strafe zu bewähren. Diese Pflicht impliziert die Verhängung von Strafe im Einzelfall – zumindest wenn die Tat rechtswidrig und schuldhaft begangen wurde.[445] Sie setzt allerdings nicht voraus, dass im nationalen Recht auch zwangsläufig ein eigener spezifischer Foltertatbestand geschaffen werden muss.[446] So entspricht ein Vertragsstaat der Pönalisierungsverpflichtung auch dann, wenn er Folterungen in einen oder mehrere anderslautende Tatbestände inkludiert. Allerdings müssen stets alle der Folterdefinition des Art. 1 Abs. 1 S. 1 VNAFK unterfallenden Fälle abgedeckt sein.[447]

Die Pönalisierungspflicht betrifft hingegen nicht die grausame, unmenschliche oder erniedrigende Behandlung oder Strafe. Art. 4 VNAFK bezieht sich nach seinem Wortlaut bereits ausdrücklich nur auf die Folter i.e.S. Zudem spricht die begriffliche Unbestimmtheit gegen eine Einbeziehung der „milderen" Misshandlungsformen.[448]

---

444 Shany, CULR 2007, Rn. 857f., wo auch der Hinweis erfolgt, dass es Staaten aufgrund des Fehlens eines Derogationsverbots für die „milderen" Misshandlungsformen möglich sein müsse, sich gegen eine etwaige Staatenverantwortlichkeit mit dem allg. Rechtfertigungsgrund des Notstands zu verteidigen. Eine ähnliche Äußerung findet sich bei Ehrlich/Johannsen (in Hasse et al.: Menschenrechte), Folter, S. 332 (337). Sollte man allerdings von einem dem „ius cogens" unterfallenden völkergewohnheitsrechtlichen Verbot der folternahen Praktiken ausgehen (was hier verneint wird, s.u. 1. Teil, Drittes Kap., V)), so bestünde keine Möglichkeit, der Staatenverantwortlichkeit unter Berufung auf Notstandserwägungen zu entgehen (Shany, CULR 2007, S. Rn. 858, Fn. 87).

445 Schmahl/Steiger, AVR 2005, S. 358 (369). Wie es sich verhält, wenn die Tat nicht rechtswidrig oder schuldhaft begangen wurde, soll bei der etwaigen Ausnahmefähigkeit des völkerstrafrechtlichen Folterverbots thematisiert werden (s.u. 2. Teil, Drittes Kap., III)).

446 Beutler, Strafbarkeit der Folter zu Vernehmungszwecken, S. 282f.; Burgers/Danelius, Convention against Torture, S. 129.

447 Burgers/Danelius, Convention against Torture, S. 129.

448 SieheBurgers/Danelius, Convention against Torture, S. 149; Schmahl/Steiger, AVR 2005, S. 358 (369). Vgl. auch Nowak/McArthur, Convention against Torture, Art. 4, Rn. 46 und Shany, CULR 2007, Rn. 857. Weitere Argumente gegen eine Pönalisierungspflicht für die folternahen Praktiken wurden schon bei der Argumentation betref-

(5) Befehlsnotstandsausschluss gem. Art. 2 Abs. 3 VNAFK

In Art. 2 Abs. 3 VNAFK wird der Befehlsnotstand als ausdrücklich nicht zur Rechtfertigung der Folter geeignet genannt.[449] Wie sich aus der Genese der Konvention schließen lässt, zielt die Bestimmung – was dem weiten Wortlaut an sich nicht zu entnehmen ist – insbesondere auf den Ausschluss einer entsprechenden strafrechtlichen Rechtfertigung ab. Die Vorschrift richtet sich demzufolge, anders als Art. 2 Abs. 2 VNAFK, nicht primär an die Vertragsstaaten als solche, sondern konkret an deren Strafgerichte.[450] Sie geht zurück auf den wie folgt lautenden Art. 8 IMTS:[451]

„The fact that the Defendant acted pursuant to order of his Government or of a superior shall not free him from responsibility, but may be considered in mitigation of punishment if the Tribunal determines that justice so requires."

Art. 8 IMTS war auch richtungsweisend für die nahezu identischen Regelungen in den Statuten des Jugoslawien- (Art. 7 Abs. 4) und des Ruandastrafgerichtshofs (Art. 6 Abs. 4), die ebenfalls nicht den Ausschluss strafrechtlicher Verantwortlichkeit, sondern lediglich die Möglichkeit einer fakultativen Strafmilderung im Falle des Handelns auf Befehl vorsehen. Etwas weiter gehen die Regelungen im ICCS (Art. 33)[452] und im deutschen VStGB (§ 3), denn nach ihnen ist ein Strafbarkeitsausschluss zumindest möglich.

Bei Art. 2 Abs. 3 VNAFK handelt es sich um die einzige Vorschrift der Konvention, die eine strafrechtliche Rechtfertigung ausschließt.

(6) Anknüpfungspunkte der Strafgewalt

Die innerstaatlichen Gesetzesordnungen sind so zu gestalten, dass ein Folterverdächtiger, der sich in einem der Hoheitsgewalt eines Vertragsstaats unterstehenden Gebiet aufhält,[453] der Gerichtsbarkeit dieses Staates („forum state") unter-

---

fend das „Hoheitskriterium" und besagte Praktiken genannt (s.o. 1. Teil, Zweites Kap., II), 2), a), ac), (2)).

449 Dies betrifft abermals nur die Folter i.e.S. (Nowak/McArthur, Convention against Torture, Art. 2, Rn. 66).

450 Nowak/McArthur, Convention against Torture, Art. 2, Rn. 65.

451 Charter of the International Military Tribunal at Nuremberg, abgedruckt in Woetzel, Nuremberg Trials, Appendix, S. 247.

452 Dazu s.u. 2. Teil, Drittes Kap., III), 1), b).

453 Was unter dem Begriff „(...) ein der Hoheitsgewalt des betreffenden Staates unterstehendes Gebiet (...)" zu verstehen ist, ist aktuell besonders relevant, weil z.B. die USA behaupten könnten, Guantanamo Bay unterfiele nicht ihrer Hoheitsgewalt, oder grds. unterfielen Gebiete, in denen Auslandseinsätze stattfinden, nicht diesem Begriff. Eine derartige (Schutz-) Behauptung vermag jedoch nicht zu verfangen, macht die weite Formulierung doch klar, dass auch Gebiete unter militärischer Besatzung oder ähnli-

fällt. Dies gilt, solange er nicht gem. Art. 8 VNAFK an einen anderen gem. Art. 5 Abs. 1 VNAFK die Gerichtsbarkeit – aufgrund des Territorialitäts-, Flaggen- oder Personalitätsprinzips – innehabenden Staat ausgeliefert wird (Art. 5 Abs. 2 VNAFK). Korrespondierend hierzu sind die Vertragsstaaten verpflichtet, eine der Folter verdächtige, in einem ihrer Hoheitsgewalt unterstehenden Gebiet aufgegriffene Person, entweder selbst strafrechtlich zu verfolgen, oder auszuliefern (Art. 7 Abs. 1 VNAFK). Dafür muss allerdings ein Anknüpfungspunkt der Strafgewalt im Sinne von Art. 5 VNAFK vorliegen. Hiermit wurde der Grundsatz „aut dedere, aut iudicare" in die VNAFK aufgenommen.[454]

Fraglich ist, ob mit den interagierenden Artikeln 5 Abs. 2 und 7 Abs. 1 VNAFK das Weltrechtsprinzip oder lediglich der Grundsatz der stellvertretenden Strafrechtspflege in die Konvention Einzug gefunden hat.

Die Folter verletzt fundamentale Menschenrechte, insbesondere die Würde und die physische und psychische Integrität des Gefolterten.[455] Dies spricht für eine Annahme des Weltrechtsprinzips, denn eine Verletzung derartiger Rechtsgüter betrifft nicht nur den Territorial-, Täter- oder Opferstaat, sondern die gesamte Staatengemeinschaft bzw. Menschheit. Schließlich erschüttert sie deren gemeinsames Wertefundament. Bei Hinzutreten gewisser Umstände stellt die Folter ein völkerrechtliches Kernverbrechen („core crime") im Sinne eines Verbrechens gegen die Menschlichkeit oder eines Kriegsverbrechens dar. Dies kommt durch die Aufnahme entsprechender Regelungen in Art. 7 Abs. 1 lit. f, Abs. 2 lit. e (Folter als Verbrechen gegen die Menschlichkeit) und Art. 8 Abs. 2 lit. a ii, lit. c i (Folter als Kriegsverbrechen) des Römischen Statuts des Internationalen Strafgerichtshofs zum Ausdruck. Delikte mit „core-crime"-Qualität fallen stets unter das Weltrechtsprinzip.[456] Nichts anderes kann für Folter i.e.S. gelten, die in Ermangelung der spezifischen Umstände zwar nichttatbestandlich im Sinne der genannten Kernverbrechen ist, aber immerhin die beachtlichen Bedingungen der

---

cher Kontrolle gemeint sind (vgl. Nowak/McArthur, Convention against Torture, Art. 5, Rn. 166).

454 Hofmann (in Ostendorf: Folter), Völkerrechtliches Folterverbot, S. 9 (16); Wendland, UN Convention against Torture, S. 44.

455 Elsner/Schobert, DVBl 2007, S. 278 (281); Seidel, Handbuch Grund- und Menschenrechte, S. 19.

456 Ambos, Internationales Strafrecht, § 3, Rn. 96; vgl. auch Kreß, JICJ 2009, S. 792ff, der die völkergewohnheitsrechtliche Anerkennung des Grundsatzes „aut dedere, aut iudicare" für Kriegsverbrechen als kontextabhängig herausarbeitet. Die Frage, „(...) whether there is now also a duty aut dedere aut iudicare with respect of (certain) war crimes committed in an armed conflict not of an international character" wird mit dem Hinweis beantwortet, dass die Möglichkeit einer schrittweisen Angleichung des „grave breaches"-Regimes des nicht-internationalen an jenes (weit fortgeschrittene) des internationalen Konfliktes gegeben ist. Von einer bereits existenten Gleichwertigkeit könne jedoch noch nicht ausgegangen werden.

völkerrechtlichen Folterdefinition des Art. 1 VNAFK erfüllt. Eine Misshandlung muss dazu schließlich den engen Staatsbezug aufweisen. Dies weist sie regelmäßig als Makrokriminalität bzw. staatliche Kriminalität aus, an deren Verhinderung ein internationales Interesse zu unterstellen ist. Der Staatsbezug von Art. 1 Abs. 1 VNAFK ähnelt zudem den spezifischen Anknüpfungspunkten der völkerstrafrechtlichen „core crimes“, die ebenfalls einen (individuell differierenden) kollektiven Kontext voraussetzen.

Würde man lediglich einen Fall der stellvertretenden Strafrechtspflege annehmen,[457] so hätte dies die fatale Folge, dass ein Ergreifungsstaat lediglich in Vertretung und mit dem Einverständnis eines anderen (Vertrags-)Staates derivativ, das heißt abhängig vom Strafverfolgungswillen des Tatort- oder Heimatstaates tätig werden könnte.[458] Da Folterer regelmäßig in den staatlichen Machtapparat eingebunden sind, besteht das Risiko, dass der Tatort- oder Heimatstaat trotz der Ratifikation der VNAFK häufig keinen Strafverfolgungswillen haben wird. Würden lediglich die Grundsätze der stellvertretenden Strafrechtspflege gelten, wäre in gewissen Fällen also eine Straflosigkeit des Täters zu befürchten. Die Hauptintention der Konvention ist jedoch eine weltweite Jurisdiktion über Folterer:

„The rational of the Convention is, after all, that suspects of torture must not be able to find save haven, and that any suspect of torture must fear prosecution always and everywhere.“[459]

So stellte auch der AFA fest, die Bestrafung jedweder Folterhandlung sei Ziel der Konvention.[460] Demnach dürfte es nirgends einen sicheren Zufluchtshafen für Folterer geben. Diesen Gedanken zufolge soll die in der VNAFK statuierte Pflicht des „aut dedere, aut iudicare“ dem weltrechtlichen Charakter des Folterverbots Ausdruck verleihen.

Letztlich ist die Anwesenheit eines Folterverdächtigen in einem der Hoheit eines Vertragsstaates unterstehenden Gebiet die einzige Bedingung für die Gerichts-

457 So wohl Oehler, Internationales Strafrecht, Rn. 847ff., 861 und 864, der das WRP nur auf andere von ihm enumerativ aufgezählte internationale Abkommen anwenden will. In den einschlägigen Bestimmungen internationaler Abkommen zum Terrorismus, die ihre Entsprechung in ähnlichen Bestimmungen der VNAFK finden, sieht Oehler lediglich das Prinzip stellvertretender Strafrechtspflege verwirklicht.

458 Ambos, Internationales Strafrecht, § 3, Rn. 116ff.

459 Wendland, UN Convention against Torture, S. 37f., 44; s. auch Raess, Schutz vor Folter im Völkerrecht, S. 146.

460 Committee against Torture; Individual Complaint under Art. 22 CAT; Suleymane Guengueng et al. vers. Senegal (Habré Case), No. 181/2001, Decision of 17.05.2006, § 9.7.

barkeit des „forum state“.[461] Andere Bedingungen der Gerichtsbarkeit, etwa das Vorliegen eines (ausgeschlagenen) Auslieferungsantrags eines Drittstaates, existieren nicht.[462] Ferner besteht keine Hierarchie innerhalb der verschiedenen in der Konvention inkorporierten Anknüpfungspunkte der Jurisdiktion.[463] Es wurde sich bewusst gegen einen Vorschlag Italiens und einen gleich lautenden Entwurf Chinas entschieden, das Territorialitätsprinzip an die erste und das Weltrechtsprinzip oder das Prinzip stellvertretender Strafrechtspflege an die letzte Stelle zu setzen.[464] Auch beim Vorliegen eines Auslieferungsantrags muss nicht ausgeliefert werden. Allerdings muss der „forum state“ dann zwingend selbst verfolgen. Dies gilt unabhängig von den rechtlichen oder faktischen Gründen einer Nichtauslieferung.[465]

Der „forum state“ kann also nicht lediglich in Vertretung und mit dem Einverständnis eines anderen nach Art. 5 Abs. 1 VNAFK berechtigten Vertragsstaates handeln. Ein Strafverfolgungswille eines anderen die Gerichtsbarkeit innehabenden Staates ist damit kein notwendiger Anknüpfungspunkt der Strafgewalt.

Im Ergebnis schreibt die Konvention ein vertraglich vereinbartes Weltrechtsprinzip und nicht lediglich den Grundsatz der stellvertretenden Strafrechtspflege fest.[466] Da die Anwesenheit des Tatverdächtigen im Hoheitsgebiet des Ergreifungsstaates als konstitutives Moment zu verstehen ist, die Zuständigkeit zur Strafverfolgung also nur bei Vorliegen dieses Anknüpfungspunktes gegeben ist,[467] handelt es sich um eine Form des bedingten Weltrechtsprinzips.[468]

---

461 Nowak/McArthur, Convention against Torture, Art. 5, Rn. 4; Art. 7, Rn. 59. Zur Problematik einer Verfolgung in absentia s. Nowak/McArthur, Convention against Torture, Art. 5, Rn. 167.

462 Nowak/McArthur, Convention against Torture, Art. 5, Rn. 4; Art. 7, Rn. 59.

463 Demzufolge besteht auch keine Verpflichtung des „forum state“, einen Folterverdächtigen an einen ebenfalls Strafgewalt innehabenden Drittstaat auszuliefern (Nowak/McArthur, Convention against Torture, Art. 7, Rn. 58).

464 Nowak/McArthur, Convention against Torture, Art. 7, Rn. 58, Fn. 33.

465 Nowak/McArthur, Convention against Torture, Art. 5, Rn. 4; Art. 7, Rn. 59.

466 Vgl. Behrendt, Verfolgung des Völkermordes in Ruanda, S. 82; Burgers/Danelius, Convention against Torture, S. 132f., 138; Cassese, Int. Criminal Law, S. 338, Fn. 4; Chemillier-Gendreau (in Hankel: Macht und Recht), Folterverbot im Völkerrecht, S. 251 (253); Marx, ZRP 1986, S. 81 (82); Nowak, EuGRZ 1985, S. 109 (113f.); Raess, Schutz vor Folter im Völkerrecht, S. 156; Wendland, UN Convention against Torture, S. 37f.

467 Burgers/Danelius, Convention against Torture, S. 133.

468 Cassese, Int. Criminal Law, S. 338, Fn. 4.

(7) Weitere im Folterkontext relevante Regelungen

Abgesehen von den bereits angesprochenen Einzelproblemkreisen erscheinen folgende Regelungen nennenswert, deren Ziel am besten mit der vertragsstaatlichen Verpflichtung zur innerstaatlichen und zwischenstaatlichen Prävention und dem Schutz von Folteropfern beschrieben ist:

Art. 2 Abs. 1 VNAFK verpflichtet die Vertragsstaaten dazu, u.a wirksame gesetzgeberische, administrative und gerichtliche Maßnahmen zu treffen, um Folterungen in allen ihrer Hoheitsgewalt unterstehenden Gebieten zu verhindern. Ferner beinhaltet Art. 3 VNAFK den „non-refoulement"-Grundsatz.[469] Im zwischenstaatlichen Bereich soll der Folter durch eine Pflicht zur Amts- und Rechtshilfe entgegengewirkt werden (Art. 9 VNAFK). Wie oben bereits ausgeführt, soll die Prävention vor Folter i.w.S. durch die Art. 10 bis 13 VNAFK gestärkt werden. Danach sind Ausbildungs- und Trainingsmaßnahmen zu ergreifen, systematische Überprüfungen von Verhörvorschriften und Praktiken sowie schnelle Untersuchungen von Amts wegen durchzuführen. Zusätzlich ist die Implementierung effektiver Beschwerdeverfahren zu gewährleisten. Nach Art. 14 VNAFK haben Folteropfer ein Anrecht auf Entschädigung und möglichst vollständige Rehabilitation. Schließlich besteht für unter Folter erpresste Aussagen ein Beweisverwertungsverbot (Art. 15 VNAFK).

(8) Durchsetzungsinstrumentarium

Mit der Überwachung der Konventionsdurchsetzung ist der aus zehn Sachverständigen bestehende Anti-Folter-Ausschuss betraut (Art. 17 VNAFK), der insbesondere für die Prüfung der Staatenberichte (Art. 19 VNAFK), die Untersuchung von Folterungen (Art. 20 VNAFK) sowie das Staaten- (Art. 21 VNAFK) und Individualbeschwerdeverfahren (Art. 22 VNAFK) zuständig ist.

Das Staatenberichtsverfahren legt den Vertragsstaaten die Verpflichtung auf, dem Ausschuss gegen Folter alle vier Jahre einen Bericht zum Stand der Erfüllung der Verpflichtungen aus dem Vertrag vorzulegen. Der Ausschuss prüft die Berichte und ist dazu berechtigt, sie zu kommentieren. Die Kommentare werden zusammen mit eventuell dazu ergangenen Erwiderungen betroffener Staaten in den Jahresbericht des Ausschusses aufgenommen (Art. 19 IV VNAFK).

Der AFA kann in einem dem Kontrollverfahren des UN-Wirtschafts- und Sozialrates nachgebildeten Verfahren einen Vertragsstaat zu Stellungnahmen auffordern,[470] Untersuchungen durchführen und einen vertraulichen Bericht verfassen, wenn er begründete Informationen über systematische Folterungen auf dem Hoheitsgebiet eines Vertragsstaates erhält (Art. 20 VNAFK). In diesen Fällen kann

469 Hailbronner/Randelzhofer, EuGRZ 1986, S. 641 (643).

470 Marx, ZRP 1986, S. 81 (83).

er motu proprio, also aufgrund autonomen Entschlusses, tätig werden.[471] Allerdings besteht für jeden Vertragsstaat die Möglichkeit, mittels eines Vorbehalts die in Art. 20 VNAFK vorgesehene Zuständigkeit des Ausschusses abzulehnen (Art. 28 Abs. 1 VNAFK).[472]

Das fakultative Staatenbeschwerdeverfahren[473] gem. Art. 21 VNAFK ermöglicht es den Vertragsstaaten, vor dem Ausschuss geltend zu machen, ein anderer Vertragsstaat komme seinen Verpflichtungen nicht nach. Es ist vertraulich und berechtigt den Ausschuss, einen Bericht an die beteiligten Staaten zu übermitteln. Die Möglichkeit der Feststellung einer Konventionsverletzung besteht allerdings nicht.[474] Ein Staatenbeschwerdeverfahren ist nur zwischen Parteien möglich, die sich diesem Verfahren selbst unterworfen haben.

Das ebenfalls fakultative Individualbeschwerdeverfahren[475] gem. Art. 22 VNAFK ermöglicht es Einzelpersonen gegen Staaten, die eine entsprechende Unterwerfungserklärung abgegeben haben, eine Beschwerde zu erheben. Mit dieser kann die Verletzung von Verbürgungen der Konvention geltend gemacht werden. In derartigen Fällen ist der Ausschuss aber lediglich berechtigt, rechtlich unverbindliche Auffassungen zu veröffentlichen.[476]

Am 18.12.2002 wurde von der Generalversammlung der Vereinten Nationen ein fakultatives Zusatzprotokoll[477] zur VNAFK verabschiedet, das auf universeller Ebene ein präventiv wirkendes System zur Verhinderung der Folter vorsieht.[478] Der Grundgedanke des Zusatzprotokolls – die Etablierung eines alle Haftstätten erfassenden Besuchssystems – geht auf den schweizer Juristen Jean-Jacques Gautier zurück und stellte ursprünglich die Basis eines Schweizer Entwurfs für die VNAFK dar.[479] Da die VN-Menschenrechtskommission ihre Ausarbeitung der Konvention jedoch insbesondere am Entwurf der schwedischen Regierung[480] orientierte, wurde der Schweizer Entwurf von der Internationalen Juristenkommission und dem Schweizer Komitee gegen die Folter in einen Vorschlag für ein ZP zur VNAFK abgewandelt.[481] In dem Wissen, dass der Entwurf im Rahmen

---

471 Bruha/Steiger, Folterverbot im Völkerrecht, S. 15.

472 Vorbehaltserklärungsstand: 9 Vertragsstaaten.

473 Unterwerfungserklärungsstand: 57 Vertragsstaaten.

474 Raess, Schutz vor Folter im Völkerrecht, S. 154.

475 Unterwerfungserklärungsstand: 59 Vertragsstaaten.

476 Hofmann (in Ostendorf: Folter), Völkerrechtliches Folterverbot, S. 9 (16).

477 UN-Doc. A/RES/57/199 v. 18.12.2002; Ratifikationsstand: 62 Staaten.

478 Bruha/Steiger, Folterverbot im Völkerrecht, S.15; Raess, Schutz vor Folter im Völkerrecht, S. 156.

479 Lüthke, ZRP 1988, S. 52.

480 Zusätzlich fanden bei den Beratungen Elemente eines Entwurfs der Internationalen Strafrechtsvereinigung Berücksichtigung.

481 Lüthke, ZRP 1988, S. 52.

der VN frühestens nach Beendigung der Konsultationen über die eigentliche VNAFK wieder zur Sprache gebracht werden kann, wurde der Text dem Europarat übermittelt, um ihn zunächst als Grundlage eines Europäischen Anti-Folter-Übereinkommens zu nutzen.[482] Eine zeitnahe Verabschiedung auf regionaler Ebene erschien aussichtsreicher. So kam es im Jahre 1987 zur Verabschiedung einer auf dem Gedanken eines präventiven Besuchssystems fußenden EuAFK.[483]

An diese lehnt sich das Regelwerk des ZP zur VNAFK an, welches regelmäßige Besuche durch unabhängige nationale und internationale Überwachungsgremien an Orten vorsieht, an denen Personen die Freiheit entzogen ist (Art. 1 ZP VNAFK).[484] Am 22.06.2006 ist das Zusatzprotokoll gem. Art. 28 Nr. 1 mit der zwanzigsten Ratifikation in Kraft getreten.

(9) Abschließende Bewertung

Die VNAFK enthält durch ihr insofern ausdifferenziertes Regelwerk gute Ansätze zur Verhinderung der Folter i.e.S. Die Einbeziehung des Weltrechtsprinzips ist positiv. Ferner ist das mit dem ZP verwirklichte Besuchssystem vielversprechend. Welche praktische Relevanz ihm zukommen wird, bleibt aufgrund seiner für völkerrechtliche Verträge erst relativ kurzen Wirksamkeit abzuwarten.

Letztlich stellt die Konvention sich jedoch aufgrund des überwiegend fakultativen Charakters ihres Durchsetzungsinstrumentariums als Kompromiss im Sinne eines „kleinsten gemeinsamen Vielfachen" dar.

So fällt besonders negativ auf, dass die „anderen grausamen, unmenschlichen oder erniedrigenden Behandlungen oder Strafen" im Gegensatz zur Folter nicht begrifflich präzisiert werden. Anders als in der AFD werden sie in Art. 1 VNAFK, der den Zweck und Anwendungsbereich der Konvention regelt, sogar überhaupt nicht genannt.[485] Damit ist die Konvention vornehmlich ein Anti-Folter-Regelwerk. Auf die „milderen" folterähnlichen Praktiken finden nach der Verweisungsnorm des Art. 16 Abs. 1 VNAFK lediglich die innerstaatlichen Verpflichtungen der Art. 10 bis 13 VNAFK Anwendung. Dies führt u.a. dazu, dass im Rahmen der VNAFK, anders als in der AFD und dem IPbpR, eine Notstandsfestigkeit nur bezüglich der Folter, nicht jedoch betreffend die grausamen, unmenschlichen oder erniedrigenden Behandlungen oder Strafen festgeschrieben wird. Schließlich bleiben Unklarheiten bezüglich der Folterdefinition des

482 Lüthke, ZRP 1988, S. 52.

483 Dazu s.u. 1. Teil , Zweites Kap., II), 2), b), ab), (1).

484 Bruha/Steiger, Folterverbot im Völkerrecht, S.11.

485 Marx, ZRP 1986, S. 81 (82).

Art. 1 Abs. 1 VNAFK, die eine präzise und vorhersehbare Rechtsanwendung erschweren.

b) Regionale Übereinkommen

Auf regionaler Ebene leisten allgemeine Menschenrechtsverträge und spezielle Anti-Folter-Konventionen ihren Beitrag im Kampf gegen die Folter. Auf dieser Ebene finden sich günstigere Ausgangsbedingungen für einen gemeinschaftlichen, wirksamen Menschenrechtsschutz, als es auf Grund weltweit stark differierender Wertekodizes auf universeller Ebene der Fall ist.[486] Der durch die geographische Nähe begünstigte Austausch unter den Staaten einer Region, sowie ihre gemeinsame Historie, die eine kulturelle Angleichung begünstigt, bilden zumeist eine solide Basis für (regional begrenzte) individualschützende, völkerrechtliche Verträge.[487] Zudem tragen überstaatliche Institutionen, die zumindest in gewissen Bereichen eine Harmonisierung der Rechtsordnungen einer Region zum Ziel haben, etwa der Europarat, besonders dazu bei, die genannten Vorteile auch effizient zu nutzen.[488] Berücksichtigt man die Besonderheiten der Ausgangssituation regionalen Menschenrechtsschutzes, so verwundert es kaum, dass die damalige Hohe Kommissarin der Vereinten Nationen für Menschenrechte, Louise Arbour, im Jahr 2008 konstatierte, regionale Systeme der Förderung und des Schutzes von Menschenrechten könnten diese besonders stärken.[489]

Das europäische System des Menschenrechtsschutzes nimmt aufgrund seiner außerordentlich hohen Effizienz und langen Geschichte im weltweiten Vergleich regionaler Schutzsysteme eine exponierte, richtungsweisende Stellung ein. Dicht gefolgt wird es vom amerikanischen System, dem wiederum das afrikanische nachfolgt. Auch in der islamisch-arabischen Hemisphäre gibt es mittlerweile ein eigenes regionales, völkerrechtlich bindendes Menschenrechtsinstrument. Lediglich in Asien fehlt es an einem regionalen Vertrag, der auf dem gesamten asiatischen Kontinent eine die Menschenrechte schützende Wirkung entfaltet.

aa) Folterverbot in allgemeinen Menschenrechtsverträgen

Den allgemeinen Verträgen zum Schutz der Menschenrechte auf regionaler Ebene ist es wie den Menschenrechtspakten der VN zu eigen, dass sie einen ausführlichen Katalog verschiedener Menschenrechte beinhalten.

---

486 Hobe/Kimminich, Völkerrecht, S. 413.

487 Ipsen, Völkerrecht, S. 797.

488 Ipsen, Völkerrecht, S. 797.

489 UN Press Release, Statement by UN High Commissioner for Human Rights on the entry into force of the Arab Charter on Human Rights, Geneva, 30.01.2008.

(1) Europäische Konvention zum Schutze der Menschenrechte und Grundfreiheiten von 1950[490]

Die Europäische Konvention zum Schutze der Menschenrechte und Grundfreiheiten wurde Ende der vierziger Jahre des 20. Jahrhunderts im Rahmen des gerade gegründeten Europarats ausgearbeitet und am 04.11.1950 in Rom von zwölf europäischen Staaten (darunter die Bundesrepublik Deutschland) unterzeichnet. Sie trat mit der zehnten Ratifikation am 03.09.1953 in Kraft.

In Anlehnung an die AEMR, auf die in der Präambel konkret Bezug genommen wird, enthält die EMRK in den Art. 2 bis 14 einen Katalog der wichtigsten Freiheitsrechte.

Sie ist für die Vertragsstaaten rechtsverbindlich und verpflichtet sie, allen ihrer Hoheitsgewalt unterstehenden Personen die in ihr enthaltenen Rechte und Freiheiten zu gewährleisten. Das aus einem Staaten- (Art. 33) und einem Individualbeschwerdeverfahren (Art. 34) bestehende Rechtsschutzsystem der EMRK kann als effizient und bewährt bezeichnet werden.[491]

Ergänzt wird die Konvention derzeit von 14 Zusatzprotokollen, die mittlerweile alle in Kraft getreten sind. Das Individualbeschwerdeverfahren räumt dem Einzelnen unmittelbar erst seit dem Inkrafttreten des 9. Zusatzprotokolls[492] im Jahre 1994 die Möglichkeit ein, auch selbst den EGMR anzurufen.[493] Damit besteht für potentielle Folteropfer die Möglichkeit, vor dem Gerichtshof Individualklage zu erheben.

Mit Art. 3 EMRK, nach dem „niemand der Folter oder unmenschlicher oder erniedrigender Behandlung oder Strafe unterworfen werden darf", enthielt die EMRK erstmals ein allgemeines, außerhalb des Kriegsrechts geltendes regionales Folterverbot.[494] Sein Wortlaut ähnelt dem des Art. 5 AEMR, lediglich das Wort „grausam" wurde ausgelassen. Der typischen Schutzrichtung von Folterverboten folgend, zählen zu den vom Verbot des Art. 3 EMRK geschützten

---

490 Neubekanntmachung BGBl. 2002 II, S. 1054; Ratifikationsstand: 47 Staaten.

491 Beutler, Strafbarkeit der Folter zu Vernehmungszwecken, S. 136; Raess, Schutz vor Folter im Völkerrecht, S. 62.

492 Protokoll Nr. 9 vom 6. November 1990 zur Konvention zum Schutze der Menschenrechte und Grundfreiheiten (in Kraft seit dem 01.11.1994; mit Wirkung vom 01.11.1998 durch Art. 2 Abs. 8 des Protokolls Nr. 11 zur Konvention zum Schutze der Menschenrechte und Grundfreiheiten aufgehoben).

493 Zur Entwicklung des (Individualbeschwerde-)Verfahrens vor dem EGMR vgl. Löwe/Rosenberg, Bd. 8, MRK Verfahren, Rn. 1f., 15ff.

494 Bruha/Steiger, Folterverbot im Völkerrecht, S. 15.

Rechtsgütern die Würde und die physische und psychische Integrität des Menschen.[495]

(a) Folterbegriff der EMRK

Da die EMRK keine Definition der Folter beinhaltet, ist auf die einschlägige Judikatur des EGMR und die Empfehlungen der Europäischen Kommission für Menschenrechte abzustellen. Der EGMR bezieht sich für die Auslegung des Folterbegriffs im Rahmen von Art. 3 EMRK insbesondere auf Art. 1 VNAFK.[496] Dies verwundert nicht, war doch die Spruchpraxis der EMRK-Überwachungsorgane ihrerseits eine wichtige Inspirationsquelle für die Ausgestaltung des Art. 1 VNAFK.[497] Berücksichtigt man ferner, dass Art. 1 VNAFK als wichtige Quelle für die Auslegung des Art. 7 IPbpR fungiert[498] und Art. 3 EMRK bis auf das ausgesparte Wort „grausam" den Wortlaut mit Art. 7 S. 1 IPbpR teilt, so sind inhaltliche Wechselbeziehungen der Folterverbote naheliegend.[499]

Der EGMR hat für den unbestimmten Rechtsbegriff Folter wesentliche Merkmale herausgearbeitet, die nahezu identisch sind mit den oben im Rahmen der Ausführungen zur Folterdefinition des IPbpR beschriebenen Kriterien.[500]

Auch der EMRK-Folterbegriff umfasst neben positivem Tun eine Unterlassenstäterschaft.[501]

---

495 EGMR, Tyrer/United Kingdom, application no. 5856/72, Urt. v. 25.04.1978, HUDOC, Rn. 33; Klugmann, EMRK, S. 86.

496 EGMR, NJW 2001, S. 56.

497 In diesem Kontext ist bspw. die für Art. 1 VNAFK richtungsweisende Stellungnahme der Europäischen Kommission für Menschenrechte im „Greek Case" zu nennen (dazu s. Nowak/McArthur, Convention against Torture, Art. 1, Rn. 92 und Commission Report of 5 November 1969, Yearbook 12).

498 Das Folterverbot des Art. 7 IPbpR wird durch die VNAFK näher bestimmt (vgl. VNAFK-Präambel), was zumindest den Charakter von Art. 1 VNAFK als Orientierungshilfe für die Folterdefinition des IPbpR betont. Gössel erblickt in Art. 1 VNAFK gar eine ergänzende Konkretisierung und verbindliche Auslegungsquelle des Art. 7 IPbpR (Gössel (in Danneckeret al.: Festschrift Otto), »Absolute« Folterverbote, S. 41 (45)).

499 Auch der BGH weist darauf hin, dass mit dem Begriff Folter in völkerrechtlichen Vorschriften jeweils vergleichbare Verhaltensweisen gemeint sind (BGHSt 46, S. 292 (303)). Hieraus kann gefolgert werden, dass sämtliche Ausführungen der Konventionsorgane von IPbpR, EMRK und VNAFK grds. geeignet sind, auch Aufschluss über den Folterbegriff der jeweils anderen Übereinkünfte zu geben.

500 Siehe oben 1. Teil, Zweites Kap., II), 2), a), ab), (1), (a).

(aa) Objektives Merkmal „Intensitätsgrad der Misshandlung"

Dem EGMR zufolge rechtfertigen das erwünschte Höchstmaß an Stigmatisierung ausschließlich vorsätzliche Misshandlungen von besonderer Intensität, die sehr starke und grausame Leiden verursachen.[502] Hinsichtlich des objektiven Merkmals Intensitätsgrad der Misshandlung ist eine Fülle von aufschlussreichen Entscheidungen des EGMR und der ehemaligen Europäischen Kommission für Menschenrechte ergangen. Somit bietet es sich an, einige besonders instruktive Fälle darzustellen. Die herausragende Bedeutung des „Intensitätskriteriums" für die Rechtsprechung des Gerichtshofs wird auch dadurch deutlich, dass er die Folter i.e.S. von der unmenschlichen Behandlung in erster Linie über den Grad der Leidenszufügung abgrenzt.[503]

Im Fall Ireland/United Kingdom aus den 1970er-Jahren äußerte sich die damals noch bestehende Europäische Kommission für Menschenrechte hinsichtlich der kombinierten Anwendung der sogenannten „fünf Techniken": stundenlanges An-der-Wand-Stehen mit gespreizten Gliedmaßen; Überstülpen einer Kapuze über den Kopf; Lärmbeschallung während der Vernehmung; Schlafentzug; Reduktion der Nahrungszufuhr.

Die „fünf Techniken" wurden von britischen Behörden als Vernehmungsmethoden im Kampf gegen den Terrorismus nationalistischer nordirischer Katholiken eingesetzt. In diesen „modernen" Methoden, die zwar nicht unmittelbar in die körperliche Integrität eingriffen, aber dennoch bei systematischer, kombinierter Anwendung die Willensentscheidungsfreiheit des Verhörten aufhoben, da sie zu schweren geistigen und psychischen Störungen führten, sah die Kommission Folter seelischer Art.[504] Da die Verhörpraxis einem foltertypischen Zweck gedient habe, nämlich der Aussageerpressung, habe sie das entscheidende Kriterium der Folter i.e.S. erfüllt. Mittels dieses Kriteriums sei die Folter i.e.S. von den unmenschlichen oder erniedrigenden Behandlungen abzugrenzen. Insbesondere aufgrund des Vorliegens des erweiterten Zweckkriteriums habe man in dem Fall von Folter i.e.S. ausgehen können, auch wenn die Folgen nicht der Schwere entsprochen hätten, die Folter i.e.S. üblicherweise zu eigen wären.

---

501 Beutler nennt als in Frage kommendes Unterlassen den Entzug von Nahrung, die Nichtgewährung ausreichender medizinischer Versorgung oder die Nichtbeheizung einer Zelle im Winter (Beutler, Strafbarkeit der Folter zu Vernehmungszwecken, S. 58); s. auch Löwe/Rosenberg, Bd. 8, Art. 3 EMRK/Art. 7 IPbpR, Rn.13.

502 EGMR, NJW 2001, S. 56 (59); EGMR, EuGRZ 1979, S. 149ff.

503 Bruha/Steiger, Folterverbot im Völkerrecht, S. 27; Marx, KJ 2006, S. 151 (155).

504 Europäische Kommission für Menschenrechte, Ireland/United Kingdom, EuGRZ 1976, S. 372ff.

Im Jahre 1978 widersprach der EGMR dieser Wertung in seinem Urteil zu besagtem Fall.[505] Er sah in der Anwendung der „fünf Techniken" lediglich eine unmenschliche und erniedrigende Behandlung, da die Vernehmungsmethoden keine Leiden jener besonderen Intensität und Grausamkeit verursachten, welche der Begriff der Folter i.e.S. erfordere.[506]Abweichend votierten jedoch vier Richter, die in den „fünf Techniken" eine Form der psychologischen Willensbeeinträchtigung sahen, die unabhängig von physischer Gewaltanwendung Folter darstellen würde; insbesondere durch die mit ihrer Anwendung einhergehende gravierende Verwirrung und Desorientierung und die daraus resultierende Manipulierbarkeit der Verhörten.[507] Ähnlich entschied die Kommission schon in einem Verfahren, das einige Staaten Ende der 1960iger Jahre gegen die griechische Militärregierung bemühten.[508] In der von Polizeibeamten ausgehenden Erzeugung eines Zustandes der Angst und des Schreckens durch Todesdrohungen sowie der zusätzlichen Ankündigung, man werde einen Zeugen aus dem Fenster des vierten Stockwerkes eines Gebäudes werfen, sah die Kommission einen Fall psychischer Folter.[509]

Im 1992 entschiedenen Fall Tomasi/France bestätigte der EGMR die Misshandlungsintensität abermals als (Abgrenzungs-)Kriterium.[510] Zudem wird explizit auf die Situation der Misshandlung eines Terrorismusverdächtigen im Polizeigewahrsam eingegangen. Die französische Regierung hatte sich darauf berufen, der für die Überschreitung der Schwelle zur unmenschlichen oder erniedrigenden Behandlung erforderliche Schweregrad der Schmerzzufügung sei bei dem Beschwerdeführer, einem korsischen Separatisten, zum Zeitpunkt seiner Vernehmung in der Polizeihaft aufgrund seines jugendlichen Alters und seines gu-

505 EGMR, EuGRZ 1979, S. 149ff.

506 Diese restriktive Wertung hat der EGMR im Verfahren Selmouni/France wieder relativiert (zu diesem Fall sogleich mehr). Das besondere Augenmerk auf dem „Intensitätskriterium" deutet sich bereits in der AFD-Folterdefinition an. Bei dieser hatten sich diejenigen durchgesetzt, die das „Intensitätskriterium" zur Vermeidung eines völligen Ausuferns des Folterbegriffs i.e.S., z.B. durch die Einbeziehung auch leichterer Schmerzen oder Leiden, für unerlässlich hielten (Schroeder (in Courakis: Festschrift Spinellis), Begriff der Folter, S. 983 (995)).

507 Siehe Hinweis bei Klugmann, EMRK, S. 104. Im Gegensatz zu diesen Voten wies der englische Richter Fitzmaurice in seinem Sondervotum darauf hin, dass er in den „five techniques" bereits keine folternahen Praktiken, geschweige denn Folter erblicken könne (EGMR, Ireland/United Kingdom, application no. 5310/71, Urt. v. 18.01.1978, HUDOC, Separate Opinion of Judge Sir Gerald Fitzmaurice, Rn. 2ff.).

508 Siehe Hinweis bei Robertson/Merrills, ECHR, S. 37f.

509 „Greek Case", Yearbook 12, S. 461; s. auch Kinzig, ZStW 2003, S. 791 (799); Klugmann, EMRK, S. 105.

510 EGMR, EuGRZ 1994, S. 101ff.

ten Gesundheitszustandes schon nicht gegeben. Außerdem müsse der Verdacht einer Beteiligung des Vernommenen an terroristischen Handlungen als erleichternder Umstand berücksichtigt werden. Der EGMR hatte dieses Vorbringen mit dem Hinweis darauf zurückgewiesen, weder die aus einer Verhörsituation entspringenden Notwendigkeiten, noch die Schwierigkeiten im Kampf gegen den Terrorismus, könnten zu einer Beschränkung der die körperliche Integrität schützenden Vorschriften führen. Ferner wies Richter De Meyer in seiner „concurring opinion" auf Folgendes hin:

„Any use of physical force in respect of a person deprived of his liberty which is not made strictly necessary as a result of his own conduct [De Meyer nennt insofern den Fall eines Fluchtversuchs oder eines gegen sich selbst gerichteten Verhaltens des Gefangenen] violates human dignity and must therefore be regarded as a breach of the right guaranteed under Article 3 of the Convention."[511]

De Meyer bekräftigte ferner die Ansicht, nach der die Intensität der körperlichen Einwirkung auf eine ihrer Freiheit entzogene Person geeignetes Abgrenzungskriterium der Folter von der unmenschlichen oder erniedrigenden Behandlung ist.

In dem Mitte der 1990er-Jahre beschiedenen Fall Aksoy/Turkey hat der Gerichtshof Folter als gegeben betrachtet.[512] Dem Beschwerdeführer Aksoy, einem Kurden, wurde von türkischen Sicherheitskräften, die sich im Südosten der Türkei in einem Kampf gegen militante, separatistische Bestrebungen kurdischer Bevölkerungsteile befanden, die Hände hinter dem Körper zusammengebunden. Derart gefesselt wurde er an den Armen mit der Folge hochgezogen, dass sie anschließend gelähmt waren (sog. „Palästinensisches Hängen").

Das Urteil in einem weiteren, den „Kurden-Konflikt" betreffenden Fall, dem Fall Aydin/Turkey, erging im Jahre 1997.[513] Dem Verfahren lag die Menschenrechtsbeschwerde einer 17-jährigen Kurdin zu Grunde. Diese wurde von türkischen Sicherheitskräften u.a. geschlagen, entkleidet, mit Wasser aus Hochdruckdüsen bespritzt und vergewaltigt. Der EGMR bejahte auch hier das Vorliegen von Folter.

---

511 Auch im Fall Ribitsch/Österreich betont der EGMR, „(...) dass jede körperliche Gewaltanwendung gegen eine ihrer Freiheit beraubte Person diese in ihrer Menschenwürde beeinträchtigt und prinzipiell eine Verletzung der in Art. 3 EMRK garantierten Rechte darstellt, wenn die Gewaltanwendung nicht im Hinblick auf das eigene Verhalten des Opfers unbedingt notwendig gewesen ist (EGMR, EuGRZ 1996, S. 504 (512))."

512 EGMR, Aksoy/Turkey, application no. 21987/93, Urt. v. 18.12.1996, HUDOC.

513 EGMR, Aydin/Turkey, application no. 23178/94, Urt. v. 25.09.1997, HUDOC.

Im Verfahren Selmouni/France[514] stellte der Gerichtshof in seinem Urteil aus dem Jahr 1999 fest, dass der Beschwerdeführer, welcher der Mitgliedschaft im organisierten Rauschgifthandel verdächtigt wurde, in französischem Polizeigewahrsam mehrfach geschlagen und an seinen Haaren über den Boden gezogen wurde. Zusätzlich musste er zwischen Polizisten Spießruten laufen und vor einer Polizistin niederknien, wobei ein anderer Beamter sagte: „Du wirst jemanden singen hören". Ein Polizist zeigte ihm seinen Penis mit der Aufforderung daran zu lutschen. Ein anderer Beamter urinierte auf den Beschwerdeführer, als dieser sich weigerte an dem Glied zu lutschen. Schließlich sei der Beschwerdeführer mit einer Lötlampe und einer Spritze bedroht worden. In einer Gesamtbetrachtung der verübten körperlichen und seelischen Gewalt sah der EGMR Folter als gegeben an. Er grenzte sein Urteil klar von dem im Fall Ireland/United Kingdom ergangenen Richterspruch ab. In diesem Zusammenhang wies der Gerichtshof auf sein Verständnis von der Konvention als „lebendes Instrument" (living instrument) hin:

„Weil aber die Konvention ein 'lebendes Instrument ist, das im Licht der heutigen Verhältnisse ausgelegt werden muss', ist der EGMR der Auffassung, dass bestimmte, früher als 'unmenschliche oder erniedrigende Behandlung' und nicht als 'Folter' eingestufte Handlungen zukünftig anders qualifiziert werden könnten. Der Gerichtshof ist in der Tat der Ansicht, dass die zunehmend hohen Anforderungen an den Schutz der Menschenrechte und Grundfreiheiten entsprechend und unvermeidlich eine größere Strenge bei der Bewertung der Verletzungen von Grundwerten der demokratischen Gesellschaft erfordern".[515]

Im Fall Salman/Turkey machte die Beschwerdeführerin geltend, ihr Ehemann, ebenfalls ein Kurde, sei während seiner Haft bei der türkischen Sicherheitspolizei so stark gegen die Brust geschlagen worden, dass sein Brustbein brach. Außerdem habe man ihn der „Falaka" (auch „Bastonade" genannt) unterzogen. Hierbei wird dem Opfer mit einer Rute auf die fixierten nackten Fußsohlen geschlagen. Unter Berücksichtigung der Schwere dieser Misshandlungen wertete der EGMR sie in seinem Urteil aus dem Jahre 2000 als Folter.[516]

Ausweislich vorgenannter Kasuistik tut der Gerichtshof es den Konventionsorganen des IPbpR und der VNAFK gleich und lässt für Folter i.e.S. nur eine Misshandlung ausreichen, die zu großen körperlichen oder seelischen Schmerzen oder Leiden geführt hat, die also von besonders hoher Einwirkungsintensität war. Allerdings betrachtet der EGMR das Intensitätskriterium – anders als es

---

514 EGMR, NJW 2001, S. 56 (60).

515 EGMR, NJW 2001, S. 56 (60).

516 EGMR, NJW 2001, S. 2001f.

hier vertreten wird –[517] als vorrangiges Abgrenzungskriterium der Folter i.e.S. von der unmenschlichen Strafe oder Behandlung. Da eine präzise, allgemeinverbindliche Festlegung, ab wann die Schwelle zu besonders schweren Misshandlungsfolgen erreicht ist, nicht möglich ist, ist die Beurteilung einzelfallabhängig.[518] Insbesondere sind bei der „Relativitätsprüfung", also bei der Bestimmung der Intensität einer Einwirkung, Faktoren wie Geschlecht, Alter und Gesundheitszustand des Betroffenen zu berücksichtigen.[519]

Mittlerweile hält der EGMR mit der Kommission und den damals noch als „Abweichler" einzuordnenden vier Richtern im Fall Ireland/United Kingdom die für eine Bejahung der Folter notwendige Intensität auch in Fällen rein psychischer Misshandlung für möglich.[520] Hierin kommt abermals die „living instrument"-Doktrin zum Ausdruck.

Die Einbeziehung seelischen Leids in die Folterdefinition ist jedoch nicht völlig unproblematisch. Durch sie könnte auch der „gewöhnliche" Strafvollzug dem Folterverdikt unterfallen. Schließlich gehen mit ihm regelmäßig seelische Belastungen einher. Diesem Problem sollte nicht dadurch begegnet werden, die Ausschlussklausel des Art. 1 Abs. 1 S. 2 VNAFK uneingeschränkt für entsprechend anwendbar zu erklären. Vielmehr sollte sie mutatis mutandis angewandt werden. Für Strafen oder Behandlungen, die nach europäischem ordre public als unzulässig erscheinen, insbesondere weil sie unmenschlich sind, gelte somit ein „Ausschluss vom Ausschluss". Sie blieben damit vom Folterverbot umfasst.[521]

---

517 Siehe oben 1. Teil, Zweites Kap., II), 2), a), ab), (1), (c).

518 Beutler, Strafbarkeit der Folter zu Vernehmungszwecken, S. 59.

519 Im bereits genannten Fall Costello-Roberts/United Kingdom machte der Gerichtshof die Eröffnung des Schutzbereichs von Artikel 3 EMRK abermals von der Erreichung einer gewissen Mindestschwere der Misshandlung abhängig. Er wies darauf hin, dass das Erreichen „(...) of this minimum level of severity depends on all the circumstances of the case. Factors such as the nature and context of the punishment, the manner and method of its execution, its duration, its physical and mental effects and, in some instances, the sex, age and state of health of the victim must all be taken into account (EGMR, ÖJZ 1993, S. 707 (708))."

520 So explizit festgestellt in EGMR, Gäfgen/Germany, application no. 22978/05, Urt. Große Kammer v. 01.06.2010, HUDOC, Rn. 108.

521 Allerdings würde wohl auch bei einer uneingeschränkten entsprechenden Anwendung der Einschränkungsklausel des Art. 1 Abs. 1 S. 2 VNAFK nicht zu befürchten stehen, dass damit den EMRK-Vertragsstaaten freigestellt wäre, Körperstrafen o.Ä. vom Folterverbot auszunehmen, so man entgegen der hier vertretenen Meinung (dazu s.u. 2. Teil, Drittes Kap., II), 1), a)) einen derartigen Ausschluss i.R. der VNAFK überhaupt für möglich erachtet. Schließlich ist davon auszugehen, dass in keinem Mitgliedsstaat der EMRK derart gravierende Strafen oder Behandlungen vorgesehen sind (Löwe/Rosenberg, Bd. 8, Art. 3 EMRK/Art. 7 IPbpR, Rn. 20). Weiterhin wäre das unein-

Schmerzen und Leiden die im Zusammenhang mit anderen nach den Gesetzen der Vertragsstaaten zulässigen Sanktionen stehen, werden hingegen vom Folterbegriff ausgenommen.

Wie sich im Fall Ireland/United Kingdom gezeigt hat, kann in einer Kombination der verübten körperlichen und/oder seelischen Gewalt Folter liegen, auch wenn die einzelnen Beeinträchtigungen für sich gesehen nicht die notwendige Intensität aufweisen, was anhand einer Gesamtbetrachtung zu ermitteln ist. Diese Erkenntnis ist besonders für das Sonderproblem der „Isolationsfolter" fruchtbar zu machen.[522] Die Haft in relativer Isolation, die aus wichtigen sachlichen Gründen angeordnet wird, stellte nach Meinung der Europäischen Menschenrechtskommission für sich gesehen noch keine Folter dar.[523] Im Einzelfall zu berücksichtigen sind Umstände, Ausgestaltung, Ausmaß und Dauer der Isolation.[524] Die persönlichkeitszerstörende, langfristige völlige Isolation ist jedoch immer konventionswidrig.[525]

Die Feststellung des EGMR im Fall Tomasi/Frankreich, die einer Verhörsituation gegebenenfalls entspringende Notwendigkeit harscher Verhörmethoden im Kampf gegen den Terrorismus könne ein Verhalten nicht etwa als weniger intensiv erscheinen lassen, als dies ohne Vorliegen besagten Kontextes der Fall wäre, steht wohl im Einklang mit dem Verständnis des AFA.[526] Schließlich hat

---

geschränkt formulierte Verbot des Art. 3 EMRK eine „weitergehende Verbürgung" i.S. von Art. 1 Abs. 2 VNAFK und damit vorrangig (Löwe/Rosenberg, a.a.O.).

522 Zum Problem der Isolationshaft siehe auch schon oben 1. Teil, Zweites Kap., II), 2), a), ab), (1), (c). Zur Rechtsprechungsentwicklung hinsichtlich der Einzelhaft und den für eine Einordnung eines Sachverhalts unter Art. 3 EMRK zu berücksichtigenden Indikatoren nach dem Verständnis des EGMR, vgl. Irmscher, EuGRZ 2007, S. 135ff. In der von Irmscher besprochenen „Carlos"-Entscheidung (EGMR, EuGRZ 2007, S. 141ff.) bestätigte der Gerichtshof seine restriktive Tendenz bei der Bejahung eines Verstoßes gegen Art. 3 EMRK i.F. langandauernder Einzelhaft.

523 Europäische Menschenrechtskommission, EuGRZ 1978 S. 314 (322); vgl. auchBVerfGE 49, S. 24 (64).

524 Löwe/Rosenberg, Bd. 8, Art. 3 EMRK/Art. 7 IPbpR, Rn. 29.

525 Löwe/Rosenberg, Bd. 8, Art. 3 EMRK/Art. 7 IPbpR, Rn. 29.

526 Ob der EGMR diese Rechtsauffassung in ihrer absoluten Konsequenz auch in einem sich eventuell verschärfenden, asymmetrischen europaweiten Konflikt mit islamistischen Terroristen aufrecht erhalten würde, ist zumindest ungewiss. So zweifelt bspw. Huber an, ob der Gerichtshof i.F. einer Abschiebung von Terroristen nach dem „11. September" die strikte Rechtsauffassung beibehält, dass bei stichhaltigen Gründen für die Annahme einer Folterung im Zielstaat ein absolutes Ausweisungsverbot gilt. Er hält es für möglich, dass einer Zusage des Zielstaates, die betreffende Person nicht zu misshandeln, i.R.der „Stichhaltigkeitsprüfung" zukünftig höheres Gewicht beigemessen wird, als es in der Vergangenheit der Fall war (Huber, NVwZ 2002, S. 787 (791)).

der AFA gewisse Praktiken Israels und der Türkei, die ebenfalls im Zusammenhang mit dem Kampf gegen Terrorismus standen, nicht als minder schwer im Sinne der „Relativitätsprüfung" gewertet, sondern der Folter zugezählt.[527]

Abschließend sei der Hinweis gegeben, dass die vom EGMR im Fall Selmouni/France angemahnte geltungszeitliche Interpretation des Art. 3 EMRK keine „Einbahnstraße" in Richtung einer immer weiteren Abkehr vom klassischen Folterbegriff hin zu einem immer extensiveren Begriffsverständnis ist.[528] Es wäre sogar denkbar, heute noch als Folter eingestufte Handlungen zukünftig anders zu qualifizieren, z.B. als grausame, unmenschliche oder erniedrigende Behandlung.

(ab) Weitere Merkmale des Folterbegriffs der EMRK

Für das objektive Merkmal Nähe des Täters zur staatlichen Gewalt hat der EGMR einen besonders weitgehenden Zurechnungsbegriff entwickelt, der über das durch die VNAFK definierte bzw. den AFA akzeptierte Maß geht.[529]Zudem wird das im Rahmen des IPbpR herausgearbeitete objektive Merkmal „qualifiziertes Tatobjekt" vom EGMR leider nicht gefordert, obwohl es den Sinn und Zweck des Folterverbots i.e.S. besonders unterstreicht und demnach auch für Art. 3 EMRK verbindlich sein sollte.[530]

In Anlehnung an Art. 1 Abs. 1 VNAFK verlangt der EGMR die Vorsätzlichkeit von Misshandlungen, um sie als Folter i.e.S. werten zu können.[531]

Ebenfalls orientiert an Art. 1 Abs. 1 VNAFK verlangt der Gerichtshof, dass dem Opfer die Misshandlungen zweckbezogen zugefügt wurden, „(...) insbesondere mit dem Ziel, ein Geständnis über die ihm vorgeworfenen Tatsachen zu erhalten."[532]

---

527 UN Doc. A/48/44/Add.1, § 52; A/52/44, § 257; CAT/C/SR.297/Add.1.

528 Eine derartige Entwicklung brächte zudem die Gefahr der Unbestimmtheit und „Erosion" des besonderen Stigmas des Folterbegriffs mit sich, was schließlich zu einer Schwächung der intendierten Folterächtung führen würde.

529 Marx, KJ 2004, S. 278 (283f.); Villiger, in Thürer, EMRK, S. 65. Besonders wegweisend ist die in diesem Kontext bereits genannte Entscheidung im Fall Costello-Roberts/United Kingdom, in welcher der Gerichtshof Art. 3 EMRK eine „Dritt- bzw. horizontale Wirkung" zuspricht. Auf das Problem der „Dritt- bzw. horizontalen Wirkung" wird im Folgenden noch einmal zurückgekommen (s.u. 1. Teil, Zweites Kap., II), 2), b), aa), (1), (b)).

530 Zu den weiteren, auch für die EMRK geltenden Vorzügen dieses objektive Kriterium als integralen Bestandteil der Folterdefinition zu verstehen, s.o. 1. Teil, Zweites Kap., II), 2), a), ab), (1), (a), (ac).

531 EGMR, NJW 2001, S. 56 (60).

532 EGMR, NJW 2001, S. 56 (60).

(ac) Exkurs zur Problematik der Androhung von Folter

Vor einem Sonderproblem steht die strittige Frage, ob bereits in der bloßen Androhung von Gewalt Folter zu sehen ist. Insbesondere gilt es zu klären, ob die Androhung von Gewalt im Rahmen einer polizeilichen Vernehmung den für die Annahme der Folter notwendigen Intensitätsgrad erreicht.[533]

Wenig Aufschluss hierüber gibt der Wortlaut des Art. 1 Abs. 1 VNAFK, der die Drohung mit Folter nicht explizit einbezieht. Ebenso verhält es sich mit Art. 3 EMRK. Im deutschen Recht ist es hingegen im Rahmen einer Vernehmung gem. § 136 lit. a Abs. 1 S. 3 StPO verboten, mit einer Maßnahme zu drohen, welche die Freiheit der Willensentschließung und/oder der Willensbetätigung des Beschuldigten beeinträchtigt.[534] Auch im Rahmen der Gefahrenabwehr ist unmittelbarer Zwang zur Abgabe einer Erklärung laut den meisten deutschen Landespolizeigesetzen explizit verboten.[535]

Wie im Zusammenhang mit dem Fall Ireland/United Kingdom und auch im „Greek Case“ gezeigt, hat die Europäische Kommission für Menschenrechte

---

533 In Deutschland hat der in diesem Kontext beispielhafte „Metzler-Fall“, aus dem dann der „Daschner-Fall“ wurde, für große öffentliche Aufmerksamkeit gesorgt. Herr Gäfgen, ein Bekannter der Schwester des damals elfjährigen Bankierssohns Jakob Metzler, hatte diesen im September 2002 unter einem Vorwand in seine Wohnung gelockt und erstickt. Nun verlangte er Lösegeld für das angeblich noch lebende Kind, dessen Leiche er bereits unter dem Steg eines Weihers versteckt hatte. Von der Lösegeldübergabe an wurde er beschattet, dann festgenommen. Die Polizei ging davon aus, das Kind sei noch am Leben. Herr Daschner, der damalige Vizepräsident der Frankfurter Polizei, wies einen Herrn Gäfgen verhörenden Polizeibeamten an, mit der Zufügung erheblicher Schmerzen zu drohen, sollte Gäfgen den Aufenthaltsort des Kindes nicht preisgeben. Man befürchtete, den Tod des Jungen durch Erfrieren nur durch diese Drohung verhindern zu können, da Herr Gäfgen sich i.R. des vorangegangenen Verhörs über den Aufenthaltsort des Jungen beharrlich ausschwieg. Auf die Drohung hin gab er den Ort schließlich preis. Gegen die zwei Beamten wurde ein Verfahren vor dem LG Frankfurt geführt, welches sie einer Nötigung im Amt bzw. Verleitung eines Untergebenen zur Nötigung im Amt für schuldig befand. Das Gericht beließ es aber bei einer Verwarnung mit dem Vorbehalt der Verurteilung zu Geldstrafen i.S.v. § 59 StGB (LG Frankfurt a.M., NJW 2005, S. 692ff.). U.a. mit dem Vorwurf eines Verstoßes gegen das Folterverbot i.e.S. gem. Art. 3 EMRK erhob Herr Gäfgen im Sommer 2005 Menschenrechtsbeschwerde vor dem EMRK. Im Sommer 2008 erging ein Kammerurteil des Gerichtshofs (EGMR, Gäfgen/Germany, application no. 22978/05, Kammer-Urt. v. 30.06.2008, HUDOC). Auf Antrag Herrn Gäfgens wurde der Fall an die Große Kammer des EGMR verwiesen, deren Urteil im Sommer 2010 erging (EGMR, Gäfgen/Germany, application no. 22978/05, Urt. Große Kammer v. 01.06.2010, HUDOC).

534 Vgl. insofern auch LG Frankfurt a.M., NJW 2005, S. 692 (693).

535 Siehe bspw. Art. 55 Abs. 2 PolG NRW, § 41 BremPolG Abs. 5 S. 2, § 69 Abs. 7 Nds. SOG.

bereits die Möglichkeit seelischer Folterungen anerkannt. Zudem haben vier Richter in ihren „Separate Opinions“ zum Urteil des EGMR im Fall Ireland/United Kingdom klargestellt, dass sie in den „fünf Techniken“ Folter in Form psychischer Gewaltanwendung sahen, womit sie die Möglichkeit seelischer Folter im Allgemeinen anerkannt haben. Andererseits entschied die Kommission Anfang der 1970er-Jahre, ein Hinweis, der von holländischen Polizeibeamten an einen Mordverdächtigen gegeben wurde, es sei nun an der Zeit zu gestehen, er werde das Polizeigebäude nicht verlassen, bis er alles gesagt habe, stelle keine Verletzung des Art. 3 EMRK dar.[536] Der EGMR hat 1982 entschieden, auch die bloße Drohung mit einem durch Art. 3 EMRK verbotenen Verhalten könne in Form einer unmenschlichen Behandlung unter die Vorschrift fallen.[537] Allerdings müsse die Drohung glaubhaft vorgetragen worden sein. Außerdem müsse die in Aussicht gestellte Misshandlung unmittelbar sein. Im besagten Verfahren, das eine mögliche Prügelstrafe gegen Kinder an schottischen Schulen zum Gegenstand hatte, konnte der Gerichtshof allerdings keine Verletzung von Art. 3 EMRK feststellen.

Vor dem Hintergrund dieser Judikatur und unter Berücksichtigung des EGMR-Verständnisses der EMRK als „lebendem Instrument“, das den zunehmend hohen Anforderungen an den Schutz der Menschenrechte und Grundfreiheiten entsprechen soll, ist bereits zu schlussfolgern, dass in der Androhung der Folter unter den vom EGMR 1982 genannten Kriterien zumindest eine Verletzung des Art. 3 EMRK in Form einer unmenschlichen Behandlung gesehen werden kann.

Diese Annahme bestätigt sich, führt man sich die Entscheidungen des Gerichtshofs zum Fall Gäfgen/Germany vor Augen. Sowohl in der Kammerentscheidung[538] als auch im Urteil der Großen Kammer wurde festgestellt,[539] in der An-

---

536 Siehe Europäische Kommission, Kamma/Niederlande, Yearbook 15, S. 414, 434; Kinzig, ZStW 2003, S. 791 (800); Frowein/Peukert, EMRK, Art. 3, Rn. 17.

537 EGMR, EuGRZ 1982, 153ff.

538 EGMR, Gäfgen/Germany, application no. 22978/05, Kammer-Urt. v. 30.06.2008, HUDOC, Rn. 69f.: „As to the qualification of the treatment the applicant was subjected to, the Court, having regard to all the circumstances of the applicant’s interrogation by E., observes that he was subjected to sufficiently real and immediate threats of deliberate ill-treatment. (...) the Court finds that the treatment the applicant was threatened with would, if carried out, amount to torture. (...) Furthermore, the threats of ill-treatment were not put into practice and have not been shown to have had any serious long-term consequences for the applicant’s health. In the light of the above, the Court considers that in the course of the questioning by E. on 1 October 2002 the applicant was subjected to inhuman treatment prohibited by Article 3 of the Convention.“

539 EGMR, Gäfgen/Germany, application no. 22978/05, Urt. Große Kammer v. 01.06.2010, HUDOC, Rn. 108: „Having regard to the relevant factors for characterising the treatment to which the applicant was subjected, the Court is satisfied that the real and immediate threats against the applicant for the purpose of extracting infor-

drohung von körperlicher Gewalt gegenüber Herrn Gäfgen läge ein Fall der von Art. 3 EMRK verbotenen unmenschlichen Behandlung vor. Der Gerichtshof wies explizit daraufhin, dass die Drohung mit physischer Folter psychische Folter darstellen könne, womit nunmehr auch er die Möglichkeit seelischer Folter grundsätzlich anerkannt hat.

Die allgemeine Eignung einer Folterandrohung, seelischen Schmerz zu verursachen, dürfte unstreitig sein. Somit erscheint es zumindest im Einzelfall – nach einer Gesamtbewertung der Geschehnisse – denkbar, bei Folterandrohungen die für eine Annahme der Folter notwendige Intensität der Schmerzzufügung zu unterstellen,[540] z.B. wenn die Drohung im archetypischen Folterkeller ausgesprochen wird, oder wenn einer Person bei erzwungener Anwesenheit bei der Folterung Dritter gedroht wird, auch sie zu foltern. Selbst wenn man einer Folterdrohung die nötige Intensität absprechen will, so könnte man, der EGMR-Entscheidung von 1982 folgend, in der Androhung von Gewalt jedenfalls eine unmenschliche oder erniedrigende Behandlung sehen.[541]

Eine klare Absage ist allerdings an eine in der Literatur vertretene Meinung zu erteilen, die eine bloße Androhung von Folter eo ipso mit Folter gleichsetzt.[542] Sowohl die Auswirkungen auf das Opfer (Erfolgsunwert) als auch das mit der Ausführung verbundene Unwerturteil (Handlungsunwert), ist im Falle der tatsächlichen Folterung gravierender als bei deren bloßer Androhung. Die dieser Wertung zugrundeliegenden Überlegungen drücken sich ebenfalls im völkerrechtlichen Verhältnismäßigkeitsprinzip und in der strafrechtlichen Unterscheidung zwischen Vorbereitungsstadium, Versuch und Vollendung aus.[543] Der an-

---

mation from him attained the minimum level of severity to bring the impugned conduct within the scope of Article 3. (...) a threat of torture can amount to torture, as the nature of torture covers both physical pain and mental suffering. In particular, the fear of physical torture may itself constitute mental torture. However, there appears to be broad agreement, and the Court likewise considers, that the classification of whether a given threat of physical torture amounted to psychological torture or to inhuman or degrading treatment depends upon all the circumstances of a given case, including, notably, the severity of the pressure exerted and the intensity of the mental suffering caused. Contrasting the applicant's case to those in which torture has been found to be established in its case-law, the Court considers that the method of interrogation to which he was subjected in the circumstances of this case was sufficiently serious to amount to inhuman treatment prohibited by Article 3, but that it did not reach the level of cruelty required to attain the threshold of torture."

540 Vgl. Hilgendorf, JZ 2004, S. 331 (334); Kinzig, ZStW 2003, S. 791 (801); Kretschmer, RuP 2003, S. 102 (106f.); Marx, KJ 2004, S. 278 (286); Saliger, ZStW 2004; S. 35 (41f.).

541 Siehe Eisele, JA 2005, S. 901 (903); Kinzig, ZStW 2003, S. 791 (799).

542 So Jeßberger, Jura 2003, S. 711 (714); Kinzig, ZStW 2003, S. 791 (801).

543 Vgl. Schmahl/Steiger, AVR 2005, S. 358 (367).

hand einer Gesamtbetrachtung des Einzelfalls zu ermittelnden Intensität einer Folterandrohung kann man nur durch Anwendung des ganzen Spektrums gerecht werden, das zwischen den einzelnen Verletzungsvarianten, beispielsweise des Art. 3 EMRK, liegt. Pauschalurteile versagen sich insofern.

(a) Unmenschliche oder erniedrigende Strafe oder Behandlung

Wie der IPbpR verbietet Art. 3 EMRK neben der Folter die unmenschliche oder erniedrigende Behandlung oder Strafe.[544]

In der Auslassung des Merkmals „grausam“ im Text des Art. 3 EMRK liegt keine Einschränkung gegenüber Art. 7 IPbpR.[545] Schließlich bezeichnet der VNM-RA eine Handlung regelmäßig gleichsam als grausam und unmenschlich, was sich dadurch erklärt, dass er im Ergebnis von einer Identität der Wortbedeutungen beider Begriffe ausgeht. Demnach können unter das Merkmal unmenschlich im Sinne von Art. 3 EMRK alle Misshandlungsformen subsumiert werden, die im Rahmen des IPbpR als grausam und/oder als unmenschlich bezeichnet würden.

Unter einer Behandlung im Sinne des Art. 3 EMRK versteht man jedes Tun oder Unterlassen, das sich auf das Opfer bezieht.[546] Anders als bei der Folter ist eine vorsätzliche Vorgehensweise mit bestimmter Zweckrichtung bzw. einer diskriminierenden Ursache nicht erforderlich.[547] Laut EGMR setzt die unmenschliche Strafe oder Behandlung keine der Folter vergleichbare Eingriffsintensität voraus.[548] Allerdings erstreckt sich der Begriff der Behandlung nicht auf eine menschenunwürdige Situation, die sich lediglich als Folge der allgemeinen Lebensbedingungen darstellt.[549]

---

544 Auch hier ist auf die einschlägige Judikatur des EGMR und die Empfehlungen der Europäischen Kommission für Menschenrechte abzustellen, denn gleich der Folter i.e.S. enthält die Konvention keine Definition der folternahen Misshandlungsformen.

545 Löwe/Rosenberg, Bd. 8, Art. 3 EMRK/Art. 7 IPbpR, Rn. 21.

546 Löwe/Rosenberg, Bd. 8, Art. 3 EMRK/Art. 7 IPbpR, Rn.13; Villiger, in Thürer, EMRK, S. 62.

547 Löwe/Rosenberg, Bd. 8, Art. 3 EMRK/Art. 7 IPbpR, Rn.13; Marx, KJ 2004, S. 278 (286).

548 Dies ergibt sich daraus, dass der EGMR die Folter von den beiden anderen Verletzungsvarianten des Art. 3 EMRK über den Intensitätsgrad unterscheidet. Demnach ist auch schon für die unmenschliche Strafe oder Behandlung eine eindeutig geringere Eingriffsintensität als für die Folter i.e.S. vorauszusetzen (EGMR, EuGRZ 1979, S. 149ff.; EGMR, Aksoy/Turkey, application no. 21987/93, Urt. v. 18.12.1996, HUDOC, Rn. 63.).

549 Löwe/Rosenberg, Bd. 8, Art. 3 EMRK/Art. 7 IPbpR, Rn.15.

Die Strafe ist ein Spezialfall der Behandlung.[550] Sie umfasst neben der echten Kriminalstrafe jede andere Maßnahme, solange diese nur einen Straf- bzw. Zwangscharakter aufweist.[551] Die Grenzen zwischen der Strafe und der Behandlung im Sinne von Art. 3 EMRK sind insbesondere bei Maßnahmen fließend, die neben dem Straf- bzw. Zwangscharakter eine präventive Komponente aufweisen.[552] Wegen der Gleichbehandlung beider Alternativen ist dies jedoch ohne praktische Bedeutung.

Der EGMR hat für das in Art. 3 EMRK enthaltene Folterverbot i.w.S. eine „horizontale Wirkung" angenommen.[553] Dem könnte mit dem Argument gefolgt werden, dem in der Präambel der EMRK festgeschriebenen Ziel des größtmöglichen Menschenrechtsschutzes könne (nur) auf diese Art maximale Geltung verschafft werden. Für die Bejahung einer derartigen Wirkung angesichts der folternahen Praktiken spricht zumindest, dass nur die Folter i.e.S. spezifisch stigmatisierend ist bzw. sein soll. Hinsichtlich der Folter i.e.S. ließe sich für eine „horizontale Wirkung" anführen, dass die EMRK, in Ermangelung einer ausdrücklichen Pönalisierungspflicht, weit weniger in die staatliche Souveränität eingreift, als es die VNAFK tut.

Folgt man aber dem EGMR, der aufgrund von ihm unterstellter, weitreichender Gewährleistungs- bzw. Schutzpflichten ein hohes Maß strafrechtlichen Schutzes vor allen durch Art. 3 EMRK verbotenen Verhaltensweisen einfordert,[554] so ist ein „Hoheitsbezug" für das EMRK-Folterverbot i.w.S. zu verlangen. Dies ist insbesondere deshalb notwendig, weil der EGMR den Vertragsstaaten aufgrund seiner exponierten Stellung mit Anspruch auf Verbindlichkeit strafrechtliche Vorgaben machen kann,[555] was beispielsweise dem VNMRA nicht möglich ist.[556]

---

550 Löwe/Rosenberg, Bd. 8, Art. 3 EMRK/Art. 7 IPbpR, Rn.16.

551 Villiger, in Thürer, EMRK, S. 62.

552 Löwe/Rosenberg, Bd. 8, Art. 3 EMRK/Art. 7 IPbpR, Rn.16.

553 EGMR, M.C./Bulgaria, application no. 39272/98, Urt. v. 04.12.2003, HUDOC, Rn. 149; Löwe/Rosenberg, Bd. 8, Art. 3 EMRK/Art. 7 IPbpR, Rn. 12.

554 S.u. 1. Teil, Zweites Kap., II), 2), b). aa), (1), (e) und (f).

555 Zur Durchsetzungsmacht des EGMR bzw. Bindungswirkung seiner Urteile über die verfahrensbeteiligten Parteien hinaus s.u. 1. Teil, Zweites Kap., II), 2), b). aa), (1), (g).

556 Sollte man hingegen die Einforderung strafrechtlicher Maßnahmen lediglich als Appell des Gerichtshofs verstehen, oder dem EGMR insofern die Kompetenz zu bindenden Vorgaben absprechen, so müssten jedenfalls die folternahen Misshandlungen keine Staatsnähe analog Art. 16 Abs. 1 S. 1 VNAFK aufweisen. Dann wäre i.R. von Art. 3 EMRK auch jede „private" Misshandlung/Erniedrigung verboten.

(aa) Unmenschliche Strafe oder Behandlung

Eine Strafe oder Behandlung ist unmenschlich, wenn sie mit den allgemeinen Geboten der Menschlichkeit unvereinbare, schwere physische oder psychische Leiden verursacht.[557] Ob dabei beim Betroffenen Gefühle der Furcht und Erniedrigung hervorgerufen wurden, oder ob das hoheitliche Tun oder Unterlassen mit der Absicht verbunden war, das Opfer herabzuwürdigen bzw. zu erniedrigen, ist in einer Gesamtwertung zu beurteilen.[558] Allerdings ist eine Herabwürdigungsabsicht für die Annahme einer unmenschlichen Behandlung oder Strafe im Sinne des Art. 3 EMRK nicht notwendig.[559] Letztlich hängt es von den Umständen des Einzelfalls ab, ob ein Tun oder Unterlassen das – um es erneut zu betonen – auch zur Bejahung der Unmenschlichkeit erforderliche Mindestmaß an Eingriffsschwere erreicht.[560] Auch hier kommt es u.a. auf die Dauer, die körperlichen und seelischen Folgen und in Einzelfällen das Geschlecht, das Alter und den Gesundheitszustand des Opfers an.[561] Ferner ist für die Beurteilung, neben den Verhältnissen und Anschauungen des jeweiligen Vertragsstaates, der durch die gemeinsamen Anschauungen der europäischen Staaten begründete ordre public maßgeblich.[562]

Im Zusammenhang mit aggressiven Verhörmethoden ist im Bereich der unmenschlichen Behandlung die schon zitierte Entscheidung des EGMR im Fall Ireland/United Kingdom zu nennen.[563] Dort wertete der EGMR die sogenannten „fünf Techniken“ als unmenschliche Behandlung.[564] Allerdings lässt sein Tenor im Fall Selmouni/France darauf schließen, dass diese Bewertung wohl überkommen ist und eine derartige Misshandlung mittlerweile als Folter eingestuft werden kann.[565] Besonders harte Haftbedingungen können im Einzelfall eine unmenschliche Behandlung darstellen.[566] Die zur Herstellung der Ordnung

557 EGMR, EuGRZ 1989, S. 314ff.

558 Grabenwarter, EMRK, § 20, Rn. 19.

559 EGMR, NVwZ 2005, S. 303ff.; Löwe/Rosenberg, Bd. 8, Art. 3 EMRK/Art. 7 IPbpR, Rn. 22.

560 Frowein/Peukert, EMRK, Art. 3, Rn. 3; Löwe/Rosenberg, Bd. 8, Art. 3 EMRK/Art. 7 IPbpR, Rn.22.

561 EGMR, EuGRZ 1979, S. 149 (153); Frowein/Peukert, EMRK, Art. 3, Rn. 14. Da diese Kriterien ebenfalls für die Bemessung des Schweregrades einer Misshandlung maßgeblich sind, haben sie auch Auswirkungen auf die Differenzierung innerhalb der Verletzungsvarianten des Art. 3 EMRK.

562 EGMR, EuGRZ 1989, S. 314ff.

563 EGMR, EuGRZ 1979, S. 149ff.

564 S.o. 1. Teil, Zweites Kap., II), 2), b), aa), (1), (a), (aa).

565 EGMR, NJW 2001, S. 56 (60).

566 Löwe/Rosenberg, Bd. 8, Art. 3 EMRK/Art. 7 IPbpR, Rn.24.

notwendige Gewaltanwendung gegen Widerstand leistende Gefangene ist allerdings regelmäßig nicht als Verstoß gegen Art. 3 EMRK zu werten.[567]

(ab) Erniedrigende Strafe oder Behandlung

Die erniedrigende Strafe oder Behandlung, die allgemein in der Folter und der unmenschlichen Behandlung oder Strafe mitenthalten ist,[568] ist die leichteste Form der Verletzung des Art. 3 EMRK.[569] Im Gegensatz zu Folter und unmenschlicher Strafe oder Behandlung steht bei einer erniedrigenden Strafe oder Behandlung nicht die Beibringung intensiver körperlicher und/oder seelischer Leiden im Vordergrund, sondern die Demütigung des Opfers.[570] Es ist jedoch zu beachten, dass nur eine objektiv gewichtige Negierung der Menschenwürde des Betroffenen geeignet ist, die für die Annahme einer Erniedrigung im Sinne des Art. 3 EGMR erforderliche Erheblichkeit zu erreichen.[571] Ob eine erhebliche Beeinträchtigung der Menschenwürde des Opfers vorliegt, richtet sich nach sämtlichen Umständen des Einzelfalls.[572] Die Europäische Menschenrechtskommission hat die Ausübung eines gewissen Drucks durch die Andeutungen, eine verhörte Person könne das Polizeipräsidium nicht verlassen, ohne vorher vollständig Auskunft über einen gewissen Sachverhalt erteilt zu haben, nicht als schwerwiegend genug zur Erreichung der Eingriffsschwelle des Art. 3 EMRK gewertet.[573]

(c) Verhältnis der einzelnen Verletzungsvarianten des Art. 3 EMRK

Die Übergänge zwischen den einzelnen Möglichkeiten eines Verstoßes gegen Art. 3 EMRK sind graduell und fließend.[574] Grundsätzlich beinhaltet die Folter stets eine unmenschliche Behandlung, diese ist wiederum in aller Regel auch erniedrigend.[575] Eine Abgrenzung zwischen den einzelnen Handlungsalternativen der Norm wird typischerweise mittels zweier Schwellen vorgenommen.[576]

567 Frowein/Peukert, EMRK, Art. 3, Rn. 14.

568 Löwe/Rosenberg, Bd. 8, Art. 3 EMRK/Art. 7 IPbpR, Rn. 28.

569 Grabenwarter, EMRK, § 20, Rn. 20.

570 Grabenwarter, EMRK, § 20, Rn. 20. Insofern besteht vollkommene Kongruenz zwischen den Ausführungen von VNMRA und AFA.

571 Löwe/Rosenberg, Bd. 8, Art. 3 EMRK/Art. 7 IPbpR, Rn. 28. Dass Gollwitzer hier eine objektive Gewichtung voraussetzt, ist sinnvoll und steht im Einklang mit den oben skizzierten Überlegungen (s.o. 1. Teil, Zweites Kap., II), 2), a), ab), (1), (b)).

572 EGMR, EuGRZ 1982, 153ff.; EGMR, EuGRZ 1989, S. 314ff.

573 Siehe Nachweis bei Frowein/Peukert, EMRK, Art. 3, Rn. 17, Fn. 63.

574 Löwe/Rosenberg, Bd. 8, Art. 3 EMRK/Art. 7 IPbpR, Rn. 17.

575 Löwe/Rosenberg, Bd. 8, Art. 3 EMRK/Art. 7 IPbpR, Rn. 17.

576 Villinger (in Thürer, EMRK), Rspr. EGMR zu Art. 3 EMRK, S. 61 (62).

Die erste Schwelle trennt Maßnahmen der öffentlichen Gewalt, die Art. 3 EMRK nicht verletzen, von jenen, welche eine unmenschliche oder erniedrigende Strafe oder Behandlung darstellen. Diese werden durch eine zweite Schwelle von der Folter getrennt. Die Schwere des Unrechtsvorwurfs nimmt entsprechend der Abstufung von Folter bis zur erniedrigenden Behandlung und Bestrafung ab.[577] Die Schwelle zur unmenschlichen oder erniedrigenden Behandlung oder Strafe wird hoch angesetzt. Somit ist ein nicht unerheblicher Intensitätsgrad der Beeinträchtigung zur Überschreitung der Eingriffsschwelle des Art. 3 EMRK zwingend vorauszusetzen.[578]

(d) Absolutheit und Derogationsverbot

Der EGMR versteht das gesamte Verbot des Art. 3 EMRK als Fundamentalwert demokratischer Gesellschaften von absoluter Wirkungsmacht:[579]

„Within the Convention system it has long been recognised that the right under Article 3 not to be subjected to torture or to inhuman or degrading treatment or punishment enshrines one of the fundamental values of democratic society. It is an absolute right, permitting of no exception in any circumstances (...).“

Der absolute Charakter wird dadurch begründet, dass die Konvention für Art. 3 EMRK keine Beschränkungen oder Ausnahmen beinhalte.[580] Darüber hinaus sehe sie keine Rechtfertigungsgründe für Verstöße vor.[581] Dieses Verständnis unterstreicht der EGMR in seinen Urteilen regelmäßig, wenn er explizit darauf hinweist, das Verbot des Art. 3 EMRK gelte auch unter schwierigsten Umständen, wie dem Kampf gegen Terrorismus:[582]

„Even in the most difficult of circumstances, such as the fight against terrorism or crime, the Convention prohibits in absolute terms torture or inhuman or degrading treatment or punishment.“

---

577 Löwe/Rosenberg, Bd. 8, Art. 3 EMRK/Art. 7 IPbpR, Rn. 17.

578 Siehe Klugmann, EMRK, S. 86; Löwe/Rosenberg, Bd. 8, Art. 3 EMRK/Art. 7 IPbpR, Rn. 17; Villinger (in Thürer, EMRK), Rspr. EGMR zu Art. 3 EMRK, S. 61 (63).

579 EGMR, Al-Adsani/UK, application no. 35763/97, Urt. v. 21.11.2001, HUDOC, Rn. 59.

580 Siehe Beutler, Strafbarkeit der Folter zu Vernehmungszwecken, S. 137; Raess, Schutz vor Folter im Völkerrecht, S. 62; Seidel, Handbuch Grund- und Menschenrechte, S. 11.

581 Ackermann (in Donatsch et al.: Festschrift Trechsel), Disziplinarstrafen in Züricher Gefängnissen und EMRK 3, S. 835 (844), m.w.N. in Fn. 54.

582 EGMR, Aksoy/Turkey, application no. 21987/93, Urt. v. 18.12.1996, HUDOC, Rn. 62; EGMR, Sevtap Veznedaroglu/Turkey, application no. 32357/96, Urt. v. 11.04.2000, HUDOC, Rn. 28.

Im Gegensatz zu den meisten anderen Artikeln der Konvention, von denen gem. Art. 15 Abs. 1 EMRK im Falle der Bedrohung des Lebens der Nation durch Krieg oder einen anderen öffentlichen Notstand abgewichen werden kann, wird das Folterverbot gleich dem des IPbpR und der VNAFK notstandsfest garantiert (vgl. Art. 15 Abs. 2 EMRK), wobei die Notstandsfestigkeit analog zur AFD und zum IPbpR, anders jedoch als in der VNAFK, auch die Folter i.w.S. betrifft:[583]

„Unlike most of the substantive clauses of the Convention and of Protocols Nos. 1 and 4, Article 3 makes no provision for exceptions and no derogation from it is permissible under Article 15 even in the event of a public emergency threatening the life of the nation (...).“

Schließlich hat der EGMR in jüngster Zeit im Urteil der Großen Kammer im Fall Gäfgen/Germany abermals und umfassend sein Verständnis der Verbürgungen des Art. 3 EMRK zum Ausdruck gebracht:[584]

„However, it is necessary to underline that, having regard to the provision of Article 3 and to its long-established case-law (…), the prohibition on ill-treatment of a person applies irrespective of the conduct of the victim or the motivation of the authorities. Torture, inhuman or degrading treatment cannot be inflicted even in circumstances where the life of an individual is at risk. No derogation is allowed even in the event of a public emergency threatening the life of the nation. Article 3, which has been framed in unambiguous terms, recognises that every human being has an absolute, inalienable right not to be subjected to torture or to inhuman or degrading treatment under any circumstances, even the most difficult. The philosophical basis underpinning the absolute nature of the right under Article 3 does not allow for any exceptions or justifying factors or balancing of interests, irrespective of the conduct of the person concerned and the nature of the offence at issue."[585]

(e) Pönalisierungspflicht

Über die sich im Rahmen der EMRK zu den Unterlassungspflichten gesellenden Gewährleistungs- bzw. positiven Schutzpflichten[586] sind die Vertragsstaaten laut EGMR verpflichtet, einen genügenden strafrechtlichen Schutz vor den durch Art. 3 EMRK verbotenen Verhaltensweisen zu gewährleisten. Diese bedinge

583 EGMR, Aksoy/Turkey, application no. 21987/93, Urt. v. 18.12.1996, HUDOC, Rn. 62; EGMR, Sevtap Veznedaroglu/Turkey, application no. 32357/96, Urt. v. 11.04.2000, HUDOC, Rn. 28.

584 EGMR, Gäfgen/Germany, application no. 22978/05, Urt. Große Kammer v. 01.06.2010, HUDOC, Rn. 107.

585 Ob dennoch Möglichkeiten einer Relativierung des Verbots bestehen, wird weiter unten untersucht (s.u. 2. Teil, Drittes Kap., II)).

586 Dazu mehr im unmittelbar anschließenden Gliederungspunkt.

eine ausreichende Strafbewährung, ein unverzügliches Einschreiten bei Bekanntwerden von Verstößen, unverzügliche, umfassende und wirksame Untersuchungen eventueller Verstöße von Amts wegen und die strafrechtliche Ahndung von Misshandlungen.[587] In diesem Kontext führt der EGMR im Fall Labita/Italy wie folgt aus:[588]

„The Court considers that where an individual makes a credible assertion that he has suffered treatment infringing Article 3 at the hands of the police or other similar agents of the State, that provision, read in conjunction with the State's general duty under Article 1 of the Convention to "secure to everyone within their jurisdiction the rights and freedoms defined in ... [the] Convention", requires by implication that there should be an effective official investigation. As with an investigation under Article 2, such investigation should be capable of leading to the identification and punishment of those responsible (...). Otherwise, the general legal prohibition of torture and inhuman and degrading treatment and punishment would, despite its fundamental importance (...), be ineffective in practice and it would be possible in some cases for agents of the State to abuse the rights of those within their control with virtual impunity (...)."

Bei Vorwürfen, eine im Gewahrsam staatlicher Organe befindliche Person, sei in einer im Sinne des Art. 3 EMRK relevanten Weise misshandelt worden, gilt die Unschuldsvermutung nicht etwa auch für den Staat. Vielmehr muss er das konventionskonforme Verhalten seiner Organe nachweisen, um das Verdikt einer Konventionsverletzung zu vermeiden.[589]

Angesichts etwaiger Misshandlungen durch „Private", die der Gerichtshof im Einzelfall als Folter oder unmenschliche oder erniedrigende Behandlung wertet,[590] genügt ein Vertragsstaat seiner unterstellten Schutzpflicht nur dann, wenn er derartige Verletzungshandlungen nach innerstaatlichem Recht als Straftaten mit dem gebotenen Nachdruck verfolgt und angemessen bestraft.[591]

---

587 EGMR, NJW 2001, S. 56 (58); Gaede (in Camprubi: Angst und Streben nach Sicherheit), Fragilität des Folterverbots, S. 155 (186ff.); Löwe/Rosenberg, Bd. 8, Art. 3 EMRK/Art. 7 IPbpR, Rn.11.

588 EGMR, Labita/Italy, application no. 26772/95, Urt. v. 06.04.2000, HUDOC, Rn. 131.

589 EGMR, NJW 2001, S. 56; Löwe/Rosenberg, Bd. 8, Art. 3 EMRK/Art. 7 IPbpR, Rn.11.

590 Wobei hier entgegen der Ansicht des EGMR vertreten wird, dass Misshandlungen durch „Private" ohne einen Staatsbezug i.S.v. Art. 1 Abs. 1 S. 1 VNAFK nicht als Folter i.e.S. gewertet werden können (s.o. 1. Teil, Zweites Kap., II), 2), a), ab), (1), (a), (ab)).

591 Löwe/Rosenberg, Bd. 8, Art. 3 EMRK/Art. 7 IPbpR, Rn.12.

(f) Unterlassungs- und Gewährleistungspflichten

Wie bereits anklang, begründet Art. 3 EMRK für die Vertragsparteien sowohl Unterlassungs- als auch Gewährleistungspflichten.[592] Im Folgenden wird insofern auf die sich aus der Rechtsprechung des EGMR ergebenden Grundsätze rekurriert.[593]

So kommt dem Verbot des Art. 3 EMRK die Funktion eines klassischen Abwehrrechts des Bürgers gegen den Staat zu. Der Staat hat jedes konventionswidrige Verhalten zu unterlassen.[594] Im Bereich aller Stufen der Normsetzung sind Gesetzesvorhaben verboten, die im Widerspruch zu den Vorgaben der Konvention bzw. zu Art. 3 EMRK stehen.[595] Das Verbot unmenschlicher oder erniedrigender Behandlung oder Strafe kann auch die Rechtsprechung ausnahmsweise dahingehend binden, keine Maßnahmen oder Strafen zu verhängen, die ihm zuwider laufen.[596] Da es sich bei der unmenschlichen oder erniedrigenden Behandlung oder Strafe um ein „Minus" zur Folter handelt, gilt diese Feststellung erst recht für das Folterverbot i.e.S. Des Weiteren gelten die Verbote des Art. 3 EMRK für alle Maßnahmen der Exekutive. Der Staat hat in diesem Zusammenhang auch dafür Sorge zu tragen, dass Personen, die im Auftrag, im Einverständnis oder mit Duldung einer Behörde handeln, nicht gegen Art. 3 EMRK verstoßen.[597] Hierin liegt die Überleitung zu den Gewährleistungs- bzw. positiven Schutzpflichten, die den Staat dazu verpflichten, sicherzustellen, dass das Verbot des Art. 3 EMRK von allen seinen Organen beachtet wird.[598] Insofern sind die Vertragsstaaten dazu angehalten, wirksame Rechtsbehelfe für Betroffene zu schaffen und die für die Behandlung der auf behördliche Anordnung untergebrachten Personen zuständigen staatlichen Organe zu kontrollieren.[599] Schließlich sind Maßnahmen zu ergreifen, die den Anreiz zu Folter i.w.S. min-

---

592 Löwe/Rosenberg, Bd. 8, Art. 3 EMRK/Art. 7 IPbpR, Rn.10f.

593 Ob die Schutz- und Gewährleistungspflichten im Einzelnen so weit gehen sollten, wie es der Gerichtshof annimmt, ist jedoch gerade in Anbetracht der vermeintlichen Konventionsverpflichtung zur Errichtung eines spezifischen Strafrechtsregimes und der vermeintlich umfassenden staatlichen Verantwortlichkeit für das Handeln „Privater" äußerst fraglich. Siehe zur staatlichen Verantwortlichkeit für „privates" Handeln auch Löwe/Rosenberg, Bd. 8, Art. 3 EMRK/Art. 7 IPbpR, Rn.12.

594 Meyer-Ladewig, Art. 3, Rn. 7.

595 Löwe/Rosenberg, Bd. 8, Art. 3 EMRK/Art. 7 IPbpR, Rn.10.

596 Löwe/Rosenberg, Bd. 8, EMRK Einf., Rn. 39; Art. 3 EMRK/Art. 7 IPbpR, Rn. 10.

597 Löwe/Rosenberg, Bd. 8, Art. 3 EMRK/Art. 7 IPbpR, Rn. 10.

598 Grabenwarter, EMRK, § 20, Rn. 21; Meyer-Ladewig, Art. 3, Rn. 7ff.

599 Löwe/Rosenberg, Bd. 8, Art. 3 EMRK/Art. 7 IPbpR, Rn.11.

dern. Eine derartige Maßnahme liegt beispielsweise in der gesetzlichen Normierung eines Beweisverbots für durch Folter erlangte Aussagen.[600]

(g) Durchsetzungsmechanismen

Das Rechtsschutzsystem der EMRK stellte auch schon vor der Reform durch das 11. ZP eine beispiellose völkerrechtliche Neuerung dar, die sich im Laufe der Jahre durch die Bewältigung einer Vielzahl von Verfahren bewährt hat. So erklärt sich der weltweit exzellente Ruf des EGMR.[601]

Das zur Durchsetzung der Konventionsrechte vorgesehene Staaten- und Individualbeschwerdeverfahren ist in den Art. 33 bis 46 EMRK geregelt.

Das Staatenbeschwerdeverfahren eröffnet jedem Vertragsstaat die Möglichkeit, den Gerichtshof wegen etwaiger Verletzungen der Konvention oder eines Zusatzprotokolls durch andere Vertragsstaaten anzurufen (Art. 33 EMRK). Diesem Verfahren kam bis in die 1980er Jahre größere Bedeutung zu.[602] Im Laufe der Zeit hat sich jedoch herauskristallisiert, dass Staatenbeschwerden nur äußerst selten und in Relation zum Individualbeschwerdeverfahren lediglich in geringer Zahl erhoben werden.[603] Insbesondere seit der Reform des EMRK-Rechtsschutzsystems mit Inkrafttreten des 11. ZP, das eine Alleinzuständigkeit

---

600 Löwe/Rosenberg, Bd. 8, Art. 3 EMRK/Art. 7 IPbpR, Rn.11.Wie bereits dargelegt, fordert der Gerichtshof auch die Errichtung eines der VNAFK angenäherten Strafrechtsregimes (s.o. 1. Teil, Zweites Kap., II, 2), b), aa), (1), (e)). Es bleibt aber fraglich, ob der EGMR dadurch nicht den Rahmen seiner Kompetenzen überschreitet. Schließlich zählt der strafrechtliche Bereich zum „Nukleus“ nationaler Souveränität, und die Ermächtigung zu einem Eingriff in diese Sphäre müsste im völkervertragsrechtlichen Zusammenhang ausdrücklich im jeweils in Bezug genommenen Abkommen – hier der EMRK – festgeschrieben sein.

601 Bspw. orientiert sich der IAGMR bei seiner gutachterlichen Tätigkeit an der Judikatur des EGMR (dazu s. Wittinger, Jura 1999, S. 405 (409)).

602 Raess verweist auf eine besondere Wichtigkeit des Staatenbeschwerdeverfahrens, die er daran ausmacht, dass drei der damals sechs vor die Europäische Menschenrechtskommission gebrachten Verfahren Art. 3 EMRK betrafen. Außerdem würden potentielle Folteropfer aus Furcht vor Repressalien eher von einer Beschwerde absehen. Diese Problematik bestünde für Staaten naturgemäß nicht (Raess, Schutz vor Folter im Völkerrecht, S. 63). Allerdings bedingt ein Staatenbeschwerdeverfahren im Gegensatz zu einem Individualbeschwerdeverfahren stets die Gefahr der „Politisierung des Menschenrechtsschutzes“ (Kokott, Interamerikanisches Menschenrechtssystem, S. 60, m.w.N. in Fn. 259). Gemeint ist hiermit, dass Staaten aus politischem Kalkül häufig davon absehen werden, andere Staaten zu bezichtigen, Menschenrechte verletzt zu haben. Denn dies könnte als „unfreundlicher Akt“ gedeutet werden und die Beziehung zwischen den Staaten gefährden.

603 Kokott, Interamerikanisches Menschenrechtssystem, S. 60.

des EGMR sowohl für das Staaten- als auch für das Individualbeschwerdeverfahren festlegte,[604] was eine Aufwertung des Individualbeschwerdeverfahrens implizierte, gerät die Staatenbeschwerde immer mehr in den Hintergrund.[605]

Der ein individuelles Beschwerderecht vorsehenden Individualbeschwerde kommt eine kaum zu überschätzende Bedeutung zu, denn sie ermöglicht aufgrund ihres rechtsförmigen Verfahrens eine effektive Rechtsdurchsetzung auf internationaler Ebene.[606] Die Individualbeschwerde kann gem. Art. 34 EMRK vor dem EGMR mit der Behauptung erhoben werden, durch staatliches bzw. dem Staate zurechenbares Verhalten in einem durch die Konvention oder die Zusatzprotokolle verbrieften Recht verletzt worden zu sein.[607] Klageberechtigt sind laut Art. 34 S. 1 EMRK insbesondere natürliche Personen und nichtstaatliche Organisationen. Das Inkrafttreten des 11. ZP hat die einzigartige Wirkungsmacht des Menschenrechtsschutzsystems der EMRK noch einmal ausgebaut.[608] Man kann nun unzweifelhaft vom wirksamsten internationalen System zum Schutze der Menschenrechte überhaupt sprechen.[609]

Die Urteile des EGMR sind verbindlich.[610] Die Vertragsstaaten sind im Falle der Beteiligung an einem Verfahren vor dem EGMR als Partei verpflichtet, sie zu befolgen (Art. 46 Abs. 1 EMRK).[611] Am Verfahren unbeteiligte Vertragsstaaten werden durch eine Entscheidung des EGMR nicht unmittelbar gebunden. Eine „erga omnes"-Wirkung der Entscheidungen besteht nicht.[612] Allerdings ist von einer mittelbaren Bindungswirkung über die in einer Entscheidung des Gerichts zum Ausdruck kommenden Auslegungsmaßstäbe auszugehen.[613] Diese sind nämlich für die Bestimmung des Umfangs der Konventionspflichten maßgeblich, und die Vertragsstaaten sind wiederum über Art. 1 EMRK verpflichtet, den

---

604 Seit dem Inkrafttreten des 11. ZP zur EMRK am 01.11.1998 ist das Rechtsschutzsystem dahingehend modifiziert worden, dass der EGMR nun als ständig tagendes Organ die Kommission und den alten, nicht ständig tagenden Gerichtshof ersetzt. Ferner ist die Individualbeschwerde seit dem nicht mehr fakultativer, sondern originärer Bestandteil der Konvention. Die Wirksamkeit des Beschwerdeverfahrens ist für einen Signatarstaat also mit der Ratifikation festgeschrieben.

605 Stein/v. Buttlar, Völkerrecht, Rn.1047f.

606 Stein, Verbot der Folter, S. 175f.

607 Stein, Verbot der Folter, S. 176, m.w.N. in Fn. 363.

608 Zur Fortentwicklung des Menschenrechtsschutzes im Rahmen der EMRK s. Meyer-Ladewig, Einleitung, Rn. 2ff.

609 Zu den leider immer noch auftretenden Problemen durch Überlastung des Gerichts s. Stein, Verbot der Folter, S. 176.

610 Stein/v. Buttlar, Völkerrecht, Rn.1047.

611 Zur Bindungswirkung der Urteile des EGMR vgl. Löwe/Rosenberg, Bd. 8, MRK Verfahren, Rn. 76ff.

612 Zum Begriff der Verpflichtung „erga omnes" s.u. 1. Teil, Drittes Kap., III).

613 Vgl. Löwe/Rosenberg, Bd. 8, MRK Verfahren, Rn. 80.

– derart inhaltlich durch den EGMR konkretisierten – Konventionsrechten in ihrem Herrschaftsbereich Geltung zu verleihen.

Bei einer Beschwerde aufgrund von Foltervorwürfen besteht nicht nur die Möglichkeit des Schadensersatzes für materielle Schäden, daneben kann Kompensation für immaterielle Schäden in Form von Schmerzensgeld realisiert werden.[614]

Zudem ist in Art. 47 EMRK die Möglichkeit vorgesehen, dass der Gerichtshof auf Antrag des Ministerkomitees Gutachten zu Rechtsfragen betreffend die Auslegung der Konvention und ihrer Zusatzprotokolle erstellt.

(h) Abschließende Bewertung

Das Rechtsschutzsystem der EMRK ist weltweit einzigartig und genießt in jeder Hinsicht Vorreiterstatus. Dabei kommt dem EGMR und seiner Judikatur für den durch die Vertragsstaaten abgedeckten geographischen Raum höchste Bedeutung zu. Diese resultiert primär aus der Praxis ständiger Rechtsfortbildung, der eine stete Berücksichtigung, ja Fortentwicklung des europäischen ordre public im Bereich der Menschenrechte zu eigen ist.[615] Letztlich stößt die Arbeit des Gerichtshofs auf weltweite Resonanz.

Im Kontext der Folter erscheint jedoch die nicht in jedem Fall streng am Willen der Vertragsstaaten bei Verabschiedung der EMRK orientierte „dynamische" Konventionsauslegung eher der Rechtsunsicherheit denn der Rechtsklarheit zu dienen. Eine gewisse – zweifelsohne dem nicht immer erreichten Ideal des größtmöglichen Grundrechtsschutzes gewidmete – Willkürlichkeit in der Auslegung der unbestimmten Rechtsbegriffe des Art. 3 EMRK ist wohl kaum vermeidbar. Ein immer extensiveres Verständnis insbesondere der Folter i.e.S., aber auch der anderen Verletzungsvarianten des Art. 3 EMRK, im Zusammenspiel mit dem notstandsfesten und unterstellt absoluten Charakter des Verbots impliziert aber die Gefahr, berechtigte Sicherheitsinteressen der Allgemeinheit und staatliche Schutzpflichten für Grundrechte Dritter in gewissen Ausnahmekonstellationen nicht ausreichend zu berücksichtigen.

---

614 Meyer-Ladewig, Art. 41, Rn. 9f.; Schilling, Internationaler Menschenrechtsschutz, S. 59.

615 In diesem Kontext ist abermals auf das EGMR-Verständnis der EMRK als „lebendes Instrument" zu verweisen (EGMR, Selmouni/Frankreich, Urt. v. 28.07.1999, NJW 2001, S. 56 (60)).

(2) Charta der Grundrechte der Europäischen Union von 2000[616]

Die Charta der Grundrechte der Europäischen Union wurde am 07.12.2000 zur Eröffnung des Europäischen Rates in Nizza von den anwesenden Staats- und Regierungschefs feierlich proklamiert.[617] Sie trat jedoch erst neun Jahre später am 01.12.2009 in Kraft.

(a) Allgemeines/Im Folterkontext relevante Regelungen

Die EGC enthält erstmals eine umfassende Kodifizierung der Grundrechte auf Ebene der Europäischen Union, da weder der EGV noch der EUV originär einen Grundrechtskatalog beinhalten.

Die EGC orientiert sich an der EMRK und enthält mit Art. 4 ein dem Art. 3 EMRK wortlautgleiches Folterverbot. Sie wurde durch den „Vertrag von Nizza“[618] jedoch weder zum Teil des EUV, noch nahm sie in anderer Weise am Ratifizierungsprozess der auf dem Gipfel von Nizza beschlossenen Dokumente teil. Sie bildete jedoch den Teil II des Vertrags über eine Verfassung für Europa, wie er am 29.10.2004 von den Staats- und Regierungschefs der EU in Rom unterzeichnet wurde. Wäre der Verfassungsvertrag wie erforderlich von allen damals 25 EU-Mitgliedsstaaten ratifiziert worden, hätte die Charta mit Inkrafttreten der Verfassung am 01.11.2006 bereits rechtliche Verbindlichkeit für die Unionsorgane und die Mitgliedsstaaten erlangt.

Nachdem die Verfassung durch die im Jahre 2005 fehlgeschlagenen Referenden in Frankreich und den Niederlanden gescheitert war, sollte ein neuer sogenannter „Reformvertrag“ die europäische Einigung voranbringen. Dieser Reformvertrag hat konkrete Gestalt im „Vertrag von Lissabon“ angenommen.[619] Im Rahmen des „Vertrags von Lissabon“ gilt, gleich dem Vertrag über eine Verfassung für Europa, dass die bestehenden Kompetenzen der EU in keiner Weise erweitert werden (Art. 6 Abs. 1 EUV in der geänderten Fassung des „Vertrags von Lissabon“). Die EGC ist auch durch diesen Vertrag nicht zum genuinen Teil des EU-Vertrags geworden. Allerdings wird sie durch einen Verweis des gem. Art. 1 „Vertrag von Lissabon“ geänderten Art. 6 Abs. 1 EUV für rechtsverbindlich erklärt. Anders als für die Union ist die Rechtsverbindlichkeit der EGC für die

616 Abl. 2000 C 364, S. 1.

617 Meyer – Meyer, Vorwort zur zweiten Auflage.

618 Vertrag von Nizza zur Änderung des Vertrags über die Europäische Union, der Verträge zur Gründung der Europäischen Gemeinschaften sowie einiger damit zusammenhängender Rechtsakte (unterzeichnet am 26.02.2001, in Kraft getreten am 01.02.2003; s. Abl. 2001 C 80).

619 Vertrag von Lissabon zur Änderung des Vertrags über die Europäische Union und des Vertrags zur Gründung der Europäischen Gemeinschaft, unterzeichnet in Lissabon am 13.12.2007.

Mitgliedsstaaten nur insoweit gegeben, als sie Recht der Union ausführen (Art. 51 Abs. 1 EGC).[620] Zudem werden die bestehenden Zuständigkeiten der EU und der EG durch die EGC – auch durch die Aufnahme sozialer Grundrechte (Kapitel IV EGC) – nicht verändert. Schließlich sind mit Art. 51 Abs. 2 EGC die Prinzipien der begrenzten Einzelermächtigung und der Subsidiarität (Art. 5 Abs. 1, 2 EUV in der geänderten Fassung des „Vertrags von Lissabon") als Anwendungsgrenzen festgelegt worden.[621] Der gem. Art. 6 des „Vertrages von Lissabon" avisierte Zeitpunkt des Inkrafttretens des „Reformvertrags" und damit auch der EGC durch Ratifizierung aller Vertragsparteien, also der mittlerweile 27 EU-Mitgliedsstaaten, zum 01.01.2009 konnte nicht eingehalten werden.[622] Schließlich trat der „Vertrag von Lissabon" aber nach Art. 6 Abs. 2 am 01.12.2009 in Kraft, nachdem Tschechien als letzter EU-Staat seine Ratifikationsurkunde hinterlegt hatte.

Die Bindung der EU an die EGC ist jedoch faktisch wenig bedeutend. Diese Feststellung erklärt sich im Hinblick auf das Folterverbot bereits dadurch, dass hinsichtlich des EGC-Folterverbots in Art. 4 nicht nur eine Wortlautidentität mit Art. 3 EMRK besteht. Vielmehr führt die Transferklausel des Art. 52 Abs. 3 EGC[623] zu einer Übernahme der entsprechenden EMRK-Bestimmung im Ganzen,[624] hier also des Art. 3 EMRK samt der dazu bereits ergangenen und zukünftig ergehenden Judikatur des EGMR.[625] Es ist hier also auf die oben skizzierten

---

620 Zimmermann, Europäische Grundrechtecharta, S. 22f.

621 Meyer – Riedel, Vor Kapitel IV, Rn. 12, 36.

622 Im Juni 2008 lehnte Irland, der einzige EU-Mitgliedsstaat, in dem jedwede Änderung der EU-Verträge der Abstimmung durch ein Referendum bedarf, den „Vertrag von Lissabon" per Volksentscheid ab. Allerdings kam es infolge der Ablehnung zu erneuten Verhandlungen zwischen Irland und den anderen EU-Staaten, und im Oktober 2009 fand ein abermaliger, diesmal erfolgreicher Volksentscheid über den „Vertrag von Lissabon" statt. Weitere Verzögerungen rührten daher, dass in den anderen EU-Staaten, die im Rahmen ihrer jeweiligen parlamentarischen Verfahren über den Vertrag abzustimmen hatten, politische Unwägbarkeiten beseitigt und der Ausgang einer Klage vor dem tschechischen Verfassungsgericht abgewartet werden musste.

623 „Soweit diese Charta Rechte enthält, die den durch die Europäische Konvention zum Schutz der Menschenrechte und Grundfreiheiten garantierten Rechten entsprechen, haben sie die gleiche Bedeutung und Tragweite, wie sie ihnen in der genannten Konvention verliehen wird. Diese Bestimmung steht dem nicht entgegen, dass das Recht der Union einen weiter gehenden Schutz gewährt."

624 Meyer – Borowsky, Art. 52 Rn. 30.

625 Meyer – Borowsky, Art. 4 Rn. 1ff. Die Union könnte mittlerweile auch der EMRK beitreten, da das 14. Zusatzprotokoll zur EMRK über die Änderung des Kontrollsystems der Konvention vom 13.05.2004, was die Vorraussetzungen eines Beitritts der Union zur EMRK geschaffen hat, am 01.06.2010 in Kraft getreten ist. Das Problem des grds. Ausschlusses der Aufnahme int. Organisationen in das System der EMRK

Grundpfeiler des Folterverbots i.w.S. von Art. 3 EMRK zu verweisen.[626] Auch für die Mitgliedsstaaten ist die rechtliche Verbindlichkeit der EGC in Anbetracht des Folterverbots rein rechtsbezeugend. Ihr Anwendungsbereich ist gem. Art. 51 Abs. 1 EGC nicht nur auf den Bereich der Ausführung von Unionsrecht beschränkt. Daneben sind die 27 EU-Staaten bereits vollumfänglich Vertragsstaaten der EMRK und dadurch schon an Art. 3 der Konvention gebunden. Mit einer zusätzlichen Bindung an Art. 4 EGC sind für sie also keine neuen, gegebenenfalls weiterreichenden Verpflichtungen verbunden.

Außerdem hatte die EU gem. Art. 6 Abs. 2 EUV a.F. die Grundrechte schon zu achten, „wie sie in der am 4. November 1950 in Rom unterzeichneten Europäischen Konvention zum Schutze der Menschenrechte und Grundfreiheiten gewährleistet sind, und wie sie sich aus den gemeinsamen Verfassungsüberlieferungen der Mitgliedsstaaten als allgemeine Grundsätze des Gemeinschaftsrechts ergeben". Zusätzlich stellte der EGMR in seiner Entscheidung Bosphorus/Ireland[627] klar, dass auch bei Rechtsetzungsakten der EG ein der EMRK vergleichbarer Grundrechtsschutz beachtet werden muss.[628] Diesbezüglich hat der Gerichtshof sich in besagter Entscheidung die letztendliche Prüfungskompetenz vorbehalten.[629] Darüber hinaus weißt er darauf hin, schon der EuGH habe die Grundrechte zu den allgemeinen Rechtsgrundsätzen gezählt, „(...) deren Wahrung er [der EuGH] zu sichern habe, und dass die Konvention [die EMRK] 'besondere Bedeutung' als Rechtsquelle für diese Grundrechte habe".[630] In besagtem Urteil findet sich ferner der Hinweis, dass die Rechtsprechung des EGMR vom EuGH besondere Berücksichtigung finde, wenn es um die Achtung der Menschenrechte gehe.[631] Schließlich erklärt der EGMR die EMRK zum „Verfassungsinstrument des europäischen ordre public" im Bereich der Menschenrechte.[632]

---

wurde hierdurch für die EU beseitigt. Mit Inkrafttreten des „Vertrags von Lissabon" ist die EU laut des geänderten Art. 6 Abs. 2 EUV auch explizit ermächtigt, der EMRK beizutreten. Ob die EU – wie ihre 27 Mitgliedsländer – Vertragsstaat der EMRK wird, kann aber im hiesigen Kontext aufgrund des „Gleichklangs" zwischen Art. 4 EGC und dem Folterverbot i.w.S. nach Art. 3 EMRK letztlich dahinstehen.

626 Siehe oben 1. Teil, Zweites Kap., II), 2), b), aa), (1).

627 EGMR, NJW 2006, 197ff.

628 Siehe dazu auch Heer-Reißmann, NJW 2006, S. 192 (194).

629 Siehe dazu auch Heer-Reißmann, NJW 2006, S. 192 (194).

630 EGMR, NJW 2006, 197 (203).

631 EGMR, NJW 2006, 197 (203).

632 EGMR, NJW 2006, 197 (202).

(b) Abschließende Bewertung

Der im Gemeinschaftsrecht vorgesehene Schutz der Grundrechte blieb auch schon vor Inkrafttreten der EGC nicht ernsthaft hinter dem durch die EMRK begründeten Grundrechtsschutz zurück. In Anbetracht des Folterverbots i.w.S. ist mit Art. 4 i.V.m. Art. 52 Abs. 3 EGC nunmehr ein in jeder Hinsicht dem Art. 3 EMRK gleichendes, gar identisches Schutzniveau erreicht. Eingedenk dessen, dass der Schutzbereich des Folterverbots eine Überschneidung mit den Kompetenzen der Union nur schwerlich aufweist,[633] kommt dem Folterverbot der EGC in erster Linie eine Signal- und Appellfunktion mit Blick auf potentielle EU-Beitrittskandidaten wie die Türkei zu. Funktion der Regelung ist es in erster Linie, „öffentlichkeitswirksam" den Anspruch der EU im äußerst sensiblen Bereich der Folterächtung zu unterstreichen.

(1) Amerikanische Menschenrechtskonvention von 1969[634]

Ähnlich der Entwicklung in Europa bemühte sich auf dem amerikanischen Kontinent die Organisation Amerikanischer Staaten nach dem Zweiten Weltkrieg, ein System wirksamen Menschenrechtsschutzes zu etablieren. Neben der OAS-Satzung vom 30.04.1948,[635] die schon dem Schutz der Menschenrechte dienende Bestimmungen enthielt, wurde auf der 9. Interamerikanischen Konferenz in Bogota am 02.05.1948 die bis 1967 rechtlich noch unverbindliche „Amerikanische Deklaration der Rechte und Pflichten des Menschen"[636] verabschiedet, welche in Art. 26 ein Folterverbot enthält.

Die Deklaration genießt einen gewissen Vorreiterstatus, denn sie stellt eine der ersten umfassenden zwischenstaatlichen Erklärungen über die Menschenrechte weltweit dar.[637] Als unabhängiges OAS-Organ wurde mit Inkrafttreten ihres Statuts im Jahre 1960 die Inter-Amerikanische Kommission für Menschenrechte ins Leben gerufen. Seit der Re-strukturierung der OAS im Zuge des 1970 in Kraft getretenen „Protokolls von Buenos Aires" zeichnet die Kommission im System der OAS für die Achtung und den Schutz der Menschenrechte verantwortlich (Art. 112 OAS-Statut).

Einen weiteren, eminent wichtigen Ausbauschritt im amerikanischen Menschenrechtsschutzsystem stellt die von den OAS-Staaten am 22.11.1969 verabschiede-

---

633 Meyer – Borowsky, Art. 4 Rn. 4.

634 Text in: EuGRZ 1980, S. 435ff.; Ratifikationsstand: 24 Staaten.

635 Basic Documents Pertaining to Human Rights in the Inter-American System (updated to March 1988), OEA/Ser.L/V/II.71, Doc. 6, rev.1, Original: Spanish, S. 25-53.

636 OAS Doc. No. OEA/Ser.C/II.9 (English) 1948.

637 Kokott, Interamerikanisches Menschenrechtssystem, S. 14.

te und am 18.07.1978 in Kraft getretene Amerikanische Menschenrechtskonvention dar.

Obwohl sowohl Kanada als auch die USA zu den OAS-Staaten zählen, haben diese besonders wichtigen Staaten die Konvention nicht ratifiziert.[638] Im Gegensatz zu Kanada haben die USA sie jedoch 1977 zumindest signiert.[639] Fast alle Staaten Mittel- und Südamerikas haben die AMRK dagegen unterzeichnet und ratifiziert. Aufgrund der hohen Ratifikationszahl und des im Folgenden näher beschriebenen, dem „alten Straßburger Modell" angeglichenen[640] und damit ausdifferenzierten Systems der AMRK kommt ihr trotz Nichtmitgliedschaft oben genannter Staaten große Bedeutung zu.[641] Auf Grundlage der AMRK wurde im Jahr 1979 der Inter-Amerikanische Gerichtshof für Menschenrechte errichtet.[642] Die AMRK nimmt in ihrer Präambel wiederholt Bezug auf die A-EMR. Primär fokussiert sie bürgerliche und politische, allerdings finden auch wirtschaftliche, soziale und kulturelle Rechte Erwähnung.

Die Konvention wird derzeit durch das ZP über wirtschaftliche und kulturelle Rechte[643] und das ZP über die Abschaffung der Todesstrafe[644] ergänzt.

(a) Im Folterkontext relevante Regelungen

In Art. 5 Abs. 1 AMRK werden einige Rechte als besonders schutzwürdig erklärt, die auch Schutzgüter des Folterverbots sind, nämlich das Recht auf körperliche, mentale und moralische Unversehrtheit. Mit Art. 5 Abs. 2 AMRK wird ein ausdrückliches Verbot der Folter i.w.S. statuiert, das jedoch gleich der EMRK und dem IPbpR keine eigene Definition der Begrifflichkeiten enthält:

---

638 Stein/v. Buttlar, Völkerrecht, Rn. 1069.

639 Dies geschah noch unter Regentschaft des der Demokratischen Partei angehörenden US-Präsidenten Carter, der die Menschenrechte in den Fokus amerikanischer Außenpolitik gerückt hat (vgl. Kokott, Interamerikanisches Menschenrechtssystem, S. 1).

640 Die AMRK enthält Individualschutzbestimmungen, Institutionen und Schutzverfahren, die aufgrund ihrer Ähnlichkeit zum System der EMRK den Schluss nahelegen, dass man sich an diesem (vor Inkrafttreten der Zusatzprotokolle Nr. 9. und 11) orientiert hatte (vgl. Kokott, Interamerikanisches Menschenrechtssystem, S. 132; Stein/v. Buttlar, Völkerrecht, Rn. 1073; Wittinger, Jura 1999, S. 405 (408)).

641 Glienicke, MRM 2007, S. 323 (324).

642 Kokott, Interamerikanisches Menschenrechtssystem, S. 117.

643 Additional Protocol to the American Convention on Human Rights in the Area of Economic, Social and Cultural Rights v. 17.11.1988; in Kraft getreten am 16.11.1999; Ratifikationsstand: 14 Staaten; OAS, Treaty Series, No. 69.

644 Protocol to the American Convention on Human Rights to abolish the Death Penalty v. 08.06.1990; Ratifikationsstand: 8 Staaten; nur zwischen diesen acht Parteien in Kraft getreten; OAS, Treaty Series, No. 73.

„Niemand darf der Folter oder grausamer, unmenschlicher oder erniedrigender Strafe oder Behandlung unterworfen werden. Alle Personen, denen ihre Freiheit entzogen wurde, sind mit Achtung vor der angeborenen Würde der menschlichen Person zu behandeln.“

Grundsätzlich kann davon ausgegangen werden, dass der IAGMR sich an der Folterdefinition des Art. 1 Abs. 1 S. 1 VNAFK orientiert, nimmt er in seiner Urteilsfindung doch häufig Bezug auf den EGMR[645] oder den VN-Sonderberichterstatter über Folter[646], die sich ihrerseits an dieser Definition orientieren.

Fraglich ist aber die Einschätzung des IAGMR hinsichtlich des objektiven Kriteriums „Staatsnähe“, wie es die VNAFK-Folterdefinition i.e.S. beinhaltet; insbesondere wie Misshandlungen durch „Private“ zu werten sind. Der IAGMR hat einen „Sorgfaltspflichtverletzungstest“ („due diligence test“) entwickelt, der bei staatlichen Verpflichtungen zum Schutze vor Menschenrechtsverletzungen durch „Private“ generell Anwendung findet, z.B. in Fällen des sogenannten „Verschwindenlassens“.[647]

In diesem Kontext ist ein vor dem IAGMR verhandelter Fall, nämlich das Verfahren Velasquez Rodriguez/Honduras, relativ aussagekräftig.[648] In der dazu ergangenen Entscheidung wurde Honduras aufgrund einer unterstellten Sorgfaltspflichtverletzung mittelbar eine Menschenrechtsverletzung durch „Private“ zugerechnet.[649] Anknüpfungspunkt, eine Konventionsverletzung zu bejahen war nicht die Misshandlung an sich, sondern die sorgfaltspflichtwidrige Nichtverhinderung und Nichtahndung der Tat.[650] Hier bestehen offensichtliche Parallelen zur „horizontalen Wirkung“, wie sie von VNMRA und EGMR unterstellt wird. Was den Folterbegriff i.e.S. anbelangt, hat sich der IAGMR allerdings nicht mit hinreichender Evidenz, geschweige denn expressis verbis dahingehend geäußert, dass dieser über das hiesige Verständnis des Terminus „acquiescence“ als weitestgehender Zurechnungsvariante im Sinne von Art. 1 Abs. 1 S. 1 VNAFK hinausgeht.[651] Das Folterverdikt i.e.S. wurde wegen Beweisproblemen bereits nicht

645 Vgl. Wittinger, Jura 1999, S. 405 (409).

646 IAGMR, Valle Jaramillo et al./Colombia, Urt. v. 27.11.2008, Series C No. 192 (2008), Rn. 83, Fn. 42.

647 Nowak/McArthur, Convention against Torture, Art. 1, Rn. 117.

648 IAGMR, Velasquez Rodriguez/Honduras, Urt. v. 29.07.1988, Ser C No. 4 (1988).

649 Bezugspunkt der Argumentation war allerdings eine durch die vermeintliche Sorgfaltspflichtverletzung begründete Staatenverantwortlichkeit.

650 IAGMR, Velasquez Rodriguez/Honduras, Urt. v. 29.07.1988, Ser C No. 4 (1988), Rn. 172.

651 Zum Verständnis des Terminus „acquiescence“ gem. Art. 1 Abs. 1 VNAFK s.o. 1. Teil, Zweites Kap., II), 2), a), ab), (1), (a), (ab). Der IAGMR stellte im Einklang mit der VNAFK-Definition der Folter i.e.S. auch Folgendes fest (IAGMR, Velasquez Ro-

ausgesprochen. Soweit der zugrundeliegende Lebenssachverhalt rekonstruiert werden konnte, waren unter das „Hoheitskriterium“ subsumierbare Personen in die Misshandlungen involviert. Damit stellte sich zumindest nicht unmittelbar die Frage, wie Verhaltensweisen zu bewerten wären, welche von Personen begangen werden, die nicht unter das hier bevorzugte enge Verständnis des „Hoheitskriteriums“ im Sinne des Art. 1 Abs. 1 S. 1 VNAFK fallen würden. Aufgrund der Lücken und Auffälligkeiten im Urteil, die teilweise auf der bruchstückhaften Sachverhaltsaufklärung beruhen, ist eine ausreichende und abschließende Auseinandersetzung mit den im Rahmen des „Hoheitskriteriums“ existierenden Problemen durch den IAGMR letztlich ausgeblieben.

Da die Annahme einer „horizontalen Wirkung“ nicht zwangsläufig der restriktiven Auslegung der Folterdefinition i.e.S. widerspricht,[652] also die Forderung nach einer engen Bindung eines inkriminierten Verhaltens an den Staatsapparat mit den Ansätzen des IAGMR durchaus in Einklang zu bringen wäre, ist keinesfalls mit Sicherheit davon auszugehen, dass der Gerichtshof ein vollends mit dem EGMR kongruentes Begriffsverständnis vertritt.

Weil in Art. 5 AMRK keine Schranken bzw. Ausnahmen formuliert werden, liegt der Eindruck nahe, dass es sich bei der Verbürgung um eine absolute handelt.[653] Mit Art. 27 Abs. 1 enthält die AMRK eine dem Art. 15 EMRK ähnelnde Notstandsklausel, die im Falle eines Krieges, einer öffentlichen Gefahr oder eines anderen Notstandes, der die Unabhängigkeit oder die Sicherheit bedroht, ein

---

driguez/Honduras, Urt. v. 29.07.1988, Ser C No. 4 (1988), Rn. 173.): „What is decisive is whether a violation of the rights recognized by the Convention has occurred with the support or the acquiescence of the government (...).“

652 Schließlich vertritt auch der Verfasser eine „horizontale Wirkung“ bzw. Schutzpflichten i.R. von Art. 7 i.V.m. Art. 2 IPbpR (bzw. Art. 3 i.V.m. Art. 1 EMRK). Allerdings kommt eine Schutzpflichtverletzung nur dann in Frage, wenn mögliche staatliche Maßnahmen angesichts einer privaten Misshandlung, die zumindest von „einer in amtlicher Eigenschaft handelnden Person“ geduldet wurde und die alle weiteren Folterdefinitionsmerkmale aufweist, nicht ergriffen wurden (s.o. 1. Teil, Zweites Kap., II), 2), a), ab), (1), (a), (ab)).

653 Auch die Judikatur des IAGMR legt nahe, dass sein Verständnis elementarer menschenrechtlicher Verbürgungen, zu denen die des Art. 5 Abs. 2 AMRK gewiss zählt, ein absolutes ist:
„Without question, the State has the right and duty to guarantee its security. It is also indisputable that all societies suffer some deficiencies in their legal orders. However, regardless of the seriousness of certain actions and the culpability of the perpetrators of certain crimes, the power of the State is not unlimited, nor may the State resort to any means to attain its ends. The State is subject to law and morality. Disrespect for human dignity cannot serve as the basis for any State action (IAGMR, Velasquez Rodriguez/Honduras, Urt. v. 29.07.1988, Ser C No. 4 (1988), Rn. 154).“

Abweichen von vielen ihrer Artikel zulässt.[654] Das Folterverbot i.w.S. wird jedoch wie in vergleichbaren Bestimmungen der bereits genannten Menschenrechtsinstrumente gem. Art. 27 Abs. 2 AMRK notstandsfest verbrieft.

Durch Art. 1 AMRK werden die Vertragsstaaten dazu verpflichtet, auf ihrem Hoheitsgebiet die unbehinderte Ausübung aller in der AMRK verbrieften Rechte zu gewährleisten.[655] Im Falle einer mangelnden Absicherung der verbrieften Rechte im nationalen Recht ist der betreffende Vertragsstaat nach Art. 2 AMRK dazu angehalten, die erforderlichen innerstaatlichen Maßnahmen zu ergreifen, um diesem Zustand Abhilfe zu leisten.

(b) Durchsetzungsverfahren

Das Verfahren zur Sicherung des Menschenrechtsschutzes basiert auf einem fakultativen Staatenbeschwerdeverfahren gem. Art. 45 AMRK.[656] Hinzu tritt ein automatisch mit Ratifikation der AMRK gegebenes Individualbeschwerdeverfahren gem. Art. 44 AMRK.[657]

Grundsätzlich zuständig für die Abhandlung von Eingaben und anderen Mitteilungen ist die Inter-Amerikanische Kommission für Menschenrechte (Art. 41 lit. f AMRK).[658]

Im Rahmen des Verfahrens der streitigen Gerichtsbarkeit vor dem IAGMR ist für das Individualbeschwerdeverfahren zu beachten, dass der Einzelne – anders als im aktuellen System der EMRK – nicht das Recht besitzt, dem Gerichtshof einen Fall vorzulegen. Dies können lediglich die Kommission oder die Vertragsstaaten (Art. 61 Abs. 1 AMRK).[659] Wie bereits angedeutet, steht verfahrenstechnisch das ursprüngliche System der EMRK Pate – scil. die Kommission ist die

---

654 Anders als in der EMRK scheint der Notstandsbegriff der AMRK insofern weiter zu sein, als der Grad der für die Bejahung eines Notstandes notwendigen Gefahr geringer anzusehen ist (Stein, Verbot der Folter, S. 195). Zusätzlich ist es denkbar, dass ein gem. Art. 27 AMRK Rechte außer Kraft setzender Staat nicht dazu verpflichtet ist, der Gefahr erst im Rahmen der normalen Schranken der AMRK zu begegnen (Stein, Verbot der Folter, S. 195).

655 Vgl. insofern auch die obigen Erwägungen zum Fall Velasquez Rodriguez/Honduras.

656 Dem Staatenbeschwerdeverfahren haben sich bislang zehn Staaten unterworfen.

657 Kokott, Interamerikanisches Menschenrechtssystem, S. 60. Dort erfolgt darüber hinaus der Hinweis, dass i.R. des Schutzsystems der Charta der OAS die Individualbeschwerde auch gegenüber den Nicht-Vertragsstaaten der AMRK erhoben werden kann. Die neben die Zuständigkeit der Amerikanischen Menschenrechtskommission tretende Zuständigkeit des Gerichtshofs als Institution der streitigen Gerichtsbarkeit haben bislang 22 Staaten anerkannt.

658 Ipsen, Völkerrecht, S. 806.

659 Glienicke, MRM 2007, S. 323 (324).

quasi vorgeschaltete Instanz, die ein Verfahren erst, wenn sie es für zulässig erachtet und eine gütliche Streitbeilegung gescheitert ist – weiter an den Gerichtshof leitet.[660] Dies natürlich nur in Fällen, in denen die beteiligte(n) Vertragspartei(en) die Zuständigkeit des Gerichtshofs gem. Art. 62 AMRK anerkannt hat (bzw. anerkannt haben).

Die Urteile des Gerichtshofs sind gem. Art. 67 AMRK endgültig und unanfechtbar. Die Vertragsstaaten sind nach Art. 68 AMRK verpflichtet, den Urteilen aus den Verfahren Folge zu leisten, in denen sie als Partei beteiligt waren.[661] Schließlich kann der Gerichtshof gem. Art. 63 Abs. 1 AMRK bei der Feststellung einer Konventionsverletzung geeignete Schritte zur Folgenbeseitigung nebst einer etwaigen Entschädigung festsetzen. Einzige Sanktionsmöglichkeit bei Nichtbefolgung der Urteile ist gem. Art. 65 AMRK die Erwähnung dieses Versäumnisses im Jahresbericht des Gerichtshofs an die OAS-Generalversammlung. Das politische Gewicht dieses Druckmittels ist nicht zu unterschätzen.[662]

Neben der streitbaren Gerichtsbarkeit besitzt der Gerichtshof die Kompetenz zur Gutachtenerstattung. Diese ist sehr weitgehend, da der Kreis von Antragsberechtigten groß ist, und sich die Prüfungskompetenz nach Art. 64 Abs. 1 AMRK neben der Konvention auch auf „(…) andere den Schutz der Menschenrechte in den amerikanischen Staaten betreffende Verträge (…)“ erstreckt. Der Gerichtshof orientiert sich bei seiner gutachterlichen Tätigkeit an der Judikatur des EGMR.[663]

Über die Funktion als „Vorschaltinstanz“ bei Beschwerden besitzt die Kommission nach Art. 41 AMRK ein weitläufiges Mandat, u.a. zur Erstellung eines jährlichen Berichts zur Menschenrechtslage, zur Unterrichtung der Mitgliedsstaaten über Möglichkeiten zur Verbesserung des Menschenrechtsschutzes innerhalb ihrer nationalen Rechtsordnungen sowie zur Etablierung eines Bewusstseins für die Menschenrechte im Rahmen von Bildung und Forschung. All dies soll dem in Art. 41 AMRK festgeschriebenen Ziel dienen, „(…) die Achtung und Verteidigung der Menschenrechte zu fördern“.

---

660 Ipsen, Völkerrecht, S. 801f., 806.

661 Zur Durchsetzung und Wirkung der Urteile des IAGMR s. Kokott, Interamerikanisches Menschenrechtssystem, S. 130f. Im Falle einer bereits gesicherten Rechtsprechung liegt eine Orientierungswirkung der Urteile des IAGMR aber zumindest auch für Staaten nah, bei denen Missstände vorherrschen wie bei einem Vertragsstaat, der aufgrund vergleichbarer Umstände bereits verurteilt wurde.

662 Kokott, Interamerikanisches Menschenrechtssystem, S. 130; Wittinger, Jura 1999, S. 405 (409).

663 Wittinger, Jura 1999, S. 405 (409).

Unabhängig von ihrem Mandat in den Verfahren der AMRK hat die Kommission für alle OAS-Staaten, auch jene, welche nicht Vertragsstaaten der AMRK sind, die ihr in Art. 112 OAS-Statut zugewiesenen Aufgabe, die Einhaltung der Menschenrechtsverpflichtungen zu überwachen. Dies geschieht in Form von Länderberichten, Vor-Ort-Untersuchungsmissionen und Empfehlungen.[664] Im Gegensatz zum Verfahren nach der AMRK kann die Kommission in diesem Kontext, ohne eine konkrete Beschwerde abwarten zu müssen, motu proprio Untersuchungen vornehmen.[665] In ihrer Funktion als Organ der OAS ist die Kommission auch für Individualbeschwerden zuständig, die gegenüber OAS-Staaten erhoben werden, die nicht Vertragsstaat der AMRK sind, z.B. die USA oder Kanada.[666]

(c) Abschließende Bewertung

Problematisch erscheint die bis heute ausgebliebene Unterwerfung aller AMRK-Staaten unter die Gerichtsbarkeit des IAGMR. Weiterhin ist die Aufklärung von Menschenrechtsverletzungen durch den Gerichtshof und/oder die Kommission in Ermangelung der notwendigen Unterstützung durch betroffene Staaten, insbesondere in den Militärregimes unter den Vertragsstaaten, sehr schwierig. Daneben wiegt schwer, dass Individuen der unmittelbare Zugang zum Gerichtshof immer noch verwehrt ist.[667]

In jeder Hinsicht nachteilig ist die Nichtratifikation durch die den amerikanischen Kontinent wirtschaftlich und kulturell dominierende Supermacht USA als größter regionaler Demokratie, die sich stets als Referenz eines ausgewogenen Menschenrechtsschutzsystems begreift.

(2) Afrikanische Charta der Menschenrechte und Rechte der Völker von 1981 („Banjul-Charta“)[668]

Die Mitglieder der Organisation für Afrikanische Einheit[669] beschlossen am 26.06.1981 den Abschluss der Afrikanischen Charta der Rechte und Pflichten der Menschen und Völker („Banjul-Charta“), die am 21.10.1986 in Kraft trat.

---

664 Glienicke, MRM 2007, S. 323 (325).

665 Wittinger, Jura 1999, S. 405 (409), Fn. 58.

666 Stein, Verbot der Folter, S. 196; Wittinger, Jura 1999, S. 405 (409).

667 Dennoch sind in diesem Bezug einige Lockerungen in der Verfahrensordnung des Gerichtshofs erfolgt (dazu s. Wittinger, Jura 1999, S. 405 (409), Fn. 62).

668 ILM 21 (1982), S. 59ff.; dt. Text in: EuGRZ 1986, S. 677ff.; Ratifikationsstand: 53 Staaten.

669 Im Sommer 2002 wurde die OAE in die Afrikanische Union umgewandelt.

Als Hauptbeweggründe für den Abschluss der Charta sind die desolate Menschenrechtssituation im Afrika der 1970er-Jahre und der Druck durch das „westliche Ausland“ anzuführen.[670]

Die Afr.MRK enthält dem Individualschutz dienende Freiheits- und Sozialrechte, wobei sie an den Menschenrechtsinstrumenten der VN orientiert ist (Abs. 4 der Präambel). Zusätzlich haben die AMRK und die EMRK sowohl die Afr.MRK als auch das gesamte afrikanische Menschenrechtsschutzsystem inspiriert.[671]

Die Beschränkungsmöglichkeiten der Afr.MRK-Rechte sind jedoch größer als bei den bereits genannten Menschenrechtskonventionen; zwar nicht was den Katalog beschränkbarer Rechte betrifft, aber die bei einer Einschränkung zu beachtenden Grundsätze.[672] Insbesondere sind die Grundsätze der Verhältnismäßigkeit und der Notwendigkeit hier nicht zu berücksichtigen.[673] Des Weiteren unterscheidet sich die Afr.MRK von den anderen Menschenrechtskonventionen dadurch, dass sie auch Verbürgungen kollektiver Rechte beinhaltet, z.B. das Recht der Völker auf Selbstbestimmung (Art. 20 Afr.MRK), Frieden (Art. 23 Afr.MRK) und eine unversehrte Umwelt (Art. 24 Afr.MRK).[674] Somit enthält die Charta erstmals in einem Dokument alle drei der nach zeitgenössischem Verständnis zu unterscheidenden Generationen bzw. Typen von Menschenrechten.[675] Als weitere Besonderheit werden die in der Afr.MRK gewährten Rechte des Einzelnen von Rechten der Völker und weiterer Gruppen flankiert, beispielsweise von Frauen, Kindern und alten Menschen.[676] Es werden auch Pflichten gegenüber Familie, Gesellschaft, Staat und anderen gesetzlich anerkannten Gemeinschaften festgelegt.[677] Diese Besonderheiten machen die Afr.MRK zu

---

670 Glienicke, MRM 2007, S. 323 (325).

671 Wittinger, Jura 1999, S. 405 (410).

672 Doehring, Völkerrecht, Rn. 1004.

673 Doehring, Völkerrecht, Rn. 1004.

674 Doehring, Völkerrecht, Rn. 1005.

675 Trotz nicht abebbender Kritik am Klassifizierungsschema der „Grundrechtsgenerationen“ hat es sich wie folgt durchgesetzt: Unter Menschenrechten der ersten Generation werden „negative“ Menschenrechte bzw. bürgerliche Freiheiten verstanden, die dem Staat das Gebot auferlegen, Eingriffe in die persönliche Freiheit der Bürger zu unterlassen. Menschenrechte der zweiten Generation sind „positive“ Rechte, wie wirtschaftliche oder soziale Rechte (bspw. das Recht auf Arbeit oder soziale Absicherung), die sowohl dem Einzelnen als auch einer Gemeinschaft zustehen können. Bei den Menschenrechten der dritten Generation handelt es sich um komplexe zusammengesetzte oder gemischte Rechte, wie das Recht auf Entwicklung, Frieden oder eine intakte Umwelt (Tomuschat, Human Rights, S. 24f.).

676 Wittinger, Jura 1999, S. 405 (410).

677 Hobe/Kimminich, Völkerrecht, S. 422.

einem die Eigenheiten der afrikanischen Zivilisation reflektierenden einzigartigen Menschenrechtsinstrument.

(a) Im Folterkontext relevante Regelungen

Das Folterverbot gem. Art. 5 Afr.MRK ist Teil der allgemeinen Bestimmung zum Schutze der Menschenwürde und lautet:

„Jedes Individuum hat ein Recht auf Achtung seiner Menschenwürde und auf Anerkennung seiner Rechtspersönlichkeit. Alle Formen der Ausbeutung und Erniedrigung des Menschen, insbesondere Sklaverei, Sklavenhandel, Folter, grausame, unmenschliche oder erniedrigende Bestrafung oder Behandlung sind verboten."

Die uneingeschränkte Formulierung legt nah, dass es sich bei der Verbürgung des Art. 5 Afr.MRK um eine absolute handelt. Der Vertragstext enthält für Art. 5 Afr.MRK jedoch kein explizites Derogationsverbot. Zumindest der Rechtsklarheit halber hat ein derartiges Verbot in viele Konventionen Einzug gefunden. Da die Urheber der Afr.MRK sich am europäischen und amerikanischen Menschenrechtsschutzsystem orientierten, ist die Nichtaufnahme eines Derogationsverbotes wohl bewusst in Abgrenzung zu den diesbezüglichen Regelungen erfolgt. Vergegenwärtigt man sich ferner, dass Artikel 27 Abs. 2 Afr.MRK als eine Art Notstandsklausel gedeutet werden kann, und Art. 29 Nr. 3 Afr.MRK jedem Individuum die Pflicht auferlegt, „die Sicherheit des Landes, dessen Staatsangehörigkeit es besitzt oder in dem es sich aufhält, nicht zu gefährden", so erscheint das Verbot der Folter i.w.S. im Rahmen der Afr.MRK nicht notstandsfest.[678]

Ergänzend erhält Art. 4 Afr.MRK ein Verbot willkürlicher Eingriffe in das Leben und die körperliche oder geistige Integrität.

In Art. 1 Afr.MRK wird eine Garantie zum Schutze der durch die Konvention gewährten Rechte formuliert, die für die Mitgliedstaaten u.a. gesetzgeberische Maßnahmen impliziert.

Die „Durchsetzung" der verbürgten Rechte erfolgte bislang einzig durch die in Gambia ansässige Afrikanische Kommission der Menschenrechte und Rechte der Völker, die gem. Art. 30 Afr.MRK die Aufgabe hatte, „(...) die Rechte der Völker zu fördern und ihren Schutz in Afrika zu gewährleisten". Insofern war sie zuständig für Eingaben von NGOs, Individuen (Individualbeschwerdeverfahren) und Staaten (Staatenbeschwerdeverfahren).[679] Die Menschenrechtskommission entschied allerdings nach eigenem Ermessen, ob sie eine Eingabe behan-

678 A.A. Rodley, DJILP 2006, S. 145 (152), allerdings ohne Begründung.

679 Hobe/Kimminich, Völkerrecht, S. 422.

deln wollte, das heißt, es bestand kein Rechtsanspruch auf die Behandlung eines Falls.[680] Ferner konnte sie Individualbeschwerden nur dann näher untersuchen, wenn sie durch die Versammlung der OAE-Staats- und Regierungschefs damit beauftragt wurde.[681] Das gesamte Rechtsschutzsystem der Afr.MRK stellte in erster Linie auf vertrauliche und diplomatische Streitbeilegung ab.[682] So hatte die Kommission beispielsweise im Staatenbeschwerdeverfahren gem. Art. 49 ff. Afr.MRK lediglich die Möglichkeit, Untersuchungen durchzuführen und einen abschließenden Bericht anzufertigen, der den betroffenen Staaten und der Versammlung der OAE-Staats- und Regierungschefs übermittelt wurde. Weitere „Sanktionsmöglichkeiten" als die Nennung der Kommissionsentscheidungen im Jahresbericht, dessen Veröffentlichung von der Zustimmung der Versammlung der OAE-Staats- und Regierungschefs abhing, waren nicht vorgesehen.[683] Seit 1996 waren die Kommissionssitzungen und die Beschwerdeprüfung im Grundsatz öffentlich.[684] All dies ließ das Schutzsystem der Afr.MRK im Gegensatz zum System der EMRK und der AMRK als ineffizient erscheinen.[685]

Das führte am 09.06.1998 zur Verabschiedung eines Zusatzprotokolls zur Afr.MRK[686], welches die Errichtung eines Afrikanischen Gerichtshofs für Menschen- und Bürgerrechte mit Sitz in Addis Abeba zum Gegenstand hat. Es trat mit der 15. Ratifikation Anfang 2004 in Kraft. Der Gerichtshof konnte seine Arbeit anfänglich u.a. aufgrund von Finanzierungsschwierigkeiten nicht aufnehmen.[687] Zwischenzeitlich hat er aber einen festen Sitz in Tansania, genauer in Arusha, bezogen. Dies geschah im Jahr 2007. Seit dem Jahr 2008 können mittlerweile auch Verhandlungen vor ihm stattfinden. Schließlich wurde die provisorische Verfahrensordnung des Gerichts im Sommer 2010 durch eine endgültige ersetzt, die dem Gedanken einer Harmonisierung mit dem System der Afrikanischen Kommission für Menschenrechte und Rechte der Völker verpflichtet ist. Damit sind die Voraussetzungen für eine dringend benötigte judikative Instanz zur Sicherung eines effektiven Menschenrechtsschutzes in Afrika nunmehr gegeben. In Anbetracht dessen, dass an dem Gerichtshof zwar mittlerweile einige Verfahren anhängig sind, aber erst in einem Fall ein Urteil erging, dessen Tenor sich letztlich in einer Ablehnung der eigenen Jurisdiktion erschöpft,[688] bleibt

---

680 Kälin/Künzli, Universeller Menschenrechtsschutz, S. 59.

681 Wittinger, Jura 1999, S. 405 (410).

682 Hobe/Kimminich, Völkerrecht, S. 422.

683 Wittinger, Jura 1999, S. 405 (410).

684 Wittinger, Jura 1999, S. 405 (410).

685 Doehring, Völkerrecht, Rn. 1005.

686 Text in ZaöRV 58 (1998), S. 727ff.

687 Bruha/Steiger, Folterverbot im Völkerrecht, S. 18; Kälin/Künzli, Universeller Menschenrechtsschutz, S. 59.

688 Michelot Yogogombaye/Republic of Senegal, Application No. 001/2008, Urt. v. 15.12.2009, http://www.african-court.org/en/cases/latest-judgments/.

abzuwarten, ob die hohen in das Gericht gesetzten Erwartungen sich erfüllen werden.

Im Rahmen des nach dem ZP modifizierten Individualbeschwerdeverfahrens ist zu beachten, dass der Einzelne – anders als im System der EMRK – nicht das Recht besitzt, dem Gerichtshof einen Fall vorzulegen. Dies können analog der AMRK lediglich die neben dem Gerichtshof weiter bestehende Kommission oder die Vertragsstaaten. Allerdings können Individuen und NGOs nach Art. 34 Abs. 6 ZP Afr.MRK den Gerichthof bei Beschwerden gegen Staaten direkt anrufen, wenn diese eine entsprechende Unterwerfungserklärung abgegeben haben.

Einzige „Sanktionsmöglichkeit" bei Nichtbefolgung der Urteile ist allerdings die negative Erwähnung des betreffenden Vertragsstaates in dem der OAE-Versammlung vorzulegenden Jahresbericht des Gerichtshofs.

(b) Abschließende Bewertung

Berücksichtigt man zu dem bereits Gesagten, dass sich durch das ZP neben den hier explizit genannten, begrüßenswerten Änderungen am Verfahren des afrikanischen Menschenrechtsschutzes keine weiteren grundsätzlichen Änderungen ergeben, und bedenkt man ferner, dass über die Afr.MRK und deren Beschwerdemöglichkeiten noch eine weit verbreitete Unkenntnis besteht,[689] so dürfte es noch sehr lange Zeit in Anspruch nehmen, bis der regionale Menschenrechtsschutz in Afrika annähernd das europäische Schutzniveau erreichen wird.

(3) Überarbeitete Arabische Charta der Menschenrechte von 2004[690]

Auch in überwiegend durch muslimische Bevölkerung geprägten Teilen der Welt, insbesondere im arabischen Raum, sind Tendenzen zur Stärkung der Menschenrechte und speziell des Folterverbots vorhanden.[691] Dies kommt – trotz all der mit ihr verbundenen Probleme – z.B. in der von der Organisation der Islamischen Konferenz verkündeten, ein ausdrückliches Folterverbot enthaltenden „Kairoer Erklärung der Menschenrechte im Islam"[692] zum Ausdruck.

---

689 Diese resultiert daraus, dass einige Staaten ihrer Verpflichtung zur Veröffentlichung des Textes der Konvention aus Art. 25 Afr.MRK nicht nachgekommen sind und ihr Text in die meisten afrikanischen Sprachen nicht einmal übersetzt wurde (Benedek, ZaöRV 1994, S. 150 (169)).

690 Englische Übersetzung abgedruckt in Hummer/Karl, Regionaler Menschenrechtsschutz, Bd. I, Teilbd. I/2, S. 1149ff.; Ratifikationsstand: 7 Staaten.

691 Bruha/Steiger, Folterverbot im Völkerrecht, S. 19; ergänzend s.u. 2. Teil, Drittes Kap., II), 1), a).

692 Auch dazu s.u. 2. Teil, Drittes Kap., II), 1), a).

Genauso lässt die am 15.09.1994 vom Rat der Arabischen Liga verabschiedete Arabische Charta der Menschenrechte[693] auf Bestrebungen zur Stärkung des regional-arabischen Menschenrechtsschutzes schließen. Diese ursprüngliche Arabische Charta der Menschenrechte trat jedoch nie in Kraft, da die erforderliche Anzahl von sieben Ratifikationen noch nicht einmal im Ansatz erreicht wurde.

Sie enthielt mit Art. 13 Abs. 1 S. 1 ein ausdrückliches Folterverbot:

„Die Vertragsstaaten schützen jede Person auf ihrem Hoheitsgebiet vor der Unterwerfung unter körperliche oder seelische Folter oder grausame, unmenschliche, erniedrigende oder unwürdige Behandlung und ergreifen wirksame Maßnahmen, um dies zu verhindern."

Einen Durchsetzungsmechanismus im eigentlichen Sinne beinhaltete die Charta nicht. Sie enthielt jedoch einen Überwachungsmechanismus. So sollten die Vertragsstaaten einem Expertengremium regelmäßig Berichte über die Menschenrechtssituation und die getroffenen staatlichen Maßnahmen zu deren Verbesserung vorlegen.[694] Ein Individual- oder Staatenbeschwerdeverfahren war nicht vorgesehen.[695] Damit blieb die Arabische Charta der Menschenrechte weit hinter dem Schutzniveau von EMRK und AMRK, ja sogar hinter dem der Afr.MRK, zurück. Dies mag auch der Grund gewesen sein, warum keiner der Mitgliedsstaaten der Arabischen Liga bereit war, die ursprüngliche Charta zu ratifizieren.[696]

Im Jahre 2004 nahm die Arabische Liga dann eine reformierte Version der Charta an. Diese „Überarbeitete Arabische Charta der Menschenrechte" vom 22.05.2004 trat am 15.03.2008 gem. ihres Art. 48 mit der siebten Ratifikation in Kraft. Mitgliedsstaaten sind momentan Katar, Jemen, Palästina, Saudi-Arabien, Jordanien, Bahrain, Algerien, Syrien, Libyen und die Vereinigten Arabischen Emirate.

Sie beinhaltet bürgerliche, politische, wirtschaftliche, soziale und kulturelle Rechte zuzüglich spezieller Bestimmungen für Frauen, Kinder, Migranten und Behinderte.

Obwohl die Charta eine weitere Annäherung an die internationalen menschenrechtlichen Standards mit sich bringt, bleibt sie in einigen elementaren Bereichen rückständig.[697]

So rekurriert die Präambel der Charta nicht nur auf die im Rahmen der VN entwickelten internationalen Menschenrechtsstandards, sondern nimmt auch auf die

---

693 Englische Übersetzung in HRLJ 18 (1997), S. 151ff.

694 Stein/v. Buttlar, Völkerrecht, Rn. 1100.

695 Stein/v. Buttlar, Völkerrecht, Rn. 1100.

696 Rishmawi, HRLR 2005, S. 361f.

697 Rishmawi, HRLR 2005, S. 361 (364).

„Kairoer Erklärung der Menschenrechte im Islam" Bezug. Diese offenkundig auf einem islamischen Grundverständnis basierende Erklärung wird allgemein als mit vielen Menschenrechtsaspekten nicht im Einklang befindlich kritisiert,[698] was beispielsweise darin zum Ausdruck kommt, dass der Vorbehalt der Vereinbarkeit mit der Scharia die gesamte Erklärung dominiert. Hierin ist ein eindeutiger Bruch mit den Menschenrechtsstandards der VN zu sehen. Zudem kommt sowohl in der Präambel als auch in Art. 2 AMRC ein antizionistisches Verständnis zu Tage. Zionismus wird mit Rassismus gleichgesetzt und als Menschenrechtsverletzung gebrandmarkt, die eine Bedrohung für den internationalen Frieden darstelle. Damit widerspricht die AMRC der VN-Generalversammlung, die bereits 1991 klargestellt hat, dass sie Zionismus nicht für eine Form von Rassismus und Rassendiskriminierung hält.[699]

Auch einige konkrete Bestimmungen der AMRC stehen nicht im Einklang mit internationalen Standards, z.B. ist durch den Verweis auf nationales Recht in Art. 7 lit. a AMRC die Verhängung und Vollstreckung der Todesstrafe auch bei Minderjährigen denkbar. Ausländern werden Rechte wie die Versammlungs- und Vereinigungsfreiheit nicht eingeräumt. Darüber hinaus werden der Fair-Trial-Grundsatz und einige personengebundene Freiheitsgarantien nicht oder zumindest nicht ausreichend verbürgt. Schließlich wird die Stellung der Frau nicht in allen Bereichen in gleichem Umfang wie die des Mannes gesichert.[700]

(a) Im Folterkontext relevante Regelungen

Für die vorliegende Untersuchung von besonderem Interesse ist die Tatsache, dass auch der ein Folterverbot formulierende Art. 8 AMRC nicht völlig mit internationalen Menschenrechtsstandards übereinstimmt. Art. 8 AMRC lautet wie folgt:[701]

„1. No one shall be subjected to physical or psychological torture or to cruel, degrading, humiliating or inhuman treatment.

2. Each state party shall protect every individual subject to its jurisdiction from such practices and shall take measures to prevent them. The commission of or participation in such acts shall be regarded as crimes that are punishable by law and not subject to any statute of limitation. Each state party shall guarantee in its

698 Ergänzend s.u. 2. Teil, Drittes Kap., II), 1), a).

699 UN-Doc. A/RES/46/86 v. 16.12.1991.

700 Ramcharan, Defence of Human Rights, S. 131; Rishmawi, HRLR 2005, S. 361 (369ff.).

701 Das in Art. 13 a.F. enthaltene Folterverbot gleicht dem des Art. 8 n.F. weitestgehend, dieser enthält jedoch unter lit. b), S. 2 zusätzlich einen Rechtsanspruch von Folteropfern auf Wiedergutmachung, Rehabilitation und Schadensersatz.

legal system redress for any victim of torture and the right to rehabilitation and compensation."

Anders als in den Folterverboten der VN-Instrumente, exemplarisch sind Art. 16 Abs. 1 VNAFK und Art. 7 IPbpR zu nennen, enthält Art. 8 Nr. 1 AMRC nur ein Verbot der grausamen, entwürdigenden oder unmenschlichen Behandlung, nicht jedoch einer derartigen Bestrafung. Dies ist der Reislamisierung des Strafrechts einiger muslimischer Staaten geschuldet, deren Strafrechtssysteme grausame Körper- und Todesstrafen vorsehen.[702] Es handelt sich allem Anschein nach um eine bewusste Aussparung. Die Behauptung, der Folterbegriff des Art. 8 AMRC sei identisch mit dem der VNAFK,[703] geht am Willen der „Konventionsväter" vorbei. Logische Konsequenz einer derartigen Ansicht wäre nämlich, Körperstrafen gegebenenfalls unter den Begriff der Folter i.e.S. zu subsumieren, was offensichtlich nicht beabsichtigt war.

Darüber hinaus wurde es versäumt, einen gleich ausdifferenzierten Passus wie den des Art. 2 Abs. 1 VNAFK aufzunehmen, nach dem „jeder Vertragsstaat wirksame gesetzgeberische, verwaltungsmäßige, gerichtliche oder sonstige Maßnahmen zu treffen hat, um Folterungen in allen seiner Hoheitsgewalt unterstehenden Gebieten zu verhindern."

Gleichfalls wurden einige in Bezug zur Folter stehende wichtige Prinzipien nicht in die Konvention aufgenommen, die stets durch die mit Folter befassten VN-Organe hervorgehoben wurden.[704] Anders als mit Artikel 15 VNAFK besteht nach der AMRC kein Beweisverwertungsverbot für durch Folter erlangte Aussagen, obwohl es sich dabei um ein wichtiges Präventionsinstrument handelt. Weiterhin mangelt es an einem in internationalen Menschenrechtsinstrumenten üblichen Derogationsverbot für Folter und ihr gleichgestellte Praktiken. Ein Ausschluss des sogenannten „Handelns auf Befehl" als Rechtfertigungsgrund für Folterungen besteht ebenfalls nicht.[705] Schließlich findet sich kein Verbot der Auslieferung an oder Abschiebung respektive Ausweisung in Staaten, in denen der betreffenden Person erhebliche Verletzungen ihrer Menschenrechte drohen.[706]

Bemerkenswert ist allerdings, dass in Art. 8 Abs. 1 AMRC keine Schranken bzw. Ausnahmen formuliert werden, was die Verbürgung als absolut erscheinen lässt. Zudem enthält Art. 8 Abs. 2 AMRC eine – keinerlei ausdrückliche Einschränkungen enthaltende – Pönalisierungspflicht für Folter i.w.S.

---

702 Ergänzend s.u. 2. Teil, Drittes Kap., II), 1), a).

703 So Rishmawi, HRLR 2005, S. 361 (372).

704 Rishmawi, HRLR 2005, S. 361 (373).

705 Derartige Regelungen finden sich explizit bspw. in Art. 33 ICCS oder Art. 2 Abs. 3 VNAFK.

706 Derartige Verbote enthalten dagegen Art. 3 VNAFK und Art. 7 IPbpR.

Besonders schwer wiegen allerdings Versäumnisse das Durchsetzungs- bzw. Kontrollverfahren betreffend.[707] Die Charta sieht in Art. 48 lediglich ein Arabisches Komitee für Menschenrechte zur Überwachung ihrer Verbürgungen vor, das gem. Art. 45 AMRC aus sieben besonders erfahrenen und kompetenten Mitgliedern bestehen soll. Die Hauptaufgabe dieses Komitees ist die Beschäftigung mit Berichten betreffend den jeweiligen Stand der Umsetzung der Charta-Verbürgungen, die ihm im Dreijahresturnus von den Mitgliedsstaaten zu übermitteln sind. Das Komitee kann den Mitgliedsstaaten Empfehlungen zur Verbesserung der Menschenrechtssituation machen. Ebenfalls ist die Anfertigung eines Jahresberichts vorgesehen, der dem Generalsekretär der Arabischen Liga zu übermitteln und der Öffentlichkeit zugänglich zu machen ist. Allerdings sind weder ein Beschwerdeverfahren noch anderweitige Sicherungsmechanismen, wie ein System präventiver Kontrollen von Haftanstalten, gegeben.

(b) Abschließende Bewertung

Trotz der Missstände ist der Aussage der ehemaligen VN-Hochkommissarin für Menschenrechte, Louise Arbour, zuzustimmen, die das Inkrafttreten der AMRC als begrüßenswert bezeichnet hat.[708] Die „Überarbeitete Arabische Charta der Menschenrechte" ist einerseits fortschrittlicher als ihre ursprüngliche Fassung, andererseits besteht seit ihrem Inkrafttreten erstmals ein System regionalen Menschenrechtsschutzes im arabischen Raum.[709]

Es bleibt zu hoffen, dass das nun in Vollzug gesetzte System der AMRC zumindest einen belebenden Effekt auf die Menschenrechtsdiskussion in der arabischen Region haben und einen gewissen politischen Druck auf die Nichtmitgliedsstaaten ausüben wird. Die erste Bewährungsprobe für die Vertragsstaaten des neuen Menschenrechtsinstruments wird darin liegen, ob sie eine unabhängige und effiziente Arbeit des Arabischen Komitees für Menschenrechte als Kontrollgremium zu gewährleisten bereit sind. Dafür werden sie angehalten sein, dem Komitee in jeder Hinsicht genügende finanzielle und personelle Mittel zur Verfügung zu stellen. Gerade im Rahmen des sich seit Ende 2010 ausbreitenden revolutionären Aufbegehrens in vielen Teilen der arabischen Welt, das unter

---

707 Rishmawi, HRLR 2005, S. 361 (365).

708 UN Press Release, High Commissioner for Human Rights welcomes ratification bringing into force Arab Charter on Human Rights, Geneva, 24.01.2008.

709 Der Vollständigkeit halber ist jedoch darauf hinzuweisen, dass einige arabische Länder (Ägypten, Algerien, Dschibuti, Libyen, Mauretanien, Somalia, Sudan und Tunesien) schon vor in Kraft treten der AMRC Vertragsstaaten der Afr.MRK waren und für sie somit bereits ein regionales Schutzsystem bestand. Dieser Faktor scheint sich zumindest bezüglich Algerien und Libyen positiv ausgewirkt zu haben, da die beiden Staaten zu den wenigen arabischen Staaten zählen, welche die AMRC bereits ratifiziert haben.

dem Schlagwort „Arabischer Frühling“ bekannt wurde und bereits zum Fall autoritärer Regimes in einigen arabischen Ländern geführt hat (Tunesien, Ägypten, Libyen), wird sich zeigen, ob der Menschenrechtsschutz im 21. Jahrhundert auch zu einer festen Größe in diesem Teil der Welt wird.

(4) Menschenrechtsschutz i.R. der SAARC und ASEAN

Eine Analyse der Situationen regionalen Menschenrechtsschutzes in der letzten noch nicht angesprochenen großen Weltregion, nämlich dem asiatisch-pazifischen Raum, hat unter Berücksichtigung der Tatsache zu geschehen, dass der asiatische Kontinent der größte der Erde ist und über 60 Prozent der Weltbevölkerung auf ihm leben.[710] Nach hiesigem Verständnis fallen unter den nicht-feststehenden Begriff „pazifischer Raum“ neben Australien und Neuseeland auch alle pazifischen Inseln.

Ein den gesamten asiatischen Raum abdeckendes regionales Instrument zum Menschenrechtsschutz fehlt bis heute.[711] Gleiches gilt für die Pazifik-Region.[712] Demzufolge existiert auch kein Folterverbot, was in ein System regionalen Menschenrechtsschutzes eingegliedert sein könnte.[713] Der asiatisch-pazifische Raum ist damit noch hinter der arabischen Hemisphäre die rückständigste Region in Hinblick auf den regionalen Menschenrechtsschutz. Die Ursache hierfür ist neben politischen Schwierigkeiten auch und gerade die kulturelle und wirtschaftliche Heterogenität der Region.[714] Nicht nur historische und ethnische Traditionen stehen im Widerstreit miteinander, sondern ebenfalls die verschiedenen Religionen.[715] Diese Verschiedenartigkeit macht das Erreichen eines Grundkonsenses in menschenrechtlichen Fragen schwieriger als in den anderen Weltregionen. Somit besteht wohl bestenfalls geringe Aussicht darauf, dass sich in absehbarer Zeit ein die ganze Region bzw. die Teilregion Asien und den „pazifischen Raum“ abdeckendes Instrument regionalen Menschenrechtsschutzes etablieren wird.

---

710 Glienicke, MRM 2007, S. 323 (326), Fn. 32.

711 Hummer/Karl, Regionaler Menschenrechtsschutz, Bd. I, Teilbd. I/2, S. 1169; Tomuschat, Human Rights, S. 33. Dies wiegt besonders schwer, da viele Länder Asiens die internationalen Menschenrechtspakte entweder nicht gezeichnet, oder jedenfalls nicht ratifiziert haben. Der IPbpR und die VNAFK wurden von besonders wenigen Staaten der Region ratifiziert (Hill, KAS 7/2010, S. 26 (29f.)).

712 Hummer/Karl, Regionaler Menschenrechtsschutz, Bd. I, Teilbd. I/2, S. 1169.

713 Bruha/Steiger, Folterverbot im Völkerrecht, S. 19.

714 Tomuschat, Human Rights, S. 33f.

715 Tomuschat, Human Rights, S. 34.

Es gibt jedoch im süd- und südostasiatischen Raum die „South Asian Association for Regional Cooperation“ (SAARC)[716] und die „Association of Southeast Asian Nations“ (ASEAN)[717]. Dabei handelt es sich um zwei regierungsamtliche Organisationen, die mit zwischenstaatlichen Angelegenheiten befasst sind,[718] insbesondere mit der Förderung des zwischenstaatlichen Wirtschaftsverkehrs und Techniktransfers.

(a) Im Folterkontext relevante Regelungen

Nach Art. 1 lit. b der SAARC-Satzung von 1985 zählt es zu den Hauptzielen der Organisation „(...) to provide all individuals the opportunity to live in dignity (...)“. Damit ist das wesentliche Rechtsgut des Folterschutzes, nämlich die Menschenwürde, an höchst prominenter Stelle erwähnt. Im Rahmen der SAARC fand der Menschenrechtsschutz aber trotz dieses weitreichenden Bekenntnisses lediglich im Zusammenhang zweier multilateraler Konventionen konkret Beachtung, die dem Schutz von Kindern und der Bekämpfung von Frauen- und Kinderhandel gewidmet sind.[719]

Für die ASEAN gewinnt der Menschenrechtsschutz im Gegensatz hierzu bereits allgemein an Bedeutung.[720] Ein in diesem Kontext entscheidendes Jahr war 2007, da am 20.11.2007 die Regierungschefs der ASEAN-Vertragsstaaten auf ihrem Gipfeltreffen anlässlich des vierzigjährigen Bestehens der Organisation eine Charta mit einem klaren Bekenntnis zu den Menschenrechten verabschiedeten und den Beschluss zur Einrichtung einer ASEAN-Menschenrechtskommission fassten.[721] Nachdem alle zehn ASEAN-Mitgliedsländer die Charta ratifizierten, trat sie am 15.12.2008 in Kraft. Damit wurde die ASEAN zu einer intergouvernementalen Organisation mit eigener Rechtspersönlichkeit.

---

716 SAARC-Mitgliedsstaaten sind: Afghanistan, Bangladesch, Bhutan, Indien, die Malediven, Nepal, Pakistan und Sri Lanka.

717 ASEAN-Mitgliedsstaaten sind: Brunei-Darussalam, Kambodscha, Indonesien, Laos, Malaysia, Myanmar, die Philippinen, Singapur, Thailand und Vietnam.

718 Glienicke, MRM 2007, S. 323 (328). Zu den regionalen NGOs, die sich dem Ziel des Menschenrechtsschutzes in Asien widmen, vgl. Hummer/Karl, Regionaler Menschenrechtsschutz, Bd. I, Teilbd. I/2, S. 1174f.

719 Glienicke, MRM 2007, S. 323 (328); Hummer/Karl, Regionaler Menschenrechtsschutz, Bd. I, Teilbd. I/2, S. 1171.

720 Glienicke, MRM 2007, S. 323 (328f.). Seit den 1990er Jahren kam es im asiatischen Raum zur Verabschiedung unverbindlicher Menschenrechtsdeklarationen, z.B. der „The Bangkok Declaration“ und der auf Veranlassung der ASEAN verabschiedeten „Kuala Lumpur Declaration on Human Rights“ (vgl. Hummer/Karl, Regionaler Menschenrechtsschutz, Bd. I, Teilbd. I/2, S. 1172f.).

721 Glienicke, MRM 2007, S. 323 (329.); Hill, KAS 7/2010, S. 26 (31).

Die Charta erwähnt den Menschenrechtsschutz wiederholt (Präambel Abs. 8, Art. 1 Abs. 7, Art. 2 Abs. 2 lit. i) und sieht in Art. 14 besagten „ASEAN Human Rights Body", das heißt die ASEAN-Menschenrechtskommission vor.[722]

Die Statuten dieser Institution wurden am 25.10.2009 verabschiedet, was zur Gründung der zwischenstaatlichen Menschenrechtskommission führte.[723] Laut den Statuten ist die Menschenrechtskommission u.a. mit der Aufrechterhaltung internationaler Menschenrechtsstandards betraut.[724] Trotz einer Bezugnahme auf internationale Menschenrechtsabkommen werden weder diese noch andere konkrete Bezugspunkte als verbindlicher Maßstab für den Menschenrechtsschutzauftrag der ASEAN-Menschenrechtskommission festgeschrieben. Allerdings ist die Kommission angehalten, eine eigene ASEAN-Menschenrechtsdeklaration zu entwickeln (Statuten Nr. 4.2). Zusätzlich umfasst ihr Mandat die Entwicklung von Strategien zur Förderung und zum Schutz der Menschenrechte, Öffentlichkeitsarbeit und Weiterbildung auf dem Gebiet IHR sowie die Werbung bei den Vertragsstaaten für den Beitritt zu internationalen Menschenrechtsverträgen.[725] Nach Art. 3 der Statuten ist sie allerdings ein lediglich beratendes Gremium, das nicht konfrontativ, sondern kooperativ tätig werden soll.[726] So ist die Beschlussfassung gem. Nr. 6.1 der Statuten nur konsensual möglich. Die Entscheidungen der Menschenrechtskommission sind nicht bindend, und sie ist dem Treffen der ASEAN-Außenminister rechenschaftspflichtig.[727] Sie setzt sich aus Entsandten der Regierungen der Vertragsstaaten zusammen, die von diesen jederzeit wieder abberufen und ersetzt werden können (Nr. 5.6 der Statuten). Es gibt nicht nur keine Möglichkeit individueller Eingaben an die Kommission. Eine derartige Möglichkeit wurde von offizieller Seite bei den Verhandlungen über das Statut nicht einmal diskutiert.[728]

Nach alldem ist die ASEAN-Menschenrechtskommission derzeit ein „zahnloser Tiger". So verwundert es kaum, dass sie es auf ihrer ersten Arbeitssitzung, auf der ein Entwurf ihrer Verfahrensregeln beraten wurde, ablehnte, Vertreter von NGOs zu empfangen, die einen eigenen Entwurf einbringen wollten. Ebenso lehnte sie es ab, sich mit der Petition der Angehörigen von Journalisten zu befassen, die bei einem Massaker im Süden der Philippinen im Jahre 2009 umgebracht wurden.[729] Es bleibt abzuwarten, ob man sich zu Gunsten eines wirklich effektiven Menschenrechtsschutzes vom Konsensprinzip löst und Sanktionie-

722 Hummer/Karl, Regionaler Menschenrechtsschutz, Bd. I, Teilbd. I/2, S. 1172.
723 Hill, KAS 7/2010, S. 26 (32).
724 Hill, KAS 7/2010, S. 26 (32).
725 Hill, KAS 7/2010, S. 26 (33).
726 Hill, KAS 7/2010, S. 26 (33).
727 Hill, KAS 7/2010, S. 26 (34).
728 Hill, KAS 7/2010, S. 26 (36).
729 Hill, KAS 7/2010, S. 26 (35).

rungsverpflichtungen samt eines ordentlichen Beschwerdeverfahrens in das Statut inkorporiert.

Letztlich ist ein formell wirksamer Menschenrechtsschutz generell nur in den asiatischen Ländern gewährleistet, die Vertragsstaaten der einschlägigen universellen Übereinkommen sind.[730] Gleiches gilt für den Folterschutz im Speziellen. Von dieser Feststellung auszunehmen sind die Länder auf asiatischem Territorium, die Mitglieder der EMRK sind. Dabei handelt es sich um Russland, die Türkei sowie die drei kaukasischen Republiken Armenien, Aserbaidschan und Georgien.[731] Demnach besteht zumindest für diesen verhältnismäßig kleinen Teil Asiens ein wirksames regionales Menschenrechtsschutzsystem.

Im gesamten „pazifischen Raum" hat keiner der dortigen Staaten eine Mitgliedschaft in einer regionalen Menschenrechtskonvention vorzuweisen.[732] Damit bleibt diese Region in puncto regionalem Menschenrechtsschutz bei formaler Betrachtung noch hinter Asien zurück. Allerdings sind Australien, Neuseeland und Papua-Neuguinea, also die bevölkerungsreichsten Staaten dieses Territoriums, Vertragsstaaten des IPbpR, wobei die beiden erstgenannten Länder auch die VNAFK ratifiziert haben.

(b) Abschließende Bewertung

Auch aufgrund des schon formell mangelhaften regionalen und nationalen Menschenrechtsschutzes in großen Teilen des asiatisch-pazifischen Raums finden dort kontinuierlich erhebliche Verletzungen der Menschenrechte statt, was durch die Jahresberichte von „Human Rights Watch"[733] und „Amnesty International"[734] belegt ist.[735] Insofern ist die Notwendigkeit eines verbindlichen regionalen Menschenrechtsinstruments bzw. für die Teilregionen verbindlicher Menschenrechtsinstrumente evident. Die ASEAN-Mitgliedsstaaten könnten hier,

730 Bruha/Steiger, Folterverbot im Völkerrecht, S. 19.

731 Die zentralasiatischen Staaten Kirgisien und Tadschikistan sind daneben Vertragsstaaten der GUSMRK, was auch für Russland gilt, für das somit eine „Doppelbindung" besteht, scil. an die EMRK und die GUSMRK (zur GUSMRK s. den nachfolgenden Abschn.).

732 Hummer/Karl, Regionaler Menschenrechtsschutz, Bd. I, Teilbd. I/2, S. 1169.

733 Human Rights Watch, World Report 2012, Abschn. Asia, http://www.hrw.org/sites/default/files/reports/wr2012.pdf.

734 Amnesty International, Jahresbericht 2011, Abschn. Asien und Pazifik, http://www.amnesty.de/jahresbericht/2011/asien-und-pazifik.

735 Die Ratifikation universeller Menschenrechtskonventionen durch einige Länder des asiatisch-pazifischen Raums ändert an diesem generellen Befund leider nichts.

sollten sie der ASEAN-Menschenrechtskommission zukünftig mehr Autonomie zugestehen, eine Vorreiterstellung einnehmen.[736]

(5) GUSMRK von 1995[737]

Ein weiteres Menschenrechtsinstrument, was sowohl asiatische als auch europäische Gebiete abdeckt, soll an dieser Stelle nicht unerwähnt bleiben, nämlich die „Konvention über die Rechte und Grundfreiheiten der Menschen der Gemeinschaft unabhängiger Staaten". Sie wurde am 26.05.1995 in Minsk gezeichnet.[738] Nach ihrem Art. 38 trat sie mit der dritten Ratifikation am 11.08.1998 in Kraft.[739]

Der Präambel zufolge steht die GUSMRK in der Tradition der AEMR, der VN-Menschenrechtspakte sowie der menschenrechtlichen Verbürgungen, wie sie dem System der OSZE entspringen.

Die GUSMRK reflektiert besonders die kulturellen und ideologischen Eigenarten und das aus diesen resultierende Menschenbild der Völker der UdSSR-Nachfolgestaaten. Sie ist aber keinesfalls als Gegenentwurf zur AEMR zu verstehen. Vielmehr dienen die Feststellungen der AEMR als Orientierungshilfe.[740]

Die Konvention sichert den Bürgern der Vertragsstaaten umfassende Rechte und Freiheiten zu,[741] schränkt diese mitunter jedoch auch ein und spricht die Pflichtenstellung des Einzelnen gegenüber Staat und Gesellschaft an[742].

---

736 Glienicke, MRM 2007, S. 323 (331).

737 Englische Übersetzung abgedruckt in HRLJ (Vol. 17) 1996, S. 159-162.

738 Neben den bereits oben genannten Ländern Russland, Kirgisien und Tadschikistan wurde die Konvention an besagtem Datum von weiteren vier der zwölf Mitgliedsstaaten der GUS unterzeichnet, namentlich Armenien, Weißrussland, Georgien und Moldawien.

739 Vertragsstaaten sind derzeit Russland, Weißrussland, Kirgisien und Tadschikistan.

740 Kölbl, Global View 2004, S. 15.

741 Der Fokus der in den Art. 2 bis 29 GUSMRK aufgezählten Rechte liegt neben den klassischen Abwehr- bzw. Freiheitsrechten auf den Grundrechten der zweiten Generation (dazu s.o. 1. Teil, Zweites Kap., II), 2), b), aa), (4), dort Fn. 675), bspw. dem Recht auf Arbeit, Gesundheitsfürsorge und soziale Absicherung. Diese Grundrechtsgeneration hat ihre Wurzeln im sozialistisch-kommunistischen Gedankengut der UdSSR, denn sie spiegelt dessen Betonung des Kollektivs gegenüber dem Individuum wider, scil. des Subordinationsanspruchs des Systems gegenüber dem Individuum. Dieser (Allmachts-) Anspruch findet seine Rechtfertigung darin, dass nicht nur der Bürger sein ganzes Leistungsvermögen zu Gunsten der Gemeinschaft einsetzt, sondern auch der Staat etwas gibt, nämlich umfassende soziale Absicherung. Konsequenter-

(a) Im Folterkontext relevante Regelungskomplexe

Ein wie folgt lautendes, dem Wortlaut nach nicht beschränktes bzw. nicht einschränkbares und damit absolutes Folterverbot findet sich in Art. 3 der Konvention:

„Niemand soll der Folter oder grausamer, unmenschlicher oder erniedrigender Behandlung oder Strafe unterzogen werden. Niemand soll ohne seine freie Zustimmung medizinischen oder wissenschaftlichen Experimenten unterzogen werden.“

Mit Art. 5 Nr. 4 GUSMRK wird jeder Person, der die Freiheit entzogen wurde, das Recht auf menschenwürdige Behandlung zugesprochen. Ferner wird allen Personen, die einer unrechtmäßigen Haft oder einem ungesetzlichen Arrest ausgesetzt waren, ein Schadensersatzanspruch eingeräumt.

In Artikel 35 Nr. 1 GUSMRK findet sich eine Notstandsklausel, der in Nr. 2 jedoch ein Derogationsverbot hinsichtlich des Folterverbots des Art. 3 GUSMRK folgt.

Die Überwachung der Einhaltung der durch die Konvention verbürgten Menschenrechtsverpflichtungen obliegt nach Art. 34 GUSMRK der GUS-Menschenrechtskommission.[743] Die bereits am 24.09.1993 verabschiedeten „Bestimmungen über die GUS-Menschenrechtskommission“[744], die quasi das Statut der GUS-Menschenrechtskommission sind, bilden einen zwar separaten, dennoch aber integralen Bestandteil der Konvention. Das Statut der Kommission trat gemeinsam mit der GUSMRK am 26.05.1995 in Kraft.

Nach Abschnitt I Nr. 1 der „Bestimmungen über die GUS-Menschenrechtskommission“ soll die Kommission aus Bürgern der Vertragsstaaten zusammengesetzt sein, die hohe moralische Achtung genießen und erwiesenermaßen besonders sachkundig auf dem Gebiet der Menschenrechte sind. Gem. Nr. 2 des gleichen Abschnitts soll jede Vertragspartei einen Repräsentanten nebst einem Stellvertreter in die Kommission entsenden. Abschnitt I Nr. 8 sieht die Bildung von Arbeitsgruppen zu Erörterung spezieller Fragestellungen vor, wobei auch externe Experten zu den Sitzungen hinzugezogen werden können. Die Kommission soll dem GUS-Rat der Staatsoberhäupter einen jährlichen Tätigkeitsbericht vorlegen (vgl. Abschnitt I Nr. 11).

---

weise sah die sowjetisch-kommunistische Denkschule die gegen den Staat gerichteten Freiheitsrechte der ersten Generation aufgrund ihres Staatsverständnisses eher kritisch.

742 Kölbl, Global View 2004, S. 15.

743 Auch Art. 33 des bereits am 22.01.1993 zur Unterzeichnung aufgelegten Statuts der GUS sieht die Einrichtung einer Menschenrechtskommission vor (s. Hinweis bei Hummer/Karl, Regionaler Menschenrechtsschutz, Bd. I, Teilbd. I/1, S. 604).

744 Englische Übersetzung abgedruckt in HRLJ (Vol. 17) 1996, S. 163f.

Abschnitt II sieht ein Staatenbeschwerdeverfahren vor, das jedem Mitgliedsstaat die Möglichkeit eröffnet, vor der Kommission Menschenrechtsverletzungen einer anderen Vertragspartei zu rügen. Erst nachdem auf eine Einigung innerhalb von sechs Monaten nach Übermittlung der Vorwürfe der anklagenden an die beschuldigte Partei hingewirkt wurde, kann die Kommission eingeschaltet werden (vgl. Abschnitt II Nr. 2). Zu ihrer Entscheidungsfindung ist die Kommission befugt, die widerstreitenden Parteien zur Beibringung aller relevanten Informationen zu ersuchen (vgl. Abschnitt II Nr. 4). Konnte eine vorgelegte Frage nicht zur Zufriedenheit der beteiligten Parteien gelöst werden, so ist die Kommission mit Einverständnis der Parteien ermächtigt, eine spezielle Vermittlungs-Unterkommission einzusetzen.

Abschnitt III sieht ein Individualbeschwerdeverfahren vor, was Einzel- und Sammelklagen einschließt, die von NGOs oder Einzelpersonen im Falle vermuteter Menschenrechtsverletzungen eingereicht werden können.[745] In Abschnitt III Nr. 2 werden als Zulässigkeitsvoraussetzungen genannt, dass die beklagte Menschenrechtsverletzung nicht Gegenstand eines anderen internationalen Untersuchungs- oder Schadenersatzverfahrens sein darf, dass die Klage nicht in anonymer Form erfolgen kann und dass der nationale Rechtsweg für den Kläger erschöpft sein muss. Seit diesem Zeitpunkt dürfen nicht mehr als sechs Monate vergangen sein.

Nach Nr. 1 des „letzten" Abschnitts sollen die „Bestimmungen über die GUS-Menschenrechtskommission" nicht die VN-Menschenrechtsverfahren, wie sie in der VN-Charta und in den VN-Menschenrechtspakten vorgesehen sind, beeinträchtigen. Auch sollen sie die Vertragsparteien nicht daran hindern, sich anderer Verfahren der Streitbeilegung auf Basis internationaler Übereinkünfte zu bedienen.

Allerdings wurde die GUS-Menschenrechtskommission bislang nicht eingerichtet.[746] Eine Aussage über die Praxistauglichkeit des skizzierten Systems ist demnach nicht möglich.

(b) Abschließende Bewertung

Bei einer Gesamtwertung der GUSMRK fällt zunächst auf, dass die numerisch nur kleine Anzahl an Mitgliedsstaaten de facto Pate für ein großes geographisches Gebiet mit einer nicht geringen Bevölkerungsanzahl steht. Grundsätzlich positiv zu bewerten ist, dass dieser Raum zumindest formell unter dem Regime eines eigenen regionalen Menschenrechtsinstruments steht.

---

745 Das genaue Verfahren ergibt sich aus den ergänzend zu den „Bestimmungen betreffend die GUS-Menschenrechtskommission" ergangenen „rules of procedure".

746 Hummer/Karl, Regionaler Menschenrechtsschutz, Bd. I, Teilbd. I/1, S. 604.

Allerdings ist das System der GUSMRK von zweifelhafter juristischer Güte. Die Mängel der Konvention liegen dabei mehr im verfahrensrechtlichen als im materiell rechtlichen Bereich.

So sind die Verfahren vor der GUS-Menschenrechtskommission intransparent. Zudem gibt es kein Verfahren der streitigen Gerichtsbarkeit.[747] Das gesamte Rechtsschutzsystem fußt, ähnlich dem Verfahren der Afr.MRK vor dem ZP von 1998, auf vertraulicher und diplomatischer Streitbeilegung. Diese Mängel müssten nicht zwangsläufig schwer wiegen, denn die Effektivität eines internationalen Systems zum Schutz der Menschenrechte steht und fällt nicht unbedingt mit der Möglichkeit von Kontrollorganen, rechtlich verbindliche Entscheidungen fällen zu können. Vielmehr ist die Erheblichkeit politischer Faktoren im internationalen Menschenrechtsschutz nicht zu unterschätzen. So kann einem juristisch nicht vollends befriedigenden System, das aber die Einsetzung eines Gremiums anerkannter Experten vorsieht, die ihre Meinung unabhängig bilden und die Öffentlichkeit frei informieren können, politisch eminente Bedeutung zukommen.

Anders liegt der Fall bei GUSMRK und GUS-Menschenrechtskommission. So sticht die beabsichtigte ausschließliche Zusammensetzung der Kommission aus Staatsvertretern der Mitgliedsstaaten bereits negativ ins Auge,[748] da sie die Unabhängigkeit des vorgenannten Organs stark in Frage stellen würde. Ferner gehen die Befugnisse der Kommission nicht weit genug, um einen wirksamen Menschenrechtsschutz gewährleisten zu können. Dies zeigt sich schon darin, dass bei Nichtkooperation einer Partei, die einer Menschenrechtsverletzung beschuldigt ist, kein effizienter Mechanismus zur Verfügung steht, sie zur Preisgabe verfahrensrelevanter Informationen zu bewegen. Des Weiteren soll bei der Entscheidungsfindung stets auf Einvernehmen mit den widerstreitenden Parteien hingewirkt werden. Das schließt eine klare Rüge des Verhaltens einer Vertragspartei eher aus. Besonders schwer wiegt, dass die Verfahren vor der GUS-Menschenrechtskommission allesamt vertraulich sein sollen und auch der Jahresbericht lediglich dem GUS-Rat der Staatsoberhäupter vorgelegt werden soll. Dadurch kann der notwendige öffentliche Druck auf einen die Menschenrechte verletzenden GUSMRK-Mitgliedsstaat nicht erzeugt werden.

In Anbetracht dieser schon konzeptionellen Mängel ist es kaum verwunderlich, dass die Parlamentarische Versammlung des Europarates in einer die Koexistenz von EMRK und GUSMRK betreffenden Resolution aus dem Jahre 2001 Zweifel an der Vereinbarkeit beider Menschenrechtsinstrumente bekundete.[749] Diese

---

747 Frowein, HRLR 1996, S. 181 (183).

748 Vgl. Frowein, HRLR 1996, S. 181 (183).

749 Council of Europe, Parliamentary Assembly, Standing Committee acting on behalf of the Assembly, Resolution 1249 (2001). Zu dem Problem der Vereinbarkeit von EMRK und GUSMRK vgl. auch Hummer/Karl, Regionaler Menschenrechtsschutz, Bd. I, Teilbd. I/1, S. 604f.

rührten daher, dass die GUSMRK sowohl im Hinblick auf die Bandbreite ihrer materiellen Verbürgungen als auch betreffend das Durchsetzungsverfahren weniger Schutz als die EMRK bietet. Die GUS-Menschenrechtskommission gewährleistet weder die Unparteilichkeit und Unabhängigkeit des EGMR, noch haben ihre Empfehlungen den zwingenden Charakter der Urteile des Gerichtshofs. Nicht zuletzt zieht eine Ratifikation beider Konventionen spezifische Schwierigkeiten in Fällen nach sich, die zwar eine Verletzung der EMRK darstellen, nicht jedoch der GUSMRK. Um die Problematik auf die Spitze zu treiben, stelle man sich einen Fall vor, in dem ein gegen die EMRK, nicht aber gegen die GUSMRK verstoßendes Verhalten in einem Verfahren vor der GUS-Menschenrechtskommission explizit als im Einklang mit der GUSMRK stehend eingestuft würde.[750]

Aufgrund der verfahrensrechtlichen Schwächen der GUSMRK und der mit einer gleichzeitigen Ratifikation von EMRK und GUSMRK verbundenen Probleme liegt es nahe, den GUS-Staaten unter den Mitgliedsländern der EMRK, die noch keine Vertragsstaaten der GUSMRK sind, von einer Ratifikation letztgenannter Konvention abzuraten.[751]

Schwerer als die konzeptionellen Mängel der GUSMRK wiegen jedoch die Versäumnisse im Hinblick auf die (Nicht-)Einrichtung der GUS-Menschenrechtskommission als zentralem Element des GUS-Menschenrechtsschutzes.

ab) Folterverbot in speziellen Anti-Folter-Konventionen

Wie auf universeller, so gibt es auch auf regionaler Ebene nicht nur allgemeine Menschenrechtsverträge, die neben diversen anderen Verbürgungen ein Folterverbot enthalten, sondern seit rund 20 Jahren auch spezielle Anti-Folter-Konventionen, welche sich ausschließlich mit der Folter befassen.

(1) Europäisches Übereinkommen zur Verhütung von Folter und unmenschlicher oder erniedrigender Behandlung oder Strafe von 1987[752]

Das im Rahmen des Europarates ausgearbeitete Europäische Übereinkommen zur Verhütung von Folter und unmenschlicher oder erniedrigender Behandlung oder Strafe vom 26.06.1987 ist am 01.02.1989 in Kraft getreten.

---

750 Dieser Gedanke findet sich auch bei Frowein, HRLR 1996, S. 181 (183).

751 Frowein, HRLR 1996, S. 181 (184).

752 BGBl. 1989, Teil II, S. 946; Ratifikationsstand: 47 Vertragsstaaten (alle Mitglieder des Europarates).

Im Gegensatz zu den Verfahren der EMRK und der ursprünglichen VNAFK ohne ZP beinhaltet die EuAFK kein weiteres justizförmiges (Beschwerde-)Verfahren,[753] sondern ein Besuchssystem mit präventivem Charakter.[754] Dieses durch das Sammeln von Fakten und Unterbreiten von Vorschlägen gekennzeichnete Verfahren hat gegenüber den hergebrachten IHRL-Verfahren, die von Kompliziertheit und langer Dauer geprägt sind, den Vorteil besonderer Effektivität und Schnelligkeit.[755] Im Hinblick auf den bereits vor Inkrafttreten der EuAFK bestehenden regional-europäischen Folterschutz durch die EMRK ist die EuAFK als Ergänzung um ein spezifisches, vorbeugendes Element zu verstehen.[756] Dazu orientiert sie sich an dem in den Genfer Konventionen vorgesehenen Besuchssystem,[757] das dem Internationalen Komitee vom Roten Kreuz ein Zugangsrecht zu Orten gewährt, an denen Kriegsgefangene festgehalten werden, um einen besonderen Schutz für sie zu erreichen.[758]

(a) Regelungskomplexe

Nach Art. 1 EuAFK wurde ein unabhängiges internationales „Komitee zur Verhütung der Folter" gebildet, das im Rahmen des Systems der EuAFK die Funktion erfüllt, die das ICRC im System der Genfer Konventionen wahrnimmt.[759] Die Mitgliederzahl des Komitees richtet sich gem. Art. 4 Abs. 1 EuAFK nach der Zahl der Vertragsstaaten. Pro Vertragsstaat darf nach Art. 4 Abs. 3 EuAFK jeweils nur ein Bürger Komiteemitglied sein, wobei es sich um Persönlichkeiten mit hohem sittlichen Ansehen und besonderer Expertise handeln soll (Art. 4 Abs. 2 EuAFK). Die vom Ministerkomitee des Europarates gem. Art. 5 EuAFK zu wählenden Mitglieder müssen unabhängig und unparteiisch sein (Art. 4 Abs.

---

753 Lüthke, ZRP 1988, S. 52; Marx, KJ 2004, S. 278 (281); Villiger, in Thürer, EMRK, S. 78.

754 Die Ausgestaltung der EuAFK ist der Erkenntnis geschuldet, dass die meisten Folterungen am Ort der Inhaftierung und im unmittelbaren zeitlichen Kontext der Verhaftung stattfinden. Ein jederzeit mit einem Besuch einer unabhängigen int. Abordnung rechnender Vertragsstaat bzw. dessen Vollzugsorgane sehen sich einer höheren psychischen Hemmschwelle ausgesetzt, festgehaltene Personen zu foltern bzw. ähnliche Handlungen an ihnen vorzunehmen.

755 Lüthke, ZRP 1988, S. 52 (54).

756 Löwe/Rosenberg, Bd. 8, Art. 3 EMRK/Art. 7 IPbpR, Rn.5; Marx, KJ 2004, S. 278 (281). Demnach verwundert es auch nicht, dass die EuAFK kein eigentliches Folterverbot mehr beinhaltet, geschweige denn eine eigene Folterdefinition.

757 Siehe oben 1. Teil, Zweites Kap., I), 2), b), ab).

758 Hofmann (in Ostendorf: Folter), Völkerrechtliches Folterverbot, S. 9 (16); Lüthke, ZRP 1988, S. 52.

759 Kaiser (in Köhne: Zukunft der Menschenrechte), Folter, S. 141ff.; Lüthke, ZRP 1988, S. 52.

4 EuAFK). Nach Art. 5 EuAFK werden sie für vier Jahre gewählt. Einmalige Wiederwahl ist zulässig. Die Mitglieder des CPT haben das Recht, in den Vertragsstaaten Haftanstalten[760] und sonstige Orte, an denen Menschen auf behördliche Anordnung festgehalten werden,[761] kurzfristig zu besuchen (Art. 8 Abs. 1 i.V.m. Art. 2 EuAFK). Nach Art. 8 Abs. 1 EuAFK soll das CPT die Regierung eines Vertragsstaats, in dem ein Besuch beabsichtigt ist, von dieser Absicht im Voraus unterrichten. Eine Anmeldefrist von mindestens 24 Stunden ist zu berücksichtigen.[762] Die Vertragsstaaten haben nicht das Recht, ein Mitglied des CPT von der Teilnahme an einem Besuch auszuschließen. Sie können gem. Art. 14 Abs. 3 EuAFK lediglich in Ausnahmefällen einen gesondert hinzugezogenen Experten oder einen Übersetzer ausschließen. Der Ausschuss ist von den Mitgliedsstaaten über alle Orte zu unterrichten, an denen Personen auf behördliche Anordnung die Freiheit entzogen ist (Art. 8 Abs. 2 lit. b EuAFK). Zu derartigen Orten ist unbeschränkter Zugang zu gewähren. Ferner ist vor Ort ungehinderte Bewegungsfreiheit zu gewährleisten (Art. 8 Abs. 2 lit. c EuAFK). Dem CPT ist Gelegenheit zu unüberwachten Gesprächen mit Inhaftierten und Informationspersonen zu geben (Art. 8 Abs. 3, 4 EuAFK). So können eventuelle Missstände unverblümt zur Sprache gebracht werden. Infolge der Besuche werden allgemein nur dem verantwortlichen Vertragsstaat zu übersendende vertrauliche Berichte angefertigt, die es ermöglichen, dezidiert auf entdeckte Missstände hinzuweisen und in einen konstruktiven Dialog nach Art. 3 EuAFK zu treten, um Verbesserungen der Haftsituation zu erreichen.[763]

Nach Art. 12 i.V.m. Art. 11 EuAFK erstellt das Komitee alljährlich einen allgemeinen Bericht über seine Tätigkeiten, der veröffentlicht wird. Einzige Sanktionsmöglichkeit des CPT ist eine öffentliche Erklärung, wenn ein Vertragsstaat die Zusammenarbeit mit dem Komitee oder die Verbesserung der Haftsituation im Sinne einer Empfehlung des CPT verweigert (Art. 10 Abs. 2 EuAFK).

Problematisch erscheint Art. 9 EuAFK, nach dem – bei Vorliegen der dort näher spezifizierten „außergewöhnlichen Umstände“ – Vertragsstaaten Einwände gegen Zeitpunkt oder Ort eines beabsichtigten Besuchs vorbringen können. Gem. Art. 9 Abs. 1 EuAFK können „solche Einwände nur aus Gründen der nationalen Verteidigung oder der öffentlichen Sicherheit oder wegen schwerer Störungen der Ordnung an Orten, an denen Personen die Freiheit entzogen ist, wegen des Gesundheitszustands einer Person oder einer dringenden Vernehmung in einer laufenden Ermittlung im Zusammenhang mit einer schweren Straftat erhoben werden.“ Gerade die genannten, einen Besuch zu suspendieren vermögenden

---

760 Bspw. Strafhaft-, Untersuchungshaft-, Erzwingungshaft- und Arrestanstalten.

761 Bspw. Abschiebehaftanstalten, militärische Arrestanstalten, geheime Haftstätten, Umerziehungslager, psychiatrische oder sonstige Krankenhäuser.

762 Villiger (in Thürer, EMRK), Rspr. EGMR zu Art. 3 EMRK, S. 78.

763 Löwe/Rosenberg, Bd. 8, Art. 3 EMRK/Art. 7 IPbpR, Rn.5.

Situationen sind jedoch angesichts des Schutzzwecks der Konvention besonders problematisch, da „verschärfte“ Vernehmungsmethoden bis hin zur Folter gerade im Zusammenhang mit Verhören bei besonders schweren und/oder politischen Straftaten sowie bei der Niederschlagung von Gefängnisrevolten vorkommen.[764] Darüber hinaus ist besonders der schlechte Gesundheitszustand eines Inhaftierten geeignet einen Misshandlungsverdacht zu erwecken bzw. zu verstärken und lässt einen CPT-Besuch somit als besonders nötig erscheinen.[765] Des Weiteren ist auf die Regelung des Art. 9 Abs. 2 EuAFK hinzuweisen, der besagt, dass im Falle des Erhebens von Einwänden durch einen Vertragsstaat im Sinne von Art. 9 Abs. 1 EuAFK unverzüglich Konsultationen zwischen diesem und dem Komitee aufzunehmen sind, um eine einvernehmliche Lösung zu finden. Die Beratungen sollen auch dazu dienen, es dem CPT zeitnah zu ermöglichen, das mit dem beabsichtigten Besuch verbundenen Ziel gegebenenfalls anderweitig zu erreichen. Dies ändert jedoch nichts daran, dass Art. 9 Abs. 1 EuAFK einem Einwände erhebenden Vertragsstaat die Möglichkeit einräumt, mittels einer Verzögerungstaktik das „Überraschungsmoment“ als Hauptabschreckungsmoment der EuAFK zu unterminieren.

Schließlich bleibt die EuAFK dem Grundsatz nach auch in Kriegszeiten oder während eines Ausnahmezustands anwendbar.[766]

(b) Abschließende Bewertung

Die Konvention kann als richtungsweisendes Menschenrechtsinstrument bezeichnet werden,[767] das nicht nur bloße politische Willensbekundung der Vertragsstaaten ist. Vielmehr ist die abschreckende Wirkung der EuAFK durch die Möglichkeit des Aufdeckens und öffentlich Anprangerns von Folter i.w.S., abgesehen von den oben beschriebenen Bedenken betreffend Art. 9 EuAFK, nicht zu unterschätzen. In dieses Bild passt auch das mittlerweile große Ansehen des CPT.[768]

---

764 Lüthke, ZRP 1988, S. 52 (54).

765 Lüthke, ZRP 1988, S. 52 (54).

766 Lüthke, ZRP 1988, S. 52 (53). Zu der Beziehung von IHRL und Humanitärem Völkerrecht s.o. 1. Teil, Zweites Kap., I), 2), d).

767 An der EuAFK hat sich z.B. das ZP zur VNAFK orientiert (dazu s.o. 1. Teil, Zweites Kap., II), 2), a), ac), (8)).

768 Hofmann (in Ostendorf: Folter), Völkerrechtliches Folterverbot, S. 9 (16).

(2) Interamerikanische Konvention zur Verhütung und Bestrafung der Folter von 1985[769]

Auf dem Gipfel von Cartagena (Kolumbien) hat die Generalversammlung der OAS am 09.12.1985 die „Interamerikanische Konvention zur Verhütung und Bestrafung der Folter" verabschiedet, die mit der zweiten Ratifikation in Übereinstimmung mit ihrem Art. 22 am 28.02.1987 in Kraft trat.

Der Verabschiedung der „Interamerikanischen Konvention zur Verhütung und Bestrafung der Folter" ging ein im Jahre 1978 einsetzender Prozess der Ausarbeitung von Konventionsentwürfen voraus. Die Generalversammlung der OAS hat damals das Interamerikanische Juristische Komitee ersucht, unter Mitwirkung der Interamerikanischen Menschenrechtskommission einen Konventionsentwurf zu erarbeiten, der dem Leitmotiv folgen sollte, Folter als ein internationales Verbrechen zu ächten.

Im darauf folgenden Jahr hat die Menschenrechtskommission bereits einen eigenen Entwurf vorgelegt. In Art. 10 dieses Entwurfs wurde bestimmt, dass „eine unter Folterverdacht stehende Person in jedem Mitgliedsstaat der Konvention, in dem sie sich aufhält, mit Verfolgung wegen der unterstellten Folterung als Straftat rechnen muss". Diese etwas allgemein gehaltene Formulierung lässt schon erkennen, dass ein der Folter Verdächtiger zumindest im Hoheitsbereich der Vertragsstaaten keinen „sicheren Hafen" finden sollte. Dieses Ziel wurde in Art. 11 konkretisiert, der weitgehende strafanwendungsrechtliche Regelungen enthielt. So umfasste er das Territorialitätsprinzip, das aktive und passive Personalitätsprinzip, aber auch, was besonders progressiv erscheint, das vertraglich vereinbarte bedingte Weltrechtsprinzip.[770] In Art. 6 des Entwurfs wurde Folter als eine gewöhnliche Straftat definiert. Da gewöhnliche Straftaten im Allgemeinen keine Gewährung politischen Asyls rechtfertigen, kam es der Menschenrechtskommission wohl gerade darauf an, Folterern nicht die Möglichkeit einzuräumen, sich durch Asyl ihrer Bestrafung zu entziehen; zumindest nicht innerhalb des durch die Vertragsstaaten abgedeckten geographischen Raums.[771]

Darüber hinaus hat auch das Interamerikanische Juristische Komitee den amerikanischen Staaten einen eigenen Entwurf vorgelegt, der die in dem Entwurf der Menschenrechtskommission enthaltenen Vorschläge aber leider nicht zur Genü-

---

769 Department of International Law, Organization of American States, Washington D.C., 09.12.1985, http://www.oas.org/juridico/English/treaties/a-51.html; Ratifikationsstand: 18 Staaten.

770 Auch die VNAFK sieht ein vertraglich vereinbartes bedingtes Weltrechtsprinzip vor (s.o. 1. Teil, Zweites Kap., II), 2), a), ac), (6)).

771 Nach Raess ist eine Anerkennung der Folter als politische Straftat schon aufgrund der von ihm unterstellten „erga omnes"-Wirkung des Folterverbots (dazu s.u. 1. Teil, Drittes Kap., III)) ausgeschlossen.

ge aufgegriffen hat.[772] Allerdings wurde Folter in Art. 1 dieses Entwurfs gleich dem Entwurf der Menschenrechtskommission immerhin als ein internationales Verbrechen charakterisiert.

Derzeit sind 18 Länder Vertragsstaaten der IAAFK, unter ihnen befinden sich die meisten zentral- und südamerikanischen Staaten. Einziger nordamerikanischer Vertragsstaat ist Mexiko. Die USA und Kanada haben ihrer unrühmlichen Tradition folgend auch dieses regionale Menschenrechtsinstrument nicht ratifiziert.[773] Die karibischen OAS-Mitgliedsländer sind ebenfalls keine Vertragsstaaten der IAAFK.

Die IAAFK ist in Tradition anderer, im Rahmen des Systems der AMRK erzielter Übereinkünfte zu sehen,[774] die allesamt den Menschenrechtsschutz zu stärken suchen. In der Präambel wird gleich zu Beginn explizit auf das Folterverbot in Art. 5 Abs. 2 AMRK Bezug genommen.

(a) Folterbegriff des Art. 2 IAAFK

Eine ausdrückliche und ausführliche Definition dessen, was nach der IAAFK als Folter zu verstehen ist, enthält Artikel 2 IAAFK:

„For the purpose of this Convention, torture shall be understood to be any act intentionally performed whereby physical or mental pain or suffering is inflicted on a person for purpose of criminal investigation, as a means of intimidation, as personal punishment, as a preventive measure, as a penalty, or for any other purpose. Torture shall be understood to be the use of methods upon a person intended to obliterate the personality of the victim or to diminish his physical or mental capacities, even if they do not cause physical pain or mental anguish.

The concept of torture shall not include physical or mental pain or suffering that is inherent in or solely the consequence of lawful measures, provided that they do not include the performance of the acts or use of the methods referred to in this article."

Die Aufnahme einer Folterdefinition in eine bindende völkervertragliche Übereinkunft ist untypisch. Schließlich findet sich einzig in der VNAFK ebenfalls eine Definition der Folter.

Jede Handlung ist nach der IAAFK-Definition Folter, wenn einer Person dadurch vorsätzlich physische oder seelische Schmerzen oder Leiden beige-

---

772 Nikken (in Cassese: Int. Fight Against Torture), L'action contre la torture dans le système interaméricain, S. 94.

773 Was auch schon für die AMRK gilt (s.o. 1. Teil, Zweites Kap., II), 2), b), aa), (3)).

774 Bspw. der Amerikanischen Deklaration der Rechte und Pflichten des Menschen (dazu s.o. 1. Teil, Zweites Kap., II), 2), b), aa), (3)).

bracht werden, die – anders als in der Folterdefinition des Art. 1 Abs. 1 VNAFK – nicht von besonderer Schwere sein müssen. Nach der IAAFK sind auch Methoden der Wertung als Folter i.e.S. zugänglich, denen eine Person unterzogen wird, um ihre Persönlichkeit auszulöschen oder ihre körperlichen oder geistigen Fähigkeiten zu verringern, ohne dabei überhaupt körperliche oder seelische Schmerzen oder Leiden zu verursachen.

Bei einer Erörterung der Folterdefinition der IAAFK ist es unerlässlich, auch Art. 3 IAAFK anzusprechen, der sich ausdrücklich nur auf das Verbrechen der Folter bezieht und den Kreis der Personen bestimmt, die sich dieses Verbrechens strafbar machen können:

“a. A public servant or employee who acting in that capacity orders, instigates or induces the use of torture, or who directly commits it or who, being able to prevent it, fails to do so.

b. A person who at the instigation of a public servant or employee mentioned in subparagraph (a) orders, instigates or induces the use of torture, directly commits it or is an accomplice thereto.”

Indem Art. 3 IAAFK die Strafbarkeit eines Amtsträgers vorschreibt, der Folterungen durch Dritte nicht verhindert hat, obwohl ihm dies möglich gewesen wäre, normiert er eine Unterlassungsstrafbarkeit,[775] die sich dadurch positiv auswirken kann, dass sie die Wachsamkeit der Normadressaten zu erhöhen vermag, weshalb es erst gar nicht zu Folterungen kommen sollte.[776] Ihr ist demnach eine stark präventive Komponente inhärent. Ähnlich der Folterdefinition i.e.S. in Art. 1 Abs. 1 S. 1 VNAFK lassen sich nach der IAAFK Fälle unter das Verbrechen der Folter subsumieren, bei denen „Private“ durch Amtspersonen im Sinne von Art. 3 lit. a IAAFK zu Folter angestiftet worden sind oder zumindest im Einverständnis mit Hoheitsträgern handelten.

Es ist allerdings auffällig, dass die Konvention einen Hoheitsbezug erst bei den Erörterungen zum Verbrechen der Folter ausdrücklich verlangt, also im unmittelbar strafrechtlichen Kontext. Dies geschieht zudem räumlich getrennt von der Folterdefinition, scil. erst in dem ihr folgenden Artikel.

Nach der Formulierung des Art. 2 IAAFK ist Folter i.e.S. auch ohne den Hoheitskontext denkbar. Für derartige Fälle ist dann eben nur keine Strafbarkeit der

---

775 Springt man von der Ebene individuellen Unrechts auf die Stufe staatlichen Unrechts, kann auch der Staat für die Unterlassung des individuellen Amtsträgers im Hinblick auf etwaige konventionsbedingte Gewährleistungspflichten haftbar gemacht werden, wodurch die in der Rechtsprechung des IAGMR für die AMRK entwickelten Maßstäbe mittelbar anklingen (s.o. 1. Teil, Zweites Kap., II), 2), b), aa), (3), (b)).

776 Bossuyt (in Matscher: Folterverbot sowie Religions- und Gewissensfreiheit im Rechtsvergleich), Two new regional conventions with respect to the prohibition of torture, S. 87.

Beteiligten nach dem durch die Konvention definierten Verbrechen der Folter auf nationaler Ebene zu normieren. Die Konvention legt den Vertragsstaaten lediglich die Verpflichtung auf, Verhalten mit Hoheitsbezug zu pönalisieren. Anscheinend wollte man in bewusster Abgrenzung zur VNAFK, wofür auch die systematische Stellung des Art. 3 IAAFK spricht, aufgrund von Erwägungen betreffend die Staatenverantwortlichkeit und etwaige Schutz- respektive Gewährleistungspflichten, die definitorische Möglichkeit reiner „Privatfolter" offenlassen.

Eines spezifischen Staatsbezugs bedarf die völkerrechtliche Definition von Folter i.e.S., so wie sie die IAAFK versteht, danach nicht. Wohl aber das Völkerrechtsverbrechen der Folter. Dies ist eine Art Kunstgriff, schreibt die IAAFK ihren Mitgliedsstaaten doch gerade im strafrechtlichen Bereich die Ergreifung spezieller Maßnahmen vor[777] und bedarf es hierfür eines spezifischen Staatsbezugs als rechtfertigendem Moment des Souveränitätseingriffs.[778] Durch die vorgezogene, den unmittelbar strafrechtlichen Kontext der IAAFK noch nicht vermuten lassende Stellung innerhalb der Konvention, die es auch ermöglicht, erst an späterer Stelle die nötigen definitorischen Einschränkungen vorzunehmen, ist es gleich dem IPbpR und der EMRK, die zumindest in ihren Vertragstexten keine Ergreifung strafrechtlicher Maßnahmen vorschreiben, möglich, eine derart weite, keinen Staatsbezug beinhaltende Definition zu formulieren. Letztlich ist diese Vorgehensweise abzulehnen, führt sie doch zu nicht unerheblichen Irritationen bezüglich der Begrifflichkeit Folter i.e.S.

Als subjektives Element reichen Vorsatz und die Verfolgung eines beliebigen Zwecks aus. Anders verhält es sich wiederum in der VNAFK, wo neben einem Katalog von möglichen Zweckbestimmungen in einer Art Auffangklausel zumindest irgendeine Form von Diskriminierung, die einer Misshandlung zugrunde gelegen haben muss, verlangt wird.[779]

Wie Art. 1 Abs. 1 S. 2 VNAFK enthält die IAAFK einen „Vorbehalt gesetzlich zulässiger Sanktionen" (Art. 2 S. 2 IAAFK). Dieser „Vorbehalt" ist derart restriktiv formuliert, dass er seinem Sinn und Zweck – bei rein „grammatischer" Auslegung – nicht gerecht werden kann. Wenn nämlich gesetzlich zulässige Sanktionen, die nach der Definition der IAAFK eigentlich Folter darstellen würden, nur dann über die Ausnahmeklausel aus der Definition fallen, wenn sie „nicht die Vornahme der Handlungen oder den Gebrauch der Methoden einschließen, die der vorangestellten Folterdefinition entsprechen", läuft die Aus-

777 Dazu mehr im nächsten Abschnitt.

778 Zu dem Erfordernis eines spezifischen Staatsbezugs als Rechtfertigung für den durch strafrechtliche Vorgaben bedingten Souveränitätseingriff siehe auch schon oben 1. Teil, Zweites Kap., II), 2), a), ab), (1), (a), (ab) und 1. Teil, Zweites Kap., II), 2), b), aa), (1), (b).

779 Siehe oben 1. Teil, Zweites Kap., II), 2), a), ab), (1), (a), (ae).

nahmeklausel schlichtweg leer. Es müssten zumindest solche Verhaltensweisen von der Definition ausgenommen werden können, die zwar eigentlich unter die Definition fallen, aber aufgrund ihrer Gebotenheit bzw. Unvermeidlichkeit allgemeine Akzeptanz genießen. Davon ist bei Handlungen bzw. Methoden auszugehen, die im Einklang mit den „VN Mindestbestimmungen über die Behandlung von Strafgefangenen" stehen, z.B. Zwangshaft nach §§ 899ff. ZPO[780]. Die ausufernde Formulierung eines eigentlich der Restriktion dienenden Passus bringt anschaulich zum Ausdruck, wie die Urheber der IAAFK zuweilen über ihr gewiss hehres Ziel der umfassenden Folterächtung- bzw. Pönalisierung hinausgeschossen sind. Letztlich sollte man die „Einschränkungsklausel" dahingehend interpretieren, dass jedenfalls solche „gesetzlich zulässigen Sanktionen" nicht unter das Folterverdikt fallen, die im Einklang mit den „Mindestbestimmungen der Vereinten Nationen über die Behandlung von Strafgefangenen" stehen.[781]

Im Ergebnis eröffnet die IAAFK Definition der Folter i.e.S. einen über den des Art. 1 Abs. 1 VNAFK hinausgehenden, zu weiten Schutzbereich.[782]

Die IAAFK beinhaltet gleich der VNAFK keine Definition der anderen grausamen, unmenschlichen oder erniedrigenden Behandlungen oder Strafen. Ähnlich dem Art. 16 Abs. 1 VNAFK enthält sie mit Art. 6 S. 3 nur eine nichtdefinitorische, rudimentäre „Verhinderungsklausel",[783] wobei sie in ihren Festlegungen insofern sogar etwas hinter der VNAFK zurückbleibt.

(b) Regelungskomplexe

Gemäß Art. 1 IAAFK sind die Vertragsstaaten dazu verpflichtet, Folter in Übereinstimmung mit den Bestimmungen der IAAFK zu verhindern und zu bestrafen.

In Art. 4 IAAFK findet sich analog zu Art. 2 Abs. 3 VNAFK die Bestimmung, dass ein Befehlsnotstand nicht als Strafbarkeitsausschlussgrund geltend gemacht werden kann.

---

780 Dazu s.u. 2. Teil, Zweites Kap., I), 2), b) und 2. Teil, Drittes Kap., II), 1), a).

781 Zu diesem Ergebnis kommt auch Stein (Verbot der Folter, S. 201), der sich auf Raess bezieht (Raess, Schutz vor Folter im Völkerrecht, S.182). Eine Auseinandersetzung mit dem Problem der Formulierung der Vorbehaltsklausel des Art. 2 Abs. 2 IAAFK bleibt jedoch bei beiden Autoren aus. Stein stellt lediglich pauschal fest: „(...) nach der Formulierung der ACAT [IAAFK] dürfen darunter [d.h. unter die Vorbehaltsklausel] nur solche Zwangsmaßnahmen fallen, die in Einklang mit den Mindestregeln (...) stehen (Stein, Verbot der Folter, S. 201)."

782 Rodley, DJILP 2006, S. 145 (153).

783 „The State Parties likewise shall take effective measures to prevent and punish other cruel, inhuman, or degrading treatment or punishment within their jurisdiction."

Ferner kann gem. Art. 5 S. 1 IAAFK ein öffentlicher Notstand nicht als Rechtfertigung für Folter, hier ist ausdrücklich nur die Folter i.e.S. genannt, geltend gemacht werden. Mit Art. 5 S. 2 IAAFK findet sich erneut eine Bestimmung, die über die vergleichbare Festlegung der VNAFK hinausgeht.[784] Hier wird nämlich ergänzend festgestellt, dass weder die gefährliche Persönlichkeitsstruktur eines Inhaftierten oder Gefangenen, noch die prekäre Sicherheitslage einer Haftanstalt oder JVA Folter rechtfertigen können.

Der Art. 6 S. 1 IAAFK ist im Zusammenspiel mit Art. 1 IAAFK zu sehen. Hierdurch werden die Mitgliedsstaaten verpflichtet, effektive Maßnahmen zur Verhinderung und Bestrafung der Folter zu ergreifen. Für die Folter i.e.S. wird ausdrücklich verlangt, sowohl die vollendete Tat als auch den Versuch auf Ebene des nationalen Strafrechts zu pönalisieren. Hinsichtlich der grausamen, unmenschlichen oder erniedrigenden Behandlungen oder Strafen sind gem. Art. 6 S. 3 IAAFK zumindest (nicht weiter spezifizierte) Maßnahmen zur Verhinderung und Bestrafung zu ergreifen.

Gleich Art. 10 VNAFK verpflichtet Art. 7 IAAFK die Vertragsstaaten dazu, Maßnahmen im Bereich der Ausbildung, beispielsweise von Gefängnispersonal, zu ergreifen, die den konventionskonformen Umgang mit den der Freiheit entzogenen Personen gewährleisten sollen.

In Art. 8 VNAFK wird die unparteiische Untersuchung von möglichen Folterfällen festgeschrieben und Folteropfern Rechtsschutz zugesichert.

Ebenfalls dem Schutze potentieller Folteropfer dient Art. 9 IAAFK, der die Vertragsparteien verpflichtet, in ihrem nationalen Recht die gesetzlichen Voraussetzungen für eine angemessene Entschädigung zu schaffen.

In Art. 10 IAAFK wird ein Beweisverwertungsverbot für unter Folter erlangte Aussagen festgeschrieben (vgl. Art. 15 VNAFK).

Durch Art. 11 IAAFK wird die Auslieferung mutmaßlicher Folterer geregelt, wobei er sich fast wörtlich an die entsprechenden Bestimmungen der VNAFK anlehnt.

Art. 12 IAAFK enthält – sehr ähnlich dem oben angesprochenen Konventionsentwurf der Amerikanischen Menschenrechtskommission aus dem Jahr 1979 – weitgehende strafanwendungsrechtliche Regelungen. So sind das Territorialitätsprinzip, das aktive und passive Personalitätsprinzip, aber auch das vertraglich vereinbarte bedingte Weltrechtsprinzip vorgesehen. In Art. 13 IAAFK wird

---

784 Zum Art. 2 Abs. 2 als entsprechender VNAFK-Vorschrift s.o. 1. Teil, Zweites Kap., II), 2), a), ac), (3).

u.a. der so genannte „non-refoulement"-Grundsatz statuiert.[785] Zudem enthält Art. 14 IAAFK den „aut dedere, aut judicare"-Grundsatz.[786]

Keine der Konventionsbestimmungen soll gem. Art. 15 HS. 2 IAAFK so verstanden werden, als ändere sie die Verpflichtungen der Vertragsstaaten in Auslieferungsangelegenheiten. Des Weiteren soll nach Art. 15 HS. 1 IAAFK eine Beschränkung des Asylrechts durch die Konvention im Allgemeinen ausgeschlossen sein. Dieser Grundsatz gilt für Fälle, in denen die Gewährung von Asyl „adäquat" („appropriate") erscheint. Die Regelung könnte dem im Konventionsentwurf der Amerikanischen Menschenrechtskommission zum Ausdruck kommenden Gedanken, Folterern zumindest innerhalb des durch die Vertragsstaaten abgedeckten geographischen Raums keine Möglichkeit einzuräumen, sich durch politisches Asyl ihrer Bestrafung zu entziehen, entgegenstehen. Sollte man Folter nämlich als politisches Verbrechen verstehen, was dadurch möglich scheint, dass sie in der Konvention nicht explizit als internationales Verbrechen bezeichnet wird, so könnte die Verfolgung der Beteiligten einer Foltertat als Grund für die Gewährung politischen Asyls angesehen werden. Eine derartige Auslegung würde jedoch dem Ziel und Zweck der Konvention,[787] nämlich der Verbesserung des Schutzes vor Folter zuwider laufen. Die im Widerspruch zu Konventionspflichten wie der Bestrafungspflicht stehende Gewährung von Asyl wäre im Ergebnis nicht „adäquat" im Sinne von Art. 15 HS. 1 IAAFK. Ein Widerspruch zu vorbezeichnetem Konventionsentwurf besteht insofern also nicht.

Eine „Klausel zur Wahrung anerkannter Menschenrechte" beinhaltet Art. 16 IAAFK. Danach kann die Konvention bezogen auf das Verbrechen der Folter nicht die entsprechenden Bestimmungen der AMRK, des Statuts der Interamerikanischen Menschenrechtskommission oder anderer Konventionen beschränken.

Zur Überwachung der Konventionsumsetzung sieht Art. 17 IAAFK die mit gewissen Informationsrechten versehene Interamerikanische Menschenrechtskommission vor. Ihr ist von den Mitgliedsstaaten über alle in Anwendung der IAAFK getroffenen Maßnahmen Bericht zu erstatten.

---

785 Vgl. Art. 3 Abs. 1 VNAFK (s.o. 1. Teil, Zweites Kap., II), 2), a), ac), (6)).

786 Vgl. Art. 5 Abs. 2i.V.m. Art. 7 Abs. 1 VNAFK (s.o. 1. Teil, Zweites Kap., II), 2), a), ac), (6)). Der Art. 14 IAAFK ist allerdings anders, d.h. schwächer ausgestaltet, als die den vorgenannten Artikeln folgende Verpflichtung der VNAFK. Die „aut dedere, aut iudicare"-Pflicht gem. Art. 14 IAAFK entsteht nämlich erst bei Vorliegen eines Auslieferungsersuchens eines anderen Staates (Maierhöfer, „Aut dedere, aut iudicare", S. 171, 337).

787 Ziel und Zweck einer Konvention sind nach Art. 31 des Wiener Übereinkommens über das Recht der Verträge bei ihrer Auslegung zu berücksichtigen.

(c) Abschließende Bewertung

Wie die VNAFK hält die IAAFK ein breites, ausdifferenziertes Instrumentarium gegen Folter i.e.S. bereit, dem gleichermaßen ein mittelbares Verbot der Folter i.e.S. entspringt.[788]

In einigen Details geht die IAAFK sogar über die Verbürgungen der VNAFK hinaus. Dies betrifft besonders die Definitionsebene. Die extensive Definition der Folter i.e.S. in Art. 2 IAAFK ist aber wenig zweckdienlich, bringt sie doch viele der Probleme mit sich, die oben schon im Rahmen der Ausführungen zur IPbpR-Folterdefinition skizziert wurden.[789] Insbesondere steht eine Entwertung des Begriffs und seines Abschreckungspotentials zu befürchten.[790]

Im Gegensatz zu den der Konvention immanenten „definitorischen Weiten" steht die Tatsache, dass nicht nur die „aut dedere, aut iudicare"-Verpflichtung hinter den entsprechenden VNAFK-Bestimmungen zurückbleibt, sondern auch das Präventionselement bei weitem nicht so ausgebaut ist, wie es z.B. mit dem Besuchssystem im Rahmen der EuAFK oder seit dem ZP bei der VNAFK der Fall ist. Des Weiteren wurde die Interamerikanische Menschenrechtskommission als Organ der IAAFK zwar mit deren Überwachung beauftragt und ihr wurden im Zuge dessen auch rudimentäre Informationsrechte eingeräumt. Einen veritablen Durchsetzungsmechanismus sieht die Konvention jedoch nicht vor. Letztlich ist sie ein eher enttäuschendes Instrument. Sie scheint das Ergebnis unzweckmäßiger Kompromisse zwischen Regierungen zu sein, wobei die An-

788 Mit den bereits i.R. der Ausführungen zum IPbpR genannten Argumenten (s.o. 1. Teil, Zweites Kap., II, 2), a, ab), (1), (e)) könnte man zudem durchaus davon ausgehen, auch das mittelbare Folterverbot der IAAFK sei von absoluter Natur. Andererseits beinhaltet die IAAFK aufgrund der bei der VNAFK genannten Argumente (s.o. 1. Teil, Zweites Kap., II), 2), a), ac), (3)) und angesichts ihrer noch weniger als bei der letztgenannten Konvention ausdifferenzierten Schutzbestimmungen vor „milderen" Misshandlungsformen schon kein mittelbares Verbot derartiger Praktiken, sodass die Frage nach einer etwaigen Absolutheit eines solchen – nicht existenten – Verbots sich erst gar nicht stellt.

789 Siehe oben 1. Teil, Zweites Kap., II, 2), a), ab), (1), (a).

790 Die Problematik kann man nicht besser als Prittwitz beschreiben (Prittwitz (in Putzke et al.: Festschrift Herzberg), Folter und Folterandrohung im Rechtsstaat, S. 515 (519)): „Die 'attraktive' Rechtsfolge der Subsumtion eines Phänomens unter den Begriff der Folter oder der Menschenwürdeverletzung kann dazu verführen, im Interesse einer möglichst umfassenden Wahrung der Menschenwürde möglichst viele Phänomene als Folter oder menschenwürdewidrig zu bezeichnen. Verkommt der Begriff aber zur kleinen Münze, wird die (Rechts-)Gesellschaft das (von einigen) erwünschte Ergebnis nicht hinnehmen; das absolute Folterverbot (...) und die Behauptung absolut unantastbarer Menschenwürde (...) geraten dann in Gefahr, ihre suggestiv-symbolische Kraft und ihren Tabucharakter zu verlieren, die vielleicht ihre wichtigsten Elemente darstellen."

sicht derer den Konventionstext dominiert, die den Folterschutz zwar vollmundig propagieren, sich aber nicht ernsthaft an dem Gesagten festhalten lassen wollen.[791] Hierdurch erklärt sich die ausufernde Definition der Folter i.e.S. Den Schutzbereich hätte man wohl kaum derart weit abgesteckt, hätten sich die Vertragsstaaten in ihrem Verhalten aufgrund eines effektiven, unabhängigen Sanktionsmechanismus auch an ihm messen lassen müssen. Der praktische Nutzen der IAAFK ist damit begrenzt.[792]

3) Problem der Abweichung des Schutzumfangs konkurrierender internationaler Menschenrechtsinstrumente

Das Folterverbot ist in einer Vielzahl verschiedener internationaler Instrumente enthalten. Schwierigkeiten können entstehen, wenn diese in Konkurrenz treten bzw. ihre Anwendungsbereiche sich überlappen.

Mit positiven Kompetenzkonflikten muss zum einen dann gerechnet werden, wenn am selben Ort ein universelles und ein regionales Instrument Geltung beanspruchen, zum anderen dann, wenn ein Folterverbot am gleichen Ort sowohl durch allgemeine als auch durch spezielle Instrumente statuiert wird. Beispielhaft für die erstgenannte Möglichkeit ist die in vielen europäischen Staaten gleichzeitige Gültigkeit von EMRK und IPbpR. Die zweitgenannte Möglichkeit ist, bezogen auf Europa, durch das Nebeneinander von EMRK und EuAFK trefflich beschrieben. Auch andere Konfliktmöglichkeiten sind denkbar. So können in Europa angesichts eines Foltersachverhalts beispielsweise zwei allgemeine regionale Übereinkünfte, nämlich die GUSMRK und die EMRK konfligieren.

Teilweise lassen sich auf internationaler Ebene Regelungen finden, die sich auf das Verhältnis verschiedener Verträge zueinander beziehen, wie z.B. Art. 35 Abs. 2 lit. b EMRK[793].

Fraglich bleibt jedoch, wie im Falle der Geltung verschiedener Verträge zu verfahren ist, die im Umfang des Menschenrechtsschutzes differieren, was Unterschiede im Grundrechtsschutz nach sich zieht. Vertieft werden können materiell

---

791 Nikken (in Cassese: Int. Fight Against Torture), L´action contre la torture dans le système interaméricain, S. 94.

792 Nikken (in Cassese: Int. Fight Against Torture), L´action contre la torture dans le système interaméricain, S. 95.

793 „Der Gerichtshof befasst sich nicht mit einer nach Artikel 34 erhobenen Individualbeschwerde, die (...) im wesentlichen mit einer schon vorher vom Gerichtshof geprüften Beschwerde übereinstimmt oder schon einer anderen internationalen Untersuchungs- oder Vergleichsinstanz unterbreitet worden ist und keine neuen Tatsachen enthält.“

rechtliche Differenzen in derartigen Fällen durch eine unterschiedliche Rechtsprechung der jeweils zuständigen Überwachungsorgane.[794]

Im Falle mehrerer konkurrierender Grundrechtsgarantien sollte zugunsten derjenigen entschieden werden, die dem Begehren des Beschwerdeführers am dienlichsten ist.[795] Diese Lösung basiert auf dem Ansatz, Sinn und Zweck von Menschenrechtsverträgen sei stets der maximale Schutz von Menschenrechten, welcher durch die Festschreibung von Verpflichtungen für die Vertragsstaaten erreicht werden soll.[796] Dieser Ratio folgend, kann im Konfliktfall zweier Menschenrechtsverträge der den geringeren Schutzumfang beinhaltende Vertrag niemals dadurch verletzt werden, dass ein nationales Gericht oder ein im Rahmen eines internationalen Menschenrechtsinstruments eingerichtetes Organ eine weitergehende Regel des konkurrierenden Vertrags als vorrangig betrachtet.[797] Zusätzlich stützt sich dieser Lösungsansatz auf Art. 53 EMRK[798] und ähnliche, in internationalen Menschenrechtsverträgen oft unter der Bezeichnung „Klausel zur Wahrung anerkannter Menschenrechte" zu findende Regelungen.

Die Kritik an dieser vermeintlich „rein quantitativen" Betrachtungsweise als „simplizistisch" mag zumindest im Hinblick auf Grundrechtskollisionen berechtigt sein.[799] Insofern wird der Fall angeführt, dass Art. 4 der Konvention über die Rassendiskriminierung[800] bezogen auf die EMRK als weitergehende Regelung dem oben genannten Ansatz zufolge einen Eingriff in die Pressefreiheit gebiete, sollten beispielsweise Presseartikel abschätzige, pauschale Wertungen hinsicht-

794 Wie bereits angedeutet, bestehen derartige Divergenzen im materiellen Grundrechtsschutz für das Folterverbot in Europa bspw. zwischen der GUSMRK und der EMRK, wobei die erstgenannte Konvention in jeder Hinsicht ein geringeres Schutzniveau entfaltet (dazu s.o. 1. Teil, Zweites Kap., II, 2), b), aa), (7)). Diese materiellen Differenzen müssten sich aller Voraussicht nach in einer unterschiedlichen „Rechtsprechung" von GUS-Menschenrechtskommission und EGMR niederschlagen.

795 Siehe Frowein, HRLR 1996, S. 181ff.; a.A. Trechsel, ZEuS 1998, S. 371 (380f.); Wildhaber, ZSR 1979, S. 232 (293ff.).

796 Frowein, HRLR 1996, S. 181.

797 Frowein, HRLR 1996, S. 181.

798 „Diese Konvention ist nicht so auszulegen, als beschränke oder beeinträchtige sie Menschenrechte und Grundfreiheiten, die in den Gesetzen einer Hohen Vertragspartei oder in einer anderen Übereinkunft, deren Vertragspartei sie ist, anerkannt werden."

799 Trechsel, ZEuS 1998, S. 371 (380f.).

800 „Die Vertragsstaaten verurteilen jede Propaganda und alle Organisationen, die auf Ideen oder Theorien hinsichtlich der Überlegenheit einer Rasse oder einer Personengruppe bestimmter Hautfarbe oder Volkszugehörigkeit beruhen oder die irgendeine Form von Rassenhass und Rassendiskriminierung zu rechtfertigen oder zu fördern suchen; sie verpflichten sich, unmittelbare und positive Maßnahmen zu treffen, um jedes Aufreizen zur Rassendiskriminierung und alle rassisch diskriminierenden Handlungen auszumerzen (...)."

lich bestimmter Volksgruppen enthalten.[801] Führt man den Gedankengang weiter aus, so müsste bei Anwendbarkeit des Art. 4 der Konvention über die Rassendiskriminierung die Pressefreiheit auch dann eingeschränkt werden, wenn das Interesse eines besonders „empfindlichen" Mitglieds einer bestimmten Volksgruppe gegen das Interesse der Öffentlichkeit an umfassender Berichterstattung abgewogen und eigentlich zu Gunsten des Informationsinteresses entschieden werden müsste.[802]

Allerdings ist die „Frowein'sche Regel" nur als Grundsatz zu verstehen, der in den Ausnahmefällen von Grundrechtskollisionen kein unumstößliches Dogma beinhaltet, stets die für den Beschwerdeführer günstigere Regelung zur Anwendung zu bringen. Das Ziel maximalen Grundrechtsschutzes bedingt in besagten Fällen nicht zwangsläufig den Vorrang der weitergehenden, einen Beschwerdeführer besserstellenden Regelung. Maximaler Grundrechtsschutz ist nicht mit grenzenlosem Schutz der Rechte eines bestimmten Individuums zu verwechseln. Vielmehr findet der Grundrechtsschutz einer Person klassischerweise dort seine Grenzen, wo der Grundrechtsschutz einer anderen Person oder wichtige Belange der Allgemeinheit entgegenstehen.[803]

III) Ergebnis 2. Kapitel[804]

Die Anfänge der völkerrechtlichen Ächtung von Folter und anderen Misshandlungsformen liegen im Humanitären Völkerrecht. Das Verbot der Folter i.e.S., aber auch das der grausamen, unmenschlichen oder erniedrigenden Strafe oder Behandlung, wird nicht nur in Resolutionen und Deklarationen der VN erwähnt. Es ist ebenso in diversen internationalen und regionalen Menschenrechtsinstrumenten nebst hybriden Verträgen wie der VNAFK enthalten.

Viele Autoren bezeichnen die in Art. 1 Abs. 1 S. 1 VNAFK gegebene Definition der Folter i.e.S. als „völkerrechtlich anerkannt".[805] Ob sie wirklich von allen relevanten Stellen geteilt wird, ist anhand der Spruchpraxis der vorgestellten Konventionsorgane bzw. Gerichtshöfe, aber auch aus den explizit im „soft law" und

---

801 Trechsel, ZEuS 1998, S. 371 (381.).

802 Trechsel, ZEuS 1998, S. 371 (381.).

803 In Menschenrechtskollisionsfällen könnte man sich eines Verfahrens wie der „praktischen Konkordanz" (dazu s. Hesse, Verfassungsrecht, Rn. 72) bedienen. Zur Lösung von Kollisionsfällen im IHRL s. Brems, Conflicts between fundamental rights. Zur Problematik der Grundrechtskollisionen im deutschen Verfassungsrecht vgl. auch Pieroth/Schlink, Grundrechte, Rn. 314ff.

804 Eine ausführliche Zusammenfassung der Ergebnisse zum IHL finden sich oben, 1. Teil, Zweites Kap., I), 3).

805 Siehe Joseph/Schultz/Castan, IPbpR, Rn. 9.04; Merten, JR 2003, S. 404 (405); Norouzi, JA 2005, S. 306 (307), Fn. 16.

in einigen Konventionen gegebenen Legaldefinitionen zu ermitteln. Letztlich müsste die Folterdefinition der VNAFK als quasi „kleinstes gemeinsames Vielfaches" erscheinen. Um den Rahmen der Bearbeitung nicht zu überdehnen, soll hier nur auf die bei der Erörterung der AFD, des IPbpR, der VNAFK, der EMRK, der AMRK und der IAAFK extrapolierten Definitionen Bezug genommen werden. Erster Orientierungsmaßstab sind die fünf im Zusammenhang mit dem IPbpR erörterten Definitionskriterien.[806]

Das erste objektive Definitionsmerkmal, der „hohe Intensitätsgrad einer Misshandlung", gilt für nahezu alle „Indikator"-Übereinkünfte nebst der AFD. Allerdings setzt die IAAFK keine besondere Schwere der Einwirkung voraus. Ihr Schutzbereich umfasst unter gewissen Umständen gar Methoden, die überhaupt keine Schmerzen oder Leiden verursachen. Die fast gänzliche Akzeptanz des „Intensitätskriteriums" in der Indikatorgruppe rechtfertigt aber die Annahme, dass das Kriterium quasi Allgemeingültigkeit besitzt. Auch die allgemeine Akzeptanz von „nur" seelischen – neben den rein körperlichen – Leiden und der Gleichwertigkeit von Tun und Unterlassen scheint sicher. Außerdem überwiegt die Ansicht, nach der die Bestimmung der Intensität einer Einwirkung („Relativitätstest") anhand einer Gesamtbetrachtung des Einzelfalls zu erfolgen hat.

Problematisch erscheint indessen der zu veranschlagende Bewertungsmaßstab. So gibt es keinen Konsens darüber, ob das subjektive Empfinden des Opfers maßgeblich sein soll, oder ein objektivierender Maßstab vorzuziehen ist. Nach hier vertretener Meinung ist letztgenannter Maßstab vorzugswürdig. Überdies ist nicht abschließend geklärt, ob eine Dauerhaftigkeit des beeinträchtigenden Verhaltens und/oder eine dauerhafte Schädigung bzw. Verletzung als Erfolg der Einwirkung zwingend zu verlangen sind. Nach hiesiger Auffassung sollten diese Gesichtspunkte nicht obligatorisch für die Einordnung eines Verhaltens als Folter i.e.S. sein. Sie müssen aber im Rahmen des „Relativitätstests" berücksichtigt werden und haben somit zumindest mittelbar Auswirkung auf die Einordnung.

Bei dem zweiten objektiven Kriterium, namentlich der „Nähe des Täters zur staatlichen Gewalt" zeigt sich ein äußerst diffuses Bild. Verlangt die AFD noch einen recht engen Staatsbezug, so genügt im Rahmen der VNAFK bereits die Duldung durch einen Hoheitsträger oder eine „andere in amtlicher Eigenschaft handelnde Person". Allen anderen Konventionen ist eine „horizontale Wirkung" entweder bereits aufgrund einer entsprechenden Formulierung des Vertragstextes immanent, so verhält es sich beispielsweise bei der IAAFK, oder sie wird von den jeweiligen Konventionsorganen unterstellt. Das zweite objektive Merkmal ist demnach nicht allgemeinverbindlich.

Nach hier vertretener Auffassung rechtfertigt sich das besondere Stigma der Folter regelmäßig jedoch nur bei einer Staatsnähe im Sinne von Art. 1 Abs. 1 S. 1

806 Siehe oben 1. Teil, Zweites Kap., II, 2), a), ab), (1), (a).

VNAFK, wobei die weiteste Zurechnungsform, die Misshandlung unter Duldung einer „anderen in amtlicher Eigenschaft handelnden Person" voraussetzt, dass der „Duldende" Kenntnis der Umstände hat, die dem geduldeten Verhalten zu Grunde liegen. Zudem ist der Passus „eine in amtlicher Eigenschaft handelnde Person" weit auszulegen. Unter ihn fallen auch Misshandlungen, die von nichtstaatlichen Akteuren zu einer Zeit verübt werden, in der sie die tatsächliche Gewalt über ein Gebiet ausüben.

Aufgrund teleologischer Erwägungen sollte eine Eingrenzung des Opferkreises der Folter i.e.S. über ein weiteres objektives Merkmal erfolgen, nämlich über das „qualifizierte Tatobjekt". Um dem Charakter der Folter i.e.S. als schlimmsten Eingriff in Menschenwürde und körperliche sowie seelische Integrität gerecht zu werden, sollte es Voraussetzung des Folterverdikts sein, dass ein Misshandlungsopfer sich in einer Position der Machtlosigkeit und des Ausgeliefertseins befindet. Denn erst die absolute Machtausübung ist dazu geeignet, Misshandlungsopfer zum „Spielball" der Interessen ihrer Peiniger zu degradieren, was zu den gewöhnlich mit Folter assoziierten Opferempfindungen wie Ohnmacht, Hilf- und Wehrlosigkeit führt. Um von Folter i.e.S. zu sprechen, kann die „Ohnmacht" eines Misshandlungsopfers auf einer Inhaftierung o.Ä. beruhen. Es sind aber auch Situationen ohne physische Einwirkungen denkbar, in denen derart effektiv Macht und Kontrolle ausgeübt wird, dass es zu vergleichbaren Ohnmachtsgefühlen kommt.[807]

Der Vorsatz als erstes subjektives Merkmal ist das einzige Element, welches einmütig vorausgesetzt wird, sei es explizit in den Legaldefinitionen (AFD, VNAFK, IAAFK), oder durch die jeweiligen Konventionsorgane.

Ein Konsens besteht hinsichtlich des zweiten subjektiven Merkmals „Misshandlungszweck und Misshandlungsgrund" leider nicht. So ist es nach dem von der AFD geforderten Zweckkriterium in der weitestgehenden Zurechnungsvariante ausreichend, wenn eine Misshandlung zur Einschüchterung des Misshandelten oder eines Dritten erfolgte. Die VNAFK geht bereits darüber hinaus. In ihrer weitestgehenden Zurechnungsvariante reicht jede Misshandlung aus, der irgendeine Diskriminierung zugrunde liegt (erweitertes Zweckkriterium). Trotz des recht eindeutigen Wortlauts ist schon für die VNAFK strittig, ob nicht auch rein sadistische oder durch persönliche Rachsucht motivierte schwere Misshandlungen unter den Folterbegriff i.e.S. fallen. Die Tendenz der Aufweichung des Zweckkriteriums wird dadurch verstärkt, dass die IAAFK jede irgendwie zweckbezogene Misshandlung ausreichen lässt. Hier drin liegt letztlich eine gänzliche Abkehr vom Zweckerfordernis. Schließlich ist jedes menschliche

---

807 Siehe oben 1. Teil, Zweites Kap., II), 2), a), ab), (1), (a), (ac).

Handeln mehr oder minder zweckgebunden.[808] Im Ergebnis ist danach auch das Zweckkriterium – trotz seiner Erweiterung – nicht allgemein anerkannt.

Da es aber nach hier vertretener Ansicht unter anderem maßgeblich für die Unterscheidung zwischen Folter i.e.S. und i.w.S. ist und es die subjektive Nähe einer Misshandlung zu staatlichen bzw. zu hoheitlichen Interessen ausdrückt, wodurch wiederum eine für die Folter i.e.S. zu fordernde Unrechtsschärfung markiert wird, ist das Merkmal unverzichtbar.

Weiter stellt sich die Frage, welchen Status die Ausschlussklausel des Art. 1 Abs. 1 S. 2 VNAFK in puncto Allgemeinverbindlichkeit hat. Die AFD enthält eine ähnliche Klausel, die allerdings explizit Bezug auf die „VN Mindestbestimmungen über die Behandlungen von Strafgefangenen" nimmt. Nach ihr ist durch eine nationale Regelung nur das Ausnehmen solcher Zwangsmaßnahmen vom Folterverbot möglich, die konform zu den „Mindestbestimmungen" sind. Eine Anwendbarkeit der VNAFK-Ausschlussklausel auf den IPbpR oder die AMRK wurde durch die zuständigen Konventionsorgane bisher nicht angenommen. Im Bereich der EMRK kann die Ausschlussklausel des Art. 1 Abs. 1 S. 2 VNAFK lediglich mutatis mutandis angewandt werden. Eine entsprechende Anwendung ist nur insoweit möglich, als durch die Klausel lediglich jene national vorgesehenen Strafen oder Behandlungen vom Folterverbot auszunehmen sind, die nach europäischem ordre public zulässig sind. Der in Art. 2 S. 2 IAAFK enthaltene „Vorbehalt gesetzlich zulässiger Sanktionen" ähnelt eher dem der AFD als jenem der VNAFK. Er schließt nach ganz herrschender Meinung die Umdeutung eigentlich unter den Folterbegriff i.e.S. fallender Misshandlungen in zulässige Sanktionsformen aus.

Unstreitig ist eine Einschränkung des Folterbegriffs i.e.S. über Art. 1 Abs. 1 S. 2 VNAFK jedenfalls dann allgemein akzeptiert, wenn die solchen Beschränkungen zugrunde liegenden nationalen Gesetzesregelungen im Einklang mit den „VN-Mindestbestimmungen über die Behandlungen von Strafgefangenen" stehen.[809]

Nach vorläufiger Bewertung markiert die Folterdefinition des Art. 1 Abs. 1 VNAFK keinen eindeutigen weltweiten Konsens.[810] Sicher gesagt werden kann

808 Dies gilt natürlich nicht für Reflexe, Bewegungen Schlafender oder Krampfanfälle o.Ä. (vgl. die Diskussion zum strafrechtlichen Handlungsbegriff bei Roxin, Strafrecht AT, Band I, § 8).

809 Vertiefend zur Deutung des Art. 1 Abs. 1 S. 2 VNAFK s.u. 2. Teil, Drittes Kap., II), 1), a).

810 Zum etwaigen Gewohnheitsrechtsstatus der VNAFK-Folterdefinition s.u. 1. Teil, Drittes Kap.

aber, dass die in der folgenden Folterdefinition enthaltenen Kriterien Grundbestandteil jeder völkerrechtlichen Begriffsbestimmung sind:[811]

Folter ist jedes vorsätzliche Tun oder Unterlassen, durch das einer Person schwere körperliche oder seelische Leiden oder Schmerzen zugefügt werden.[812] Nicht darunter fallen Schmerzen oder Leiden, die sich aus gesetzlich zulässigen Zwangsmaßnahmen ergeben, diesen anhaften oder als deren Nebenfolge auftreten, solange sie mit den „VN-Mindestbestimmungen über die Behandlung von Strafgefangenen" zu vereinbaren sind.

Diese rudimentären Definitionsmerkmale dürften nicht nur für eine Folterdefinition im IHRL Konsens sein. Vielmehr dürften sie auch Definitionsgrundlage im Völkerstrafrecht sein.[813] Gleiches gilt hinsichtlich der Folterdefinition im Humanitären Völkerrecht, die über das völkerrechtliche „core crime" Kriegsverbrechen eng an die entsprechende völkerstrafrechtliche Definition angelehnt sein dürfte.

Entgegen dieser sehr weiten Definition lautet die hier favorisierte Folterdefinition i.e.S.:

Folter ist jedes vorsätzliche Verhalten, welches aus einem in Verbindung mit öffentlichen Interessen stehenden Zweck oder aufgrund einer staatlichen Diskriminierungspolitik erfolgt, durch das einer Person, die sich in einer ausweglosen Lage befindet, von einem Angehörigen des öffentlichen Dienstes oder einer anderen in amtlicher Eigenschaft handelnden Person, auf deren Veranlassung oder mit deren Einwilligung oder Duldung schwere körperliche oder seelische Leiden oder Schmerzen zugefügt werden. Nicht darunter fallen Schmerzen oder Leiden, die sich aus gesetzlich zulässigen Zwangsmaßnahmen ergeben, diesen anhaften oder als deren Nebenfolge auftreten, solange sie mit den „VN-Mindestbestimmungen über die Behandlung von Strafgefangenen" zu vereinbaren sind.

Diese restriktive Begriffsbestimmung rechtfertigt sich dadurch, dass die Folterverbote der genannten Übereinkünfte allesamt einen notstandsfesten und nach herrschender Meinung auch absoluten Charakter haben, wodurch jedes unter das Folterverbot bzw. die Definition subsumierbare Verhalten zwingend und aus-

---

811 Sie erscheinen somit als „kleinstes gemeinsames Vielfaches", neben das naturgemäß weitere Merkmale treten, die stark abhängig von der Schwerpunktsetzung des jeweiligen Konventionsorgans bzw. Gerichts sind.

812 Hier könnte eventuell der Passus ergänzend eingefügt werden „(...) was anhand einer Gesamtbetrachtung des Einzelfalls festzustellen ist."

813 Im Völkerstrafrecht ist zu beachten, dass die Tatbestandsmerkmale der Folter im Kontext des Deliktes zu sehen sind, in dem sie sich ereignet (dazu s.u. 1. Teil, Fünftes Kap.).

nahmslos eine Verletzung des Verbots darstellen und keiner Rechtfertigung zugänglich sein soll.[814]

Was die Abgrenzung der Folter i.e.S. von der grausamen, unmenschlichen oder erniedrigenden Strafe oder Behandlung anbelangt, so zeigt sich abermals ein unklares Bild. Der EGMR will Folter schon zur unmenschlichen Strafe oder Behandlung über das objektive Merkmal „hoher Intensitätsgrad der Misshandlung" abgrenzen.

Nach der als vorzugswürdig herausgearbeiteten Ansicht der Europäischen Menschenrechtskommission und der VNMRK ist die Schwere des beigebrachten Leids jedoch nicht das entscheidende Differenzierungskriterium zwischen Folter und grausamer, unmenschlicher Behandlung,[815] da für vorgenannte Behandlungen oder Strafen eine der Folter i.e.S. ähnelnde Eingriffsintensität zu fordern ist. Die fließende Grenze der Differenzierung führt dazu, dass ein Verhalten im Einzelfall sowohl als Folter i.e.S., wie auch als grausame, unmenschliche Behandlung oder Strafe qualifiziert werden könnte. So ist regelmäßig über die nur der Folter i.e.S. vorbehaltenen weiteren Definitionsmerkmale abzugrenzen, also über Misshandlungszweck und -grund, den Vorsatz sowie die Täter- und Opferqualität. Folter und grausame, unmenschliche Behandlung oder Strafe können von der erniedrigenden Strafe oder Behandlung jedoch unproblematisch über das Merkmal „Eingriffsintensität" abgegrenzt werden.

Weiterhin stellt sich die Frage, ob gleich der Folter i.e.S. auch ein internationales „kleinstes gemeinsames Vielfaches" hinsichtlich einer Definition der grausamen, unmenschlichen oder erniedrigenden Behandlung oder Strafe ersichtlich ist. In diesem Zusammenhang fällt ins Auge, dass weder in einer der genannten Konventionen, noch in der AFD eine Legaldefinition der folternahen Misshandlungsformen zu finden ist, da über eine Definition dieser Misshandlungsformen nie Einigkeit erzielt werden konnte. Zudem genießt die vom EGMR richtigerweise hoch angesetzte Eingriffsschwelle zur erniedrigenden Strafe oder Behandlung keine allgemeine Anerkennung. Vielmehr variieren die qualitativ und quantitativ mit vorbezeichneter Schwelle verbundenen Ansprüche von Fall zu Fall bzw. Konventionsorgan zu Konventionsorgan. Dieses unklare Bild ist zumindest insofern eindeutig, als ihm zu entnehmen ist, dass jedwedem Grundkonsens über die in Rede stehenden Begriffe die Basis fehlt. Mehr Einigkeit besteht einzig bei der Abgrenzung der „milderen" Verletzungsvarianten untereinander. Sie sind über das Merkmal der Schwere der Misshandlung und ferner danach zu unterscheiden, ob objektiv die Erniedrigung des Opfers im Vordergrund steht. Sollte

814 Ähnlich auch Pajarola, Gewalt im Verhör, S. 157.

815 Die Schwere des Eingriffs ist jedoch Differenzierungskriterium zwischen Folter und grausamer, unmenschlicher Behandlung einerseits und erniedrigender Behandlung andererseits.

Letzteres der Fall sein, so ist in Sachverhalten mit geringer, aber noch die (str.) Eingriffsschwelle übersteigender Eingriffsintensität, von einer erniedrigenden Behandlung oder Strafe auszugehen.

Die so gewonnenen Ergebnisse sollen am Beispiel des von US-Amerikanern im „War on Terror" zumindest während der George-W.-Bush-Ära praktizierten „Waterboardings" exemplifiziert werden. Hierbei ist von einem Sachverhalt auszugehen, indem entweder US-amerikanische Hoheitsträger persönlich von ihnen festgehaltene Personen dieser Praxis unterzogen haben, um von diesen Informationen über terroristische Aktivitäten zu erhalten, oder sich hierzu privater „Ermittlungspersonen" bedient wurde.

Orientiert am „kleinsten gemeinsamen Vielfachen" einer völkerrechtlichen Folterdefinition fällt diese Praxis ohne Weiteres unter den Folterbegriff. Einzig zu eruieren wäre anhand der Gesamtbewertung der Umstände des Einzelfalls, ob auch die notwendige Höhe der Eingriffsintensität erreicht wurde. Da bei dem fixierten Opfer durch das Unterwasserdrücken des Kopfes bis kurz vor dem Ersticken identische Panikschübe ausgelöst werden, wie kurz vor dem reellen Erstickungstod,[816] so hat dies größte seelische Leiden des Opfers zur Konsequenz. Zusätzlich führt die häufige Wiederholung des Vorgangs zu körperlichen Beeinträchtigungen wie Herzrasen, Kreislaufzusammenbuch, Ohnmacht, Schwindel und Erbrechen, was im Zusammenhang mit den psychischen Beeinträchtigungen zweifelsohne für die Annahme einer ausreichenden Eingriffsintensität spricht.

Nach der hier favorisierten restriktiven Folterdefinition i.e.S. käme man zu keinem anderen Ergebnis. Die zusätzlich zu fordernden Kriterien „Nähe des Täters zur staatlichen Gewalt", „qualifiziertes Tatobjekt" und „Misshandlungszweck und -grund" sind allesamt erfüllt.

Da es neben der Ausgestaltung der materiell rechtlichen Verbürgungen das Verfahrensrecht ist, was eine effektive Durchsetzung der jeweils verbrieften Rechte gewährleistet, ist es besonders enttäuschend, dass sich zu den Bestimmtheitsproblemen auf „Tatbestandsebene" auch signifikante Schwächen in den Durchsetzungsverfahren gesellen.

Beispielsweise kann der VNMRA im Rahmen des IPbpR weder verbindliche Entscheidungen treffen, noch Sanktionen verhängen oder „Vor-Ort-Untersuchungen" durchführen. Dieses schwere Defizit wird auch nicht durch das große „politische Gewicht" der Entscheidungen des Ausschusses aufgewogen.

---

816 Vom Empfinden besteht zwischen dem fingierten und dem wirklichen Tod durch Ertrinken überhaupt kein Unterschied, denn der eigentliche Todesantritt wird bei letzterem gar nicht mehr wahrgenommen.

Das im Rahmen der VNAFK mit der Überwachung von Konventionsverletzungen betraute Organ, der Anti-Folter-Ausschuss, kann bei Informationen über systematische Folterungen auf dem Hoheitsgebiet eines Vertragsstaates zwar autonom Untersuchungen einleiten und vertrauliche Berichte verfassen, allerdings besteht für jeden Vertragsstaat die Möglichkeit, die Zuständigkeit des Ausschusses mittels Vorbehalts auszuschließen. Hier zeigt sich auch schon das Hauptdefizit des Rechtsschutzsystems der VNAFK: Den Vertragsstaaten ist es grundsätzlich freigestellt, sich dem Durchsetzungsregime der Konvention, insbesondere dem Staaten- und Individualbeschwerdeverfahren, zu unterstellen. Zudem sehen die letztgenannten Verfahren keinerlei Möglichkeit eines rechtlich sanktionierten Verfahrensabschlusses durch Urteil o.Ä. vor. Vielversprechend ist aber das – leider abermals nur fakultative – präventive Besuchssystem, welches sich am System der EuAFK orientiert und in einem Zusatzprotokoll zur VNAFK verabschiedet wurde. Der nicht zu unterschätzende Vorteil präventiver Systeme liegt in der durch sie gegebenen Möglichkeit der Aufdeckung und Öffentlichmachung von Folterfällen. Hiervon geht eine nicht zu unterschätzende abschreckende Wirkung aus.

Im Rahmen der Verfahren zur Sicherung des Menschenrechtsschutzes auf dem amerikanischen Kontinent ist neben dem fakultativen Staatenbeschwerde- das obligatorische Individualbeschwerdeverfahren nach der AMRK zu nennen. Es kennzeichnet das Rechtsschutzsystem jedoch als reformbedürftig, dass – anders als im reformierten europäischen Menschenrechtsschutzsystem – Einzelpersonen ein Verfahren der streitigen Gerichtsbarkeit vor dem IAGMR nicht initiieren können, und ein derartiges Verfahren nur Staaten betreffen kann, welche die Zuständigkeit des Gerichtshofs anerkannt haben. Allerdings sind die Urteile des Gerichtshofs endgültig und unanfechtbar, wenn auch nicht im eigentlichen Sinne vollstreckbar. Weiterhin besitzt die Interamerikanische Kommission für Menschenrechte neben ihrer Funktion als „Vorschaltinstanz“ im Rechtsschutzsystem der AMRK die wichtige Aufgabe, die Einhaltung der Menschenrechtsverpflichtungen auch der OAS-Staaten zu überwachen, welche nicht Vertragsstaaten der AMRK sind. Ergänzend hierzu könnte ein nicht unerheblicher Schutz durch die IAAFK treten. Dies scheitert jedoch an deren Hauptschwäche, namentlich dem quasi nicht vorhandenen Durchsetzungsverfahren.

In anderen Teilen der Welt besteht nur ein bestenfalls fragmentarischer regionaler Menschenrechtsschutz und damit ein nur unzureichender regionaler Folter- bzw. Misshandlungsschutz. Dies gilt für Afrika, Arabien und den asiatisch-pazifischen Raum. Soweit hier Abkommen regionalen Menschenrechtsschutzes bestehen, sind deren Verfahren zumeist rein konsensualer Natur. Einzig das im Rahmen des ZP zur Afr.MRK geänderte Individualbeschwerdeverfahren vor dem Afrikanischen Gerichtshof für Menschen- und Bürgerrechte sticht positiv hervor, räumt es Individuen und NGOs doch die Möglichkeit einer direkten Anrufung des Gerichtshofs ein. In Anbetracht dessen, dass es hierfür aber einer Unterwerfungserklärung der Vertragsstaaten bedarf und es keine veritable Sanktionsmöglichkeit bei Nichtbefolgung der Urteile gibt, ist auch dieses Verfahren eher von symbolischem Wert. Generell ist ein wenigstens formell wirksamer Menschenrechts- und Folterschutz in den genannten Regionen nur in Ländern gewährleistet, die Vertragsstaat eines einschlägigen universellen Übereinkommens sind.[817] Für den verhältnismäßig kleinen Teil Asiens, dessen Staaten Mitglied der EMRK sind,[818] besteht jedoch ein wirksames regionales Menschenrechtsschutzsystem, denn das Rechtsschutzsystem der EMRK darf als vorbildlich bezeichnet werden. So hat sich insbesondere das Individualbeschwerdeverfahren mit seinem Beschwerderecht für Privatpersonen, seinem rechtsförmigen Verfahrensgang und der Verbindlichkeit der Urteile des EGMR zur effektivsten Rechtsdurchsetzungsmöglichkeit im Menschenrechtsbereich auf regionaler, gar auf internationaler Ebene, entwickelt.[819]

Abschließend wurde in einem weiteren Unterpunkt festgestellt, dass es eine allgemeinverbindliche Antwort auf die Frage, wie im Falle konkurrierender Menschenrechtsinstrumente zu entscheiden ist, nicht gibt. Dies hängt davon ab, ob die Verträge, denen die konkurrierenden Bestimmungen entspringen, bereits eigene Regelungen beinhalten, die sich auf das Verhältnis zu anderen Verträgen beziehen. In Ermangelung entsprechender vertraglicher Regelungen gilt der Grundsatz, nach dem möglichst zu Gunsten derjenigen Bestimmung zu entscheiden ist, die dem Begehren des Beschwerdeführers am dienlichsten ist.

Dieser Lösungsansatz stützt sich zugleich auf sogenannte „Klauseln zur Wahrung anerkannter Menschenrechte“, die in diversen internationalen (Menschenrechts-) Verträgen zu finden sind.

---

817 Wie sich die Einbettung einzelner Länder besagter Weltregionen in die internationalen Menschenrechtsregimes im Einzelfall faktisch auswirkt, hängt natürlich stark von den politischen Verhältnissen bzw. dem politischen Willen zum Menschenrechtsschutz der jeweiligen Staatsführung ab.

818 Russland, Türkei, Armenien, Aserbaidschan und Georgien.

819 Für das Präventionsverfahren der EuAFK gilt das bereits zu dem im Rahmen des ZP zur VNAFK etablierten System Gesagte.

Drittes Kapitel – Folterschutz und Völkergewohnheitsrecht

Neben den Folterschutzbestimmungen in internationalen Übereinkünften gibt es weitere völkerrechtliche Rechtsquellen,[820] die von Relevanz für den Folterschutz sind. Da vertragliche Regelungen grundsätzlich nur zwischen den Vertragsparteien Wirkung entfalten,[821] ist dem Völkergewohnheitsrecht besondere Aufmerksamkeit zu schenken. Es ist zu untersuchen, ob bereits ein völkergewohnheitsrechtliches Folterverbot existiert. Zusätzlich soll der Inhalt eines etwaigen völkergewohnheitsrechtlichen Folterverbots eruiert werden.

Das einfache Gewohnheitsrecht kann durch Vertrag derogiert werden, eine zwingende völkerrechtliche Norm („ius cogens“) hingegen nicht.[822] Zusätzlich können Staaten eine Bindung an eine Norm des Völkergewohnheitsrechts durch steten Widerspruch („persistent objection“) verhindern. Bei einer Norm des „ius cogens“ ist dies ebenfalls nicht möglich.[823] Deshalb ist in einem nächsten Schritt zu klären, ob – im Falle der Bejahung eines völkergewohnheitsrechtlichen Folterverbots – bereits eine dem „ius cogens“ unterfallende Norm erwachsen ist. Darüber hinaus ist zu ergründen, ob das Folterverbot als eventuelle Norm des „ius cogens“ eine „erga omnes“-Wirkung[824] entfaltet. Des Weiteren ist zu erörtern, ob eine völkergewohnheitsrechtliche Pflicht für Nationalstaaten besteht, in ihrem innerstaatlichen Recht ein Regime zu implementieren, das die Bestrafung von Folter vorsieht.[825] Abschließend soll darauf eingegangen werden, ob dem Völkergewohnheitsrecht auch ein Verbot von grausamer, unmenschlicher oder erniedrigender Strafe oder Behandlung zu entnehmen ist.

---

820 Vgl. die in Art. 38 Abs. 1 IGHS aufgezählten Normerzeugungsarten, welche als formelle Quellen des Völkerrechts (Rechtsentstehungsquellen) fungieren.

821 Aus Sicht eines Drittstaates ist ein unter anderen ausgehandelter Vertrag eine Angelegenheit, die ihn grds. nicht berührt. So erklärt sich auch die Regel des Art. 34 WVK, nach der mit Rücksicht auf die Souveränität von Drittstaaten ein zwischen anderen Staaten geschlossener Vertrag für diese weder Rechte noch Pflichten begründet („pacta tertiis nec nocent nec prosunt“). Eine Ausnahme von der „inter partes“-Wirkung vertraglicher Regelungen ist nur dann denkbar, wenn Vertragsbestimmungen von Anfang an Gewohnheitsrecht kodifiziert haben oder zwischenzeitlich (in Teilen oder als Ganzes) zu Gewohnheitsrecht erstarkt sind.

822 Siehe Art. 53 WVK.

823 Graf Vitzthum-Vitzthum, 1. Abschn., Rn.126.

824 „Erga omnes“-Verpflichtungen können sich neben dem Vertragsrecht aus Völkergewohnheitsrecht ergeben (Graf Vitzthum-Vitzthum, 1. Abschn., Rn.126, Fn. 308).

825 Hiervon zu unterscheiden ist die Frage nach der Existenz eines gewohnheitsrechtlichen Tatbestandes der Folter, welcher im völkerstrafrechtlichen Teil dieser Arbeit nachgegangen wird (s.u. 1. Teil, Fünftes Kap., I)).

I) Folterverbot i.e.S. als Bestandteil des Völkergewohnheitsrechts

Fraglich ist, ob im Falle des Folterverbots die in Art. 38 Abs. 1 lit. b genannten Entstehungsvoraussetzungen des Völkergewohnheitsrechts erfüllt sind. Die beiden wesentlichen Faktoren sind eine einheitliche und hinreichende Praxis der Folterächtung („consuetudo") sowie deren Anerkennung als Recht („opinio iuris sive necessitatis").[826] Obwohl die zwei Kriterien inhaltlich zu differenzieren sind, müssen sie aufeinander bezogen werden.[827]

Aufgrund der Misshandlungspraxis in vielen, sogar westlich-demokratischen Ländern, die nicht zuletzt durch einschlägige Entscheidungen des EGMR,[828] der des Öfteren mit Verletzungen des Folterverbots aus Art. 3 EMRK befasst ist, und durch Berichte von Menschenrechtsorganisationen[829] belegt ist, bestehen für das Element der „consuetudo" erhebliche Bedenken.[830]

In Anbetracht der eingangs genannten „althergebrachten Ansicht", die eine solide und einheitliche Staatenpraxis als Grundlage der Rechtsüberzeugung voraussetzt und dem Praxiselement eine vorrangige Stellung einräumt,[831] sind diese Bedenken nur schwer auszuräumen. Dagegen vertreten andere, dass eine Erzeugung von völkergewohnheitsrechtlichen Regeln alleine schon dort möglich sei, wo sich eine solide Verbalpraxis herausgebildet hat, was auf eine Abwertung oder gar völlige Abkehr vom „consuetudo"-Element hinausläuft.[832] Letztlich

---

826 Graf Vitzthum-Vitzthum, 1. Abschn., Rn.131ff.; Stein/v. Buttlar, Völkerrecht, Rn. 125ff.

827 Stein/v. Buttlar, Völkerrecht, Rn. 125f. So lässt bspw. eine gewisse Staatenpraxis für sich betrachtet keinen Rückschluss auf eine völkergewohnheitsrechtliche Qualität des ihr zugrundeliegenden Verhaltens zu, könnte sie auch zufälliger Natur sein. Vielmehr ist sie nur dann Indikator völkergewohnheitsrechtlicher Normen, wenn sie in dem Glauben praktiziert wird, einer rechtlichen Verpflichtung zu folgen (IGH, Federal Republic of Germany/Netherlands undFederal Republic of Germany/Denmark, Urt. v. 20.02.1968, http://www.icj-cij.org/docket/files/51/5535.pdf, Rn. 77).

828 Siehe die Jahresberichte des EGMR.

829 Siehe exemplarisch Human Rights Watch, World Report 2012, http://www.hrw.org/sites/default/files/reports/wr2012.pdf.

830 Jakobs weist auf die weltweite grobe Missachtung elementarer Menschenrechte hin und schlussfolgert, dass Strafe in Anbetracht dieses Befundes teilweise eher Mittel zur Begründung von Normgeltung als zu deren Erhaltung sei (Jakobs, HRRS 2004, S. 88 (94)).

831 Ambos, AVR 1999, S. 318 (330), Fn. 69.

832 So verlangt z.B. Bleckmann für die Entstehung von Völkergewohnheitsrecht lediglich die Behauptung eines abstrakten Rechtssatzes ohne Beleg einer einheitlichen und hinreichenden Praxis (Bleckmann (in Bernhardt et al.: Festschrift Mosler), Praxis des Völkergewohnheitsrechts als konsekutive Rechtsetzung, S. 89ff.).

ersetzen die Vertreter dieses Ansatzes das alte Konzept der Staatenpraxis durch ehemals mit der „opinio iuris“ verbundene Komponenten.[833]

Die Plausibilität bzw. Qualität eines derartigen, hier als „innovativer Ansatz“ bezeichneten Konzepts gewohnheitsrechtlicher Normschöpfung, steht und fällt mit den Kriterien, mit denen besagte „Verbalpraxis“ begründet wird. Hier werden die verschiedensten Bezugspunkte bzw. Indikatoren bemüht. So stellen die Verfechter des „innovativen Ansatzes“ bei verschiedener Gewichtung, wobei zum Teil bereits das Vorliegen nur eines Kriteriums als ausreichend betrachtet wird, auf folgende Gesichtspunkte ab: das Verhalten repräsentativer Staatsorgane in internationalen Gremien, die Entscheidungen und Stellungnahmen dieser Gremien selbst, internationale gerichtliche Entscheidungen und eine bestimmte Vertragspraxis.[834] Auch die „allgemeinen Rechtsgrundsätze“ i.S.v. Art. 38 Abs. 1 lit. c IGHS, welche regelmäßig anhand einer rechtsvergleichenden Untersuchung der Rechtsordnungen „zivilisierter“ Nationen zu ermitteln sind, worunter nur solche mit fortentwickelten Rechtssystemen fallen, die sich aber ebenso aus institutionellem „soft law“ ergeben können,[835] sollen zu Rate gezogen werden können.[836] Durch die Internationalisierung der „allgemeinen Rechtsgrundsätze“ ließe sich eine „opinio iuris“ ohne einheitliche „consuetudo“ ausmachen, die konstitutiv für die Bildung von Gewohnheitsrecht sein könne.[837]

Der „innovative Ansatz“ ist dem „althergebrachten“ vorzuziehen, da er die berechtigten zeitgenössischen Bestrebungen nach einer Ausweitung des gewohnheitsrechtlichen Schutzes der Menschenrechte fördert. Damit die Umgewichtungen bei der völkergewohnheitsrechtlichen Normschöpfung nicht zu einem „self-contained exercise in rhetoric“[838] verkommen, müssen sie jedoch auf moderate Weise geschehen. Dementsprechend sollten die im Zusammenhang mit dem „innovativen Ansatz“ genannten Kriterien möglichst in einer Zusammenschau kumulativ geprüft werden. Des Weiteren ist eine negative Staatenpraxis auch bei

---

833 Ambos, AVR 1999, S. 318 (330).

834 Siehe die Hinweise zu Vertretern dieses Spektrums bei Ambos, AVR 1999, S. 318 (330), Fn. 70, 71.

835 Ambos, AVR 1999, S. 318 (333).

836 Simma (in Academy of European Law: Collected Courses of the Academy), International Human Rights and General International Law, S. 224ff.

837 Ambos, AVR 1999, S. 318 (333). Unter der Internationalisierung der „Allgemeinen Rechtsgrundsätze” versteht Ambos eine Entwicklung betreffend die Begründung dieser Rechtssätze. Durch die Globalisierung soll der Blick hierbei immer mehr auf das in internationalen Organisationen entstehende „soft law” gerichtet werden, was bedingt, dass die rechtsvergleichenden Untersuchungen der „zivilisierten” nationalen Rechtsordnungen langsam ins Hintertreffen geraten.

838 Simma (in Academy of European Law: Collected Courses of the Academy), International Human Rights and General International Law, S. 218.

vorrangigem Abstellen auf ehemals der „opinio iuris“ zugezählte Kriterien nicht irrelevant, wenn sie als Rechtssatzbehauptung erfolgt. Damit ist dem IGH beizupflichten, der als Referenz, Zeuge und Motor der modernen Gewohnheitsrechtsschöpfung fungiert. Er hat bereits in den „North Sea Continental Shelf“-Fällen festgestellt, dass vertragsrechtliche Regelungen mit einem „norm creating character“ zu Regeln des allgemeinen Völkerrechts werden können.[839] Ferner hat er mit bedeutenden Literaturvertretern den „consuetudo“-Beleg schon über die Indikatoren Stellungnahmen staatlicher Repräsentanten vor internationalen Organisationen, innerstaatliche Umsetzung dieser Stellungnahmen sowie Beschlüsse und Stellungnahmen internationaler Organisationen selbst für erbringbar erachtet.[840] Zurückkommend auf die negative Staatenpraxis, also die tatsächliche Verletzung der durch vorgenannte Indikatoren extrapolierten Rechtssätze, geht der IGH davon aus, dass sie jedenfalls dann bedeutungslos ist, wenn ihr nicht die Überzeugung zu Grunde liegt, rechtmäßig gehandelt zu haben.[841] In derartigen Fällen handele es sich de iure nicht um eine entgegenstehende Staatenpraxis. Dem ist beizupflichten.

Anhand folgender Kriterien, die dem als „innovativem Ansatz“ bezeichneten Konzept entspringen, soll nun eine Gewohnheitsrechtsqualität des Folterverbots eruiert werden: des Verhaltens repräsentativer Staatsorgane in internationalen Gremien, der Entscheidungen und Stellungnahmen dieser Gremien selbst, internationaler gerichtlicher Entscheidungen, der Kriterien „allgemeiner Rechtsgrundsätze“ i.S.v. Art. 38 Abs. 1 lit. c IGHS und des vertragsrechtlichen IGH-Ansatzes.

Begonnen werden soll mit einer Analyse aus völkervertragsrechtlicher Perspektive. Nach den vom IGH aufgestellten Kriterien setzt eine Entstehung von Völkergewohnheitsrecht aus vertragsrechtlichen Normen eingangs voraus,[842] dass es sich um eine Bestimmung handelt, die von derart grundlegendem Rechtserzeugungscharakter ist, als sei sie Basis einer generellen Rechtsregel. Kurz gesagt, es muss sich um eine Vorschrift von fundamentaler Bedeutung handeln, die Vorbehalte nicht ausdrücklich zulassen darf.

---

839 IGH, Federal Republic of Germany/Netherlands und Federal Republic of Germany/Denmark, Urt. v. 20.02.1968, http://www.icj-cij.org/docket/files/51/5535.pdf, Rn. 71.

840 Siehe Ambos, AVR 1999, S. 318 (330), Fn. 70 m.w.N.

841 Wird ein im Widerspruch zur Regel stehendes staatliches Verhalten von Rechtfertigungsversuchen begleitet, so kann darin indirekt eine Bekräftigung der Normgeltung gesehen werden (Werle, Völkerstrafrecht, Rn. 159).

842 Zu den vom IGH insofern aufgestellten Kriterien vgl. IGH, Federal Republic of Germany/Netherlands und Federal Republic of Germany/Denmark, Urt. v. 20.02.1968, http://www.icj-cij.org/docket/files/51/5535.pdf, Rn. 72ff. und Maierhöfer, „Aut dedere, aut iudicare“, S. 257.

Alleine die bereits dargelegte Dichte an völkerrechtlichen Verträgen, die ein Folterverbot i.e.S. beinhalten, sei es im Humanitären Völkerrecht, in den Menschenrechtsverträgen oder in speziellen Anti-Folter-Konventionen, spricht eine deutliche Sprache. In die gleiche Richtung weist die wiederholte Gestaltung des Verbots als nicht derogierbar und absolut (h.M.).[843] Daneben ist die Verankerung des Weltrechtsprinzips, beispielsweise in der VNAFK, Indiz für die herausragende Stellung des Folterverbots in der völkerrechtlichen Normenhierarchie. Schließlich geht es beim Weltrechtsprinzip um den Schutz von Rechtsgütern, die so überragend sind, dass insofern kein Staat ausschließlich nationale Souveränität beanspruchen kann.[844] Der fundamentale Charakter des Folterverbots und das Nicht-Vorhandensein expliziter Vorbehaltsmöglichkeiten ist demnach gegeben.

Daneben müsste die Bestimmung einem Vertrag entspringen, der nicht nur von vielen, sondern auch durch führende Staaten ratifiziert wurde. Da den IPbpR bereits 167 und die VNAFK 150 Staaten ratifiziert haben, worunter „führende" Nationen wie die USA, Russland und China[845] fallen, kann für das Folterverbot von einer breiten und repräsentativen Ratifikation gesprochen werden. Nunmehr bleibt nach dem vertragsrechtlichen Konzept gewohnheitsrechtlicher Normschöpfung nur noch zu prüfen, wie sich die weltweite Folterpraxis auswirkt. Diese Frage soll jedoch erst beantwortet werden, nachdem die anderen Gewohnheitsrechtsindikatoren des „innovativen Ansatzes" geprüft wurden.

Im Bereich des „soft law" bzw. der Feststellungen von Konventionsorganen sei zuerst der Hinweis gegeben, dass die mit der Überwachung der Menschenrechtsverträge betrauten Organe nicht müde werden, den absoluten Charakter des jeweiligen Folterverbots zu betonen.[846] Zusätzlich hat es auf Ebene der VN eine Vielzahl von Verlautbarungen in Form von Resolutionen und Erklärungen gegeben, die den Schutz vor Folter anmahnen.[847]

Aufgrund des Vorreiterstatus ist exemplarisch das Folterverbot der AEMR zu nennen. An dieser Stelle ist die Frage nicht mehr zu umgehen, ob die AEMR und damit auch das dortige Folterverbot bereits Gewohnheitsrechtsstatus erlangt hat.[848]

Dann müssten auf die Erklärung vorgenannte Entstehungsvoraussetzungen von Völkergewohnheitsrecht zutreffen. Für das Element „Anerkennung als Recht"

---

843 Hofmann (in Ostendorf: Folter), Völkerrechtliches Folterverbot, S. 9 (18); Rodley, DJILP 2006, S. 145 (152); Shany, CULR 2007, Rn. 842.

844 Ambos, Internationales Strafrecht, § 2, Rn. 7.

845 China ist beim IPbpR allerdings lediglich Signatarstaat.

846 Siehe oben 1. Teil, Zweites Kap., II).

847 Stein, Verbot der Folter, S. 244 und s.o. 1. Teil, Zweites Kap., II), 1).

848 Dazu siehe bereits oben1. Teil, Zweites Kap., II), 1), b).

lassen sich genügend Belege finden. Zwar war der Kreis der VN-Mitgliedsstaaten im Jahr 1948 noch relativ klein, dennoch lässt die Verabschiedung der AEMR mit 48 zu null Stimmen bei acht Enthaltungen bereits auf ein hohes Maß an Akzeptanz schließen. Zudem wurde die Gültigkeit der Erklärung auch später nicht angezweifelt, was z.B. durch ein typisches „permanent objector"-Verhalten[849] einer Mehrzahl der UN-Mitgliedsstaaten zum Ausdruck hätte kommen können.[850] Ein ständig geäußerter Wille, nicht an den Rechtekanon der AEMR gebunden zu sein, ist auf Staatenebene schlichtweg nicht ersichtlich. Des Weiteren wird in zahlreichen internationalen Erklärungen und Entscheidungen auf die AEMR Bezug genommen, z.B. in der Präambel der EMRK. Als weiteren Indikator für die Ermittlung der Rechtsüberzeugung ist auf die Entscheidungen internationaler Gerichte abzustellen. Im hiesigen Kontext ist die Entscheidung des IGH im Fall des United States Diplomatic and Consular Staff in Theran (USA vers. Iran) zu nennen, in der im Großen und Ganzen von einer Rechtsverbindlichkeit der AEMR ausgegangen wird.[851] Das Praxiselement erscheint zwar insofern zweifelhaft, als eine negative Praxis vieler Staaten in Bezug auf die Achtung der durch die AEMR proklamierten Menschenrechte festgestellt werden kann. Davon abgesehen, dass dem Praxiselement nach dem favorisierten „innovativen Ansatz" keine konstitutive Bedeutung mehr zukommt, bestreiten Verletzerstaaten aber regelmäßig nicht den materiellen Inhalt der Verpflichtungen, sondern den Verstoß an sich, genauer, das Vorliegen der „Tatbestandsmerkmale" eines Verstoßes.[852] Da der (Verletzungs-)Praxis also nicht die Überzeugung zu Grunde liegt, rechtmäßig gehandelt zu haben, ist sie nach oben genannten Grundsätzen unbeachtlich.

Somit zählt die AEMR zum Völkergewohnheitsrecht, weshalb das dort verbürgte Folterverbot eben diesen Status genießen müsste.[853]

849 Hierunter versteht man einen ständig geäußerten Willen eines oder mehrerer Staaten, einer gewissen Rechtsmeinung bzw. -Überzeugung nicht zu folgen (Graf Vitzthum-Vitzthum, 1. Abschn., Rn.126, 133).

850 Kissling, HFR 2001, S. 81 (86).

851 Siehe Kissling, HFR 2001, S. 81 (86), mit Rechtsprechungsnachweis in Fn. 41. Der BGH hält die AEMR für eine Konkretisierung dessen, „(...) was als die allen Völkern gemeinsame, auf Wert und Würde des Menschen bezogene Rechtsüberzeugung verstanden wird (BGHSt, 40, S. 241 (248))."

852 Siehe Kissling, HFR 2001, S. 81 (86), Fn. 41 m.w.N.

853 Es wäre sogar denkbar, die ganze AEMR im Rang von zwingendem Völkerrecht zu verorten. Allerdings ist schon deshalb Vorsicht geboten, weil „ius cogens" im Völkerrecht die Ausnahme ist. Die Annahme von zwingendem Völkerrecht ist an sehr hohe Anforderungen geknüpft (s.u. 1. Teil, Drittes Kap., II)). Es ist zweifelhaft, ob die Formulierungen der durch die AEMR proklamierten Rechte den notwendigen Bestimmtheitsanforderungen entsprechen. Zudem sind einige der in ihr enthaltenen Rechte einschränkbar, insbesondere im Falle eines Staatsnotstands. Ferner sind die in der

Darüber hinaus ist die VN-Deklaration besonders zu erwähnen, mit der die VNAFK angenommen wurde. In ihr ist ausdrücklich die Rede von einem Bedürfnis für „(…) a more effective implementation of the existing prohibition under international and national law of the practice of torture and other cruel inhuman or degrading treatment or punishment (…)“[854]. Auch die internationale Menschenrechtskonferenz verurteilte Folter auf ihrer Tagung in Wien im Jahre 1993 als „one of the most atrocious violations against human dignity“ und forderte die VN-Generalversammlung sogleich auf, einen Präventionsmechanismus gegen Folter zu schaffen.[855]

Die nationalen Rechtsordnungen als überkommene Basis der „allgemeinen Rechtsgrundsätze“ im Sinne von Art. 38 Abs. 1 lit. c IGHS enthalten regelmäßig Bestimmungen zum Schutz vor Folter.[856] Darüber hinaus zählt das Folterverbot in der Judikatur nationaler Gerichte zum Völkergewohnheitsrecht.[857] Schließlich ist keine Entscheidung eines nationalen Obergerichts bekannt, die Folter zu legitimieren versucht.[858] Ferner ist nicht ersichtlich, dass Staaten ein Recht zur Fol-

---

AEMR enthaltenen Rechte zum Teil nicht mehr als ein Staatsauftrag der ausfüllungsbedürftig ist, z.B. das „Recht auf Arbeit“. Schließlich wäre eine Ausdehnung des „ius cogens“ auf Fälle, die den bewusst hohen Voraussetzungen kaum entsprechen, nicht geboten, würde sie die rechtliche und moralische Ausstrahlungskraft des zwingenden Völkerrechts im Ganzen schmälern. Im Ergebnis unterfallen eben (nicht eher: „deswegen“?) nicht alle Menschenrechte dem „ius cogens“ (vgl. Dinstein, AVR 1992, S. 15 (16f.)).

854 General Assembly RES 39/46 v. 10.12.1984 (UN Doc. A/RES/39/46).

855 The Vienna Declaration and Program of Action (UN Doc. A/Conf.157/23, 1207.1993), Abschn. “Freedom from torture”, Abs. 55.

856 Rodley, DJILP 2006, S. 145 (158). Vgl. auch Filartiga vers. Pena-Irala, 630 F. 2d 876 (2d Cir.1980), http://openjurist.org/630/f2d/876/filartiga-v-pena-irala#fn4_ref, Rn. 27: „The substance of these international agreements is reflected in modern municipal i. e. national law as well. Although torture was once a routine concomitant of criminal interrogations in many nations, during the modern and hopefully more enlightened era it has been universally renounced. According to one survey, torture is prohibited, expressly or implicitly, by the constitutions of over fifty-five nations, including (…) the United States (…).”

857 Im dritten zum Fall Pinochet ergangenen Urteil des House of Lords merkte Lordrichter Millett in seinem Votum an, Folter sei völkergewohnheitsrechtlich verboten (The House of Lords, Regina vers. Bartle and the Commissioner of Police for the Metropolis and Others Ex Parte Pinochet, Regina vers. Evans and Another and the Commissioner of Police and Others Ex Parte Pinochet (On Appeal from a Divisional Court of the Queen´s Bench Division), Urt. v. 24.03.1999, http://www.publications.parliament.uk/pa/ld199899/ldjudgmt/jd990324/pino1.htm).

858 Allerdings gibt es eine Entscheidung des Israelischen Supreme Court, in der zumindest eine auf das Strafrecht beschränkte Rechtfertigung von „harten“ Vernehmungsmethoden mittels des „necessity defense“ für möglich gehalten wird. Die in dem der Ent-

ter einfordern.[859] Zumindest ist keine dahingehende öffentliche Verlautbarung eines offiziellen Staatsvertreters bekannt geworden. Eher verwahren sich der Folter beschuldigte Staaten gegen diesen Vorwurf bzw. behaupten, die Foltervorwürfen zu Grunde liegenden Lebenssachverhalte fielen nicht unter das Verbot.[860]

Auch in der Judikatur internationaler Gerichte zählt das Folterverbot zum Völkergewohnheitsrecht.[861] Gleich verhält es sich in der Wissenschaft, dem letzten noch nicht bemühten Indikator. Schließlich gehen die meisten renommierten Wissenschaftler von einem gewohnheitsrechtlichen Charakter des Folterverbots aus.[862]

---

scheidung zugrunde liegenden Sachverhalt angewandten Verhörtechniken haben nach Ansicht des Gerichts den oben skizzierten „five techniques“ (s.o.1. Teil, Zweites Kap., II), 2), b), aa), (1), (a), (aa)) geglichen, hätten aber nicht das Niveau der Folter i.e.S. erreicht; möglicherweise aber das einer grausamen, unmenschlichen oder erniedrigenden Behandlung (Israeli Supreme Court, Judgment Concerning the Legality of the GSS-Interrogation Methods, Urt. v. 06.09.1999, http://www. derechos.org/human-rights/mena/doc/torture.html, Rn. 34ff.):
„We are prepared to assume, although this matter is open to debate, that the “necessity defense” is available to all, including an investigator, during an interrogation, acting in the capacity of the state. (...) Likewise, we are prepared to accept – although this matter is equally contentious – that the “necessity defense” can arise in instances of “ticking bombs,” and that the phrase "immediate need" in the statute refers to the imminent nature of the act rather than that of the danger. Hence, the imminence criteria is satisfied even if the bomb is set to explode in a few days, or even in a few weeks, provided the danger is certain to materialize and there is no alternative means of preventing it. (...) In other words, there exists a concrete level of imminent danger of the explosion's occurrence. (...) Consequently we are prepared to presume, as was held by the Report of the Commission of Inquiry, that if a GSS investigator – who applied physical interrogation methods for the purpose of saving human life – is criminally indicted, the “necessity defense” is likely to be open to him in the appropriate circumstances.” Zu dieser Entscheidung höchst kritisch äußern sich Kremnitzer/Segev, Israel Law Review 2000, S. 509ff.

859 Filartiga vers. Pena-Irala, 630 F. 2d 876 (2d Cir.1980), http://openjurist.org/630/f2d/876/filartiga-v-pena-irala#fn4_ref, Rn. 29: „We have been directed to no assertion by any contemporary state of a right to torture its own or another nation's citizens.“

860 Rodley, DJILP 2006, S. 145 (158).

861 Exemplarisch ist die Entscheidung des ICTY im Fall Prosecutor vers. Furundzija, Urt. v. 10.12.1998, Case No. IT-95-17/1-T, http://www.icty.org/case/furundzija/4, insb. Rn. 153-156 zu nennen. In Rn. 170 dieses Urteils werden weitere Fälle zitiert, die im hiesigen Bezug(A) relevant sind.

862 Vgl. Rodley, DJILP 2006, S. 145 (158).

Somit lässt sich eine Rechtsüberzeugung belegen, nach der Folter i.e.S. verboten ist. Allerdings kann dieses Ergebnis nicht darüber hinwegtäuschen, dass damit nach traditionellem Verständnis nur eines der zwei obligatorischen Entstehungselemente von Völkergewohnheitsrecht vorliegt. Die Diskrepanz zwischen Wort und Tat kann jedoch nicht dazu führen, einen völkergewohnheitsrechtlichen Charakter des Folterverbots abzulehnen. Einerseits lässt sich anhand der ehemals zur Ergründung der „opinio iuris" herangezogenen Kriterien belegen, dass die Rechtsüberzeugung hier ein derartiges Ausmaß erreicht, was es vertretbar erscheinen lässt, trotz der regelmäßigen Verstöße gegen das Folterverbot von einem Gewohnheitsrechtssatz auszugehen. Andererseits genügt der gleiche Kriterienkatalog nach dem „innovativen Ansatz" bereits zum Beleg der „consuetudo". Diesem Ergebnis müsste auch der IGH folgen, der für die Entstehung von Völkergewohnheitsrecht zwar „consuetudo" und „opinio iuris" voraussetzt, als Beleg für die – hier gegebenenfalls einer Gewohnheitsrechtsqualität des Folterverbots entgegenstehende – „consuetudo" jedoch nur die staatlichen Verhaltensweisen gelten lässt, die in der Überzeugung ihrer Rechtmäßigkeit geschehen. Verstöße gegen das Folterverbot werden aber gerade nicht in der Überzeugung begangen, rechtmäßig zu handeln. Damit handelt es sich bei Verstößen nicht um Fälle der Rechtssatzbehauptung. De iure wird durch sie keine entgegenstehende Staatenpraxis dokumentiert.

Nach all dem sind die für die Entstehung von Völkergewohnheitsrecht hier für entscheidend gehaltenen Kriterien im Falle des Folterverbots i.e.S. erfüllt. Das Verbot zählt somit zum Völkergewohnheitsrecht und entfaltet Wirkung für die gesamte Staatengemeinschaft.[863]

Da eine präzise Definition der Folter für gewisse rechtliche Schutzmechanismen unerlässlich ist,[864] stellt sich die Frage nach einer gewohnheitsrechtlichen Definition der Folter i.e.S. Um eine derartige Definition zu begründen, müssten bezüglich ihrer Elemente die Entstehungsvoraussetzungen von Völkergewohnheitsrecht erfüllt sein. Hier kann auf die bereits anhand repräsentativer Konventionen und der AFD herausgearbeitete, an der Rechtsprechung und den Verlaut-

---

863 Siehe Ambos, AVR 1999, S. 318 (329); Ambos/Eser, Straflosigkeit von Menschenrechtsverletzungen, S. 198; Beutler, Strafbarkeit der Folter zu Vernehmungszwecken, S. 151; Bruha/Steiger, Folterverbot im Völkerrecht, S. 12; Hofmann (in Ostendorf: Folter), Völkerrechtliches Folterverbot, S. 9 (17); Kaiser, KrimJ 2003, S. 243 (247); O'Connell, Ohio State Law Journal 2005, S. 1230 (1248); Raess, Schutz vor Folter im Völkerrecht, S. 74ff.; Rodley, DJILP 2006, S. 145 (157); Schmahl/Steiger, AVR 2005, S. 358 (362); Selbmann, NJ 2005, S. 300 (301); Shany, CULR 2007, Rn. 842, Fn. 23; Wittreck, DÖV 2003, S. 873 (875). Das Bundesverwaltungsgericht hat die Frage nach dem völkergewohnheitsrechtlichen Charakter des Folterverbots offen gelassen (BVerwGE 67, S. 184 (194)).

864 Raess, Schutz vor Folter im Völkerrecht, S. 39.

barungen von Konventionsorganen orientierte Definition des „kleinsten gemeinsamen Vielfachen“ der Folter rekurriert werden.[865]

Nationale und internationale Gerichte wie Konventionsorgane verlangen zu den konsensualen Kriterien aber weitere Merkmale nach eigener Präferenz und Schwerpunktsetzung. Das lässt die „consuetudo“ und „opinio iuris“ als nicht einheitlich erscheinen. Deshalb sollte Ausgangspunkt die eher restriktive Legaldefinition der Folter gem. Art. 1 Abs. 1 S. 1 VNAFK sein. Ist nämlich sogar ihr enger Folterbegriff erfüllt,[866] so würde der zugrunde liegende Sachverhalt nach extensiverem Begriffsverständnis erst recht – argumentum a maiore ad minus – Folter darstellen. Zudem gehören der VNAFK als universellem Abkommen mittlerweile 150 Vertragsstaaten an. Danach genießt die dort gegebene Legaldefinition im menschenrechtlichen Bereich jedenfalls sehr hohe, wenn auch nicht vollständige Akzeptanz.[867]

Das einzige nennenswerte weitere, eine Legaldefinition der Folter enthaltende Abkommen, die IAAFK, weicht zwar von der Definition der VNAFK ab. Die IAAFK ist aber regional begrenzt und hat sowohl absolut als auch im Vergleich zur VNAFK nur eine verschwindend geringe Anzahl an Mitgliedsstaaten,[868] wobei nicht einmal die für den von ihr abgedeckten geographischen Raum besonders gewichtigen Staaten USA und Kanada Mitgliedsländer sind.

Demnach ließe es sich durchaus vertreten, dem Folterbegriff des Art. 1 Abs. 1 S. 1 VNAFK gewohnheitsrechtlichen Status zuzusprechen.[869] Von einer Gewohnheitsrechtsqualität dieses Folterbegriffs kann aber – wenn überhaupt – lediglich

---

865 Siehe oben 1. Teil, Zweites Kap., III).

866 Zu dieser Definition s.o. 1. Teil, Zweites Kap., II), 2), a), ab), (1), (a) und 1. Teil, Zweites Kap., II), 2), a), ac), (1).

867 Die hohe Akzeptanz der Definition lässt sich auch dadurch belegen, dass die VNAFK sich insofern stark an der AFD orientiert und diese immerhin von der VN-Generalversammlung übereinstimmend angenommen wurde (Stein, Verbot der Folter, S. 221).

868 Aktuell sind es 17.

869 ICTR, The Prosecutor of the Tribunal against Jean-Paul Akayesu, Urt. v. 02.10.1998, Case No. ICTR 96-4-T, http://www.unictr.org/tabid/128/Default.aspx?id=18&mnid=4, Rn. 593f.; ICTY, Prosecutor v. Delalic et al. ("Celebici Camp"), Urt. v. 16.11.1998, Case No. IT-96-21-T, http://www.icty.org/cases/party/675/4, Rn. 459 ; ICTY, Prosecutor vers. Furundzija, Urt. v. 10.12.1998, Case No. IT-95-17/1-T, http://www.icty.org/case/furundzija/4, Rn.160 . Auch wenn hiermit die Frage nach dem Begriffsinhalt des völkergewohnheitsrechtlichen Folterverbots in Ansätzen geklärt ist, schließen sich weitere Fragen an. Bspw. ist die Wirkung völkergewohnheitsrechtlicher Verbote strittig, insbesondere ob bereits ein einziger Fall, oder erst ein „consistent pattern“ eine Verletzung der Verbote begründet (s. dazu Ambos, AVR 1999, S. 318 (329)).

für den menschenrechtlichen Bereich ausgegangen werden, nicht hingegen für das Humanitäre Völkerrecht oder das Völkerstrafrecht.

Wegen der weiterhin andauernden Kontroversen über die Auslegung des Art. 1 Abs. 1 S. 2 VNAFK und unter Berücksichtigung der viel restriktiveren Formulierung ähnlicher Klauseln in der AFD und der IAAFD, bzw. des gänzlichen Verzichts auf eine derartige Bestimmung in den Menschenrechtsübereinkünften der VN, ist nicht davon auszugehen, die Einschränkung besitze Gewohnheitsrechtsstatus. Ein Konsens scheint aber zumindest dahingehend zu bestehen, die im Einklang mit den „VN Mindestbestimmungen über die Behandlung von Strafgefangenen" stehenden, gesetzlich zulässigen Zwangsmaßnahmen vom IHRL-Folterverbot auszunehmen. Insofern kann von Gewohnheitsrecht ausgegangen werden. Dieses Ergebnis wird dadurch bestätigt, dass keine Stimmen zu vernehmen sind, welche auch die im Einklang mit den „Mindestbestimmungen" befindlichen Maßnahmen unter das IHRL-Folterverbot i.e.S. subsumieren wollen.

II) Folterverbot i.e.S. als zwingende Norm des Völkergewohnheitsrechts („ius cogens")

Fraglich ist, ob aus dem gewohnheitsrechtlichen Folterverbot eine Norm des „ius cogens" erwachsen ist. Die Existenz von „ius cogens" wurde mit der WVK endgültig bestätigt, wobei die Konvention in Art. 53 auch gleich eine Definition enthält:

„Im Sinne dieses Übereinkommens ist eine zwingende Norm des allgemeinen Völkerrechts eine Norm, die von der internationalen Staatengemeinschaft in ihrer Gesamtheit angenommen und anerkannt wird als eine Norm, von der nicht abgewichen werden darf, und die nur durch eine spätere Norm des allgemeinen Völkerrechts derselben Rechtsnatur geändert werden kann."

Heutzutage ist ein „ius cogens"-Charakter der grundlegenden Menschenrechte fast unumstritten.[870] Hierunter fällt auch der Schutz vor Folter,[871] womit eine Zugehörigkeit des Folterverbots zum zwingenden Völkerrecht naheliegt. Dieser Befund ist allerdings zu vage, um eine eingehende Prüfung entbehrlich zu machen.

Für eine „ius cogens"-Bestimmung ist es typisch, dass sie ihren vorrechtlichen und moralischen Gehalt eindeutig zum Ausdruck bringt.[872]

Neben allen Problemen, die beispielsweise hinsichtlich einer verbindlichen völkerrechtlichen Definition der Folter bestehen, ist das Folterverbot Instrument des

870 Stein/v. Buttlar, Völkerrecht, Rn. 150.

871 Jahn, KritV 2004, S. 24 (32).

872 Kornicker, Ius cogens und Umweltvölkerrecht, S. 27.

Menschenwürdeschutzes und damit eines Rechtsguts, das dem Menschen zumindest nach westlich-abendländischem Verständnis vom Anbeginn seiner Existenz innewohnt. An der „Vorrechtlichkeit“ des Verbots lässt sich bereits aufgrund dieser Feststellung kaum zweifeln.

Trotz des recht unpräzisen Charakters wertorientierter Kriterien wie „Moral“, soll sie im vorliegenden Kontext zusätzlich als Merkmal zur Identifikation und Selektion „vorrechtlicher“ Regeln dienen, die ihren Weg in die Positivierung gefunden haben. Regeln der Moral sind „solche, die Wirkung auf das Verhalten des Einzelnen um ihrer selbst Willen zeigen.“[873]

Klassische Beispiele von Normen mit klar ersichtlichem moralischen Gehalt, die dem „ius cogens“ unterfallen und allesamt eine „vorrechtliche“ Prägung aufweisen, sind das Genozid-, Sklaverei- und Gewaltverbot.[874] Die Frage nach einer das Folterverbot auf moralischer Ebene klar statuierenden Regel ist zwangsläufig mit der Frage nach der Menschenwürde als herausragendem Schutzgut des Verbots verbunden. Die Problematik der Menschenwürde ist wiederum in höchstem Maße mit Fragen der Ethik, der Moralphilosophie und der Theologie verknüpft. Dies drückt sich beispielsweise in der vom Bundesverfassungsgericht genutzten sogenannten „Objektformel“ aus,[875] nach der die Menschenwürdegarantie den Menschen davor schützen soll, „dass er durch den Staat oder durch seine Mitbürger als bloßes Objekt, das unter vollständiger Verfügung eines anderen Menschen steht, als Nummer eines Kollektivs, als Rädchen im Räderwerk behandelt, und dass ihm damit jede eigene geistig-moralische oder gar physische Existenz genommen wird.“[876]

Diese den Eigenwert des Menschen in den Fokus rückende Menschenwürdetheorie ist der Rückbesinnung auf die Grundfesten der Zivilisation nach der Barbarei des Zweiten Weltkrieges geschuldet. Sie bringt daneben tragende Gedanken des abendländisch-philosophischen Menschenwürdediskurses der vorangegangenen Jahrhunderte zum Ausdruck. Die Achtung des Nächsten in seinen elementarsten Seinsvoraussetzungen, Würde und Leben, ist nie ein rein unter rechtlichen Gesichtspunkten zu erörterndes Problem gewesen, sondern stets moralischer und ethischer Natur. Genauso wie bei den Verboten des Genozids, der Sklaverei und der Gewalt ist es für die Menschenwürde nicht einzusehen, warum sie zur freien Disposition einzelner Machtkollektive stehen sollte. Nun stellt Folter keinen marginalen Eingriff in die Würde dar, der lediglich ihren „Vorhof“ berührt – will man den Ansatz Herdegens im Würdebereich aufgreifen.[877] Viel-

873 Kornicker, Ius cogens und Umweltvölkerrecht, S. 28.

874 Kornicker, Ius cogens und Umweltvölkerrecht, S. 31f.

875 BVerfGE 27, 1, 6; 45, 187, 228; 87, 209, 228. Die von Günter Dürig populär gemachte Objekttheorie basiert auf dem Instrumentalisierungsverbot Kants.

876 Starck in v. Mangoldt/Klein/Starck, GG I, Art. 1 Abs. 1, Rn. 16.

877 Herdegen in Maunz/Dürig, Kommentar zum GG, Bd. I, Art. 1 Abs. 1, Rn. 43ff.

mehr berührt sie den Kerngehalt der Menschenwürde. Das Folterverbot schützt einen Bereich, der derart fundamental ist, dass er nicht nur über Rechtsnormen, sondern schon auf einer Vorstufe über Gebote der Moral abgesichert ist. Das völkerrechtliche Folterverbot verfügt also über den notwendig klaren moralischen Gehalt.

Weiterhin müsste der Folterschutz ein Anliegen der Gesamtheit der internationalen Staatengemeinschaft sein.[878] Unter einem Staatengemeinschaftsinteresse ist ein solches zu verstehen, das nicht allein den – wenn auch gleichgelagerten und daher gemeinsamen – Einzelinteressen der Staaten, sondern gleichzeitig dem Nutzen der Staatengemeinschaft als solcher dient.[879]

Bedenkt man, dass laut VNC-Präambel, auf die in der VNAFK-Präambel verwiesen wird, „nach den in der Charta der Vereinten Nationen verkündeten Grundsätzen die Anerkennung der Gleichheit und Unveräußerlichkeit der Rechte aller Mitglieder der menschlichen Gesellschaft Grundlage von Freiheit, Gerechtigkeit und Frieden in der Welt bildet (...)“[880], und dass laut ICCS-Präambel gewisse „(...) schwere Verbrechen den Frieden, die Sicherheit und das Wohl der Welt bedrohen (...)“,[881] so ist ein übergeordnetes Gemeinschaftsinteresse am Folterschutz offensichtlich. Sicherheit vor Folter zu gewähren heißt zugleich, eines der höchsten Güter der Völkergemeinschaft zu schützen.[882] Ferner liegt im Falle der Folter ein Bezug zu den höchsten Interessen der Völkergemeinschaft darin, dass sie im menschenrechtlichen Bereich nach (mutmaßlich) gewohnheitsrechtlich anerkannter Definition eines Staatsbezugs bedarf und damit ähnlich den „core crimes“ ein internationales Moment verlangt. Dieser Bezug lässt die Folter zumeist als Ausdruck systematischer oder massenhafter Verletzung von grundlegenden Menschenrechten erscheinen, was eine Bedrohung von Frieden, Sicherheit und Wohl der Weltgemeinschaft impliziert. Demzufolge ist der Folterschutz ein Anliegen der Gesamtheit der internationalen Staatengemeinschaft.

878 Zu diesem Kriterium s. Kornicker, Ius cogens und Umweltvölkerrecht, S. 34ff.

879 Stocker, Prinzip des Common Heritage of Mankind, S. 7ff.

880 Die Zielsetzung „Förderung der Achtung der Menschenrechte“ wird zudem in Art. 1 Nr. 3 VNC formuliert. Zu diesen Rechten gehört das Recht auf Achtung der Menschenwürde und damit inzident das Recht, nicht gefoltert zu werden, wobei ein ausdrücklicher Hinweis auf den Glauben an eine dem Menschen innewohnende Würde als Höchstwert sich ebenfalls in der Präambel der VNC findet.

881 Zu diesen Verbrechen zählt auch die Folter, zumindest als Variante der „core crimes“ Völkermord, Humanitäts- und Kriegsverbrechen.

882 Eine Bedrohung des Weltfriedens kann bereits aufgrund massiver Menschenrechtsverletzungen in einem Staat angenommen werden (vgl. Werle, Völkerstrafrecht, Rn. 94).

Ferner muss die in Rede stehende Norm das Charakteristikum der Unverfügbarkeit aufweisen.[883] Die enorme Dichte der Folterschutzbestimmungen, insbesondere ihre absolute (h.M.) und nicht-derogierbare Ausgestaltung, lässt auf eine Überzeugung der internationalen Staatengemeinschaft schließen, nach der das Verbot Ausdruck der Unabdingbarkeit und Unverfügbarkeit der ihm zugrunde liegenden Rechtsgüter – zumindest gegen die vom Folterverbot umfassten Angriffsarten – ist. Diese Wertung wird flankiert durch entsprechende Feststellungen von Organen menschenrechtlicher Konventionen, internationalen Organisationen und renommierten Wissenschaftlern.[884] Damit ist auch das Kriterium der Unverfügbarkeit gegeben.

Der bereits angesprochene notwendige Transfer vom vorrechtlichen in den positivrechtlichen Bereich findet seinen Ausdruck im hohen Grad der Zustimmung der internationalen Staatengemeinschaft zu einer Norm. Verlangt wird eine weitgehende, praktisch universelle, nicht zwangsläufig ausdrückliche Anerkennung der völkerrechtlichen Norm als solcher und ihres zwingenden Charakters, wobei alle gängigen Quellen des Völkerrechts als Beleg herangezogen werden können.[885] Nach obigen Ausführungen kann aufgrund der Vielzahl internationaler Folterschutzbestimmungen, der diesbezüglich ergangenen Rechtsprechung, der in diesem Kontext erfolgten Verlautbarungen der Organe menschenrechtlicher Konventionen und der hohen Anzahl von Vertragsstaaten einschlägiger Verträge an einer grundlegenden Zustimmung der internationalen Staatengemeinschaft zur Geltung des völkerrechtlichen Folterverbots nicht ernsthaft gezweifelt werden. Diese Zustimmung bezieht sich – wie oben beim Merkmal „Unverfügbarkeit" schon angeklungen – auch auf den zwingenden Charakter.

Im Ergebnis unterfällt das Folterverbot dem zwingenden Völkerrecht.[886]

---

883 Zu beachten ist, dass das Merkmal „Unverfügbarkeit" zugleich Voraussetzung und Rechtsfolge ist (Kornicker, Ius cogens und Umweltvölkerrecht, S. 53, m.w.N.).

884 Siehe oben. 1. Teil, Zweites Kap., II) und 1. Teil, Drittes Kap., I).

885 Kornicker, Ius cogens und Umweltvölkerrecht, S. 27.

886 Siehe ICTY, Prosecutor vers. Furundzija, Urt. v. 10.12.1998, Case No. IT-95-17/1-T, http://www.icty.org/case/furundzija/4,Rn.153; Bruha/Steiger, Folterverbot im Völkerrecht, S. 12; Gaeta, JICJ 2004, S. 785 (787), Fn. 7 m.w.N.; Hofmann (in Ostendorf: Folter), Völkerrechtliches Folterverbot, S. 9 (20); Kaiser, KrimJ 2003, S. 243 (247); Löwe/Rosenberg, Bd. 8, Art. 3 EMRK/Art. 7 IPbpR, Rn. 6; Raess, Schutz vor Folter im Völkerrecht, S. 83; Rodley, DJILP 2006, S. 145 (158), m.w.N. in Fn. 87; Schmahl/Steiger, AVR 2005, S. 358 (362f.); Selbmann, NJ 2005, S. 300 (301); Wagenländer, Strafrechtliche Beurteilung der Rettungsfolter, S. 172; Wittreck, DÖV 2003, S. 873 (875). Aufgrund der zahlreichen, wenn auch stillschweigenden Verstöße gegen das Folterverbot in vielen Staaten, bleibt bei Jahn die Frage nach der „ius cogens"-Qualität offen (Jahn, KritV 2004, S. 24 (34)).

Dem Verbot kommt somit ein höherer Rang als internationalem Vertragsrecht und einfachem Völkergewohnheitsrecht zu.[887] In Anwendung der Regel des Art. 53 WVK sind sämtliche völkerrechtliche Verträge nichtig, die dem Folterverbot widersprechen.

Nach einer Ansicht hat jeder Staat das Verbot bei seiner Gesetzgebung und Rechtsanwendung zu beachten, was ebenfalls beinhalten soll, dass neben der direkten Anwendung oder Tolerierung der Folter auch Verhaltensweisen zu unterlassen sind, die indirekt eine Verletzung des Verbots zur Folge haben.[888] Schließlich soll sich auch nationales Verfassungsrecht an den Erfordernissen des Verbots orientieren.[889] Ferner könnten die im Falle einer Verletzung des Folterverbots individuell Verantwortlichen nach dem Weltrechtsprinzip der Gerichtsbarkeit aller Staaten unterworfen sein, was die Berechtigung zur Bestrafung implizieren würde.[890]

Sollte man die Regeln des noch nicht in Vertragsform transformierten „ILC-Entwurfs über die Staatenverantwortlichkeit“[891] schon heute als wichtige Hilfe zur Auslegung des geltenden Völkerrechts oder gar als Beleg für bereits existierendes Gewohnheitsrecht ansehen, so hätte dies im vorliegenden Kontext weitreichende Konsequenzen.[892]

Nach Art. 25 Nr. 1 lit. b Alt. 2 des Entwurfs kann sich grundsätzlich kein Staat auf Notstand berufen, wenn die Verletzungshandlung einem grundlegenden Interesse der internationalen Gemeinschaft („essential interest of the international community as a whole“) widerspricht. Eine „ius cogens“-Norm ist nicht nur Ausdruck des Anliegens der gesamten internationalen Gemeinschaft, vielmehr muss sie den engeren Begriff des Art. 53 WVK erfüllen, also Ausdruck eines Anliegens der gesamten internationalen *Staaten*gemeinschaft („international community of States as a whole“) sein. Da dem Folterverbot der Status von zwingendem Völkerrecht zukommt, ist davon auszugehen, dass das Verbot erst

887 Beutler, Strafbarkeit der Folter zu Vernehmungszwecken, S. 148.

888 Raess, Schutz vor Folter im Völkerrecht, S. 84f.

889 Raess, Schutz vor Folter im Völkerrecht, S. 84f. An der zitierten Stelle weist Raess auch explizit darauf hin, dass die „ius cogens“ spezifische Forderung nach der Kongruenz von nationalem (Verfassungs-)Recht und zwingendem Völkerrecht i.F. des Folterverbots bspw. zur Folge habe, dass das nationalstaatliche Auslieferungs-und Asylrecht den Anforderungen des „non refoulement“-Grundsatzes entsprechen müsse.

890 ICTY, Prosecutor vers. Furundzija, Urt. v. 10.12.1998, Case No. IT-95-17/1-T, http://www.icty.org/case/furundzija/4,Rn.156. Ergänzend s.u. 1. Teil, Drittes Kap., IV).

891 Draft Articles on Responsibility of States for Internationally Wrongful Acts 2001, http://untreaty.un.org/ilc/texts/instruments/english/draft%20articles/9_6_2001.pdf.

892 Jahn, KritV 2004, S. 24 (33f.).

recht den weiteren erstgenannten Begriff („international community as a whole“) erfüllt. Damit scheidet für Folter eine Berufung auf Notstand aus.

Nach Art. 25 Nr. 2 lit. a ILC-Entwurf ist es zusätzlich „in jedem Fall“ untersagt, sich auf Notstand zu berufen, wenn die internationale Verpflichtung, von der abgewichen wurde, selbst die Möglichkeit einer Berufung auf Notstand ausschließt. Da zumindest dem Folterverbot i.e.S. ein notstandsfester Charakter zukommt, dürfte die Rechtfertigung eines Verstoßes auch nach Art. 25 Abs. 2 lit. a ILC-Entwurf ausscheiden.

Jeder Verstoß gegen das Verbot ist rechtswidrig und der verantwortliche Staat kompensationspflichtig. Bei schweren Verstößen gilt die Regel „ex iniuria ius non oritur“, das heißt, alle Staaten sind verpflichtet, die durch die Verletzung geschaffene Situation nicht als rechtmäßig anzuerkennen (Art. 41 Nr. 2 ILC-Entwurf). Hilfe bei der Aufrechterhaltung des rechtswidrigen status quo verbietet sich ebenfalls.[893] Auch ein nicht unmittelbar geschädigter Staat kann als verletzt gelten und zur Durchsetzung des Verbots unter gewissen Voraussetzungen Repressalien gegen den „Folterstaat“ ergreifen (Art. 41 Nr. 1 ILC-Entwurf).

III) Folterverbot i.e.S. als Verpflichtung „erga omnes“

Der Begriff der Verpflichtung „erga omnes“ beschreibt den speziellen Charakter einer Norm als Rechtspflicht, die gegenüber allen anderen Staaten besteht („erga omnes“-Wirkung),[894] warum auch alle Staaten ein rechtliches Interesse an der Achtung der jeweiligen Pflicht haben dürften.[895] Nicht jede „erga omnes“-Norm zählt ebenso zum zwingenden Völkerrecht. Dies gilt beispielsweise für das Selbstbestimmungsrecht der Völker. Allerdings implizieren die Normen zwingenden Völkerrechts in der Regel „erga omnes“-Pflichten.[896]

Im Falle des Folterverbots spricht die Verankerung des Weltrechtsprinzips in Art. 12 IAAFK und Art. 5 Abs. 2 VNAFK für die Annahme einer „erga omnes“-Wirkung. Da es sich bei Folter um eine das gemeinsame Wertefundament der gesamten Staatengemeinschaft bzw. Menschheit betreffende Angelegenheit handelt, müsste weiterhin auch eine Einmischung in die inneren Angelegenheiten („domaine réservé“) der Staaten zulässig sein.

---

893 Graf Vitzthum-Schröder, 7. Abschn., Rn. 18.

894 Korrespondierend zu den „erga omnes“-Verpflichtungen bestehen entsprechende Rechte, vgl. ICTY, Prosecutor vers. Furundzija, Urt. v. 10.12.1998, Case No. IT-95-17/1-T, http://www.icty.org/case/furundzija/4, Rn. 151.

895 Graf Vitzthum-Vitzthum, 1. Abschn., Rn.126, Fn. 307 m.w.N.

896 Graf Vitzthum-Vitzthum, 1. Abschn., Rn.126.

Besondere Beachtung ist im vorliegenden Kontext der zu großer Bekanntheit gelangten IGH-Entscheidung im „Barcelona Traction Case“ zu schenken, in welcher sich der Gerichtshof wie folgt äußert:

„Vu l'importance des droits en cause, tous les Etats peuvent être considérés comme ayant un intérêt juridique à ce que ces droits soient protégés; les obligations dont il s'agit sont des obligations erga omnes.

Ces obligations découlent par example, dans le droit international contemporain, de la mise hors la loi des actes d'agression et du génocide mais aussi des principes et des règles concernant les droits fondamentaux de la personne humaine, y compris la protection contre la pratique de l'esclavage et la discrimination raciale.“[897]

Demzufolge begründen Prinzipien und Regelungen des Schutzes fundamentaler Menschenrechte „erga omnes“-Verpflichtungen. Wie bereits festgestellt, dient der Schutz vor Folter grundlegenden Menschenrechten. Er ist mit ihnen untrennbar verbunden. Im Ergebnis zählt das Folterverbot also zu den Verpflichtungen erga omnes.[898]

Die mit der Verletzung einer „erga omnes“-Verpflichtung verbundenen Folgen skizziert der ICTY in seiner „Furundzija“-Entscheidung instruktiv:

„(...) the violation of such an obligation [einer „erga omnes“-Verpflichtung] simultaneously constitutes a breach of the correlative right of all members of the international community and gives rise to a claim for compliance accruing to each and every member, which then has the right to insist on fulfilment of the obligation or in any case to call for the breach to be discontinued.“[899]

IV) Bestehen einer völkergewohnheitsrechtlichen Bestrafungspflicht[900] auf nationaler Ebene im Falle der Folter i.e.S.

Es ist fraglich, ob sich aus dem zwingenden gewohnheitsrechtlichen Folterverbot bei Verstößen zu Friedenszeiten eine nationale Bestrafungspflicht ergibt, bzw. ob eine derartige Pflicht gewohnheitsrechtlichen Charakter erlangt hat.[901]

---

897 IGH, Belgium/Spain, Urt. v. 05.02.1970, http://www.icj-cij.org/docket/files/50/5387.pdf, Rn. 33f.

898 Siehe Stein, Verbot der Folter, S. 248, Fn. 537 m.w.N.; Raess, Schutz vor Folter im Völkerrecht, S. 86.

899 ICTY, Prosecutor vers. Furundzija, Urt. v. 10.12.1998, Case No. IT-95-17/1-T, http://www.icty.org/case/furundzija/4,Rn. 151.

900 Hierunter wird die Pflicht zur Durchführung strafrechtlicher Ermittlungen und Aburteilung von Tatbeteiligten verstanden.

901 Wie oben dargestellt, bestehen jedenfalls nach den GA umfangreiche Verfolgungspflichten i.F. von Kriegsverbrechen (1. Teil, Zweites Kap., I), 2), b), aa)). Zusätzlich

Die Analyse soll anfangs orientiert an den Kriterien völkergewohnheitsrechtlicher Normschöpfung erfolgen, wie sie der „innovative Ansatz“ vertritt. Im Anschluss ist die Lage anhand der Kriterien der „althergebrachten Ansicht“ zu bewerten. Nach weiteren ergänzenden Überlegungen wird schließlich ein Ergebnis formuliert.

Beginnend mit der Rechtsprechung des IAGMR ist festzustellen, dass er eine Bestrafungspflicht aus der generellen Verpflichtung des Art. 1 AMRK, geeignete Schritte zu unternehmen, um Menschenrechtsverletzungen zu verhindern, herleitet:

„The State has a legal duty to take reasonable steps to prevent human rights violations and to use the means at its disposal to carry out a serious investigation of violations committed within its jurisdiction, to identify those responsible, to impose the appropriate punishment and to ensure the victim adequate compensation.

This duty to prevent includes all those means of a legal, political, administrative and cultural nature that promote the protection of human rights and ensure that any violations are considered and treated as illegal acts, which, as such, may lead to the punishment of those responsible and the obligation to indemnify the victims for damages.“[902]

---

ist für Kriegsverbrechen, gewiss auch in der Tathandlungsvariante der Folter, zumindest ein gewohnheitsrechtlich anerkanntes Verfolgungs*recht* (ICTY, Prosecutor vers. Furundzija, Urt. v. 10.12.1998, Case No. IT-95-17/1-T, http://www.icty.org/case/furundzija/4, Rn. 156; vgl. auch Kreß, IYHR 2000, S. 103 (170)), wenn nicht gar eine Verfolgungs*pflicht* anzunehmen (ICTY, Prosecutor vers. Blaskic, Urt. v. 29.10.1997, Case No. IT-95-14-AR108bis, http://www.icty.org/x/cases/blaskic/acdec/en/71029JT3.html, Rn. 29). Anders verhält es sich beim Völkermord, wie ihn die Völkermordkonvention beschreibt (Konvention über die Verhütung und Bestrafung des Völkermordes vom 09.12.1948). Bei Maierhöfer erfolgt insofern der Hinweis, dass es bereits äußerst fraglich sei, ob eine Staatenpraxis hinsichtlich der Verfolgung des Völkermordes besteht. Sollte der Nachweis einer entsprechenden Staatenpraxis aber gelingen, so würde sie jedenfalls nicht von einer einhelligen Rechtsüberzeugung getragen, einer allgemeinen Verfolgungspflicht zu folgen (Maierhöfer, „Aut dedere, aut iudicare“, S. 239f.). Werden Folterungen in Friedenszeiten in großem Umfang oder systematisch begangen, stellen sie sich gegebenenfalls als „Verbrechen gegen die Menschlichkeit“ dar, für die das Bestehen gewohnheitsrechtlicher Verfolgungspflichten bejaht wird (vgl. Maierhöfer, „Aut dedere, aut iudicare“, S. 208f., 256).

902 IAGMR, Velasquez Rodriguez/Honduras, Urt. v. 29.07.1988, Ser C No. 4 (1988), Rn. 174f. Der IAGMR bezieht sich hier ganz allgemein auf Menschenrechtsverletzungen und etwaige daraus resultierende Pflichten. Somit könnte man davon ausgehen, die

Der EGMR leitet aus dem Zusammenspiel von Art. 1 und Art. 3 EMRK eine Pflicht zu effektiven Untersuchungen ab, die dazu geeignet sein müssten, die Verantwortlichen zu ermitteln und zu bestrafen.[903]

Ferner folgt der Gestaltung des Folterverbots in Menschenrechtsverträgen nach Ansicht des ICTY eine Verpflichtung zur Untersuchung von Foltervorwürfen und zur Verfolgung und Bestrafung der Täter:[904]

„It should be noted that the prohibition of torture laid down in human rights treaties enshrines an absolute right, which can never be derogated from (...) This is linked to the fact, discussed below, that the prohibition on torture is a peremptory norm or jus cogens (...)

These treaty provisions impose upon States the obligation to prohibit and punish torture, as well as to refrain from engaging in torture through their officials. In international human rights law, which deals with State responsibility rather than individual criminal responsibility, torture is prohibited as a criminal offence to be punished under national law; in addition, all States parties to the relevant treaties have been granted, and are obliged to exercise, jurisdiction to investigate, prosecute and punish offenders. Thus, in human rights law too, the prohibition of torture extends to and has a direct bearing on the criminal liability of individuals.“[905]

In derselben Entscheidung, der eine Anklage aufgrund der Verletzung des gemeinsamen Art. 3 der GA und deren ZP II zugrunde lag, stellt der Gerichtshof im Zusammenhang mit internationalen Verbrechen und dem „ius cogens"-Charakter des Folterverbots fest:

„Furthermore, at the individual level, that is, that of criminal liability, it would seem that one of the consequences of the jus cogens character bestowed by the international community upon the prohibition of torture is that every State is entitled to investigate, prosecute and punish or extradite individuals accused of torture, who are present in a territory under its jurisdiction. (...) This legal basis for States' universal jurisdiction over torture bears out and strengthens the legal foundation for such jurisdiction found by other courts in the inherently universal

---

Annahmen gelten auch für die „leichteren" Verletzungsvarianten des Art. 5 Abs. 2 AMRK.

903 EGMR, Labita/Italy, application no. 26772/95, Urt. v. 06.04.2000, HUDOC, Rn. 131. Der Gerichtshof bezieht die unmenschliche oder erniedrigende Strafe oder Behandlung sogar explizit als von der in Rede stehenden Pflicht umfasst mit ein. Weitere EGMR-Entscheidungen ähnlichen Inhalts sind aufgelistet bei Schmahl/Steiger, AVR 2005, S. 358 (370).

904 Er bezieht sich allerdings nur auf das Folterverbot i.e.S.

905 ICTY, Prosecutor vers. Furundzija, Urt. v. 10.12.1998, Case No. IT-95-17/1-T, http://www.icty.org/case/furundzija/4, Rn. 144f.

character of the crime. It has been held that international crimes being universally condemned wherever they occur, every State has the right to prosecute and punish the authors of such crimes."[906]

Grundsätzlich bejahen damit EGMR und IAGMR für die von ihnen überwachten Konventionen die hier diskutierte Pflicht. Zur Begründung verweisen die Gerichtshöfe auf das Zusammenspiel der jeweiligen vertraglichen Regelungen. Zu der Frage, ob die beiden Gerichtshöfe davon ausgehen, dass die von ihnen unterstellten Bestrafungspflichten bereits zu gewohnheitsrechtlichen Verpflichtungen erstarkt sind, wird allerdings kein direkter Aufschluss gegeben.

An der ersten zitierten Stelle des Urteils im „Furundzija"-Fall geht der ICTY zwar von einer Verpflichtung zur Untersuchung, Verfolgung und Bestrafung der Folter aus. Diese Pflicht soll allerdings explizit nur die Vertragsstaaten menschenrechtlicher Verträge treffen.[907] An der zweitgenannten Urteilsstelle geht der ICTY für Folterungen im Allgemeinen, also egal ob zu Friedens- oder Kriegszeiten, von einem Untersuchungs-, Verfolgungs- und Bestrafungs*recht* des Ergreifungsstaates aus.[908] Dies folge aus dem „ius cogens"-Charakter des Folterverbotes. Damit unterstellt er zwar das Vorliegen eines gewohnheitsrechtlich anerkannten *Rechts* zu den diskutierten Maßnahmen, von einer *Pflicht* zur Ergreifung solcher Maßnahmen geht er jedoch nicht aus.

Laut dem VNMRA müssen die Vertragsparteien des IPbpR die in Art. 7 verbotenen Verhaltensweisen verhindern und unter Strafe stellen,[909] was insbesondere die Ergreifung gesetzgeberischer, administrativer und gerichtlicher Maßnahmen erfordere.[910] Der Menschenrechtsausschuss weist explizit darauf hin, dass derjenige, „der gegen Art. 7 verstößt, sei es durch Anordnung, Duldung, Verübung oder Anstiftung zu der verbotenen Handlung, zur Verantwortung gezogen werden muss".[911] Neben den „General Comments" hat der VNMRA auch in seiner Judikatur auf die aus der allgemeinen staatlichen Schutzpflicht abzuleitende Untersuchungs- und Bestrafungspflicht Bezug genommen, z.B. im Fall Nina Muteba/Zaire:

---

906 ICTY, Prosecutor vers. Furundzija, Urt. v. 10.12.1998, Case No. IT-95-17/1-T, http://www.icty.org/case/furundzija/4, Rn. 156.

907 Damit gibt der ICTY letztlich nur die Rechtsauffassungen der Konventionsorgane wieder.

908 Siehe Nachweis bei Maierhöfer, „Aut dedere, aut iudicare", S. 223, Fn. 430 a.E..

909 „General Comment" No. 20 para. 2.

910 „General Comment" No. 20 para. 8. Da sich der VNMRA auf das gesamte Verbot des Art. 7 IPbpR bezieht, ist davon auszugehen, dass er auch auf die Folter i.w.S. Bezug nimmt.

911 „General Comment" No. 20 para. 13.

„The Committee, accordingly, is of the view that the State party is under an obligation (...) to conduct an inquiry into the circumstances of his torture, to punish those found guilty of torture and to take steps to ensure that similar violations do not occur in the future.“[912]

Diese Feststellungen beziehen sich allerdings wiederum nur auf völkervertragsrechtliche Verpflichtungen, namentlich auf etwaige dem IPbpR entspringende Pflichten, nicht aber auf entsprechende gewohnheitsrechtliche Verpflichtungen.

Um die nach dem „innovativen Ansatz“ weiter relevanten Normerzeugungsquellen des Gewohnheitsrechts auszuschöpfen, ist (abermals) auf die „Wiener Erklärung“[913] und auf die in „soft law“-Instrumenten verankerten Ermittlungs- und Bestrafungspflichten hinzuweisen.[914] Schließlich kann man im Kontext der Normschöpfungsquelle „Stellungnahmen internationaler Gremien“ auf folgende Aussage des ehemaligen VN-Sonderberichterstatters über Folter verweisen:

„In the light of recent developments, the Special Rapporteur deems it useful to address measures that can be taken by the international community to help end impunity for human rights crimes such as torture. Most topical is the process currently under way of drafting a statute for an International Criminal Court. This is a very positive development as the world approaches the twenty-first century.“[915]

Hier begrüßt der Sonderberichterstatter den Prozess der Ausarbeitung des ICC-Systems nebst seiner Möglichkeiten, Menschenrechtsverbrechen – explizit wird Folter genannt – zu bestrafen. Er ruft die internationale Gemeinschaft dazu auf, der Straflosigkeit von Verbrechen wie Folter entschieden entgegenzuwirken. In einem anderen Absatz des gleichen Berichts erfolgt der Appell an alle Staaten, ihre nationalen Rechtsordnungen dahingehend zu überprüfen, ob auch gewährleistet ist, dass jede in ihrem Gewahrsam befindliche, der Folter verdächtige Person der nationalen Gerichtsbarkeit unterfällt:

---

912 VNMRA, Tshitenge Muteba/Zaire, Communication No. 124/1982 v. 24.07.1984, U.N. Doc. CCPR/C/OP/2 at 158 (1990), Rn. 13.

913 The Vienna Declaration and Program of Action (UN Doc. A/Conf.157/23, 1207.1993), Abschn. "Freedom from torture", Abs. 60. Hier wird explizit verlangt, dass Staaten Gesetze abschaffen sollen, die Personen Immunität gewähren, welche sich schwerer Menschenrechtsverletzungen, insbesondere der Folter, schuldig gemacht haben. Solche Menschenrechtsverletzungen sollten verfolgt werden.

914 Siehe Ambos/Eser, Straflosigkeit von Menschenrechtsverletzungen, S. 198, Fn. 162 m.w.N.

915 Report by the UN Special Rapporteur on Torture Nigel S. Rodley, UN-Doc. E /CN.4/1998/38v. 24.12.1997, Abs. 222.

„The Special Rapporteur, therefore, urges all States to review their legislation with a view to ensuring that they can exercise criminal jurisdiction over any person in their hands suspected of torture (...).“[916]

Die Aussagen renommierter Rechtswissenschaftler über einen gegebenenfalls gewohnheitsrechtlichen Charakter der in Rede stehenden Pflicht divergieren.[917] Die wohl herrschende Meinung in der völkerrechtlichen Literatur geht allerdings – sogar für schwere Menschenrechtsverstöße wie Folter – nicht von einer gewohnheitsrechtlichen Strafverfolgungspflicht des Zufluchtstaates aus.[918]

Summa summarum geben die Aussagen der Rechtsprechung, der Vertragsorgane und der renommierten Rechtswissenschaftler ein eher uneindeutiges Bild ab. Danach kann für die diskutierte Pflicht noch nicht zweifelsfrei von bereits bestehendem Völkergewohnheitsrecht ausgegangen werden.

Um das Problem der völkervertragsrechtlichen Perspektive zu eröffnen, was insofern notwendig ist, als Völkervertragsrecht bereits für sich betrachtet als Gewohnheitsrechtsquelle in Frage kommen kann,[919] ist auf die Regelwerke einschlägiger Übereinkommen abzustellen. In ihnen ist abgesehen von der VNAFK und der IAAFK keine ausdrückliche Verpflichtung zur Ergreifung entsprechender Maßnahmen ersichtlich.[920] Deshalb sollen nur die einschlägigen Regelungen dieser beiden Verträge darauf untersucht werden, ob sie den durch den IGH in den „North Sea Continental Shelf“-Fällen genannten Kriterien entsprechen.[921]

Bei den betreffenden Normen müsste es sich um solche von fundamentaler Bedeutung handeln. Für die einschlägigen VNAFK-Normen ergibt sich die herausragende Bedeutung aufgrund der durch sie erfolgten Ausgestaltung der Folter als

---

916 Report by the UN Special Rapporteur on Torture Nigel S. Rodley, UN-Doc. E /CN.4/1998/38v. 24.12.1997, Abs. 232. Hierin klingt zumindest indirekt die Forderung nach Bestrafung an.

917 Beutler, Strafbarkeit der Folter zu Vernehmungszwecken, S. 293, m.w.N. in Fn. 1640.

918 Maierhöfer, „Aut dedere, aut iudicare“, S. 258, m.w.N. in Fn. 602. Anders Ambos, der für Folter von einer völkervertraglich begründeten gewohnheitsrechtlichen Bestrafungspflicht ausgeht (Ambos, AVR 1999, S. 318 (355)).

919 Siehe oben 1. Teil, Drittes Kap., I).

920 Betreffend AMRK, EMRK und den IPbpR sei nochmals der Hinweis gegeben, dass die jeweiligen Konventionsorgane trotz des Fehlens entsprechender, ausdrücklicher Bestimmungen in den von ihnen überwachten Übereinkünften das Vorliegen der hier diskutierten Pflicht sogar für Folter i.w.S. bejahen. Die der Annahme einer derartigen Pflicht zu Grunde liegenden Rechtsauffassungen können sich aber jederzeit ändern. Das hat eine nicht unerhebliche Rechtsunsicherheit zur Folge. Zu beachten ist ferner, dass die Verlautbarungen des VNMRA nicht bindend sind, was sie naturgemäß weniger gewichtig als die rechtsverbindlichen Urteile von IAGMR und EGMR erscheinen lässt.

921 Siehe oben 1. Teil, Drittes Kap., I).

„Weltverbrechen".[922] Der Charakter von Folter als ein solches Verbrechen kommt in der Konvention auf verschiedene Art und Weise zum Ausdruck, beispielsweise durch die Verankerung des „aut dedere, aut iudicare"-Grundsatzes bzw. des Weltrechtsprinzips, die ausdrückliche Pönalisierungspflicht des Art. 4 Abs. 1 VNAFK, die Ansprüche auf rechtliches Gehör und unparteiische Prüfung von Foltervorwürfen in Art. 13, die Untersuchungspflicht des Art. 12 und die generalklauselartig formulierte Folterverhinderungspflicht des Art. 2 Abs. 1 VNAFK. Wegen der durch die VNAFK untersagten Anerkennung von Folter als politischer Straftat kann die Auslieferung von Folterbeteiligten nicht unter Berufung auf nationalstaatliche Regelungen zum Schutze politisch Verfolgter abgelehnt werden. Die Foltertat kann also nicht als ein „der Auslieferung entgegenstehender Grund" im Sinne des Art. 8 Abs. 2 S. 2 VNAFK geltend gemacht werden, was den „Weltverbrechenscharakter" der Folter i.e.S. abermals unterstreicht. Auch wenn das Untersuchungs-, Verfolgungs- und Bestrafungsregime der IAAFK teilweise hinter dem der VNAFK zurückbleibt,[923] enthält es ebenfalls zweifellos Normen von fundamentaler Bedeutung.[924]

Darüber hinaus dürften die in Rede stehenden Regimes Vorbehalte nicht ausdrücklich zulassen. Auch dies ist der Fall, denn weder die VNAFK noch die IAAFK sieht für die einschlägigen Regelungen die Möglichkeit eines ausdrücklichen Vorbehalts vor.[925]

Ferner mangelt es nicht an dem durch den IGH aufgestellten Erfordernis einer breiten und repräsentativen Ratifikation. Die IAAFK erfüllt diese Bedingung mit nur 17 Mitgliedsstaaten, die lediglich einem geographisch abgegrenzten Raum zuzuordnen sind, zwar offensichtlich nicht. Mit ihren 150 Vertragsstaaten genügt die VNAFK dem Kriterium aber zweifelsohne.

Weiterhin steht die weltweite Folterpraxis, welche nur denkbar im Zusammenspiel mit einer zumeist ausbleibenden Bestrafung der Täter ist, einer Gewohnheitsrechtsqualität der VNAFK-Bestrafungspflicht nicht entgegen. Wie schon für die Verletzung des Folterverbots festgestellt,[926] dürfte durch die ausbleibende Bestrafung von Folterbeteiligten de iure keine entgegenstehende Staatenpra-

---

922 Raess, Schutz vor Folter im Völkerrecht, S. 86. Das im Zusammenhang mit der Verfolgung von Folterungen durch die VNAFK eröffnete Regime ähnelt sehr stark dem bereits zuvor zur internationalen Bekämpfung des Terrorismus, genauer von Flugzeugentführungen, implementierten Regelwerk („Haager Übereinkommen gegen Flugzeugentführungen vom 16.12.1970"), vgl. Maierhöfer, „Aut dedere, aut iudicare", S. 170. Der untechnische Begriff „Weltverbrechen" ist nicht zu verwechseln mit dem Terminus „Völkerrechtsverbrechen" (zu letzterem s.u. 1. Teil, Fünftes Kap.).

923 Siehe oben 1. Teil, Zweites Kap., II, 2), b), ab), (2).

924 Vgl. Maierhöfer, „Aut dedere, aut iudicare", S. 257.

925 Vgl. Maierhöfer, „Aut dedere, aut iudicare", S. 257.

926 Siehe oben 1. Teil, Drittes Kap., I).

xis zum Ausdruck kommen. Denn das Absehen von Strafe dürfte nicht in der Überzeugung erfolgen, rechtmäßig zu handeln.

Damit liegen die vom IGH zur Gewohnheitsrechtsbildung durch Völkervertragsrecht geforderten Kriterien für die in der VNAFK verankerte Bestrafungspflicht allesamt vor. Ein gewohnheitsrechtlicher Charakter dieser Verpflichtung lässt sich anhand des Vertragsrechts, namentlich der VNAFK, also begründen.

Nach der „althergebrachten Ansicht", die für die Entstehung von Völkergewohnheitsrecht am Zweiklang von „consuetudo" und „opinio iuris" festhält, ließe sich in Anbetracht einer weltweiten Praxis der Nichtbestrafung von Folter keine gewohnheitsrechtliche Bestrafungspflicht begründen.[927] Wie bereits erörtert, wird der „althergebrachten Ansicht" jedoch nicht gefolgt.

Letztlich bleibt abzuwarten, ob es in nächster Zeit allgemeine Ansicht wird, „dass die völkerrechtlichen Bestimmungen zum Schutze der Menschenrechte implizit auch dazu verpflichten, diesen Schutz als ultima ratio auch mit den Mitteln des Strafrechts zu bewirken".[928] Unabhängig davon ist festzustellen, dass sich aufgrund der völkervertragsrechtlichen Situation bereits derzeit – auch in Friedenszeiten und unabhängig vom „core crime" Verbrechen gegen die Menschlichkeit – eine gewohnheitsrechtliche Bestrafungspflicht für Folter belegen lässt.[929] Da sich die Bestrafungspflicht aus der VNAFK entwickelt hat, ist ebenfalls auf deren Folterdefinition zurückzugreifen, sodass eine entsprechende Pflicht konsequenterweise immer nur dann greift, wenn ein Misshandlungssach-

---

927 Diese Wertung legt für die „althergebrachte Ansicht" auch Ambos nah (Ambos/Eser, Straflosigkeit von Menschenrechtsverletzungen, S. 177).

928 So Beutler, der gleich dem Autor bereits heute vom Vorliegen einer gewohnheitsrechtlichen Bestrafungspflicht ausgeht, die inhaltlichen Einzelheiten einer derartigen Pflicht jedoch für noch ungewiss erachtet (Beutler, Strafbarkeit der Folter zu Vernehmungszwecken, S. 293). Dem kann sich angeschlossen werden, da die qualitative Ausgestaltung der Verpflichtung derzeit eher ungewiss ist.

929 Vgl. Ambos, AVR 1999, S. 318 (350) und Ambos/Eser, Straflosigkeit von Menschenrechtsverletzungen, S. 198f.; a.A. Maierhöfer, „Aut dedere, aut iudicare", S. 257f.; Werle, Völkerstrafrecht, Rn. 228ff. Diese muss sich nicht nur aufgrund ihrer dogmatischen Ableitung aus Art. 4 VNAFK bzw. dem System der VNAFK (Stichwort „Anknüpfungspunkte der Strafgewalt"; s.o. 1. Teil, Zweites Kap., II), 2), a), ac), (6)) auch auf Drittstaaten beziehen, sondern zusätzlich wegen der praktischen Unwirksamkeit von Strafpflichten des Tatortstaates. Folter mit Staatsbezug i.S. der VNAFK-Definition ist nämlich typischerweise ein Staatsverbrechen. „Es bei der Verpflichtung des Tatortstaates zur Verfolgung von Völkerrechtsverbrechen zu lassen", denen die Folter i.S.v. Art. 1 VNAFK zumindest stark ähnelt, „liefe [aber] oftmals darauf hinaus, Täter zu Richtern in eigener Sache zu machen (Werle, Völkerstrafrecht, Rn. 229)." Zu den völkerrechtlichen Möglichkeiten einer Durchsetzung der (materiellrechtlichen) Bestrafungspflicht s. Ambos, AVR 1999, S. 318 (355).

verhalt sich unter die Definition des Art. 1 Abs. 1 VNAFK subsumieren lässt.[930] Der Definition des Art. 1 VNAFK unterfallende Taten müssen also auch durch die Strafrechtsordnungen von VNAFK-Nichtvertragsstaaten angemessen, das heißt unter Berücksichtigung ihres spezifischen Unrechts, nicht jedoch zwangsläufig unter einem eigenen Foltertatbestand,[931] pönalisiert werden. Anders ist eine rechtsstaatlichen Grundsätzen entsprechende Verfolgung und Bestrafung nicht denkbar.

V) Bestehen eines völkergewohnheitsrechtlichen Verbotes von grausamer, unmenschlicher oder erniedrigender Strafe oder Behandlung

Wie es um die Existenz einer völkergewohnheitsrechtlichen Verbotsnorm bestellt ist, welche die folternahen Misshandlungsformen erfasst, ist unklar.

Hält man die Entstehung von Völkergewohnheitsrecht ohne eine dem „althergebrachten Verständnis“ entsprechende Staatenpraxis für möglich, insbesondere aus Verträgen, so wäre ein völkergewohnheitsrechtliches Verbot auch hier denkbar.[932]

Dem ersten Anschein nach handelt es sich auch bei dem Verbot der folternahen Misshandlungsarten um einen Rechtssatz von fundamentaler Bedeutung, womit die erste Voraussetzung der völkergewohnheitsrechtlichen Normschöpfung aus Vertragsrecht vorliegen würde. Dies könnte allein schon dadurch zum Ausdruck kommen, dass in den meisten Menschenrechtsverträgen und dem einschlägigen „soft law“, beispielsweise der AFD, neben dem Folterverbot fast immer ein Verbot der grausamen, unmenschlichen oder erniedrigenden Behandlung oder Strafe verankert ist.

Dagegen enthalten die speziellen Anti-Folter-Konventionen für die folternahen Praktiken lediglich präventiv orientierte Verhinderungs- und Verweisungsnormen. Das insofern gewährte Schutzniveau unterschreitet den durch diese Kon-

930 Vgl. Cassese, Cases and Commentary, S. 269.

931 Siehe dazu bereits oben 1. Teil, Zweites Kap., II), 2), a), ac), (4).

932 Vgl. O’Connell, Ohio State Law Journal 2005, S. 1230 (1248), deren Bejahung einer völkergewohnheitsrechtlichen Qualität des Verbots folternaher Praktiken auf folgendem Grundsatz des US-Rechts der auswärtigen Beziehungen basiert (Restatement (Third) of the Foreign Relations Law of the United States § 702 (1987)): „Customary International Law of Human Rights: A State violates international law if, as a matter of state policy, it practices, encourages or condones (…) torture or other cruel, inhuman or degrading treatment or punishment.“ Daneben zählt Shany das Verbot der grausamen, unmenschlichen oder erniedrigenden Strafe oder Behandlung zum Völkergewohnheitsrecht und weist in diesem Kontext auf weitere Quellen hin, in denen das gesamte Verbot des Art. 7 IPbpR zum Völkergewohnheitsrecht, gar zum „ius cogens“ gezählt wird (Shany, CULR 2007, Rn. 859ff., m.w.N. in Fn. 86).

ventionen etablierten Schutz vor Folter i.e.S. um Längen,[933] was den Charakter der Abkommen als spezielle Bekämpfungsinstrumente der Folter i.e.S. betont. Wenig verwunderlich wird in Art. 1 VNAFK und Art. 2 IAAFK auch nur eine Definition der Folter i.e.S. gegeben, nicht aber der folternahen Zwangsformen.

Hier liegt dann auch das Hauptargument gegen die Annahme eines gewohnheitsrechtlichen Verbots folternaher Methoden. Keines der besprochenen Instrumente enthält insofern Legaldefinitionen, was der scheinbar nicht auszuräumenden Unsicherheit über die jeweils notwendigen Definitionselemente geschuldet ist.[934] Zugleich besteht kein internationaler Konsens über die Grenzlinien zwischen den einzelnen Verletzungsvarianten der Verbote.[935]Weiter ist die Eintrittsschwelle zur erniedrigenden Behandlung oder Strafe unklar, was in einer Inkonsistenz der entsprechenden Judikatur zum Ausdruck kommt.[936] Hieraus resultiert eine nicht unerhebliche Rechtsunsicherheit.[937] Schließlich steht der ungeklärte Schutzbereich der in Rede stehenden Misshandlungsarten einem „norm creating character" des Verbots diametral entgegen.[938]

933 Insbesondere betreffen die Derogationsverbote der Anti-Folter-Konventionen lediglich die Folter i.e.S. (s.o. 1. Teil, Zweites Kap., II), 2), a), ac), (3) und 1. Teil, Zweites Kap., II), 2), b), ab), (2)). Auch Shany bestätigt diesen Befund für die VNAFK anhand diesbezüglicher, den israelischen Bericht an die AFA kommentierender Aussagen des Ausschusses (Shany, CULR 2007, Rn. 858).

934 Die begrifflichen Unklarheiten wurden von der US-Delegation während der Beratungen zur Aufsetzung der VNAFK präzisiert: In Friedenszeiten könne ein und dieselbe Handlung notwendigerweise anders als im Ausnahmezustand bzw. im Kriegsfall bewertet werden. Ausweislich dieses Befundes ist „grausame, unmenschliche oder erniedrigende Behandlung" ein relativer Begriff (s. Hinweis bei Nowak/McArthur, Convention against Torture, Art. 2, Rn. 59, Fn. 151).

935 Sabatello, A Torturer Or A Tortured Democracy, S. 12.

936 Diese Rechtsunsicherheit scheint sogar beabsichtigt zu sein, wobei es der VNMRA auf die Spitze treibt, indem er in „General Comment" No. 20 para. 4 nach dem Hinweis, dass Art. 7 IPbpR keine Legaldefinition der in ihm verwendeten Begriffe enthalte, lapidar feststellt, „(...) er halte es nicht für nötig, eine Liste der verbotenen Handlungen zu erstellen oder klare Unterscheidungen zwischen den verschiedenen Formen der verbotenen Strafen oder Handlungen festzusetzen (...)." Damit erhebt er die Unbestimmtheit bzw. Rechtsunsicherheit quasi zum Prinzip.

937 Tomuschat, DÖV 2006, 357 (368f.).

938 Ähnliche Bedenken formuliert der IGH betreffend das „principle of equidistance" aus Art. 6 des Internationalen Übereinkommens über das Küstenmeer und die Anschlusszone v. 29.04.1958 (vgl. IGH, Federal Republic of Germany/Netherlands und Federal Republic of Germany/Denmark, Urt. v. 20.02.1968, http://www.icj-cij.org/docket/files/51/5535.pdf, Rn. 72).

Deshalb lässt sich ein Verbot der folternahen Misshandlungsformen auch nicht anhand der anderen Indikatoren belegen, die für die Bildung von Gewohnheitsrecht nach dem „innovativen Ansatz“ maßgeblich sein können.

Im Ergebnis existiert kein gewohnheitsrechtliches Verbot der grausamen, unmenschlichen oder erniedrigenden Behandlung oder Bestrafung.[939] Angesichts der kaum auszublendenden, kontinuierlichen weltweiten Verletzung des Folterverbots i.w.S. käme man nach der „althergebrachten Ansicht“ zum gleichen Ergebnis.

Folgerichtig existiert auch keine gewohnheitsrechtliche Bestrafungspflicht für folternahe Misshandlungsformen. Denn wo schon kein gewohnheitsrechtliches Verbot besteht, da kann es erst recht keine „Sekundärpflichten“ geben, die sich ja nur von dem Verbot ableiten könnten.[940]

Sollte man entgegen der hier vertretenen Ansicht ein gewohnheitsrechtliches Verbot der folternahen Misshandlungsformen unterstellen, so sprächen dennoch äußerst gewichtige Argumente gegen eine korrespondierende gewohnheitsrechtliche Bestrafungspflicht.

Wollte man hier abermals auf das Völkervertragsrecht als wesentliche Quelle des Völkergewohnheitsrechts abstellen, so ist bereits festzustellen, dass der den einschlägigen Konventionen, namentlich der VNAFK und der IAAFK, immanente Schutz vor grausamer, unmenschlicher oder erniedrigender Strafe oder Behandlung keinesfalls so weitreichend wie im Falle der Folter i.e.S. ist. Es kann diesbezüglich bereits nicht von einer vertraglich begründeten Bestrafungspflicht ausgegangen werden.

Daneben sind weitere Argumente gegen die Annahme eines gewohnheitsrechtlichen Charakters der in Rede stehenden Pflicht ins Feld zu führen.

Als Vorüberlegung ist zu berücksichtigen, dass die Einforderung einer Bestrafungspflicht im Allgemeinen an den Grundfesten des Völkerrechts rüttelt. Wo ursprünglich Verhaltensnormen zwischen souveränen Staaten dominierten, würde die diskutierte Pflicht zu tiefgreifenden Auswirkungen auf innerstaatliches Handeln führen. Denn die Bestrafungspflicht berührt mit dem Strafrecht einen

---

939 Sabatello, A Torturer Or A Tortured Democracy, S. 11. A.A. O’Connell, Ohio State Law Journal 2005, S. 1230 (1248).

940 A.A. wohl Ambos, der sich auf eine Quelle stützt, die für die Annahme einer gewohnheitsrechtlichen Bestrafungspflicht spreche. Da die von ihm zitierte Quelle sich indirekt auch auf grausame, unmenschliche oder erniedrigende Behandlungen oder Strafen bezieht, könnte er dahingehend verstanden werden, dass auch für diese Misshandlungsformen eine gewohnheitsrechtliche Bestrafungspflicht bestünde (Ambos, AVR 1999, S. 318 (350) und Ambos/Eser, Straflosigkeit von Menschenrechtsverletzungen, S. 198f.).

hochsensiblen Bereich nationaler Souveränität.[941] Mit der Auferlegung von strafrechtlichen Verpflichtungen durch Völkerrecht ist somit vorsichtig umzugehen, und entsprechende Vertragsvorschriften sind eher restriktiv auszulegen. Schließlich leben völkerrechtliche Normen von ihrer Akzeptanz durch die Staatenwelt. Die Bereitschaft, solche Normen zu akzeptieren, wird aber in dem Maße abnehmen, wie ihre Auswirkungen auf die innerstaatlichen Rechtsordnungen zunehmen.[942] Nicht völlig außer Acht gelassen werden kann zudem der „ultima ratio"-Charakter des Strafrechts.[943] Nicht alles, was verboten ist, muss zwangsläufig auch strafbar sein. Da eine Sicherung der Umsetzung des Verbots folternaher Misshandlungen auch durch strafrechtsferne Maßnahmen denkbar ist, Anhaltspunkte für derartige, in erster Linie präventive Maßnahmen finden sich in den besprochenen Instrumenten (insb. EuAFK, ZP VNAFK) problemlos,[944] und solche Maßnahmen die nationalstaatliche Souveränität weniger tangieren als die in Rede stehenden Pflichten, scheint der besonders einschneidende Ansatz von Bestrafungspflichten nicht zwingend.

Im Ergebnis muss – auch bei der hier nicht geteilten Annahme eines gewohnheitsrechtlichen Verbots der grausamen, unmenschlichen oder erniedrigenden

---

941 Die staatliche Strafgewalt gilt als Kernbereich staatlicher Souveränität (Hollweg, JZ 1993, S. 980 (983); Graf Vitzthum-Bothe, 7. Abschn., Rn. 49). Die Festlegung des Umfangs der staatlichen Strafgewalt als Ausfluss der Staatsgewalt ist grds. souveräne Entscheidung eines jeden Staates. Demzufolge steht es generell auch jedem Staat frei, Anwendungsbereich und Reichweite seines Strafrechts selber festzulegen, was hinsichtlich der staatlichen Rechtssetzungsbefugnis seit der Entscheidung des Ständigen Internationalen Gerichtshofs im „Lotus-Fall" anerkannt ist (vgl. Werle, Völkerstrafrecht, Rn. 214, Fn. 431). Hierdurch wird jedoch keine Aussage zur völkerrechtlich zulässigen Reichweite der Staatsgewalt in exekutiver Hinsicht gemacht. Allerdings sieht sich die in besagter Entscheidung aus dem Jahre 1927 vertretene Stellung des Völkerrechts zur staatlichen Strafrechtserstreckung mittlerweile erheblicher Kritik ausgesetzt (vgl. Kreß, ZStW 2002, S. 818 (831ff.)).

942 Damit begründet Raess seine Bedenken am Konzept des „ius cogens" (Raess, Schutz vor Folter im Völkerrecht, S. 89f.). Besonders bei der Akzeptanz gewohnheitsrechtlicher Normschöpfung ohne das nach „althergebrachter Auffassung" zu fordernde „consuetudo"-Element kann es zu Friktionen kommen, da sich das „innovative" Konzept der Staatenpraxis in gewisser Weise immer o.g. Gefahr des Vorwurfs ausgesetzt sieht, nur „self-contained exercise in rhetoric" (s. zu dieser Kritik Simma (in Academy of European Law: Collected Courses of the Academy), International Human Rights and General International Law, S. 218) zu sein.

943 Zum Ultima-ratio-Charakter des Völkerstrafrechts s. Kreß, ZStW 2003, S. 294 (350).

944 Unter Berücksichtigung der Tatsache, dass auch die folternahen Zwangsmaßnahmen überwiegend im Kontext von Makrokriminalität geschehen, kommen als alternative Reaktion auf das durch sie verursachte Unrecht z.B. die Einsetzung von Wahrheitskommissionen oder Maßnahmen der Wiedergutmachung in Betracht (vgl. Werle, Völkerstrafrecht, Rn. 238ff.).

Behandlung oder Bestrafung – die Existenz einer gewohnheitsrechtlichen Pflicht zur Bestrafung folternaher Misshandlungsarten verneint werden.

VI) Ergebnis 3. Kapitel

Nach einer Auseinandersetzung mit verschiedenen Ansichten zu den Normschöpfungsquellen des Völkergewohnheitsrechts wurde anhand des „innovativen Ansatzes“ der Beweis geführt, dass das Verbot der Folter i.e.S. zum Völkergewohnheitsrecht zählt. Wenn weltweit auch nur die Kriterien des „kleinsten gemeinsamen Vielfachen“ einer Folterdefinition unisono vorausgesetzt werden, erschiene es alleine wegen der enormen Anzahl an Vertragsstaaten vertretbar, der Folterdefinition des Art. 1 Abs. 1 S. 1 VNAFK Gewohnheitsrechtsqualität zuzusprechen, wobei dieser Folterbegriff – wenn überhaupt – nur Gültigkeit für den menschenrechtlichen Bereich beanspruchen könnte. Die Einschränkungsklausel des Art. 1 Abs. 1 S. 2 VNAFK hat aber definitiv keinen Völkergewohnheitsrechtsstatus erlangt. Vielmehr sind nur solche gesetzlich zulässigen Maßnahmen gewohnheitsrechtlich vom Folterverbot auszunehmen, die im Einklang mit den „VN-Mindestbestimmungen über die Behandlung von Strafgefangenen“ stehen.

Aufgrund der umfassenden Verankerung des Folterverbots im Völkerrecht kann an einem grundlegenden Interesse der Staatengemeinschaft, vor Folter schützen zu wollen, nicht gezweifelt werden, was zu der Annahme eines zwingenden Charakters des gewohnheitsrechtlichen Folterverbots führte.

Da Prinzipien und Regelungen des Schutzes fundamentaler Menschenrechte laut dem IGH „erga omnes“-Verpflichtungen begründen, und der Schutz vor Folter grundlegenden Menschenrechten dient, besteht insofern auch eine „erga omnes“-Wirkung.

Trotz der mit einer mangelnden Staatenpraxis verbundenen Probleme konnte durch das Normerzeugungsprogramm des „innovativen Ansatzes“ belegt werden, dass eine Bestrafungspflicht im Falle der Folter i.e.S. bereits zu Gewohnheitsrecht erstarkt ist.

Letztlich konnte aufgrund der mit den unbestimmten Rechtsbegriffen grausame, unmenschliche oder erniedrigende Behandlung oder Strafe verbundenen Rechtsunsicherheit, aber auch wegen der insofern schwächer ausgestalteten völkervertraglichen Regimes, nicht von einer Gewohnheitsrechtsnorm ausgegangen werden, die ein Verbot dieser Misshandlungsformen festschreibt. Diesen Gedanken aufgreifend konnte eine gewohnheitsrechtliche Bestrafungspflicht für folternahe Misshandlungsformen u.a. mittels eines „argumentum a maiore ad minus“ ausgeschlossen werden.

Viertes Kapitel – Rechtsfolgen eines Verstoßes gegen das völkerrechtliche Verbot der Folter

Es stellt sich die Frage, welche Konsequenzen die Verletzung des völkerrechtlichen Folterverbots zeitigt.

Für die Vertragsstaaten der Konventionen, die ein Folterverbot enthalten, aber auch der Übereinkünfte, die allenfalls mittelbar ein derartiges Verbot beinhalten (IAAFK, VNAFK), ist anhand der jeweiligen Regimes zu eruieren, wie auf Verstöße zu reagieren ist.

Viele der Abkommen sehen – entweder ausdrücklich oder nach Ansicht ihrer Organe – bei Verdacht von Konventionsverstößen Ermittlungs-, Verfolgungs- und Bestrafungspflichten vor.[945] Ferner greift im Falle der Folter ein Rückschiebeverbot nach dem sogenannten „non-refoulement"-Grundsatz.[946] Weiterhin bestehen Pflichten zur Auslieferung oder Verurteilung („aut dedere, aut iudicare"), zur Einbeziehung der Folter in Auslieferungsverträge und zum Erlass gesetzlicher Regelungen, die für durch Folter erlangte Aussagen ein Beweisverwertungsverbot festschreiben. Idealtypisch ist das Regime der VNAFK. Zusätzlich sehen einige Konventionen rechtsförmige Verfahren vor, in denen ein Mitgliedsstaat eine Konventionsverletzung durch einen anderen Vertragsstaat rügen kann, oder ein Individuum geltend machen kann, durch eine Vertragspartei (auch den eigenen Staat) in Konventionsrechten verletzt worden zu sein. Exemplarisch ist neben dem Staaten- insbesondere das Individualbeschwerdeverfahren der EMRK. In den rechtlich verbindlichen Urteilen des EGMR besteht im Falle der Folter nicht nur die Möglichkeit des Ausspruchs einer konkreten Verpflichtung zur Erstattung materieller Schäden, darüber hinaus kann auch immaterieller Ersatz in Form von Schmerzensgeld zugesprochen werden.[947]

Nach Völkergewohnheitsrecht ist ein Staat für die ihm zurechenbaren Handlungen, die gegen völkerrechtliche Verpflichtungen verstoßen, dem oder den verletzten Völkerrechtssubjekten gegenüber verantwortlich, sogenannte Staatenverantwortlichkeit.[948] Hierbei handelt es sich um eine Verantwortlichkeit, die aus-

---

945 So z.B. die GA, die VNAFK und die EMRK. Die diesen Verpflichtungen zugrundeliegenden Bestimmungen sind nicht nur für die Vertragsstaaten an sich von Relevanz. Sie zeitigen zumindest mittelbar, das heißt i.R. des Völkerstrafrechts i.w.S. (zum Begriff s.u. 1. Teil, Fünftes Kap.) auch für die Bürger der Mitgliedsstaaten Wirkung. Schließlich sehen sich Folterbeteiligte einem spezifisch nationalstaatlichen Strafrechtsregime gegenüber, das teilweise erst aufgrund der Ratifikation besagter Abkommen etabliert worden sein dürfte.

946 Raess, Schutz vor Folter im Völkerrecht, S.136ff.

947 Siehe oben 1. Teil, Zweites Kap., II), 2), b), aa), (1), (g).

948 Stein/v. Buttlar, Völkerrecht, Rn. 1101 (zur Staatenverantwortlichkeit siehe auch schon oben 1. Teil, Drittes Kap., II)). Eine direkte Verantwortlichkeit gegenüber ge-

schließlich den Staat trifft, nicht etwa einen individuellen Hoheitsträger als Tatbeteiligten.[949] Die Regeln über die Staatenverantwortlichkeit (Sekundärnormen) machen nicht nur Festlegungen über die Voraussetzungen einer Verletzung völkerrechtlicher Primärnormen, sondern auch über die Rechtsfolgen einer Verletzung der Primärnormen.[950] So beinhalten sie die Pflicht zur Beendigung rechtswidriger Handlungen bzw. Beseitigung des rechtswidrigen Zustands und zur Schadenswiedergutmachung.[951] Der bereits angesprochene ILC-Entwurf über die Staatenverantwortlichkeit aus dem Jahre 2001 ist zwar entgegen ursprünglicher Pläne bis dato nur als unverbindliche Resolution der VN-Generalversammlung verabschiedet worden, er kodifiziert jedoch teilweise bereits bestehendes Völkergewohnheitsrecht und ist insofern jetzt schon partiell bindend.[952] Die Voraussetzungen und Rechtsfolgen der Staatenverantwortlichkeit geben im Großen und Ganzen bindendes Völkerrecht wieder, da sie bestehendes Gewohnheitsrecht kodifizieren, was jedoch nicht darüber hinwegtäuschen kann, dass in Einzelfragen weiterhin Streit besteht.[953]

Die Staatenverantwortlichkeit setzt die Zurechenbarkeit der Verletzung einer Primärnorm voraus. Grundsätzlich ist das Verhalten der Staatsorgane dem Staat als eigenes Handeln zurechenbar.[954] Dabei ist es unerheblich, ob das betreffende Organ weisungswidrig oder in Überschreitung seiner Kompetenzen gehandelt hat (Art. 7 ILC-Entwurf).[955] Für die Verletzung einer völkerrechtlichen Primär-

---

schädigten natürlichen Personen besteht nach den Regeln über die Staatenverantwortlichkeit nicht.

949 Werle, Völkerstrafrecht, Rn. 119.

950 Graf Vitzthum-Schröder, 7. Abschn., Rn. 4.

951 Stein/v. Buttlar, Völkerrecht, Rn. 1101. Zweckrichtung der Regeln zur Staatenverantwortlichkeit ist also grds. die Wiederherstellung des völkerrechtskonformen Zustandes, ein präventiver oder punitiver Charakter ist ihnen eher nicht immanent (Werle, Völkerstrafrecht, Rn. 120, m.w.N. in Fn. 238).

952 Stein/v. Buttlar, Völkerrecht, Rn. 1104f. Die dem Entwurf beigefügte umfangreiche Kommentierung kann als Hilfsmittel zu Feststellungen über bestehende Gewohnheitsrechtsregeln herangezogen werden.

953 Stein/v. Buttlar, Völkerrecht, Rn. 1104f.

954 Stein/v. Buttlar, Völkerrecht, Rn. 1109. Auch außerhalb des Staatsapparates stehende, jedoch mit öffentlichen Aufgaben betraute Personen, gelten in diesem Sinn als „Staatsorgane“, bspw. rechtlich selbstständige Verwaltungsträger oder sog. „Beliehene“. Auch die Zurechnung rein faktischer Ausübung öffentlicher Funktionen durch „Private“ ist möglich (s. Art. 8 und 9 ILC-Entwurf; Stein/v. Buttlar, Völkerrecht, Rn. 1114ff.; Graf Vitzthum-Schröder, 7. Abschn., Rn. 22).

955 Die Verantwortlichkeit für das Verhalten staatlicher Organe, das nicht in Konformität mit nationalen Rechtsvorschriften erfolgt ist, wird auch vom IAGMR explizit bejaht (AGMR, Velasquez Rodriguez/Honduras, Urt. v. 29.07.1988, Ser C No. 4 (1988), Abs. 169f.):

norm bieten alle Rechtsquellen des Völkerrechts einen geeigneten Anknüpfungspunkt.[956] Vorliegend von besonderem Interesse ist das gewohnheitsrechtliche Folterverbot. Bei einer Verletzung durch aktives Tun soll es auf ein Verschulden des handelnden Organs nicht mehr ankommen. Im Falle von pflichtwidrigem Unterlassen verlangt zumindest die Literatur ein Korrektiv in Form einer „Sorgfaltsprüfung", die der Vermeidung evident unangemessener Ergebnisse dienen soll.[957] Da die staatliche Pflichtverletzung zwangsläufig gegenüber einem anderen Völkerrechtssubjekt erfolgen muss, indiziert der Verstoß gegen die Pflicht grundsätzlich die Verletzung des Rechts des anderen Völkerrechtssubjekts auf Erfüllung bzw. Achtung der Verpflichtung. Wegen des Zusammenfallens von Pflichtverstoß und Rechtsverletzung ist die Feststellung eines Schadens als gesondertem Posten entbehrlich.[958] Die Verletzung eines (materiellen oder immateriellen) Rechts eines anderen Völkerrechtssubjekts stellt nämlich automatisch einen Schaden dar.[959]

Bevor die Sprache auf den „haftungsausfüllenden Tatbestand" kommt bzw. die Rechtsfolgen der Verletzung einer „Primärnorm" erörtert werden, ist ergänzend zu obigen Ausführungen[960] noch einmal auf etwaige Rechtfertigungsgründe einzugehen, die in Übereinstimmung mit bestehendem Völkergewohnheitsrecht in den ILC-Entwurf inkorporiert wurden.[961]

Bezüglich des Folterverbots kann die Zustimmung zu einer Verletzung keine rechtfertigende Wirkung entfalten, da „ius cogens"-Normen völkervertraglich nicht abbedungen werden können.[962] Als im Kontext der Folter relevante Rechtfertigungsgründe des Völkerdeliktsrechts[963] kämen aber theoretisch andere im 5. Kapitel des ILC-Entwurfs genannte Gründe in Betracht, insbesondere Handeln

---

„According to Article 1(1), any exercise of public power that violates the rights recognized by the Convention is illegal. Whenever a State organ, official or public entity violates one of those rights, this constitutes a failure of the duty to respect the rights and freedoms set forth in the Convention.This conclusion is independent of whether the organ or official has contravened provisions of internal law or overstepped the limits of his authority: under international law a State is responsible for the acts of its agents undertaken in their official capacity and for their omissions, even when those agents act outside the sphere of their authority or violate internal law." Siehe auch Beutler, Strafbarkeit der Folter zu Vernehmungszwecken, S. 233, m.w.N. in Fn. 1364.

956 Stein/v. Buttlar, Völkerrecht, Rn. 1130ff.

957 Graf Vitzthum-Schröder, 7. Abschn., Rn. 12; Stein/v. Buttlar, Völkerrecht, Rn. 1133f.

958 Stein/v. Buttlar, Völkerrecht, Rn. 1132.

959 Stein/v. Buttlar, Völkerrecht, Rn. 1132.

960 1. Teil, Drittes Kap., II).

961 Stein/v. Buttlar, Völkerrecht, Rn. 1142ff.

962 Stein/v. Buttlar, Völkerrecht, Rn. 1143.

963 Dieser Begriff wird in der deutschsprachigen Literatur analog zur Staatenverantwortlichkeit verwandt (s. Graf Vitzthum-Schröder, 7. Abschn., Rn. 4).

in Selbstverteidigung nach Art. 21 („self-defence“) und Art. 22 („countermeasures in respect of an internationally wrongful act“), Notwehr und Nothilfe („distress“) gem. Art. 24 und Notstand („necessity“) nach Art. 25. Eine eingehende Analyse der Voraussetzungen der Rechtfertigungsgründe könnte jedoch ausbleiben, wenn eine Berufung auf sie von vornherein ausgeschlossen ist. Keiner der im 5. Kapitel des ILC-Entwurfs genannten Rechtfertigungsgründe kann nämlich wirksam geltend gemacht werden, wenn das zugrunde liegende Verhalten nicht im Einklang mit zwingendem Völkerrecht steht (Art. 26 ILC-Entwurf).[964] Nach Abs. 5 des „amtlichen“ Kommentars der ILC zu vorgenanntem Artikel bestimmt sich der Begriff des „ius cogens“ in voller Kongruenz mit Art. 53 WVK, der den Vorrang des zwingenden Völkerrechts vor Völkervertragsrecht festsetzt. Zudem gilt der Grundsatz „lex posterior derogat legi priori“. Wie bereits festgestellt, handelt es sich beim Verbot der Folter i.e.S. um eine zwingende Vorschrift des Völkergewohnheitsrechts. So darf beispielsweise ein „Gegenmaßnahmen“ ergreifender Staat damit nicht gegen zwingendes Völkerrecht verstoßen. Als Beispiel wird in Abs. 4 des Kommentars der Vorschrift der Fall genannt, Völkermord vermöge keinen „Gegen-Völkermord“ zu rechtfertigen. In Abs. 5 des Kommentars zu Art. 26 wird das Folterverbot explizit zu den wenigen von der internationalen Staatengemeinschaft eindeutig akzeptierten „ius cogens“-Normen gezählt. Demnach kann Folter aus dieser Perspektive (wohl) nicht im Einklang mit zwingendem Völkerrecht stehen.[965] Nach den Regeln der Staatenverantwortlichkeit dürfte es also für keinen Staat die Möglichkeit geben, rechtfertigende Umstände für Folter geltend zu machen.[966] Eine Analyse der weiteren Rechtfertigungsgründe des Völkerdeliktsrechts kann damit ausbleiben.

---

964 „Nothing in this chapter precludes the wrongfulness of any act of a State which is not in conformity with an obligation arising under a peremptory norm of general international law.“

965 Sollte das Folterverbot einmal mit einer anderen „ius cogens“-Norm konfligieren, könnte man hier aber auch zu anderen Ergebnissen gelangen (dazu s.u. 2. Teil, Drittes Kap., II), 2)).

966 Wie in Abs. 4 a.E. der Kommentierung zu Art. 26 ILC-Entwurf angemerkt, wäre es möglich gewesen „(...) to incorporate this principle expressly in each of the articles in chapter V, but it is both more economical and more in keeping with the overriding character of this class of norms to deal with the basic principle separately (...).“ Dennoch wurde mit der im Kontext der Folter äußerst interessanten Vorschrift des Art. 25 ILC-Entwurf eine an der Generalklausel orientierte eigene explizite Regelung geschaffen, die zusätzliche Feststellungen macht, wann eine Berufung auf „necessity“ ausscheidet. Vorliegend sind insbesondere die Ausschlussgründe des Art. 25 Nr. 1 lit. b Alt. 2 und Nr. 2 lit. a von besonderem Interesse, auf die jedoch schon bei obigen Ausführungen zum „ius cogens“-Charakter des Folterverbots i.e.S. eingegangen wurde (s.o. 1. Teil, Drittes Kap., II)).

Hinsichtlich der grausamen, unmenschlichen Strafe oder Behandlung wäre allerdings nach hier vertretener Meinung die Berufung auf die Rechtfertigungsgründe des 5. Kapitels ILC-Entwurf nicht schon pauschal über Art. 26 des ILC-Entwurfs ausgeschlossen, da für diese Misshandlungsformen bereits kein Verbot einfachen Gewohnheitsrechts besteht. Für die Vertragsparteien der genannten internationalen Übereinkünfte, die ein absolutes (h.M.) und nicht-derogierbares Verbot der folternahen Misshandlungsformen statuieren, gilt aber die Regel „lex specialis derogat lex generalis“ bzw. der Vorrang des Vertragsrechts. In diesen Fällen würde eine nicht mit Zustimmung – im Sinne einer rechtfertigenden Einwilligung – des betroffenen Staates erfolgte und dadurch gerechtfertigte Verletzung des Verbotes der folternahen Zwangsformen nicht über einen anderen der im 5. Kapitel des ILC-Entwurfs genannten Gründe zu rechtfertigen sein. Für Nichtvertragsstaaten dieser Konventionen wäre eine Rechtfertigung über das einschlägige Regime des ILC-Entwurfs jedoch denkbar. Aus Platzgründen muss eine Auseinandersetzung mit den jeweiligen Voraussetzungen hier aber ausbleiben.[967]

Es stellt sich weiter die Frage, wie in Fällen zu verfahren ist, in denen Verpflichtungen aus „ius cogens“-Normen konfligieren. Wie würde es sich z.B. in einem Fall von Menschenhandel im Zusammenhang mit Zwangsprostitution verhalten, wenn Ermittlungsbeamte eines Menschenhändlers habhaft geworden sind, der das Versteck mehrerer verschleppter Frauen kennt, die als Zwangsprostituierte ins Ausland verkauft werden sollen. Sollten die Beamten den Ort nicht zeitnah ausfindig machen, an dem die Frauen gegen ihren Willen festgehalten werden, würden sie von Komplizen des gefassten Menschenhändlers kaum wiederauffindbar ins Ausland verbracht. Hier würde das dem zwingenden Völkerrecht unterfallende Sklavereiverbot[968] mit dem ebenfalls dem „ius cogens“ unterfallenden Folterverbot konfligieren, sollte der Menschenhändler mit Gewalt zur Preisgabe des Verstecks gezwungen werden. Beide Verbote dienen in erster Linie dem Schutz der Menschenwürde.[969] Die effektive Durchsetzung des Sklaverei-

---

967 Betreffend die hier besonders relevanten Rechtfertigungsgründe des Art. 25 Nr. 1 lit. b Alt. 2 und Nr. 2 lit. a ist auf die bereits i.R. der Ausführungen zum „ius cogens“-Charakter des Folterverbots i.e.S. erfolgte Darstellung zu verweisen (s.o. 1. Teil, Drittes Kap., II)).

968 Im ILC-Kommentar zu Art. 26 wird in Abs. 5 explizit darauf hingewiesen, dass die ILC das Sklavereiverbot zum „ius cogens“ zählt.

969 Seidel, Handbuch Grund- und Menschenrechte, S. 28. Ein Sklavereiverbot befindet sich in vielen Menschenrechtsverträgen und speziellen Konventionen, so z.B. in Art. 4 EMRK und in Art. 8 IPbpR (s. auch das Übereinkommen betreffend die Sklaverei vom 25.09.1926 und dessen Zusatzabkommen über die Abschaffung der Sklaverei vom 07.09.1956).

verbots wird auch staatliche Schutz- bzw. Gewährleistungspflichten bedingen.[970] Denn Sklaverei ist Mittel zur ökonomischen Ausbeutung, die eher von privater als von staatlicher Seite aus erfolgt. Demzufolge steht mit der Sklaverei typischerweise ein ausbeutendes Verhalten von Privatpersonen in Bezug auf andere Privatpersonen in Rede. Die unterstellte Horizontalwirkung des Sklavereiverbots ist vor allem durch die Implementierung eines gesetzlichen Anti-Sklavereiregimes auf nationaler Ebene zu erreichen.[971] So sieht sich ein mit der geschilderten Situation konfrontierter Ermittlungsbeamter zweier konfligierender staatlicher Pflichten gegenüber, was ihn vor eine „choice of evil"-Problematik stellt.[972] Ergebnis einer gegebenenfalls zulässigen oder gar gebotenen Abwägung könnte durchaus ein Vorrang der aus dem Sklavereiverbot resultierenden Schutzpflicht vor der Pflicht zur Achtung der Rechte des Menschenhändlers sein. Bei diesem Ergebnis käme man möglicherweise nicht umhin, ebenfalls eine – wie auch immer dogmatisch geartete – Freistellung von der deliktischen völkerrechtlichen Haftung anzunehmen.

Den „haftungsausfüllenden Tatbestand" der Staatenverantwortlichkeit kennzeichnet die Pflicht des verantwortlichen Staates, weitere Verletzungen einzustellen und die Folgen der verbotenen Handlung zu beseitigen (Wiedergutmachung).[973] Vorrangig ist die tatsächliche oder rechtliche Wiederherstellung des früheren Zustandes (sog. „restitutio in integrum") anzustreben. Sollte jedoch die Naturalrestitution nicht möglich sein,[974] so kommt ein Schadensersatzanspruch in Betracht (Art. 36 ILC-Entwurf). Bei wertmäßig zu bestimmenden Völkerrechtsverletzungen richtet sich der Anspruch des verletzten Völkerrechtssubjekts von Anfang an auf Geldersatz (Art. 36 ILC-Entwurf), was ebenso für adäquatkausal mit der Verletzung in Zusammenhang stehende Schäden gilt.[975] Für wertmäßig nicht zu erfassende immaterielle Schäden kommt ein Anspruch auf

970 Seidel weist zu Recht darauf hin, dass „die völkerrechtlich fixierte Freiheit von Sklaverei und Leibeigenschaft erst mit Wahrnehmung der Schutzpflicht durch den Staat die erforderliche Horizontalwirkung entfalten kann" (Seidel, Handbuch Grund- und Menschenrechte, S. 29).

971 Seidel, Handbuch Grund- und Menschenrechte, S. 29.

972 Zum „choice of evil"-Problem im Kontext der Folter s. Dershowitz (in Levinson: Torture), Tortured Reasoning, S. 257ff. Mit dem hiermit gegebenen Problemaufriss soll es an dieser Stelle einstweilen sein Bewenden haben. Besagte Problematik wird weiter unten unter dem Stichwort „Prinzip des kleineren Übels" wieder aufgegriffen (s.u. 2. Teil, Zweites Kap., IV), 4)), dort Fn. 1542).

973 Graf Vitzthum-Schröder, 7. Abschn., Rn. 31. Der Wiedergutmachungsanspruch ist ein rein zwischenstaatlicher Anspruch, bei dem der Staat i.F. der Verletzung natürlicher Personen als in deren Rechten verletzt angesehen wird (Stein/v. Buttlar, Völkerrecht, Rn. 1160).

974 I.F. der Folter ist eine Naturalrestitution naturgemäß nicht möglich.

975 Graf Vitzthum-Schröder, 7. Abschn., Rn. 31.

„Genugtuung“ in Betracht (Art. 37 ILC-Entwurf). Im Zusammenhang mit der Folter von besonderem Interesse ist „Genugtuung“ in Form der ausdrücklichen Übernahme der Verantwortung für den Verstoß. Auch die Bestrafung der Verursacher kommt hier in Betracht.[976]

Im Rahmen der Rechtsfolgen gilt in Anbetracht des „ius cogens“-Charakters des Folterverbots besonderes Augenmerk den Artikeln 40 und 41 ILC-Entwurf, die für schwerwiegende „ius cogens“-Verletzungen Sonderregeln beinhalten. Das Merkmal „schwerwiegend“ setzt nach Art. 40 Nr. 2 ILC-Entwurf einen in „grober und systematischer“ Weise erfolgten Rechtsbruch („a gross or systematic failure“) voraus, der nach „amtlicher“ Kommentierung ein planvolles und organisiertes Vorgehen erfordert. Sind diese Bedingungen erfüllt, resultieren daraus neben den allgemeinen Rechtsfolgen der Staatenverantwortlichkeit spezifische Verpflichtungen für die Staatengemeinschaft.[977]

Im Ergebnis kann die Verletzung des Folterverbots nach Völkervertragsrecht also mit diversen Folgen verbunden sein. Mittelbar zeitigt die völkervertragliche Pflicht, Folterbeteiligte zu verfolgen und zu bestrafen, auch Wirkung für natürliche Personen.

Nach Gewohnheitsrecht ist ein Staat für die ihm zurechenbaren Verletzungen völkerrechtlicher Primärnormen verantwortlich, was sich nach den Regeln über die Staatenverantwortlichkeit (Sekundärnormen) bestimmt. Diese legen die Voraussetzungen und Rechtsfolgen eines Verstoßes fest. Liegen die Bedingungen der Staatenverantwortlichkeit vor, ist in einem nächsten Schritt die Möglichkeit einer Rechtfertigung des Verstoßes nach dem 5. Kapitel des ILC-Entwurfs über die Staatenverantwortlichkeit zu ergründen. Allerdings ist ein Verstoß gegen das dem „ius cogens“ zugehörige Folterverbot i.e.S. grundsätzlich nicht zu rechtfertigen. Denn der das Gewohnheitsrecht kodifizierende Art. 26 ILC-Entwurf schließt eine Rechtfertigung für Verstöße gegen das zwingende Völkerrecht aus. Da das Verbot der grausamen, unmenschlichen Strafe oder Behandlung schon nicht von einfach-gewohnheitsrechtlicher Natur ist, ist eine Rechtfertigung derartiger Misshandlungen nach dem ILC-Entwurf zumindest denkbar. Die Rechtsfolgen eines Verstoßes treffen im Allgemeinen den Verletzerstaat. Dieser ist zur Beendigung des rechtswidrigen Verhaltens bzw. zur Beseitigung des rechtswidrigen Zustandes und zur Schadenswiedergutmachung verpflichtet. Im Falle einer schwerwiegenden Verletzung von zwingendem Völkerrecht beinhalten spezifische Sonderregelungen gewisse Verpflichtungen für den Umgang mit der Verletzung, welche die gesamte Staatengemeinschaft treffen.

---

976 Zu den div. Möglichkeiten der Genugtuung s. Graf Vitzthum-Schröder, 7. Abschn., Rn. 31 und Stein/v. Buttlar, Völkerrecht, Rn. 1159.

977 Dazu siehe bereits obige Ausführungen zum „ius cogens“, 1. Teil, Drittes Kap., II).

Fünftes Kapitel – Folter als Völkerstraftatbestand

Dem Völkerstrafrecht und dem Völkerdeliktsrecht liegt eine vergleichbare Zielsetzung zu Grunde, nämlich die Beachtung und Durchsetzung des Völkerrechts zu gewährleisten. Das Völkerstrafrecht betrifft allerdings die Verantwortung natürlicher Personen und hat damit einen anderen Adressaten als das die Verantwortlichkeit der Staaten betreffende Völkerdeliktsrecht.[978] Zudem differieren beide Regelungsbereiche in ihren Rechtsfolgen. Während das Recht der Staatenverantwortlichkeit die Wiederherstellung eines völkerrechtskonformen Zustands intendiert, ist dem Völkerstrafrecht ein strafender und präventiver Charakter immanent.[979] Es gibt jedoch weder einen Automatismus derart, dass die Staatenverantwortlichkeit auch die Strafbarkeit der handelnden natürlichen Person nach sich zieht,[980] noch derart, dass die Begehung eines Völkerrechtsverbrechens durch ein Individuum eo ipso die Staatenverantwortlichkeit bedingt.[981]

---

978 Stein/v. Buttlar, Völkerrecht, Rn. 1167.

979 Stein/v. Buttlar, Völkerrecht, Rn. 1167. Auf die repressive und zugleich präventive Ausrichtung des Völkerstrafrechts bzw. des ICCS wird auch in der Präambel des Statuts explizit hingewiesen: „(...) entschlossen, der Straflosigkeit der Täter ein Ende zu setzen und so zur Verhütung solcher Verbrechen beizutragen (...)."

980 Hierauf weist auch der IAGMR in einem Rechtsgutachten hin, indem er sich mit dem Problem der Staatenverantwortlichkeit durch Erlass von nicht im Einklang mit den Verbürgungen der AMRK stehenden Gesetzen befasst (IAGMR, Advisory Opinion OC-14/94, v. 09.12.1994, Series A, No. 14; Rn. 50ff.):
„The Court finds that the promulgation of a law that manifestly violates the obligations assumed by a state upon ratifying or acceding to the Convention constitutes a violation of that treaty and, if such violation affects the guaranteed rights and liberties of specific individuals, gives rise to international responsibility for the state in question.
The second question posed by the Commission refers to the duties and responsibilities of the agents or officials of a state who enforce a law that violates the Convention. International law may grant rights to individuals and, conversely, may also determine that certain acts or omissions on their part could make them criminally liable under that law. In some cases, that responsibility is enforceable by international tribunals. In that sense, international law has evolved from the classical doctrine, under which international law concerned itself exclusively with states. Nevertheless, at the present time individual responsibility may only be invoked for violations that are defined in international instruments as crimes under international law, such as crimes against peace, war crimes, and crimes against humanity or genocide, which, of course, also affect specific human rights." S. auch Art. 58 ILC-Entwurf.

981 Dupuy in Cassese, Rome Statute Commentary. Vol. II, S. 1085 (1091). In diese Richtung geht auch die Regelung des Art. 25 Abs. 4 ICCS, nach der „die Bestimmungen dieses Statuts betreffend die individuelle Verantwortlichkeit nicht die Verantwortung der Staaten nach Völkerrecht berühren". Um die völkerrechtliche Staatenverantwortlichkeit auszulösen, muss ein individuelles Verhalten einen dem Staat zurechenbaren Völkerrechtsverstoß darstellen. Nach Werle „folgt aus der Begehung eines Völker-

Die besondere Funktion des Völkerstrafrechts liegt darin, das Sanktionssystem für Völkerrechtsverletzungen zu sublimieren, insbesondere wenn es de facto nicht möglich ist, einen Staat zur Rechenschaft zu ziehen, oder weil es beispielsweise untunlich ist, ein ganzes Volk indirekt für die individuellen Völkerrechtsverstöße einer Führungselite haftbar zu machen.[982] Wie nationalstaatliches Strafrecht dient das Völkerstrafrecht dem Rechtsgüterschutz, und zwar dem Schutz der höchsten Güter der Völkergemeinschaft, nämlich des Friedens, der Sicherheit und des Wohls der Welt.[983] Die Verletzung der genannten Rechtsgüter weist zwangsläufig eine internationale Dimension auf, was die Ahndung der zugrundliegenden Völkerrechtsverstöße zu einer Angelegenheit der gesamten Staatengemeinschaft macht.[984]

Fraglich ist, was sich hinter dem Begriff Völkerstrafrecht eigentlich verbirgt. Hier bevorzugt wird eine Unterscheidung zwischen Völkerstrafrecht i.e.S. und i.w.S.[985]

Das Völkerstrafrecht i.e.S. setzt sich aus Bestimmungen zusammen, die eine unmittelbare Strafbarkeit nach Völkerrecht begründen, ausschließen oder in anderer Weise regeln.[986] Wie der mit diesem engen Begriffsverständnis korrespon-

---

rechtsverbrechens durch einen Staatsangehörigen nicht automatisch die deliktische Haftung des betreffenden Staates", da Völkerrechtsverbrechen zwar typischerweise, jedoch nicht zwangsläufig, eine staatliche Beteiligung voraussetzen würden (Werle, Völkerstrafrecht, Rn. 121).

982 Graf Vitzthum-Schröder, 7. Abschn., Rn. 37.

983 Stein/v. Buttlar, Völkerrecht, Rn. 1165; Graf Vitzthum-Schröder, 7. Abschn., Rn. 42. Auch in der Präambel des ICCS wird der Schutz dieser Rechtsgüter als zentrales Anliegen betont: „Die Vertragsstaaten dieses Statuts (...) eingedenk dessen, dass in diesem Jahrhundert Millionen von Kindern, Frauen und Männern Opfer unvorstellbarer Gräueltaten geworden sind, die das Gewissen der Menschheit zutiefst erschüttern, in der Erkenntnis, dass solche schweren Verbrechen den Frieden, die Sicherheit und das Wohl der Welt bedrohen, bekräftigend, dass die schwersten Verbrechen, welche die internationale Gemeinschaft als Ganzes berühren, nicht unbestraft bleiben dürfen (...) sind wie folgt übereingekommen (...)."

984 Stein/v. Buttlar, Völkerrecht, Rn. 1165.

985 Zu dieser Unterscheidung s. Beutler, Strafbarkeit der Folter zu Vernehmungszwecken, S. 279ff.; Graf Vitzthum-Schröder, 7. Abschn., Rn. 38; Stein/v. Buttlar, Völkerrecht, Rn. 1163f.

986 Siehe Behrendt, Verfolgung des Völkermordes in Ruanda, S. 30f.; Graf Vitzthum-Schröder, 7. Abschn., Rn. 39f.; Raess, Schutz vor Folter im Völkerrecht, S.91; Satzger, Internationales und Europäisches Strafrecht, § 12, Rn. 1; Stein/v. Buttlar, Völkerrecht, Rn. 1163; Werle, Völkerstrafrecht, Rn. 86, m.w.N. in Fn. 166. Alle genannten Autoren bevorzugen diese enge Definition. Ist bei ihnen von Völkerstrafrecht die Rede, liegt das hier unter dem Terminus „Völkerstrafrecht i.e.S." skizzierte Begriffsverständnis zu Grunde.

dierende englische Begriff „crimes under international law“ nahelegt,[987] könnte man von völkerrechtlichem materiellem Strafrecht sprechen. Das Völkerstrafrecht i.e.S. ist naturgemäß in den Bereichen von besonderer Relevanz und zugleich herausragender Brisanz, wo Taten einen politischen Charakter aufweisen, bzw. wo sie Ausdruck von Makrokriminalität sind. Der Schutz der Rechtsgüter der internationalen Gemeinschaft durch nationale Gerichte ist im Bereich dieser Kriminalitätsform typischerweise nicht oder nicht wirksam gewährleistet,[988] sodass der Ruf nach dem Primat des Völkerstrafrechts hier nicht überrascht.

Die Zugehörigkeit einer Norm zum Völkerstrafrecht i.e.S. ist an drei Bedingungen geknüpft:

„Die Norm muss erstens individuell vorwerfbares Unrecht beschreiben und als Rechtsfolge Strafe androhen. Zweitens muss die Norm Teil der Völkerrechtsordnung sein.[989] Drittens muss die Strafbarkeit unabhängig von der Transformation des Tatbestandes in die staatliche Rechtsordnung bestehen.“[990]

Exemplarische materielle Völkerstrafrechtsregeln, die einen Bezug zur Folter aufweisen, finden sich im Völkervertragsrecht, das neben dem Gewohnheitsrecht die zweite wichtige Rechtsquelle des Völkerstrafrechts ist. Hier ist an jene Bestimmungen zu denken, die Folter als eine der Varianten der schwersten Verbrechen ausweisen, welche die Internationale Gemeinschaft als Ganzes berühren und die der Gerichtsbarkeit des ICC bzw. der Ad-hoc-Gerichtshöfe (ICTY/ICTR) unterliegen:

Art. 7 Abs. 1 lit. f, Abs. 2 lit. e ICCS (Folter i.R. der Verbrechen gegen die Menschlichkeit), Art. 8 Abs. 2 lit. a, ii; lit. c, i ICCS (Folter i.R. der Kriegsverbrechen) und Art. 6 lit. b ICCS (Folter i.R. des Völkermordes).[991]

Auch im ICTYS finden sich ähnliche Bestimmungen:

Art. 2 lit. b (Folter als schwere Verletzung der Genfer Abkommen von 1949), Art. 5 lit. f (Folter als Verbrechen gegen die Menschlichkeit) und Art. 4 Abs. 2 lit. b, c (Folter i.R. des Völkermordes).

---

987 Auch Werle sieht sein Verständnis des dt. Begriffs „Völkerstrafrecht“ im Englischen am besten durch diese Formulierung beschrieben (Werle, Völkerstrafrecht, Rn. 86, Fn. 166 a.E.).

988 Stein/v. Buttlar, Völkerrecht, Rn. 1180.

989 In diesem Sinne kann jede geschriebene oder ungeschriebene Norm Teil der Völkerrechtsordnung sein, das gesamte Völkerrechtsquellenprogramm des Art. 38 IGHS findet Anwendung (Behrendt, Verfolgung des Völkermordes in Ruanda, S. 33f.; Satzger, Internationales und europäisches Strafrecht, § 12, Rn. 5).

990 Werle, Völkerstrafrecht, Rn. 87.

991 Das vierte der Gerichtsbarkeit des ICC unterfallende Delikt ist das Verbrechen der Aggression, welches im vorliegenden Kontext jedoch irrelevant ist.

Ferner sind die entsprechenden Regelungen des ICTRS zu nennen:

Art. 2 Abs. 2 lit. b, c (Folter i.R. des Völkermordes)[992], Art. 3 lit. f (Folter i.R. der Verbrechen gegen die Menschlichkeit) sowie Art. 4 S. 2 lit. a (Folter i.R. der Verstöße gegen den gemeinsamen Art. 3 der Genfer Abkommen und gegen deren Zusatzprotokoll II).

Ein eigenständiger völkerrechtlicher Straftatbestand der Folter wurde in die genannten Statuten nicht aufgenommen. Eine Misshandlung kann somit nur dann tatbestandlich sein, wenn sie im Zuge der genannten Verbrechen erfolgt ist, die jeweils ein eigenes „internationales Element" voraussetzen.[993] Durch vorgenannte Bestimmungen wurde im Großen und Ganzen Gewohnheitsrecht kodifiziert.[994] Die Tatbestände der „core crimes" entfalten demnach Wirkung für jedermann.

---

992 Folter wird i.R. aller genannten Völkermordtatbestände nicht explizit erwähnt. Es ist aber die Rede von der „Verursachung von schwerem körperlichen oder seelischem Schaden".

993 Das „internationale Element" betont den Charakter der Völkerrechtsverbrechen als Vorschriften zum Schutz der höchsten Interessen der Völkergemeinschaft, wobei der Bezug zu diesen Interessen durch den funktionalen Gesamtkontext der Tat hergestellt wird. Es handelt sich stets um systematische oder massenhafte Gewaltanwendung (Werle, Völkerstrafrecht, Rn. 98).

994 Zur Gewohnheitsrechtsqualität des Völkermordtatbestandes s. Ambos, Internationales Strafrecht, § 7, Rn. 123, der in diesem Bezug von „ius cogens" ausgeht. Zur Gewohnheitsrechtsqualität des Tatbestandes „Verbrechen gegen die Menschlichkeit" s. Werle, Völkerstrafrecht, Rn. 854. Ambos zeigt instruktiv auf, wie sich der tatbestandlich erforderliche Begehungszusammenhang der Tat, also das „internationale Moment", im Laufe der völkerstrafrechtlichen Entwicklung fortwährend verändert hat (Ambos, a.a.O., Rn. 174ff.). Das Erfordernis lässt sich heute am ehesten durch eine Verbindung der Tathandlung mit einem staatlichen oder nichtstaatlichen Machtkollektiv beschreiben. Bei Kriegsverbrechen ist zu differenzieren. So liegt jedem dieser Verbrechen ein Verstoß gegen eine Norm des Humanitären Völkerrechts zu Grunde, wobei diese Norm völkergewohnheitsrechtlicher und/oder völkervertragsrechtlicher Natur sein kann. Hinzu tritt die akzessorische Strafbarkeit, die sich wiederum aus Völkervertrags- oder Gewohnheitsrecht ergeben kann. Zu den allgemeinen Voraussetzungen der materiellen Strafbarkeit von Verletzungen des Humanitären Völkerrechts siehe den zur Anwendbarkeit von Art. 3 ICTYS vom ICTY im Fall Tadic (Prosecutor vers. Dusko Tadic a/k/a „Dule", Beschl. v. 02.10.1995, Case No. IT-94-1-AR72, http://www.icty.org/case/tadic/4, Rn. 94) entwickelten und im Fall Furundzija (Prosecutor vers. Furundzija, Urt. v. 10.12.1998, Case No. IT-95-17/1-T, http://www.icty.org/case/furundzija/4, Rn. 258) abermals verwendeten Kriterienkatalog. Einen Überblick über den aktuellen Stand des Völkergewohnheitsrechts im Hinblick auf die zentralen Straftatbestände des Kriegsvölkerrechts gibt die Regelung des Art. 8 Abs. 2 ICCS, die eine Abbildung und Systematisierung des nach Völkerge-

Keine der genannten Bestimmungen enthält eine Strafandrohung, geschweige denn Angaben zum jeweiligen Strafrahmen. So könnte man schlussfolgern, die Vorschriften bedürften zu ihrer Wirksamkeit einer Transformation in die staatliche Rechtsordnung, bei der dann eine unmittelbare Strafandrohung in den Transfertatbeständen erfolgen könnte bzw. müsste.[995] Nach Ansicht des ICTY ist es nicht notwendig, dass das ICTYS für jeden Tatbestand eine bestimmte Strafe vorschreibt bzw. eine Mindeststrafe festlegt.[996] Diese Ausführungen gelten gleichsam für das ICTRS. Beim ICCS ist die Ausgangssituation schon eine grundlegend andere. Mit dem bei den Allgemeinen Grundsätzen, genauer in Art. 23 ICCS explizit festgeschriebenem "nulla poena sine lege"-Grundsatz und damit korrespondierenden Vorschriften im Teil 7 des Statuts (insb. Art. 77), ist die Regelungsdichte des ICCS im diskutierten Kontext ausreichend. Des Weiteren bieten die „Rules of Procedure and Evidence" die Möglichkeit, erschwerende und mildernde Umstände genauer zu spezifizieren.[997] Dem Bestimmtheits- bzw. dem "nulla poena sine lege"-Grundsatz dürfte im ICCS somit genügt worden sein.[998] Zudem wurde mit den genannten Bestimmungen regelmäßig nur Gewohnheitsrecht niedergeschrieben. Im Ergebnis dürften somit alle genannten Tatbestände zu ihrer Wirksamkeit keines Transfers ins nationale Recht bedürfen. Sie erfüllen die Voraussetzungen des Völkerstrafrechts i.e.S.

Das Völkerstrafrecht i.w.S.[999] dient ebenfalls dem Schutz der Rechtsgüter, an deren Erhaltung die Menschheit ein allgemeines Interesse hat.[1000] Die Strafbar-

---

wohnheitsrecht geltenden Kriegsvölkerstrafrechts ist (dazu s. Werle, Völkerstrafrecht, Rn. 1053, 1063f.).

995 So behauptet z.B. Pajarola, dass die Strafbestimmungen des ICCS nicht direkt anwendbar seien, da sie keinerlei Rechtsfolgen für den Fall eines Verstoßes vorsehen würden und deshalb dem Bestimmtheitsgebot des Schweizerischen Strafgestzbuchs nicht genügten (Pajarola, Gewalt im Verhör, S. 236).

996 Schabas in Triffterer, Rome Statute Commentary,Art. 23, Rn. 1 m.w.N. in Fn. 8ff. Auch Triffterer war schon 1966 der Meinung, dass lediglich die Strafbarkeit einer abzuurteilenden Handlung deutlich werden müsse, eine nach Art und Höhe bestimmte Strafandrohung jedoch entbehrlich sei (Triffterer, Entwicklung des materiellen Völkerstrafrechts, S. 128).

997 Schabas in Triffterer, Rome Statute Commentary. Art. 23, Rn. 6.

998 Eine weitergehende Auseinandersetzung mit der Problematik im Rahmen der Statuten der Ad-hoc-Tribunale kann hier nicht erfolgen (dazu s. Lamb in Cassese, Rome Statute Commentary. Vol. II, S. 733 (758ff.)).

999 Der Begriff Völkerstrafrecht (i.w.S.) ist nicht zu verwechseln mit dem Terminus internationales Strafrecht. Letzteres erfasst jene strafrechtlichen Bereiche, „die einen Auslandsbezug aufweisen, also neben dem eigentlichen Völkerstrafrecht vor allem die Regeln über den Geltungs- und Anwendungsbereich nationalen Strafrechts sowie das

keit muss hier jedoch nicht zwangsläufig unmittelbar aus Völkerrecht resultieren. Vielmehr kann sie sich auch vermittelt durch die staatliche Rechtsordnung ergeben. Die Verpflichtung zur Übernahme gewisser Delikte ins nationale Strafrecht wird regelmäßig durch völkerrechtliche Verträge begründet. Verstöße gegen derartige Normen werden nicht unmittelbar aufgrund der völkerrechtlichen (Pönalisierungs-)Vereinbarung zwischen den Staaten, sondern nach der nationalen Transfernorm bestraft.[1001] Natürlich fällt auch das Völkerstrafrecht i.e.S. unter das weite Begriffsverständnis. Insofern gehören zum Völkerstrafrecht i.w.S. letztlich alle auf das Völkerrecht zurückführbaren, dem Schutze höchster Güter der Völkergemeinschaft dienenden Straftatbestände, egal ob diese Ausfluss eines nationalen Transfergesetzes korrespondierend zu einer völkervertraglichen Umsetzungsverpflichtung sind, oder ob sie bereits unmittelbar dem Völkerrecht entspringen.

Wenn im Folgenden die Rede von Völkerstrafrecht i.w.S. ist, sind aber Bestimmungen gemeint, die eine indirekte, durch die innerstaatliche Rechtsordnung bzw. Durchführungsnorm vermittelte Strafbarkeit nach Völkerrecht kennzeichnet. Man spricht in diesem Kontext von „delicta iuris gentium“.[1002] Exemplarisch hierfür sind die Pönalisierungspflichten der GA[1003] und der VNAFK[1004] nebst der korrespondierenden Transfernormen des innerstaatlichen Rechts.[1005]

---

zwischenstaatliche Recht zur Zusammenarbeit in Strafsachen (Stein/v. Buttlar, Völkerrecht, Rn. 1163).“

1000 Graf Vitzthum-Schröder, 7. Abschn., Rn. 39, m.w.N. in Fn. 137.

1001 Stein/v. Buttlar, Völkerrecht, Rn. 1164.

1002 Beutler, Strafbarkeit der Folter zu Vernehmungszwecken, S. 281; Raess, Schutz vor Folter im Völkerrecht, S. 98f. Hierzu s.u. 1. Teil, Fünftes Kap., II).

1003 Art. 49 Abs. 1 i.V.m. Art. 50 GA I; Art. 50 Abs. 1 i.V.m. Art. 51 GA II; Art. 129 Abs. 1 i.V.m. Art. 130 GA III; Art. 146 Abs. 1 i.V.m. Art. 147 GA IV(siehe auch oben 1. Teil, Zweites Kap., I), 2), b), aa)). Der in den GA inkorporierte Grundsatz der Verantwortlichkeit des Einzelnen nach Völkerstrafrecht i.w.S. für schwere Verletzungen des Kriegsrechts wird auch in Art. 85 Abs. 1 ZP I bestätigt. In dessen Abs. 5 erfolgt der explizite Hinweis, dass in „schweren Verletzungen“ der GA und des ZP I Kriegsverbrechen zu sehen sind.

1004 Art. 4 VNAFK (s.o. 1. Teil, Zweites Kap., II), 2), a), ac), (4)).

1005 Vgl. bspw. die Strafbewährung der Folter in einem eigenen Straftatbestand in den Niederlanden gem. Art. 8 des Wet internationale misdrijven, Staatsblad 270 v. 03.07.2003. Der in den GA statuierten Pflicht, besonders schwere Verletzungen der Abkommen unter den jeweiligen spezifischen Voraussetzungenzu einem Delikt nach innerstaatlichem Strafrecht zu machen, ist Deutschland durch die in diesem Kontext erlassenen strafrechtlichen Vorschriften im „Abschnitt 2 Kriegsverbrechen“ des am 26.06.2002 verkündeten und am 30.06.2002 in Kraft getretenen VStGB nachgekommen (s. Arbeitsentwurf VStGB, S. 49f.).

Nun sollen im Folterkontext relevante Bereiche des Völkerstrafrechts untersucht werden. Dabei gilt es, die verschiedenen Möglichkeiten tatbestandlicher Normierung von Folterunrecht, die dieser völkerrechtlichen Spezialmaterie zu eigen sind, aufzuzeigen und zu analysieren. Insbesondere soll der Frage nach einer eigenen völkerstrafrechtlichen Definition der Folter nachgegangen werden. Das Hauptaugenmerk wird dabei auf den instruktiven Vorschriften des ICCS liegen, da mit dem Statut erstmals ein internationaler völkerstrafrechtlicher Vertrag vorliegt, der zu einem nicht unerheblichen Anteil bestehendes Gewohnheitsrecht kodifiziert, und der von weit mehr als 50 Prozent der VN-Mitgliedsstaaten ratifiziert wurde.

Begonnen werden soll mit einer Untersuchung der Frage, ob es neben der Folter als einer Tathandlungsvariante der gewohnheitsrechtlich anerkannten „core crimes“ Völkermord, Verbrechen gegen die Menschlichkeit und Kriegsverbrechen, auf die vertieft im Rahmen der Ausführungen zum ICCS eingegangen wird, auch einen eigenen gewohnheitsrechtlichen, nur der Folter an sich gewidmeten Tatbestand gibt. Ferner ist auf Folter als „delictum iuris gentium“ einzugehen. Dazu wird kursorisch auf die einschlägigen Regelungen der GA und der VNAFK Bezug genommen, die maßgeblich für die aufgrund der Transferverpflichtungen dieser Konventionen ergangenen innerstaatlichen Strafrechtsbestimmungen sind. Schließlich sollen die im Folterkontext relevanten Regelungen des ICCS vorgestellt werden, die für das Völkerstrafrecht i.e.S. „Referenzcharakter“ besitzen. Hier soll auch auf das zur Rechtfindung durch den ICC unerlässliche Rechtsquellenprogramm Bezug genommen werden, das im Rahmen des ICCS als Einfallstor für die Statuten und die folterrelevante Judikatur beispielsweise der Ad-hoc-Tribunale dient. Gerade aus besagten Quellen können interessante Erkenntnisse hinsichtlich einer völkerstrafrechtsspezifischen Folterdefinition gewonnen werden.

I) Folter als völkergewohnheitsrechtlicher Straftatbestand

Das in den Menschenrechtsverträgen enthaltene Folterverbot richtet sich unmittelbar nur an die Vertragsstaaten.[1006] Auch im Rahmen der wiederholt diskutier-

1006 Siehe oben 1. Teil, Zweites Kap., II). So äußert der ICTY ganz allgemein Folgendes (Prosecutor vers. Kunarac, Urt. v. 22.02.2001, Case No. IT-96-23-T, http://www.icty.org/case/kunarac/4, Rn. 489): „The Trial Chamber draws a clear distinction between those provisions which are addressed to states and their agents and those provisions which are addressed to individuals. Violations of the former provisions result exclusively in the responsibility of the state to take the necessary steps to redress or make reparation for the negative consequences of the criminal actions of its agents. On the other hand, violations of the second set of provisions may provide for individual criminal responsibility, regardless of an individual's official status. While

ten „Drittwirkung“ ist nicht etwa von einer direkten Auswirkung auf „Private“ auszugehen. Es handelt sich vielmehr um eine nur mittelbare Wirkung. So kann das völkervertragliche Folterverbot Auswirkungen auf die innerstaatliche Auslegung von Rechtsbegriffen haben. Damit in Verbindung stehen gegebenenfalls völkervertraglich begründete staatliche Schutzpflichten.[1007] Auch das gewohnheitsrechtliche Folterverbot, welches sich insbesondere aus den einschlägigen völkervertraglichen Regelungen entwickelt hat, richtet sich an Staaten als klassische Völkerrechtssubjekte. Ferner lässt keine Aussage der einschlägigen Organe darauf schließen, dass das IHRL-Folterverbot eine unmittelbare Bindung für das einzelne Individuum nach Völkerrecht begründet. Das völkerrechtliche Folterverbot, so wie es in der oben skizzierten „ius cogens“-Norm zum Ausdruck kommt,[1008] entspricht auch nicht im Geringsten den Anforderungen an einen völkerstrafrechtlichen Tatbestand. Im Ergebnis ist eine direkte Anwendung des völkerrechtlichen Folterverbots im strafrechtlichen Sinn ausgeschlossen.[1009]

Die Frage nach einem eigenen völkergewohnheitsrechtlichen Tatbestand der Folter ist insbesondere deshalb so wichtig, weil ein Folterbeteiligter gegen den Vorwurf der Folter als „delictum iuris gentium“ den Einwand eines Verstoßes gegen das Gesetzlichkeitsprinzip bzw. den „nullum crimen, nulla poena sine lege“-Grundsatz erheben könnte. Das Gesetzlichkeitsprinzip als fundamentaler strafrechtlicher Grundsatz gilt als Bestandteil des Völkergewohnheitsrechts auch im Völkerstrafrecht.[1010] Wird beispielweise ein VNAFK-Mitgliedsstaat einer Person mit fremder Staatsangehörigkeit habhaft, die in einem anderen Vertragsstaat eine Folterung begangen hat, so kann sie für diese Tat zumindest nicht als „delictum iuris gentium“ bestraft werden, solange der Ergreifungsstaat es ver-

human rights norms are almost exclusively of the first sort, humanitarian provisions can be of both or sometimes of mixed nature.“

1007 Zum Ganzen s. Pajarola, Gewalt im Verhör, S. 232f.

1008 Siehe oben 1. Teil, Drittes Kap., II).

1009 Pajarola, Gewalt im Verhör, S.234; s. ergänzend Beutler, Strafbarkeit der Folter zu Vernehmungszwecken, S. 287ff. Davon unabhängig ist die Frage nach eventuellen mittelbaren Auswirkungen des völkerrechtlichen Folterverbots auf das Strafverfahren bzw. die Strafbarkeit des Einzelnen. Dazu s.u. 2. Teil, Drittes Kap., III), 2).

1010 Becker, Tatbestand des Verbrechens gegen die Menschlichkeit, S. 66, m.w.N. in Fn. 37; Triffterer, Entwicklung des materiellen Völkerstrafrechts, S. 38ff.; Werle, Völkerstrafrecht, Rn. 110. An der zitierten Stelle weist Werle darauf hin, dass das Gesetzlichkeitprinzip im Völkerstrafrecht die strafbarkeitsbegründende Analogie und die rückwirkende Bestrafung verbiete. Die Anforderungen an die Bestimmtheit seien jedoch im Vergleich zur kontinentaleuropäischen Rechtstradition gelockert. Darüber hinaus betreffe das Gesetzlichkeitsprinzip nicht nur die Verbrechensbeschreibung, sondern auch die Rechtsfolgen.

passt hat, einschlägige Transfernormen in sein nationales (Straf-)Recht zu inkorporieren.[1011]

Man könnte allerdings daran zweifeln, ob Gewohnheitsrecht überhaupt „Recht" im Sinne des Gesetzlichkeitsprinzips ist. Da dieser Begriff aber nicht nur das geschriebene Recht umfasst,[1012] stehen gewohnheitsrechtliche Strafbestimmungen nicht (zwangsläufig) im Widerspruch zum Gesetzlichkeitsprinzip. Somit ist eine völkerrechtliche Strafbarkeit aus Gewohnheitsrecht möglich, was auch der heute herrschenden Meinung entspricht.[1013]

Für die Bildung eines die Anforderungen völkerrechtlicher Straftatbestände erfüllenden, eigenen gewohnheitsrechtlichen Foltertatbestandes müssten die im Folgenden zu prüfenden Entstehungsvoraussetzungen von Gewohnheitsrecht im Völkerstrafrecht erfüllt sein.

1) Quellenprogramm völkergewohnheitsrechtlicher Straftatbestände

Nach den vom ICTY entwickelten Prüfungsgrundsätzen für die Bildung gewohnheitsrechtlichen Strafrechts sind folgende Quellen heranzuziehen: Kodifikationen des (eventuell) gewohnheitsrechtlichen Rechtssatzes in völkerrechtlichen Verträgen, die internationale Rechtsprechung, die einschlägigen Entwürfe der Völkerrechtskommission, die Berichte sonstiger internationaler Institutionen (z.B. des VNMRA), das ICCS und die „Elements of Crimes" bzw. deren jeweilige Entwürfe und die einschlägige nationale Gesetzgebung.[1014]

1011 Siehe diesbezüglich auch die Ausführungen betr. das ICCS von Danilenko in Cassese, Rome Statute Commentary. Vol. II. S. 1871 (1882ff.). Allerdings ist der Ergreifungsstaat – wie oben gezeigt (s.o. 1. Teil, Drittes Kap., IV)) – sogar verpflichtet, Taten, die unter die Folterdefinition des Art. 1 Abs. 1 VNAFK fallen, zumindest im Rahmen der Möglichkeiten seiner nationalen Strafrechtsordnung zu bestrafen. Insofern folgt der gewohnheitsrechtlichen Verfolgungs- bzw. Bestrafungspflicht ein Verfolgungs- bzw. Bestrafungsrecht, namentlich die universelle Jurisdiktion. Aufgrund des Ursprungs der gewohnheitsrechtlichen Bestrafungspflicht in der VNAFK (zu den Anknüpfungspunkten der Strafgewalt i.R. der VNAFK s.o. 1. Teil, Zweites Kap., II), 2), a), ac), (6)) ist allerdings davon auszugehen, dass nur die Staaten einen Tatverdächtigen verfolgen und gegebenenfalls bestrafen können bzw. müssen, auf deren Territorium der Verdächtige ergriffen wird (bedingtes Weltrechtsprinzip). Wieder anders verhielte sich der Fall, wenn die Tat unter eines der „core crimes" subsumierbar wäre. Dann hätte auch nach herrschender Meinung jeder Staat Jurisdiktion (absolutes Weltrechtsprinzip).

1012 Becker, Tatbestand des Verbrechens gegen die Menschlichkeit, S. 66, Fn. 38.

1013 Becker, Tatbestand des Verbrechens gegen die Menschlichkeit, S. 66; Werle, Völkerstrafrecht, Rn. 112ff.

1014 ICTY, Prosecutor vers. Krstic, Urt. v. 02.08.2001,Case No. IT-98-33-T, http://www.icty.org/case/krstic/4, Rn. 541ff., zitiert nach Werle, Völkerstrafrecht, Rn.

a) Völkervertragsrechtliche Situation nebst einschlägiger Kodifikationsentwürfe

Bei einer eingehenden Betrachtung der völkervertragsrechtlichen Situation wird ersichtlich, dass es keinen Vertrag gibt, der Folter explizit als internationales Verbrechen klassifiziert.[1015] Der Entwurf einer Anti-Folterkonvention der Internationalen Vereinigung für Strafrecht sah zwar vor, Folter als internationales „core crime“ auszugestalten, in der Endfassung der VNAFK fand diese Konzeption jedoch keinen Widerhall,[1016] was an der Uneinigkeit der Staatengemeinschaft in diesem Punkt begründen lässt.[1017]

Nicht anders zeigt sich die Situation im Rahmen früher Entwürfe einer Kodifikation des Völkerstrafrechts, denen letztlich die Verabschiedung des ICCS folgte. Die Arbeiten an derartigen Entwürfen im Rahmen der VN sahen meistens keinen eigenen Foltertatbestand vor. Dies gilt insbesondere für den Kodifikationsentwurf der ILC.[1018] Der Entwurf der Association International de Droit Pénal erwähnte einen Foltertatbestand zwar ausdrücklich[1019], die AIDP ließ in

---

160. Da dieser Kriterienkatalog eine große Ähnlichkeit zu dem Katalog des „innovativen Ansatzes“ aufweist, der oben im Rahmen der Erörterung zur Gewohnheitsrechtsbildung im IHRL favorisiert wurde (s.o. 1. Teil, Drittes Kap., I)), kann dem ICTY insofern gefolgt werden. Ergänzend kann auf weitere Kriterien obigen Katalogs zurückgegriffen werden, z.B. auf die „Allgemeinen Rechtsgrundsätze“. Zur Tauglichkeit letztgenannter Grundsätze als Quelle einer völkerrechtlichen Strafbarkeit s. Triffterer, Entwicklung des materiellen Völkerstrafrechts, S. 35ff.

1015 Folter ist allerdings mittlerweile eine anerkannte Tathandlungsvariante der klassischen Völkerrechtsverbrechen, insbesondere der Kriegsverbrechen und der Verbrechen gegen die Menschlichkeit. Dies wird auch in den entsprechenden Bestimmungen des ICCS und in den ergänzenden „Elements of Crimes“ ausdrücklich klargestellt (dazu s.u. 1. Teil, Fünftes Kap., III)).

1016 Siehe oben 1. Teil, Zweites Kap., II), 2), a), ac). Für Folter als Verbrechen nach der VNAFK ist auch kein internationales Gericht zuständig. Die VNAFK-Konzeption stellt eben primär auf die Umsetzung der Konventionsverpflichtungen durch die Mitgliedsstaaten ab. Dies wird durch die am Modell der „discrete crimes“ und nicht der „core crimes“ orientierte Ausgestaltung der Folter in der Konvention belegt (s.u. 1. Teil, Fünftes Kap., II), 1)).

1017 Raess,Schutz vor Folter im Völkerrecht, S. 94f.

1018 Diese ging aber davon aus, dass Menschenrechtsverletzungen, worunter im Allgemeinen auch die Folter fällt, ab einem gewissen „degree of seriousness“ ein Verbrechen gegen die Menschlichkeit darstellen können (s. Zitat bei Raess, Schutz vor Folter im Völkerrecht, S. 95, mit Nachweis in Fn. 30). Damit wird aber letztlich nur das althergebrachte System der völkerrechtlichen Kernverbrechen bestätigt. So war es nach „Nürnberg“ bzw. „Tokio“ relativ klar, dass Folter eine Tathandlungsvariante der Kriegsverbrechen und der Verbrechen gegen die Menschlichkeit darstellen kann.

1019 Raess, Schutz vor Folter im Völkerrecht, S. 95.

ihrem Entwurf aber ein Verständnis des Terminus Völkerrechtsverbrechen durchblicken,[1020] das eher an den hiesigen Begriff des Völkerstrafrechts i.w.S. erinnert.

Im Ergebnis fand ein eigenständiger Foltertatbestand auch keinen Einzug in das ICCS. Angesichts Art. 22 Abs. 3 ICCS, nach dem ein Verhalten „(...) unabhängig von diesem Statut als nach dem Völkerrecht strafbar beurteilt werden kann",[1021] lässt das Fehlen eines Foltertatbestandes im Statut zwar nicht ohne Weiteres auf die Nichtexistenz eines gewohnheitsrechtlichen Foltertatbestandes schließen. Das ICCS ist aber als derzeit zentrale Rechtsquelle des Völkerstrafrechts zu betrachten, denn es bestätigt und präzisiert nicht nur das strafrechtliche Völkergewohnheitsrecht, sondern entwickelt es teilweise sogar fort.[1022] Wäre zwischenzeitlich ein Konsens in der Völkergemeinschaft gefunden worden, nachdem in Friedenszeiten auch einmalige oder nur sporadische bzw. in Zeiten eines bewaffneten Konfliktes auch Misshandlungen, ohne in Verbindung mit diesem zu stehen, ein eigenes völkerrechtliches „core crime" darstellen könnten, so wäre in das ICCS aller Voraussicht nach ein entsprechender Tatbestand aufgenommen worden.

Neben der VNAFK existieren keine weiteren internationalen Abkommen, die aufgrund der Breite ihrer Ratifikation auch nur theoretisch geeignet sein könnten, den Schluss auf einen gewohnheitsrechtlichen Foltertatbestand zu begründen. Damit lässt sich aus dem völkervertragsrechtlichen Ansatz kein gewohnheitsrechtlicher Foltertatbestand herleiten.

b) Internationale Rechtsprechung

Als nächste Quelle ist die Rechtsprechung internationaler Gerichtshöfe zu Rate zu ziehen.

Im Verfahren Demjanjuk/Petrovsky, dem ein Auslieferungsersuchen Israels an die USA vorausging, stellte ein US-amerikanisches Gericht Folgendes fest:[1023]

„International law provides that certain offences may be punished by any state because the offenders are enemies of all mankind and all nations have an equal interest in their apprehension and punishment."[1024]

1020 Raess, Schutz vor Folter im Völkerrecht, S. 95.

1021 Zu dieser Regelung s. Broomhallin Triffterer, Rome Statute Commentary. Art. 22, Rn. 50ff.; Lamb in Cassese, Rome Statute Commentary. Vol. II, S. 733 (753f.).

1022 Werle, Völkerstrafrecht, Rn. 166f.

1023 Dem Verfahren lag eine Anklage in Israel zu Grunde, nach der Herr Demjanjuk während des Zweiten Weltkriegs als „Iwan der Schreckliche" in großem Umfang am Massenmord an Menschen jüdischen Glaubens im Vernichtungslager Treblinka teilgenommen haben soll (s. weiterführend Wefing, Demjanjuk).

Fraglich ist nun, ob auch Folter besagten „certain offences“ unterfällt. Unter direkter Bezugnahme auf vorgenanntes Urteilszitat hat sich Lordrichter Millett in seinem Votum zum dritten im Fall Pinochet ergangenen Urteil wie folgt geäußert:[1025]

„(...) The fundamental human rights of individuals, deriving from the inherent dignity of the human person, had become a commonplace of international law.

(...) War crimes had been replaced by crimes against humanity. The way in which a state treated its own citizens within its own borders had become a matter of legitimate concern to the international community. The most serious crimes against humanity were genocide and torture. Large scale and systematic use of torture and murder by state authorities for political ends had come to be regarded as an attack upon the international order.

(...) In my opinion, the systematic use of torture on a large scale and as an instrument of state policy had joined piracy, war crimes and crimes against peace as an international crime of universal jurisdiction well before 1984.

(...) The Convention against Torture (1984) did not create a new international crime. But it redefined it. Whereas the international community had condemned the widespread and systematic use of torture as an instrument of state policy, the Convention extended the offence to cover isolated and individual instances of torture provided that they were committed by a public official. I do not consider that offences of this kind were previously regarded as international crimes attracting universal jurisdiction.“

Auf den ersten Blick könnte man den zitierten Passagen eine Tendenz entnehmen, Folter als eigenständigen völkerstrafrechtlichen Tatbestand zu verstehen. Diese Interpretation erweist sich bei einer genaueren Analyse allerdings als haltlos.

1024 Demjanjuk/Petrovsky, (1985) 603 F. Supp. 1468, bestätigt in 776 F.2d.571, zitiert nach The House of Lords, Regina vers. Bartle and the Commissioner of Police for the Metropolis and Others Ex Parte Pinochet, Regina vers. Evans and Another and the Commissioner of Police and Others Ex Parte Pinochet (On Appeal from a Divisional Court of the Queen´s Bench Division), Urt. v. 24.03.1999, http://www.publications.parliament.uk/pa/ld199899/ldjudgmt/jd990324/pino1.htm, Votum Lord Millett.

1025 The House of Lords, Regina vers. Bartle and the Commissioner of Police for the Metropolis and Others Ex Parte Pinochet, Regina vers. Evans and Another and the Commissioner of Police and Others Ex Parte Pinochet (On Appeal from a Divisional Court of the Queen´s Bench Division), Urt. v. 24.03.1999, http://www.publications.parliament.uk/pa/ld199899/ldjudgmt/jd990324/pino1.htm), Votum Lord Millett.

Der anfängliche Hinweis auf die Ablösung von Kriegsverbrechen durch das Verbrechen gegen die Menschlichkeit, zu dem explizit Völkermord und Folter gezählt werden, spricht bereits für sich. Historisch betrachtet gab es im IMTS, das die Entwicklung des Völkerstrafrechts im Sinne einer Initialzündung erstmals wirklich beflügelte, keinen originären Foltertatbestand. Dem in Art. 6 lit. c IMTS geregelten Menschlichkeitsverbrechen unterfielen als Einzeltaten aber (Völker-)Mord und unmenschliche Handlungen. Unter beide Tathandlungsvarianten ließen sich gegebenenfalls auch Folterungen subsumieren. In der Folgezeit entwickelte sich das Menschlichkeitsverbrechen zu einem von jedweder Kriegsbezogenheit entkoppelten Tatbestand.[1026] Dadurch hat sich auch das Spektrum denkbarer Foltersituationen erweitert, die unter den Tatbestand subsumierbar sind. Hierauf wollte Richter Millett wohl hinweisen.

Zwar wird Folter von Richter Millett unter den näher bezeichneten Umständen neben der Piraterie, den Kriegsverbrechen und dem Verbrechen des Angriffskrieges als internationales Verbrechen bezeichnet, für das universelle Jurisdiktion bestehe. Der Vollständigkeit halber hätte Lord Millett aber auch das Menschlichkeitsverbrechen nennen müssen, würde er Folter daneben als eigenständigen Tatbestand betrachten. Schließlich bezieht er sich auf das Verbrechen der Folter, wie es aus der VNAFK folge. Durch die Konvention sei aber kein neuer Verbrechenstatbestand geschaffen worden. Da der Lordrichter zwar eine definitorische Erweiterung des bereits existierenden Verbrechens der Folter unterstellt, jedoch gerade nicht von einem neuen Verbrechenstatbestand im eigentlichen Sinn ausgeht und bereits existent eben das Verbrechen gegen die Menschlichkeit war, könnte man seiner Aussage entnehmen, Folter mit den Definitionsmerkmalen der VNAFK stelle nunmehr eine neue Form des Menschlichkeitsverbrechens dar. Diese Interpretation würde jedoch letztlich eine Abkehr vom Kontextelement – wie es sich im Laufe der Zeit entwickelt hat – bedingen. Da kaum denkbar ist, dass der Richter die Dogmatik des Menschlichkeitsverbrechens für den Fall einer unter die Definition des Art. 1 VNAFK fallenden Misshandlung quasi „auf den Kopf stellen“ will, spielt er wohl auf das „delictum iuris gentium“ Folter an. Insofern handelt es sich nicht um einen neuen, originär völkerrechtliche Strafbarkeit begründenden Tatbestand, sondern um eine jedenfalls für die VNAFK-Vertragsstaaten verbindliche Ergänzung im strafrechtlichen Folterschutz, die sich neben die völkerrechtliche Strafbarkeit der „core crimes“ gesellt.

Danach kann der Lordrichter nicht ohne Weiteres zum Verfechter eines neuen völkerrechtlichen Tatbestandes, namentlich eines Foltertatbestandes, erklärt werden.[1027] Wie man Lord Milletts Ausführungen betreffend die exterritoriale

---

1026 Interessant ist die Weiterentwicklung des Kontextelements des Menschlichkeitsverbrechens (dazu s. Ambos, Internationales Strafrecht, § 7, Rn. 174ff.).

1027 Auch Paulus geht davon aus, dass Lord Millett Folter lediglich als Verbrechen gegen die Menschlichkeit begreift (Paulus, NJW 1999, S. 2644 (2645)).

Gerichtsbarkeit für Folter auch immer bewerten mag, hat sich ihm das „House of Lords" jedenfalls nicht angeschlossen.

Lord Browne-Wilkinson merkte in seinem Votum zu vorgenanntem Urteil im Bezug zur Entwicklung der individuellen völkerrechtlichen Verantwortlichkeit an:[1028]

„In the early years state torture was one of the elements of a war crime. In consequence torture, and various other crimes against humanity, were linked to war or at least to hostilities of some kind. But in the course of time this linkage with war fell away and torture, divorced from war or hostilities, became an international crime on its own. (...) Ever since 1945, torture on a large scale has featured as one of the crimes against humanity.

(...) I have no doubt that long before the Torture Convention state torture was an international crime in the highest sense. The Torture Convention was agreed not in order to create an international crime which had not previously existed but to provide an international system under which the international criminal – the torturer – could find no safe haven."

Hier wird zwar von Folter als eigenständigem Verbrechen gesprochen, das sich aus dem Kontext von Kriegsverbrechen gelöst habe. Folter wird jedoch ausdrücklich den Menschlichkeitsverbrechen zugezählt. So wird auch nur von „state torture" bzw. von „[torture] on a large scale" gesprochen. Damit bezieht Lord Millett sich recht eindeutig auf das Kontextelement der Humanitätsverbrechen. Die Aussage, nach der die VNAFK kein neues internationales Verbrechen schaffen sollte, sondern lediglich der Schaffung eines effektiven Systems zur Verfolgung von Folterern diene, bestärkt den Eindruck, nachdem der Richter Folter nur als mögliche Einzeltat des Menschlichkeitsverbrechens sieht.

Im Verfahren Filartiga/Pena-Irala äußerte der „United States Court of Appeals for the Second Circuit" sich zur Folter im Zusammenhang mit dem Aspekt US-amerikanischer Gerichtsbarkeit:[1029]

1028 The House of Lords, Regina vers. Bartle and the Commissioner of Police for the Metropolis and Others Ex Parte Pinochet, Regina vers. Evans and Another and the Commissioner of Police and Others Ex Parte Pinochet (On Appeal from a Divisional Court of the Queen´s Bench Division), Urt. v. 24.03.1999, http://www.publications.parliament.uk/pa/ld199899/ldjudgmt/jd990324/pino1.htm), Votum Lord Browne-Wilkinson.

1029 Filartiga vers. Pena-Irala, 630 F. 2d 876 (2d Cir.1980), http://openjurist.org/630/f2d/876/filartiga-v-pena-irala#fn4_ref, Rn. 2, 12 und 54. Der Beklagte Pena-Irala war Ende der 1970er Jahre als paraguayanischer Staatsbürger mit einem Touristenvisum in die USA eingereist. Im Jahre 1976, als Herr Pena-Irala Poli-

„(...) we hold that deliberate torture perpetrated under color of official authority violates universally accepted norms of the international law of human rights, regardless of the nationality of the parties. Thus, whenever an alleged torturer is found and served with process by an alien within our borders, § 1350 provides federal jurisdiction.

(...) In light of the universal condemnation of torture in numerous international agreements, and the renunciation of torture as an instrument of official policy by virtually all of the nations of the world (in principle if not in practice), we find that an act of torture committed by a state official against one held in detention violates established norms of the international law of human rights, and hence the law of nations.

(...) Among the rights universally proclaimed by all nations, as we have noted, is the right to be free of physical torture. Indeed, for purposes of civil liability, the torturer has become like the pirate and slave trader before him hostis humani generis, an enemy of all mankind."

Die in dem Urteil zum Ausdruck kommende Ächtung der Folter als Verletzung universeller menschenrechtlicher Normen steht in voller Kongruenz mit den Ausführungen zum IHRL.[1030] Insofern gilt allerdings obige Feststellung, nach der dem IHRL-Folterverbot keine unmittelbare Strafbarkeit entspringt. Bejaht wird die universelle Jurisdiktion durch das Gericht auch explizit nur für den Bereich zivilrechtlicher Verantwortlichkeit. Eine (direkte) strafrechtliche Dimension bzw. Aussage ist dem Urteil mithin nicht zu entnehmen.

---

zeioffizier in Paraguay war, hatte er den siebzehnjährigen Joelito Filártiga zu Tode gefoltert. Die Mutter des Jungen fand als politisch Verfolgte Asyl in den USA und wurde auf die Anwesenheit des Herrn Pena-Irala aufmerksam. Sie verklagte ihn wegen der Folterung und Ermordung ihres Sohnes vor einem US-amerikanischen Gericht auf Zahlung von Kompensation i.H.v. 10.000.000 Dollar. Die entscheidende Frage in dem Verfahren war, ob US-amerikanische Gerichte eine Gerichtsbarkeit für derartige Schadensersatzklagen haben, d.h. für Klagen von Ausländern, die eine deliktische Handlung (hier Folter bzw. Mord) von nicht US-Bürgern im Ausland betreffen. Der „United States Court of Appeals for the Second Circuit" bejahte die Jurisdiktion aufgrund eines speziellen Gesetzes, nämlich des „Alien Tort Statute". Nach diesem Gesetz haben US-amerikanische Bezirksgerichte universelle Gerichtsbarkeit für Schadensersatzklagen eines Ausländers, wenn das dem „haftungsbegründenden Tatbestand" zugrundeliegende Delikt als „violation of the law of nations or a treaty of the United States" erscheint.

1030 Siehe oben 1. Teil, Zweites und Drittes Kap.

In einer (auszugsweise) ebenfalls von Lord Millett zitierten Stelle des Furundzija-Urteils der Trail-Chamber stellt der ICTY fest:[1031]

„(...) perpetrators of torture (...) may (...) be held criminally responsible for torture, whether in a foreign State, or in their own State under a subsequent regime. In short, in spite of possible national authorisation by legislative or judicial bodies to violate the principle banning torture, individuals remain bound to comply with that principle. As the International Military Tribunal at Nuremberg put it: "individuals have international duties which transcend the national obligations of obedience imposed by the individual State".

Furthermore, at the individual level, that is, that of criminal liability, it would seem that one of the consequences of the *jus cogens* character bestowed by the international community upon the prohibition of torture is that every State is entitled to investigate, prosecute and punish or extradite individuals accused of torture, who are present in a territory under its jurisdiction. (...) This legal basis for States' universal jurisdiction over torture bears out and strengthens the legal foundation for such jurisdiction found by other courts in the inherently universal character of the crime. It has been held that international crimes being universally condemned wherever they occur, every State has the right to prosecute and punish the authors of such crimes. As stated in general terms by the Supreme Court of Israel in *Eichmann*, and echoed by a USA court in *Demjanjuk*, "it is the universal character of the crimes in question [*i.e.* international crimes] which vests in every State the authority to try and punish those who participated in their commission"."

Der Gerichtshof zählt Folter also zu den „international crimes" und attestiert ihr einen „inherently universal character". Mit den unterstellten „international duties" von Individuen geht das behauptete Bestrafungsrecht der Staaten bzw. der Völkergemeinschaft – samt korrespondierendem Universalitätsprinzip – einher.

Aus völkerstrafrechtlicher Blickwarte darf sich der Unrechtsgehalt der Folter nicht in einer Verletzung individueller Rechtsgüter erschöpfen.[1032] Daneben sind auch die meisten überindividuellen Rechtsgüter ungeeignet, ein völkerrechtliches Strafbedürfnis zu begründen.[1033] Schließlich dient das Völkerstrafrecht nur dem Schutz der höchsten Güter der Völkergemeinschaft. Insofern müsste durch eine Folterhandlung eine Beeinträchtigung des Friedens, der Sicherheit und des

1031 Prosecutor vers. Furundzija, Urt. v. 10.12.1998, Case No. IT-95-17/1-T, http://www.icty.org/case/furundzija/4, Rn. 155f.

1032 Zum Unrechtsgehalt der Folter auf nationaler Ebene, d.h. in Deutschland s. Maihold, HFR 2004, S. 57 (58).

1033 Zu den landläufig durch Folter verletzten Rechtsgütern, die für sich betrachtet eine originäre völkerrechtliche Strafbarkeit nicht rechtfertigen können, s.u. 2. Teil, Erstes Kap.

Wohls der Welt zu besorgen sein.[1034] Ansonsten mangelt es an der für die Begründung völkerrechtlicher Strafbarkeit bzw. universeller Jurisdiktion notwendigen internationalen Dimension.[1035] Bei einer nicht systematischen bzw. nicht in den „chapeau"[1036] eines Kriegs- oder Menschlichkeitsverbrechens einzupassenden schweren Misshandlung ist die internationale Dimension aber nicht ohne Weiteres gegeben.

Allgemein anerkannt ist die Geltung des Universalitätsprinzips hingegen für Völkermord, Kriegsverbrechen im internationalen bewaffneten Konflikt (str.; a.A. auch in Bürgerkriegen)[1037] und für Verbrechen gegen die Menschlichkeit.[1038]

Eingedenk dieses Befundes verwundert der Urteilszusammenhang nicht. Richter McDonald hat die Anklage mit dem Vorwurf eines „grave breach of the Geneva Conventions" und „violations of the laws or customs of war" zugelassen.[1039] Herr Furundzija wurde namentlich dreier tatmehrheitlich begangener Taten beschuldigt, nämlich „torture and inhumane treatment; torture; and outrages upon personal dignity including rape"[1040]. Danach liegt es nah, die Ausführungen des Gerichts auf Folter im Kontext von Kriegsverbrechen zu beziehen. Die zitierten Feststellungen erfolgen zudem erst nach dem Urteilsabschnitt über Folter im IHRL in einem eigenen Abschnitt, der mit „Main Features of the Prohibition Against Torture in International Law" überschrieben ist. Auch das IMT, auf welches das Gericht sich bezogen hat, hatte lediglich für die „core crimes" Gerichtsbarkeit.[1041] Sollte man dennoch davon ausgehen, der ICTY würde für einzelne Folterhandlungen in Friedenszeiten eine universelle Jurisdiktion bejahen, ohne das Kontextelement eines Menschlichkeitsverbrechens zu verlangen, so ist zu berücksichtigen, dass nicht alle Taten, die dem Universalitätsprinzip unterliegen, zwangsläufig originäre Völkerrechtsverbrechen sein müssen.[1042]

1034 Es handelt sich letztlich um Verbrechen, die sich gegen die Interessen der Völkergemeinschaft als Ganzer richten (Werle, Völkerstrafrecht, Rn. 93ff.).

1035 Bei Burchard erfolgt der hier ebenfalls zu bedenkende Hinweis auf die Bindung des Völkerstrafrechts an „structural violence" bzw. „macro criminality" (Burchard JICJ 2008, 159 (181)).

1036 „Chapeau" (zu Deutsch „Hut") ist der französische Begriff für das Kontextelement.

1037 Kreß, IYHR 2000, S. 103 (169f.).

1038 Werle, Völkerstrafrecht, Rn. 216, m.w.N. in Fn. 437.

1039 Prosecutor vers. Furundzija, Urt. v. 10.12.1998, Case No. IT-95-17/1-T, http://www.icty.org/case/furundzija/4, Rn. 2.

1040 Prosecutor vers. Furundzija, Urt. v. 10.12.1998, Case No. IT-95-17/1-T, http://www.icty.org/case/furundzija/4, Rn. 2.

1041 Wobei Völkermord – wie bereits dargelegt – den Verbrechen gegen die Menschlichkeit unterfiel, also keinen eigenen Tatbestand bildete.

1042 Letztgenannter Hinweis erfolgt bei Werle, Völkerstrafrecht, Rn. 213.

Im Ergebnis taugt das Furundzija Urteil aufgrund der vielen Faktoren, die innerhalb der Entscheidung gegen die Annahme eines eigenständigen gewohnheitsrechtlichen Foltertatbestands sprechen, nicht als Beleg einer entsprechenden Norm.

c) Sonstige Quellen

Außer dem bereits erwähnten, durch den ehemaligen Generalsekretär Bassiouni geprägten Entwurf einer Kodifikation des Völkerstrafrechts der Association International de Droit Pénal[1043], sind keine Entwürfe oder Berichte bedeutender internationaler Institutionen (wie bspw. des VNMRA) bekannt, in welchen die Rede von einem eigenständigen gewohnheitsrechtlichen Folterstraftatbestand ist.

Auch das ICCS als relativ repräsentative Normierung des zeitgenössischen Gewohnheitsrechtsstands enthält keinen entsprechenden Tatbestand.

Darüber hinaus sind auf Ebene der Rechtsordnungen „zivilisierter" Nationen keine einschlägigen Vorschriften bekannt.[1044] Schließlich lässt die Judikatur derartiger Nationen nicht auf die Existenz eines gewohnheitsrechtlichen Foltertatbestandes schließen.

2) Zwischenergebnis

Anhand des vom ICC aufgezeigten und durch weitere Indikatoren ergänzten Quellenprogramms konnten keine hinreichenden Hinweise auf die Existenz eines eigenständigen völkergewohnheitsrechtlichen Foltertatbestandes gefunden werden.[1045]

1043 Siehe zu diesem Kodifikationsentwurf die Ausführungen bei Raess, Schutz vor Folter im Völkerrecht, S. 95.

1044 So gilt z.B. nach § 1 VStGB für die Kernverbrechen der §§ 6 bis 12 VStGB als „schwerste Verbrechen, welche die internationale Gemeinschaft als Ganzes berühren" (vgl. Art. 5 Abs. 1 ICCS) das Weltrechtsprinzip (s. dazu Arbeitsentwurf VStGB, S. 25). In besagten Paragrafen pönalisiert das VStGB – insofern repräsentativ – nur die „klassischen" Völkerrechtsverbrechen, d.h. Völkermord, Kriegs- und Menschlichkeitsverbrechen. Ein eigenständiger Foltertatbestand existiert nicht. Folter ist allerdings gleich dem ICCS, welches für das VStGB Pate gestanden hat, als Einzeltat i.R. der „core crimes" erfasst. Beim Völkermordtatbestand wird sie jedoch nicht einmal explizit erwähnt, sondern ist lediglich inzident in den dort genannten Tathandlungsvarianten enthalten, insbesondere i.S. eines „Totfolterns" (§ 6 Abs. 1 Nr. 1 VStGB) bzw. als Zufügung schwerer seelischer oder körperlicher Schäden (§ 6 Abs. 1 Nr. 2 VStGB).

1045 A.A. vertritt wohl Cassese, Int. Criminal Law, S. 151, der von einer „general rule" ausgeht, die einen strafbewehrten Normbefehl unabhägig davon beinhalte, ob eine

Dieses Ergebnis wird durch das auch im Völkerstrafrecht zu achtende Gesetzlichkeitsprinzip untermauert. Mögen die völkerstrafrechtlichen Anforderungen an die Bestimmtheit im Vergleich zur kontinentaleuropäischen Rechtstradition auch gelockert sein, so ist es aufgrund der immer noch bestehenden Unsicherheit betreffend den Folterbegriff in strafrechtlicher Hinsicht, die klar umgrenzte Tatbestandsmerkmale unverzichtbar macht, kaum vertretbar, von einem ausreichend bestimmten Foltertatbestand auszugehen.[1046]

Auch der Annahme einer gewohnheitsrechtlichen Bestrafungspflicht auf nationaler Ebene widerspricht dieses Resultat nicht.[1047] Die Bestrafungspflicht aus Art. 4 VNAFK verlangt für das nationale Recht der VNAFK-Mitgliedsstaaten keinen eigenständigen Foltertatbestand. Einen derartigen Tatbestand auf völkergewohnheitsrechtlicher Ebene zu unterstellen ist ebenfalls nicht angezeigt. Die Staatengemeinschaft bzw. jeder einzelne Staat ist gewohnheitsrechtlich lediglich angehalten, Sachverhalte, die sich unter die Definition des Art. 1 VNAFK subsumieren lassen – insofern besteht also kein Bestimmtheitsproblem –, nach den Normen des nationalen Strafrechts zu verfolgen und gegebenenfalls abzuurteilen. Um der gewohnheitsrechtlichen Bestrafungspflicht gerecht zu werden, bedarf es demnach keines eigenen völkergewohnheitsrechtlichen Foltertatbestandes.

Letztlich besteht auch keine Notwendigkeit, einen derartigen Straftatbestand um den Preis dogmatischer Validität als existent zu betrachten, da völkerrechtlich wirklich gewichtige Sachverhalte über die Tatbestände der „klassischen" Völkerrechtsverbrechen abgedeckt werden.[1048] Dies gilt insbesondere unter Berücksichtigung der Tatsache, dass sich gerade der „chapeau" des Humanitätsverbrechens im Laufe der Zeit erweitert hat.[1049]

---

schwere Misshandlung eingebettet in einen übergeordneten Kontext ist. Aus ihr schließt er dem Anschein nach auf die Existenz eines gewohnheitsrechtlichen Foltertatbestandes. Jeder Staat sei insofern berechtigt, Folterungen zu verfolgen und zu bestrafen.

1046 Einen gewohnheitsrechtlichen Tatbestand, der grausame, unmenschliche oder erniedrigende Behandlungen oder Strafen unter Strafe stellt, kann es erst recht nicht geben („argumentum a maiore ad minus"), da diese Begriffe noch unbestimmter als der Terminus Folter i.e.S. sind, was sich bspw. schon in den Ausführungen zum Gewohnheitsrecht gezeigt hat (s.o. 1. Teil, Drittes Kap., V)).

1047 Siehe oben 1. Teil, Drittes Kap., IV).

1048 Da das ICCS diesbezüglich materielles völkerstrafrechtliches Gewohnheitsrecht kodifiziert hat, ist hier noch nicht auf die entsprechenden Tatbestände einzugehen (dazu s.u. 1. Teil, Fünftes Kap., III)).

1049 Zur Erweiterung des „chapeau" des Verbrechens gegen die Menschlichkeit, s. Ambos, Internationales Strafrecht, § 7, Rn. 174ff.

II) Folter als „delictum iuris gentium“

Die im Folgenden erörterten Regeln dienen der Etablierung einer indirekten, durch innerstaatliche Durchführungsnormen vermittelten Strafbarkeit nach Völkerrecht. Es handelt sich dabei um die bereits angesprochenen Delikte wider das Völkerrecht („delicta iuris gentium“)[1050]. Sie unterfallen der Kategorie des Völkerstrafrechts i.w.S.[1051]

Für die „delicta iuris gentium“ wird völkervertraglich typischerweise das Weltrechtsprinzip bzw. die Auferlegung einer „aut dedere, aut iudicare“-Pflicht festgeschrieben.[1052] Zusätzlich legt die Qualifikation eines Völkerrechtssatzes als „erga omnes“-Verpflichtungen den Schluss nahe, dass eine Verletzung der Verpflichtung ein „delictum iuris gentium“ darstellt.[1053]

Folter als „discrete crime“ kann sowohl in Friedens- als auch in Kriegszeiten begangen werden.[1054]

1) Folter als „delictum iuris gentium“ im Sinne der VNAFK

Das der VNAFK entspringende Anti-Folterregime beinhaltet u.a. den „aut dedere, aut iudicare“-Grundsatz bzw. das Weltrechtsprinzip.[1055] Dieses strikte, insbesondere strafrechtliche Regelungen beinhaltende Regime betrifft wohlgemerkt nur Folter i.e.S. Darüber hinaus begründet das IHRL-Folterverbot eine „erga omnes“-Verpflichtung.[1056] Damit ist Folter i.e.S. im menschenrechtlichen Bereich bzw. in Friedenszeiten als „delictum iuris gentium“ zu verfolgen. Eines Kontextelements gleich dem Menschlichkeitsverbrechen bedarf es hierzu nicht.

1050 Beutler, Strafbarkeit der Folter zu Vernehmungszwecken, S. 281ff.; Raess, Schutz vor Folter im Völkerrecht, S. 98f., der darauf hinweist, dass zu den Delikten wider das Völkerrecht u.a. Sklaverei, Frauen- und Kinderhandel, Falschmünzerei, Völkermord, Lurftpiraterie und Geiselnahme gehören. Cassese verwendet analog den Begriff „discrete crime“ (s. Cassese, Int. Criminal Law, S. 149f.).

1051 Zu dem Begriff Völkerstrafrecht i.w.S. siehe oben 1. Teil, Fünftes Kap., am Anfang.

1052 Raess, Schutz vor Folter im Völkerrecht, S. 98.

1053 Raess, Schutz vor Folter im Völkerrecht, S. 99.

1054 Cassese, Int. Criminal Law, S. 150.

1055 Zu den weiteren einschlägigen Vorschriften der VNAFK, z.B. der Bestrafungspflicht, wurde oben bereits ausführlich ausgeführt (s.o. 1. Teil, Zweites Kap., II), 2), a), ac)); ergänzend s. Nowak, EuGRZ 1985, S. 109 (113)). Ob und wenn ja, welche Auswirkungen die Bestimmungen der VNAFK auf die Geltendmachung von Straffreistellungsgründen im nationalen Strafverfahren haben, wird weiter unten analysiert (s.u. 2. Teil, Drittes Kap., III), 2)).

1056 Siehe oben 1. Teil, Drittes Kap., III).

Das völkerrechtswidrige Delikt der Folter erlangt seine konkrete Ausformung aber erst durch nationale (Transfer-)Normen.[1057]

Die Beteiligung am „delictum iuris gentium“ Folter hat nicht nur das Risiko einer weltweiten Verfolgung zur Folge. Beteiligte können gem. Art. 1 Abschn. F lit. b des Abkommens über die Rechtsstellung von Flüchtlingen vom 28.07.1951[1058] nicht mehr unter den Flüchtlingsbegriff des Abkommens fallen, wodurch sie die mit diesem Status verbundenen Privilegien verlieren.[1059]

2) Folter als „delictum iuris gentium“ im Sinne der GA

Wie bereits oben dargestellt, eröffnen die GA nebst dem ZP I ein strafrechtliches Regime, das für die Mitgliedsstaaten der Konventionen bzw. des ZP I spezifische Rechte und Pflichten mit sich bringt.[1060] Entsprechende Transfernormen finden sich im deutschen Strafrecht u.a. im VStGB.[1061]

Neben der Möglichkeit bzw. Verpflichtung, Folterbeteiligte aufgrund staatlicher (Transfer-)Normen zur Verantwortung zu ziehen, besteht gegebenenfalls eine unmittelbare völkerrechtliche Verantwortlichkeit des Einzelnen. Da „grave breaches“ der GA bzw. des ZP I als Kriegsverbrechen zu werten sind (Art. 85 Abs. 5 ZP I) und Kriegsverbrechen zu den gewohnheitsrechtlich anerkannten „core crimes“ zählen, entfalten die sie bzw. ihre Ahndung betreffenden Vorschriften des Genfer Rechts auch Wirkung für Nicht-Vertragsstaaten bzw. für die gesamte Staatengemeinschaft.[1062] Daneben bestätigt das Übereinkommen über die Nichtanwendbarkeit gesetzlicher Verjährungsvorschriften auf Kriegs-

1057 Zu den innerstaatlichen Auswirkungen der VNAFK in Deutschland, insbesondere ihres Art. 3 Abs. 1, s. Hailbronner/Randelzhofer, EuGRZ 1986, S. 641 (646ff.).

1058 BGBl. 1953 II S. 560.

1059 Raess, Schutz vor Folter im Völkerrecht, S. 99.

1060 S.o. 1. Teil, Zweites Kap., I), 2), b), aa).

1061 Bei der dortigen Auflistung verschiedener Ausformungen von Kriegsverbrechen im Abschnitt 2 wurde allerdings primär auf entsprechende ICCS-Vorschriften rekurriert. Daneben wurden aber auch die Vorschriften des ZP I GA sowie gewohnheitsrechtliche Aspekte berücksichtigt, letztere allerdings nur dann und solange es sich um den gesicherten, über den des ICCS hinausgehenden Stand des Völkergewohnheitsrechts handelte (Arbeitsentwurf VStGB, S. 49).

1062 Zum größtenteils Gewohnheitsrecht normierenden Kriegsverbrechenstatbestand des ICCS s.u. 1. Teil, Fünftes Kap., III), 3). Die dortige eigenständige völkerstrafrechtliche Definition der Folter als Kriegsverbrechen dürfte im Zusammenhang mit Folter im bewaffneten Konflikt auch für das entsprechende „delictum iuris gentium“ gelten.

verbrechen und Verbrechen gegen die Menschlichkeit vom 26.11.1968[1063] die Zugehörigkeit der „schweren Verletzungen“ zu den Kriegsverbrechen.[1064]

Das „discrete crime“ könnte im hiesigen Zusammenhang sogar Folter i.w.S. erfassen.[1065]

3) Zwischenergebnis

Nach diesen Ausführungen kann ein Folterer mit dem ICTY als *„hostis humani generis*, an enemy of all mankind” bezeichnet werden.[1066] In der Furundzija-Entscheidung hat die Trial-Chamber die ursprünglich aus dem Urteil im Verfahren Filartiga/Pena-Irala stammende Passage zwar durch Auslassung des auf den zivilrechtlichen Bezug hinweisenden Annex nicht ganz korrekt als allgemeingültige, insbesondere die strafrechtliche Perspektive mitumfassende Aussage dargestellt. Nach der in diesem Abschnitt herausgearbeiteten Qualifikation der Folter als „discrete crime“ kann man die Aussage allerdings trotz ihrer Weite teilen. Schließlich besteht für Folter als „delictum iuris gentium“ zu Friedenszeiten auch ohne das Kontextelement eines Menschlichkeitsverbrechens die Pflicht eines jeden VNAFK-Vertragsstaates zu angemessener Strafbewährung, Verfolgung und gegebenenfalls Aburteilung.[1067] In Kriegszeiten treffen die Vertragsparteien der GA hinsichtlich des „discrete crime“ Folter entsprechende Pflichten, solange es sich bei einem in Rede stehenden Lebenssachverhalt um eine „schwere Verletzung“ des Genfer Rechts handelt.[1068] Für Verletzungen der nicht

---

1063 Deutsche Übersetzung abgedruckt in Vereinte Nationen 1969, S. 28.

1064 Raess, Schutz vor Folter im Völkerrecht, S. 93.

1065 Ausgenommen sind erniedrigende Behandlungen, die keine großen Leiden oder schweren Beeinträchtigungen zur Folge haben, da sie nicht dem „grave breaches“-Regime unterfallen. Wenn für Verstöße gegen die nicht dem vorbezeichneten Regime zugehörigen Vorschriften des Genfer Rechts auch keine Strafverfolgungspflicht besteht (Stein, Verbot der Folter, S. 238, m.w.N. in Fn. 503), so können die Vertragsstaaten „notwendige Maßnahmen“ jedoch ebenfalls in diesem Kontext ergreifen (Art. 49 Abs. 3 GK I, Art. 50 Abs. 3 GK II, Art. 129 Abs. 3 GK III und Art. 146 Abs. 3 GK IV). Dabei kommen strafrechtliche oder disziplinarische Sanktionen in Betracht (Stein, Verbot der Folter, S. 238).

1066 Prosecutor vers. Furundzija, Urt. v. 10.12.1998, Case No. IT-95-17/1-T, http://www.icty.org/case/furundzija/4, Rn. 147.

1067 Diese Pflicht besteht aufgrund ihrer gewohnheitsrechtlichen Dimension aber letztlich für alle Staaten weltweit (s.o. 1. Teil, Drittes Kap., IV).

1068 Auch für gewohnheitsrechtlich anerkannte Kriegsverbrechen in internationalen Konflikten kann man Strafpflichten unterstellen, die sogar Drittstaaten treffen, solange es sich bei letztgenannten um Ergreifungsstaaten handelt (s. dazu Werle, Völkerstrafrecht, Rn. 230; dies gilt ebenso für Bürgerkriegsverbrechen, ders. ZStW 1997, 808 (818ff.)).

unter das „grave breaches"-Regime fallenden Bestimmungen besteht zumindest ein vertraglich sanktioniertes Recht zur Ergreifung „notwendiger Maßnahmen".

Da unmenschliche Behandlungen und die „(...) vorsätzliche Verursachung großer Leiden oder schwere Beeinträchtigung der körperlichen Integrität oder Gesundheit (...)" ebenfalls als „schwere Verletzungen" des Genfer Rechts gewertet werden, und die Pflichten zur Ergreifung spezifischer innerstaatlicher Maßnahmen ebenso für sie gelten, könnte man auch insofern von einem „delictum iuris gentium" sprechen. Dies gilt allerdings aus oben genannten Gründen nicht für erniedrigende Behandlungen, die keine großen Leiden oder schweren Beeinträchtigungen der körperlichen Integrität oder Gesundheit mit sich bringen.[1069] Bedenkt man allerdings die mit den unbestimmten Rechtsbegriffen verbundenen definitorischen Unsicherheiten, so muss ein entsprechendes „delictum iuris gentium" aufgrund des Gesetzlichkeitsprinzips im Ergebnis wohl doch ausscheiden.

Nach dem VNAFK-Regelwerk sind die folternahen Verhaltensweisen bereits nicht als „Weltverbrechen" ausgestaltet,[1070] sodass ein analoges „discrete crime" genauso abzulehnen ist.

III) Folter als Völkerstraftatbestand im Sinne des ICCS[1071]

Wie bereits mehrfach anklang, stellten Folterhandlungen seit jeher Einzeltaten bzw. Tathandlungsvarianten der völkergewohnheitsrechtlich anerkannten „core crimes" Völkermord, Verbrechen gegen die Menschlichkeit und Kriegsverbrechen dar. Im Folgenden wird differenziert nach diesen drei Tatbeständen kurz auf den jeweiligen „chapeau" eingegangen. Eine zusätzliche Erörterung der drei „core crime"-Tatbestände unter der Überschrift Gewohnheitsrecht kann ausbleiben. Die Vorschriften des ICCS reflektieren in ausreichendem Maße den bestehenden Stand des Gewohnheitsrechts.[1072] Die Bestimmungen des Statuts, unter welche sich grausame, unmenschliche oder erniedrigende Strafen oder Behandlungen subsumieren lassen, werden ebenfalls genannt. Der Rechtsprechung der Ad-hoc-Gerichtshöfe wird besonders bei den Ausführungen zur völkerstraf-

---

1069 Siehe o. 1. Teil, Zweites Kap., I), 2), b), aa). Hinsichtlich der unmenschlichen und/oder erniedrigenden Bestrafung könnte man bei rein grammatikalischer Auslegung ebenfalls von einer Nichtanwendbarkeit des „grave breaches"-Regime ausgehen, zumindest solange sie keine großen Leiden oder schweren Beeinträchtigungen der körperlichen Integrität oder Gesundheit verursacht. Im hiesigen Kontext müßte sie als „discrete crime" ebenfalls ausscheiden.

1070 Siehe oben 1. Teil, Zweites Kap., II), 2), a), ac), (2).

1071 Ratifikationsstand: 121 Staaten. Übersetzung abgedruckt in Tomuschat, Völkerrecht, IX. Internationales Strafrecht, 39. Übereinkommen gegen Folter, S. 1ff.

1072 Zu den Folgen der Zugehörigkeit von Folter zu den gewohnheitsrechtlich anerkannten „core crime"-Tatbeständen s. Raess, Schutz vor Folter im Völkerrecht, S. 96ff.

rechtlichen Definition der Folter Beachtung geschenkt. Begonnen wird mit einem summarischen Aufriss des Rechtsquellenprogramms des ICCS.

1) Rechtsfindung durch den ICC

Als Mittel zur Rechtsfindung dienen dem ICC im Wesentlichen die allgemeinen Rechtsquellen des Völkerrechts, so wie sie in Art. 38 IGHS niedergeschrieben sind, denn die der Rechtsfindung gewidmete Regelung des Art. 21 ICCS kehrt nicht von der Rechtsquellenlehre des allgemeinen Völkerrechts ab, sie hierarchisiert und präzisiert die althergebrachten Quellen lediglich.[1073] Die „Soll-Regelung" des Art. 21 Abs. 1 ICCS untergliedert drei Gruppen von Rechtsquellen ihrem Rang nach.

Primär ist auf das Statut selbst abzustellen.[1074] Ergänzend sind die „Verbrechenselemente"[1075] („Elements of Crimes") gem. Art. 9 ICCS und die „Verfahrens- und Beweisregeln" („Rules of Procedure and Evidence")[1076] nach Art. 21 Abs. 1 lit. a ICCS zu Rate zu ziehen. Als Nächstes ist auf völkerrechtliche Verträge[1077] und die Grundsätze und Regeln des Völkerrechts („principles and rules of international law") abzustellen (Art. 21 Abs. 1 lit. b ICCS), wobei besagte Grundsätze und Regeln nicht mit den „Allgemeinen Rechtsgrundsätzen" im Sinne von Art. 38 Abs. 1 lit. c IGHS gleichzusetzen sind.[1078] Vielmehr zählen

---

1073 Ambos, Internationales Strafrecht, § 5, Rn. 4; Werle, Völkerstrafrecht, Rn. 193ff.

1074 Werle, Völkerstrafrecht, Rn. 195.

1075 Die „Verbrechenselemente" dienen der Präzisierung der Verbrechenstatbestände des Statuts. Da sie nur Auslegungshilfen sind, geht ihnen das Statut im Falle eines Widerspruchs gem. Art. 9 Abs. 3 vor (Satzger, Internationales und Europäisches Strafrecht, § 15, Rn. 3).

1076 Die „Rules of Procedure and Evidence" wurden von der Versammlung der Vertragsstaaten gem. Art. 51 ICCS beschlossen. Sie dienen der Ergänzung und Konkretisierung der im ICCS enthaltenen Verfahrensvorschriften (Werle, Völkerstrafrecht, Rn. 198, m.w.N. in FN 402). Die „Verfahrens- und Beweisregeln" binden den Gerichtshof und die Vertragsstaaten zwar (Werle, a.a.O.). Gleich den „Verbrechenselementen" sind sie gegenüber den Verfahrensvorschriften des Statuts aber nachrangig (Satzger, Internationales und Europäisches Strafrecht, § 15, Rn. 3; weiterführend s. Dörmann/Kreß, HuV-I 1999, S. 200ff.).

1077 Hier ist insbesondere das IMTS zu nennen, dessen materiell-strafrechtliche Regeln allerdings seit langem auch Normen des Völkergewohnheitsrechts sind („Nürnberger Prinzipien"; vgl. Werle, Völkerstrafrecht, Rn. 173). Zusätzlich sind in diesem Kontext die in den GA (nebst Zusatzprotokollen), der Haager Landkriegsordnung und der Völkermordkonvention enthaltenen Strafnormen anzuführen, die größtenteils ebenfalls Gewohnheitsrechtsstatus erlangt haben (vgl. Werle, Völkerstrafrecht, Rn. 176).

1078 So vertreten bei Werle, Völkerstrafrecht, Rn. 199, Fn. 404. Ambos subsumiert neben dem Gewohnheitsrecht auch „Allgemeine Rechtsgrundsätze" unter Art. 21 Abs. 1 lit. b

hierzu das Völkergewohnheitsrecht[1079] und das Recht des bewaffneten Konflikts.[1080] Schließlich kann nach Art. 21 Abs. 1 lit. c ICCS hilfsweise auf staatliches Recht in Form der „Allgemeinen Rechtsgrundsätze" (im traditionellen Sinne von Art. 38 Abs. 1 lit. c IGHS) abgestellt werden.[1081] Dabei ist einerseits ganz allgemein auf das innerstaatliche Recht der „zivilisierten" Nationen zu rekurrieren; andererseits ist das Recht der Staaten zu fokussieren, die normalerweise die Gerichtsbarkeit über das jeweils verhandelte Verbrechen ausüben würden.[1082] Letzteres hat jedoch nur dann und soweit zu geschehen, wie das in Bezug genommene nationalstaatliche Recht im Einklang mit dem Statut und dem Völkerrecht steht. Die in Art. 21 Abs. 2 ICCS enthaltene „Kann-Regelung" ermöglicht es dem Gerichtshof, im Gegensatz zu dem im angelsächsischen Rechtskreis bzw. im „common law" verbreiteten Grundsatz der Präjudizienbindung, von früheren Entscheidungen abzuweichen. Dies ändert aber nichts an der generellen Anwendbarkeit des von ihm entwickelten Richterrechts. Die Anwendung des vorgenannten Quellenprogramms bedingt stets auch die Auslegung der verwandten Rechtsquellen. Eingedenk dessen enthält Art. 21 Abs. 3 ICCS eine allgemeine Auslegungs- und Anwendungsregel, die eine Kompatibilität des ange-

---

ICCS (Ambos, Internationales Strafrecht, § 5, Rn. 5). Dabei vertritt er allerdings ein progressives Verständnis der „Allgemeinen Rechtsgrundsätze", die sich „nach heute überwiegender Meinung (...) auch aus einer Gesamtbewertung des internationalen „soft law", als eine Art allgemeine Rechtsüberzeugung ohne entsprechende Staatenpraxis" begründen ließen (Ambos, a.a.O., Rn. 7). Den in Art. 21 Abs. 1 lit. b ICCS genannten Begriff „principles and rules of international law" versteht er also als Hybrid aus Völkergewohnheitsrecht und „Allgemeinen Rechtsgrundsätzen". Die „Allgemeinen Rechtsgrundsätze" im traditionell rechtsvergleichenden Sinn sind Ambos zufolge aber in Art. 21 Abs. 1 lit. c ICCS (als subsidiäre Rechtsquelle) aufgeführt.

1079 Zum Völkergewohnheitsrecht zählen heute auch größtenteils die Statute des IMTFE, ICTY und ICTR (Satzger, Internationales und Europäisches Strafrecht, § 15, Rn. 4). Dies gilt genauso für die materiell-strafrechtlichen Bestimmungen des KRG 10 (Werle, Völkerstrafrecht, Rn. 175; das KRG 10 ist abgedruckt im Amtsblatt des Kontrollrats in Deutschland Nr. 3 v. 31.01.1946, S. 50f.).

1080 Werle, Völkerstrafrecht, Rn. 199.

1081 Zu den „Allgemeinen Rechtsgrundsätzen" als traditioneller Völkerrechtsquelle i.S.v. Art. 38 Abs. 1 lit. c IGHS, wie sie von der herrschenden Völkerrechtslehre, flankiert von der überwiegenden völkerrechtlichen Judikatur, verstanden wird , s. Kreß, ZStW 1999, S. 597 (608ff.).

1082 Hier kann man nach dem aktiven und passiven Personalitätsprinzip das Recht der Heimatstaaten von Täter und Opfer und nach dem Territorialitätsprinzip das Recht des Tatortstaates heranziehen (Werle, Völkerstrafrecht, Rn. 204). Die damit verbundene Einzelfallbezogenheit des in Bezug genommenen Rechts impliziert eine gewisse Rechtsuneinheitlichkeit. Bei der Regelung handelt es sich – nicht völlig überraschend – um einen Kompromiss, der zum Abschluss des ICCS unabdingbar war (Satzger, Internationales und Europäisches Strafrecht, § 15, Rn. 7).

wandten bzw. ausgelegten Rechts mit internationalen Menschenrechtsstandards verlangt.[1083]

Daneben können gerichtliche Entscheidungen und „Lehrmeinungen der fähigsten Völkerrechtler der verschiedenen Nationen“[1084] zumindest als Rechtserkenntnisquellen bemüht werden (vgl. Art. 38 Abs. 1 lit. d IGHS).[1085] Die Bedeutung der Entscheidungen internationaler Gerichte kann in diesem Zusammenhang kaum überschätzt werden, wobei das Hauptaugenmerk auf der Judikatur der Gerichtshöfe IMT, IMTFE, ICTY, ICTR und ICC liegt. Gerichtliche Entscheidungen können ferner als Orientierungsquelle zur Feststellung von Völkergewohnheitsrecht herangezogen werden.[1086] Dies gilt unstreitig jedenfalls für Urteile internationaler Gerichte, die unmittelbar Völkerrecht anwenden.[1087] Gerichtsurteile geben nämlich Auskunft über die Staatenpraxis i.S.v. Art. 38 Abs. 1 lit. b IGHS, also über ein für die Bildung von Völkergewohnheitsrecht bedeutsames Merkmal.[1088] Darüber hinaus kann die Judikatur staatlicher Gerichte dabei helfen, einen „Allgemeinen Rechtsgrundsatz“ i.S.v. Art. 38 Abs. 1 lit. c IGHS festzustellen.[1089] Schließlich dient die Rechtsprechung direkt über Art. 38 Abs. 1 lit. d IGHS „als Hilfsmittel zur Feststellung von Rechtsnormen“.[1090]

1083 Zur Auslegung siehe auch Satzger, Internationales und Europäisches Strafrecht, § 15, Rn. 9ff. und Werle, Völkerstrafrecht, Rn. 187ff., 206.

1084 Hier ist besonders auf die Berichte und Stellungnahmen der Völkerrechtsvereinigungen abzustellen, bspw. der ILC oder der ILA oder der im Strafrechtskontext besonders bedeutsamen Association International de Droit Pénal.

1085 Zu gerichtlichen Entscheidungen im hiesigen Kontext s. Ambos, Internationales Strafrecht, § 5, Rn. 9.

1086 Siehe oben 1. Teil, Drittes Kap., I).

1087 So Kreß, ZStW 1999, S. 597 (603), der die internationale Rechtsprechung als eine Hauptquelle zum Beleg von Völkergewohnheitsrecht betrachtet. Ihm zufolge kommt diese Funktion den Urteilen nationaler Gerichte nur zu, wenn in ihnen Völkerrecht in Bezug genommen wird, sie „sich zur völkerrechtlichen lex lata [also] in einem bestimmten Sinne verhalten“ (Kreß, ZStW 1999, S. 597 (603)). Ähnlich auch Werle, der im Kontext der Entstehung von Strafnormen im Völkergewohnheitsrecht nur den vor staatlichen Gerichten durchgeführten Strafverfahren besondere Bedeutung zumisst, die ausdrücklich auf völkerrechtliches Strafrecht Bezug nehmen (Werle, Völkerstrafrecht, Rn. 184).

1088 Ambos, Internationales Strafrecht, § 5, Rn. 9.

1089 Kreß, ZStW 1999, S. 597 (603).

1090 Ambos, Internationales Strafrecht, § 5, Rn. 9.

2) Folter i.R. der Verbrechen gegen die Menschlichkeit gem. Art. 7 Abs. 1 lit. f, Abs. 2 lit. e ICC-Statut

Entgegen der Abfolge der Verbrechenstatbestände im Statut soll mit dem Tatbestand des Verbrechens gegen die Menschlichkeit begonnen werden. Eine Legaldefinition der Folter findet sich im vorangehenden Völkermordtatbestand des Art. 6 ICCS nämlich noch nicht. Sie wird erst im Rahmen des Art. 7 Abs. 2 lit. e ICCS gegeben:

„1. Im Sinne dieses Statuts bedeutet «Verbrechen gegen die Menschlichkeit» jede der folgenden Handlungen, die im Rahmen eines ausgedehnten oder systematischen Angriffs gegen die Zivilbevölkerung und in Kenntnis des Angriffs begangen wird: (...)

f) Folter (...)

2. Im Sinne des Absatzes 1 (...)

e) bedeutet «Folter», dass einer im Gewahrsam oder unter der Kontrolle des Beschuldigten befindlichen Person vorsätzlich große körperliche oder seelische Schmerzen oder Leiden zugefügt werden; Folter umfasst jedoch nicht Schmerzen oder Leiden, die sich lediglich aus gesetzlich zulässigen Sanktionen ergeben, dazu gehören oder damit verbunden sind."

Ergänzend wird in den „Elements of Crimes" ausgeführt:

„Crime against humanity of torture[1091]

Elements

1. The perpetrator inflicted severe physical or mental pain or suffering upon one or more persons.

2. Such person or persons were in the custody or under the control of the perpetrator.

3. Such pain or suffering did not arise only from, and was not inherent in or incidental to, lawful sanctions.

4. The conduct was committed as part of a widespread or systematic attack directed against a civilian population.

5. The perpetrator knew that the conduct was part of or intended the conduct to be part of a widespread or systematic attack directed against a civilian population."

Einer Analyse der Definitionsmerkmale soll eine kurze Auseinandersetzung mit der Genese des Tatbestandes vorangestellt werden, die besonderen Ausdruck in der Entwicklung des „chapeau" findet. Ein wichtiger Meilenstein war die Auf-

---

1091 „It is understood that no specific purpose need to be proved for this crime."

nahme des Verbrechens gegen die Menschlichkeit in Art. 6 lit. c IMTS. Dort fand erstmals eine begriffliche Konkretisierung statt. Da der Tatbestand akzessorisch zu den Kriegsverbrechen und dem Verbrechen des Angriffskriegs war, konnte er nur im Zusammenhang mit einem internationalen bewaffneten Konflikt erfüllt werden.[1092] Mithin handelte es sich zu dieser Zeit noch nicht um eine eigenständige Kategorie von Völkerrechtsverbrechen.[1093] Im ICCS wird nunmehr völlig auf jedwede Koppelung des Menschlichkeitsverbrechens an die vorgenannten Verbrechenstatbestände verzichtet.[1094] Obwohl sich Verbrechen gegen die Menschlichkeit unmittelbar gegen Einzelpersonen richten, wird das einzelne Individuum vom Tatbestand nur nachrangig geschützt.[1095] Primäres Schutzgut ist die Einhaltung eines für die gesamte Menschheit verbindlichen menschenrechtlichen Mindeststandards.[1096]

Der Tatbestand setzt objektiv das Vorliegen einer Einzeltat voraus, die in einem funktionalen Kontext mit einer Gesamttat stehen muss. Letztere wird durch den „ausgedehnten oder systematischen Angriff gegen die Zivilbevölkerung" beschrieben. Grundsätzlich ist auf subjektiver Seite neben dem Vorsatz auf die Einzeltat Kenntnis von deren funktionaler Einbettung in die Gesamttat erforderlich.[1097]

Zurückkommend auf die Bestimmung des Begriffs Folter im Rahmen des Menschlichkeitsverbrechens ist die bereits genannte Legaldefinition in Art. 7 Abs. 2 lit. e ICCS maßgeblich. Bevor man sich auf die genannten Definitionsmerkmale einigen konnte, hatte eine längere kontroverse Diskussion stattgefunden. Insbesondere war streitig, inwieweit man sich an die Folterdefinition der VNAFK anlehnen soll.[1098] Eine zumindest partielle Orientierung an dieser Definition wurde letztlich überwiegend befürwortet, was abermals auf die hohe Akzeptanz der dortigen Kriterien schließen lässt. In Anlehnung an die VNAFK-Folterdefinition wird ein gleichlautendes „Intensitäts- und Vorsatzkriterium" verlangt. Da beide Kriterien ebenso zentrale Merkmale der Folterdefinition im gesamten IHRL sind, kann diesbezüglich auf obige Ausführungen zur entspre-

1092 Meseke, Verbrechen gegen die Menschlichkeit, S. 20.

1093 Satzger, Internationales und Europäisches Strafrecht, § 16, Rn. 28.

1094 Satzger, Internationales und Europäisches Strafrecht, § 16, Rn. 30.

1095 Satzger, Internationales und Europäisches Strafrecht, § 16, Rn. 32.

1096 Meseke, Verbrechen gegen die Menschlichkeit, S. 20; Satzger, Internationales und Europäisches Strafrecht, § 16, Rn. 32.

1097 Satzger, Internationales und Europäisches Strafrecht, § 16, Rn. 32ff. Zu den Details der einzelnen Voraussetzungen s. Satzger a.a.O.; Ambos, Internationales Strafrecht, § 7, Rn. 182ff.; Werle, Völkerstrafrecht, Rn. 893f.

1098 Siehe Hall in Triffterer, Rome Statute Commentary. Art. 7, Rn. 40.

chenden Judikatur internationaler Gerichtshöfe und zu den Aussagen einschlägiger Vertragsorgane verwiesen werden.[1099]

Eine das Vorsatzelement betreffende Kontroverse soll jedoch nicht unerwähnt bleiben. Wie bereits anklang, ist im Rahmen der Legaldefinition des Art. 7 Abs. 2 lit. e ICCS, gleich der VNAFK, von einer „intentional infliction of severe pain or suffering" die Rede. Hall verlangt insofern unter Verzicht auf ein kognitives Vorsatzelement – entgegen Art. 30 Abs. 1 ICCS – lediglich die Absicht, eine Handlung vorzunehmen, welche beim Opfer Schmerzen oder Leiden bedingt.[1100] Diese Sichtweise vermag jedoch aus den bereits im Rahmen der Ausführungen zur Folterdefinition im IHRL genannten Gründen nicht zu überzeugen.[1101]

Ebenfalls im Einklang mit dem IHRL-Folterverbot genügt nach den „Verbrechenselementen" bereits die Folterung nur eines Menschen. Eine weitere Parallele zur Situation im IHRL liegt in der auch bzw. gerade im Völkerstrafrecht bestehenden Möglichkeit der Begehungs- und Unterlassungstäterschaft.[1102]

Erfreulicherweise beinhaltet die Definition eine zusätzliche Qualifizierung des Opfers, die – wie oben entgegen der herrschenden Meinung auch für den IPbpR bzw. die VNAFK befürwortet –[1103] eine Situation voraussetzt, in der dem Geschädigten keine Möglichkeit zur Gegenwehr verbleibt.

Im Gegensatz zur VNAFK-Definition wird auf ein dem subjektiven Merkmal „Misshandlungszweck und -grund" vergleichbares Kriterium verzichtet. So werden auch schwere Misshandlungen erfasst, die aus reiner Willkür erfolgen.[1104] Die Abkehr vom erweiterten Zweckkriterium überrascht nicht nur, weil das ICCS sie für die Kriegsverbrechen nicht vorsieht,[1105] sondern auch in Anbetracht der Tatsache, dass die internationale Rechtsprechung dieses Kriterium analog der VNAFK-Folterdefinition verlangt und insofern gar von Völkergewohnheitsrecht ausgeht.[1106]

Zusätzlich stimmt ein Vergleich der Merkmale von Folter und von unmenschlicher Behandlung in den „Verbrechenselementen" skeptisch. Entgegen der Judikatur der Ad-hoc-Gerichtshöfe verlangt das ICCS für beide Tathandlungsvarian-

1099 Siehe oben 1. Teil, Drittes Kap. Auf die genannten Quellen hat auch der ICTY zuweilen zurückgegriffen (s. Rechtsprechungsnachweise bei Werle, Völkerstrafrecht, Rn. 940, Fn. 210).

1100 Hall in Triffterer, Rome Statute Commentary. Art. 7, Rn. 106.

1101 Siehe oben 1. Teil, Zweites Kap., II), 2), a), ab), (1), (a), (ad). Anders als Hall auch Werle, Völkerstrafrecht, Rn. 946, Fn. 226.

1102 Hall in Triffterer, Rome Statute Commentary. Art. 7, Rn. 106.

1103 Siehe oben 1. Teil, Zweites Kap., II), 2), a), ab), (1), (a), (ac).

1104 Werle, Völkerstrafrecht, Rn. 946.

1105 Zu den Kriegsverbrechen siehe den nächsten Abschnitt.

1106 Siehe Nachweise bei Werle, Völkerstrafrecht, Rn. 947f., Fn. 230, 231.

ten die Zufügung schwerer („severe“) Schmerzen oder Leiden. Über das Intensitätskriterium sind die Varianten demnach nicht zu differenzieren. Damit ist das erweiterte Zweckkriterium neben der folterspezifischen „Ohnmacht“ des Opfers das einzig verbleibende, potentielle Unterscheidungsmerkmal. Wegen der Abkehr vom erweiterten Zweckkriterium gestaltet sich die Unterscheidung nun aber äußerst schwierig. Bedenkt man daneben die regelmäßige Steigerung des Erfolgsunwerts bei Vorliegen des (erweiterten) Zweckkriteriums, verglichen mit einer „nur“ sadistischen Misshandlung,[1107] so erscheint das Kriterium gerade im strafrechtlichen Bereich als entscheidendes Abgrenzungsmerkmal zwischen Folter und weniger schweren Misshandlungsformen.

Aufgrund besagter Aspekte und unter Hinweis auf oben genannte weitere Punkte[1108] ist die Abkehr vom erweiterten Zweckkriterium abzulehnen.[1109]

Die hiesige Folterdefinition formuliert explizit kein Erfordernis der „Nähe des Täters zur staatlichen Gewalt“, wie es im Rahmen des Art. 1 Abs. 1 VNAFK gefordert wird. Anders als Folterungen durch Mitglieder von Guerilla- oder Widerstandsgruppen, die in gewissen Regionen die tatsächliche Hoheitsgewalt ausüben und aufgrund ihrer Vergleichbarkeit mit staatlichen Misshandlungen ebenfalls unter die VNAFK-Folterdefinition fallen, umfasst die Definition des Art. 7 ICCS angeblich auch Folterungen durch Privatpersonen.[1110] Eine darin zum Ausdruck kommende Abkehr von den Merkmalen der Folterdefinition im IHRL würde sich generell immer dann anbieten, wenn die dort maßgeblichen Gesichtspunkte nicht auf das Völkerstrafrecht übertragbar wären.[1111]

Eine völkerrechtlich begründete direkte Strafbarkeit des Einzelnen ist dann – und nur dann – vonnöten und gerechtfertigt, wenn der Schutz „des Friedens, der Sicherheit und des Wohls der Welt“[1112], hier konkretisiert in den eingangs genannten Rechtsgütern, nicht ausreichend durch nicht-internationale, also staatliche Maßnahmen gewährleistet ist. Letztlich muss es um die Eindämmung von

1107 Siehe oben 1. Teil, Zweites Kap., II), 2), a), ab), (1), (a), (ae).

1108 Siehe oben 1. Teil, Zweites Kap., II), 2), a), ab), (1), (a), (ae).

1109 Auch nach Pajarola ist „eine Ausrichtung an der Absicht des Folterers“ im Rahmen der strafrechtlichen Würdigung des Täters notwendig (Pajarola, Gewalt im Verhör, S. 148). Offen bleibt allerdings die Frage, ob er sich damit gegen die von ihm explizit erwähnte Abkehr vom Zweckkriterium im Foltertatbestand des Verbrechens gegen die Menschlichkeit im ICCS ausspricht. Dem von ihm formulierten Anspruch könnte man nämlich z.B. auch gerecht werden, indem man auf Strafzumessungsebene den Grund oder den mit einer Misshandlung verfolgten Zweck berücksichtigt, anstatt das Merkmal auf Tatbestandsebene zur Abgrenzung der Folter von der unmenschlichen Behandlung vorauszusetzen.

1110 So Werle, Völkerstrafrecht, Rn. 938, m.w.N. in Fn. 208.

1111 Werle, Völkerstrafrecht, Rn. 939.

1112 ICCS Präambel Abs. 3.

Makrokriminalität gehen, denn nur sie birgt das Potential, von einem die Weltgemeinschaft erschütternden Ausmaß zu sein.[1113] Gewiss unterfallen dieser Form der Kriminalität auch Misshandlungen durch de facto Regierungsgewalt innehabende, nicht-staatliche Gruppierungen bzw. durch deren Mitglieder. Misshandlungen durch Privatpersonen können diese Dimension aber regelmäßig nicht aufweisen. Da diese Überlegungen bereits bei den entsprechenden Ausführungen zur Situation im IHRL angestellt wurden, ist von einer Kongruenz der maßgeblichen Gesichtspunkte auszugehen. Demnach wäre eine völlige Abkehr vom „Hoheitskriterium“ in Art. 7 Abs. 2 lit. e ICCS nicht plausibel.

Bei genauerer Betrachtung fällt jedoch auf, dass hier keineswegs völlig vom „Hoheitskriterium“ abgekehrt wurde. Cassese bemerkt insofern treffend „(...) there must be at least some sort of "passive involvement“ of the authorities.“[1114] Schließlich muss die Einzeltat „(...) part of a widespread or systematic practice or attack on the population (...)“ sein und „(...) the accused must know that his acts of torture form part of a widespread or systematic pattern of violence against civilians (...)“.[1115]

Ein in diesem Zusammenhang illustratives Sonderproblem stellt die Einordnung von Misshandlungen dar, die von sogenannten „Trittbrettfahrern“ (engl. „free riders“) ausgehen, welche einen „ausgedehnten oder systematischen Angriff gegen die Zivilbevölkerung“ zur Erreichung persönlicher Ziele ausnutzen.[1116] Burchard stellt für diesen Fall die Frage, ob es beispielsweise denkbar ist, einen Sadisten als Foltertäter nach Völkerstrafrecht zu betrachten, der einzig aus privaten Motiven ein Mitglied einer verfolgten Minderheit in seinem Keller quält.[1117]

In solchen Fällen könnte man jedoch bereits stark daran zweifeln, ob die Einzeltat überhaupt im notwendigen funktionalen Kontext mit der Gesamttat steht. In Ermangelung dieses Nexus wäre das Verdikt Völkerrechtsverbrechen ausgeschlossen.

Die Einzeltat muss sich objektiv in den in Art. 7 Abs. 2 lit. a ICCS legaldefinierten „Angriff gegen die Zivilbevölkerung“ einfügen.[1118] Ob dies der Fall ist,

---

1113 Burchard JICJ 2008, 159 (181).

1114 Cassese, Int. Criminal Law, S. 150.

1115 Cassese, Int. Criminal Law, S. 150.

1116 Alternativ wäre hier auch – dann als Kriegsverbrechen – an die Ausnutzung eines bewaffneten Konfliktes zu denken.

1117 Burchard JICJ 2008, 159 (178). Dort wird zusätzlich darauf hingewiesen, dass eine völkerrechtliche Strafbarkeit in einem derartigen Fall nach den vom ICTY im Fall Prosecutor vers. Kunarac, Case No. IT-96-23-T, Urt. v. 22.02.2001, http://www.icty.org/case/kunarac/4, Rn. 493 aufgestellten Grundsätzen denkbar wäre.

1118 Ambos, Internationales Strafrecht, § 7, Rn. 192ff., m.w.N. in Fn. 886. Betreffend Kriegsverbrechen hat der ICTY für den Nexus zwischen Einzeltat und bewaffnetem

ergibt sich aus „(...) den Umständen, den Zielen, der Art und den Folgen der Tathandlung“[1119]. Aufgrund der Teleologie der Verbrechen gegen die Menschlichkeit hält es Ambos für die Einordnung einer Einzeltat für maßgeblich, „ob die Tat für das Opfer weniger gefährlich gewesen wäre, wenn der Angriff und die (ihm zugrundeliegende) Politik nicht existiert hätten“[1120]. Wie schwierig die Differenzierung auch mittels dieser auf den ersten Blick durchaus probaten Kriterien ist, zeigt sich am Versuch einer an ihnen orientierten Wertung des Burchard'schen Falls. Die wenigen insofern vorliegenden Sachverhaltsangaben reichen aber offensichtlich nicht aus, um eine klare Wertung vorzunehmen. Demnach bedarf es für die Beurteilung eines in jeder Hinsicht ausermittelten Sachverhalts bzw. einer breiten Tatsachengrundlage, die im Einzelfall nur schwer zu gewinnen sein wird.

Subjektiv müsste der oben genannte Täter nicht nur Kenntnis des Angriffs gegen die Zivilbevölkerung gehabt haben, sondern auch um die Zugehörigkeit seiner (Einzel-)Tat zu diesem Angriff wissen.[1121] Nach der Rechtsprechung der Ad-hoc-Tribunale muss der Täter gewusst haben, dass seine Tat sich in das kollektive Begehungsmuster eingefügt hat.[1122] Für den geschilderten Fall kann in Ermangelung ausreichender Informationen abermals keine Wertung erfolgen. Die hohe Hürde des Erfordernisses einer äußerst weitreichenden gerichtlichen Tatsachenfeststellung offenbart die dogmatischen Schwächen des „Kontextelements“.[1123]

Konflikt instruktiv festgestellt (Prosecutor vers. Kunarac, Urt. v. 12.06.2002, Case No. IT-96-23/1-A, http://www.icty.org/case/kunarac/4, Rn. 58): „What ultimately distinguishes a war crime from a purely domestic offence is that a war crime is shaped by or dependent upon the environment – the armed conflict – in which it is committed. It need not have been planned or supported by some form of policy. The armed conflict need not have been causal to the commission of the crime, but the existence of an armed conflict must, at a minimum, have played a substantial part in the perpetrator's ability to commit it, his decision to commit it, the manner in which it was committed or the purpose for which it was committed. Hence, if it can be established, as in the present case, that the perpetrator acted in furtherance of or under the guise of the armed conflict, it would be sufficient to conclude that his acts were closely related to the armed conflict.“

1119 Ambos, Internationales Strafrecht, § 7, Rn. 192.

1120 Ambos, Internationales Strafrecht, § 7, Rn. 193.

1121 Höchst umstritten ist ferner, ob ein – wie im geschilderten Fall – ausschließlich aus privaten bzw. persönlichen Gründen handelnder Täter die Bedingungen des (subjektiven) Nexus erfüllt (vgl. Burchard JICJ 2008, 159 (179), der sich allerdings auf Kriegsverbrechen bezieht).

1122 Ambos, Internationales Strafrecht, § 7, Rn. 195 m.w.N. in Fn. 893.

1123 Burchard JICJ 2008, 159 (178ff.).

Letztlich ist den geschilderten Problemen nur zu begegnen, indem man für den „Angriff gegen die Zivilbevölkerung“[1124] einen staatlichen Anteil bzw. einen Beitrag einer de facto Staatsgewalt innehabenden Gruppierungen an der Einzeltat voraussetzt, der in der Billigung der Tat bzw. dem sprichwörtlichen „Wegsehen“ eines Hoheitsträgers oder einer ihm gleichgestellten Person liegen kann.[1125] Er kann außerdem in der ausbleibenden Verfolgung und Abstrafung einer Misshandlung liegen.[1126] Dies ist allerdings nur dann möglich, wenn es sich um eine „Politik des Wegsehens“ bzw. „Politik der Nichtverfolgung“ entsprechender Einzeltaten handelt. Ist der Hoheitsgewalt nämlich bekannt, dass aus gewissen Teilen der Bevölkerung regelmäßig schwere Gewalttaten gegen eine Minderheit begangen werden, und werden hiergegen keine Maßnahmen ergriffen, so liegt darin immer eine Duldung jeder in diesem Zusammenhang erfolgten Tat, auch wenn eine bestimmte Einzeltat nicht oder nicht in einer Klarheit zur Kenntnis der Hoheitsgewalt gelangt ist, die beispielsweise nach deutscher Vorsatzdogmatik für die Bestimmtheit des Vorsatzbildes vorauszusetzen ist. Aufgrund der Eigenart des „Kontextelements“ bzw. des „Politikelements“ kann hier ein derart weites Verständnis des Begriffs „Duldung“ vertreten werden.[1127]

Einen staatlichen Anteil an der Tat zu verlangen, widerspricht zwar der (bewussten) Auslassung des „Hoheitskriteriums“ auf Definitionsebene, ist aber aus vorgenannten Praktikabilitätserwägungen und Gründen der Teleologie geboten. Die – individuell wie auch gesellschaftlich betrachtet – regelmäßig geringere Gefährlichkeit eines Angriffs ohne Involvierung des Staates nimmt ihm die für das Verdikt Völkerrechtsverbrechen, egal ob Menschlichkeits- oder Kriegsverbrechen, zu fordernde gesteigerte Unrechtsdimension.[1128]

1124 Bzw. für das „Politikelement“ (vgl. Formulierung des Art. 7 Abs. 2 lit. a ICCS); dazu s. Werle, Völkerstrafrecht, Rn. 878ff.

1125 Ähnlich Cassese, Int. Criminal Law, S. 150.

1126 Cassese, Int. Criminal Law, S. 150. Besagte Partizipationsmöglichkeit der Hoheitsgewalt kann aus der in Art. 7 Abs. 2 lit. a ICCS gegebenen Erläuterung zum Tatbestandsmerkmal „Angriff gegen die Zivilbevölkerung“ herausgelesen werden. Das der Legaldefinition immanente „Politikelement“ schließt neben der staatlichen Leitung des Tatgeschehens, oder dessen aktiver Förderung, weitere Teilhabemöglichkeiten ein (weiterführend s. Werle, Völkerstrafrecht, Rn. 890). Ähnliche Erwägungen sind für die Taten von Zivilisten im Zusammenhang mit Kriegsverbrechen anzustellen, denn auch Zivilisten können Kriegsverbrechen begehen, „wenn die Tat von einer Konfliktpartei angeordnet oder geduldet worden ist“ (Werle, Völkerstrafrecht, Rn. 1099, m.w.N. in Fn. 213; s. auch Burchard JICJ 2008, 159 (179)).

1127 Zur abweichenden Lage im IHRL s.o. 1. Teil, Zweites Kap., II), 2), a), ab), (1), (a), (ab).

1128 Burchard JICJ 2008, 159 (178ff.), der in diesem Zusammenhang auf das nur in Fällen staatlich sanktionierter Einzeltaten gerechtfertigte hohe Stigma hinweist, das mit dem

Über Art. 7 Abs. 2 lit. e HS. 2 ICCS sind „gesetzlich zulässige Sanktionen“ vom Folterbegriff ausgenommen. Die Klausel teilt nicht nur den Wortlaut mit Art. 1 Abs. 1 S. 2 VNAFK, sie ist auch ebenso auszulegen.[1129]

Nach Art. 7 Abs. 1 lit. k ICCS unterfallen „andere unmenschliche Handlungen ähnlicher Art, mit denen vorsätzlich große Leiden oder eine schwere Beeinträchtigung der körperlichen Unversehrtheit oder der geistigen oder körperlichen Gesundheit verursacht werden“, ebenfalls den Verbrechen gegen die Menschlichkeit.

In den „Verbrechenselementen“ wird dazu folgende Erläuterung gegeben:

„1. The perpetrator inflicted great suffering, or serious injury to body or to mental or physical health, by means of an inhumane act.

2. Such act was of a character similar to any other act referred to in article 7, paragraph 1, of the Statute.[1130]

3. The perpetrator was aware of the factual circumstances that established the character of the act.

4. The conduct was committed as part of a widespread or systematic attack directed against a civilian population.

5. The perpetrator knew that the conduct was part of or intended the conduct to be part of a widespread or systematic attack directed against a civilian population.“

Hierbei handelt es sich um einen Auffangtatbestand.[1131] Die subsidiäre Bestimmung greift nur dann, wenn ein Verhalten eine Schwere aufweist, die den ihr vorangehenden Tathandlungsvarianten des Art. 7 Abs. 1 ICCS vergleichbar ist. Daneben verlangen die Ad-hoc-Gerichtshöfe, dass eine Misshandlung „(...) ernsthafte geistige oder psychische Leiden oder Verletzungen oder einen ernsthaften Angriff auf die Menschenwürde verursachen muss“[1132]. Für die Wertung

---

Verdikt Menschlichkeitsverbrechen oder Kriegsverbrechen verbunden ist und auch in Zukunft weiterhin verbunden sein sollte.

1129 Zur Auslegung des Art. 1 Abs. 1 S. 2 VNAFK s.u. 2. Teil, Drittes Kap., II), 1), a). Nach überwiegender Ansicht in der Literatur sind jedenfalls nur im Einklang mit den völkerrechtlichen Mindeststandards stehende Maßnahmen nicht mehr tatbestandlich (s. Ambos, Internationales Strafrecht, § 7, Rn. 207; Meseke, Verbrechen gegen die Menschlichkeit, S. 215f.; Stein, Verbot der Folter, S. 236; Werle, Völkerstrafrecht, Rn. 945).

1130 „It is understood that “character” refers to the nature and gravity of the act.“

1131 Werle, Völkerstrafrecht, Rn. 1000.

1132 Ambos, Internationales Strafrecht, § 7, Rn. 219 mit Rechtsprechungsnachweisen in Fn. 1022.

sind die Umstände des Einzelfalls zu berücksichtigen,[1133] ähnlich wie es der EGMR bei der Bestimmung der Intensität einer Misshandlung handhabt.[1134]

Anders als die gängigen Verbote im IHRL, die neben den grausamen, inhumanen ebenfalls die erniedrigenden Strafen oder Behandlungen verbieten, kann eine Strafbewährung letztgenannter Maßnahmen hier nicht ohne Weiteres unterstellt werden. Nach der menschenrechtlichen Judikatur bzw. den Feststellungen einschlägiger Vertragsorgane steht bei „nur" erniedrigenden Verhaltensweisen weniger die Misshandlung als die Erniedrigung des Opfers im Fokus.[1135] Sollte jede erniedrigende Handlung zugleich unmenschlich sein, würde es der gängigen Unterscheidung nicht bedürfen. Ebenso bietet die Kasuistik der Ad-hoc-Gerichtshöfe[1136] keine Anhaltspunkte dafür, erniedrigende Behandlungen eo ipso als „unmenschlich" zu beurteilen. Zwar muss nach IHRL-Maßgabe auch für das Verdikt „erniedrigende Behandlung" ein gewisses Minimum an körperlichen oder seelischen Schmerzen oder Leiden beigebracht worden sein, wie es z.B. im zweiten oben geschilderten Beispiel jamaikanischer Haft zum Ausdruck kommt.[1137] Dieser Fall weist allerdings in Anbetracht seiner Schwere und Natur keine Vergleichbarkeit mit Ausrottung, Versklavung, Folter und Vergewaltigung auf, um nur einige der Indikator-Tathandlungsvarianten zu nennen. Demnach werden unter den völkerstrafrechtlichen Begriff „inhumane Behandlungen" generell nur solche fallen, die auch im IHRL das Urteil „unmenschlich" rechtfertigen.

Da sich ein völkerrechtliches Strafbedürfnis für isolierte Würdeverletzungen durch Einzelpersonen nicht begründen lässt, ist auch an dieser Stelle ein „Politikelement" zu verlangen, das zur Sicherung der qualitativen Mindestanforderungen eines Menschlichkeitsverbrechens den bereits beim „free riders"-Problem im Rahmen der Folter i.e.S. skizzierten Erfordernissen entsprechen muss.

3) Folter i.R. der Kriegsverbrechen gem. Art. 8 Abs. 2 lit. a ii, lit. c i ICC-Statut

Wie oben dargestellt, verpflichten die GA nebst ihrem ZP I, „schwere Verletzungen" des Genfer Rechts, zu denen auch die Folter gehört, strafrechtlich zu verfolgen.[1138] Dieser Gedanke wurde in Art. 8 Abs. 2 lit. a ICCS (internationale bewaffnete Konflikte) und Art. 8 Abs. 2 lit. c ICCS (nicht-internationale be-

1133 Eine genaue Auflistung maßgeblicher Gesichtspunkte findet sich bei Ambos, Internationales Strafrecht, § 7, Rn. 219.

1134 Siehe oben 1. Teil, Zweites Kap., II), 2), b), aa), (1), (a), (aa).

1135 Siehe exemplarisch oben 1. Teil, Zweites Kap., II), 2), a), ab), (1), (b), (ab).

1136 Siehe die Nachweise bei Ambos, Internationales Strafrecht, § 7, Rn. 219.

1137 Siehe oben 1. Teil, Zweites Kap., II), 2), a), ab), (1), (b), (ab).

1138 Siehe oben 1. Teil, Zweites Kap., I), 2), b), aa).

waffnete Konflikte) aufgegriffen. Es wurde aber nicht nur das Genfer Recht berücksichtigt, welches primär dem Schutz der Kriegsopfer dient, worunter die außer Gefecht gesetzten Angehörigen der Streitkräfte und die nicht an Feindseligkeiten beteiligten Personen, insbesondere Zivilisten, fallen. Mit Art. 8 Abs. 2 lit. b ICCS (internationale bewaffnete Konflikte) und Art. 8 Abs. 2 lit. e ICCS (nicht-internationale bewaffnete Konflikte) wurden daneben all diejenigen Tatbestände geregelt, die sich insbesondere aus dem Haager Recht ergeben.[1139] Die grundlegende Unterscheidung der beiden Konfliktarten („two box approach") folgt der überkommenen Konzeption des Humanitären Völkerrechts.[1140] Durch eine weitestgehende Angleichung der beide Konfliktformen betreffenden Vorschriften ist die Unterscheidung eigentlich obsolet geworden.[1141]

Kein Verhalten kann strafbar sein, das nicht im Rahmen des Haager und/oder Genfer Rechts verboten ist (Akzessorietät).[1142]Allerdings ist ebenso wenig alles, was aufgrund des Humanitären Völkerrechts verboten ist, auch strafbar.

Systematisch setzt der Kriegsverbrechenstatbestand das Vorliegen eines bewaffneten Konflikts nebst einer spezifischen Einzeltat voraus, z.B. einer „schweren Verletzung" der Art. 3 GA, die in einem funktionalen Zusammenhang (Begehungszusammenhang)[1143] mit dem Konflikt stehen muss.[1144] Neben diesen objektiven Merkmalen verlangt der Tatbestand auf subjektiver Ebene Vorsatz auf die Einzeltat, teilweise lässt er aber auch „wilfulness" genügen. In den letztgenannten Fällen reicht es bereits aus, wenn der Täter analog der im angloamerikanischen Bereich verbreiteten Zurechnungsfigur der „recklessness" leichtfertig das Risiko des Erfolgseintritts missachtet.[1145] Für die innere Tatseite ist Kenntnis vom bewaffneten Konflikt zu verlangen. Es genügt die Kenntnis der

1139 Das Haager Recht zielt entgegen dem Genfer Recht eher auf den Schutz der Soldaten ab, da es bestimmte als besonders grausam geltende Mittel und Methoden der Kriegsführung (bspw. Giftgaseinsätze) verbietet (vgl. Satzger, Internationales und Europäisches Strafrecht, § 16, Rn. 54).

1140 Satzger, Internationales und Europäisches Strafrecht, § 16, Rn. 59.

1141 Satzger, Internationales und Europäisches Strafrecht, § 16, Rn. 60, der auf die zeitgemäßere völlige Gleichstellung des Bürgerkriegs mit dem internationalen Konflikt im VStGB hinweist.

1142 Satzger, Internationales und Europäisches Strafrecht, § 16, Rn. 53.

1143 Dazu s. Werle, Völkerstrafrecht, Rn. 971ff.; zum Begehungszusammenhang in subjektiver Hinsicht s. Ambos, Internationales Strafrecht, § 7, Rn. 243ff.

1144 Satzger, Internationales und Europäisches Strafrecht, § 16, Rn. 58ff.

1145 Werle, Völkerstrafrecht, Rn. 1104ff.

tatsächlichen Umstände. Eine rechtlich korrekte Bewertung dieser Umstände durch den Täter ist nicht erforderlich.[1146]

Mit dem ICTY lassen sich die Folter und unmenschliche oder erniedrigende Behandlungen enthaltenden Varianten des Kriegsverbrechenstatbestands unter den Gattungsbegriff „Verbrechen der nicht zum Tode führenden Misshandlungen" fassen.[1147] Nach Art. 8 Abs. 1 ICCS hat „der Gerichtshof Gerichtsbarkeit in Bezug auf Kriegsverbrechen, insbesondere wenn diese als Teil eines Planes oder einer Politik oder als Teil der Begehung solcher Verbrechen in großem Umfang verübt werden."

Obwohl die Tatbestandsvoraussetzungen von Folter im hiesigen Kontext stets dieselben sind,[1148] bietet sich aus Übersichtlichkeitsgründen eine Unterscheidung nach dem „two box approach" an.

So ist Folter nach Art. 8 Abs. 2 lit. a, ii, Var. 1 ICCS ein Kriegsverbrechen im Sinne einer „schweren Verletzung" der GA (internationaler bewaffneter Konflikt). Die „Elements of Crimes" geben diesbezüglich folgende Interpretationshilfe:

„War crime of torture

Elements[1149]

1. The perpetrator inflicted severe physical or mental pain or suffering upon one or more persons.

2. The perpetrator inflicted the pain or suffering for such purposes as: obtaining information or a confession, punishment, intimidation or coercion or for any reason based on discrimination of any kind.

3. Such person or persons were protected under one or more of the Geneva Conventions of 1949.

4. The perpetrator was aware of the factual circumstances that established that protected status.

5. The conduct took place in the context of and was associated with an international armed conflict.

1146 Werle, Völkerstrafrecht, Rn. 1102f. Dort erfolgt auch der Hinweis, das Vorliegen des bewaffneten Konfliktes sei zudem objektive Strafbarkeitsbedingung und Voraussetzung für die Zuständigkeit des ICC.

1147 Siehe Rechtsprechungsnachweis bei Werle, Völkerstrafrecht, Rn. 1011, Fn. 285.

1148 Werle, Völkerstrafrecht, Rn. 1134, mit Rechtsprechungsnachweisen in Fn. 288.

1149 „As element 3 requires that all victims must be "protected persons" under one or more of the Geneva Conventions of 1949, these elements do not include the custody or control requirement found in the elements of article 7 (1) (e)."

6. The perpetrator was aware of factual circumstances that established the existence of an armed conflict."

Erörtert werden sollen nur die Punkte, in denen sich die Begriffsbestimmung von der Legaldefinition in Art. 1 VNAFK oder von der Definition im Rahmen der Menschlichkeitsverbrechen unterscheidet.

Gleich dem Menschlichkeitsverbrechen wird die „Nähe des Täters zur staatlichen Gewalt" für Kriegsverbrechen weder im Statut noch in den „Verbrechenselementen" vorausgesetzt.[1150] Die Urheber des ICCS befürchteten, den Anwendungsbereich der Norm durch die Aufnahme eines „Hoheitskriteriums" analog Art. 1 VNAFK zu weit einzuschränken.[1151] Derartige Befürchtungen sind allerdings unangebracht, da eine Einschränkung auf Fälle, die eine veritable völkerstrafrechtliche Dimension aufweisen und demnach einzig ein völkerrechtliches Strafbedürfnis begründen, vernünftig und sachgerecht ist. Die erforderliche Begrenzung auf derartige Fälle, die notwendigerweise einen hoheitlichen Mindestbezug aufweisen, ist gegebenenfalls – solange man nicht schon de lege lata von einem dem „Kontextelement" immanenten „Hoheitsbezug" ausgeht – über eine teleologische Reduktion des „Begehungszusammenhangs" zu erreichen.[1152]

Ferner erschließt sich nicht ohne Weiteres, warum in den „Verbrechenselementen" entgegen der Regelung im Zusammenhang mit den Menschlichkeitsverbrechen explizit vom „custody or control"-Element abgerückt wird. Da dieses Element wesentlich für den Charakter und das spezifische Stigma der Folter i.e.S. ist, und es in den anderen Misshandlungstatbeständen der Kriegsverbrechen fol-

---

1150 Anders als in früheren Entscheidungen der Ad-hoc-Gerichtshöfe (ICTR, The Prosecutor of the Tribunal against Jean-Paul Akayesu, Urt. v. 02.10.1998, Case No. ICTR 96-4-T, http://www.unictr.org/tabid/128/Default.aspx?id=18&mnid=4, Rn. 594; Prosecutor vers. Furundzija, Urt. v. 10.12.1998, Case No. IT-95-17/1 T, http://www.icty.org/case/furundzija/4, insb. Rn. 162, bestätigt im Urteil der Appeals Chamber v. 21.07.2000, Case No. IT-95-17/1-A, http://www.icty.org/case/furundzija/4, Rn. 111) hat sich diese Sichtweise auch in der Rechtsprechung des ICTY durchgesetzt (Prosecutor vers. Kunarac, Case No. IT-96-23-T, Urt. v. 22.02.2001, http://www.icty.org/case/kunarac/4, Rn. 495f., bestätigt durch die Appeals Chamber im Urt. v. 12.06.2002,Case No. IT-96-23/1-A, http://www.icty.org/case/kunarac/4, Rn. 148).

1151 Dörmann, Elements of War Crimes, S. 45f.

1152 Siehe schon oben 1. Teil, Fünftes Kap., III), 2).A.A. ICTY, Prosecutor vers. Dusko Tadic a/k/a „Dule", Urt. v. 07.05.1997, Case No. IT-94-1-T, http://www.icty.org/case/tadic/4, Rn. 573: „It is not, however, necessary (...) that the crime alleged takes place during combat, that it be part of a policy or of a practice officially endorsed or tolerated by one of the parties to the conflict, or that the act be in actual furtherance of a policy associated with the conduct of war or in the actual interest of a party to the conflict (...)."

gerichtig nicht gefordert wird, ist der Verzicht auf das der Abgrenzung dienende Kriterium sinnwidrig.

Anders als bei den Menschlichkeitsverbrechen wird hier aber vernünftigerweise am Zweckkriterium festgehalten, wie es dem Art. 1 Abs. 1 VNAFK folgt.[1153]

In Art. 8 Abs. 2 lit. a, ii, Var. 2 ICCS sind unmenschliche Behandlungen als „schwere Verletzungen“ der GA erfasst.[1154] In den „Elements of Crimes“ ist abermals die Rede davon, die verursachten Leiden müssten „severe“ sein, also die gleiche Intensität wie bei Folter erreichen. Andererseits wird die Regelung als Auffangtatbestand begriffen, der insbesondere dann greife, wenn „ein Handeln die Merkmale der Folterdefinition nicht vollständig erfüllt“[1155]. Eines derartigen Auffangtatbestandes bedarf es aber nur dann, wenn man an der favorisierten restriktiven Folterdefinition festhält. So ist gleich der herrschenden Meinung im IHRL auch für das Völkerstrafrecht zu fordern, die höchste Eingriffsintensität nur der Folter i.e.S. vorzubehalten.[1156]

1153 Zum Zweckkriterium nach Art. 1 Abs. 1 VNAFK s.o. 1. Teil, Zweites Kap., II), 2), a), ab), (1), (a), (ae). Strittig ist der Charakter der Aufzählung, genauer, ob sie abschließend ist (s. Werle, Völkerstrafrecht, Rn. 1136, m.w.N. in Fn. 293). Auch hier dürfte die Liste potentieller Zwecke aus den im IHRL aufgezeigten Gründen nicht abschließend sein (vgl. Kittichaisaree, International Criminal Law, S. 111; Meseke, Verbrechen gegen die Menschlichkeit, S. 212; Schabas, UN International Criminal Tribunals, S. 207). Gleich der Situation i.R. der VNAFK muss es sich aber um einen Zweck mit Hoheitsbezug handeln. Anderenfalls sind eventuell die weiter unten kurz beschriebenen sonstigen Misshandlungstatbestände einschlägig. Ferner ist es ausreichend, wenn ein folterrelevanter Zweck Teil eines Motivbündels ist. Er muss weder der einzige noch der dominierende Beweggrund des Täters sein (s. Kittichaisaree, a.a.O.; Meseke, a.a.O.; Schabas, a.a.O.).

1154 Die „Verbrechenselemente“ geben dazu folgende Interpretationshilfe:
„War crime of inhuman treatment/Elements
1. The perpetrator inflicted severe physical or mental pain or suffering upon one or more persons.
2. Such person or persons were protected under one or more of the Geneva Conventions of 1949.
3. The perpetrator was aware of the factual circumstances that established that protected status.
4. The conduct took place in the context of and was associated with an international armed conflict.
5. The perpetrator was aware of factual circumstances that established the existence of an armed conflict.“

1155 Werle, Völkerstrafrecht, Rn. 1153.

1156 ICTY, Prosecutor vers. Kvocka u.a., Urt. v. 02.11.2001, Case No. IT-98-30/1-T, http://www.icty.org/case/kvocka/4, Rn. 161.

Das Verbrechen bezieht jedes Tun oder Unterlassen ein, „which cause serious mental or physical suffering or injury or constitute a serious attack on human dignity“[1157]. Für die Wertung eines Verhaltens als unmenschlich sind wieder die Umstände des Einzelfalls entscheidend.[1158]

Eine Regelung für Beeinträchtigungen der persönlichen Würde, insbesondere entwürdigende und erniedrigende Behandlungen, findet sich in Art. 8 Abs. 2 lit. b, xxi ICCS. Die Vorschrift bezieht sich auf „andere schwere Verstöße gegen die innerhalb des feststehenden Rahmens des Völkerrechts im internationalen bewaffneten Konflikt anwendbaren Gesetze und Gebräuche“. Gegenstand sind demnach nicht mehr die „schweren Verletzungen“. Nach den „Elements of Crimes“ gilt es, folgende Tatbestandsmerkmale zu beachten:

„1. The perpetrator humiliated, degraded or otherwise violated the dignity of one or more persons.[1159]

2. The severity of the humiliation, degradation or other violation was of such degree as to be generally recognized as an outrage upon personal dignity.

3. The conduct took place in the context of and was associated with an international armed conflict.

4. The perpetrator was aware of factual circumstances that established the existence of an armed conflict.“

Anders als bei den Menschlichkeitsverbrechen ist hiermit eine explizit auf würdeverletzende Verhaltensweisen zugeschnittene Regelung vorhanden. Sie hat sich insbesondere aus dem gemeinsamen Art. 3 GA entwickelt, genießt aber mittlerweile losgelöst vom Kontext des Bürgerkriegs Gewohnheitsrechtsstatus.[1160]

Begrüßenswert ist der in den „Verbrechenselementen“ zum Ausdruck kommende Ansatz, für die Wertung eines Verhaltens als „erniedrigend“ nicht auf die Opferperspektive abzustellen. Wie bereits beim IHRL ausgeführt, ist ein objektivie-

---

1157 ICTY, Prosecutor vers. Delalic et al., Case No. IT-96-21-T, Judgement v. 16.11.1998, http://www.icty.org/cases/party/675/4, Rn. 443.

1158 Siehe auch schon oben 1. Teil, Fünftes Kap., III), 2). Werle, Völkerstrafrecht, Rn. 1154, m.w.N. in Fn. 343; weiterführend zu dieser Tathandlungsvariante s. Dörmann in Triffterer, Rome Statute Commentary. Art. 8, Rn. 20;

1159 „For this crime, "persons" can include dead persons. It is understood that the victim need not to be personally aware of the existence of the humiliation or degradation.“

1160 Viseur Sellers/Bennion in Triffterer, Rome Statute Commentary. Art. 8, Rn. 192.

render Ansatz zu bevorzugen.[1161] Deshalb wäre es wünschenswert gewesen, in den „Elements of Crimes“ ein Abstellen auf die Täterperspektive ausdrücklich auszuschließen. Aufgrund des gleich dem sprichwörtlichen Damoklesschwert über der Rechtsprechung des ICC schwebenden Gesetzlichkeitsprinzips obliegt es ihm, anhand seiner Judikatur möglichst schnell einen Katalog von Fallgruppen zu bilden, die im Allgemeinen eine erniedrigende Behandlung darstellen.[1162]

Des Weiteren ist der Hinweis in den „Verbrechenselementen“ positiv zu bewerten, demzufolge Verletzungen von ausreichender Schwere sein müssen, um das objektive Unwerturteil „Gräueltat“ („outrage“) zu rechtfertigen. Gleich der Situation im IHRL muss also eine nicht unerhebliche Eingangsschwelle überschritten worden sein.[1163] Andernfalls rechtfertigt sich das Verdikt „erniedrigende Behandlung“ nicht.

Hinsichtlich des Verhältnisses bzw. der Abgrenzung der Misshandlungstatbestände im Rahmen der Kriegsverbrechen lässt sich eingangs feststellen, dass die unmenschliche und die erniedrigende Behandlung durch ein und dasselbe Verletzungsverhalten kumulativ erfüllt sein können.[1164] Wie bereits anklang, steht bei der letztgenannten Tathandlungsvariante regelmäßig die Beeinträchtigung der Würde des Opfers im Vordergrund, während für die erstgenannte Variante die schwere Verletzung des Körpers und/oder der Psyche/Seele charakteristisch ist. Demnach differieren die Tathandlungsvarianten in der Eingriffsintensität und im „Verletzungsobjekt“.[1165] Ferner stellen alle Verhaltensweisen, die dem Folterverdikt unterfallen, zugleich eine unmenschliche Behandlung dar.[1166] Für die Unterscheidung der Folter von den anderen Misshandlungstatbeständen kann auf die instruktive Entscheidung des ICTY im Fall Kvocka u.a. verwiesen werden:

„The requirement of a prohibited purpose which is characteristic of the offence of torture, is a materially distinct element that is not required in the offences of cruel treatment or outrages upon personal dignity. (...) The Trial Chamber previously indicated that the threshold of pain or suffering required for torture is

---

1161 Siehe oben 1. Teil, Zweites Kap., II), 2), a), ab), (1), (b), (ab). Einen objektiven Ansatz favorisiert auch der ICTY (Prosecutor vers. Kunarac, Urt. v. 12.06.2002, Case No. IT-96-23/1-A, http://www.icty.org/case/kunarac/4, Rn. 162).

1162 Dies gilt unabhängig von der Möglichkeit des Gerichtshofs, über Art. 21 ICCS auf die entsprechende Kasuistik der Ad-hoc-Tribunale zurückzugreifen.

1163 Siehe oben 1. Teil, Zweites Kap., II), 2), b), aa), (1), (c) und (d).

1164 Vgl. Werle, Völkerstrafrecht, Rn. 1172.

1165 Hünerbein, Straftatkonkurrenzen, S. 162f.

1166 ICTY, Prosecutor vers. Delalic et al., Case No. IT-96-21-T, Judgement v. 16.11.1998, http://www.icty.org/cases/party/675/4, Rn. 442.

higher than for cruel treatment. The gravity of the pain inflicted in case of torture thus constitutes a further unique materially distinct element and makes the offence of torture more specific. Consequently, the Trial Chamber cannot enter cumulative convictions under torture, cruel treatment, and outrages upon personal dignity to punish the same act. The Trial Chamber must select the most specific offence in accordance with the second prong of the Test. The offence of torture is more specifically defined than the offences of cruel treatment and outrages upon personal dignity. Thus, the offence of torture (...) must be preferred and the offences of cruel treatment (...) and outrages upon personal dignity (...) must be dismissed.“[1167]

Der Entscheidung ist gerade auch deshalb zuzustimmen, weil sie Folter als Delikt mit der (relativ) höchsten Eingriffsintensität betrachtet.[1168] Erst dadurch kann das „Intensitätskriterium“ der Abgrenzung von den anderen Misshandlungsformen dienen. Da vorgenanntes Kriterium aber in abnehmender Form auch für die „milderschweren“ Misshandlungsformen zu verlangen ist, was im Einzelfall zu starken Abgrenzungsproblemen führen kann, sollte zusätzlich über das mittels teleologischer Reduktion für den Foltertatbestand der Kriegsverbrechen zu verlangenden Merkmal „qualifiziertes Tatobjekt“ differenziert werden.

Ein Sonderproblem liegt darin, ob auch für die folternahen Misshandlungsformen ein „Hoheitskriterium“ analog der Folter i.e.S. zu verlangen ist.[1169] Letztlich verbirgt sich dahinter die Frage nach der Grenzziehung zwischen völkerrechtlichem Straf(verfolgungs)bedürfnis und dem aus dem Grundsatz der Staatenautonomie folgenden Vorrang nationaler Strafverfolgung.

Ein völkerrechtliches Strafbedürfnis wird sich nur dann begründen lassen, wenn zumindest ein hoheitliches „Wegsehen“ bzw. eine „Duldung“ einschlägiger Misshandlungen durch Zivilisten als Einzeltäter vorliegt. Ob dies der Fall ist, ist anhand objektiver Indikatoren zu bestimmen. Es ist nicht ausreichend, wenn der Täter den Nexus nur rein subjektiv unterstellt. Im Ergebnis muss nicht nur der

---

1167 ICTY, Prosecutor vers. Kvocka u.a., Urt. v. 02.11.2001, Case No. IT-98-30/1-T, http://www.icty.org/case/kvocka/4, Rn. 226. Die Feststellung wurde zwar im Bezug zu Verletzungen des gemeinsamen Art. 3 GA – also für eine Bürgerkriegssituation – getroffen. Da die Voraussetzungen der Misshandlungstatbestände für nicht-internationale und internationale bewaffnete Konflikte identisch sind (dazu mehr im nun Folgenden), ist dies aber unerheblich.

1168 Vgl. Bantekas/Nash, International Criminal Law, S. 119.

1169 Bei der unmenschlichen Behandlung als Menschlichkeitsverbrechen ist ein entsprechender Hoheitsbezug ja bereits wegen des „Politikelements“ gewährleistet bzw. zu verlangen (s.o. 1. Teil, Fünftes Kap., III), 2)).

bewaffnete Konflikt selbst die Tat objektiv begünstigt haben.[1170] Vielmehr muss kumulativ mindestens ein nach obigen Maßstäben unter den Begriff „Politik des Wegsehens“ o.Ä. fallendes Verhalten einer Konfliktpartei hinzutreten.[1171] Anhand einer verständigen gerichtlichen Würdigung des Einzelfalls ist zu ergründen, ob es der Staatsanwaltschaft gelungen ist, geeignete Beweise und/oder Indizien für Handlungen, Duldungen oder Unterlassungen von Hoheitsträgern vorzulegen,[1172] die ein entsprechendes hoheitliches Verhalten belegen.

Nach Art. 30 ICCS muss der Vorsatz des Täters sich auf alle objektiven Tatbestandsmerkmale („material elements“) beziehen. Dies schließt das tatbestandliche Verhalten, den Taterfolg und die Tatumstände ein.[1173] Unter die letztgenannte Kategorie fällt der kollektive Begehungszusammenhang, hier das Vorliegen eines bewaffneten Konflikts. Auch das die Tat begünstigende hoheitliche Verhalten ist als vorsatzrelevanter Tatumstand zu werten. Aufgrund der durch die Hoheitsgewalt geschaffenen spezifischen Gefährdungssituation für geschützte Rechtsgüter rechtfertigt der Schutzzweck des Kriegsvölkerstrafrechts, es subjektiv dabei zu belassen, lediglich Kenntnis der tatsächlichen Umstände zu verlangen, aus denen sich die Existenz des bewaffneten Konflikts und des tatbegünstigenden hoheitlichen Verhaltens ablesen lassen. Hat der Täter vorgenannte Kenntnis, so scheidet der Zusammenhang von Einzeltat und bewaffnetem Konflikt auch dann nicht aus, „wenn der Täter aus persönlichen Gründen handelt, die den Zusammenhang mit dem bewaffneten Konflikt in den Hintergrund treten lassen“.[1174]

Dem „two box approach“ folgend, soll die Sprache nun auf die Vorschriften für die „Verbrechen der nicht zum Tode führenden Misshandlungen“ kommen, welche im Zusammenhang mit Bürgerkriegen begangen werden.

1170 Siehe zum Zusammenhang von Einzeltat und „bewaffnetem Konflikt“ auch Werle, Völkerstrafrecht, Rn. 1094ff.

1171 Siehe die entsprechenden Ausführungen bei den Menschlichkeitsverbrechen (s.o. 1. Teil, Fünftes Kap., III), 2)).

1172 Hier sind grundsätzlich vorsätzliche Verhaltensweisen verantwortlicher Hoheitsträger zu verlangen. Dies bedingt jedoch nicht zwangsläufig Kenntnis jedes einzelnen Verbrechens. Es genügt das Wissen um Tatsachen, die auf eine Praxis gewisser Teile der Bevölkerung schließen lassen, regelmäßig schwere Misshandlungen an geschützten Personen zu begehen. Werden hiergegen keine Maßnahmen ergriffen, so liegt darin immer eine Duldung jeder in diesem Zusammenhang erfolgten Tat, auch wenn einzelne der Verbrechen nicht zur Kenntnis der Hoheitsgewalt gelangt sein sollten (s.o. 1. Teil, Fünftes Kap., III), 2)).

1173 Ambos, Internationales Strafrecht, § 7, Rn. 65.

1174 Werle, Völkerstrafrecht, Rn. 1100.

Wie bereits erwähnt, gelten für Folter als Kriegsverbrechen im nicht-internationalen bewaffneten Konflikt gem. Art. 8 Abs. 2, lit. c, i, Var. 4 ICCS die gleichen Tatbestandsvoraussetzungen wie für Folter nach dem „grave breaches"-Regime (Art. 8 Abs. 2 lit. a, ii, Var. 1 ICCS). Eine gesonderte Erörterung erübrigt sich damit unter Verweis auf obige Ausführungen. Betreffend die folternahen Misshandlungsarten sticht die Formulierung in Art. 8 Abs. 2 lit. c, i, Var. 3 ICCS ins Auge. Dort ist entgegen oben genannter Regelung für internationale bewaffnete Konflikte (Art. 8 Abs. 2 lit. a, ii Var. 2 ICCS) die Rede von einer „unmenschlichen" und nicht von einer „grausamen" Behandlung. Dies ist jedoch irrelevant, da auch hier die Tatbestandsvoraussetzungen für beide Konfliktarten identisch sind.[1175] Schließlich enthalten Art. 8 Abs. 2 lit. c, ii ICCS (Bürgerkriege) und Art. 8 Abs. 2 lit. b, xxi ICCS (internationale bewaffnete Konflikte) für entwürdigende und erniedrigende Behandlungen gleichlautende Regelungen mit übereinstimmenden Voraussetzungen.[1176]

4) Folter i.R. des Völkermordtatbestandes gem. Art. 6 lit. b ICC-Statut

Im IMTS fand sich noch kein eigenständiger Völkermordtatbestand. In den Nürnberger Prozessen wurden Taten, die heute unter den Genozidtatbestand subsumierbar wären, als Unterfall der Verbrechen gegen die Menschlichkeit behandelt.[1177]

Die in Art. 6 ICCS enthaltene Begriffsbestimmung wurde – wie zuvor bereits in Art. 4 ICTYS und Art. 3 ICTRS – aus der Verbrechensdefinition des Art. II der Völkermordkonvention übernommen. Neben überindividuellen Rechtsgütern wie der Existenz nationaler, rassischer, religiöser oder ethnischer Gruppen schützt der Tatbestand, vermittelt über die Gruppenzugehörigkeit, auch die Menschenwürde einzelner Personen als individuelles Rechtsgut.[1178]

Der Tatbestand erfasst ausdrücklich weder Folter noch die ihr typischerweise zur Seite gestellten Misshandlungsarten. Allerdings betrifft Art. 6 lit. b ICCS ausdrücklich die „Verursachung von schwerem körperlichen oder seelischen Schaden". Den „Verbrechenselementen" lässt sich in diesem Zusammenhang Folgendes entnehmen:

„Genocide by causing serious bodily or mental harm Elements

1175 Vgl. ICTY, Prosecutor vers. Delalic et al., Case No. IT-96-21-T, Judgement v.16.11.1998, http://www.icty.org/cases/party/675/4, Rn. 443; Werle, Völkerstrafrecht, Rn. 1152; Zimmermann in Triffterer, Rome Statute Commentary. Art. 8, Rn. 288.

1176 Werle, Völkerstrafrecht, Rn. 1167; Zimmermann in Triffterer, Rome Statute Commentary. Art. 8, Rn. 290.

1177 Satzger, Internationales und Europäisches Strafrecht, § 16, Rn. 4.

1178 Satzger, Internationales und Europäisches Strafrecht, § 16, Rn. 7.

1. The perpetrator caused serious bodily or mental harm to one or more persons.[1179]

2. Such person or persons belonged to a particular national, ethnical, racial or religious group.

3. The perpetrator intended to destroy, in whole or in part, that national, ethnical, racial or religious group, as such.

4. The conduct took place in the context of a manifest pattern of similar conduct directed against that group or was conduct that could itself effect such destruction."

Anhand der „Elements" lassen sich unschwer die Ähnlichkeiten der Konzeption des Völkermordtatbestandes zu den bereits besprochenen Verbrechen ablesen. Objektiv bedarf es einer Einzeltat, namentlich einer spezifischen Verletzungshandlung gegenüber Mitgliedern der geschützten Gruppen. Zusätzlich wird die Begehung der Einzeltat „im Zusammenhang mit einem offensichtlichen Muster ähnlicher Verhaltensweisen" als objektives Kontextelement vorausgesetzt.[1180] Auf subjektiver Ebene ist in Anwendung des Art. 30 ICCS neben dem Vorsatz auf die Einzeltat Kenntnis der das „Kontextelement" begründenden tatsächlichen Umstände zu fordern.[1181] Weiterhin muss der Täter beabsichtigen, die betreffende Gruppe in ihrer Eigenschaft als solche ganz oder teilweise zu zerstören.

Unter einer physischen Schädigung versteht die internationale Rechtsprechung Beeinträchtigungen des körperlichen Wohlbefindens und Gesundheitsschädigungen (i.S. der Hervorrufung eines pathologischen Zustands).[1182] Der Taterfolg bzw. die Schädigung muss dabei weder von Dauer noch unheilbar sein.[1183]

Für seelische Schädigungen wird jedoch eine erhebliche und längerfristige Beeinträchtigung des geistigen Zustands des Opfers verlangt, die negative Auswirkungen auf die tägliche Lebensführung haben muss.[1184]

1179 „This conduct may include, but is not necessarily restricted to acts of torture, rape, sexual violence or inhuman or degrading treatment."

1180 Das BVerfG drückt sich hier sehr klar aus, indem es objektiv das Vorliegen eines „(...) Angriffs unter strukturell organisierter zentraler Lenkung auf die Gruppe (...)" voraussetzt (BVerfG, NJW 2001, S. 1848 (1850)).

1181 Weiter geht insofern wohl das BVerfG, denn es verlangt, neben dem Täterwissen um die den Angriff begründenden tatsächlichen Umstände, eine Aufnahme dieser Umstände in den Willen des Täters (BVerfG, NJW 2001, S. 1848 (1850)).

1182 Siehe Rechtsprechungsnachweise bei Lüders, Strafbarkeit von Völkermord nach dem ICC-Statut, S. 174, Fn. 591.

1183 Satzger, Internationales und Europäisches Strafrecht, § 16, Rn. 20.

1184 Satzger, Internationales und Europäisches Strafrecht, § 16, Rn. 20.

Zu der Art. 6 lit. b ICCS gleichenden ICTRS-Bestimmung äußerte sich der ICTR im Urteil der Trail-Chamber zum Akayesu-Fall:

„For purposes of interpreting Article 2 (2)(b) of the Statute, the Chamber takes serious bodily or mental harm, without limiting itself thereto, to mean acts of torture, be they bodily or mental, inhumane or degrading treatment, persecution."[1185]

Danach lassen sich alle gängigen Misshandlungsformen unter die Vorschrift subsumieren.[1186] Zudem ist die ausdrückliche Gleichsetzung physischer und seelischer Schäden durch die Kammer herauszuheben.

Fraglich ist abermals, ob für Folter und gegebenenfalls auch für die grausamen oder erniedrigenden Behandlungen ein „Hoheitskriterium" zu verlangen ist. Der das „Kontextelement" kennzeichnende „Angriff unter strukturell organisierter zentraler Lenkung" wird für alle Tathandlungsvarianten verlangt. Träger des Angriffs muss entweder eine Staatsgewalt oder eine ihr gleichzusetzende Gewalt sein, welche über ein Gebiet die tatsächliche Kontrolle ausübt. Anders ist der für einen derart komplexen Angriff erforderliche Organisationsgrad und Ressourceneinsatz kaum denkbar. Im Ergebnis ist eine hoheitliche Beteiligung also unerlässlich.

Mit dem besonderen Stigma des Folterverdikts korrespondiert völkerstrafrechtlich ein exzeptionelles Unwerturteil, wonach ein Verhalten derart grausam erscheinen muss, dass es auf der höchsten Ebene des Misshandlungskanons anzusiedeln ist. Deshalb rechtfertigt sich der Vorwurf Folter nur dann, wenn neben den spezifischen Tatbestandsmerkmalen des Völkermords die weiteren Kriterien der hier favorisierten Folterdefinition vorliegen.[1187]

5) Zwischenergebnis

Im Rahmen des Rechtsquellenprogramms von Art. 21 ICCS kommt den „Verbrechenselementen" und der internationalen Rechtsprechung, insbesondere der Judikatur der Ad-hoc-Tribunale, praktisch besonders viel Bedeutung zu.

Ferner geben die Tatbestände des ICCS eindrücklich wieder, wie weit gediehen der völkerstrafrechtliche Schutz nicht nur vor Folter, sondern auch vor den ihr

---

1185 ICTR, The Prosecutor of the Tribunal against Jean-Paul Akayesu, Urt. v. 02.10.1998, Case No. ICTR 96-4-T, http://www.unictr.org/tabid/128/Default.aspx?id=18&mnid=4, Rn. 504.

1186 Dies entspricht den Ausführungen in der oben wiedergegebenen Fußnote der „Elements of Crimes" zu Art. 6 lit. b ICCS, denn auch dort werden (u.a.) Folter und unmenschliche oder erniedrigende Behandlungen als mögliche Tathandlungen genannt.

1187 Zu dieser Definition siehe insbesondere schon oben 1. Teil, Zweites Kap., III) und 1. Teil, Fünftes Kap., III), 2).

(zumeist) zur Seite gestellten minderschweren Misshandlungsarten ist. Im Völkermord-, Kriegsverbrechens- und Menschlichkeitsverbrechenstatbestand finden sich entsprechende Tathandlungsvarianten. Eine Ausnahme bildet der nicht ganz adäquate strafrechtliche Schutz vor erniedrigenden Behandlungen im Rahmen der Menschlichkeitsverbrechen, genauer in deren Variante „unmenschliche Handlungen“.

Grundsätzlich spannt das Statut eine weite Schutzsphäre auf, denn es erfasst nicht nur Bürgerkriege und internationale bewaffnete Konflikte, sondern auch nicht-kriegerische Situationen. In jeder der vorbeschriebenen Lagen werden besonders gefährdete Personen oder Personengruppen relativ umfassend vor Misshandlungen geschützt.

Bei aller Gleichartigkeit der (Schutz-)Bestimmungen ergeben sich jedoch in puncto der Folterdefinition Besonderheiten. Noch konsensual und in Einklang mit dem „kleinsten gemeinsamen Vielfachen“ einer IHRL-Folterdefinition versteht man unter Folter im Völkerstrafrecht jedes vorsätzliche Tun oder Unterlassen, durch das einer Person schwere körperliche oder seelische Leiden oder Schmerzen zugefügt werden. Übereinstimmend sind „gesetzlich zulässige Zwangsmaßnahmen“ analog Art. 1 Abs. 1 S. 2 VNAFK[1188] vom Folterbegriff auszunehmen.

Anders als in der VNAFK-Legaldefinition wird die „Nähe des Täters zur staatlichen Gewalt“ weder im Statut noch in den „Verbrechenselementen“ zu den Menschlichkeits- und Kriegsverbrechen ausdrücklich verlangt. Gleiches gilt für den Genozidtatbestand. Insbesondere wegen des Sinns und Zwecks völkerrechtlicher Strafvorschriften bietet es sich dennoch an, einen an das betreffende Tatbestandsmerkmal der VNAFK-Definition angelehnten Hoheitsbezug entweder direkt über die Auslegung des jeweiligen Kontextelements, oder mittels teleologischer Reduktion zu verlangen.

Begrüßenswerterweise wird beim Menschlichkeitsverbrechen ein „custody or control“-Element gefordert. Der ausdrückliche Verzicht auf dieses Merkmal in den „Elements of Crimes“ der Kriegsverbrechen erfolgt nicht nur überraschend. Er ist auch falsch, dient das Merkmal doch der Unterscheidung zwischen Folter und den „milderen“ Misshandlungsformen, und ist es doch charakteristisch für das Folterunrecht.

Andererseits wird bei Kriegs- entgegen den Menschlichkeitsverbrechen zu Recht am Zweckkriterium festgehalten. Da das ICCS aber zumindest bei den Humanitätsverbrechen – sinnwidrig – für alle Misshandlungsvarianten die Zufügung gleich schwerer Schmerzen oder Leiden verlangt, sind die Varianten neben dem Merkmal des Ausgeliefertseins nur noch mittels des Zweckkriteriums zu unterscheiden. Nicht nur diese Tatsache ist für die Beibehaltung des Merkmals

1188 Hierzu s.u. 2. Teil, Drittes Kap., II), 1), a).

anzuführen. Hierfür spricht daneben die regelmäßige Steigerung des Erfolgsunwerts im Falle einer spezifisch zweckgebundenen oder diskriminierenden Misshandlung.

Im Rahmen des Genozidtatbestands werden die typischen Misshandlungsformen nicht explizit genannt. Aber auch hier besteht ausreichender Schutz, denn alle entsprechenden Verhaltensweisen lassen sich unter Art. 6 lit. b ICCS subsumieren. Um dem Phänomen Folter gerecht zu werden und Täter nicht unverhältnismäßig stark zu brandmarken, aber auch zur Gewährleistung einer konsequenten Orientierung an den besonderen Schutzgütern des Völkerstrafrechts, ist für Folter im Rahmen des Völkermords zu verlangen, dass eine Misshandlung neben den spezifischen Tatbestandsmerkmalen des Genozids die vorgenannten weiteren Kriterien der Folterdefinition im Sinne von Art. 1 Abs. 1 VNAFK erfüllt.

Schließlich ist es ratsam, für die folternahen Misshandlungsformen ein „Hoheitskriterium" analog der Folter i.e.S. zu verlangen. Ein völkerrechtliches Strafbedürfnis lässt sich für isolierte Misshandlungen durch Einzelpersonen nämlich regelmäßig nicht begründen. Methodisch kann dies durch entsprechende Interpretation der jeweiligen „chapeaux" oder mittels teleologischer Reduktion geschehen.

IV) Ergebnis 5. Kapitel

Wie obigen Ausführungen zu entnehmen ist, lässt sich die Existenz eines eigenständigen völkergewohnheitsrechtlichen Foltertatbestandes nicht belegen. Einem derartigen Tatbestand würde es bereits an der notwendigen Bestimmtheit fehlen. Ein dem Gewohnheitsrecht zugehöriger Tatbestand folternaher Misshandlungsarten muss ebenfalls ausscheiden, da vorgenannte Feststellung erst recht für diese Verhaltensweisen gilt.

Es besteht jedoch ein nicht unerheblicher internationaler Zwang zu angemessener Strafbewährung, Verfolgung und Aburteilung von Foltervorfällen. Dies ergibt sich – neben gewohnheitsrechtlichen Aspekten – aus der Wertung von Folter als „delictum iuris gentium".

Zu Friedenszeiten besteht dieser Zwang für die Vertragsstaaten der VNAFK aufgrund konventionsbedingter Pflichten zur Ergreifung nationaler Maßnahmen. Eines Kontextelements, wie es die Verbrechen gegen die Menschlichkeit voraussetzen, bedarf es insofern nicht. Im Falle eines bewaffneten Konflikts existieren gleichartige Pflichten für die Vertragsstaaten der GA. Vertretbar wäre es zudem, im Konfliktfall (eingeschränkt) auch für unmenschliche oder erniedrigende Behandlungen von der Existenz eines „delictum iuris gentium" nebst entsprechender Pflichten auszugehen. Wegen der Konzeption der VNAFK als nahezu reine Anti-Folter-Konvention muss ein „discrete crime“ der folternahen Misshandlungsformen in Friedenszeiten allerdings definitiv ausscheiden.

Wie weiterhin dargelegt, haben sich die Rechtsprechung der Ad-hoc-Tribunale und die „Verbrechenselemente“ als besonders hilfreiche Rechts(erkenntnis)quellen für die Analyse der Folter als Völkerstraftatbestand im Rahmen des ICCS erwiesen.

Durch die Völkermord-, Kriegsverbrechens- und Menschlichkeitsverbrechenstatbestände gewährleistet das ICCS einen weitreichenden völkerstrafrechtlichen Schutz vor den hergebrachten Misshandlungsarten.

Der sich rein aus dem Wortlaut des Statuts, zum Teil ergänzt durch die „Verbrechenselemente“, ergebende Folterbegriff, beinhaltet zwar stets die Merkmale des „kleinsten gemeinsamen Vielfachen“ einer IHRL-Folterdefinition, die weiteren Elemente variieren jedoch abhängig vom jeweiligen Tatbestand. Sowohl für diese Varianzen als auch für die teilweise Abkehr von den Definitionsmerkmalen des Art. 1 Abs. 1 S. 1 VNAFK können jedoch keine überzeugenden Gründe angeführt werden.

Zumeist gebietet entweder der Sinn und Zweck des Völkerstrafrechts, also der Schutz besonders hochrangiger Rechtsgüter, oder die mit dem außerordentlich schweren Unwerturteil der Folter notwendigerweise verbundene restriktive Begriffsinterpretation, zusätzlich zu den spezifischen Merkmalen des jeweiligen Völkerstraftatbestands auch die Erfüllung der Begriffsmerkmale des Art. 1 VNAFK (nach hiesiger Interpretation) zu verlangen.

Da ein völkerrechtliches Strafbedürfnis sich für grausame oder erniedrigende Behandlungen nur belegen lässt, wenn sie in einem weiten Sinn der Makrokriminalität unterfallen, ist es ratsam, für sie ein „Hoheitskriterium“ analog der Folter i.e.S. zu fordern.

Zusammenfassung 1. Teil

Wie der 1. Teil dieser Arbeit gezeigt hat, haben sich die Foltermethoden im Laufe der Jahrhunderte geändert. Setzte man von der Antike bis hin zu ihrem Höhepunkt im Mittelalter auf physische Foltermethoden, so ist mit zunehmender Ächtung der Folter im 19./20. Jahrhundert ein Trend hin zur subtileren psychischen Folter auszumachen. Schließlich lässt es die gegenwärtige weltweite Folterächtung opportuner erscheinen, Foltervorwürfe strikt abzuleugnen. Die Auswirkungen jeglicher Art von Folter sind sowohl für das unmittelbar betroffene Individuum als auch für Gesellschaften, in denen Folter dem politischen System immanent ist, verheerend. Es kommt zu verschiedensten, teilweise langfristigen körperlichen und (massen-)psychologischen Effekten.

Den Überlegungen zum Humanitären Völkerrecht zufolge gewähren die materiellen Bestimmungen dieser Rechtsmaterie ein Höchstmaß an Schutz. Alleine ein allumfassendes Verbot erniedrigender Behandlungen lässt sich im Humanitären Völkerrecht nur schwer begründen. Die Durchsetzung der verbürgten Schutzbestimmungen gestaltet sich schwierig, was vor allem an der konsensorientierten Ausrichtung der einschlägigen internationalen Verfahren liegt. Häufig wird die eminent wichtige innerstaatliche Umsetzung kriegsrechtlicher Vorgaben am mangelnden politischen Willen zur Umsetzung scheitern. Von nicht zu unterschätzender Bedeutung ist deshalb die Ergänzung durch ein völkerstrafrechtliches Regime wie das des ICCS.

Bei der Auseinandersetzung mit dem Folterverbot als Kernelement des allgemeinen Völkerrechts hat sich erwiesen, dass die Anfänge der völkerrechtlichen Ächtung von Folter und anderen Misshandlungsformen durchaus im Humanitären Völkerrecht liegen. Nach dem Ende des 2. Weltkriegs setzte aber eine bis in die heutige Zeit andauernde Entwicklung ein, die durch eine weitgehende Verankerung des Folterverbots i.w.S. nicht nur in Resolutionen und Deklarationen der VN, sondern auch in diversen internationalen und regionalen Menschenrechtsinstrumenten nebst hybriden Verträgen wie der VNAFK gekennzeichnet ist.

Sodann wurde für die völkerrechtliche Ebene das „kleinste gemeinsame Vielfache“ einer Folterdefinition herausgearbeitet:

Folter ist jedes vorsätzliche Tun oder Unterlassen, durch das einer Person schwere körperliche oder seelische Leiden oder Schmerzen zugefügt werden. Nicht darunter fallen Schmerzen oder Leiden, die sich aus gesetzlich zulässigen Zwangsmaßnahmen ergeben, diesen anhaften oder als deren Nebenfolge auftreten, solange sie mit den „VN-Mindestbestimmungen über die Behandlung von Strafgefangenen“ zu vereinbaren sind.

Die Elemente vorbezeichneter Begriffsbestimmung sind zugleich integraler Bestandteil der VNAFK-Folterdefinition. Auch wenn Vieles dafür spräche, die gesamte Folterdefinition der Konvention als im IHRL gewohnheitsrechtlich anerkannt zu betrachten, überwiegt doch die Skepsis. Schließlich bestehen hinsichtlich der weiteren Definitionsmerkmale nicht nur erhebliche Unsicherheiten über die Auslegung. Vielmehr werden diese Merkmale von verschiedenen Quellen, die für die Bildung von Gewohnheitsrecht maßgeblich sind, teilweise überhaupt nicht vorausgesetzt.

Vorliegend wird folgende restriktive IHRL-Folterdefinition bevorzugt:

Folter ist jedes vorsätzliche Verhalten, welches aus einem in Verbindung mit öffentlichen Interessen stehenden Zweck oder aufgrund einer staatlichen Diskriminierungspolitik erfolgt, durch das einer Person, die sich in einer ausweglosen Lage befindet, von einem Angehörigen des öffentlichen Dienstes oder einer anderen in amtlicher Eigenschaft handelnden Person, auf deren Veranlassung oder mit deren Einwilligung oder Duldung schwere körperliche oder seelische Leiden oder Schmerzen zugefügt werden. Nicht darunter fallen Schmerzen oder Leiden, die sich aus gesetzlich zulässigen Zwangsmaßnahmen ergeben, diesen anhaften oder als deren Nebenfolge auftreten, solange sie mit den „VN-Mindestbestimmungen über die Behandlung von Strafgefangenen" zu vereinbaren sind.

Die Abgrenzung der Folter von grausamen, unmenschlichen oder erniedrigenden Strafen oder Behandlungen ist regelmäßig nicht über die Schwere des beigebrachten Leids vorzunehmen, sondern über die nur der Folter i.e.S. vorbehaltenen Definitionsmerkmale spezifischer Misshandlungszweck bzw. diskriminierende Misshandlungsursache, Vorsatz sowie Täter- und Opferqualität. Die Eingriffsintensität dient aber der Abgrenzung von Folter und grausamer, unmenschlicher Behandlung oder Strafe einerseits und erniedrigender Strafe oder Behandlung andererseits.

Ein begriffliches „kleinstes gemeinsames Vielfaches" konnte hinsichtlich der folternahen Misshandlungsformen nicht ausgemacht werden. Es wird nirgends eine Legaldefinition dieser Praktiken gegeben, da über eine Definition dieser Misshandlungsformen nie Einigkeit erzielt werden konnte.

Generell ist das von den US-Amerikanern in ihrem „War on Terror" praktizierte „Waterboarding" nach jeder der vorgestellten IHRL-Folterdefinitionen als Folter i.e.S. zu werten.

Darüber hinaus wurde ermittelt, dass die Durchsetzungsverfahren der verschiedenen internationalen Übereinkommen, die eigentlich Gewähr für eine effektive Durchsetzung der jeweiligen materiell rechtlichen Verbürgungen bieten müssten, oft an signifikanten Schwächen leiden.

Bei den regionalen Systemen zum Schutz der Menschenrechte sticht das durch die EMRK und den Präventionsmechanismus der EuAFK geprägte europäische Regelwerk besonders positiv hervor. Auch auf dem amerikanischen Kontinent gibt es mit der AMRK bzw. der IAAFK probate Konventionen. Leider beinhalten sie kein dem aktuellen europäischen System vergleichbares Individualbeschwerdeverfahren. In Afrika, Arabien und dem asiatisch-pazifischen Raum ist der gesamte regionale Menschenrechtsschutz unterentwickelt, weshalb im Speziellen auch der regionale Folter- bzw. Misshandlungsschutz unzureichend ist.

In einem weiteren Unterpunkt wurde festgestellt, dass die Vorgehensweise bei konkurrierenden Menschenrechtsinstrumenten davon abhängt, ob die Verträge, denen die konkurrierenden Bestimmungen entspringen, bereits eigene Regelungen beinhalten, die sich auf das Verhältnis zu anderen Verträgen beziehen. Dann kann auf diese Bestimmungen abgestellt werden. Andernfalls ist im Grundsatz möglichst zu Gunsten derjenigen Vorschrift zu entscheiden, die dem Begehren des Beschwerdeführers am dienlichsten ist.

Nach Analyse der gewohnheitsrechtlichen Dimension des Folterverbots zählt das Verbot nicht nur zum einfachen Völkergewohnheitsrecht. Vielmehr ist es bereits Teil des zwingenden Völkerrechts. Zusätzlich besitzt es eine „erga omnes"-Wirkung samt der damit verbundenen spezifischen Konsequenzen. Ferner erscheint es vertretbar, die Folterdefinition des Art. 1 Abs. 1 S. 1 VNAFK für den menschenrechtlichen Bereich als gewohnheitsrechtlich akzeptiert zu bezeichnen. Nach gewohnheitsrechtlichen Maßstäben sind von der Folterdefinition der VNAFK nur solche „gesetzlich zulässigen Maßnahmen" auszunehmen, die im Einklang mit den „VN-Mindestbestimmungen über die Behandlung von Strafgefangenen" stehen. Schließlich wurde belegt, dass die Pflicht zur Bestrafung der Folter bereits zu Gewohnheitsrecht erstarkt ist. Von einer derartigen Verpflichtung ist für grausame, unmenschliche oder erniedrigende Behandlungen oder Strafen jedoch nicht auszugehen, da der Schutzbereich der folternahen Praktiken zu ungewiss ist, und somit schon kein gewohnheitsrechtliches Verbot dieser Misshandlungsformen festgestellt werden konnte.

Ausweislich der ferner angestellten Überlegungen kann die Verletzung des Folterverbots für Vertragsstaaten der einschlägigen Konventionen mit spezifischen Folgen verbunden sein. Durch Bestrafungspflichten sind daneben (mittelbare) Auswirkungen auf folterbeteiligte natürliche Personen denkbar. Des Weiteren können Staaten für die ihnen zurechenbaren Verletzungen völkerrechtlicher Normen nach den gewohnheitsrechtlichen Regeln über die Staatenverantwortlichkeit zur Verantwortung gezogen werden. Diese sehen zwar grundsätzlich die Möglichkeit einer Rechtfertigung von Verstößen gegen das Völkerrecht vor, dies gilt allerdings nicht für Verstöße gegen das „ius cogens", sodass eine Rechtfertigung für Verstöße gegen das Folterverbot in diesem Zusammenhang grundsätzlich nicht in Betracht kommt. Für die bereits nicht auf Ebene einfachen Gewohnheitsrechts verbotenen grausamen, unmenschlichen oder erniedrigenden Strafen oder Behandlungen ist eine Rechtfertigung mittels völkerdeliktsrechtlicher Regelungen gegebenenfalls denkbar.

Der dann vorgenommenen Analyse zufolge existiert kein eigenständiger völkergewohnheitsrechtlicher Tatbestand der Folter i.w.S. Es besteht jedoch ein internationaler Zwang zu angemessener Strafbewährung, Verfolgung und Aburteilung von Folter i.e.S. Dies gilt sowohl zu Friedens- als auch zu Kriegszeiten.

Die Völkermord-, Kriegsverbrechens- und Menschlichkeitsverbrechenstatbestände des ICCS pönalisieren Folter i.w.S. jeweils in einem spezifischen Kontext. Dadurch wird ein weiter Schutzraum vor entsprechenden Verbrechen etabliert, so sie denn in die Zuständigkeit des ICC fallen.

Die im Statut zum Ausdruck kommende völkerstrafrechtliche Folterdefinition beinhaltet zwar stets die Merkmale des „kleinsten gemeinsamen Vielfachen“ der IHRL-Folterdefinition. Ihre weiteren Merkmale unterscheiden sich jedoch von Tatbestand zu Tatbestand, was zwangsläufig auch zu begrifflichen Differenzen zur Folterdefinition des Art. 1 Abs. 1 VNAFK führt. Wie obige Ausführungen belegt haben, sprechen aber weder triftige Gründe für Definitionsunterschiede zwischen den drei Tatbeständen, noch bestehen gewichtige Gründe für die Abkehr von der VNAFK-Folterdefinition.

2. Teil – Ausnahmefähigkeit des Verbots der Folter i.w.S.

Den angesichts der Frage nach einer Relativierbarkeit von Folterverbotsnormen beispielhaften „Gäfgen"-Fall[1189] bezeichnete Claus Roxin als „(...) kontroversesten Strafrechtsfall der deutschen Nachkriegsgeschichte"[1190]. Wie die eingangs erwähnte Diskussion in Israel und Amerika zeigt, handelt es sich letztlich um eine Fragestellung von weltweiter Aufmerksamkeit.[1191]

Nach demoskopischen Erhebungen hält ein nicht unerheblicher Anteil der Bevölkerung westlicher Demokratien (sic!) die Anwendung von Folter in besonderen Konstellationen für gerechtfertigt.[1192] Derartige Aussagen werden nicht nur von (juristischen) Laien gemacht. Auch professionell mit Sicherheitsfragen befasste Institutionen, wie der Bund Deutscher Kriminalbeamter, forderten für Extremfälle eine Möglichkeit zur Anwendung oder Androhung von Gewalt, um auf diese Weise unerlässliche Informationen zu erhalten.[1193]

Allein aufgrund dieses Befundes verbietet sich eine Tabuisierung der Frage nach einer Ausnahmefähigkeit des Folterverbots. Die Problematik dem wissenschaftlichen Diskurs unter reflexartigem Verweis auf die vermeintliche Unabwägbarkeit der Menschenwürde bzw. die „Absolutheit" nationaler und internationaler Folterverbotsbestimmungen zu entziehen, wäre nicht nur wohlfeil,[1194] sondern

---

1189 Zum „Daschner bzw. Gäfgen"-Fall s.o. 1. Teil, Zweites Kap., II), 2), b), aa), (1), (a), (ac).

1190 Roxin, zitiert nach Prittwitz (in Putzkeet al.: Festschrift Herzberg), Folter und Folterandrohung im Rechtsstaat, S. 515.

1191 Siehe oben in der Einleitung.

1192 In einer Umfrage unter US-Amerikanern gaben nur 26 Prozent der Befragten an, Folter könne niemals gerechtfertigt werden (s. Nachweis bei Ohlin, JICJ 2008, S. 289 (308) in Fn. 67). Nach einer FORSA-Umfrage waren 63% der Befragten in Deutschland gegen eine Bestrafung Herrn Daschners und somit indirekt für eine Zulassung der Folter in Ausnahmefällen (Fahl, JR 2004, S. 182 (183)). Bei einer Emnid-Umfrage waren es mit 56% der Befragten immer noch mehr als die Hälfte (Fahl, a.a.O., S. 188, Fn. 88).

1193 Siehe Nachweis bei Hecker, KJ 2003, S. 210 (211), Fn. 10.

1194 Ohne wirklich auf den Kern der Problematik zu kommen, verweist z.B. Machacek ((in Morscheret al.: Festschrift Klecatsky), Für die Menschenwürde, S. 143ff.) auf sein Verständnis der Menschenwürde als u.a. „unverzichtbar und unverwirkbar", woraus er seine – grds. gewiss berechtigte – Forderung nach einer Welt ohne Folter ableitet. Dabei geht er auf die entscheidende, im Extremfall gegebene Kollision widerstreitender Höchstgüter, namentlich Würde und/oder Leben auf Opferseite, körperliche Integrität und Würde auf Täterseite, überhaupt nicht ein. Aufgrund des vorbezeichneten Konfliktes stellt sich aber die im Folgenden wieder aufzugreifende Frage, ob staatsrechtlich gesprochen ein Vorrang der Schutzpflicht vor der Achtungspflicht begründbar ist bzw. ob – unabhängig vom str. Verhältnis dieser Pflichten (dazu s. Merkel (in Pawlik/Zaczyk: Festschrift Jakobs), Folter und Notwehr, S. 375 (396f.)) – der Rechtsgüterschutz auf Opferseite eine Informationsabnötigung rechtfertigen kann. Wird das

auch gefährlich. Gerade Hoheitsträger, beispielsweise Polizisten, die mit Extremfällen konfrontiert werden, blieben dann quasi auf sich selbst gestellt. Der Rechtsstaat ist jedoch gut beraten, ihnen das nötige (rechtliche) Rüstzeug an die Hand zu geben, um stets ethisch zufriedenstellende Lösungen erreichen zu können. Der Eindruck (vermeintlich) rechtsfreier Räume muss vermieden werden, birgt er angesichts des unterstellten Extremfalls doch die Gefahr einer unkalkulierbaren Eigendynamik. Lösungsansätze, die „rechtsfreie Räume" insinuieren,[1195] um strafrechtliches Unrecht z.B. dem Rechtswidrigkeitsverdikt zu entziehen, vermögen deshalb von vornherein nicht zu überzeugen.[1196] Ebenso wenig weiterführend wäre ein Denkverbot, handelt es sich bei der mittelbar betroffenen Frage der Ausbalancierung von Sicherheit und Freiheit doch um eine der gesellschaftspolitisch elementarsten. Die ostentative Forderung nach einem „Schluss der Debatte" wäre einer freiheitlichen Gesellschaft nicht würdig.[1197]

Problem gesehen, so wird zumeist schlicht argumentiert, die Achtungs- ginge der Schutzpflicht vor (Merten, JR 2003, S. 404 (406); Saliger, ZStW 2004, S. 35 (47f.)) oder die Schutzpflicht könne nur verfassungsgemäßes, also nicht würdeverletzendes Verhalten rechtfertigen (Norouzi, JA 2005, S. 306 (309)). Die letztgenannte Ansicht steht in engem Zusammenhang mit der Behauptung eines generellen Vorrangs der Achtungspflicht, die dogmatisch angreifbar ist und die notwendige rechtsphilosophische Diskussion nicht ersetzen kann.

1195 So vertreten für verschiedene strafrechtliche Grenzfälle, vgl. Günther, Strafrechtswidrigkeit und Strafunrechtsausschluss, passim; Kaufmann, JZ 1992, 981 (983); Otto, Jura 2005, S. 470 (479). Zur ganzen Problematik s. Lüderssen, Rechtsfreie Räume, passim.

1196 Vgl. Roxin, der Straffreistellungsmöglichkeiten im Zusammenhang mit dem Abschuss entführter Flugzeuge zur Rettung von Menschenleben erörtert (Roxin, ZIS 2001, S. 552 (560)).

1197 Bspw. fordert Hamm, NJW 2003, S. 946f. unter Verweis auf die Notwendigkeit eines Konsens über die Unantastbarkeit des „nemo tenetur se ipsum accusare"-Grundsatzes demonstrativ: „Schluss der Debatte über Ausnahmen vom Folterverbot". Dass vorbezeichneter Grundsatz trotz Anwendung der Rettungsfolter gewahrt bleiben könnte, nämlich durch Einforderung eines erweiterten Beweismittelverbots, betreffend abgenötigte Informationen, macht aber den weiterhin bestehenden Diskussionsbedarf ersichtlich. Frankenberg (KJ 2005, S. 370 (383)) bezieht sich auf einen Artikel Bruggers (Der Staat 1996, S. 67ff.), der mit der Frage überschrieben ist: „Darf der Staat ausnahmsweise foltern?" Nach Frankenberg (a.a.O) „heißt die Frage zu stellen, sie – wie, vorsichtig auch immer – bejahen und die der Staatsgewalt angelegten Daumenschrauben des Rechtsstaats lockern zu wollen (...)." Da es sich bei der Frage weder um eine Suggestivfrage handelt, noch Brugger als „Reaktionär" bekannt war, was Frankenberg selbst einräumt, ist seine Behauptung aber kaum haltbar. Wer sich der Validität seiner Argumente sicher ist, muss eine offene Diskussion nicht fürchten. Letztlich spricht der Ruf nach Tabus nicht für ein liberales, freies Wissenschaftsverständnis, obwohl Frankenberg doch gerade für die Freiheit eintreten möchte (a.a.O., S. 370ff.). Kritisch zu

In Situationen, für die eine Relativierbarkeit diskutiert wird, firmiert die Gewaltanwendung zur Informationsgewinnung unter Termini wie „Nothilfe“[1198], „selbstverschuldete finale Rettungsbefragung“[1199], „Rettungsfolter“[1200], „Notwehrfolter“[1201] und „Präventionsfolter“[1202].

Besonders relevant ist der Begriff „Präventionsfolter“. Hierunter ist mit Merkel „die Auskunftserpressungsfolter gegenüber konkret oder vage Verdächtigen, um (vielleicht) Informationen zu erhalten, die zur besseren Bekämpfung künftiger Terrorgefahren jedweder Provenienz nützlich sein könnten“[1203], zu verstehen. Beispielhaft sind die Vorgänge in den amerikanischen Internierungslagern Abu Ghuraib im Irak und Guantanamo Bay auf Kuba.

Herausgehoben werden müssen ferner die Termini „Rettungsfolter“[1204] oder „Notwehr- bzw. Nothilfefolter“. Unter den ersten Begriff fallen Sachverhalte, bei denen durch „Private“ oder Hoheitsträger physischer und/oder seelischer Druck auf eine Person ausgeübt wird, die eine Gefahrenlage für Leib, Leben und Würde Dritter geschaffen oder zumindest mitverschuldet hat. Die Schmerzzufügung dient in derartigen Fallkonstellationen dazu, eine rettende Information zu erhalten, z.B. den Aufenthaltsort des entführten Jakob von Metzlers im „Gäfgen“-Fall. Zu dieser Fallgruppe gehören auch Sachverhalte wie die „tickende Zeitbombe“.[1205] Zur Bejahung einer „Notwehrfolter“ müssen die Notwehrvoraussetzungen vorliegen, wobei Folter das Verteidigungsmittel darstellt.

„Schluss der Debatte“-Forderungen auch Fahl, JR 2004, S. 182 (189f.) und Miehe, NJW 2003, S. 1219f.

1198 Erb, Jura 2005, S. 24.

1199 Trapp, Folter, S. 44.

1200 Merkel (in Pawlik/Zaczyk: Festschrift Jakobs), Folter und Notwehr, S. 375 (381f.).

1201 Merkel (in Pawlik/Zaczyk: Festschrift Jakobs), Folter und Notwehr, S. 375 (381f.).

1202 Merkel (in Pawlik/Zaczyk: Festschrift Jakobs), Folter und Notwehr, S. 375 (381f.).

1203 Merkel (in Pawlik/Zaczyk: Festschrift Jakobs), Folter und Notwehr, S. 375 (381f.).

1204 Fraglich ist, ob die Rettungsfolter überhaupt unter die Definition der Folter i.e.S. fällt. Da die konsequentielle Einbettung einer Verhaltensweise ethisch betrachtet für ein sie betreffendes (Un-)Werturteil von entscheidender Bedeutung ist, also die mit ihr verbundenen Umstände und Ziele nicht aus den Augen zu verlieren sind, sind Zweifel an einer Subsumierbarkeit der Rettungsfolter unter den völkerrechtlichen Folterbegriff aufgekommen (Trapp, Folter, S. 39ff.). Zweifelhaft ist insbesondere die ethische Äquivalenz der unter den Folterbegriff des Art. 1 Abs. 1 VNAFK fallenden Misshandlungen mit den hier unter dem Terminus Rettungsfolter diskutierten Fällen. Zumindest bis zur ausführlichen Auseinandersetzung mit dem Problem weiter unten (2. Teil, Drittes Kap., II), 1)) wird aber an dem Begriff Rettungsfolter festgehalten.

1205 Zu dem eventuell unter den Begriff „Präventionsfolter“ subsumierbaren, viel zitierten Fall Niklas Luhmanns, s. Luhmann, Unverzichtbare Normen, S. 1.

Der unverkennbare Realitätsbezug derartiger Szenarios wird durch die in der Einleitung beschriebenen Terrorakte der nahen Vergangenheit deutlich. Um die rechtsphilosophische Fragestellung zu akzentuieren, die sich letztlich hinter den „ticking bomb"-Fällen verbirgt, wurden diese gedanklich dahingehend verdichtet, einen Fall zu unterstellen, bei dem „(...) die Auslösung eines atomaren Weltkriegs mit dem Untergang der gesamten Menschheit droht"[1206].

Eingedenk dieses kurzen Problemaufrisses soll im 2. Teil dieser Arbeit untersucht werden, ob eine Relativierung des Verbots der Folter i.w.S. angezeigt ist. Korrespondierend werden (rechts-)philosophische Argumente für und wider eine Ausnahmefähigkeit erörtert. Dem Thema wird aus Übersichtlichkeitsgründen getrennt zwischen dem nationalen und internationalen Recht nachgegangen. Wegen der verschiedenartigen Grundausrichtung wird zusätzlich zwischen strafrechtlicher und staatsrechtlicher Perspektive getrennt. Schließlich muss das, was auf der kollektiven Ebene verboten ist, dem Individuum noch lange nicht verboten sein. Für den einzelnen Menschen ist zusätzlich der Schuldbereich zu berücksichtigen.

Um bei der Diskussion einer Relativierung des Folterschutzes, die mit Folter regelmäßig einhergehende Unrechtsdimension präsent zu haben, wird mit der Klärung der Frage begonnen, welche Rechtsgüter durch Anwendung der Folter betroffen werden.

1206 Diesen Fall bemüht Schünemann, der die erschreckende Realitätsnähe eines derartigen Szenarios belegt (Schünemann, GAS 2007, S. 644 (646)). Bei Greco erfolgt diesbezüglich der sachdienliche Hinweis, nachdem die Absolutheit des Folterverbots „(...) erst dann ihre Feuerprobe zu bestehen [vermag], wenn sie selbst im Angesicht des Schlimmsten standhält und auch in einem solchen Fall Beachtung verlangt (GAS 2007,S. 628 (629))."

Erstes Kapitel – Kanon der durch Folter betroffenen Rechtsgüter

Sowohl die einschlägigen Bestimmungen des IHL, der menschenrechtlichen Verträge, des Völkerstrafrechts als auch der Grundrechtskatalog des Grundgesetzes folgen dem Prinzip des Rechtsgüterschutzes.[1207]

Im Folgenden sollen die wesentlichen Rechtsgüter, die durch eine Folterung beeinträchtigt werden können und welche in den Menschen- und Grundrechten verwurzelt sind, aufgezählt werden.[1208] Die Aufzählung ist dabei exemplarisch und besitzt keinen Anspruch auf Vollständigkeit.[1209] Zudem müssen nicht alle genannten Rechtsgüter überall auf der Welt gleichermaßen geschützt sein. Aufgrund der besonderen Ausdifferenziertheit erscheint das Grundgesetz als Referenz besonders instruktiv, sodass es an dieser Stelle als wesentliche Erkenntnisquelle dient.

Begonnen werden soll mit der vielbeschworenen Menschenwürde, da sie im Folterkontext quasi als Messlatte, Ausgangs- und Endpunkt jedweder Diskussion dient.[1210] Sie spannt sowohl kollektiv (Verfassungsprinzip, Auslegungs- und Konkretisierungsmaßstab anderer Grundrechte)[1211] als auch individuell (subjek-

---

1207 I.R. der int. Verbrechenstatbestände des Völkerstrafrechts kommen wegen der unterschiedlichen spezifischen Anknüpfungspunkte zu den im Folgenden genannten Rechtsgütern gegebenenfalls weitere hinzu.

1208 Über die Termini „Grund- und Menschenrechte“, genauer über ihre jeweiligen Begriffsmerkmale, ihre Differenzierung voneinander und ihre Überschneidungen wird man trefflich streiten können. Unter Menschenrechten werden angeborene Rechte verstanden, die dem Mensch nicht ausschließlich, aber (ursprünglich) primär gegenüber dem Staat zustehen (Köbler, Juristisches Wörterbuch, S. 254). Ursprung und Konzept der Menschenrechte variieren nach dem jeweils eingenommenen Blickwinkel. Dies kann ein philosophischer oder religiöser sein. Hiervon ist eine rein rechtliche bzw. rechtspositivistische Betrachtung zu differenzieren (s. zum Ganzen Tomuschat, Human Rights, passim) Unter Grundrechten sollen hier jene (Menschen-)Rechte verstanden werden, die unmittelbar Einzug in das Grundgesetz der Bundesrepublik Deutschland gefunden haben. Es handelt sich also um das dem Einzelnen zustehende, verfassungsgemäß verbürgte elementare Recht (Köbler, Juristisches Wörterbuch, S. 173).

1209 Eine strikte Unterscheidung etwaig tangierter Rechtsgüter in individuelle und überindividuelle wird nicht vorgenommen, ist die Unterscheidung im Einzelfall doch kaum möglich, wie sich bereits an der Menschenwürde zeigt, die bspw. in Deutschland und der Schweiz – neben ihrer Funktion als Verfassungsprinzip und Leitgrundsatz (überindividuelle Ausprägung) – einen „selbstständigen subjektiv-rechtlichen Gehalt“ (individuelle Ausprägung) besitzt (Pajarola, Gewalt im Verhör, S. 118, der trotzdem die abgelehnte strikte Unterscheidung vornimmt).

1210 Diese Tatsache mag sich dadurch begründen, dass „dem Folterverbot“ nach allgemeiner Ansicht der Schutz der Menschenwürde zugrunde liegt, die für die Begründung der Menschenrechte bedeutsam ist (Stein, Verbot der Folter, S. 159).

1211 Pajarola, Gewalt im Verhör, S. 118, m.w.N. in Fn. 706.

tiv-rechtlicher Gehalt)[1212] eine Schutzsphäre auf, die sowohl in ihrer Begründung, in ihrem Ausmaß als auch hinsichtlich eventueller Abwägungs- bzw. Einschränkungsmöglichkeiten hochumstritten ist.[1213]

Die Menschenwürde erscheint nach verbreiteter Vorstellung als „Ausprägung eines angeborenen und unveräußerlichen Eigenwertes, der sich wiederum in verschiedenen subjektiven Rechten ausprägt".[1214] Hilgendorf hat einen überzeugenden Katalog von sieben subjektiven Rechten vorgeschlagen, die als Ausprägung der Menschenwürde erscheinen und durch Folter verletzt werden können:[1215]

Recht auf ein materielles Existenzminimum;[1216] Recht auf autonome Selbstentfaltung;[1217] Recht auf geistig-seelische Integrität;[1218] Recht auf Freiheit von extremem Schmerz;[1219] Recht auf informationelle Selbstbestimmung;[1220] Recht auf Rechtsgleichheit;[1221] Recht auf minimale Achtung[1222].

Die genannten subjektiven (Freiheits-)Rechte können aber nicht nur als Ausformung der Menschenwürde gesehen werden. Vielmehr kommt ihnen ein eigenständiger Geltungsanspruch bzw. eigenständige Wirkungsmacht zu, was durch die Normierung unabhängiger Schutzbestimmungen der jeweiligen Rechte in nationalen und internationalen Rechtsquellen zum Ausdruck kommt.[1223] In den

---

1212 Pajarola, Gewalt im Verhör, S. 118, m.w.N. in Fn. 706.

1213 So verweisen Pieroth/Schlink im Zusammenhang mit dem Schutzbereich des Art. 1 GG prägnant darauf, dass „(...) der zivilisatorische und kulturelle Gesamtzustand einer Gesellschaft unterschiedliche Vorstellungen und Verwirklichungen der Menschenwürde bedinge" (Pieroth/Schlink, Grundrechte, Rn. 353).

1214 Hilgendorf, JZ 2004, S. 331 (337); vgl. auch Stein, Verbot der Folter, S. 159ff.

1215 Hilgendorf, JZ 2004, S. 331 (337).

1216 Dieses Recht verbietet das Vorenthalten von existenziell notwendigen Gütern.

1217 Hiermit ist eine Gewährung von Freiheitsrechten verbürgt, die ein gewisses Minimum nicht unterschreiten darf.

1218 Hiermit ist die Unversehrtheit des seelisch-geistigen Bereichs gemeint, sodass sich insofern zwingende Eingriffe (mittels Drogen o.ä.) verbieten.

1219 Hierunter fällt schwere und längerfristige Schmerzzufügung. Dieses Recht lässt sich teilweise nur schwer vom vorgenannten Recht differenzieren, geht man von einem modernen Verständnis des Körpers als Selbststeuerungssystem aus, das auch die Psyche integriert (für dieses Verständnis plädiert Maihold, HFR 2004, S. 57 (58)).

1220 Hierüber ist die höchstpersönliche Privatssphäre vor beliebigem Zugriff Dritter geschützt.

1221 Der Status als Rechtsträger darf insofern niemandem per se abgesprochen werden.

1222 Der persönliche Achtungsanspruch darf auch nicht durch andere Einwirkungen als die bereits genannten in extremer Weise beeinträchtigt werden, bspw. durch schwere Erniedrigungen.

1223 So verwundert es kaum, dass – in Anbetracht der ausdifferenzierten Regelungen zum Schutze der Einzel(grund)rechte z.B. im Grundgesetz – die Frage nach einem eigenständigen Gewährleistungsbereich der Menschenwürde, neben etwa dem Recht auf

einzelnen Schutznormen werden die durch den genannten Katalog im Kern bereits mitgeschützten Rechte weiter ausgeformt.

Angesichts der einzelnen Schutzbestimmungen soll mit dem Recht auf ein materielles Existenzminimum begonnen werden, das mit dem Recht auf körperliche Integrität unmittelbar verwoben ist.[1224] Wie in Art. 2 Abs. 2 S. 1 GG zum Ausdruck kommt, ist mit dem Recht auf körperliche Integrität wiederum das Recht auf Leben verbunden. Gleich dem erstgenannten Recht steht auch das Recht auf Leben in einem untrennbaren inneren Zusammenhang mit der Menschenwürde. Eine gewisse Berühmtheit hat insofern folgende Formulierung des Bundesverfassungsgerichts erlangt:

„Menschliches Leben stellt einen Höchstwert als *vitale Basis der Menschenwürde* [Hervorhebung durch den Verf.] dar. Das Recht auf Leben, das in Art. 2 Abs. 2 gegen staatliche Eingriffe gewährleistet ist, wird auch vom Würdeschutz des Art. 1 Abs. 1 erfasst.“[1225]

Das Recht auf autonome Selbstentfaltung ist nichts anderes als das Recht auf freie Entfaltung der Persönlichkeit, wie es im Grundgesetz durch die allgemeine Handlungsfreiheit in Art. 2 Abs. 1, aber auch durch die speziell im Folterkontext relevante Norm der Gewissensfreiheit (Art. 4 Abs. 1 GG) zum Ausdruck kommt.[1226] Hinzu tritt das Recht auf tatsächliche körperliche Bewegungsfreiheit, wie es in Art. 2 Abs. 2 S. 2 GG normiert ist.[1227]

Mit dem Recht auf allgemeine Handlungsfreiheit korrespondiert die informationelle Selbstbestimmung. Nach deutschem Grundrechtsverständnis wird das Recht auf informationelle Selbstbestimmung jedoch nicht aus Art. 2 Abs. 1 GG hergeleitet, sondern aus dem allgemeinen Persönlichkeitsrecht, das sich auf Art. 2 Abs. 1 i.V.m. Art. 1 Abs. 1 GG stützt. Dieses Recht beinhaltet nach dem Bundesverfassungsgericht „(...) auch die aus dem Gedanken der Selbstbestimmung folgende Befugnis des Einzelnen, grundsätzlich selbst zu entscheiden, wann und innerhalb welcher Grenzen persönliche Lebenssachverhalte offenbart werden“, wobei „(...) das Grundrecht [auf informationelle Selbstbestimmung] insoweit die Befugnis des Einzelnen beinhaltet, grundsätzlich selbst über die Preisgabe und Verwendung seiner persönlichen Daten zu bestimmen“.[1228] Dem Recht auf in-

Leben, den Gleichheitsrechten und weiteren Grundrechten gestellt wird (Pieroth/Schlink, Grundrechte, Rn. 353).

1224 Man könnte es auch als Ausfluss des Rechts auf körperliche Integrität werten.

1225 BVerfGE 39, 1 (42); 46, 160 (64); vgl. auch BVerfGE 49, 24 (53); 88, 203 (251f.).

1226 Siehe zum Kontext Folter und Gewissensfreiheit Stein, Verbot der Folter, S. 263ff.

1227 Beutler, Strafbarkeit der Folter zu Vernehmungszwecken, S. 109f.

1228 BVerfGE 65, 1 (43).

formationelle Selbstbestimmung unterfällt auch das z.B. in Art. 14 Abs. 3 lit. g IPbpR verankerte Selbstbelastungsverbot.[1229]

Durch Folter können weiterhin Normen verletzt werden, die überindividuelle Rechtsgüter schützen und sich nach deutschem Grundrechtsverständnis größtenteils aus dem Rechtsstaatsprinzip herleiten. In diesem Kontext sind die Unschuldsvermutung (Art. 6 Abs. 6 EMRK), das Recht auf ein faires Verfahren (Art. 6 Abs. 1 EMRK) sowie als spezifisch deutsche Verfassungsnormen das Misshandlungsverbot gem. Art. 104 Abs. 1 S. 2 GG[1230] und der sogenannte allgemeine Vorbehalt des Gesetzes[1231] zu nennen.[1232]

1229 Beutler, Strafbarkeit der Folter zu Vernehmungszwecken, S. 113, m.w.N. in Fn. 573.

1230 Beutler, Strafbarkeit der Folter zu Vernehmungszwecken, S. 90ff.; Stein, Verbot der Folter, S. 266ff.

1231 Stein, Verbot der Folter, S. 268ff.

1232 Weiterführend s. Pajarola, Gewalt im Verhör, S. 132f.

Zweites Kapitel – Ausnahmefähigkeit des Verbots der Folter i.w.S. auf nationaler Ebene

Es stellt sich die Frage, warum gerade das Folterverbot absolute Geltung beanspruchen soll, wo doch Grundrechtseinschränkungen auch in westlichen Demokratien, wie das Beispiel Deutschlands zeigt, alltäglich sind. Begründet wird die absolute Geltung vorrangig mit der „abwägungsfeindlichen“ Natur seines primären Schutzguts, namentlich der Menschenwürde.

Als Vorfrage ist also zu eruieren, ob die Annahme einer absoluten abwägungsfeindlichen Menschenwürde überhaupt tragfähig ist. Hierfür kann auf das Beispiel Deutschlands rekurriert werden. Schließlich steht der Würdeschutz mit Art. 1 Abs. 1 GG an prominentester Stelle der deutschen Verfassung, wodurch in der Bundesrepublik höchste Anforderungen an die Achtung dieses Grundrechts gestellt werden. Eine Bezugnahme auf die deutsche Rechtsordnung bietet sich ferner angesichts ihrer tiefen Verwurzelung in der (kontinental-)europäischen Rechtstradition an. Zusätzlich ist das internationale Recht stark am europäischen Recht orientiert. Dabei spricht auch die innereuropäische Aufteilung der Rechtsordnungen in die Rechtskreise civil und common law nicht gegen eine Orientierung am deutschen Recht. Die wesentlich prägenden Elemente, und insbesondere die ideengeschichtlichen Bezüge beider Rechtskreise, ähneln sich nämlich sehr. Demzufolge lassen sich aus der deutschen Rechtsordnung philosophische bzw. ethische Prinzipien ablesen, die ebenso Aussagekraft für das Folterverbot im internationalen Recht besitzen.

An der Absolutheit des Würdeschutzes bestehen angesichts der Situation de lege lata in Deutschland erhebliche Zweifel. Diese Zweifel werden durch eine noch zu belegende, einfachgesetzlich untermauerte Rechtspraxis der Abwägung geschürt.

Es stellt sich die Frage, warum gewisse Nötigungs- bzw. Gewaltformen, die ähnlich der Folter die Würde berühren, sogar gesetzlich vorgesehen sind, der Folterschutz aber lückenlos ist. Dazu sind die Regeln zu ergründen, nach denen (sogar) in Deutschland würdetangierende Zwangsmaßnahmen von Gesetzes wegen zulässig sind. Eine Anwendung entsprechender Regeln auf Situationen, in denen landläufig eine Legitimität, teilweise gar eine Legalität von Folter angemahnt wird, könnte zu dem Ergebnis führen, dass bei konsequenter Dialektik vergleichbare Ausgangslagen zumindest ähnliche Wertungen erfordern. Abschließend wird die Möglichkeit einer individuellen Straffreistellung erörtert.

I) Belastbarkeit der These von der Absolutheit der Menschenwürde als Grundpfeiler des Folterverbots

Bei der Erörterung der Würde(abwägungs)problematik im Zusammenhang mit Überlegungen zur Rettungsfolter[1233] ist das Risiko, in argumentative Zirkel zu geraten, vergleichsweise hoch. So könnte zwar durchaus folgender These gefolgt werden:

„Eine Würdeverletzung (...), die zu Recht geschieht, kann es nicht geben. Was zu Recht geschieht, das verstößt nicht gegen die Menschenwürde."[1234]

Nach dieser Ansicht könnte eine zum Schutz der Würde einer Person gebotene Maßnahme nie die Würde des Adressaten der Maßnahme verletzen. In derartigen Fällen würde bereits die „Tatbestandsmäßigkeit" einer Würdeverletzung entfallen. Vordergründig betrachtet bestünde so überhaupt keine Abwägungsproblematik.

Wie Merkel aber stringent schlussfolgert, gibt Lübbes Feststellung keinen Aufschluss darüber, was zu Recht geschieht.[1235] Vielmehr setzt die Antwort auf die Frage bereits voraus, dass etwas rechtmäßig erfolgt. Aber Rettungsfolter soll ja gerade deshalb nicht rechtens sein, weil sie gegen die Menschenwürde verstoße.

1233 Für andere Formen bzw. andere kontextuale Einbettungen von Folter i.w.S. ist eine Ausnahmemöglichkeit vom Verbot nicht ersichtlich. Dies gilt insbesondere für Folterungen im strafprozessualen Kontext. Eine Abwägung des staatlichen Anspruchs auf Strafverfolgung mit der Menschenwürde des Täters kann keinen Folter rechtfertigenden Vorrang des Strafanspruchs begründen. Bereits die Irreversibilität in der Vergangenheit herbeigeführter Erfolge streitet vehement gegen einen Einsatz von Folter aus strafprozessualen Gründen. Auch die im Zusammenhang mit Strafverfolgungsmaßnahmen – anders als im Gefahrenabwehrrecht, wo bei Vorliegen eines polizeirechtlichen Notstandes sogar unumkehrbare Maßnahmen gegen Nichtstörer gerichtet werden können (siehe z.B. § 6 PolG NRW) – geltende Unschuldsvermutung spricht eine deutliche Sprache. Ferner hat Folter keinen Platz im Strafvollstreckungsverfahren, da sie dem § 46 Abs. 1 S. 2 StGB innewohnenden spezialpräventiven Ansatz nicht gerecht werden kann. Ein mit Folter „bestrafter" Mensch wird durch Traumatisierung eher soziale Defizite anhäufen als abbauen. Der „Präventionsfolter" nach obigem Begriffsverständnis (s. Beginn 2. Teil, mit Nachweis in Fn. 1202) würde es bereits an jedweder „Eilbedürftigkeit" mangeln, was sie wegen der Möglichkeit zur Ergreifung anderer, milderer und gegebenenfalls auch effektiverer Maßnahmen zur Informationsbeschaffung stets als unverhältnismäßig erscheinen ließe.

1234 Lübbe (in Lenzen: Folter), Konsequenzialismus und Folter, S. 67 (74).

1235 Merkel (in Pawlik/Zaczyk: Festschrift Jakobs), Folter und Notwehr, S. 375 (396f.)

„Die Auskunft, sie verstoße nicht gegen die Menschenwürde, wenn sie zu Recht geschehe, löst das Grundproblem daher nicht.“[1236]

Die Ergründung der Rechtmäßigkeit einer Maßnahme setzt voraus, sich im Falle des Falles einer Kollisionsproblematik zu stellen. Wo man sie verortet, also auf Schutzbereichs-, Eingriffs- oder Rechtfertigungsebene, ist in der Heranführung an das Problem nachrangig, verstellt die Frage doch nur den Blick auf die unentbehrliche ethische Bewertung.

Bevor man sich nun der Frage stellt, ob auch im Bereich des Würdegrundrechts Abwägungen zulässig sind, ist die Frage zu beantworten, welche Rechtsgüter welcher Rechtssubjekte in einer Rettungsfoltersituation überhaupt in eine Gleichung einzustellen wären. Schließlich müssen erst einmal Grundrechte bzw. Pflichten, die sich aus subjektiven Rechten, insbesondere für den Staat, ergeben, konfligieren, um erörtern zu können, wie mit dem Konflikt zu verfahren ist.[1237]

Auf Seiten des Täters kommt eine Verletzung aller bereits oben genannten individuellen Rechtsgüter in Betracht.[1238] Dabei kann es angesichts der Würdeverletzung grundsätzlich dahinstehen, ob die gewaltsame Informationsabpressung durch Hoheitsträger oder Privatpersonen erfolgt.[1239]

Die Bedrohten oder bereits verletzten Opfer werden zumeist in folgenden Rechtsgütern betroffen sein: Recht auf körperliche und seelische Integrität, Recht auf Leben, Willensfreiheit, allgemeine Handlungsfreiheit. Insbesondere werden sie aber in ihrem Würdeanspruch verletzt. Hier verdinglicht der Störer seine Opfer, denn eine Beeinträchtigung der Würde, beispielsweise eines Entführungsopfers, das während der Verhandlungen zu Lösegeldzahlungen in einem Erdloch gehalten wird, also quasi „Faustpfand“ im Zuge eines erpresseri-

---

1236 Merkel (in Pawlik/Zaczyk: Festschrift Jakobs), Folter und Notwehr, S. 375 (397).

1237 Nicht unerwähnt soll die Ansicht einiger Autoren bleiben, nach denen Würdekollisionen (empirisch-faktisch?) überhaupt nicht vorstellbar sind (s. Nachweise bei Wittreck, DÖV 2003, S. 873 (879), Fn. 57). Hier scheint jedoch der „Wunsch Vater des Gedankens zu sein“, frei nach dem Motto „was nicht sein darf, das kann auch nicht sein“. Lübbes o.g. Ansicht basiert entgegen vorgenannter Meinung auf einem lediglich normativen Ausschluss der Kollision. Sie wurde sehr wohl gesehen, aber bereits auf Schutzbereichsebene gelöst.

1238 Siehe oben 2. Teil, Erstes Kap.

1239 Da das Grundgesetz eine objektive Werteordnung darstellt, gelten die verfassungsrechtlichen Grundentscheidungen für alle Bereiche des Rechts. Der Gedanke einer mittelbaren Drittwirkung, im Privatrecht kommt er insbesondere über die „Ausstrahlungswirkung“ der Grundrechte über die Generalklauseln zum Tragen und dürfte ebenso auf die Beziehung von „Opfer“ und privatem „Folterer“ ausstrahlen. Dabei verdinglicht der private Foltertäter das Folteropfer. Die Möglichkeit der Vermittlung des Objektstatus durch „Private“ wird anerkannt in BVerfG, NJW 2006, 751 (758).

schen Menschenraubs ist (so geschehen im Fall Matthias Hintze)[1240], oder der unmittelbar an Leib und Leben bedrohten Bevölkerung einer Großstadt, die im perfiden Kalkül von Terroristen als Blutzoll „geopfert" werden soll, drängt sich förmlich auf.[1241] In den genannten Fällen ergibt sich die Würdeverletzung aus den entwürdigenden Umständen und/oder der menschenverachtenden Instrumentalisierung der Opfer.[1242]

Zusätzlich könnte die Würde eines Hoheitsträgers Einzug in die Gleichung finden. Würde dieser gezwungen, einen Verdächtigen zu foltern, könnte dadurch seine Würde beeinträchtigt werden. Bei wertender Betrachtung wäre eine derartige Würdeverletzung gegebenenfalls aber nur dann anzudenken, wenn Folter auch in den beschriebenen Extremfällen ungesetzlich wäre. In diesen Zusammenhang gehört ebenfalls die Frage, ob einem etwaigen Recht auf Folter ein Anspruch auf Anwendung der Folter folgen müsste.[1243] Nur dann wäre eine korrespondierende Folterverpflichtung des Staates denkbar, der abgeleitet der Folterpflicht des einzelnen Hoheitsträgers folgen könnte. In diesem Grenzbereich des Rechts wäre es durchaus angezeigt, eine Dienstpflicht des einzelnen Hoheitsträgers aufgrund eines unauflösbaren Gewissenskonfliktes a priori auszuschließen oder einen Verstoß dienstrechtlich nicht zu ahnden. Dies sind jedoch Fragen, die stark mit den Eigenarten des jeweiligen Verfassungsrechts verwoben sind und aufgrund der völkerrechtlichen Perspektive der vorliegenden Arbeit zurückstehen müssen.

1240 Ähnlich gelagert war der Fall Jan Philipp Reemtsmas, eines wohlhabenden Literaturwissenschaftlers, der zwecks Lösegelderpressung verschleppt und 33 Tage in einem Kellerraum gefangen gehalten wurde. Des Weiteren wurde der Industrielle Richard Oettger aus gleichem Motiv entführt und während der Zeit seiner Entführung in eine Kiste eingepfercht (s. dazu Elsner/Schobert, DVBl 2007, S. 278 (283), Fn. 44;Wittreck, DÖV 2003, S. 873 (880)).

1241 Vgl. Brugger, Der Staat 1996, S. 67 (74, 79); Fahl, JR 2004, S. 182 (185); Jerouschek/Kölbel, JZ 2003, S. 613 (618), Fn. 56; Schmidt, NJW 1973, S. 449.

1242 Erb, Jura 2005, S. 24 (27); Wittreck, DÖV 2003, S. 873 (879f.). Zu dem gleichen Ergebnis kämen die Verfechter der „Koppelungsthese" (Starck in v. Mangoldt/Klein/Starck, GG I, Art. 1 Abs. 1 GG, Rn. 92), nach denen das Leben „die vitale Basis der Menschenwürde" ist. Bestreitet man die Möglichkeit einer Würdeverletzung zwischen „Privaten", so käme man über die Lebensbedrohung gleichermaßen zu einer (inzidenten) Würdeverletzung (so Brugger, VBlBW 1995, S. 446 (450); ähnlich Gromes, Präventionsfolter, S. 237f.).

1243 Dazu s. Brugger, JZ 2000, S. 165 (170ff.).

Jedenfalls ist die Menschenwürde von Störer[1244] und Opfer in die Gleichung einzustellen. Die Diskussion einer Abwägungsmöglichkeit im Rahmen der Menschenwürde ist also unentbehrlich.

Im Folgenden wird auf die einschlägige Rechtsprechung des Bundesverfassungsgerichts eingegangen. Im Anschluss werden gesetzliche Regelungen analysiert, die Eingriffe in die Würde ihres Adressatenkreises beinhalten. Untersucht werden dabei jene Regeln, die eine Nähe zur Folter aufweisen.

1) Einschränkungen des Würdeschutzes durch das Bundesverfassungsgericht

Beginnend mit einer kurzen Analyse der Judikatur des Verfassungsgerichts, ist noch einmal auf die herrschende Meinung hinzuweisen, nach der im Falle der Menschenwürde nicht zwischen Grundrechtsschutzbereich und -schranken differenziert werden kann. Jeder Eingriff sei eo ipso eine Verletzung des Würdegrundrechts.[1245]

Eingedenk dieser Ausgangslage verwundert es, wie das Bundesverfassungsgericht die Vereinbarkeit der Sicherungsverwahrung mit der absolut garantierten Menschenwürde feststellen konnte.[1246] In dem diesbezüglichen Urteil finden sich durch den Gebrauch eines Vokabulars, das üblicherweise bei der Erörterung des Verhältnismäßigkeitsprinzips[1247] Verwendung findet, klare Indizien für eine verdeckte Abwägung.[1248] Die Gegenüberstellung der Menschenwürde Sicherungsverwahrter und des Sicherheitsbedürfnisses der Allgemeinheit führt zu ei-

---

1244 Der Begriff Störer passt auf eine Person, dic der Rettungsfolter unterzogen werden soll, besser als die strafprozessualen Begriffe Verdächtiger oder Beschuldigter. In Rettungsfoltersituationen ist ein gefahrenabwehrrechtlicher einem strafprozessualen Ansatz nämlich vorzuziehen, da es gerade nicht um die Aufklärung von Straftaten geht (Gromes, Präventionsfolter, S. 27ff.; a.A. Brugger, VBlBW 1995, S. 446). Aus notrechtlicher strafrechtlicher Blickwarte ist der Begriff Angreifer besonders passend. Da der exemplarische Terrorist oder erpresserische Menschenräuber aber grundsätzlich ebenso Angreifer im vorgenannten Sinn ist, kann dieser Terminus auch generell verwendet werden.

1245 Elsner/Schobert, DVBl 2007, S. 278 (279) m.w.N. in Fn. 13.

1246 BVerfGE 109, 109 (133ff.).

1247 Der in einem weiten Sinne verwendete Terminus wird auch als Übermaßverbot tituliert und beinhaltet drei Prüfungselemente: Geeignetheit, Erforderlichkeit und Verhältnismäßigkeit im engeren Sinn (Gretscher, Grundsätze des Verwaltungsrechts, S. 18). Das BVerfG sieht das Verhältnismäßigkeitsprinzip auch als Konkretisierung des Rechtsstaatsprinzips, dem wiederum die Gerechtigkeitsidee innewohne (Gretscher, a.a.O., S. 16 mit Hinweis auf BVerfGE 3, S. 225 (237); 7, S. 89 (92); 20, S. 323 (331); 33, S. 367 (383)).

1248 Elsner/Schobert, DVBl 2007, S. 278 (279).

ner Auflösung der Wertekollision zu Gunsten der Allgemeinheit. Deren Grundrechtspositionen Leben, körperliche Unversehrtheit und Eigentum soll vorrangiger Schutz zukommen, auch um den Preis einer Einschränkung des Würdeschutzes der Verwahrten.[1249] Allerdings soll der Vollzug der Sicherungsverwahrung streng verhältnismäßig erfolgen, um die damit verbundenen Grundrechtseinschränkungen zu minimieren.[1250] Die Entscheidung ist symptomatisch für die schizophrene Handhabung evidenter Grundrechtskollisionen, bei denen zu mindestens auf einer Seite der Würdebereich betroffen ist. Wie der Fall zeigt, genügt für ein partielles Zurücktreten des Würdeschutzes bereits die Kollision mit anderen Grundrechten. Angesichts dieses Befundes ist die vermeintliche Nichtabwägung schlichtweg „Augenwischerei". Der Abwägungsvorgang findet nur nicht auf Schrankenebene, sondern bereits auf Ebene der Definition des Schutzbereichs statt.[1251] Er entspricht inhaltlich „dem üblicherweise bei den Grundrechtsschranken im Rahmen der Eingriffsrechtfertigung erfolgenden Abwägungsvorgang".[1252]

Zudem hat das Verfassungsgericht in den Entscheidungen zum Schwangerschaftsabbruch die Würde der Kindsmutter mit der des Kindes abgewogen.[1253]

Im Urteil zum Kontaktsperregesetz wurde nicht nur auf die Möglichkeit des Konfliktes verfassungsrechtlich geschützter Positionen hingewiesen. Vielmehr sei ein derartiger Widerstreit „(...) nach Maßgabe der grundgesetzlichen Wertordnung und unter Berücksichtigung der Einheit dieses grundlegenden Wertesystems zu lösen. (...) In diesem Rahmen können auch uneinschränkbare Grundrechte Begrenzungen erfahren (...); denn schlechthin schrankenlose Rechte kann eine wertgebundene Ordnung nicht anerkennen".[1254]

Die Entscheidung zu der Verfassungsbeschwerde eines Soldaten, dessen Verfahren auf Anerkennung als Kriegsdienstverweigerer noch nicht rechtskräftig abgeschlossen war, der aber aufgrund der Weigerung, Dienst in der Bundeswehr zu leisten, mit dreiwöchiger Disziplinarhaft bestraft wurde, gibt weiteren Aufschluss über praktizierte Einschränkungen des Menschenwürdeschutzes.[1255] Das Gericht hält danach kollidierende Grundrechte und andere Werte von Verfassungsrang für im Einzelfall tauglich, uneinschränkbare Grundrechte zu begren-

1249 Elsner/Schobert, DVBl 2007, S. 278 (279f.).

1250 Elsner/Schobert, DVBl 2007, S. 278 (279).

1251 Elsner/Schobert, DVBl 2007, S. 278 (280).

1252 Elsner/Schobert, DVBl 2007, S. 278 (280).

1253 BVerfGE 39, S. 1 (42f.); 88, S. 203 (251ff.). Die Entscheidungen geben auch Aufschluss über die kaum trennbare Verbindung von Menschenwürde- und Lebensschutz.

1254 BVerfGE 49, S. 24 (55f.) = NJW 1978, S. 2235 (2237).

1255 Dieser Fall ist nach Gössel (in Dannecker et al.: Festschrift Otto), »Absolute« Folterverbote, S. 41 (53) unter Bezugnahme auf BVerfGE 28, S. 243ff. = NJW 1970, S. 1729ff. zitiert.

zen. Im Konfliktfall sei durch Abwägung der kollidierenden Rechte zu entscheiden.

In der Entscheidung zum Luftsicherheitsgesetz hat das Verfassungsgericht die Dogmatik des „finalen Rettungsschusses“ auf die Situation übertragen, in dem sich nur Täter an Bord eines zur Waffe umfunktionierten Flugzeugs befinden.[1256] Da die Täter den Angriff jederzeit beenden könnten, behielten sie auch im Falle des Abschusses ihre Selbstbestimmtheit:

„Es entspricht (...) gerade der Subjektstellung des Angreifers, wenn ihm die Folgen seines selbstbestimmten Verhaltens persönlich zugerechnet werden und er für das von ihm in Gang gesetzte Geschehen in Verantwortung genommen wird.“[1257]

Anders läge der Fall bei unbeteiligten Passagieren.[1258] Diese befänden sich in einer ausweglosen Lage, wodurch sie ihrer Subjektstellung sowohl dem Staat, als auch den Entführern gegenüber verlustig gingen. Im Gegensatz zu den Angreifern würden die hilflosen Passagiere durch einen Abschuss in ihrer Menschenwürde verletzt. Danach ist die Selbstbestimmung Kriterium im Rahmen der Beurteilung einer Menschenwürdeverletzung.[1259] Anders ließe sich kaum begründen, warum die Terroristen, deren Tötung ja letztlich auch als Mittel zur Rettung anderer eingesetzt wird, durch einen Abschuss nicht verdinglicht würden. Ferner hat das Gericht die Möglichkeit rein modal bestimmter, intrinsisch würdeverletzender Verhaltensweisen ausgeschlossen:

„Schlechthin verboten ist damit jede Behandlung des Menschen durch die öffentliche Gewalt, die dessen Subjektqualität, seinen Status als Rechtssubjekt, grundsätzlich in Frage stellt, indem sie die Achtung des Wertes vermissen lässt, der jedem Menschen um seiner selbst willen, kraft seines Personseins, zukommt. *Wann eine solche Behandlung vorliegt, ist im Einzelfall mit Blick auf die spezifische Situation zu konkretisieren, in der es zum Konfliktfall kommen kann* [Hervorhebung durch den Verf.].“[1260]

Die Frage der Würdeverletzung ist danach abhängig vom Einzelfall.[1261] Aus einer Verkettung von Einzelfallentscheidungen mag sich zwar eine beispielhafte Kasuistik negativer Umschreibungen entwickeln.[1262] Begriffsklarheit wurde in

1256 BVerfGE 115, S. 118 (160ff.).
1257 BVerfGE 115, S. 118 (161); s. auch BVerfG, Beschl. v. 03.07.2012 - 2 PBvU 1/11 -.
1258 BVerfGE 115, S. 118 (153ff.).
1259 Elsner/Schobert, DVBl 2007, S. 278 (281).
1260 BVerfGE 115, S. 118 (153).
1261 BVerfGE 30, S. 1 (25). Weitere Rechtsprechungsnachweise hierzu finden sich bei Gössel (in Dannecker et al.: Festschrift Otto), »Absolute« Folterverbote, S. 41 (55ff.).
1262 So Elsner/Schobert, DVBl 2007, S. 278 (280).

Anbetracht der Menschenwürde(-verletzung) aber bisher nicht erreicht.[1263] Weiter sollen der zeitliche Kontext und die jeweils herrschenden Anschauungen für die Bestimmung dessen maßgeblich sein, was menschenwürdig ist.[1264]

2) Einschränkungen des Würdeschutzes durch gesetzliche Regelungen

Nach Herzberg ist „unsere Rechtsordnung voll von Gestattungen, ja sogar Pflichten, Menschen unter bestimmten Umständen zu demütigen, zu erniedrigen, ihren Willen zu beugen, sie zum 'bloßen Objekt' einer Maßnahme zu machen".[1265]

Die Richtigkeit dieser Feststellung lässt sich an den im Folgenden vorgestellten gesetzlichen Regelungen belegen. Ihr Normbefehl bedingt Grundrechtseinschränkungen, die sowohl in Anbetracht der betroffenen Grundrechte, als auch angesichts der Eingriffsart und -intensität folterähnliche Züge aufweisen. Anzuführen sind insofern die Rechtsinstitute Untersuchungs-, Zwangs- und lebenslange Haft. Ergänzend treten der sogenannte Brechmitteleinsatz und der „finale Rettungsschuss" hinzu.

a) Untersuchungshaft

Begonnen werden soll mit der Untersuchungshaft nach §§ 112 ff. StPO. Im Gegensatz zur Beugehaft[1266] nach § 70 Abs. 2 StPO betrifft sie den Beschuldigten. Da für letztgenannten Selbstbelastungsverbot und Unschuldsvermutung gelten, soll er – anders als der Zeuge bei der Beugehaft – nicht zu einer Aussage gezwungen werden.[1267] Die Untersuchungshaft dient der wirksamen Verbrechensbekämpfung und wird dem Beschuldigten im Interesses des Gemeinwohls als Sonderopfer abverlangt.[1268] Zur Wahrung des Sonderopfercharakters ist bei Anordnung und Durchführung eine strikte Beachtung des Verhältnismäßigkeitsgrundsatzes zu gewährleisten. Untersuchungshaft muss deshalb stets ultima ratio bleiben. Zudem muss gegen den in Untersuchungshaft befindlichen Beschuldigten dringender Tatverdacht bestehen (§ 112 Abs. 1 S. 1 StPO), und es muss ein Haftgrund nach §§ 112, 112 a StPO vorliegen.

1263 Siehe Gössel (in Dannecker et al.: Festschrift Otto), »Absolute« Folterverbote, S. 41 (50).

1264 BVerfGE 30, S. 1 (25). Dieses Verständnis ähnelt der Auffassung von der EMRK als „living instrument".

1265 Herzberg, zitiert nach Pajarola, Gewalt im Verhör, S. 203, Fn. 1232.

1266 Hierzu s. (allerdings betreffend die Rechtslage in der Schweiz) Beutler, Strafbarkeit der Folter zu Vernehmungszwecken, S. 215f.

1267 Siehe bereits oben 1. Teil, Zweites Kap., II), 2), a), ac), (1), dort Fn. 419.

1268 Münchhalffen/Gatzweiler, Untersuchungshaft, S. 1.

Angesichts dieser Ausgangslage lässt es umso mehr aufhorchen, wie die Untersuchungshaft „(...) im Alltag unserer Strafjustiz (...) zur bloßen Durchsetzung des in seiner sozialen Nützlichkeit so überaus fragwürdigen Strafvollzuges (...)“[1269] eingesetzt wird. So ist sie „(...) von der Justiz mit viel List gegenüber modernen Alternativen wie der elektronischen Fußfessel konserviert worden, weil sie ein probates Instrumentarium zur Abnötigung von Geständnissen und einer Urteilsabsprache darstellt (...)“[1270]. Diese Pervertierung dürfte jedem, der heutzutage in der Strafrechtspflege tätig oder mit ihr vertraut ist, bekannt sein.

Damit ist verdeckter Zweck dieser Haftform zuweilen die Aussage- bzw. Geständnisabnötigung. Dabei handelt es sich um anerkannte Folterzwecke. Da die Untersuchungshaft von einem Hoheitsträger beantragt, angeordnet und vollzogen wird, ist neben dem Vorsatz- und Zweck- auch das Hoheitsträgerkriterium der Folterdefinition des Art. 1 Abs. 1 VNAFK erfüllt.

Fraglich bleibt einzig, ob die Untersuchungshaft auch die für Folter notwendige Eingriffsintensität aufweisen kann. Hierfür könnte sprechen, dass Untersuchungshäftlinge im Allgemeinen gravierenderen Einschnitten in die Persönlichkeitsrechte unterliegen, als es im Regelvollzug der Fall ist.[1271] Hinzutreten können besondere Beschränkungen nach § 119 StPO, z.B. Besuchs- und Kommunikationsbeschneidungen, die in der völligen Versagung der Entgegennahme von (Post-)Sendungen oder des Besuchs gewisser Personen münden können.[1272] Weiterhin ist die Gefahr der Inhaftierung Unschuldiger größer als im Regelvollzug.[1273] Die psychische Belastung dürfte in solchen Fällen, ebenso bei erstmals Inhaftierten, besonders gravierend sein. Ferner ist Untersuchungshaft gem. § 121 Abs. 1 StPO zwar regelmäßig auf sechs Monate zu begrenzen, in Deutschland werden Beschuldigte wegen langandauernder Ermittlungen aber nicht selten über Jahre in Untersuchungshaft gehalten.[1274] Zumindest bei einer Kumulation der vorgenannten Faktoren ist das Erreichen der für Folter notwendigen Intensität denkbar.

1269 Schünemann, GAS 2007, S. 644 (645).

1270 Schünemann, GAS 2007, S. 644 (645); s. auch Wolter, ZStW 1981, S. 452ff. und Münchhalffen/Gatzweiler, Untersuchungshaft, S. 2f., wo die Rede von sog. apokryphen Haftgründen und einem „Etikettenschwindel“ ist. Ein Fall aus der Praxis des LG Bad Kreuznach findet sich in StV 1993, S.629ff.

1271 Münchhalffen/Gatzweiler, Untersuchungshaft, S. 2.

1272 Münchhalffen/Gatzweiler, Untersuchungshaft, S. 192ff.

1273 So ist es seit 1994 bei nur etwa der Hälfte aller Untersuchungshäftlinge auch zu einer Verurteilung zu einer vollstreckbaren Freiheitsstrafe gekommen (Münchhalffen/Gatzweiler, Untersuchungshaft, S. 3).

1274 Münchhalffen/Gatzweiler, Untersuchungshaft, S. 4.

Bei nüchtern am Wortlaut orientierter Betrachtung werden also derzeit Menschen in Deutschland aus einem utilitaristischen Ansatz (Nützlichkeitskalkül) heraus durch Untersuchungshaft (seelisch) gefoltert.

Gesetzmäßige Untersuchungshaft ist zwar grundsätzlich über Art. 1 Abs. 1 S. 2 VNAFK von Folterverdikt auszunehmen. Es ist allerdings höchst fraglich, ob die pervertierte Praxis im Zusammenhang mit apokryphen Haftgründen ebenfalls unter die Ausnahmeklausel fallen würde.[1275] Würde sie es, so würde dies der behaupteten Absolutheit des Folterverbots diametral entgegenstehen.

b) Zwangshaft

Die Zwangshaft nach §§ 899ff. ZPO dient der Durchsetzung zivilrechtlicher Urteile bzw. Titel. Sie ist von besonderem Interesse, da es sich bei ihr um „eine bloße Freiheitsentziehung zur Erzwingung eines vom Gesetz befohlenen Verhaltens"[1276] handelt. Ihr Zweck ist also gleich der Folter die Erzwingung eines aktiven Tuns und nicht „nur" einer Duldung oder Unterlassung.[1277]

Wie schon oben erläutert, dient die Haft nach §§ 889 Abs. 1, 901 ZPO konkret dem Ziel, die Offenbarungsversicherung (eidesstattliche Versicherung) zu erzwingen.[1278] Durch die eidesstattliche Versicherung wird der Gläubiger darüber in Kenntnis gesetzt, „wo sich welches vollstreckbare Schuldnervermögen befindet".[1279] Das durch Vollstreckung der Zwangshaft erwirkte Ergebnis, namentlich die Abgabe der schuldnerischen Erklärung, soll den Gläubiger in die Lage versetzen, die Zwangsvollstreckung in das schuldnerische Vermögen fortzuführen.[1280] Der Schuldner soll demnach gegen seinen Willen mittels Freiheitsentzugs, das heißt körperlichem und seelischem Druck, dazu genötigt werden, ein Verzeichnis seines Vermögens anzufertigen. Die Höchsthaftdauer aufgrund desselben Schuldtitels beträgt gem. § 913 ZPO sechs Monate. In der Regel dauert die Haft aber nur wenige Stunden, da die meisten Schuldner dann schon auskunftsbereit sind.[1281] Diese Tatsache ist besonders aufschlussreich. Sie kennzeichnet den Freiheitsentzug als das, was er ist, eine äußerst gravierende Grund-

---

1275 Z.B. nach der EMRK dürfte Untersuchungshaft mit dem eigentlichen Ziel der Aussageerzwingung willkürlich sein und damit gegen Art. 5 Abs. 1 S. 2 lit. c EMRK verstoßen (vgl. Meyer-Ladewig, Art. 5, Rn. 13ff.). Zudem dürfte ein Verstoß gegen die in Art. 6 Abs. 2 EMRK enthaltene Unschuldsvermutung zu besorgen sein.

1276 Baumbach, ZPO, Übersicht §§ 899ff., Rn. 4.

1277 Andere Fälle willensbeugender Zwangsanwendung sind aufgeführt bei Gössel (in Dannecker et al.: Festschrift Otto), »Absolute« Folterverbote, S. 41 (51).

1278 Siehe bereits oben 1. Teil, Zweites Kap., II), 2), a), ac), (1), dort Fn. 419.

1279 Baumbach, ZPO, § 807, Rn. 2.

1280 Baumbach, ZPO, § 807, Rn. 2.

1281 Baumbach, ZPO, § 913, Rn. 1.

rechtseinschränkung. In der mangelnden Schutzwürdigkeit des „trödelnde[n] unehrliche[n] Schuldner[s]" liege eine ausreichende Rechtfertigung für die durch Art. 2 Abs. 2 S. 3 GG gedeckte Freiheitsbeschränkung.[1282]

Das Bundesverfassungsgericht hält § 901 ZPO für grundgesetzkonform, wobei es als Prüfungsmaßstab insbesondere auf Art. 2 Abs. 2 S. 2 GG abgestellt hat.[1283] Der Eingriff in die Freiheit der Person müsse aber dem „Grundsatz der Verhältnismäßigkeit entsprechen, der sich bereits aus dem Wesen der Grundrechte selbst ergibt, und dem als Element des Rechtsstaatsprinzips Verfassungsrang zukommt".[1284]

Im Rechtsstaatsprinzip erlangt der dem Grundgesetz immanente Gerechtigkeitsgedanke Gestalt. Demzufolge wohnen der Verhältnismäßigkeitsprüfung die grundlegenden ethischen Wertentscheidungen der Verfassung inne.

Das Verfassungsgericht prüft die Verhältnismäßigkeit im Zusammenhang mit der Zwangshaft nach altbekanntem Schema. Es hält die Zwangshaft als Rechtsinstitut generell für erforderlich, da der „(...) Schuldner die Freiheitsentziehung durch Abgabe der eidesstattlichen Versicherung jederzeit abwenden (...)"[1285] könne. Hierin klingt abermals der oben genannte Selbstbestimmungsansatz an. Das Gericht hält die Zwangshaft zwar für einschneidend, bejaht die Angemessenheit aber. Die jederzeitige Möglichkeit einer Haftentlassung durch Erfüllung der gesetzlich geschuldeten, problemlos zu wahrenden Offenbarungspflicht mindere das (ethische) Gewicht des Freiheitsentzugs.[1286] Ferner habe der tatsächlich mittellose Schuldner keinen Nachteil durch die Aufdeckung seiner Vermögensverhältnisse, und der zahlungsfähige Schuldner, der sein Vermögen verheimlichen wolle, verdiene keinen Schutz.[1287]

Weiterhin geht das Gericht vom Bestehen eines öffentlichen Interesses aus, „(...) dem Vollstreckungsgläubiger, dem der Staat als Inhaber des Zwangsmonopols die Selbsthilfe verbietet, die Verwirklichung seines Anspruchs und als Voraussetzung dafür die mit der Offenlegung bezweckte Feststellung der pfändbaren Vermögensgegenstände zu ermöglichen. Dieses Interesse dient der Wahrung des Rechtsfriedens und der Rechtsordnung, welche ihrerseits Grundbestandteil der rechtsstaatlichen Ordnung ist. Bei dieser Rechts- und Sachlage ist die Grenze der Zumutbarkeit eindeutig gewahrt".[1288]

1282 Baumbach, ZPO, Übersicht §§ 899ff., Rn. 2.
1283 BVerfGE 61, S. 126ff. = NJW 1983, S. 559.
1284 BVerfGE 61, S. 126 (134).
1285 BVerfG, NJW 1983, S. 559.
1286 BVerfG, NJW 1983, S. 559.
1287 BVerfG, NJW 1983, S. 559.
1288 BVerfG, NJW 1983, S. 559.

Die Zwangshaft stellt auch keinen Verstoß gegen das Folterverbot dar, da sie mit den „VN-Mindestbestimmungen über die Behandlung von Strafgefangenen“ in Einklang stehen dürfte und demnach über Art. 1 Abs. 1 S. 2 VNAFK zumindest vom Verbot der Folter i.e.S. auszunehmen ist.[1289]

c) Lebenslange Haft

Das Bundesverfassungsgericht erachtet die lebenslange Freiheitsstrafe generell für zulässig, solange der Verurteilte „(...) eine konkrete und grundsätzlich auch realisierbare Chance hat, (...) die Freiheit wiedergewinnen zu können“.[1290] Dann bleibe dem Gefangenen eine begründete Resthoffnung auf Haftentlassung noch zu Lebzeiten, wodurch der Kernbestand der Menschenwürde gesichert sei.[1291]

Diese pauschale Feststellung ist allerdings stark in Zweifel zu ziehen. Nach allgemeinem Verständnis setzt Strafe Schuld voraus. Schuld als persönliche Vorwerfbarkeit setzt wiederum die Möglichkeit des freien Willensentschlusses voraus.[1292]

Wie wäre aber eine nach § 211 Abs. 1 StGB zwangsläufige auszuurteilende lebenslange Freiheitsstrafe zu rechtfertigen, wenn ein hochgradig heroinabhängiger Täter einen Geschäftsmann tötet, um an den Inhalt seiner Brieftasche zu gelangen.[1293] Im Zeitpunkt der Tathandlung ist der Täter zwar nicht akut berauscht, aber auch wenn eine rechtmäßige Verhaltensalternative ihm möglich gewesen sein mag, war sein Tatentschluss doch durch die Sucht bedungen. Er wollte das Geld einzig an sich bringen, um den nächsten Heroinkonsum finanzieren zu können.

Neben allgemeinen wissenschaftlichen Zweifeln am freien Willen[1294] sind entsprechende Zweifel im vorliegenden Fall evident. Der „freie“ Wille erscheint hier als Konstrukt, dessen sich bedient wird, um gewünschte Ergebnisse zu rechtfertigen, also die Verurteilung zu und Vollstreckung der Freiheitsstrafe. Es stellt sich die Frage, ob sich die lebenslange Freiheitsstrafe in diesem Fall überhaupt mit den herrschenden relativen Strafzwecktheorien begründen ließe, die präventiv ausgerichtet sind.

1289 Ihre Konformität mit der EMRK wurde bereits gerichtlich festgestellt (LG Koblenz, DGVZ 2008, S. 105).

1290 BVerfGE 45, 187 (245).

1291 BVerfGE 45, 187 (245).

1292 Roxin, Strafrecht AT, Band I, § 19, Rn. 20.

1293 Wohlgemerkt würde das Beispiel auch funktionieren, wenn keine lebenslange, sondern nur zeitige Freiheitsstrafe verhängt würde. Die besondere Dimension des Grundrechtseingriffs im Falle lebenslanger Freiheitsstrafe macht das Beispiel allerdings anschaulicher.

1294 Dazu s. Roxin, Strafrecht AT, Band I, § 19, Rn. 21, m.w.N. in Fn. 44.

Die Theorie positiver Generalprävention zielt auf die Erhaltung und Stärkung des Vertrauens der Gesellschaft in die Rechtsordnung ab.[1295] Sie unterscheidet zwischen „(...) drei unterschiedlichen, wenn auch ineinander übergehenden Zielen und Wirkungen (...)“[1296].

Durch die „Einübung der Rechtstreue“ soll sich ein Lerneffekt einstellen. Ein derartiger Effekt mag bei den Bürgern eintreten, die ihren Willen „frei“ bilden können. Bei vielen, insbesondere der Vergleichsgruppe suchtkranker Menschen, wird die im Einzelfall verhängte Strafsanktion die erwünschte Wirkung aber – bestenfalls – eingeschränkt erzielen.

Weiterhin soll die Rechtsdurchsetzung bei den Bürgern einen Vertrauenseffekt bewirken. Die Bevölkerung wird allerdings durch die Tätigkeit der Strafjustiz im hiesigen Fall nicht mehr in die Rechtsordnung vertrauen, als es durch die Ergreifung anderer (milderer) Maßnahmen der Fall wäre. (Lebenslange) Freiheitsstrafe muss aber ultima ratio sein.

Prima facie lassen sich andere Suchtkranke aufgrund des Suchtdrucks auch durch Strafandrohung und -vollstreckung nicht nachhaltig von der Begehung szenetypischer Vermögensdelikte abhalten. Eine wirksamere (Präventions-) Maßnahme ist in vorstrafrechtlicher Vorsorge bzw. in der staatlichen Unterstützung bei geeigneten Entzugsmaßnahmen zu sehen.

Einzig der Befriedigungseffekt mag sich einstellen. Dieser speist sich aus dem Bewusstsein der Bevölkerung, der Konflikt mit dem Täter sei durch die Strafe erledigt.

Es wäre eine offenkundig utilitaristische Position, die Glättung der durch die Tat gesellschaftlich verursachten Wogen als einzigen positiven generalpräventiven Strafeffekt zu akzeptieren. Mit dem aus Art. 1 Abs. 1 GG herrührenden Schuldprinzip wäre es nicht in Einklang zu bringen, sich nur mit dieser Wirkung zu begnügen.

Negative Generalprävention ist kollektive Abschreckung durch Strafe. Wie bereits anklang, werden sich jedoch weder andere Suchtkranke, noch Affekt- oder Überzeugungstäter durch Strafe ausreichend abschrecken lassen.

Auch die Spezialprävention dient dem Zweck der Verbrechensverhütung.[1297] Anders als die Generalprävention zielt sie auf den Täter selbst ab.

Ziel der positiven Spezialprävention ist die Besserung und Resozialisierung des Täters. Hochgradig Suchtkranke lassen sich aber nur durch einen erfolgreichen Drogenentzug resozialisieren. Der in Haftanstalten regelmäßig weiter bestehende Zugang zu Drogen macht einen Entzug aber schwer bis unwahrscheinlich. In

1295 Roxin, Strafrecht AT, Band I, § 3, Rn. 26.

1296 Roxin, Strafrecht AT, Band I, § 3, Rn. 27.

1297 Zur Spezialprävention vgl. Roxin, Strafrecht AT, Band I, § 3, Rn. 11ff.

Ermangelung ausreichender Nachsorge, z.B. haftbegleitender psychotherapeutischer Maßnahmen, sind sogar nach einem erfolgten Entzug hohe Rückfallraten zu beklagen. Im Anschluss an die Haftentlassung kommt es dann zu erneuter Beschaffungskriminalität. Die mangelnde personelle und finanzielle Ausstattung der Anstalten macht Freiheitsstrafe bei Suchtkranken letztlich zu keinem tauglichen Mittel positiver Spezialprävention.

Ziel der negativen Spezialprävention ist es, die Allgemeinheit vor dem Täter zu schützen und ihn durch Strafe von der Begehung weiterer Taten abzuhalten. Nach bereits Gesagtem vermag die Strafe an sich den hiesigen Täter jedoch schwerlich vor erneuter Straffälligkeit zu bewahren. Einzig der Schutz der Gesellschaft vor dem Täter wird für die Zeit des geschlossenen Vollzugs gewährleistet. Dies ändert freilich nichts am gesellschaftlichen Problem der Betäubungsmittelkriminalität. Auch durch Drogenlieferungen an süchtige Häftlinge wird der Kreislauf der Betäubungsmittelkriminalität aufrechterhalten. Die negativen Auswirkungen der Drogenkriminalität verbleiben also weder vor noch hinter den Mauern der Justizvollzugsanstalten.

Demnach ließe sich bereits zeitige Freiheitsstrafe im vorliegenden Fall anhand der relativen Strafzwecktheorien kaum begründen. Dies gelte erst recht für den ungemein härteren Grundrechtseingriff einer lebenslangen Freiheitsstrafe. Eingedenk einer schon nur schwer begründbaren zeitigen Freiheitsstrafe und genereller Zweifel an der Vereinbarkeit von lebenslanger Freiheitsstrafe und Würderecht läge hier in der Verhängung letztgenannter Strafe ein offensichtlicher Würdeverstoß. Erfahrungsgemäß ist die Verhängung lebenslanger Freiheitsstrafen in ähnlichen Fällen dennoch keinesfalls ausgeschlossen.

d) Finaler Rettungsschuss

Man stelle sich ähnlich Brugger den Fall eines Geiselnehmers vor, welcher zur Untermauerung der Ernsthaftigkeit seiner Forderungen alle 15 Minuten eine Geisel erschießt.[1298] In diesem Fall dürfte der finale Rettungsschuss Anwendung finden.[1299] Der Geiselnehmer könnte also durch einen Polizisten vorsätzlich erschossen werden.[1300]

1298 Vgl. Brugger, JZ 2000, S. 165 (168).

1299 Exemplarisch ist die Regelung in § 54 Abs. 2 PolG BW: „Ein Schuss, der mit an Sicherheit grenzender Wahrscheinlichkeit tödlich wirken wird, ist nur zulässig, wenn er das einzige Mittel zur Abwehr einer gegenwärtigen Gefahr einer schwerwiegenden Verletzung der körperlichen Unversehrtheit ist.“

1300 Gewiss dürfte der Geiselnehmer auch durch jeden beliebigen Dritten getötet werden, solange die Voraussetzungen der Notwehr- oder Nothilfe vorlägen, wovon in derartigen Fällen im Allgemeinen auszugehen ist.

Der Todesschuss wird durch die Befugnis des Staates erklärt, zur Abwehr von Gefahren für die Gemeinschaft Zwangsmittel zu gebrauchen. Das Recht hierzu folge aus der Idee der Staatsgewalt.[1301]

Sieht man das Leben mit dem Bundesverfassungsgericht in untrennbarem Zusammenhang mit der Menschenwürde,[1302] so liegt es nahe, den staatlichen Todesschuss neutral formuliert zumindest als würderelevante Maßnahme zu betrachten.[1303] Fraglich ist also, warum es dem Staat zur Abwehr von Gefahren sogar möglich ist, gezielt menschliches Leben zu vernichten.

Die Zulässigkeit de lege lata ergibt sich bereits aus der Tatsache, dass die entsprechenden Regelungen der Polizeigesetze sonst allesamt verfassungswidrig wären, wovon in Anbetracht ihrer langen Gültigkeit trotz kontroverser Diskussion nicht ausgegangen werden kann.[1304] Diese rechtspositivistische Feststellung kann jedoch nicht die Beantwortung der rechtsphilosophischen Frage nach der Zulässigkeit des finalen Rettungsschusses ersetzen.

Für die Zulässigkeit spreche neben der Idee der Staatsgewalt, die Rechtsidee des Personseins, nach der nur derjenige Träger unantastbarer Würde sein könne, „dessen personale Existenz die Grundwerte staatlicher Ordnung achte".[1305] In Extremfällen der Todesdrohung oder Lebensvernichtung, also der massiven Missachtung der Rechte Dritter durch einen Rechtsbrecher, würde dessen (Würde-)Achtungsanspruch hinfällig.[1306]

Rupprecht bemerkt hingegen, auch der Rechtsbrecher, welcher das Leben anderer missachte, verliere nicht seinen Würdeanspruch.[1307] Die Tötung eines Menschen sei aber nicht zwangsläufig als Verletzung der Menschenwürde zu werten. Die Wertung sei abhängig von den Umständen des Einzelfalls. So läge in der Tötung als „(...) unumgängliche Konsequenz der Abwehr eines schwerwiegenden und gewalttätigen Angriffs auf menschliches Leben, Gesundheit oder hohe Vermögenswerte (...)"[1308] keine völlige Negation der Menschenwürde des

---

1301 Rupprecht, JZ 1973, S. 263 (264); von Winterfeld, NJW 1972, S. 1881.

1302 Siehe oben 2. Teil, Erstes Kap.

1303 Ähnlich Pajarola, Gewalt im Verhör, S. 205, m.w.N. in Fn. 1245, der gut nachvollziehbar herausarbeitet, welche Gesichtspunkte dafür sprechen, den Rechtsbrecher durch den Todesschuss bzw. seine Androhung als zum Objekt degradiert zu betrachten. Wobei gerade durch die Androhung des Todes nicht „nur" ein passives Hinnehmen einer Maßnahme, sondern der bewusste Abbruch eines gewollten Kausalverlaufs abverlangt wird, worin eine besonders schwere Einwirkung auf die Willensbetätigungsfreiheit zu sehen ist.

1304 Zur Diskussion s. schon Schmidt, NJW 1973, S. 449f.

1305 Von Winterfeld, NJW 1972, S. 1883.

1306 Von Winterfeld, NJW 1972, S. 1883.

1307 Rupprecht, JZ 1973, S. 266f.

1308 Rupprecht, JZ 1973, S. 266f.

Rechtsbrechers. Danach geht Rupprecht sogar für den Fall der Tötung von einem unangetasteten Wesensgehalt des Würdegrundrechts aus.[1309]

Eingedenk seiner Verortung im Gefahrenabwehrrecht dient der finale Todesschuss gleich der diskutierten Rettungsfolter der Bekämpfung gegenwärtiger Gefahren für hochrangige Rechtsgüter. Diese Tatsache ist stets zu berücksichtigen. Sonst läge schnell die Gefahr eines Verstoßes gegen das in Deutschland ebenfalls mit der Menschenwürde begründete und in Art. 102 GG ausdrücklich normierte Verbot der Todesstrafe vor. Auch Art. 2 Abs. 2 EMRK gestattet die Tötung eines Menschen, „(...) wenn sie sich aus einer unbedingt erforderlichen Gewaltanwendung ergibt (...) um die Verteidigung eines Menschen gegenüber rechtswidriger Gewaltanwendung sicherzustellen (...)“. „Das Leben des Angegriffenen oder die Verhinderung eines massiven Angriffs auf dessen körperliche Integrität wird [also] höher eingestuft als das Leben des Angreifers.“[1310]

Wie der Fall Schleyer gezeigt hat, sieht das Bundesverfassungsgericht die Erfüllung der Forderungen von Terroristen bzw. Geiselnehmern wegen der unerlässlichen Wahrung der Integrität der Rechtsordnung hingegen nicht als zulässiges Mittel zur Rettung bedrohter Geiseln an.[1311]

e) Andere willensbeugende Maßnahmen

Weitere prominente Beispiele folterähnlicher Eingriffe in die Menschenwürde bzw. willensbeugender staatlicher Maßnahmen finden sich in § 81 a StPO, dort ist insbesondere die Diskussion um den sogenannten Brechmitteleinsatz zu nennen,[1312] in den die Sicherungsverwahrung betreffenden §§ 66, 66 lit. b StGB[1313] und in § 64 StGB[1314], der die Anordnung der Unterbringung in einer Entziehungsanstalt regelt.

1309 Den Begriff Wesensgehalt benutzt Rupprecht ausdrücklich im Rahmen der – ebenfalls abgelehnten – Verletzung des Lebensrechts, welches dem Rechtsbrecher zwar weiterhin zustehe, das aber letztlich dem Lebensrecht der Angegriffenen weichen müsse (Rupprecht, JZ 1973, S. 266).

1310 Starck in v. Mangoldt/Klein/Starck, GG I, Art. 1 Abs. 1, Rn. 78, m.w.N. in Fn. 254.

1311 BVerfGE, 46, S. 160ff.

1312 Siehe hierzu Gaede, HRRS 2006, S. 241ff.; Krausein LK-StPO, Bd. 2, § 81 a, Rn. 51f.; Pajarola, Gewalt im Verhör, S. 212ff.

1313 Siehe hierzu Pajarola, Gewalt im Verhör, S. 216ff.

1314 Siehe hierzu Gössel (in Dannecker et al.: Festschrift Otto), »Absolute« Folterverbote, S. 41 (51).

3) Zwischenergebnis

Es ist also erratisch von einer Absolutheit der Menschenwürde auszugehen, versteht man sie als Verbot jedweder Abwägung ohne Anschauung des Einzelfalls unter Leugnung der Möglichkeit von Grundrechtskollisionen. Ausweislich der Rechtsprechung des Verfassungsgerichts und der analysierten gesetzlichen Regelungen werden Maßnahmen, die prima facie als unzulässige Würdeeingriffe erscheinen, in besonderen Konstellationen gerade nicht als Würdeverletzung gewertet. Der Terminus Würde ist letztlich nach Trapp „(...) ein höchst allgemeiner und unbestimmter normativer Rechtsbegriff".[1315] Wie dieser weiter feststellt, kann die Deutung des Begriffs erst in konkreten Regelungszusammenhängen erfolgen.[1316] Deshalb stellt das Bundesverfassungsgericht Würdeverletzungen auch nur kontextbezogen fest.

Es stellt sich die Frage, warum gewisse Nötigungs- bzw. Gewaltformen, die ähnlich der Folter die Würde berühren, sogar gesetzlich vorgesehen sind, Folter aber (vermeintlich) konsequent geächtet wird. Im Folgenden sind deshalb die Regeln zu ergründen, nach denen würdetangierende Zwangsmaßnahmen de lege lata als zulässig betrachtet werden.

II) Ethische Prinzipien und Würdeeinschränkungen

Die vorgestellten Gesetzesregelungen und Gerichtsentscheidungen sind im Zusammenhang mit der Tatsache eines immerwährenden Spannungsverhältnisses von Recht und Gerechtigkeit zu sehen. Letztlich suchen Rechtsordnung und Politik dieses problematische Verhältnis durch einen möglichst gerechten Interessenausgleich zu lösen. Es geht also um Interessenausgleich, unabhängig von der Stufe, auf der er angesiedelt wird. Die Akzeptanz der Notwendigkeit eines derartigen Ausgleichs impliziert die Erkenntnis möglicher Kollisionen von (gegebenenfalls gleichrangigen) Pflichten auch innerhalb der bestehenden Normenordnung. In vermeintlicher Hilflosigkeit zu konstatieren, da sich eine gewisse Kollision nicht lösen ließe, gäbe es eigentlich überhaupt kein Kollisionsproblem, ist wohlfeil.[1317] Glücklicherweise beschreitet das Bundesverfassungsgericht diesen Weg nicht. Fraglich ist nur, anhand welcher Kriterien der Interessenausgleich in obigen Fällen bzw. den genannten Normen erfolgt ist.

Insofern sind allem Anschein nach gewisse Prinzipien zur Anwendung gelangt.

1315 Trapp, Folter, S. 157.

1316 Trapp, Folter, S. 157.

1317 Kretschmer, RuP 2003, S. 102 (107f.).

Eines dieser Prinzipien scheint die (verhältnismäßige)[1318] Subordinierung der Interessen des Einzelnen unter das Allgemeinwohl zu sein. Es geht also um ein Nützlichkeitskalkül.

1) Nützlichkeitsprinzip[1319]

Im Zusammenhang mit der Sicherungsverwahrung müssen Sicherungsverwahrte eine Beschränkung ihres Würdeschutzes zugunsten der Grundrechte Leben, körperliche Unversehrtheit und Eigentum hinnehmen, die sie – aus Perspektive der Allgemeinheit – gefährden.[1320] Ein partielles Zurückweichen des Würdeschutzes wegen einer Bedrohung von Grundrechten, die nach herrschender Meinung unterhalb der Würde stehen, lässt besonders aufhorchen. Die Gewichtung verschiedener Grundrechte erscheint demnach einzelfallabhängig. So verbietet es sich, eine starre, stets verbindliche Hierarchie der Grundrechtsnormen zu unterstellen.

1318 Der Verhältnismäßigkeitsgrundsatz unterfällt dem Nützlichkeitsprinzip (dazu sogleich mehr), da es für Staat und Gesellschaft nützlich ist, wenn der Staat gerechtigkeitsorientiert den besten Ausgleich aus Sicherheit, Freiheit und Partizipation gewährleistet. Das Vorverhaltensprinzip (dazu s. den übernächsten Abschn.) setzt die Einwirkungs- lediglich in Verbindung zur Vorverhaltensdimension. Die staatliche Einwirkung wird also begrenzt durch das ethische Gewicht des Vorverhaltens. Somit darf nicht mehr genommen werden, als genommen wurde. Ähnlichkeit besteht insofern zur Vergeltungstheorie (s. dazu Roxin, Strafrecht AT, Band I, § 3, Rn. 2ff.). Dabei handelt es sich aber um kein ganzheitliches, staatstragendes Verhältnismäßigkeitsprinzip, so wie es heutzutage verstanden wird, sondern um ein höchst relatives Prinzip.

1319 Greco spricht bei der Beschreibung eines hiermit vergleichbaren Prinzips von einer „Kostenregel" (vgl. GAS 2007,S. 628 (634)). Schünemann bringt die Greco'sche „Kostenregel" in Verbindung mit der zweckrationalen Notwendigkeit des Strafens, wie sie für die sog. relativen Strafzwecktheorien zu verlangen ist (vgl. GAS 2007, S. 644). Die meisten der in diesem Kontext relevanten Rechtsinstitute haben aber keinen strafenden Charakter (Untersuchungshaft, Zwangshaft, Sicherungsverwahrung und finaler Rettungsschuss). Natürlich besitzen sie stark präventive Anleihen, tendieren aber auch in Richtung verwaltungsrechtlicher Kosten-Nutzen-Abwägungen, wie sie im Rechtsinstitut der Störerverantwortlichkeit (hier Überschneidung mit Vorverhaltensprinzip) und insbesondere in der Rechtsfigur des Nichtstörers zum Ausdruck kommen.

1320 Bei der Gefährdungsfeststellung handelt es sich wohlgemerkt um eine gutachterliche Prognoseentscheidung. Ob der elemantaren Rechtsgüter, die gegebenenfalls bedroht sein könnten, und der kriminellen Vorgeschichte der Sicherungsverwahrten, wird diese für ausreichend erachtet, um die mit der Verwahrung verbundene massive Grundrechtseinschränkung zu begründen.

Bei der Untersuchungshaft ist es das Allgemeininteresse an wirksamer Verbrechensbekämpfung, das zur Begründung des „Sonderopfers“[1321] Freiheitsentzug herangezogen wird. Dieses Interesse scheint der Strafverfolgungspraxis sogar derart hoch zu erscheinen, dass sie die Untersuchungshaft als Mittel zur Abnötigung von Geständnissen missbraucht. Dem Häftling wird also nicht nur abverlangt, die Freiheitseinschränkungen des Vollzugs hinzunehmen, er soll sogar gezwungen werden auszusagen oder zu gestehen.[1322]

Die Zwangshaft soll der Aufrechterhaltung der rechtsstaatlichen Ordnung in ihren Erscheinungsformen Rechtsfrieden und Rechtsordnung dienen. Dahinter steht der Gedanke der Wahrung des staatlichen Gewaltmonopols. Verbietet der Staat die Selbsthilfe, so muss er dem Gläubiger durch Zwangsmaßnahmen gegenüber dem Schuldner zur Seite springen. Würde er dem durch die gesetzgeberischen Entscheidungen grundsätzlich begünstigten Gläubiger nicht beistehen, wäre die Gefahr der Selbstjustiz zu besorgen, was letztlich zu einer Erosion des Gewaltmonopols und damit des Staates an sich führen könnte.

Ferner führt die lebenslange Freiheitsstrafe im oben genannten Beispiel bestenfalls zu einer Sicherung der Gesellschaft vor dem Täter für die Zeit der Inhaftierung und zu einer Beruhigung des Rechtsbewusstseins der Allgemeinheit. Da der Gedanken positiver Spezialprävention nicht ausreichend zur Geltung kommt, bringt die lebenslange Freiheitsstrafe hier nur (eingeschränkt) Nutzen auf kollektiver Ebene. Dennoch wird in ihr auch in derartigen Fällen kein Verstoß gegen die Menschenwürde gesehen.

Greift man den im Zusammenhang mit dem finalen Rettungsschuss genannten Gedanken auf, das Gewaltmonopol des Staates verpflichte und berechtige ihn, zur Abwehr von Gefahren für die Gemeinschaft, Zwangsmittel zu gebrauchen, so wird damit abermals das kollektive Interesse an der Selbsterhaltung des Staates betont. Rechtfertigt der Staat sein Gewaltmonopol nämlich nicht durch den Schutz seiner Bürger, so lebt der Naturzustand wieder auf, um es mit Kants Worten zu sagen. Man könnte aus gesellschaftsvertraglicher Sicht auch argumentieren, der Staat würde dem Gesellschaftsvertrag dann seine Grundlage entziehen.

1321 Zum Begriff „Sonderopfer“ vgl. Depenheuer (in Depenheueret al.: Festschrift Isensee), Bürgeropfer,S. 43ff.

1322 Zu der oft willkürlichen Unterscheidung zwischen Zwang zu positivem Tun und absolutem Zwang, der „lediglich“ passiv zu dulden sei, wird im nächsten Gliederungspunkt ausgeführt.

Alle vorgenannten Wertentscheidungen zeigen eine deutliche Tendenz dahingehend auf, zur Lösung von Grundrechtskollisionen – explizit auch im Würdebereich – Nützlichkeitserwägungen anzustellen.[1323]

Dabei handelt es sich wohlgemerkt um Nützlichkeitserwägungen, die dem geltenden Recht entnommen werden. Schließlich werden auf Normebene vorausgesehene Grundrechtskollisionen bereits abstrakt-generell u.a. zu Gunsten des gesellschaftlich für nützlicher gehaltenen Ergebnisses aufgelöst.

Bei Normunverträglichkeiten, die dem an jede Rechtsordnung zu stellenden Schlüssigkeitspostulat zwangsläufig entgegenstehen, in einer nicht vom Notstand gedachten Rechtsordnung in Extremfällen aber unvermeidlich sind, wird der empirisch belegte Konflikt zuweilen einfach mit der Behauptung geleugnet, die bestehenden Normen hielten auch hierfür bereits eine systemimmanente „Auflösungsmöglichkeit" bereit. Letztlich werden diese Fälle dann vom Bundesverfassungsgericht durch eine lediglich auf die Ebene des Schutzbereichs vorverlagerte ethische Abwägung der Konsequenzen einer Normbefolgung bzw. Normverletzung abgewogen. Dem für nützlicher erachteten Ergebnis gebührt dann der Vorrang.

Dieses Konzept ist angelehnt an die utilitaristische Ethik, die generell nur jene Normen für begründet erachtet, deren Befolgung generell (Regelutilitarismus) oder im konkreten Einzelfall (Handlungsutilitarismus) mehr gute als schlechte Konsequenzen hat.[1324] Ihm wohnt eine Absage an Kants Gesinnungsethik inne,[1325] denn Kant hält moralische Gesetze nur dann für tauglich, dem „Vernunftswesen" Mensch einsichtig zu sein, wenn sie kategorisch gebieten und daher unbedingt und unter allen Umständen befolgt werden müssen.[1326] Der abwägungsfeindliche Kant belegt gewisse Verhaltensweisen mit einem intrinsischen Werturteil. So hält er beispielsweise die Lüge unter allen Umständen für verboten.[1327] Das Bundesverfassungsgericht hat aber sogar im Zusammenhang mit mutmaßlichen Würdeverletzungen die Möglichkeit rein modal bestimmter, intrinsisch (würde-)verletzender Verhaltensweisen ausgeschlossen. Wie gezeigt, ist der grundgesetzliche Höchstwert Würde eben nicht in dem Sinne unveräußerlich und unantastbar, als er jedem Menschen unter allen Umständen (uneingeschränkt) eingeräumt wird. Zumindest wird das, was unter „normalen" Umständen als Würdeverletzung angesehen wird, z.B. eine Freiheitsberaubung auf quasi unbestimmte Zeit, im Falle des Vorliegens der Tatbestandsvoraussetzungen der

---

1323 Zu diesen Erwägungen gesellen sich weitere Prinzipien der Zuschreibung von Verantwortlichkeit, die Einbußen bei der Berücksichtigung von Interessen begründen können. Die weiter relevanten Prinzipien werden im Folgenden vorgestellt.

1324 Vgl. Welding, RuP 2003, S. 222 (224).

1325 Vgl. Fahl, JR 2004, S. 182 (185).

1326 Vgl. Welding, RuP 2003, S. 222 (224).

1327 Siehe Hinweis auf Originalfundstelle bei Welding, RuP 2003, S. 222 (227), Fn. 14.

Sicherungsverwahrung eben nicht als Würdeverletzung betrachtet. Bei dieser sophistischen Feststellung handelt es sich um einen normativen Kunstgriff, der an dem unter gewissen Umständen notwendigen Zurückweichen des Würdeachtungsanspruchs nichts ändert.

Art. 1 Abs. 1 S. 1 GG wohnt allerdings ein deontologischer Gehalt in Form des unbedingten Appells inne, jeder Mensch habe die Menschenwürde anderer bzw. der Staat habe die Menschenwürde unbedingt und stets zu achten.

Andererseits versagt es eine Rechtsordnung dem Staat natürlich grundsätzlich, eine Norm zu verletzen, ohne hierfür eine entsprechende gesetzliche Regelung anführen zu können. So kann man Welding im Allgemeinen Recht geben, wenn er Gesetzesbestimmungen für insofern abwägungsfest hält, „(...) als eigenständige, von Rechtsnormen unabhängige Erwägungen zwischen den Konsequenzen der Befolgung einer Norm und der Verletzung einer anderen Norm juristisch nicht vertretbar sind."[1328] Unsere Rechtsordnung ist aber von Generalklauseln und grundrechtlichen Wertentscheidungen nach Art der Menschenwürde geprägt, wobei letztere als Verfassungsprinzip mit programmatischem Charakter, zusätzlich aber auch als Leitgrundsatz verstanden wird, der bei der Auslegung und Konkretisierung der übrigen Grundrechte zu berücksichtigen ist.[1329] Die Menschenwürdegarantie fungiert als „Fenster" der positiven Rechtsordnung zu überpositiven Maßstäben.[1330] Deshalb ist die Grenze zwischen einer Entscheidung im Recht, also im positiven Recht, und einer überpositiv-ethischen und damit vorgesagtem Grundsatz widersprechenden Entscheidung fließend.

2) Vorverhaltensprinzip[1331]

Der Untersuchungshäftling rechtfertigt durch seine Person und sein Verhalten die Annahme eines dringenden Tatverdachts nebst spezifischem Haftgrund.[1332]

1328 Welding, RuP 2003, S. 222 (225).

1329 Pajarola, Gewalt im Verhör, S. 118.

1330 Zu diesem Thema s. Starck in v. Mangoldt/Klein/Starck, GG I, Art. 1 Abs. 1, Rn. 17, m.w.N. in Fn. 72.

1331 Greco spricht bei der Beschreibung eines hiermit vergleichbaren Prinzips von einer „Verwirkungsregel" (Greco, GAS 2007, S. 628 (633)). Die Regel könnte man mit dem Kant'schen Postulat nach Selbstbestimmung in Freiheit in Verbindung bringen. Aus dem zentralen Element der kant'schen Ethik, namentlich dem Kategorischen Imperativ, lässt sich dann auch die Notwendigkeit von Verantwortlichkeit herleiten (zum Kategorischen Imperativ s. Trapp, Folter, S. 109ff.). Schünemann sieht in Grecos „Verwirkungsregel" einen Verweis auf die absoluten Strafzwecktheorien (Schünemann, GAS 2007, S. 644). Dieser rein strafrechtliche Blickwinkel von Schuld und Sühne passt allerdings nicht auf Fälle, in denen sich weniger die Schuldfrage, als mehr die Frage der Gefahrenabwehr stellt.

Im Kontext der Zwangshaft wird der Normadressat aufgrund seines gesetzeswidrigen Vorverhaltens als weniger schutzwürdig erachtet. Weiter konstatierte das Bundesverfassungsgericht, der in Zwangshaft befindliche Schuldner könne die Freiheitsentziehung durch pflichtgemäße Abgabe der eidesstattlichen Versicherung jederzeit beenden. Dies mindere das Gewicht der Freiheitsentziehung. Letztlich behält der Rechtsbrecher durch Zurechnung der Folgen des von ihm selbstbestimmt veranlassten Geschehens gerade seine Subjektstellung.[1333]

Bei der lebenslangen Freiheitsstrafe für den suchtkranken Mörder zeigt sich, dass sogar im Strafverfahren, also nicht nur im Rahmen exekutiver Gefahrenabwehrmaßnahmen, Verschulden bzw. Schuld eine sehr relative Größe ist, die zur vermeintlichen Durchsetzung kollektiver (Sicherheits-)Interessen zuweilen vernachlässigt wird. Hier wird das objektiv zwar vom Täter kausal und zurechenbar veranlasste Geschehen in einer dem Gefahrenabwehrrecht ähnelnden Art und Weise vom subjektiven Leistungsvermögen des Täters entkoppelt. Dieser Ansatz deutet auf die Interaktion von Vorverhaltens- und Nützlichkeitsprinzip hin.

Am Vorverhalten orientiert sich auch von Winterfeld, der die Zulässigkeit des finalen Rettungsschusses in Verbindung mit dem Personenstatus sieht. So spricht er dem Geiselnehmer wohl nicht das Menschsein ab, sieht den Anspruch einer Unantastbarkeit der Würde jedoch an den Personenstatus gebunden, der wiederum nur demjenigen zustehe, dessen Vorverhalten kein eklatantes Achtungsdefizit betreffend der Grundwerte staatlicher Ordnung durchblicken lasse. Dieses Konzept,[1334] gegen das erhebliche Bedenken bestehen, da es entgegen dem Würdebegriff des Grundgesetzes eine unzulässige Differenzierung zwischen menschlichem und personalem Leben vornehme,[1335] impliziert aber auch den allgemein akzeptierten Gedanken, nachdem die Folgen eines (gegenwärtigen rechtswidrigen) Angriffs dem Angreifer zuzurechnen sind.

In diesem Zusammenhang sei an obigen Hinweis erinnert, ein „Rettungsschuss" wäre auch für Privatpersonen über die Notrechte Notwehr und Nothilfe zu recht-

1332 Die Untersuchungshaft kann ja auch nur dann und deshalb verhältnismäßig sein. Das Vorverhaltensprinzip wird hier aber deutlich vom Nützlichkeitsprinzip überlagert, bedenkt man die trotz dringendem Tatverdacht bestehende Unsicherheit, ob der Verdächtige überhaupt Täter ist.

1333 In der Möglichkeit, den selbstinitiierten Geschehensablauf durch Erfüllung der Gesetzespflicht – vor Vollstreckung dieser Pflicht durch den Staat – abzubrechen, sodass es nicht zur „Ersatzvornahme" kommen muss, könnte man ein weiteres Prinzip erblicken (s. dazu im unmittelbar Folgenden mehr unter dem Begriff „Autonomieprinzip").

1334 Vgl. den ähnlichen Ansatz bei Jakobs, ZStW 1985, S. 751ff.; ders., HRRS 2004, S. 88ff.

1335 So Otto, JZ 2005, S. 473 (477f.); s. auch Gaede (in Camprubi: Angst und Streben nach Sicherheit), Fragilität des Folterverbots, S. 155 (175ff.).

fertigen. Normativ steht dahinter das allgemeine Rechts- und Ethikprinzip, nachdem die Folgen von Handlungen, die erforderlich sind, um gegenwärtige rechtswidrige Angriffe abzuwenden, in die Verantwortung des Angreifers fallen.[1336] Merkel formuliert hier prägnant: „Normativ betrachtet bringt sich der Angreifer mit der tödlichen Verteidigung, die er zur Blockade seines rechtswidrigen Tuns erforderlich machte, selbst um.“[1337] Dem Geiselnehmer wäre der Schuss als Nothilfehandlung aber nicht nur normativ zuzurechnen. Er hätte es ebenfalls in der Hand, die mittelbare Selbsttötung zu vermeiden.[1338] Er müsse lediglich seiner unbedingten rechtlichen Verpflichtung nachkommen, von dem Tötungsvorhaben abzusehen.

Gleichgelagert ist das Problem des Abschusses zur Waffe umfunktionierter Flugzeuge. Nach der Entscheidung zum Luftsicherheitsgesetz verletzt der Abschuss eines nur mit Entführern besetzten Flugzeugs nicht deren Würdeanspruch. Die Täter behielten ihr Selbstbestimmungsrecht, da sie den Angriff jederzeit beenden und damit den Abschuss abwenden könnten.

Demnach wird in den analysierten Fallgruppen stets ein rechtsgutsgefährdendes oder -verletzendes Vorverhalten verlangt. Relativ ungewiss ist lediglich bei der Untersuchungshaft, ob dies auch demjenigen zuzuordnen ist, der einer würderelevanten Maßnahme ausgesetzt ist. Gesetzeswidrig muss das Vorverhalten aber wiederum bei allen besprochenen Rechtsinstituten sein. Ob es auch schuldhaft erfolgt sein muss, ist zumindest bei der Zwangshaft fraglich. Es wäre aber wohl nicht verhältnismäßig und damit unzulässig, einen Geisteskranken in Zwangshaft zu nehmen. Allerdings setzen vergleichbare Maßnahmen wie die Unterbringung in einem psychiatrischen Krankenhaus gem. § 63 StGB oder der Unterbringungsbefehl gem. § 126 a StPO gerade kein (uneingeschränkt) schuldhaftes Verhalten voraus. Beide Rechtsinstitute lassen es für den mit ihnen verbundenen Freiheitsentzug ausreichen, wenn belastbare Anhaltspunkte für eine erhebliche Gefährdung der Allgemeinheit bzw. der öffentlichen Sicherheit durch den Maßnahmeadressaten vorliegen. Für das Vorverhaltensprinzip ist Schuld aber letztlich eine bedeutsame Größe. Sie kann in ihrer Bedeutung lediglich durch die Interaktion mit dem Nützlichkeitsprinzip zurückgedrängt werden.

Der finale Rettungsschuss und die Zwangshaft setzen zudem eine andauernde Gefahr der (Weiter-)Verletzung von Rechtsgütern voraus, wobei der Adressat verpflichtet und befähigt sein muss, die Gefahr zu beseitigen. In Anbetracht der bei dem Maßnahmeadressaten liegenden Befähigung, die staatliche Einwirkung

---

1336 Merkel (in Pawlik/Zaczyk: Festschrift Jakobs), Folter und Notwehr, S. 375 (390ff.).

1337 Merkel, (in Pawlik/Zaczyk: Festschrift Jakobs), Folter und Notwehr, S. 375 (390ff.).

1338 Hierin könnte man gleich der Situation bei der Zwangshaft ein weiteres Prinzip erblicken (s. dazu im unmittelbar Folgenden mehr unter dem Begriff „Autonomieprinzip“).

jederzeit abwenden zu können, kann von einem zusätzlichen, eigenständigen Prinzip gesprochen werden, namentlich einem Autonomieprinzip.[1339] Liegen seine Erfordernisse vor, so stärkt dies die hoheitliche Eingriffsbefugnis.

Alle weiteren Rechtsinstitute, also Untersuchungshaft, Sicherungsverwahrung und lebenslange Haft, letztgenannte allerdings nur bei Betonung des Elements negativer Spezialprävention, setzen wenigstens die potentiell andauernde Gefährlichkeit des (wahrscheinlichen) Täters voraus.

3) Zwischenergebnis

Resümierend wird für erheblich würderelevante Grundrechtsbeschränkungen ein rechtsgutsgefährdendes oder -verletzendes, gesetzeswidriges Vorverhalten und eine andauernde Rechtsgütergefährdung nebst Gefahrbeseitigungspflicht und -möglichkeit (finaler Rettungsschuss und Zwangshaft) oder zumindest eine potentiell andauernde Gefährlichkeit des Maßnahmeadressaten (Untersuchungshaft, Sicherungsverwahrung und lebenslange Haft) vorausgesetzt.

Zusätzlich gilt, je gewichtiger die Gefährdung oder Schädigung von Rechtspositionen ist, was sich qualitativ, aber auch quantitativ bestimmt, desto eher ist eine würderelevante Rechtsbeeinträchtigung zulässig. Das Gewicht einer Gefährdung oder Schädigung rechtlicher Positionen ist an den gesellschaftlichen „Flurschaden“ gekoppelt, der mit der Achtung der einen und Missachtung einer anderen Norm verbunden ist, um es rein ethisch zu formulieren, bzw. der mit den verschiedenen Auflösungsmöglichkeiten (vermeintlich nicht) bestehender Normkollisionen einhergeht.[1340]

Ein weiterer wichtiger Punkt ist die Interaktion von Nützlichkeits- und Vorverhaltensprinzip, denn die dialektische Vereinigung beider Theorien kann die jeweiligen Schwächen begrenzen.[1341]

1339 Neben der wertungsmäßigen Heranziehung einer Notwehrsituation, in der die schädlichen Folgen der Notwehrhandlung dem Angreifer zugerechnet werden, weist hiesiges Autonomieprinzip auch Ähnlichkeiten mit dem Strafrechtsinstitut der eigenverantwortlichen Selbstgefährdung bzw. -schädigung auf (zum letztgenannten Rechtsinstitut vgl. Roxin, Strafrecht AT, Band I, § 11, Rn. 106ff.).

1340 Verschiedene Lösungsmöglichkeiten eigentlich gar nicht bestehender Normenkollisionen zu unterstellen, ist natürlich für sich gesehen problematisch, denn es dürfte bei dogmatischem Verhaften an dem Irrglauben einer Determiniertheit der Rechtsordnung, alle theoretisch möglichen Normkollisionen bereits im geltenden Recht abzubilden, ja gar keine Kollision und schon gar nicht verschiedene Lösungsmöglichkeiten von Kollisionen widerstreitender menschlicher Interessen geben.

1341 Da Kant im Rahmen der „Vorverhaltenstheorie“ durchaus anklingt, ist er im Ergebnis also auch nicht völlig aus der „Gleichung“ verdrängt.

Dementsprechend wäre ein „Rettungsschuss“ auch bei der gegenwärtigen Gefährdung erheblicher Vermögenswerte über das Vorverhaltensprinzip zu rechtfertigen. Der darin zu erblickende Gewaltexzess verböte sich in Anbetracht der konfligierenden Rechtspositionen jedoch aufgrund des Nützlichkeitsprinzips (Regelutilitarismus). Man könnte genauso vertreten, die methodische Umsetzung dieses Gedankens erfolge durch eine Begrenzung des Vorverhaltensprinzips über den Prüfungspunkt „Angemessenheit im engeren Sinne“ innerhalb der herkömmlichen Verhältnismäßigkeitsprüfung.[1342]

Andererseits mag man Untersuchungshaft für gesellschaftlich nützlich erachten. Wie die Entscheidung des Bundesverfassungsgerichts zum „Haftgrund“ der Schwerkriminalität nach § 112 Abs. 3 StPO zeigt,[1343] liefe eine nur auf den dringenden Tatverdacht von Schwerkriminalität gestützte Untersuchungshaft aber auf eine Art Verdachtsstrafe hinaus. Diese wäre nicht mehr mit dem Vorverhaltensprinzip in Einklang zu bringen, wobei schon ganz generell Zweifel an der Kompatibilität von Untersuchungshaft und Vorverhaltensprinzip bestehen. So könnte man argumentieren, Untersuchungshaft sei – jedenfalls solange sie nur auf den Haftgrund des § 112 Abs. 3 StPO gestützt wird – nicht verhältnismäßig.

Gewisse Maßnahmen, die regelmäßig als würdeverletzend und damit unzulässig betrachtet würden, werden bei Vorliegen der vorgenannten Prinzipien mithin nicht als Würdeverletzung betrachtet. Zu diesem Ergebnis gelangt der Gesetzgeber bzw. das Verfassungsgericht, nachdem eine Abwägung verschiedener Interessen stattgefunden hat, in die eindeutig auch die Würde eingeschlossen ist. Damit ist die Würde in der Rechtspraxis nicht abwägungsfest und kann es aus den gezeigten Gründen auch nicht sein.[1344]

Herzberg formuliert treffend: „Ein demütigender Eingriff verletzt die Menschenwürde, wenn das Recht ihn nicht legitimiert oder ihn legitimiert, aber die Gestattung unverhältnismäßig ist.“[1345]

1342 Ebenso wäre auf nichtstaatlicher Ebene die aus dem Notwehrrecht bekannte Erschießung des Kirschendiebs (dazu s. Roxin, Strafrecht AT, Band I, § 15, Rn. 55) zwar über das Vorverhaltensprinzip zu rechtfertigen. Dem Nützlichkeitsprinzip entspringende sog. „sozialethischen Einschränkungen“ (s. dazu Fahl, Jura 2007, S. 743ff.) würden in dem Fall aber die Berufung auf Notwehr ausschließen. Diese Notwehrbeschränkungen sind mithin (strittiges) Einfallstor regelutilitaristischer Ansätze ins Notwehrrecht, die den sich selbst verteidigenden, eigentlich nicht an Verhältnismäßigkeitserfordernisse gebundenen Privatmann (aufgrund des Rechtsbewährungsprinzips), in seinen Abwehrmöglichkeiten beschränken.

1343 BVerfGE 19, S. 342ff.

1344 Zu diesem Ergebnis kommen auch Elsner/Schobert, DVBl 2007, S. 278 (287).

1345 Herzberg, JZ 2005, S. 321 (324).

Dieses Ergebnis gibt natürlich keinen Aufschluss darüber, ob es sinnvoll ist, die Abwägung gleich dem Bundesverfassungsgericht bereits auf Schutzbereichsebene vorzunehmen, ohne offen von einer Abwägung zu sprechen. Ähnlich geht Herdegen vor, der ein „Konzept wertend-bilanzierender Konkretisierung" vorschlägt.[1346] Letztlich ist die „Konkretisierung" nichts anderes als eine vorgeschaltete Abwägung, wobei nur der jeweils „(...) konkretisierte Inhalt[s] – »Rest« – der Absolutheits-Garantie unterstellt"[1347] wird. Andere hingegen bevorzugen eine offene Abwägung nach dem Muster der üblichen Grundrechtsdogmatik.[1348] Im Ergebnis wird Herdegens Ansatz vorzugswürdig sein, ermöglicht die „Konkretisierung" doch, die ausgemachten Prinzipien zur Würdeeinschränkung unter Beachtung des Verhältnismäßigkeitsprinzips und der Grund- und Menschenrechte zu berücksichtigen, wodurch sich ein gerechtes, an den gesellschaftlichen Paradigmen orientiertes Abwägungsergebnis erreichen lässt. Zusätzlich bietet nur eine Abwägung auf Schutzbereichsebene die Möglichkeit, den unzweifelhaft positiven Appellcharakter der „absoluten" Regel aufrechtzuerhalten.

III) Wertungswiderspruch

Nun soll geklärt werden, ob die Rettungsfolter – gleich den bereits geschilderten Würdebeschränkungssituationen – bei konsequenter Anwendung der drei Prinzipien als zulässig betrachtet werden müsste. Sollte dies der Fall sein, so erschiene die scheinbar strikte gesetzgeberische Untersagung, wie sie beispielsweise in Art. 104 Abs. 1 S. 2 GG zum Ausdruck kommt, höchst problematisch, denn die Inkongruenz stünde im Widerspruch zu dem Postulat nach einer Vereinbarkeit der Normen innerhalb einer Rechtsordnung.

Als unhaltbar widerlegt darf es nach obigen Ausführungen bereits gelten, Nützlichkeits-, Vorverhaltens- und Autonomieprinzip seien nicht vereinbar mit anderen konstitutiven Regeln unseres traditionellen Rechtsverständnisses.[1349]

1346 Herdegen in Maunz/Dürig, Kommentar zum GG, Bd. I, Art. 1 Abs. 1, Rn. 43ff. Zu diesem Konzept s. auch Sander (in Albrecht: Jenseits des rechtsstaatlichen Strafrechts), Menschenwürde und Exklusion,S. 253 (264ff.).

1347 Sander (in Albrecht: Jenseits des rechtsstaatlichen Strafrechts), Menschenwürde und Exklusion,S. 253 (265).

1348 Elsner/Schobert, DVBl 2007, S. 278ff.

1349 Dieses, wenn auch als schwach erkannte „Argument" macht sich Greco unter Verweis darauf zu eigen, unsere Rechtsordnung gestehe, anders als die „Verwirkungsregel", sogar dem schlimmsten Schurken eine unveräußerliche Würde zu bzw. das Subjekt dürfe entgegen der „Kostenregel" nicht völlig dem Nutzen des Staates oder der Mitbürger geopfert werden (Greco, GAS 2007,S. 628 (634f.)). Die Abwägungsfestigkeit erschöpft sich jedoch eben gerade darin, „(...) dass wir selbst schwerwiegende, vom

1) Rettungsfolter und die Bedingungen des Vorverhaltens- und Autonomieprinzips

Da in Rettungsfolterkonstellationen stets ein (u.a.) das Rechtsgut Leben gefährdendes oder verletzendes, gesetzeswidriges Vorverhalten vorliegt und zusätzlich eine andauernde Gefährdung dieses Rechtsguts und weiterer Rechtsgüter nebst Gefahrbeseitigungspflicht und -möglichkeit besteht, können die Voraussetzungen von Vorverhaltens- und Autonomieprinzip ohne Weiteres als gegeben betrachtet werden.

Vorliegende Erörterung soll strikt im Rahmen dessen angesiedelt sein, was nicht nur theoretisch bei Anwendung und wechselseitiger Begrenzung durch die drei Prinzipien als Ergebnis möglich erscheint, sondern was im Rahmen der geltenden Normenordnung definitiv zulässig ist. Deshalb sollen als begrenzende Elemente die stärksten vom positiven Recht vorgesehenen Würdebeeinträchtigungen dienen.

Die wichtigste anfängliche Frage ist, ob Rettungsfolter wegen der vermeintlich einzigartigen Entmenschlichung „(...) durch Beugung von Verstand und Willen, durch die Ausbeutung der in einer niedrigen kreatürlichen Entwicklungsstufe angelegten Schmerzempfindlichkeit des Körpers (...)“[1350] qualitativ alle genannten Möglichkeiten der Würdeeinschränkung übertrifft.

Man könnte versuchen, eine qualitative einzigartige Würdeverletzung mit dem Argument zu begründen, nur Folter zwinge zu einem positiven Tun, während beispielsweise der finale Rettungsschuss „lediglich“ ein passives Hinnehmen abverlange.

Wie Pajarola überzeugend darlegt, ist die Unterscheidung zwischen Zwang zu einem Tun oder Dulden aber nicht nur künstlich bzw. willkürlich, sie wird auch nicht durch die beispielsweise in den Strafandrohungen einschlägiger Tatbestände des Strafgesetzbuches zum Ausdruck kommende gesetzgeberische Wertung gestützt.[1351]

Opfer nachfühlbar als tief entwürdigend empfundene Demütigungen, die unsere Prüfung für sowohl gesetzlich gestattet wie verfassungskonform befindet, [zwar] nicht zu erlaubten Antastungen, [aber] zu Nichtantastungen erklären (Herzberg, JZ 2005, S. 321 (324)).“ Mithin bleibt die Würde trotz schwerer Grundrechtseingriffe normativ unveräußerlich, wobei korrigierend das Nützlichkeitsprinzip zum Tragen kommt. Damit hat jedenfalls hiesiges Vorverhaltens- und Autonomieprinzip Bestand. Auch das Nützlichkeitsprinzip findet seine Einschränkung, die dem Greco'schen Kohärenzargument gegen die vergleichbare „Kostenregel“ den Boden entzieht, in dem Vorverhaltensprinzip (s. voriger Gliederungspunkt).

1350 Schünemann, GAS 2007, S. 644 (646).

1351 Pajarola, Gewalt im Verhör, S. 207, 214.

Die Willkürlichkeit der Differenzierung wird an folgendem Beispielfall deutlich:[1352]

Man stelle sich vor, ein Hoheitsträger hat die Wahl zwischen vis compulsiva und vis absoluta, um ein mit schwerbewaffneten Piraten besetztes Schnellboot davon abzuhalten, ein Handelsschiff zu kapern. So könnte er die Piraten durch Schmerzzufügung in Form der vis compulsiva, z.B. mittels eines Wasserwerfers, dazu bringen, von ihrem Vorhaben abzulassen und abzudrehen. Er könnte sie aber auch erschießen. Die Annahme, erschossen zu werden, würde die Selbstbestimmung weniger beeinträchtigen als der willensbeugende Zwang zum Aktivwerden, nämlich abzudrehen und davonzufahren, würde jedes Augenmaß vermissen lassen. Schließlich beendet die Tötung sowohl Existenz als auch Selbstautonomie des Menschen unwiederbringlich.

Zudem ist es eine Frage des Standpunktes, ob es sich um Zwang zum Handeln oder Unterlassen handelt. Man könnte sich objektiv fragen, wo der Schwerpunkt der hoheitlichen Maßnahme liegt. Dies wäre wohl eher im Abbruch des Angriffs. Die nächste Frage wäre dann allerdings, ob dem Maßnahmeadressaten nicht auch durch Abbruch des Vorgangs eigene Aktivität abverlangt wird. Für die Wertung des abgenötigten Verhaltens als Tun, Dulden oder Unterlassen fehlt es letztlich an ausreichender Objektivierbarkeit. Hierbei handelt es sich um ein generelles Problem, was jede Wertung angreifbar macht.

Daneben ist ein dogmatischer Unterschied zwischen dem Abnötigen einer Auskunft (Rettungsfolter) und eines sonstigen Tuns (Abdrehen im Piratenfall) nicht ersichtlich.[1353]

Anstatt sich in dogmatischen Grabenkämpfen betreffend die Wertung von Zwang als Tun, Dulden oder Unterlassen zu ergehen, ist es vorzugswürdig, in derartigen Fällen auf den das Selbstbestimmungsrecht berührenden Willensbruch abzustellen, der bei nüchterner Betrachtung in beiden Sachverhaltsalternativen (Rettungsschuss oder Wasserwerfereinsatz) gegeben ist.

Sollte es wirklich die abgenötigte aktive Mitwirkung sein, die den Kern der Würdeverletzung von (Rettungs-)Folter ausmacht, so würde die gesetzgeberische Wertung von vis compulsiva und vis absoluta erstaunen. Lüderssen verweist auf die Gleichrangigkeit beider Gewaltformen, z.B. bei der Nötigung nach § 240 StGB und der Erpressung gem. § 253 StGB.[1354]

Des Weiteren sehen einige der vorgestellten Rechtsinstitute, z.B. die Zwangshaft, ganz offensichtlich nicht „nur“ Zwang zur Hinnahme von vis absoluta vor,

1352 Ähnliche Fälle finden sich bei Merkel (in Pawlik/Zaczyk: Festschrift Jakobs), Folter und Notwehr, S. 375 (399) und Otto, JZ 2005, S. 473 (480).

1353 Merkel (in Pawlik/Zaczyk: Festschrift Jakobs), Folter und Notwehr, S. 375 (399f.).

1354 Lüderssen (in Rogall et al.: Festschrift Rudolphi), Folter bleibt tabu, S. 691 (701).

vielmehr verlangen sie gerade ein positives Tun ab. Dies gilt ebenfalls für die unselige, Haftrichtern und dem Gesetzgeber letztlich bekannte und somit zuweilen geduldete Praxis der zum „Aussageabnötigungsmedium" pervertierten Untersuchungshaft.[1355]

Danach bleibt fraglich, warum nun gerade die mit der Rettungsfolter verbundene Entmenschlichung einzigartig sein soll.

Greco behauptet eine mit der Rettungsfolter zum Ausdruck kommende staatliche Missachtung der Willensbildungsfähigkeit.[1356] So könne der Staat, der die Fähigkeit des Menschen, überhaupt einen Willen zu bilden, generell ignoriere, sich nicht im Speziellen auf einen gewissen Willen berufen, um ihn dann unter Verweis auf die „Verwirkungsregel" zur Begründung der Rettungsfolter heranzuziehen.

Unstrittig sein dürfte aber die rechtliche Unbeachtlichkeit z.B. des Willens eines Terroristen, eine unrechtmäßige Tötung zu bewirken und die Rechtspflicht, die ungesetzliche Drohung damit aufzugeben, zu ignorieren. Denn im Allgemeinen anzuerkennen ist nur der rechtlich respektheischende Wille.[1357] Die Betätigung des rechtsfeindlichen Willens zu unterbrechen bzw. zu beenden, sei es durch vis absoluta (finaler Rettungsschuss) oder vis compulsiva (Wasserwerfereinsatz), ist deshalb nicht nur legal, sondern auch legitim. Wie das Vorverhaltens- bzw. Autonomieprinzip gezeigt hat, wird die Vollstreckung der Rechtspflicht gerade dem Rechtsbrecher zugeordnet.

Nach den Entscheidungen unserer Rechtsordnung ist im Extremfall sogar der Ausschluss der Willensbildungsfähigkeit hinzunehmen. Greco verkehrt insofern die Kausalitäten. Erst aufgrund der über die Menschenwürde und die allgemeine Handlungsfreiheit gewährleisteten Möglichkeit zu freier Willensbildung und -betätigung ist der Terrorist oder Entführer in der Lage, den Staat in die Situation zu zwingen, die eigentlich den Angreifer treffende Rechtspflicht zu vollstrecken. Ob der Staat dazu als ultima ratio Maßnahmen zur Anwendung bringt, die vielleicht auf Ebene der Willensbildung wirken, sei dahingestellt. Solange der Staat die freie Willensbildung und -betätigung im Allgemeinen achtet und schützt, den „rechtlich respektheischenden Willen" also nicht bricht, ist die Verantwortlichkeitszuordnung eindeutig.[1358]

1355 In diesem Kontext wird auch der Brechmitteleinsatz genannt (s. Lüderssen (in Rogall et al.: Festschrift Rudolphi), Folter bleibt tabu, S. 691 (701), Fn. 22a; Pajarola, Gewalt im Verhör, S. 214).

1356 Greco GAS 2007,S. 628 (635ff.).

1357 Schünemann, GAS 2007, S. 644 (646).

1358 Das Vorverhaltensprinzip beraubt den Staat also keinesfalls der Berechtigung, im Namen des Störers zu sprechen. A.A. aber Greco GAS 2007, S. 628 (637).

Zudem liegt in der Rettungsfolter nicht zwangsläufig eine qualitative Steigerung der Missachtung menschlichen Willens im Vergleich zu gesetzlich vorgesehenen Fällen, z.B. der (langandauernden) Zwangsmedikation eines Patienten im Maßregelvollzug mit gewissen Psychopharmaka nebst Fixierung und Freiheitsentzug.[1359] Unabhängig von der ethischen Berechtigung zu letztgenannten Maßnahmen, die allein deshalb zweifelhaft ist, weil der Adressat psychisch nicht befähigt dazu ist, sein Handeln gesetzestreu zu steuern, und insofern kaum von eigenverantwortlichem Handeln gesprochen werden kann,[1360] lässt sich jedenfalls die Rettungsfolter anhand des Vorverhaltens- bzw. Autonomieprinzips begründen.

Nach den vorangegangenen Ausführungen ist den kategorischen Gegnern der Rettungsfolter zwar zuzugestehen, dass es keinen Fall gesetzlich sanktionierter Würdebeschneidung gibt, der bis ins letzte Detail völlig vergleichbar mit der Rettungsfolter ist.[1361] Den vorangegangenen Überlegungen zu folge handelt es

1359 Zur Illustration des Maßes de lege lata akzeptierter Würdebeschneidungen bedarf es gar nicht des Rückgriffs auf derartige Extrembeispiele. Auch mit dem Vollzug lebenslanger Freiheitsstrafe können bereits Persönlichkeitsdeformationen, also geistig-seelische (Langzeit-)Schädigungen einhergehen (Götz, NJW 2005, S. 953 (955)).

1360 Ausweislich dieser Erwägungen handelt es sich bei den einschlägigen Gesetzesbestimmungen im Rahmen der Psychisch-Kranken-Gesetze (PsychKG) oder der Maßregelvollzugsgesetze um klar regelutilitaristische Vorschriften.

1361 Insgesamt ähneln sich die Rettungsfolter- und Rettungsschusssituationen jedoch ziemlich. Dagegen wird allerdings eingewandt, die Folter treffe entgegen dem finalen Rettungsschuss das Innerste des Menschen (Gaede (in Camprubi: Angst und Streben nach Sicherheit), Fragilität des Folterverbots, S. 155 (184)). Man kann aber nur Lüderssen Recht geben, der es für eine „entsetzliche Metapher" hält, nur deshalb von einem „Sterben in Würde" auszugehen, weil der Staat den Tod einer Person will (Lüderssen (in Rogall et al.: Festschrift Rudolphi), Folter bleibt tabu, S. 691 (701)). Neben dem von ihm genannten Beispiel „Krieg" kommt auch die Situation des finalen Rettungsschusses in Betracht. Natürlich trifft der Rettungsschuss ebenfalls das „Innerste des Menschen". Angesichts der unzweckmäßigen Unterscheidung zwischen Zwang zu positivem Tun und Unterlassen, die auch gerne zu einer Ungleichbehandlung im hiesigen Kontext bemüht wird, sei auf bereits Gesagtes verwiesen. Weiter wird angemerkt, beim Rettungsschuss sei der Täter aber nicht in staatlichem Gewahrsam (Greco GAS 2007, S. 628 (631), m.w.N. in Fn. 15). Dies ist zwar grundsätzlich richtig, die unmittelbare physische Kontrolle ist jedoch nur eine Möglichkeit Herrschaft über einen Menschen auszuüben. So ist der Geiselnehmer, der sich in einer Bank verschanzt hat, und dem die Situation der lückenlosen Umstellung des Gebäudes bewusst ist, gegebenenfalls gleichermaßen dem jederzeitigen, sogar finalen Zugriff durch den Staat ausgesetzt wie der Rettungsfolter-Unterworfene (zum Problem der Herrschaftsausübung ohne physisches Gefangensein s. bereits oben, 1. Teil, Zweites Kap., II), 2), a), ab), (1), (a), (ac)). Ferner führe der Todesschuss direkt zur Rettung, die Folter jedoch nur höchst mittelbar (Kinzig, ZStW 2003, S. 791 (806f.)), und der Verhörte sei immer nur

sich bei dem mit Rettungsfolter verbundenen Würdeeingriff aber keinesfalls um eine Grundrechtsbeeinträchtigung von einzigartiger Qualität. Da es sich bei Rettungsfoltermaßnahmen nicht zwangsläufig um mittelalterliche Tortur handeln muss, wirken sich einige der vorgenannten, gesetzlich zulässigen Maßnahmen, sicher ähnlich gravierend aus. Dies betrifft besonders das Niveau der mit letztgenannten Eingriffen verbundenen Beschränkung der Selbstbestimmungs- bzw. Willensfreiheit.

2) Rettungsfolter und die Bedingungen des Nützlichkeitsprinzips

Wie bereits gezeigt, sind Nützlichkeitserwägungen unserer Rechtsordnung immanent.

Dennoch finden sich Autoren, nach denen utilitaristische Ansätze niemals das heutige „konkrete und wirksame Verständnis der Menschenrechte“ erreichen könnten.[1362] Die „strukturelle Aufrechnung des Einzelnen im Gesamtnutzen“ könne keine herausgehobenen Individualrechte begründen.[1363]

Dem lässt sich jedoch entgegenhalten, dass das Prinzip der Verhältnismäßigkeit alle Gesamtnutzenerwägungen durchdringt, denn es hat sich als feste Regel etabliert. Ebenso sind die Menschenrechte anerkannte Regeln, denen eine auf Erfahrungswerten basierende, gesamtperspektivische (Vor-)Wertung aller mit der Gewährung eines (subjektiven) Rechts einhergehenden Risiken und Chancen zugrunde liegt.[1364] Zudem wird nach hiesiger Konzeption eine Begrenzung über das Vorverhaltensprinzip erreicht, bei dem es sich offensichtlich um ein für das Gerechtigkeitsverständnis unserer Gesellschaft tragendes Prinzip handelt.[1365] Die staatliche Reaktion auf ein bestimmtes Verhalten ist nicht zuletzt an besagtem Prinzip zu orientieren. Von der Erbringung des Beweises, hierdurch ließe

---

verdächtig, während der Erschossene sicher Täter sei (Beutler, Strafbarkeit der Folter zu Vernehmungszwecken, S. 86). Für beide Annahmen sprechen gewiss Erfahrungswerte, allerdings könnte man, ohne viel Phantasie aufzuwenden, Fälle bilden, in denen die Dinge anders als im Regelfall liegen. Die letztgenannten Argumente sind im Ergebnis dennoch die einzigen, die im Einzelfall eine unterschiedliche Wertung von Rettungsfolter und finalem Todesschuss begründen könnten.

1362 Gaede (in Camprubi: Angst und Streben nach Sicherheit), Fragilität des Folterverbots, S. 155 (174); ähnlich auch Greco, GAS 2007,S. 628 (638ff.).

1363 Gaede (in Camprubi: Angst und Streben nach Sicherheit), Fragilität des Folterverbots, S. 155 (174).

1364 Ziel ist die im Gemeinwohl zum Ausdruck kommende „(...) bestmögliche Aggregation von Individualpräferenzen“ (Brugger, Der Staat 1996, S. 67 (92)).

1365 Die Begrenzung rein faktisch verstandener Nutzenmaximierung über anerkannte gesellschaftliche Werte entspringt dem sog. „Gerechtigkeitsutilitarismus“ (dazu s. Trapp, Nicht-klassicher Utilitarismus, passim).

sich zwangsläufig nur ein geringeres Individualschutzniveau erreichen, kann keinesfalls gesprochen werden.[1366] Ferner ist eine strikt folgenunabhängige Menschenwürdekonzeption – wie gezeigt – keinesfalls „naturgemäß“ in unserer grundrechtlichen Werteordnung angelegt. Sie ist eine These, deren Beweis nicht erbracht ist.[1367]

Zurückkommend auf die notwendige Gesamtnutzenabwägung hat man sich die durch den Störer/Angreifer herbeigeführte Gefährdung und/oder Schädigung höchster Rechtsgüter vor Augen zu führen. Schließlich ist ein Überwiegen des Nutzens einer Würdebeeinträchtigung überhaupt nur denkbar, weil der Störer Höchstrechtsgüter unmittelbar bedroht, wobei das Leben aufgrund seiner Unwiederbringlichkeit und seiner engen Koppelung an den Würdeschutz besonders heraussticht.

Allerdings ist nicht jede Würdebeeinträchtigung von gleichem Ausmaß. Das Gewicht im Einzelfall ist aber von besonderem Interesse, ist es doch die Position, die durch einen überwiegenden Nutzen aufgewogen werden müsste. Der mit Rettungsfolter verbundene Eingriff ist nur mit den allerschwersten Einschnitten in die Menschenwürde vergleichbar, die unsere Rechtsordnung gerade noch erlaubt. Würde der gesellschaftliche Nutzen als maßgeblicher Indikator einer jeden konsequentialistischen Prüfung die Kosten klar übersteigen, so wäre nach dieser Denkschule nicht zwangsläufig das Folterverbot, jedenfalls aber die unterstellte Absolutheit widersinnig.[1368]

Nun sind also aus einer Nützlichkeitsperspektive die Argumente für und wider ein absolutes Verbot der Folter abzuwägen.

1366 So aber Gaede (in Camprubi: Angst und Streben nach Sicherheit), Fragilität des Folterverbots, S. 155 (175).

1367 So ist die Menschenwürde natürlich „abwägungsfest“, wenn man einen folgenunabhängigen absoluten Begriff der Würde unterstellt (Schünemann, GAS 2007, S. 644 (646)). Unsere Rechtsordnung dominiert aber gerade kein deontologisches Begriffsverständnis.

1368 Deontologische Ansätze nach dem Muster, Folter sei intrinsisch schlecht und deshalb unter allen Umständen verboten, können hier selbstredend nicht berücksichtigt werden. Anders als Gaede es unterstellt, ist auch aus konsequentialistischer bzw. regelutilitaristischer Sicht ein Absolutheitspostulat denkbar. Wohlgemerkt ist damit dann ein Absolutheitskonzept gemeint, das nicht dem deontologischen entspricht. Dies übersieht Gaede, der zu pauschal formuliert „Absolutes“ lasse sich im Utilitarismus nicht denken (Gaede (in Camprubi: Angst und Streben nach Sicherheit), Fragilität des Folterverbots, S. 155 (174)). Natürlich kippt die einem etwaigen „Totalverbot“ zugrundeliegende abstrakte Nutzenbetrachtung bspw. im „Weltuntergangsfall“, der zwangsläufig eine einzelfallkonkrete Perspektive notwendig macht. Die in derartig extremen Kollisionsfällen unvermeidliche Abwägung würde dann – wie gehabt – auf Schutzbereichsebene stattfinden.

a) Untauglichkeitsargument

Nach dem ersten konsequentialistischen Argument gegen jegliche Relativierung des absoluten Folterverbots ist die mit der Rettungsfolter angestrebte positive Folge, also die Erlangung rettender Informationen, jedenfalls nicht mit diesem Zwangsmittel erreichbar. Folter wäre ein ineffizientes, untaugliches und damit unzulässiges Mittel. Ein Gefolterter sage – egal ob richtig oder falsch – dasjenige aus, was man von ihm hören will, einzig damit er schnellstmöglich von seinen Qualen erlöst wird.[1369]

Letztgenannte Aussage mag für den „klassischen" Kontext der Folter, also das Strafverfahren, gelten, in dem falsche Geständnisse erpresst werden sollen.[1370] Denkt man den – jedenfalls im Ansatz – überzeugenden Gedanken logisch weiter, so wird der Gepeinigte aber nicht nur die Unwahrheit sagen, um seine Qualen zu beenden, sondern – falls erforderlich – ebenso die Wahrheit, so er sie denn kennt. Das Hauptaugenmerk liegt in diesem Kontext auf dem Moment, in dem eine gefolterte Person die ihr beigebrachten Qualen nicht mehr ertragen will oder aushalten kann. An diesem Punkt würde sie so handeln, wie ihr durch ihre Peiniger geheißen wird. Im hypothetischen „ticking bomb"-Szenario würde sie das Versteck der Bombe oder ihren Entschärfungskode und keinen falschen Kode/kein falsches Versteck nennen.[1371] Informationen, wie die Ziffernfolge eines Entschärfungskodes, ließen sich zumeist zeitnah verifizieren, und Falschangaben würden das Leiden verlängern und/oder verstärken, was der Gepeinigte gerade zu verhindern sucht. Danach kann Folter bei rein tatsächlicher Betrachtung durchaus zur Gewinnung richtiger Informationen führen.[1372]

Andere argumentieren, Rettungsfolter gewährleiste jedenfalls nicht in allen Fällen die Erlangung zweckdienlicher Informationen. Vorausgesetzt der „peinlich Befragte" hat die gewünschten Informationen, so dürfte es aber lediglich eine Frage der Zeit und der Vorgehensweise der Folterknechte sein, sie auch zu erhalten. Letztlich hängt der Zeitpunkt der schlussendlichen Erlangung belastbarer Informationen einzig von Widerstandsfähigkeit und -willen des Verhörten ab, wobei der Widerstandswille vom überzeugten Terroristen hin zum rein finanziell motivierten Entführer stetig abnehmen dürfte.

Ein ergriffener Entführer kann sein ursprüngliches Handlungsziel ohnehin nicht mehr erreichen, und realistische neue Handlungsziele wie Strafmilderung und Beendigung der Qualen lassen sich nicht durch Preisgabe falscher Informationen erreichen.[1373] Mag die Verifizierbarkeit sich im Einzelfall aufgrund begrenzter

1369 Klingst, Zeit Online v. 25.11.2004.
1370 Shany, CULR 2007, Rn. 855.
1371 Shany, CULR 2007, Rn. 855.
1372 Maihold, HFR 2004, S. 57 (61).
1373 Trapp, Folter, S. 189.

Ressourcen wie Zeit und (Fach-)Personal auch als schwierig erweisen. In den geläufigen Rettungsfolterszenarios dürfte es in aller Regel aber um leicht überprüfbare Fragen gehen, z.B. nach dem Aufenthaltsort eines Opfers, dem Versteck einer Bombe oder dem Deaktivierungscode eines Zünders. Falschaussagen würden die neuen Handlungsziele des Entführers in weite Ferne rücken lassen.

Nur auf den ersten Blick anders sieht die Sachlage bei einem fanatischen Terroristen aus, der sein primäres Handlungsziel, z.B. die Detonation einer Bombe, weiterhin erreichen kann.[1374] Ein solcher Täter, würde seinem eigentlichen Handlungsziel durch Falschaussage gegebenenfalls sogar noch näher kommen, insbesondere wenn es dafür eines Zeitgewinns bedarf. In Situationen extremer zeitlicher Bedrängnis könnte eine Informationsabnötigung nicht unter Hinweis auf erprobte Befragungsmethoden, die darauf beruhen, eine persönliche Beziehung zu dem Täter herzustellen, und somit Zeit in Anspruch nehmen, sich also in einem solchen Zusammenhang gerade nicht anbieten, für unzweckmäßig bzw. weniger zweckmäßig erklärt werden. Denkt man an ausnehmend perfide oder extreme Foltermethoden, so wäre es nach menschlichem Ermessen aber möglich, sogar dem vorbenannten fanatischen Terroristen rettende Informationen abzunötigen. Ein Beispiel für durch Folter gewonnene weitreichende Erkenntnisse im Kampf gegen Terrorismus nennt Dershowitz.[1375] So folterten philippinische Polizisten Mitte der 1990er Jahre einen islamistischen Terroristen, in dessen Apartment Bombenbauutensilien gefunden wurden. Zwar kann nicht mit Gewissheit gesagt werden, ob die Erreichung des Handlungsziels des Mannes nach seiner Ergreifung überhaupt noch möglich war. Eine von ihm unabhängige Tatausführung durch Gesinnungsgenossen wäre aber gewiss denkbar gewesen. Jedenfalls führte der Einsatz unmittelbaren Zwangs in besagtem Fall zur Erlangung von Informationen über konkrete Attentatspläne auf elf Verkehrsflugzeuge und den Papst, welche durch die Aufdeckung vereitelt werden konnten. Ohne damit eine Aussage über die Legitimität oder gar Legalität von Rettungsfolter zu treffen, lässt sich somit feststellen, dass sie rein faktisch betrachtet auch bei Terroristen zur Erlangung von (ggf. rettenden) Informationen führen kann.

Zudem dürfte das Verständnis des Begriffs „zweckmäßig" nicht vollkommen losgelöst von der kontextualen Einbettung seiner Bezugsgröße sein. Gewiss entspräche beispielsweise ein abgenötigtes Geständnis nicht den hohen rechtsstaatlichen strafprozessualen Standards, die an die Erhebung und Verwertung von Beweisen richtigerweise geknüpft sind. Allerdings dürfte die (operative) Schwelle zu dem, was bereits als „zweckmäßige" Information gelten kann, in Rettungsfoltersituationen ohnehin reduziert sein.[1376]

1374 Beispiel nach Trapp, Folter, S. 189f.

1375 Siehe Nachweis bei Slackman, NY Times v. 16.05.2004.

1376 Shany, CULR 2007, Rn. 855.

Daneben bestehen generelle Bedenken gegen Untauglichkeits- bzw. Zweckverfehlungsargumente der hiesigen Art, was sich am Beispiel des Freiheitsstrafvollzuges illustrieren lässt. So kann die Zweckmäßigkeit des Freiheitsstrafvollzuges angesichts der „(...)eigentlich deprimierenden Nutzen-Kosten-Bilanz (...)“[1377] stark bezweifelt werden. Dennoch wird er (überwiegend) für sinnvoll befunden. Ausweislich dieses Befundes sind Zweckmäßigkeitswertungen letztlich immer relativ und subjektiv zugleich. Zudem sind sie – zumindest in gewisser Weise – abhängig vom fortlaufenden Paradigmenwechsel in der Gesellschaft.

Im Ergebnis können die Zweckverfehlungsargumente nicht wirklich verfangen.

b) Dammbruchargument

Angesichts der nicht von der Hand zu weisenden Missbrauchsgefahr, die regelmäßig dann besteht, wenn Hoheitsträger oder vergleichbare Personen mit umfangreicher Herrschaftsmacht über Dritte ausgestattet sind, insbesondere wenn letztgenannte als Feinde o.ä. angesehen werden, könnte ein nur relatives Folterverbot eine Dammbruchgefahr bedingen.[1378]

Nicht nur in Fällen bewussten Missbrauchs neigen staatliche Stellen dazu, den gesetzlichen Rahmen von Ausnahmetatbeständen zu Gunsten eines (vermeintlichen) gesellschaftlichen Sicherheitszugewinns zu überdehnen.[1379] Dies kann schlimmstenfalls in einen totalitären (Polizei-)Staat führen, der nicht nur übermäßige Freiheitsbeschränkungen mit sich bringt, sondern ebenfalls die Sicherheit der Bürger gefährdet, da sie dem willkürlichen staatlichen Zugriff schutzlos ausgeliefert sind.[1380]

Die mit einer relativen Norm allgemein verbundene Gefahr der Missachtung ihres Regelungsgehalts ist als Nachteil zu werten, der die mit einer absoluten Norm im Extremfall verbundenen Kosten einer ungerechten Lösung übersteigen könnte.[1381]

Zwar ist die Wahrscheinlichkeit einer Rettungsfoltersituation durchaus gegeben. Es ist aber kein geschichtliches Beispiel einer Rechtsordnung bekannt, „(...) in

1377 Schünemann, GAS 2007, S. 644 (644). Der Hinweis auf die ernüchternde Bilanz des Freiheitsstrafvollzuges erfolgt auch bei Trapp, Folter, S. 190.

1378 Shany, CULR 2007, Rn. 844.

1379 Shany, CULR 2007, Rn. 844.

1380 Aber gerade mit Sicherheitserwägungen wird die Notwendigkeit einer Ausnahme – weit formuliert – vom Aussageerzwingungsverbot begründet (s. Brugger, Der Staat 1996, S. 67 (78); Schmitt Glaeser (in Depenheuer et al.: Festschrift Isensee), Folter, S. 507 (518f.)).

1381 Shany CULR 2007, Rn. 844.

der die "Ausnahmefolter" zulässig war und in der mit diesem Instrument sorgsam und verantwortungsvoll umgegangen worden wäre“[1382].

Mit den USA und Israel sind zwei aktuelle Beispiele westlicher Demokratien bekannt, wohlgemerkt nicht totalitärer Regimes, in denen folternahe Methoden erlaubt (USA) oder zu mindestens staatlich geduldet (Israel) waren.

In Israel wurde der Ausnahmefall dann quasi zum Normalfall, das heißt palästinensische Terrorverdächtige wurden regelmäßig Praktiken unterzogen, die den „five techniques“[1383] gleichkommen.[1384]

In den im Zuge des „War on Terror“ etablierten amerikanischen Internierungsanstalten Abu Ghuraib und Guantanamo Bay hat die Zulassung der „harsh interrogations“ („raue Befragungen“) letztlich zu einer systematischen Malträtierung der Gefangenen geführt. Erstaunlicherweise ging besonders in Abu Ghuraib ein Großteil der Misshandlungen von einfachem Wachpersonal aus, das zu seinem Tun weder berechtigt noch „qualifiziert“ war. Lässt man „harsh interrogations“ auch nur in Ausnahmesituationen für „Verhörspezialisten“ zu, so wird dies offenbar von Dritten als (fatales) Signal gewertet, ihre kaum beschränkte tatsächliche Zugriffsmöglichkeit auf Inhaftierte zu missbrauchen. Gerade diese kaum zu überwachende, unmittelbare Einwirkungsmöglichkeit im hoheitlichen Gewahrsam bedingt die Dammbruchgefahr.

Im vorgenannten Zusammenhang kam es schließlich zu folgenden, besonders bei kumulativer Anwendung Folterniveau erreichenden Misshandlungen: erzwungenes, stundenlanges An-der-Wand-Stehen mit gespreizten Gliedmaßen, Überstülpen von Kapuzen ohne Sichtschlitze, Schlafentzug, andauernde Schläge, künstlich erzeugte Temperaturschocks, Isolationshaft, Terrorisierung mit Wachhunden, sexuelle Übergriffe inklusive Vergewaltigungen, Elektroschocks, „Water Torture“, Aufhängen in schmerzhaften Positionen und Scheinexekutionen.[1385]

Gesetzt den Fall, man würde mutmaßen, die Situation in Israel und Amerika sei nicht zwingend repräsentativ für die Entwicklung nach Erlass einer Rettungsfolterermächtigung in westlichen Demokratien, muss zur Kenntnis genommen werden, dass die typischerweise durch enormen zeitlichen und öffentlichen (Erwartungs-)Druck und weitere erschwerende psychologische Umstände (z.B. Provokationen durch den Störer) gekennzeichnete Rettungsfoltersituation den handelnden Sicherheitsbeamten komplexe rechtliche und tatsächliche Wertungen abverlangt.[1386] Wenn überhaupt, dann wäre eine Zulässigkeit der Rettungs-

---

1382 Gebauer, NVwZ 2004, S. 1405 (1408).

1383 Hierzu s.o. 1. Teil, Zweites Kap., II), 2), b), aa), (1), (a), (aa).

1384 Zur Situation in Israel s. Sabatello, A Torturer Or A Tortured Democracy, S. 3ff.

1385 Lewis, NY Times v. 30.11.2004.

1386 Gebauer, NVwZ 2004, S. 1405 (1408).

folter nur bei Vorliegen besonderer Bedingungen denkbar. Nach bisher Gesagtem ergäben sich folgende Voraussetzungen, die neben den Vorgaben oben genannter drei Prinzipien auch die Erfordernisse des Verhältnismäßigkeitsprinzips reflektieren:

Die Anwendung der Rettungsfolter könnte nur dann zulässig sein, wenn die evidente, unmittelbare, gegenwärtige Gefahr[1387] einer (Weiter-)Verletzung des Lebens und der Würde Dritter besteht.[1388] Zusätzlich muss die Gefahr durch die Person, der man habhaft geworden ist, zumindest mitverursacht worden sein, und sie muss die einzige sein, welche die Gefahr bzw. Verletzung beseitigen kann und muss, indem sie die rettende Information preisgibt.[1389]

Tatsächlich wird jedoch regelmäßig unsicher sein, ob der Störer wirklich das rettende Wissen hat und ob er definitiv der einzige ist, der die entsprechende Information preisgeben kann. Weiter fragt sich, ob das Opfer überhaupt noch lebt, die Bombe funktioniert oder der Zündvorgang wirklich eingeleitet wurde. Ein psychisch in die Enge getriebener Polizist wird derartige Fragen im Zweifel eher zu Lasten des (vermeintlichen) Störers entscheiden, wodurch seine Befähigung zu korrekter Subsumtion stark beeinträchtigt ist.[1390] Weiterhin wäre mit der nicht zu vermeidenden gesetzestechnischen Verwendung unbestimmter Rechtsbegriffe ein Auslegungsermessen verbunden, das dem zum Handeln Berufenen eine Macht geben würde, „(...) welche die Tradition der allmählichen Abschaffung der Folter gleichsam von hinten wieder aufrollen würde“[1391].

So bedürfte es einer hinsichtlich des „Ob“ und „Wie“ der Rettungsfolter enumerativen Regel. Betreffend letztgenannte Frage liefe dies auf eine Art „Folterordnung“ hinaus, wobei die negative Begriffskonnotation bereits Bände spricht.[1392] Eine in jeder Hinsicht abschließende gesetzliche Regelung des Ausnahmefalls ist kaum möglich. Also müsste auf eine Generalklausel zurückgegriffen werden, was den Ermessensspielraum in einer Art und Weise ausweiten würde, die sich insbesondere angesichts der Dimension des mit Folter verbundenen Menschenwürdeeingriffs schlechterdings verbietet.[1393] Des Weiteren müsste dem Recht

1387 Für die Gefahrenprognose gilt, „je größer (..) der befürchtete Schaden, desto geringere Anforderungen dürfen an die Wahrscheinlichkeit des Eintritts des Schadens gestellt werden, damit die Polizei tätig werden darf (BVerfGE, 115, S. 320 (378), Abweichende Meinung der Richterin Haas; vgl. BVerwGE 88, S. 348 (351); 116, S. 347 (356)).“

1388 Kriterien ähnlich Brugger, Der Staat 1996, S. 67 (74).

1389 Vgl. Brugger, Der Staat 1996, S. 67 (74).

1390 Gebauer, NVwZ 2004, S. 1405 (1408).

1391 Lüderssen (in Rogall et al.: Festschrift Rudolphi), Folter bleibt tabu, S. 691 (704).

1392 Sie ruft nämlich nicht zu Unrecht den Gedanken an mittelalterliche Gesetzbücher wie die „Carolina“ hervor, was als Menetekel anzusehen ist.

1393 Lüderssen (in Rogall et al.: Festschrift Rudolphi), Folter bleibt tabu, S. 691 (704).

zur (Rettungs-)Folter eine entsprechende Pflicht nebst korrespondierendem, einklagbaren (sic!) Anspruch auf Folteranwendung folgen.[1394]

Dazu würden sich weitere praktische Fragen stellen. Um dem Verhältnismäßigkeitsprinzip gerecht zu werden, müsste zwingend qualifiziertes Personal zur Verfügung stehen. Eine Ausbildung zum Folterknecht wäre demzufolge unentbehrlich.[1395] Aus gleichem Grunde müsste die Anwesenheit von Ärzten gewährleistet sein. Für diese wäre es aber aufgrund der standesrechtlichen Berufsethik überhaupt nicht zulässig, Misshandlungen beizuwohnen.[1396]

Genau dies ist der Unterschied zur sonst durchaus vergleichbaren Situation des finalen Rettungsschusses. Die Wahrscheinlichkeit einer Rettung der Opfer ist im Falle des Rettungsschusses um ein Vielfaches höher als bei Einsatz der Rettungsfolter. In diesem Zusammenhang ist auch die Tatsache zu sehen, dass die Frage der Tatbeteiligung des (etwaigen) Störers nicht so gewiss ist, wie es beim Adressaten des Rettungsschusses der Fall ist. Somit steht die Folterung Unschuldiger zu befürchten. Sie hätte für Betroffene und deren Familien schlimmste Konsequenzen, bedenkt man, zu welchen körperlichen und psychischen Schäden sie führt. Weiterhin kann zwar auch für den Rettungsschussadressaten eine Situation des Ausgeliefertseins bestehen. Im hoheitlichen Gewahrsam ergibt sich jedoch zusätzlich die „Versuchung des Verborgenen“. Schließlich ist im Polizeigewahrsam und in vergleichbaren Situationen nicht nur die Öffentlichkeit ausgeschlossen. Vielmehr bilden die jeder Öffentlichkeit entzogenen Polizisten zuweilen eine Art eingeschworene Gemeinschaft, in der sich angesichts der für alle hochbelastenden Situation leicht Korpsgeistmuster einstellen können, denen die Gefahr der „Deckung“ von Gesetzesübertretungen innewohnt.[1397] Neben dem Mangel öffentlicher Kontrolle macht die Gruppendynamik Übertretungen noch wahrscheinlicher. Anders verhält es sich beim gewöhnlich in der Öffentlichkeit ausgeführten Rettungsschuss.[1398] Zusätzlich sind die Folgen des Rettungsschusses offenkundig, eine Rechenschaftspflicht ex post ist für den Schützen demnach bereits ex ante evident. Anders liegt der Fall bei der Folter im Polizeigewahrsam. Bei Anwendung psychisch-seelischer Folter bleiben keine sichtbaren Spuren zurück. In Ermangelung derartiger Misshandlungs-

---

1394 Lüderssen (in Rogall et al.: Festschrift Rudolphi), Folter bleibt tabu, S. 691 (705). Der Rettungsfolter-Befürworter Brugger fordert auch eine entsprechende Pflicht nebst einem begleitenden Anspruch (Brugger, JZ 2000, S. 165 (170f.)).

1395 Lüderssen (in Rogall et al.: Festschrift Rudolphi), Folter bleibt tabu, S. 691 (705), mit Verweis auf den anachronistischen Berufsstand des Henkers und die von ihm ausgehende Abschreckungswirkung (dazu s. auch Jerouschek/Kölbel, JZ 2003, S. 613 (618)).

1396 Lüderssen (in Rogall et al.: Festschrift Rudolphi), Folter bleibt tabu, S. 691 (705).

1397 So auf drastische Weise geschehen in Abu Ghuraib.

1398 Vgl. Gebauer, NVwZ 2004, S. 1405 (1409).

indizien ist der Rechtfertigungsdruck ungleich niedriger als beim finalen Rettungsschuss, was die Hemmschwelle zur (vorschnellen) Anwendung der Rettungsfolter erheblich senkt.[1399]

Darüberhinaus würde die Anwendung der Rettungsfolter diejenigen schädigen, die angehalten wären, sie auszuführen:

„Torture exposes agents of a democratic state to ultimate moral hazard. (...) No one should have to decide when torture is or is not justified, and no one should be ordered to carry it out.“[1400]

Lüderssen stellt in diesem Kontext die bezeichnende rhetorische Frage:

„Kann man sich den Familienvater vorstellen, der zu Hause in aller Ruhe seine einschlägige legale Tätigkeit auf dem Gebiet der Folter berichtet?“[1401]

Wie die Frage zum Ausdruck bringt, würde die – wenn auch seltene – Anwendung von Folter als reguläre staatliche Eingriffsmaßnahme den ausführenden Organen seelisch kaum zu Leistendes abverlangen. Mögen auch Bundeswehrsoldaten im Auslandseinsatz derzeit schon schwierigsten Situationen ausgesetzt sein, die zunehmende Zahl posttraumatischer Belastungsstörungen ist insofern vielsagend, so wäre es ungleich problematischer, wenn ein Staatsbürger gezwungen wäre, den „Mann von nebenan“ zu foltern.

Die partielle Zulassung von Folter als hoheitlicher Eingriffsmaßnahme würde zudem das demokratische Staatswesen gefährden.[1402] Diese Aussage kann ebenfalls anhand geschichtlicher Erkenntnisse belegt werden. Man erinnere den Krieg um die Unabhängigkeit Algeriens von Frankreich in den Jahren 1954 bis 1962. Dort bedienten sich algerische Unabhängigkeitskämpfer besonders in der Altstadt Algiers terroristischer Methoden. Französische Offiziere, besonders jene, deren Selbstverständnis ein äußerst patriotisches war, begegneten dem u.a. mit systematischer Folter. Als die damalige französische Regierung unter Charles de Gaulle, seines Zeichens Widerstandskämpfer im 2. Weltkrieg und Armeegeneral, den Kampf Anfang der 1960er Jahre verloren geben wollte, bildete sich die „Organisation de l’armée secrète“ (dt. „Organisation der geheimen Armee“). Die Namensgebung war bewusst an eine französische Widerstandsgruppe angelehnt, die während des 2. Weltkriegs gegen die deutschen Besatzer gekämpft hatte. Die insbesondere aus vorgenannten Offizieren des Algerienkriegs bestehende Geheimgruppierung versuchte erfolglos einen Staatsstreich.

1399 Gebauer, NVwZ 2004, S. 1405 (1409).

1400 Ignatieff, Lesser Evil, S. 142; ähnlich auch Reemtsma, Folter, S. 126f.

1401 Lüderssen (in Rogall et al.: Festschrift Rudolphi), Folter bleibt tabu, S. 691 (706).

1402 Reemtsma, Folter, S. 126. Ignatieff, Lesser Evil, S. 142, stellt diesbezüglich instruktiv fest: „Once torture becomes a state practice, it entrains further consequences that can poison the moral reputation and political legitimacy of a state.“

Ebenso scheiterten Attentate auf de Gaulles. Nun stellt sich die Frage, wie Offiziere, die sich in der Tradition französischer Freiheitskämpfer sahen, welche in bewusster Abgrenzung zu der menschenverachtenden nationalsozialistischen Ideologie gegen die deutschen Besatzer kämpften, mit Charles de Gaulle nicht nur die Ikone des „Freien Frankreichs" ermorden, sondern zugleich die Französische Republik zu Fall bringen wollten.

Dies steht nicht nur mit dem Krieg, sondern insbesondere mit dem „Folterkrieg" in Algerien in Verbindung. Enorme Machtbefugnisse Einzelner innerhalb eines strikt hierarchischen Systems führen schon für sich gesehen zu gefährlichen (Missbrauchs-)Versuchungen. Wird dann zu Übergriffen gewiesen und die Hemmschwelle überschritten, so kommt es schnell zu systematischem Missbrauch.[1403] Es entsteht ein Spannungsverhältnis von zunehmendem Autoritätsgehorsam einerseits und Allmachtsempfinden andererseits. Nicht zuletzt diese fatale Kombination förderte das menschenrechts- und demokratiefeindliche Moment im Beispielsfall derart, dass es schließlich zu den geschilderten Ereignissen kam. Ein folternder Polizist, der insofern öffentlich-rechtlich ermächtigt ist, ist eine Gefahr für die freiheitlich demokratische Grundordnung.

Neben der unmittelbaren Gefährdung des Staatswesens aus sich selbst heraus sind mittelbare Gefahren denkbar. Der internationale Kampf gegen Folter würde konterkariert, gäbe es in demokratischen Rechtsstaaten auch nur für seltene Ausnahmefälle eine Folterermächtigung.[1404] „Traditionelle" Folterstaaten, zu denen – wie oben belegt –[1405] unerfreulicherweise der EU-Beitrittsaspirant Türkei gehört, würden sich bestärkt fühlen. Schlimmstenfalls wäre eine wechselseitige Negativverstärkung zu besorgen.

Des Weiteren ist es kein singulärer Vorgang, nach einer einzelfallbezogenen Abwägung der allgemeinen Sicherheits- und Freiheitsinteressen gegen das Integritätsinteresse des Einzelnen dem Allgemeininteresse den Vorrang einzuräumen. Dies zeigt der Fall des ehemaligen Präsidenten der Bundesvereinigung der Deutschen Arbeitgeberverbände Hans Martin Schleyer. Dieser wurde von RAF-Terroristen zwecks Gefangenenfreipressung entführt. Das Bundesverfassungsgericht wog damals sein akut bedrohtes Leben gegen viele vielleicht irgendwann gefährdete Leben ab.[1406] Wäre Schleyer gegen Gefangene ausgetauscht worden, so hätten die freigelassenen Terroristen und andere, durch den Erfolg der Freipressung motivierte Gesinnungsgenossen, zukünftig weitere Menschen(-leben) bedroht. Der potentielle Schutz vieler wurde demnach dem konkreten Schutz

---

1403 Vgl. hierzu auch Milgram, Milgram-Experiment, passim.

1404 Lüderssen (in Rogall et al.: Festschrift Rudolphi), Folter bleibt tabu, S. 691 (707); ähnlich auch Kluth (in Depenheuer et al.: Festschrift Isensee), Menschenwürde, S. 535 (546).

1405 Siehe oben 1. Teil, Zweites Kap., II), 2), b), aa), (1), (a), (aa).

1406 Dazu s. Reemtsma, Folter, S. 127f.

eines Individuums vorgezogen. Das Verfassungsgericht formulierte dies wie folgt:

„Das Grundgesetz begründet eine Schutzpflicht nicht nur gegenüber dem Einzelnen, sondern auch gegenüber der Gesamtheit aller Bürger. Eine wirksame Wahrnehmung dieser Pflicht setzt voraus, dass die zuständigen staatlichen Organe in der Lage sind, auf die jeweiligen Umstände des Einzelfalles angemessen zu reagieren; schon dies schließt eine Festlegung auf ein bestimmtes Mittel aus. Darüber hinaus kann eine solche Festlegung insbesondere deshalb nicht von Verfassungs wegen erfolgen, weil dann die Reaktion des Staates für Terroristen von vornherein kalkulierbar würde. Damit würde dem Staat der effektive Schutz seiner Bürger unmöglich gemacht. Dies stünde mit der Aufgabe, die ihm durch Art. 2 Abs. 2 Satz 1 GG gestellt ist, in unaufhebbarem Widerspruch.“[1407]

Dem Bundesverfassungsgericht tut es sein ehemaliger Vizepräsident Winfried Hassemer gleich. Auf die Frage, ob ihm bei Eintritt des Extremfalls, zum Beispiel einer „tickenden Bombe“ in einem unbekannten Schulbus das Leben Unschuldiger oder ein Rechtssatz, nämlich das absolute Folterverbot, wichtiger sei, erwiderte er:

„(...) man muss in Situationen notfalls hohe Interessen, hohe Rechtsgüter opfern, um nicht langfristig die Zivilität, die Anständigkeit, das Leben-Können innerhalb einer Rechtsordnung zu gefährden und zu zerstören.“[1408]

Im Einzelfall als ungerecht empfundene Regelungen finden sich in unserer Rechtsordnung übrigens nicht selten. Man denke nur an den strafrechtlichen „Zweifelssatz“, der im Ausnahmefall zu ungerechten Lösungen führen mag, da Schuldige freigesprochen werden müssen.[1409]

Nach all dem schützt das absolute Folterverbot eine größtmögliche Anzahl von Personen in enorm vielen Fällen.[1410]

c) Nützlichkeitsargumente und „mildere“ Formen der Aussageerzwingung

Einige Autoren wollen nun zwischen Folter i.e.S. und weniger gravierenden Methoden der Aussageerzwingung differenzieren, wobei letztgenannte Praktiken nicht vom absoluten Verbot erfasst seien.[1411] So sei die Androhung von Folter nicht vom Folterverbot erfasst.[1412] Gleiches gelte für „leicht schmerzhafte Kör-

1407 BVerfGE 46, S. 160 (165).

1408 Zitat Hassemer nach Welding, RuP 2003, S. 222 (223).

1409 Gebauer, NVwZ 2004, S. 1405 (1409).

1410 Shany, CULR 2007, Rn. 851.

1411 Pajarola, Gewalt im Verhör, S. 163ff.

1412 Herzberg, JZ 2005, S. 321 (326).

pereingriffe", die Ermüdung, die Verabreichung von Alkohol, die Täuschung oder Hypnose.[1413] Für erlaubt hält Schmitt Glaeser z.B. „(...) schmerzhafte Kniffe (z.B. in die Ohrläppchen), Verdrehen der Arme (im Polizeigriff), Überdehnung der Handgelenke."[1414] Sollten Wahrheitsseren nicht erweislich ungeeignet zur Erlangung rettender Informationen sein, was ihre Anwendung als unverhältnismäßig ausschließen würde, so sei die Verabreichung entsprechender Seren de lege lata zulässig.[1415]

Schließlich gingen mit der Verabreichung keine Schmerzen für den Störer einher.

Fraglich ist nun, wie das Ergebnis einer Kosten-Nutzen-Analyse für derartige Maßnahmen aussieht.

Gegen eine Ungleichbehandlung von Folter und „milderen" Formen der Aussageerzwingung spricht die unbestimmte Grenzziehung zwischen den Misshandlungsarten.[1416] Aufgrund des fließenden Übergangs ist die Schwelle zur Folter schnell überschritten, was insbesondere an der begrifflichen Schwäche des Definitionskriteriums „schwere Schmerzen oder Leiden" gem. Art. 1 Abs. 1 VNAFK liegt. Dieses Merkmal wird allerdings konsensual vorausgesetzt und ist mithin unverzichtbar.[1417] Die „grammatische" Auslegung legt für die Intensitätsbestimmung einen „naturalistisch psychologisierenden"[1418] Ansatz nah. Schließlich hängt es im Allgemeinen vom persönlichen Schmerzempfinden ab, wann Schmerzen schwer sind. Dies trifft besonders auf den sensiblen Grenzbereich zwischen Folter und unmenschlicher Behandlung zu. Mittelalterliche Tortur würde Zweifels ohne von jedermann als „schwer" empfunden. Die Überdehnung der Handgelenke mag für einen Boxer, der es gewohnt ist, Schmerzen zu ertragen hingegen nicht als „schwer" im hiesigen Sinne wahrgenommen werden. Einem schmerzempfindlicheren Menschen kann sie jedoch große Pein bereiten, während der Masochist durch sie sogar Lustgewinn empfinden mag. Neben dieser individuell-opferfokussierten Sichtweise bereitet auch Probleme, dass „(...) sich die Unterscheidung nach Behandlungsformen nur bedingt für eine objekti-

1413 Herzberg, JZ 2005, S. 321 (326). Die Ermüdung unterfalle zumindest dann nicht dem Folterverdikt, „(...) solange es sich dabei nicht um mehrere Tage währenden Schlafentzug handelt (Fahl, JR 2004, S. 182 (190))."

1414 Schmitt Glaeser (in Depenheuer et al.: Festschrift Isensee), Folter, S. 507 (522).

1415 Fahl, JR 2004, S. 182 (190); vgl. auch Brugger, JZ 2000, S. 165 (169); ders. VBlBW 1995, S. 446 (447ff.); Gromes, Präventionsfolter, S. 34ff., 52ff., 251f.; Miehe, NJW 2003, S. 1219 (1220).

1416 Zur nur sehr eingeschränkt möglichen Abgrenzung der ersten und zweiten Ebene der internationalen Misshandlungsverbote über das Merkmal „Eingriffsintensität" s.o. 1. Teil, Zweites Kap., II), 2), a), ab), (1), (c).

1417 Siehe oben 1. Teil, Zweites Kap., III).

1418 Dies bemerkt auch kritisch Greco in GAS 2007,S. 628 (628), Fn. 2.

vierbare Typisierung der Gewalt [eignet], da eine bestimmte Behandlungsform (z.B. ein Faustschlag in die Magengrube) mit unterschiedlicher Intensität ausgeführt werden kann, mit dem Ergebnis, dass ein und dieselbe Behandlungsform einmal als brutale und einmal als milde Gewalt (...)"[1419] oder sogar als unterhalb der Mindestschwelle z.B. von Art. 3 EMRK verbleibende Bagatelle einzustufen ist. Danach ist es auch mittels des hier als vorzugswürdig betrachteten objektivierenden Ansatzes zur Bestimmung der Einwirkungsintensität schwer,[1420] eine verbindliche Grenze zwischen noch zulässiger Schmerzzufügung und verbotener Folter zu ziehen.[1421] Gleiches gilt für rein psychisch-seelische Misshandlungen.

Selbst Vertreter der Gestattung „milderer" Aussageerzwingungsmethoden widersprechen sich hinsichtlich der Wertung entsprechender Methoden zuweilen selbst, wodurch die Schwierigkeiten der Abgrenzung besonders deutlich werden. So hält Herdegen „die Überwindung willentlicher Steuerung (...) etwa durch Wahrheitsdrogen wegen der auf Lebensrettung gerichteten Finalität" einmal für nicht würdeverletzend.[1422] An anderer Stelle führt er hingegen aus, „bei körperliche[n] Eingriffe[n] zur Verhaltenssteuerung (Verabreichung von Drogen)" lasse „sich eine Würdeverletzung rein modal, ohne Berücksichtigung des verfolgten Zwecks begründen".[1423]

Zudem spricht das oben genannte Untauglichkeitsargument hier sehr wohl gegen die Freigabe. In den meisten Fällen werden „mildere" Zwangsmaßnahmen nicht geeignet sein, die lebensrettende(n) Information(en) zu erlangen. Die eingangs genannten Mittel würden einem entschlossenen oder verzweifelten Täter in aller Regel die Möglichkeit belassen, sich gegen eine Informationspreisgabe zu entscheiden. Dieser Entschluss wäre auch durchhaltbar, da jeder Täter bereits zu Beginn eines Verhörs um die Limitiertheit des Eskalationspotentials wüsste.

Dem Terrorist wäre es ein Leichtes, eine Verzögerungstaktik umzusetzen und durch Falschangaben einen Zeitgewinn zu realisieren. Ein Erpresser mag zwar durch Festnahme daran gehindert sein, eine etwaige Lösegeldforderung auch durchsetzen zu können. Aber für ihn böte es sich an, beispielsweise das Versteck des Entführten zu verschweigen. Ohne Leiche bzw. ohne die belastende Zeugenaussage des Entführungsopfers bestünden in einem sich dann gegebenenfalls anschließenden Indizienprozess viel bessere Verteidigungschancen.

1419 Pajarola, Gewalt im Verhör, S. 160.

1420 Zu diesem Ansatz s.o. 1. Teil, Zweites Kap., II), 2), a), ab), (1), (a), (aa).

1421 Siehe Hilgendorf, JZ 2004, S. 331 (338). Aus diesem Grund wird oben vorgeschlagen, zwischen der ersten und zweiten Stufe eher über jene Merkmale abzugrenzen, die nur der Folter i.e.S. vorbehalten sind (1. Teil, Zweites Kap., II), 2), a), ab), (1), (c)).

1422 Herdegen zitiert nach Gössel (in Dannecker et al.: Festschrift Otto), »Absolute« Folterverbote, S. 41 (57).

1423 Herdegen zitiert nach Gössel (in Dannecker et al.: Festschrift Otto), »Absolute« Folterverbote, S. 41 (57).

Daneben sprechen viele der bereits bei der Erörterung des Dammbrucharguments genannten Gründe gegen die Annahme der Zulässigkeit minderschwerer Aussageerzwingungsformen.

So muss ein Polizist auch hier im Hintergrund einer unsicheren Tatsachengrundlage schwierige rechtliche Wertungen vornehmen. Die schon genannte Tendenz, Tatsächliches im Zweifel zu Lasten des (mutmaßlichen) Störers zu interpretieren, dürfte sich verstärken, weil die eingesetzten Mittel eine mildere und damit (vermeintlich) leichter zu vertretende Beeinträchtigung suggerieren. Ferner birgt die Nichtöffentlichkeit der Zwangsanwendung vorliegend ein ungemein größeres Missbrauchsrisiko, denn es wird Polizisten noch schwerer fallen, gegen Kollegen, die vielleicht gar Vorgesetzte sind, auszusagen bzw. vorzugehen. Daneben fällt ein Hinwegsehen über „mildere" Misshandlungen im allgemein rauen Polizeialltag leichter. Weiterhin ist eine Überschreitung des bereits erweiterten Zugriffsrahmens zu befürchten, sollte der Verhörte auf die verwendeten Methoden – was wahrscheinlich ist (s.o.) – nicht „anspringen". Schließlich ist ein wirksamer Überwachungsmechanismus zur Verhinderung unzulässiger Überschreitungen des Handlungsrahmens im Normalfall bzw. des Spektrums der im Ausnahmefall maximal zugelassenen Mittel aufgrund des enormen Zeitdrucks, der Nichtöffentlichkeit und der seelischen Angespanntheit der Ermittler nicht ersichtlich.

Neben den erheblichen Zweifeln an der Tauglichkeit zur Wahrheitsfindung spricht das Dammbruchargument gerade bei der vermeintlich unbedenklichen Wahrheitsserumgabe gegen ein Überwiegen des damit lediglich mutmaßlich verbundenen Nutzens belastbare Informationen zu gewinnen. Zweifellos würde die regelmäßig im Verborgenen erfolgende Zwangsverabreichung von Wahrheitsseren dann keine Ausnahme im Einzelfall mehr bleiben, wenn die damit verbundenen Nebenwirkungen nicht zu schweren und/oder irreparablen Schäden oder gar dem Tod führen würden. Da solche schwerwiegenden Nebenwirkungen kaum auftreten dürften, könnten einmal bei Ermittlern geweckte Begehrlichkeiten leicht die Schaffung des befürchteten „Ausnahmetatbestands" bedingen.

Wider den Dammbruch und damit zur Wahrung der Verhältnismäßigkeit könnte zwar eine Unterstellung des Verfahrens der Serumverabreichung unter besondere gesetzliche Restriktionen angedacht werden. Vorstellbar wäre eine entsprechende Anwendung der zur Brechmittelgabe entwickelten Grundsätze.[1424] Abge-

1424 Nach Pajarola, der sich auf die Entscheidung des EGMR im Fall Jalloh/Germany (EGMR, Jalloh/Germany, application no. 54810/00, Urt. v. 11.07.2006, HUDOC; dazu s. auch Gaede, HRRS 2006, S. 241ff.) bezieht, sind „die Notwendigkeit des Eingriffs, die Gefahr von Gesundheitsschäden, das Ausmaß der körperlichen Schmerzen und des seelischen Leids, die durch den Eingriff verursacht würden, der Umfang der medizinischen Überwachung und die Auswirkungen auf die Gesundheit des Betroffenen" für

sehen davon, dass es bereits an einer vergleichbaren Ausgangslage fehlt, schließlich bewirkt ein Brechmittel mit äußerst hoher Wahrscheinlichkeit die mit seiner Verabreichung bezweckte Entleerung des Mageninhalts, wohingegen die Zwecktauglichkeit von Wahrheitsseren gerade höchst zweifelhaft ist, wäre die aus Verhältnismäßigkeitsgründen unumgängliche Hinzuziehung eines Arztes aufgrund standesrechtlicher Erwägungen nicht möglich. Mögen im Maßnahmeadressaten einer erzwungenen Wahrheitsserumgabe in einer Rettungsfoltersituation auch die Voraussetzungen des Vorverhaltens- und Autonomieprinzips erfüllt sein, so wäre eine solche Maßnahme ohne Wahrung der Verhältnismäßigkeit erniedrigend und letztlich menschenunwürdig.

Demzufolge kommt die Gestattung „milderer" Aussageerzwingungspraktiken insgesamt nicht in Betracht.

3) Zwischenergebnis

Rettungsfolter erfüllt zwar die Bedingungen des Vorverhaltens- und Autonomieprinzips, nicht aber die Kriterien des Nützlichkeitsprinzips. In ihrem absoluten Verbot liegt demnach kein Verstoß gegen das eingangs genannte Postulat nach Konvergenz der für eine Rechtsordnung maßgeblichen Normen.

Wie gezeigt, ist die vermeintliche Asymmetrie von Rettungsfolter – betrachtet man einzig das Vorverhaltens- und Autonomieprinzip – und zulässiger Formen von Würdeeinschränkungen, z.B. des finalen Rettungsschusses, des Brechmitteleinsatzes und der Behandlung geisteskranker gefährlicher Personen, letztlich das „(...) Ergebnis von historischen Erfahrungen und praktischen Erkenntnissen."[1425] Diese Erfahrungen und Erkenntnisse führen zu einer differierenden Wertung im Bereich des Nützlichkeitsprinzips, wodurch sich das absolute Folterverbot erklärt. Gleichsam sprechen gewichtige Nützlichkeitserwägungen dagegen, in Rettungsfolterfällen „mildere" Aussageerzwingungspraktiken zuzulassen.

Unter Hinweis auf die zuweilen problematische Begründbarkeit des Freiheitsstrafvollzugs stellt Schünemann die These auf, Folter sei im Einzelfall leichter zu rechtfertigen als Freiheitsstrafe.[1426] Unabhängig davon, ob und inwieweit er sich die geschilderten praktischen Probleme überhaupt vergegenwärtigt hat, verkennt er jedenfalls die Aussichtlosigkeit des Unterfangens, gesetzestechnisch eine annehmbare Ausnahmenorm der Rettungsfoltergestattung zu schaffen. Eingedenk der Folgen einer (ausnahmsweisen) Zulässigkeit der Folter erscheint die

---

die Bestimmung der Rechtmäßigkeit eines Brechmitteleinsatzes maßgeblich (Pajarola, Gewalt im Verhör, S. 213).

1425 Gebauer, NVwZ 2004, S. 1405 (1409), m.w.N. in Fn. 39.

1426 Schünemann, GAS 2007, S. 644 (644f.).

gesellschaftliche Gefährdung durch im Einzelfall ungerechtfertigten bzw. unzulänglichen Freiheitsentzug vergleichsweise gering.

Es ist Lüderssen beizupflichten, wenn er feststellt, „der Weg, der ohnehin mühsam unter wiederholter Beiseiteschiebung warnend aufgestellter Hinweise sich dann schließlich für die Legitimierung der Folter – in extremen Fällen – zu eröffnen schien, ist am Ende doch versperrt. Wer die aufgetürmten Hindernisse überspringt, landet im juristischen Niemandsland“[1427].

Im vorläufigen Ergebnis erscheint die Ratifikation internationaler Konventionen, die absolute Folterverbote enthalten, danach unproblematisch.

IV) Bestehen von Straffreistellungsmöglichkeiten

Neben der staatsrechtlichen Analyse stellt sich die Frage, was „(...) wäre, wenn ein Polizist die moralische Nötigung empfände, zur Gewalt zu greifen, um ein Leben zu retten“[1428].

Es gilt also zu eruieren, ob im Rettungsfolterfall für Hoheitsträger, aber auch für „Private“, eine individuelle Straffreistellung möglich wäre.[1429] Betreffend der

1427 Lüderssen (in Rogall et al.: Festschrift Rudolphi), Folter bleibt tabu, S. 691 (704).

1428 Reemtsma, Folter, S. 128.

1429 Pajarola hält mit Verweis auf die Rechtsfigur der eigenverantwortlichen Selbstgefährdung bereits einen Mangel objektiver Zurechenbarkeit für möglich (Pajarola, Gewalt im Verhör, S. 265ff.). Allerdings ist die Lehre von der objektiven Zurechnung in der Rechtsprechung, wie er selber anmerkt (a.a.O. S. 265), „(...) erst teilweise anerkannt (...)“. Will man sich dennoch auf derartige Überlegungen einlassen, so ist der Grundgedanke der Rechtsfigur, „(...) dass tatbestandslos handelt, wer vollverantwortlich eigene Rechtsgüter angreift, sei es mit Vorsatz (eigenverantwortliche Selbstschädigung) oder ohne ihn (eigenverantwortliche Selbstgefährdung)“, zu berücksichtigen (Walter in LK-StGB, Bd. 1, Vor § 13, Rn. 112). Werden keine fremden Rechtsgüter angegriffen, bleibt das Handeln tatbestandslos. Ebenfalls handelt derjenige tatbestandslos, der vorgenanntes Verhalten veranlasst oder unterstützt (Walter a.a.O.). Folter als Rettungshandlung könnte jedoch nur dann dem Verantwortungsbereich des Störers zugeordnet werden, wenn sie pflichtig erfolgt wäre. Schließlich können nur pflichtige Rettungshandlungen als eigenverantwortliche Selbstschädigung oder -gefährdung zugerechnet werden (Walter a.a.O., Rn. 118). Für (Rettungs-)Folter besteht aber keine Ermächtigungsgrundlage. Dies weist sie als nicht pflichtig aus. Vertritt man den Standpunkt, wenn auch keine Ermächtigungsgrundlage gegeben sei, so bestünde aber gegebenenfalls eine strafrechtliche Rechtfertigung und ginge von einer „pflichtigen“ Rettungshandlung aus, so blieben Zweifel an der notwendigen Tatherrschaft (dazu s. Pajarola, Gewalt im Verhör, S. 271ff.). Notwehr bzw. -hilfe muss nämlich nicht ausgeübt werden. Demnach kann nicht nur der Terrorist Zwangsmaßnahmen jederzeit durch Informationspreisgabe abwenden. Gleiches gilt für die Polizisten. Ein Überwiegen der Tatherrschaft auf Seiten des Terroristen ist demnach nicht ohne Weiteres zu unterstellen.

erstgenannten werden besonders „rollenbedingte“ sozialethische Notwehreinschränkungen zu berücksichtigen sein. Ähnliche Aspekte sind bei der Prüfung des rechtfertigenden Notstandes von Belang.

Sowohl die Frage einer Straffreistellung von hoheitlicher, als auch von privater Folter – so denn letztgenannte überhaupt unter den Begriff fällt –[1430] wurde in Deutschland äußerst kontrovers diskutiert.[1431]

Ob der vorrangig völkerrechtlichen Ausrichtung dieser Arbeit sollen im Folgenden nur die wesentlichen Streitpunkte erörtert werden. Dabei ist hinsichtlich der Frage nach der Eignung und Erforderlichkeit der Rettungsfolter recht unproblematisch auf die Ergebnisse im staatsrechtlichen Teil zu verweisen.[1432] Andere Punkte, z.B. das Problem der Gebotenheit im Rahmen der Notwehr bzw. Nothil-

---

Zudem ist es dogmatisch äußerst anfechtbar, im beharrlichen Schweigen nach Ankündigung, man werde nun zur Folter übergehen, eine schlüssige Einwilligungserklärung zu erblicken. Was wäre z.B., wenn der Störer (irrig) davon ausginge, wegen des „nemo tenetur“- Grundsatzes nicht aussagen zu müssen? Wäre sein Schweigen dann immer noch konkludente Einwilligung in die eigene Folterung? Schließlich kann von einem „Akt wirklicher Selbstbestimmung“ (Pajarola, a.a.O., m.w.N. in Fn. 1625) im Einzelfall nicht mehr die Rede sein. So ist fraglich, ob die Informationspreisgabe bspw. für einen fanatischen islamistischen Bombenleger überhaupt eine Verhaltensalternative wäre. Möglicherweise ließen soziokulturelle bzw. religiöse Zwänge überhaupt nicht die Möglichkeit zur „freien“ Entscheidung für die Informationspreisgabe.

1430 Nach hiesigem, im Einklang mit der Folterdefinition des Art. 1 Abs. 1 VNAFK stehenden Bergriffsverständnis ist ein hoheitlicher Bezug stets zu verlangen (s.o. 1. Teil, Zweites Kap., III)).

1431 Siehe dazu Beutler, Strafbarkeit der Folter zu Vernehmungszwecken, S. 200ff.; Erb, Jura 2005, S. 24ff.; Fahl, JR 2004, S. 182 (185ff.); ders., Jura 2007, S. 743ff.; Gössel (in Dannecker et al.: Festschrift Otto), »Absolute« Folterverbote, S. 41ff.; Götz, NJW 2005, S. 953ff.; Gromes, Präventionsfolter, S. 160ff.; Herzberg, JZ 2005, S. 321ff.; Jerouschek/Kölbel, JZ 2003, S. 613 (619f.); Pajarola, Gewalt im Verhör, S. 275ff.; Schlenzka, Rettungsfolter, S. 250ff.; Wagenländer, Strafrechtliche Beurteilung der Rettungsfolter, S. 93ff.

1432 Siehe oben 2. Teil, Zweites Kap., III), 2). Es wird demnach nicht problematisiert, ob überhaupt eine Notwehr- bzw. Notstandslage vorliegt, und wenn ja, ob die Notwehrvoraussetzung Geeignetheit und Erforderlichkeit bzw. die entsprechenden Notstandsvoraussetzungen gegeben sind. Hinsichtlich der Erforderlichkeit sei jedoch auf eins hingewiesen. Für den Sonderfall, indem ein „Privater“ sich eines Angreifers bemächtigt hat, kann eine Rettungsfolter-Maßnahme jedenfalls nicht einfach unter Verweis auf die Möglichkeit der Einschaltung der Polizei als „nicht erforderlich“ i.S.v. § 32 StGB gewertet werden. Schließlich müsste die Benachrichtigung der Polizei mindestens eine gleich effiziente Verteidigung verheißen, wofür – angesichts der Unsicherheiten betreffend die Möglichkeit der Ergreifung von Rettungsfolter-Maßnahmen durch Hoheitsträger – kein allgemeiner Erfahrungssatz spricht (Erb, Jura 2005, S. 24 (26); Fahl, Jura 2007, S. 743 (748)).

fe, müssen aber explizit eruiert werden. Bei der Beurteilung der Schuldfrage ist eine Berücksichtigung persönlicher Faktoren generell unentbehrlich.

1) Öffentlich-rechtliche Eingriffsnorm als Rechtfertigungsgrund

Als erste Rechtfertigungsmöglichkeit wäre an eine öffentlich-rechtliche Eingriffsbefugnis zu denken.

Das erscheint angesichts der klaren Stellungnahme gegen eine staatliche Folterbefugnis merkwürdig, erklärt sich aber durch die mögliche Zugrundelegung eines eigenen „strafrechtlichen Rechtmäßigkeitsbegriffs". Dieser könnte eine abweichende Wertung zulassen.

Nach der herrschenden Meinung ist nicht die materielle Richtigkeit, sondern die formale Rechtmäßigkeit entscheidend.[1433] So reiche es aus, wenn die (örtliche und sachliche) Zuständigkeit, die Beachtung wesentlicher Förmlichkeiten und (gegebenenfalls) die Berücksichtigung der Ermessensgrenzen gewährleistet seien.[1434]

Roxin weist aber zu Recht auf die Inkompatibilität des Gesetzesvorbehaltes mit der Konstruktion eines „strafrechtlichen Rechtmäßigkeitsbegriffs" hin.[1435] Die Akzeptanz eines derartigen Begriffs würde die – rundweg abzulehnende – Schaffung hoheitlicher Eingriffsrechte ohne explizite gesetzliche Ermächtigung ermöglichen.

Ein ähnliches Konzept, nach dem nur ein nichtiger Verwaltungsakt dem strafrechtlichen Rechtswidrigkeitsverdikt unterfalle, unerlaubte aber nur anfechtbare Verwaltungshandlungen hingegen geduldet werden müssen, ist ebenso abzulehnen.[1436] Konsequenz hieraus wäre ein strafrechtlicher „Freibrief" für die Exekutive. Schließlich sind enorme Hürden an die Nichtigkeit gestellt.[1437] Nach dieser Ansicht wäre es Beamten somit quasi freigestellt, „(...) alles mögliche Rechtswidrige zu tun, ohne strafrechtliche Konsequenzen oder Gegenwehr befürchten zu müssen."[1438] Da dies inakzeptabel ist, muss es bei Straftatbestände erfüllendem Verwaltungshandeln dabei bleiben, für eine Rechtfertigung im All-

---

1433 Innerhalb dieser Meinung gibt es jedoch Streitigkeit darüber, wie weit das sog. „Irrtumsprivileg" des Staates geht (dazu s. Beutler, Strafbarkeit der Folter zu Vernehmungszwecken, S. 202f.).

1434 Beutler, Strafbarkeit der Folter zu Vernehmungszwecken, S. 201.

1435 Roxin, Strafrecht AT, Band I, § 17, Rn. 9.

1436 Dazu s. OLG Celle, NJW 1971, S. 154.

1437 Siehe exemplarisch § 44 VwVfG NW.

1438 Roxin, Strafrecht AT, Band I, § 17, Rn. 10.

gemeinen das Vorliegen der Voraussetzungen der jeweiligen öffentlich-rechtlichen Eingriffsnorm zu verlangen.[1439]

Im Ergebnis ist eine von der staatsrechtlichen Wertung abweichende strafrechtliche Rechtfertigung aufgrund öffentlich-rechtlicher Ermächtigungsgrundlagen also ausgeschlossen.[1440]

2) Notwehr nach § 32 StGB

Zur Begründung des Rechtsinstituts der Notwehr werden verschiedene Ansätze vertreten. Da zu prüfen ist, ob diese Begründungsansätze im Falle der Folter nicht greifen, sind sie kurz vorzustellen.

Die Existenz des Notwehrrechts wird von einer Ansicht mit dem notwendigen Schutz des angegriffenen Individualrechtsguts begründet.[1441] Ausgangspunkt des diesem Ansatz zugrunde liegenden sogenannten Schutzprinzips ist die Bedrohung individueller Rechtsgüter durch den rechtswidrigen Angriff. Ergänzend wird teilweise die Erfüllung der Bedingungen eines Autonomieprinzips gefordert,[1442] das Namen und Voraussetzungen mit obigem Prinzip teilt.[1443] Nach Ansicht anderer habe der Angreifer durch die Entscheidung für den rechtswidrigen Angriff das Risiko der Gegenwehr übernommen. Ihnen zufolge wird das Schutzprinzip durch ein dem oben genannten Vorverhaltensprinzip[1444] ähnelndes Prinzip ergänzt.

Wiederum andere vertreten eine überindividuelle Notwehrkonzeption.[1445]

Die herrschende Meinung verfolgt den auch vom Gesetzgeber favorisierten dualistischen Begründungsansatz.[1446] Dieser geht von der Notwendigkeit aus, die vom Verteidiger bezweckte Interessenwahrung müsse das Interesse des Angreifers an der Schonung seiner Rechtsgüter überwiegen. Fokussiert man allein das vom Verteidiger bewahrte Individualrechtsgut, fällt auf, dass sich ein Überwiegen der Interessen des Angegriffenen nicht für alle denkbaren Fälle belegen lässt. Um zweifelsfrei von einem Überwiegen der verteidigten Interessen ausgehen zu können, muss also ein weiterer Gesichtspunkt hinzutreten. Dieser wird in

---

1439 Roxin, Strafrecht AT, Band I, § 17, Rn. 10.

1440 Auf Umwegen würde wohl auch die herrschende Meinung zu diesem Ergebnis gelangen (s. dazu Beutler, Strafbarkeit der Folter zu Vernehmungszwecken, S. 203).

1441 Siehe die Nachweise zu Vertretern dieser Meinung bei Rönnau/Hohnin LK-StGB, Bd. 2, § 32, Rn. 68ff.

1442 Siehe Rönnau/Hohnin LK-StGB, Bd. 2, § 32, Rn. 68, m.w.N. in Fn. 166.

1443 Siehe oben 2. Teil, Zweites Kap., II), 2).

1444 Siehe oben 2. Teil, Zweites Kap., II), 2).

1445 Siehe Hinweis bei Rönnau/Hohnin LK-StGB, Bd. 2, § 32, Rn. 64.

1446 Vgl. Rönnau/Hohnin LK-StGB, Bd. 2, § 32, Rn. 65f.

der Verteidigung des Rechts bzw. der Rechtsordnung gesehen. Schließlich bewahre der Verteidiger nicht nur seine eigenen bzw. die Interessen des Angegriffenen, sondern auch die der Rechtsordnung. So bewähre sich die Rechtsordnung in der Verteidigung (sog. Rechtsbewährungsprinzip).[1447] Zu Recht sehen einige im überindividualistischen Notwehraspekt einen Verweis auf den Strafzweck der positiven Generalprävention.[1448] Dadurch wird der Bogen zum Nützlichkeitsprinzip[1449] geschlagen, welches ausweislich der insofern analysierten Rechtsinstitute ebenfalls einen Bezug zum Gedanken der positiven Generalprävention aufweist.

Die Notwehrbegründungsansätze der Mindermeinungen können aus Platzgründen grundsätzlich nicht berücksichtigt werden. Durch ihre teilweise Überschneidung mit dem Konzept der herrschenden Meinung finden sie jedoch inzident Berücksichtigung. Dies wird besonders in Rettungsfoltersituationen deutlich, wo die eigentlich zusammenwirkenden Prinzipien des Individual- und Rechtsordnungsschutzes eventuell kollidieren und zwangsläufig das bevorzugte Prinzip das jeweils andere überlagert. Die einzelfallbezogene Überlagerung ist solange nicht schädlich, wie eine zumindest rudimentäre Berücksichtigung des zurückweichenden Prinzips gewährleistet bleibt.

Das Rechtsbewährungsprinzip wirkt bildlich gesprochen wie ein Schleifstein. Denn Notwehr ist nur deshalb ein „scharfes Schwert“, weil das Interesse an der Erhaltung der Rechtsordnung generell unermesslich hoch ist.[1450] Verhältnismäßigkeitserwägungen kommen jedoch zum Tragen, wenn das Rechtsbewährungsinteresse ausnahmsweise gering ist. Dies ist der Ansatzpunkt sogenannter sozialethischer Notwehrbeschränkungen.[1451]

Angesichts der Behauptung, Notwehr unterläge im Falle der Folter einer sozialethischen Einschränkung, die im Wesentlichen mit der grundgesetzlichen Pflicht zum Schutze der Menschenwürde begründet wird, womit eine Verpflichtung aller Hoheitsgewalt einherginge, strikten Folterschutz zu gewährleisten,[1452] ist nun unter Rückgriff auf obige Überlegungen zu eruieren,[1453] ob Rettungsfolter über § 32 StGB gerechtfertigt werden kann.

1447 Rönnau/Hohnin LK-StGB, Bd. 2, § 32, Rn. 66.

1448 Rönnau/Hohnin LK-StGB, Bd. 2, § 32, Rn. 66.

1449 Dazu s.o. 2. Teil, Zweites Kap., II), 1).

1450 Rönnau/Hohnin LK-StGB, Bd. 2, § 32, Rn. 66.

1451 Dazu s. Fahl, Jura 2007, S. 743ff.; Roxin, Strafrecht AT, Band I, § 15, Rn. 55.

1452 So Kinzig, ZStW 2003, S. 791 (809ff.).

1453 Damit sind die Überlegungen zum Vorverhaltens-, Autonomie- und Nützlichkeitsprinzip gemeint.

a) Notwehrrechtfertigung und „Privatfolter“

Begonnen werden soll mit der Erörterung einer Rechtfertigungsmöglichkeit für Privatpersonen.

Der für die Notwehrlage geforderte gegenwärtige rechtswidrige Angriff steht in puncto seiner tatsächlichen Komponente in enger Verbindung zum Vorverhaltens- und Autonomieprinzip, wobei der stark normative Begriff „rechtswidrig“ von der tatsächlichen auf die rechtliche Ebene weist, wodurch bereits die Rechtsordnung mit ihren Wertungen anklingt.

Entscheidend ist jedoch die Gebotenheit der Notwehrhandlung. Abgesehen von dogmatischen Problemen, die mit Einschränkungen der Notwehr verbunden sein können, z.B. eines möglichen Verstoßes gegen Art. 103 Abs. 2 GG i.V.m. § 1 StGB,[1454] ist fraglich, ob die Rechtsordnung im Falle der Rettungsfolter einen Notwehrausschluss erfordert.[1455]

Wie bereits festgestellt, ist der Gemeinschaft generell mehr durch Erhaltung des absoluten Folterverbots als durch seine (partielle) Aufweichung gedient.[1456] Fraglich ist jedoch, ob sich oben diskutierte Negativ-Effekte der Rettungsfoltergestattung auch im Falle ihrer Zulässigkeit als Notwehrhandlung einstellen würden. Das grundsätzliche Bestehen eines Gemeinschaftsinteresses an der Möglichkeit effektiver Selbstverteidigung in Fällen, in denen hoheitliche Hilfe nicht (rechtzeitig) zu erlangen ist, wird dabei vorausgesetzt. Problematisch wird das Rechtsinstitut aus kollektiver Sicht aber dann, wenn die verteidigten Interessen weit weniger als die beeinträchtigten Interessen wiegen.

Vom individualistischen Notwehrbegründungsstandpunkt würde dies kein Problem darstellen, da z.B. die notorische Erschießung des Kirschendiebs durch den Kirschbaumeigentümer, der, anders als der Dieb, nicht in seinem Leben, sondern nur in Eigentum und Besitz betroffen ist, allein unter Hinweis auf Vorverhaltens- und Autonomieprinzip gerechtfertigt werden könnte. Eine derartige Disproportionalität von verteidigter und geschädigter Rechtsposition stört aber regelmäßig das Rechtsempfinden der Allgemeinheit. Angehörige des Angreifers könnten sich veranlasst sehen, den durch die Disproportionalität der Verteidigung bedungenen „Schaden“ durch Racheakte „wettzumachen“, wodurch der Rechtsfrieden abermals bedroht würde. Um derartigen Gefahren für die Rechtsordnung zu begegnen, finden Anpassungen statt, deren Ergebnis letztlich die

1454 Siehe dazu Fahl, Jura 2007, S. 743 (745). Dort wird auch ein Verstoß gegen den Gewaltenteilungsgrundsatz durch „Erfindung immer neuer Einschränkungen“ thematisiert.

1455 Man könnte von Notwehrrettungsfolter sprechen, die ein Zusammentreffen der sich teilweise überschneidenden Notwehr- mit den Rettungsfoltervoraussetzungen (zu letzteren s.o. 2. Teil, Zweites Kap., III), 2), b)) kennzeichnet.

1456 Siehe oben 2. Teil, Zweites Kap., III), 2).

Anbindung der Verteidigungshandlung an Verhältnismäßigkeitsmaßstäbe im engeren Sinne sind. Neben dem „unerheblichen Angriff" gibt es weitere anerkannte Notwehreinschränkungsgruppen, namentlich Angriffe Schuldunfähiger/eingeschränkt Schuldfähiger und provozierte Angriffe.[1457]

Unterstellt, ein Angreifer, z.B. ein Flugzeugentführer in Selbstmordabsicht nach Vorbild des sogenannten Schuhbombers Richard Reid,[1458] wäre schuldfähig und würde beabsichtigen, durch die Tat ein Fanal für sein Anliegen zu setzen, so handelte es sich weder um den Angriff eines Schuldlosen, noch wäre eine Güterdisproportionalität zu besorgen. Ein größerer Würdeeingriff als die Tötung Dritter zur Dokumentation menschenverachtender Entschlossenheit bei der Kundgabe ideologischer Botschaften ist kaum denkbar. Es handelt sich bei dem Beispielsfall also um eine typische Rettungsfolter-Güterkollision. Eine krasse Güterdisproportionalität liegt nicht vor.

Argumentieren könnte man aber mit dem Gedanken des Rechtsmissbrauchs.[1459]

Typische Fallgruppe ist die Absichtsprovokation, bei der es sich eigentlich um einen Angriff des Provokateurs handelt, dem es einzig darum geht, den provozierten Angriff unter Berufung auf das Notwehrrecht ungestraft „abzuwehren". Allerdings darf nach allgemeiner Ansicht sogar der Absichtsprovokateur von der Schutz- zur Trutzwehr übergehen, wenn keine andere Möglichkeit mehr besteht, den (provozierten) Angriff abzuwehren.[1460] Wollte man auch dann noch von einem Missbrauch des Notwehrrechts ausgehen, wäre der Provokateur darauf verwiesen, dem Angriff nicht nur auszuweichen, sondern Verletzungen hinzunehmen oder sogar sein Leben zu opfern.[1461] Ausweislich der Zulässigkeit von Trutzwehr in ausweglosen Situationen wird aber nicht einmal dem Provokateur ein derartiges Opfer abverlangt. Es wird also sogar in der offenkundigsten Situation eines Rechtsmissbrauchs bzw. einer Notwehrpervertierung keine Pflicht zur Hinnahme physischer Verletzungen statuiert.

Die Passagiere in obigem Flugzeugfall haben sich durch ihre bloße Anwesenheit an Bord aber bereits keines irgendwie vorwerfbaren Vorverhaltens schuldig gemacht. Diese Tatsache und der Gedanke, nach dem Rechtsmissbrauch definitionsgemäß eine zweckfremde Rechtsausübung voraussetzt,[1462] wovon angesichts

---

1457 Roxin, Strafrecht AT, Band I, § 15, Rn. 61ff.

1458 In diesem Fall hatte besagter islamistischer Terrorist in der Sohle seiner Schuhe hochexplosiven Sprengstoff versteckt und konnte von anderen Flugzeugpassagieren erst in letzter Minute daran gehindert werden, die Sprengsätze während des Flugs zu zünden.

1459 Vgl. Fahl, Jura 2007, S. 743 (745f.).

1460 BGH, NStZ 1988, S. 450.

1461 Fahl, Jura 2007, S. 743 (746).

1462 Fahl, Jura 2007, S. 743 (746).

des eindeutig defensiv motivierten Handelns im Falle der Rettungsfolter[1463] nicht die Rede sein kann, versagen die Anwendbarkeit des Rechtsmissbrauchsgedankens auf Rettungsfolterfälle.

Im Ergebnis erfasst weder eine der „klassischen" Notwehreinschränkungen noch ein diesen zugrunde liegender allgemeiner Rechtsgedanke Fälle der Rettungsfolter.[1464]

Eine Notwehrversagung lässt sich offensichtlich nicht durch einen Mangel im Hinblick auf das Schutzprinzip, also die individualrechtliche Notwehrkomponente, begründen.

Fraglich bleibt jedoch, ob bei Folter – ungeachtet der konsequentiellen Einbettung – stets ein Wegfall der Rechtsbewährungskomponente zu besorgen ist.

Auf den ersten Blick könnte man diese Frage unter Verweis auf die Ausführungen im Zusammenhang mit dem Nützlichkeitsprinzip[1465] ohne Weiteres bejahen. Nun ist das absolute Folterverbot auf Staatsebene aber nur deshalb erforderlich, um „Dammbrüchen" vorzubeugen. Demzufolge gilt es zu klären, ob durch die Freistellung einer strafrechtlichen Rechtfertigung für „Privatfolter" in Extremfällen gleichermaßen eine Dammbruchgefahr droht. Sollte dies der Fall sein, so müsste man von einer staatlichen Schutzpflicht des Inhalts ausgehen, Würdeverletzungen durch Folter sei mittels eines strikten Ausschlusses jedweder strafrechtlichen Rechtfertigungsmöglichkeit vorzubeugen.

Im Allgemeinen besitzt die Pflicht zur Achtung der Würde Dritter innerhalb privater Gleichordnungsverhältnisse aber weniger Gewicht als im Verhältnis des Staates zu seinen Bürgern.[1466]

Auf strafrechtlicher Ebene kommt dies im Zusammenhang mit der Abnötigung von Informationen durch die Ausgestaltung der Aussageerpressung in § 343 StGB als Sonderdelikt zum Ausdruck, das nur von Amtsträgern begangen werden kann. Zudem ist eine strafrechtliche Rechtfertigung für eine Nötigung oder Erpressung durch vis compulsiva genauso möglich, wie für jene durch vis absoluta.[1467] Somit kann nicht gesagt werden, der Gesetzgeber gehe davon aus, der mit einer Nötigung zur aktiven Mitwirkung, namentlich zur Informationspreis-

---

1463 Damit liegt in Rettungsfolter-Fällen im Allgemeinen auch der sog. Verteidigungswille vor, der als subjektives Rechtfertigungselement nicht selten verlangt wird (zum Verteidigungswillen s. Roxin, Strafrecht AT, Band I, § 14, Rn. 94ff., § 15, Rn. 129f.).

1464 Ebenso Erb, Jura 2005, S. 24 (26); Fahl, JR 2004, S. 182 (187), ders., Jura 2007, S. 743 (745).

1465 Siehe oben 2. Teil, Zweites Kap., II), 1).

1466 Erb, Jura 2005, S. 24 (26).

1467 Daneben werden beide Gewaltformen vom Gesetz gleich gewichtet, was die mangelnde Differenzierung im Gesetzeswortlaut, wie auch in den Strafrahmen der genannten Delikte zeigt (dazu s. schon oben 2. Teil, Zweites Kap., III), 1)).

gabe, verbundene Würdeeingriff sei so unermesslich schlimm, dass eine Rechtfertigung hierfür – zumal noch im Gleichordnungsverhältnis – kategorisch ausscheiden müsse.

Ferner würde eine Rechtfertigung der Rettungsfolter von „Privaten" weder mittelbar noch unmittelbar das demokratische Staatswesen gefährden. Die Verstetigung von Folter als Mittel politischer Unterdrückung steht regelmäßig erst am Ende einer Kette von Dammbrüchen. Sie setzt jedoch bereits in einem Frühstadium das Agieren innerhalb eines übermächtigen Machtapparates voraus, das Verhaltensweisen „Privater" gerade nicht betrifft. Da es einzig um Misshandlungen durch Privatpersonen geht, besteht zudem keine Gefahr der Verrohung von Hoheitsträgern, die wiederum das Risiko einer Verselbstständigung hoheitlicher Misshandlungen hin zu einem Unrechtsstaat in sich bergen würde.

Ebenso könnten sich systematisch folternde Regimes durch die einzelfallabhängige ex post Gestattung einer strafrechtlichen Rechtfertigung der Rettungsfolter keineswegs in ihrer menschenverachtenden Folterpolitik bestärkt fühlen.

Berücksichtigt man zusätzlich die Opferperspektive, so rücken nicht nur die wiederholt geäußerten Bedenken an der Subsumierbarkeit rein privater Misshandlungen unter den Folterbegriff erneut in den Fokus. Vielmehr wird die vermeintliche Notwendigkeit einer ausnahmslosen Kriminalisierung der (Rettungs-) Folter gerade durch die untrennbare Verbindung von völliger Machtlosigkeit des Folteropfers und Verübung der Misshandlung im Schutze eines übermächtigen Machtapparates widerlegt. Ein durch Privatpersonen zur Informationspreisgabe Misshandelter kann immer noch auf staatliche Hilfe hoffen. Diese Hoffnung besteht für eine von Hoheitsträgern misshandelte Person hingegen nicht.

Zudem sind im Rahmen der Bewährung der Rechtsordnung – gleich der Situation beim Nützlichkeitsprinzip –[1468] gewisse Prinzipien zu berücksichtigen, die als feststehendes Ergebnis vorgelagerter Abwägungsprozesse erscheinen und der Rechtsordnung immanent sind. So ist der Grundsatz zu berücksichtigen, nachdem das Strafrecht „ultima ratio" bleiben muss. Sollte man dennoch eine Pönalisierungsnotwendigkeit unterstellen, so ist damit lediglich die generelle Strafbewehrung eines gewissen Rechtsgutsangriffs vorgeschrieben.[1469] Da die Details an den Strafandrohungsrändern also keinesfalls determiniert sind, ist „(...) die durch § 32 StGB eintretende einzelfallabhängige Kriminalisierungsrücknahme (...) bei der Privatfolter überhaupt nicht präjudiziert"[1470].

Ein weiterer Gedanke verdient besondere Erwähnung. Gleichgültig, ob man es mit der Wahrung des „naturrechtlichen Kerns des Notwehrrechts"[1471] bzw. mit

1468 Siehe oben 2. Teil, Zweites Kap., II), 1).

1469 Jerouschek/Kölbel, JZ 2003, S. 613 (620).

1470 Jerouschek/Kölbel, JZ 2003, S. 613 (620).

1471 So Erb, Jura 2005, S. 24 (27).

dem „Gesellschaftsvertragsmodell“[1472] oder anderweitig rechtsphilosophisch begründen mag, spätestens wenn das eigene Leben akut bedroht ist, käme der Normbefehl, sich nicht mit dem effektivsten, im Fall der Rettungsfolter grundsätzlich einzig verbliebenen Mittel verteidigen zu dürfen, einer „(...)moralphilosophisch unzumutbare[n] und normtheoretisch absurde[n] Aufopferungspflicht (...)“ gleich.[1473]

Zudem ist in dem Normbefehl Notwehr zu unterlassen, der im Extremfall eben der zitierten Selbstaufopferungspflicht nahekommt, seinerseits eine unzulässige staatliche Beeinträchtigung der Menschenwürde zu erblicken, nämlich der Würde des Angegriffenen.[1474]

Die überwiegenden Gründe sprechen also für eine Rechtfertigungsmöglichkeit privater Rettungsfolter in Notwehrsituationen. Da es in diesen Fällen nicht einmal zu einer Überlagerung des Rechtsbewährungs- durch das Schutzprinzip kommt, sondern die Rechtsordnung durch Ausübung privater Notwehrrettungsfolter gerade verteidigt wird, bedarf es für diesen Fall keiner sozialethischen Notwehreinschränkung. Generell wäre mit einer derartigen Einschränkung überdies kein völliger Notwehrausschluss verbunden, sondern lediglich eine Koppelung der Verteidigung an Verhältnismäßigkeitsmaßstäbe.

Eine staatliche Schutzpflicht mit dem Inhalt, für private Würdeverletzungen durch Rettungsfolter einen Notwehrausschluss festzuschreiben, besteht also nicht.

b) Notwehrrechtfertigung und hoheitliche Folter

Fraglich ist bereits, ob sich der individuelle Hoheitsträger im Rahmen seiner Dienstausübung bei Fehlen einer öffentlich-rechtlichen Ermächtigungsgrundlage überhaupt auf § 32 StGB berufen kann.

Anders als das Handeln einer Privatperson muss das Verhalten beispielsweise von Polizisten im Dienst allgemein stärker an das Verfassungsrecht gebunden werden. Schließlich handelt es sich dabei zumeist um Eingriffsverwaltung, also eine Situation des klassisch-grundrechtlichen Abwehrrechtsverhältnisses Bürger contra Staat. Angesichts dieses Befundes stellt sich die Frage, warum einem Po-

---

1472 So Fahl, JR 2004, S. 182 (189).

1473 Fahl, Jura 2007, S. 743 (744); ähnlich Merkel (in Pawlik/Zaczyk: Festschrift Jakobs), Folter und Notwehr, S. 375 (393).

1474 Erb, Jura 2005, S. 24 (27f.). Merkel argumentiert mit dem Gedanken, ein entsprechender Normbefehl sei staatliche Förderung des Unrechts durch aktives Tun, um letztlich, wenn auch nicht explizit formuliert, zum gleichen Ergebnis wie Erb zu kommen (Merkel (in Pawlik/Zaczyk: Festschrift Jakobs), Folter und Notwehr, S. 375 (394ff.)).

lizisten dennoch eine nicht an Verhältnismäßigkeitsmaßstäbe gebundene strafrechtliche Rechtfertigung ermöglicht werden sollte.

Man könnte schlicht behaupten, der sein eigenes Leben verteidigende Hoheitsträger handele eben nicht mehr hoheitlich, sondern wie ein „Jedermann". Würde er jedoch mit dem Mittel der Nothilfe zugunsten Dritter eingreifen, erschiene die „Transformation" vom Träger öffentlicher Gewalt zum Privatmann bereits äußerst merkwürdig. Letztlich handelt der im Dienst befindliche, im Zweifelsfall Uniform und Dienstwaffe tragende Polizist wohl kaum in der einen Sekunde hoheitlich, in der anderen privat.[1475] Seine Ausrüstung, sein Auftreten und der Zusammenhang seines öffentlichen Wirkens lassen nur den Schluss auf hoheitliches Handeln zu.

Wenn es auch nicht die vermeintliche Stellung als Privatperson ist, die den Notwehr übenden Polizisten grundsätzlich von verfassungsrechtlichen Wertungen entkoppelt, beispielsweise von Art. 104 Abs. 1 S. 2 GG, so sprechen hierfür aber überwiegende materielle Erwägungen.[1476]

Eine Anwendung der strafrechtlichen Rechtfertigungsgründe führt neben dem Strafausschluss nicht zur außerstrafrechtlichen Legalität eines Verhaltens. Vielmehr wahrt das Strafrecht seinen Status als ultima ratio durch lediglich partielle Strafbewährung außerstrafrechtlicher Verbote.[1477] Dadurch wird die Verschiedenartigkeit der Rechtsbeziehungen Staat (Notwehrtäter) – Angreifer, Staat – Angreifer (als Störer im ordnungsrechtlichen Sinn) und Staat (als Dienstherr) – Amtsträger Rechnung getragen.[1478] Wenn ein im Dienst befindlicher Polizist durch Notwehrausübung auch nicht eo ipso zum Privatmann wird, so ist es dennoch angezeigt, aus einer strafrechtlichen Blickwarte den dahinterstehenden

---

1475 Zu diesem absurden Bild s. auch Wagenländer, Strafrechtliche Beurteilung der Rettungsfolter, S. 126, m.w.N. in Fn. 151.

1476 Vgl. Wagenländer, Strafrechtliche Beurteilung der Rettungsfolter, S. 127f. Auch das sonstige öffentliche Recht, insbesondere das Polizei- und Ordnungsrecht mit seinen Ausschlüssen unmittelbaren Zwangs zur Abgabe von Erklärungen, erfordert nicht zwingend die Versagung einer strafrechtlichen Rechtfertigungsmöglichkeit nach § 32 StGB für Fälle der Rettungsfolter. Schließlich ist den ordnungsrechtlichen Notrechtsvorbehalten zumindest eine grundsätzliche Akzeptanz der Unabhängigkeit strafrechtlicher Notrechte von den Wertungen des ordnungsrechtlichen Normsystems zu entnehmen (ähnlich auch Jerouschek/Kölbel, JZ 2003, S. 613 (620)). Die Grenze ist gewiss dort zu ziehen, wo durch die Möglichkeit einer strafrechtlichen Rechtfertigung eine systematische Umgehung des strengen ordnungsrechtlichen Rahmens zu befürchten stünde. Eine derartige Befürchtung wäre bei reinen Selbstschutzmaßnahmen jedoch unbegründet (dazu im unmittelbar Folgenden sogleich mehr).

1477 Jerouschek/Kölbel, JZ 2003, S. 613 (620). Vgl. auch Kölbel, GA 2002, S. 403 (414ff.).

1478 Erb, Jura 2005, S. 24 (29).

Menschen zu sehen, und ihm grundsätzlich nicht das zu verwehren, was jedem anderen Bürger zusteht.[1479]

Geht es jedoch – wie bei der Notwehrrettungsfolter durch einen Polizisten im Dienst – zumindest auch um hoheitliches Handeln, so kann der Gedanke, dass die Pflicht zur Achtung der Würde für den Staat deutlich mehr Gewicht besitzt, als es im Gleichordnungsverhältnis zwischen „Privaten" der Fall ist, nicht völlig unbeachtet bleiben. Somit wäre aufgrund des hoheitlichen Einschlags der Notwehrrettungsfolter durch einen Polizisten durchaus ein Ergebnis denkbar, das von der für Privatleute befürworteten Rechtfertigungsfreistellung abweicht.

Aufgrund des Selbstverteidigungscharakters der Notwehrrettungsfolter sind jedoch bei allen Überlegungen zur Einschränkung des Notwehrrechts gewisse Aspekte zu beachten, die allesamt eng mit der ebenfalls – wegen klarer Verantwortlichkeitszuweisung durch Autonomie- und Vorverhaltensprinzip vorrangig – zu schützenden Menschenwürde des Hoheitsträgers verbunden sind. Dies veranschaulicht folgendes Beispiel:

Sollte im oben genannten Flugzeugentführungsfall ein sogenannter Skymarshall[1480] an Bord sein, und dürfte er sich nicht auf Notwehr berufen, so wären ihm von Rechtsseiten die Hände gebunden, und er wäre auf die Hoffnung der Ergreifung von Rettungsfoltermaßnahmen durch anwesende Privatpersonen verwiesen.[1481] Wäre er neben dem Piloten und dem Bombenleger die einzige an Bord befindliche Person, so läge in einem Notwehrausschluss für ihn letztlich eine Aufopferungspflicht aufgrund der Amtsträgerstellung. Eine derartige Pflicht ist im Fall der Konfrontation mit einem gegenwärtigen rechtswidrigen Angriff, also bei Erfüllung der Voraussetzungen von Vorverhaltens- und regelmäßig ebenso von Autonomieprinzip durch den Täter, nicht haltbar. In solchen Fällen rechtfertigt sich zudem aus Nützlichkeitserwägungen ein Perspektivwechsel von der abstrakten Nutzenbetrachtung zu einer einzelfallkonkreten Perspektive. Dieser Perspektivwechsel ist rechtsordnungsimmanent, bedenkt man die Natur der Notwehr als „(...) im präzisen Sinn das ursprünglichste aller subjektiven Rechte überhaupt, das, womit das Recht des Einzelnen erst beginnt: mit

1479 Erb, Jura 2005, S. 24 (29).

1480 Darunter ist ein Bundespolizist zu verstehen, der die Sicherheit im Flugzeug gewährleisten soll.

1481 Dies erscheint schon äußerst befremdlich. Vollends absurd wäre es, von dem Skymarshall nicht nur Untätigkeit, sondern ein (hoheitliches) Eingreifen zugunsten des Terroristen zu verlangen. Sollten die anderen Passagiere nicht gerechtfertigt handeln, wäre eine Eingriffspflicht aber denknotwendig zu unterstellen. Dieses Ergebnis untermalt abermals die Plausibilität einer Rechtfertigungsmöglichkeit privater Notwehrrettungsfolter.

der klaren Profilierung seiner Differenz zum Unrecht und seiner Behauptung gegen dieses“[1482].

Eine Sonderopferverpflichtung scheidet auch für Amtsträger aus. Nach Schünemann würde ein genereller Notwehrausschluss für Hoheitsträger „(...) die Begrenzung der öffentlich-rechtlichen Eingriffsbefugnisse in eine vom Staat auferlegte Duldungspflicht des in seinen eigenen Grundrechten betroffenen Amtsträgers“ umwandeln, „was (...) gegen das Prinzip des Gesetzesvorbehalts verstoßen würde“[1483].

Sogar im Krieg, in dem der Sieg zweifelsohne regelutilitaristisch wünschenswert ist, was mittelbar die strikte Pflicht zur Einhaltung der militärischen Befehlsstrukturen erklärt, ist ein Befehl, in den quasi sicheren Tod zu gehen, nur dann bindend, wenn er die Verfassungsgrundsätze der Verhältnismäßigkeit und Zumutbarkeit beachtet.[1484] Auch wenn die Rechte aus Art. 2 Abs. 2 GG bei Soldaten eingeschränkt sind, ist es letztlich der in § 11 Abs. 1 S. 2 SoldG einfachgesetzlich konkretisierte Schutz der Menschenwürde, der bei Verstoß gegen vorgenannte Verfassungsgrundsätze Ungehorsam rechtfertigt. Grundsätzlich steht also sogar Soldaten die Berufung auf das allgemeine Rechtsinstitut der Notwehr zu.[1485] Ein rechtswidriger Eingriff in die Rechte eines untergebenen Soldaten kann jedenfalls dann abgewehrt und über Notwehr gerechtfertigt werden, wenn der Eingriff bzw. eine ihm zugrunde liegende Anordnung außerhalb der Grenzen liegt, die der militärischen Befehlsgewalt durch die Menschenwürde auferlegt sind.[1486]

Eine völlige Außerachtlassung des subjektiven Interesses eines Menschen an der Erhaltung seines Lebens, mag sie im Einzelfall gar aus regelutilitaristischen Gründen „sinnvoll“ erscheinen, was bei hoheitlicher „Notwehr(rettungs)folter“ hingegen nicht belegt ist (dazu sogleich mehr), ist von der Rechtsordnung also im Allgemeinen nicht vorgesehen.

Zugleich greift das gegen die öffentlich-rechtliche Freistellung sprechende Dammbruchargument auch hier nicht. So ist eine Rechtfertigung alleine wegen der engen Voraussetzungen der Notwehrlage nur in wirklichen Ausnahmesituationen möglich.[1487] Die einzelfallbezogene ex post Prüfung des Vorliegens der

1482 Merkel (in Pawlik/Zaczyk: Festschrift Jakobs), Folter und Notwehr, S. 375 (386).

1483 Schünemann, GA 1985, S. 341 (366).

1484 Vgl. Scherer/Alff/Poretschkin, § 6, Rn. 18. Wegen der klaren Zuordnung von Verantwortlichkeiten im Rettungsfolterfall könnte von einer Zumutbarkeit des Selbstopfers keinesfalls gesprochen werden.

1485 Vgl. OVG Koblenz, NJW 1971, S. 1582ff; Scherer/Alff/Poretschkin, § 23, Rn. 4.

1486 OVG Koblenz, NJW 1971, S. 1582 (1583).

1487 Erb, Jura 2005, S. 24 (28). Dort erfolgt auch der zweckdienliche Hinweis, bei Erlaubnistatbestandsirrtümern sei zur Vermeidung von Dammbrüchen beim Fehlen einer ab-

entsprechenden Voraussetzungen durch ein unabhängiges Gericht stellt hohe psychologische Hürden auf. Schließlich ist ein Polizist bei Nichtvorliegen der Rechtfertigungsvoraussetzungen dem Risiko erheblicher Strafbarkeit ausgesetzt.

Präventiv wirkt zusätzlich die Unabhängigkeit von öffentlich-rechtlicher und strafrechtlicher Bewertung.[1488] Demnach ist der Gestattung einer strafrechtlichen Rechtfertigung bei Selbstschutzmaßnahmen weder eine Präjudiz für das verwaltungsrechtliche Rechtmäßigkeitsurteil zu entnehmen, noch wohnt ihr eine Aussage über die Dienstrechtswidrigkeit eines Verhaltens inne. So tun etwaige negative disziplinarische Konsequenzen in puncto Abschreckung ihr Übriges.[1489] Für diese „Trennungslösung“ spricht, „(...) dass sich die Formulierung des Notrechtvorbehalts im Musterentwurf und den ihm folgenden Polizeigesetzen geändert hat. Hieß es früher allgemein, die 'Vorschriften' über die Notwehr und den Notstand bleiben unberührt, so ist in § 35 II MEPolG lediglich von den 'zivil- und strafrechtlichen Wirkungen' dieser Normen die Rede.“[1490]

Ebenso präventiv wirkt das z.B. in der VNAFK verbürgte Beweisverwertungsverbot für abgenötigte Informationen.[1491] Um Missbrauch besonders effektiv vorzubeugen, sollte es sich um ein erweitertes Verwertungsverbot handeln.[1492] Die Konsequenz einer wegen Beweisschwierigkeiten milden oder sogar überhaupt keiner Bestrafung des Angreifers müsste die Gesellschaft als Preis für die Gestattung der Notwehrrettungsfolter durch Hoheitsträger tragen.

Alle genannten Faktoren heben effektiv die emotionale Hürde von Hoheitsträgern, zur Folter zu greifen.

Nach alldem stehen weder das Rechtsbewährungsprinzip noch sonstige Gründe einer Notwehrrechtfertigungsmöglichkeit von Hoheitsträgern entgegen, die

---

soluten Evidenz der Verantwortlichkeit des (mutmaßlichen) Angreifers von einem vermeidbaren, fahrlässigen Irrtum auszugehen, wodurch abermals das präventive Moment erheblicher Bestrafungsgefahr betont wird (a.a.O., S. 29f).

1488 Erb, Jura 2005, S. 24 (29).

1489 Vgl. Götz, NJW 2005, S. 953 (957).

1490 Amelung, JuS 1986, 329 (333). Eine analoge Regelung enthält auch § 54 Abs. 2 HessSOG. Nach Amelung (a.a.O.) ist auch zu berücksichtigen, dass „(...) es einem Beamten prinzipiell verwehrt ist, öffentliche Rechtsmacht im eigenen Interesse auszuüben.“ Dementsprechend kann man einen in Not geratenen Hoheitsträger kaum auf das Polizeirecht verweisen, sondern muss ihm die allgemeinen „Bürgernotrechte“ einräumen. Hierin sieht Amelung (a.a.O.) dann auch die Funktion der Notrechtsvorbehalte in den Polizei- und Ordnungsgesetzen.

1491 Miehe, NJW 2003, S. 1220.

1492 So wohl auch EGMR, Gäfgen/Germany, application no. 22978/05, Urt. Große Kammer v. 01.06.2010, HUDOC, Rn. 171ff.

durch Anwendung der Rettungsfolter ihre hoheitlichen Kompetenzen überschritten haben.[1493]

3) Nothilfe nach § 32 StGB

Fraglich ist nun, ob Privatpersonen Individualrechtsgüter Dritter mit dem Mittel der Nothilferettungsfolter verteidigen dürfen.

Hierfür spricht die gesetzgeberische Gleichstellung von Notwehr und Nothilfe in § 32 Abs. 2 StGB. Damit verbunden ist zunächst eine Anbindung an die Bedingungen des Rechtsschutzprinzips. Angesichts des Wesens vorgenannten Prinzips ist die Verteidigungsmaßnahme des Nothelfers an den Willen des Verteidigten gebunden.[1494] Dennoch kann es sich bei der Nothilfe nicht um ein rein von individuellen Positionen des Verteidigten akzessorisches Recht handeln.[1495] Aufgrund der gesetzlichen Gleichstellung mit Notwehr ist auch die Nothilfehandlung zwar grundsätzlich nicht durch Proportionalitätserwägungen begrenzt.[1496] Eine nur auf das Individualschutzinteresse des Verteidigten abstellende Nothilfebegründung könnte die Schärfe des Nothilferechts aber genauso wenig erklären, wie eine monistische Notwehrbegründung die Vehemenz des Notwehrrechts.[1497] Somit ist zur Nothilfebegründung neben dem Schutz- konsequenterweise das Rechtsbewährungsprinzip heranzuziehen.

1493 Vgl. Erb, Jura 2005, S. 24 (28f.); Fahl, JR 2004, S. 182 (187f.); Wagenländer, Strafrechtliche Beurteilung der Rettungsfolter, S. 93ff. A.A. statt vieler Roxin, Strafrecht AT, Band I, § 15, Rn.103ff. Hirsch (in LK-StGB, 11. Aufl., Bd. 2, § 43, Rn. 18) sieht für Selbstverteidigung ausübende Hoheitsträger eine strikte Anbindung an den Verhältnismäßigkeitsgrundsatz vor. Aufgrund der Erwägungen beim Nützlichkeitsprinzip (s.o. 2. Teil, Zweites Kap., III), 2)) kann Folter jedoch aus hoheitlicher Perspektive nicht verhältnismäßig sein. Damit wäre sie als Verteidigungsmittel ausgeschlossen, was sich aufgrund vorangegangener Argumentation gerade verbietet. Der Meinung kann also nicht (uneingeschränkt) gefolgt werden. Die Möglichkeit einer strafrechtlichen Notwehrrechtfertigung der (Rettungs-)Folter macht Notwehr übrigens nicht zu einer öffentlich-rechtlichen Eingriffsbefugnis. Eine derartige Sichtweise würde die bewusst an Verhältnismäßigkeitsmaßstäben orientierte Systematik der öffentlichrechtlichen Ermächtigungsgrundlagen unterlaufen (s. Erb, a.a.O., S. 29). Zu etwaigen Auswirkungen der Vorgaben des IHRL auf die (nationale) Zulassung von Straffreistellungen im Zusammenhang mit Folter s.u. 2. Teil, Drittes Kap., III), 2).

1494 Roxin, Strafrecht AT, Band I, § 15, Rn.116.

1495 A.A. wohl Rönnau/Hohnin LK-StGB, Bd. 2, § 32, Rn. 204.

1496 Vgl. Rönnau/Hohn, in LK-StGB, Bd. 2, § 32, Rn. 204.

1497 Siehe oben 2. Teil, Zweites Kap., IV), 2).

Demzufolge ist eine strafrechtliche Rechtfertigung privater Rettungsfolter über das Rechtsinstitut der Nothilfe unter Heranziehung obiger Argumente[1498] im Allgemeinen zu gestatten.

Grundverschieden stellt sich die Situation bei Staatsdienern dar, die mit der Gefahrenabwehr eine Aufgabe der Rechtsgemeinschaft wahrnehmen.

Da der Nothelfer neben dem Angegriffenen die Rechtsordnung verteidigen muss, kann es für etwaige Nothilfeeinschränkungen sowohl auf die Person des Verteidigten, als eingeschränkt auch auf den Verteidiger (Nothelfer) – also den Polizisten o.Ä. – ankommen.[1499] Die unbegrenzte Zulassung einer Berufung z.B. der Polizei auf Nothilfe, liefe darauf hinaus, die feine Abstimmung öffentlich-rechtlicher Ermächtigungsgrundlagen auszuhebeln.[1500] So steht eine Durchbrechung der polizeirechtlichen Weisungs- und Zuständigkeitsordnung zu befürchten, wenn der einzelne Polizist sich auf Nothilfe berufen kann.[1501] Letztlich würde das rechtsstaatliche Fundamentalprinzip des Gesetzesvorbehaltes umgangen.[1502] Hirsch geht demnach von einer Bedeutungslosigkeit der Notrechtsvorbehalte in den Polizeigesetzen der Länder für Fälle von Nothilfe und Notstandshilfe aus.[1503] Es sei den Vorschriften nicht zu entnehmen, „(...) ob sich hoheitliche Notrechte aus den §§ 32 und 34 überhaupt ergeben oder aber nicht bereits aus anderen Erwägungen ausscheiden“[1504].

Eine Gestattung der Nothilferettungsfolter würde die im Falle reiner Selbstverteidigung nicht gegebene Gefahr von Dammbrüchen bedingen. In der praktischen Handhabung würde Nothilfe nach § 32 StGB unversehens die Eigenart einer Ausnahmeregelung verlieren. „Denn erfahrungsgemäß neigt die Exekutive

---

1498 Siehe oben 2. Teil, Zweites Kap., II), 1), a).

1499 A.A. Rönnau/Hohn, in LK-StGB, Bd. 2, § 32, Rn. 204.

1500 Vgl. Amelung, JuS 1986, 329 (331).

1501 Vgl. Amelung, JuS 1986, 329 (332).

1502 Schünemann, GA 1985, S. 341 (365).

1503 Hirsch in LK-StGB, 11. Aufl., Bd. 2, § 43, Rn. 18. Wie hier vertreten (s.o. 2. Teil, Zweites Kap., IV), 2), b)) sieht er in den Notrechtsvorbehalten lediglich eine Klarstellung für Fälle der persönlichen Notwehr (oder des persönlichen Notstands), nach der zu ihrem eigenen Schutz handelnden Hoheitsträgern die Möglichkeit der Berufung auf Notwehr (oder Notstand) – entgegen hiesiger Ansicht (s.o. 2. Teil, Zweites Kap., IV), 2), b)) allerdings nur im Rahmen des öffentlich-rechtlichen Verhältnismäßigkeitsgrundsatzes – erhalten bleiben soll (Hirsch, a.a.O.). Bei Amelung erfolgt der treffliche Hinweis, „(...) wer einem Polizisten die Selbstschutzrechte zubilligt, die jeder Bürger hat, tastet die Wertung des auf den Schutz fremder Rechtsgüter angelegten Polizeirechts weniger an, als dies bei der Anerkennung allgemeiner Not*hilfe*rechte geschehen würde (Amelung, JuS 1986, 329 (332)).“

1504 Hirschin LK-StGB, 11. Aufl., Bd. 2, § 43, Rn. 18.

dazu, den sie positiv zu Eingriffen berechtigenden Normen die – handlungsbestimmende – Kraft einer Regelermächtigung beizumessen und von dieser nach reinen Zweckmäßigkeitsgesichtspunkten Gebrauch zu machen."[1505]

Diese Annahme wird durch die Situation in Israel eindrücklich bestätigt. Dort steht es GSS-Beamten, die sich Foltervorwürfen ausgesetzt sehen, frei, sich in einem Strafverfahren auf den Rechtfertigungsgrund „necessity" zu berufen. In diesen Fällen wird es sich bei Zugrundelegung der deutschen Strafrechtsdogmatik regelmäßig um Fälle von Notstandshilfe handeln. Dies führt – trotz der bereits genannten Entscheidung des obersten Gerichtshofs Israels, in der explizit auf das Fehlen einer öffentlich-rechtlichen Ermächtigungsgrundlage hingewiesen wurde – zu einer andauernden Misshandlungspraxis.[1506]

Auch aus dem Auseinanderklaffen des Umfangs von privatem Nothilferecht und entsprechendem Eingriffsrecht von Hoheitsträgern folgt kein Zwang zur Vereinheitlichung, denn der Staat bzw. die Polizei hat regelmäßig „(...) umfassendere und zugleich schonendere Möglichkeiten der Schadensverhinderung, die weniger situationsgebunden sind (...)."[1507] Deshalb gilt, „wer als Polizeibeamter die Aufgabe hat, Gefahren für höchste Rechtsgüter zu verhindern, muss sich (...) daran 'gewöhnen', dass die rechtlichen Grenzen staatlichen Handelns zuweilen zu menschlich schwer zu verarbeitenden Ergebnissen führen."[1508]

Sollten dem Staat im Ausnahmefall einmal nur die limitierten Mittel von Privatpersonen zur Verfügung stehen, so wäre dies ob der Dammbruchgefahr im Allgemeinen hinzunehmen. Hingegen stehen einer auf sich selbst gestellten Privatperson regelmäßig nicht die weitgehenden Mittel des Staates zur Verfügung. Deshalb muss ihr eher zugestanden werden, sich (einfacher) Mittel zu bedienen, die ihre Wirkung gleich entfalten.[1509]

Demnach kann ein Polizist bzw. ein ihm vergleichbarer Hoheitsträger sich zur Rechtfertigung von (Rettungs-)Folter grundsätzlich nicht auf Nothilfe gem. § 32 StGB berufen.

Hiervon ist jedoch ein Ausnahmefall denkbar. Verteidigt ein Polizist zwar nicht eigene Rechtsgüter, sondern jene von Angehörigen i.S.v. § 35 StGB, wird er regelmäßig für einen Nothilfe versagenden Normbefehl nicht zugänglich sein.[1510]

1505 Hirschin LK-StGB, 11. Aufl., Bd. 2, § 43, Rn. 8.

1506 Siehe Hinweis bei Schlenzka, Rettungsfolter, S. 324ff., 356f., wo die Situation in Israel eindrücklich beschrieben wird.

1507 Amelung, JuS 1986, 329 (332).

1508 Haurand/Vahle, NVwZ 2003, S. 513 (520).

1509 Amelung, JuS 1986, 329 (332).

1510 Siehe den entsprechenden Hinweis bei Fahl, Jura 2007, S. 743 (745).

Bei § 35 StGB erklärt sich die gesetzliche Gewährung des Schuldausschlusses mit dem exzeptionellen Verständnis der Öffentlichkeit, die an sich missbilligte Notstandstat wegen der generell engen seelischen Bindung des Notstandstäters an besagte Personen nachzusehen.[1511]

Geht es um die Verteidigung solcher Personen, kann sogar – man denke an eine Notwehr- bzw.- Nothilfelage der Kinder des Amtsträgers – ein noch stärkerer (Rettungs-)Impuls ausgelöst werden, als es bei der Verteidigung der eigenen Person der Fall wäre.

Letztlich muss man sich den Grund der ausnahmsweisen Zulässigkeit einer strafrechtlichen Rechtfertigung von Hoheitsträgern im Falle der Selbstverteidigung vor Augen führen. Dieser liegt bei Selbstschutzmaßnahmen primär in der mit einer Versagung jeglicher Berufung auf Rechtfertigungsgründe einhergehenden Verletzung der Würde des hinter dem „Amtmann" stehenden Individuums. Rechtsphilosophisch ist folgendes für die Zulässigkeit der Rechtfertigung von Selbstschutzmaßnahmen häufig angeführte Kant-Zitat auch im hiesigen Zusammenhang fruchtbar zu machen:

„Wenn (...) mein Leben selbst wohl möglich, aber ungewiss ist, so kann der Staat gar nicht das Gesetz geben, mich denn zu moderieren, denn (...) die größten Strafen, die der Staat geben kann, sind nicht größer als die Übel, die ich gegenwärtig habe. Das Gesetz kann mich daher nicht davon abhalten. Ein solches Gesetz wäre absurd."[1512]

Jedenfalls bei Nothilferettungsfolter zu Gunsten naher Angehöriger läge in der Versagung einer Rechtfertigungsmöglichkeit eingedenk der eindeutigen Verantwortlichkeiten ein unzulässiger Eingriff in die Menschenwürde des Nothelfers und der ihm nahestehenden Angegriffenen.

Zusätzlich stünde bei einer Nothilfegestattung in derartigen Fällen kein Dammbruch zu befürchten, da solchen Nothilfesituationen bei der täglichen Polizeiarbeit keinerlei Bedeutung zukommen dürfte.

Im Ergebnis muss einem Amtsträger also zugestanden werden, sich auf Nothilfe zu berufen, wenn sich nahe Angehörige in einer gleich der Rettungsfoltersituation zugespitzten Notwehrsituation befinden. Dies gilt ausdrücklich nicht für Notwehrlagen, in denen ein Angriff ausschließlich niederrangigen Individualrechtsgütern gilt.[1513]

1511 Roxin, Strafrecht AT, Band I, § 22, Rn. 30.

1512 Kant, zitiert nach Fahl, Jura 2007, S. 743 (744), Fn. 23.

1513 Eine strafrechtliche Rechtfertigung wird teilweise ganz allgemein dann befürwortet, wenn Lebensgefahr für den Amtsträger selbst oder seine nahen Angehörigen besteht (Haurand/Vahle, NVwZ 2003, S. 513 (520)).

4) Rechtfertigender Notstand nach § 34 StGB

In Rettungsfolterkonstellationen ist meistens das Vorliegen einer Notwehrlage zu bejahen. Deshalb scheint die Erörterung des § 34 StGB auf den ersten Blick entbehrlich. Da eine Rechtfertigung über § 34 StGB aber neben die aus § 32 StGB treten kann und Fälle denkbar sind, in denen in Ermangelung der „Gegenwärtigkeit" noch keine Notwehrlage vorliegt oder in denen Eingriffe in Rechtsgüter Unbeteiligter (≠Angreifer) in Rede stehen, die durch Notwehr nicht gerechtfertigt werden können, ist eine Auseinandersetzung mit dem rechtfertigenden Notstand angezeigt.

Abermals soll mit der Situation von Privatpersonen begonnen werden. Es stellt sich die Frage, ob diese sich in (Rettungs-)Folterfällen auf rechtfertigenden Notstand gem. § 34 StGB berufen könnten.

Dabei kommt es entscheidend auf die notstandsspezifische Interessenabwägung und das Angemessenheitsmerkmal des § 34 S. 2 StGB an.[1514] Anders als bei der Notwehr wird im Rahmen des § 34 StGB eine Abwägung vorgenommen, weil der Notstand nicht der Rechtsbewährung, sondern dem Schutze höherwertiger Interessen dient.[1515]

Grundsätzlich setzt der Notstand gem. § 34 StGB voraus, dass die geschützten Rechtsgüter wesentlich überwiegen.[1516] Die Abwägung hat anhand einer Gesamtwürdigung aller Umstände zu erfolgen.[1517] Dabei ist nicht nur der abstrakte Rang der betroffenen Rechtsgüter, sondern auch die konkrete Situation zu berücksichtigen.[1518] Unabhängig von der hier nicht zu beantwortenden Frage, ob die Wertordnung des Grundgesetzes bereits bei der Abwägung nach § 34 S. 1 StGB oder erst im Rahmen der Angemessenheitsklausel des § 34 S. 2 StGB zu

---

1514 Versteht man unter der „Absolutheit" einer Norm mit Saliger eher ein an Gemeinnützigkeitsaspekten orientiertes mahnendes Postulat als bedingungslose Rechtsgeltung „um jeden Preis" (Saliger, ZStW 2004, S. 35 (65); s. auch unten 2. Teil, Drittes Kap., I), 3), Fn. 1704), so ist ihm beizupflichten, wenn er in der „(...) interessenabwägende(n) Notstandsregelung einen Kompromiss zwischen Konsequentialismus und Deontologie (..)" sieht (a.a.O., S. 49).

1515 Schlenzka, Rettungsfolter, S. 84. Mit der Notstandshandlung wird zwar nicht die Rechtsordnung verteidigt. Da die „Angemessenheit" der zum Schutze zu wahrender Interessen ergriffenen Maßnahmen wiederum stark von den Wertungen der Rechtsordnung abhängt, kommt der „Wahrung oberster Rechtswerte und allgemeiner Rechtsprinzipien" (Zieschang in LK-StGB, Bd. 2, § 34, Rn. 69) jedoch auch i.R. des § 34 StGB Bedeutung zu (dazu im unmittelbar Folgenden mehr).

1516 Fischer, § 34, Rn. 7.

1517 Fischer, § 34, Rn. 7.

1518 Fischer, § 34, Rn. 7.

berücksichtigen ist, müssen Menschenwürde und Rechtsstaatsprinzip Beachtung finden. Schließlich ist die „(...) Notstandshandlung in ihrer Bedeutung für die Rechtsordnung im Ganzen zu beleuchten.“[1519]

Wie zu Beginn des 2. Teils der vorliegenden Arbeit skizziert, werden in Rettungsfolterkonstellationen (bei nicht-tödlicher Folter) auf Seiten des Gefolterten insbesondere die Würde, die körperliche und seelische Integrität sowie die Selbstbestimmung tangiert und auf Seiten der Bedrohten die körperliche und seelische Integrität, das Recht auf Leben, die Willensfreiheit, die Selbstbestimmung sowie ebenfalls die Würde.[1520]

Da mit der Menschenwürde der Verfassungshöchstwert schlechthin konfligiert, lässt sich hier die Annahme eines wesentlichen Überwiegens der geschützten Rechtsgüter nicht begründen.[1521]

Allerdings ist die in Rettungsfolterfällen regelmäßig gegebene Situation des defensiven Notstandes durch eine Notstandshandlung gekennzeichnet, die sich gegen die Gefahrenquelle selbst richtet. Als Gefahrenquelle kommt – anders als in der explizit auf Sachen abstellenden Regel des § 228 BGB – auch der Mensch in Betracht. Dabei kann die Gefahr insbesondere von einem menschlichen Verhalten ausgehen.[1522] Die Gefahrverursachung durch die von einer Notstandshandlung betroffene Person wirkt sich in der Abwägung zu Gunsten der vom Notstandstäter bewahrten Rechtsgüter aus.[1523] Für die Annahme eines Überwiegens des vom Notstandstäter geschützten Interesses genügt es beim Defensivnotstand, wenn der Schaden, welcher aus der Notstandshandlung resultiert, nicht außer Verhältnis zu der drohenden Gefahr steht.[1524]

Im Zusammenhang mit dem durch Menschen ausgelösten Defensivnotstand ist jedoch zu berücksichtigen, dass § 32 StGB immer dann die speziellere Norm ist, wenn die Gefahr auf einen gegenwärtigen rechtswidrigen Angriff zurückgeht.[1525] Im Falle einer Notwehr- oder Nothilferettungsfolter dämmen die im Vergleich zur Notstandslage restriktiveren Anforderungen der Notwehrlage aber das Damm- bzw. Missbrauchsrisiko ein.

1519 Schlenzka, Rettungsfolter, S. 86; siehe auch Zieschang in LK-StGB, Bd. 2, § 34, Rn. 69.

1520 Vgl. Maihold, HFR 2004, S. 57 (61); Fahl, JR 2004, S. 182 (185); Wittreck, DÖV 2003, S. 873 (876).

1521 Maihold, HFR 2004, S. 57 (61); vgl. auch Wittreck, DÖV 2003, S. 873 (877); a.A. Jerouschek/Kölbel, JZ 2003, S. 613 (620).

1522 Roxin, Strafrecht AT, Band I, § 16, Rn. 19.

1523 Vgl. Zieschang in LK-StGB, Bd. 2, § 34, Rn. 72ff.

1524 Zieschang in LK-StGB, Bd. 2, § 34, Rn. 74.

1525 Maihold, HFR 2004, S. 57 (61); vgl. auch Roxin, Strafrecht AT, Band I, § 16, Rn. 19.

Anders liegt der Fall hingegen, wenn lediglich notstandsfähige Rechtsgüter betroffen sind, „(...) die ihrer Natur nach nicht (bzw. jedenfalls nicht unmittelbar) Gegenstand eines gegenwärtigen rechtswidrigen Angriffs sein können (...)“[1526]. Im Kontext der Folter sind insofern Rechtsgüter der Allgemeinheit zu diskutieren. Es geht um Situationen, in denen die Voraussetzungen der Rettungs- bzw. Notwehrfolter nicht erfüllt sind. Zu denken ist an Fälle der „Präventionsfolter“[1527], beispielsweise an Situationen, in denen Angestellte eines privaten Sicherheitsunternehmens eines mutmaßlichen Terroristen habhaft werden und ihn foltern, um allgemeine Erkenntnisse im Kampf gegen eine bestimmte Terrorgruppe o.Ä. zu erlangen, die man dann an staatliche Behörden weiter leiten will. Unterstellt, solche Maßnahmen könnten überhaupt dem Schutz der öffentlichen Sicherheit und Ordnung dienen, muss sich der Grund für die Notstandsfähigkeit von Rechtsgütern der Allgemeinheit vergegenwärtigt werden. „Ihre Einbeziehung ist bei § 34 im Gegensatz zu § 32 deshalb möglich, weil über das Erfordernis eines ´wesentlichen Überwiegens´ des Interesses am Eingreifen sichergestellt werden kann, dass sich Private nicht in beliebigem Umfang unter Anmaßung der Befugnis zum Eingriff in fremde Rechte (!) als Sachwalter der öffentlichen Sicherheit und Ordnung in Szene setzen.“[1528] Tuen sie es dennoch, greifen sie nicht nur in die Rechte des (mutmaßlichen) Angreifers, sondern auch in Rechtsgüter „unbeteiligter Dritter“, wie der Rechtsstaatlichkeit in Ausprägung des Vorrangs staatlicher Abhilfemaßnahmen, ein.[1529] Dann muss die Situation des Aggressivnotstandes aber konsequenterweise wieder aufleben, was – wie oben bereits festgestellt – im Ergebnis über dessen strengere Güterabwägungsformel zu einem Ausschluss der Notstandsrechtfertigung führt.

Ferner hat § 34 StGB auch in zeitlicher Hinsicht einen weiteren Anwendungsbereich als § 32 StGB. So „setzt die Gegenwärtigkeit einer Notstandsgefahr nicht unbedingt voraus, dass der Schaden in unmittelbarer zeitlicher Nähe zur Ausgangssituation einzutreten droht: Mit Gefahr können auch längerfristig angelegte Risikosachverhalte bezeichnet werden (...).“[1530] Neben den Fällen der Dauergefahr kann von Gegenwärtigkeit i.S. des rechtfertigenden Notstandes gegebenenfalls auch dann ausgegangen werden, wenn ein Schaden definitiv erst später eintreten kann.[1531] Dies gilt für Fälle, in denen „(...) ohne alsbaldiges Handeln immerhin eine unumkehrbare Verschlechterung der Lage droht“[1532].

1526 MüKo StGB/Erb, § 34, Rn. 55.
1527 Dazu s. auch schon oben Beginn 2. Teil.
1528 MüKo StGB/Erb, § 34, Rn. 59.
1529 Maihold, HFR 2004, S. 57 (61); vgl. auch MüKo StGB/Erb, § 34, Rn. 59.
1530 MüKo StGB/Erb, § 34, Rn. 78.
1531 MüKo StGB/Erb, § 34, Rn. 81.
1532 MüKo StGB/Erb, § 34, Rn. 82.

Sowohl in letzteren Fällen als auch im Rahmen von (mutmaßlichen) Dauergefahren bestehen oft erhebliche Unsicherheiten angesichts sie betreffender Prognoseentscheidungen.[1533] Grundsätzlich könne niemand voraussehen, „ob die Folterung wirklich der Rettung der Würde von Attentatsopfern [oder vergleichbaren Personen, z.B. einem Entführten] dienlich ist“[1534]. Wird in solchen Situationen dennoch zur Folter gegriffen, so läuft man abermals Gefahr, neben den Rechtsgütern des Gefolterten überpersönliche Rechtsgüter wie die Rechtsstaatlichkeit zu verletzen, wodurch – mit soeben genanntem (negativen) Ergebnis bei der Interessenabwägung – wiederum die Situation des Aggressivnotstandes aufleben würde.

Es sind verschiedene Konstellationen denkbar, in denen durch Folter bzw. deren Notstandsrechtfertigung ein Schaden „(...) für das Gemeinwesen und damit für alle Bürger“[1535] drohen würde.

Nicht nur, dass Privatleute, die generell über keine Spezialkenntnisse im Verhörbereich verfügen dürften, die Grenze der Erforderlichkeit leicht überschreiten würden, was zu einem Unangemessenheitsverdikt i.S.v. § 34 S. 2 StGB führen müsste.[1536] Vielmehr wäre private Folter noch weniger kontrollier- und eingrenzbar als staatliche Folter.[1537] Perron nennt in diesem Kontext das instruktive Beispiel von um das Wohl ihres Kindes besorgten Eltern, die gegen einen von der Polizei mangels hinreichender Beweise laufen gelassenen Verdächtigen vorgehen, da sie von dessen Schuld überzeugt sind.[1538] Tatsächlich handelt es sich jedoch um einen Unschuldigen. Sollte eine Notstandsrechtfertigung für Folter möglich sein, so könnten sich zudem private Sicherheitsdienste „Folterdienstleistungen“ als neues Geschäftsfeld erschließen.[1539] Dies wäre nicht nur deshalb unerträglich, weil deren Angestellte weniger strengen Ausbildungs- und Überwachungsanforderungen unterliegen, als es Polizeibeamte tun.[1540] Vielmehr wären solche „Dienstleister“ überhaupt nicht denkbar, ohne das der Rechtsstaat seinen Charakter als eben solcher einbüßen würde.

Letztlich würde Folter jedenfalls dann „(...) sowohl die persönliche Freiheit wie die rechtsstaatliche Garantie des Zusammenlebens in Frage stellen und damit

---

1533 Vgl. Schlenzka, Rettungsfolter, S. 262.

1534 Schlenzka, Rettungsfolter, S. 262.

1535 Fahl, JR 2004, S. 182 (186).

1536 Um dieses Verdikt zu vermeiden, wäre ein streng abgestuftes Vorgehen geboten (Maihold, HFR 2004, S. 57 (61)), mit dessen Umsetzung zumindest Privatpersonen überfordert sein dürften.

1537 Perron (in Heinrich et al.: Festschrift Weber), Foltern in Notwehr, S. 143 (152).

1538 Perron (in Heinrich et al.: Festschrift Weber), Foltern in Notwehr, S. 143 (152).

1539 Perron (in Heinrich et al.: Festschrift Weber), Foltern in Notwehr, S. 143 (152).

1540 Perron (in Heinrich et al.: Festschrift Weber), Foltern in Notwehr, S. 143 (152).

´für die Rechtskultur einen basalen Normgeltungseinbruch´ bedeuten"[1541], wenn man ihre Rechtfertigung als Notstandshandlung zuließe, ohne das gleichzeitige Vorliegen einer Notwehr- bzw. Nothilfelage zu verlangen.

Im Ergebnis wäre Privatpersonen im Zusammenhang mit Folter eine (reine) Notstandsrechtfertigung über § 34 StGB zu versagen.[1542]

Dieses Ergebnis gilt auch für die Bewertung von Folterungen durch Hoheitsträger.

Zwar ist das Recht auf Selbstverteidigung niemandem zu verwehren. In der Anwendung des § 34 StGB auf das Verhalten von Hoheitsträgern läge aber eine unzulässige Verkürzung des „(...) von der Rechtsordnung gewollten Schutz[es] des Bürgers gegenüber Rechtsgutsverletzungen von Hoheitsträgern (...)".[1543] Der rechtfertigende Notstand dient nämlich dazu, „(...) den Freiheitsbereich des einzelnen Bürgers gegenüber gesetzlichen und damit hoheitlichen Ver- und Geboten in den von der Vorschrift erfassten Ausnahmefällen"[1544] zu erweitern. Nur dadurch lässt sich die im Gegensatz zur Notwehr relative Unbestimmtheit der Fassung des § 34 StGB erklären. Wenn sich aber auch Hoheitsträger im Dienst auf die Vorschrift berufen könnten, wäre sie aus Bürgerperspektive nicht nur ihrer freiheitserweiternden Wirkung entkleidet, ihr wohnte sogar ein freiheitsbeschränkender Effekt inne. Daran änderte sich auch nichts, wenn über § 34 StGB lediglich die strafrechtliche Rechtfertigung eines Hoheitsträgers möglich wäre, ein öffentlich-rechtliches Rechtmäßigkeitsurteil hiervon aber unberührt bliebe. Schließlich führen die tatbestandlichen Weiten zu einer enormen Missbrauchsgefahr. Ein anderslautendes öffentlich-rechtliches Urteil allein besäße zu wenig abschreckende Wirkung. Zudem können sich auch Hoheitsträger in Selbstschutzfällen immerhin auf Notwehr berufen, so denn deren enge Voraussetzungen vorliegen. Eine unzumutbare Rechtsbeschränkung wird durch einen sie betreffenden Ausschluss der Rechtfertigungsmöglichkeit über § 34 StGB mithin nicht begründet.

1541 Maihold, HFR 2004, S. 57 (61).

1542 Ein Überwiegen der durch Rettungsfolter geschützten Rechtsgüter könnte auch nicht mittels des „Prinzips des kleineren Übels" (dazu s. Koch, JA 2005, S. 745 (747); Ignatieff, Lesser Evil, passim; Roxin, Strafrecht AT, Band I, § 22, Rn. 161ff.) begründet werden. Denn regelutilitaristisch würde in einer Rettungsfoltersituation aus Sicht der Allgemeinheit aus vorbezeichneten Gründen beim Notstandshandeln von „Privaten" regelmäßig größerer Schaden verursacht als abgewendet. Würde man hier zu einem anderen Ergebnis kommen, so müsste aber grundsätzlich berücksichtigt werden, dass das „Prinzip des kleineren Übels" vom BGH schon als solches, jedenfalls mit Blick auf die Tötung vermeintlich „unwerten" Lebens in nationalsozialistischen Anstalten, abgelehnt wurde (BGHSt 3, S. 395ff. = NJW 1953, S. 514).

1543 Zieschang in LK-StGB, Bd. 2, § 34, Rn. 16.

1544 Zieschang in LK-StGB, Bd. 2, § 34, Rn. 8.

Nach alldem muss Amtspersonen ein Rekurs auf § 34 StGB jedenfalls dann verwehrt werden, wenn eine engere und offenkundig abschließende gesetzliche Sonderregelung vorliegt.[1545] Insofern wurde richtigerweise darauf hingewiesen, den gerade im Bereich des Polizei- und Ordnungsrechts zuständigen Landesgesetzgebern müsse bei der Schaffung spezieller Eingriffsbefugnisse ein gewisser Spielraum verbleiben.[1546] Solange dieser nicht in unvertretbarer Weise überschritten ist, müssen für den Umfang von Eingriffsrechten daher im Grundsatz die spezielleren Bestimmungen des Landesrechts ausschlaggebend bleiben.[1547] Da alle Landesgesetzgeber in Einklang mit der im Rahmen des Nützlichkeitsprinzips herausgearbeiteten Wertung, Vorschriften in ihre Gefahrenabwehrgesetze aufgenommen haben, die unmittelbaren Zwang zur Abgabe von Erklärungen ausschließen,[1548] ist Hoheitsträgern eine Berufung auf § 34 StGB im Folterkontext versagt.

Davon abgesehen, sind im Zusammenhang mit dem rechtfertigenden Notstand auch die typischen Negativ-Effekte einer Rettungsfoltergestattung für Hoheitsträger zu befürchten,[1549] was entweder bereits die Güterabwägung zu Ungunsten des Polizisten o.Ä. ausfallen ließe, oder aber die „Angemessenheit" der Rettungsfolter ausschließen würde. Schlenzkas Argument der praktischen Schwäche einer „Rechtfertigungslösung" für Hoheitsträger verfängt hier ähnlich wie bei der Nothilfe.[1550] Denn dort, wo es nicht um die Abwehr eines gegenwärtigen rechtswidrigen Angriffs geht, der den Hoheitsträger zumindest auch persönlich betrifft, würde eine Rechtfertigungsgestattung gegebenenfalls den viel beschworenen Dammbruch provozieren. Dieses Risiko ist vor allem in der weiten Fassung des § 34 StGB angelegt.

Im Ergebnis muss auch eine Folterrechtfertigung von Hoheitsträgern im Dienst über § 34 StGB ausscheiden.[1551]

1545 Kinzig, ZStW 2003, S. 791 (810).

1546 Schönke/Schröder, Lenckner/Perron, § 34, Rn. 7.

1547 Schönke/Schröder, Lenckner/Perron, § 34, Rn. 7.

1548 Siehe die beispielhafte Vorschrift § 55 Abs. 2 PolG NRW. Alternativ erklärt das Polizeirecht in einigen Bundesländern § 136 lit. a StPO für entsprechend anwendbar (s. bspw. § 35 Abs. 2 PAG Bayern).

1549 Dazu s.o. 2. Teil, Zweites Kap., III), 2), b) und 2. Teil, Zweites Kap., IV), 3).

1550 Zur Nothilferettungsfolter durch Hoheitsträger s.o. 2. Teil, Zweites Kap., IV), 3).

1551 Ebenso kann das gesetzlich nicht geregelte Rechtsinstitut der rechtfertigenden Pflichtenkollision nicht zu Gunsten eines folternden Amtsträgers geltend gemacht werden. Da keine Pflicht zur Anwendung der Rettungsfolter besteht (s.o. 2. Teil, Zweites Kap., III), 3)), handelt es sich um eine Kollision einer Handlungspflicht, nämlich der Pflicht des Staates zum Schutze der Rechtsgüter entführter oder von Terroristen bedrohter Menschen und einer Unterlassungspflicht, nämlich der Pflicht, Verletzungen der Menschenwürde durch Folter zu unterlassen. Mithin liegt kein Fall der Kollision zweier

5) Entschuldigungsgründe

Eine „Entschuldigungslösung" wird häufig favorisiert, unabhängig davon, ob das Verhalten von Amtsträgern oder Privatpersonen in Rede steht.[1552] Das mag an der Natur der Entschuldigungsgründe liegen, die sich in der Aussage erschöpft, gegenüber einem gewissen Menschen sei in einer besonderen Situation Milde zu üben.[1553] Die Tat als solche verstößt trotz des im Einzelfall vorliegenden Entschuldigungsgrundes gegen das Recht. Demnach wäre auch mit einem strafrechtlichen Verantwortungsausschluss für Hoheitsträger im Falle der Rettungsfolter kein der öffentlich-rechtlichen Wertung widersprechendes Verdikt gefällt. Letztlich wird durch eine „Entschuldigungslösung" vermieden, auch nur im Einzelfall einen Normgeltungsschaden für das Folterverbot in Kauf nehmen zu müssen. Dies ist hingegen wesentliches Risiko einer „Rechtfertigungslösung".

Der Nachteil der von Schlenzka vertretenen „Entschuldigungslösung" liegt in der Möglichkeit Dritter, dem gefolterten Terroristen o.Ä. über Nothilfe gerechtfertigt beizustehen, wobei – wie die Autorin selber anmerkt – äußerstenfalls gar die Tötung des Rettungsfolterers rechtmäßig sein könnte.

Diesem Problem soll durch die Einbeziehung der „(...) Wertungen des § 35 StGB und seiner an ihr angelehnten übergesetzlichen Notstände (...) in die sozialethischen Einschränkungen des Notwehrrechts"[1554] begegnet werden. So habe der Terrorist o.Ä. ein nur eingeschränktes Notwehrrecht gegenüber einem entschuldigt handelnden Polizisten. Ein unbeteiligter Dritter habe dann kein Nothilferecht, wenn es sich bei dem Misshandelten nicht um eine ihm nahestehende Person im Sinne von § 35 StGB handele.

Der Ansatz steht jedoch im Widerspruch zu den mit der Unterscheidung von Rechtswidrigkeit und Schuld, wie sie die ganz herrschende kontinentaleuropäische Strafrechtsdogmatik vertritt, zwangsläufig verbundenen Implikationen.[1555] Demzufolge müsste derjenige, der die Rettungsfolter unter allen Um-

---

Handlungspflichten vor, von denen nur eine erfüllt werden kann. Nur dann könnte die Missachtung der einen zugunsten der anderen (höher- oder gleichrangigen) Pflicht gerechtfertigt sein (Beutler, Strafbarkeit der Folter zu Vernehmungszwecken, S. 222f. und Wagenländer, Strafrechtliche Beurteilung der Rettungsfolter, S. 114f.).

1552 Siehe Gaede (in Camprubi: Angst und Streben nach Sicherheit), Fragilität des Folterverbots, S. 155 (186ff.); Jäger (in Putzkeet al.: Festschrift Herzberg), Verbot der Folter, S. 539 (550ff.); Kinzig, ZStW 2003, S. 791 (812f.); Schlenzka, Rettungsfolter, S. 358ff. Roxin (Roxin, Strafrecht AT, Band I, § 22, Rn. 168) hält „(...) die Zubilligung eines übergesetzlichen Verantwortungsausschlusses immerhin als diskutabel."

1553 Vgl. Schlenzka, Rettungsfolter, S. 363.

1554 Schlenzka, Rettungsfolter, S. 370.

1555 Die Autorin weist am Beispiel Israels selbst auf Probleme hin, die sich aus einer nur „verkürzten Unterscheidung zwischen Rechtfertigung und Schuld" ergeben (Schlenz-

ständen als rechtswidrig erachtet, konsequent bleiben und zu Gunsten des Gefolterten Notwehr und Nothilfe uneingeschränkt zulassen.[1556]

Weiter ist nicht ersichtlich, wie eine sozialethische Wertung im Rahmen des § 35 StGB das Notwehrrecht einschränken bzw. das Nothilferecht gänzlich ausschließen können soll. Die sozialethischen Erwägungen bei § 35 StGB sollen doch einzig die „(...) besondere und ganz spezifische Situation des Täter[s] (...)"[1557] reflektieren. Notwehr und Nothilfe beinhalten neben Individualschutzaspekten aber die Rechtsbewährungskomponente. Ein Rechtsinstitut wie der entschuldigende Notstand, der die Opferung von Rechtsgütern alleine aufgrund einer im Einzelfall bestehenden Unzumutbarkeit normgemäßen Verhaltens erlaubt und nicht einmal ein Interessenübergewicht der bewahrten Güter im Sinne des § 34 StGB verlangt,[1558] kann schlechterdings die mit dem Schutz- und Rechtsbewährungsprinzip verbundenen Wertungen des § 32 StGB nicht überlagern.

Eine derartige „Entschuldigungslösung" geht also zu Lasten der Dogmatik. Sie entbehrt eines klaren Bekenntnisses, und der Eindruck der Unentschiedenheit drängt sich auf. Im hiesigen Fall drückt sich dies dadurch aus, dass man zwar einerseits nicht auf den gegebenenfalls überwiegenden Nutzen der Rettungsfolter verzichten will, es aber andererseits an der Bereitschaft mangelt, die damit zwangsläufig verbundenen Nachteile in Kauf zu nehmen.

Wenn kein krasses „(...) Missverhältnis zwischen Art und Maß des den in § 35 StGB erwähnten Personen drohenden Schadens einerseits und den mit der Notstandshandlung verbundenen Rechtseinbußen andererseits (...)" vorliegt,[1559] warum dann nicht stringent eine Rechtfertigung im Einzelfall zulassen? Wie oben gezeigt, sprechen hierfür – neben der dogmatischen Inkonsistenz einer „Entschuldigungslösung" – auch die materiell überwiegenden Gründe.[1560]

Zurückkommend auf die allgemeine Frage nach der Anwendbarkeit von Entschuldigungsgründen in Rettungsfolterfällen, können hinsichtlich privater Rettungsfolter uneingeschränkt alle Entschuldigungsgründe des Strafgesetzbuchs in

---

ka, Rettungsfolter, S. 166, Rn. 712). Zudem spricht auch sie sich grundsätzlich für die Differenzierung aus (a.a.O., S. 355f.).

1556 Dies wäre aber inakzeptabel. Es würde den übergeordneten Wertungen widersprechen, die ja gerade für eine Rechtfertigung im Einzelfall sprechen (s.o. 2. Teil, Zweites Kap., IV), 2) und 3)).

1557 Schlenzka, Rettungsfolter, S. 363.

1558 Vgl. Zieschang in LK-StGB, Bd. 2, § 35, Rn. 1ff.

1559 So i.E. vollkommen zu Recht festgestellt von Schlenzka, Rettungsfolter, S. 363.

1560 Siehe oben 2. Teil, Zweites Kap., IV), 2) und 3)).

Betracht kommen, also der Notwehrexzess nach § 33 StGB und der entschuldigende Notstand nach § 35 StGB.

Bei Hoheitsträgern wird eine Entschuldigung über Notstandsgesichtspunkte häufig an einer fehlenden Notstandslage scheitern, da weder der Polizist o.Ä. selbst, noch einer seiner Angehörigen oder eine andere ihm nahestehende Person gefährdet sein dürfte.[1561] Davon abgesehen könnte man insbesondere bei folternden Polizisten an eine Versagung des Verantwortungsausschlusses nach § 35 Abs. 1 S. 2 StGB denken. Fraglich ist danach, ob dem Täter zuzumuten ist, die jeweilige Gefahr hinzunehmen. Eine solche besondere Zumutbarkeit könnte aufgrund besonderen Rechtsverhältnisses unterstellt werden. Die in einem Rettungsfolterfall bestehende Gefahrenlage, insbesondere die Bedrohung hochrangiger Rechtsgüter, ist durchaus typisch für die Berufswelt von Polizeivollzugsbeamten. Wie jedoch schon festgestellt und zumindest im Entschuldigungskontext auch von Roxin akzeptiert, fordert das Recht zwar „die Hinnahme von Gefahren, aber nicht die bewusste Lebensaufopferung".[1562] Demnach ist eine Entschuldigungsversagung aufgrund berufsspezifischer Gefahrtragungspflicht in Fällen höchster Lebensgefahr, beispielsweise einem „ticking bomb"-Szenario, in dem ein Beamter zur Notwehr- oder Nothilferettungsfolter (zu Gunsten nahestehender Personen) greift, kaum vertretbar.[1563]

Im Einzelfall ist also eine Entschuldigung von Hoheitsträgern über § 35 StGB möglich.[1564]

Daneben sprechen gute Gründe dafür, Hoheitsträgern in Rettungsfoltersituationen gegebenenfalls auch einen Verantwortungsausschluss wegen Notwehrexzess gem. § 33 StGB zuzubilligen.[1565]

1561 Vgl. Beutler, Strafbarkeit der Folter zu Vernehmungszwecken, S. 226.

1562 Roxin, Strafrecht AT, Band I, § 22, Rn. 41.

1563 Zu Bestrebungen eine weitere Einschränkung des § 35 StGB durch Einbeziehung von Proportionalitätserwägungen zu erreichen s. Schlenzka, Rettungsfolter, S. 362f., die mit guten Gründen eine Wirkung des Folterverbots auf ein derartiges Proportionalitätserfordernis verneint und zusätzlich belegt, dass auch in Fällen hoheitlicher Rettungsfolter regelmäßig kein krasses Missverhältnis zwischen den verteidigten und den verletzten Rechtsgütern bestehen dürfte.

1564 Sollte keine Gefährdungslage für nahestehende Personen vorliegen, so sprechen gute Gründe für die Annahme eines übergesetzlichen Notstandes (s. dazu Schlenzka, Rettungsfolter, S. 363ff., die den übergesetzlichen Notstand generell für vorzugswürdig erachtet).

1565 Siehe dazu Jäger (in Putzkeet al.: Festschrift Herzberg), Verbot der Folter, S. 539 (551ff.). Andere Autoren favorisieren einen übergesetzlichen Schuldausschluss (s. statt vieler Roxin, Strafrecht AT, Band I, § 22, Rn. 168). Beutler, der weder eine Rechtfertigung noch eine Entschuldigung eines Polizisten zulassen will, hält zumindest eine Strafmilderung nach § 17 S. 2 i.V.m. § 49 Abs. 1 StGB aufgrund (vermeidbaren) Ver-

6) Zwischenergebnis

Nach dem Gesagten ist eine individuelle Straffreistellung für Hoheitsträger im Rettungsfolterfall also möglich.

Diese kann jedoch nicht auf einer öffentlich-rechtlichen Norm fußen. Denn ein von den gesetzlichen Vorgaben für die öffentliche Gewalt abweichender, eigenständiger „strafrechtlicher Rechtmäßigkeitsbegriff" scheitert an seiner Unvereinbarkeit mit dem Gesetzesvorbehalt. Eine ähnliche Ansicht, nach der ein Verwaltungsakt bereits dann als strafrechtliche Rechtfertigung dienen kann, wenn er nicht nichtig ist, ist ebenso abzulehnen, da der Verwaltung dadurch „freie Hand" zu rechtswidrigem Verhalten gegeben würde.

Hoheitsträger, das heißt vor allem Polizisten, können sich jedoch auf das strafrechtliche Selbstschutzrecht Notwehr berufen. Es ist nämlich nicht einzusehen, warum ihnen – trotz der unmittelbaren Gefährdung höchster Individualrechtsgüter – das Selbstverteidigungsrecht verwehrt werden soll, was sonst jedermann zusteht. Eine Selbstaufopferungspflicht lässt sich im vorliegenden Kontext weder für Privatpersonen noch für Polizisten belegen. In ihr läge angesichts der klaren Verantwortlichkeiten in einem Rettungsfolterfall ein unzulässiger Verstoß gegen die Menschenwürde. Ferner ist das Selbstverteidigungsrecht ein auch regelutilitaristisch anerkanntes, systemimmanentes Menschenrecht von höchstem Rang. Durch eine Notwehrgestattung ist daneben kein Dammbruchrisiko zu besorgen, da die Notwehrvoraussetzungen ex post einer strengen gerichtlichen Kontrolle unterliegen. Darüber hinaus wohnt dem strafrechtlichen Rechtswidrigkeitsurteil keine öffentlich-rechtliche bzw. dienstrechtliche Präjudiz inne. Nothilfe muss zu Gunsten von Angehörigen auch möglich sein. In einer Versagung dieses Rechts läge angesichts vorgenannter Faktoren abermals ein unzulässiger Eingriff in die (vorrangige) Würde des Amtsträgers und seiner Angehörigen. Allerdings gilt dies nicht für Nothilfe zu Gunsten anderer Personen, würde eine Rechtfertigungsgestattung insofern nämlich durchaus das Risiko eines Dammbruchs bergen und das verhältnismäßigkeitsgebundene Gefüge öffentlich-rechtlicher Ermächtigungsgrundlagen umgehen. Eine Notstandsrechtfertigung gem. § 34 StGB muss aus letztgenannten Gründen für Hoheitsträger ebenso ausscheiden.

Neben der eingeschränkten Berufungsmöglichkeit auf Rechtfertigungsgründe können Entschuldigungsgründe grundsätzlich uneingeschränkt geltend gemacht werden, da diesen kein Urteil über die Rechtmäßigkeit eines Verhaltens zu entnehmen ist. Je nach Einzelfall und favorisiertem Ansatz kommen die gesetzlichen Entschuldigungsgründe der §§ 33 und 35 StGB und der übergesetzliche entschuldigende Notstand in Betracht.

---

botsirrtums für möglich (Beutler, Strafbarkeit der Folter zu Vernehmungszwecken, S. 247ff.).

Da die Pflicht zur Achtung der Würde Dritter innerhalb privater Gleichordnungsverhältnisse schon nicht die überragende Relevanz besitzt, die ihr im Verhältnis des Staates zu seinen Bürgern zukommt, und da bei Gestattung einer Notwehrrechtfertigung für private Rettungsfolter kein Dammbruch zu befürchten steht, können Privatleute sich ohne Weiteres auf Notwehr berufen. Aus den gleichen Gründen und aufgrund der gesetzlichen Gleichstellung von Notwehr und Nothilfe spricht hier auch nichts gegen eine Rechtfertigung aus Nothilfegesichtspunkten.

Trotz der in Rettungsfolterfällen gemeinhin heranzuziehenden Grundsätze des Defensivnotstandes muss eine Rechtfertigung aus Notstandsgesichtspunkten auch hinsichtlich privaten Verhaltens ausscheiden. Das Missbrauchsrisiko ist aufgrund der Weiten möglicher Notstandslagen i.S.v. § 34 StGB derart groß, dass eine Notstandsrechtfertigung für den deutschen Rechtsstaat unkalkulierbare Risiken zur Folge hätte.

Auch wenn eine nationale Straffreistellung lediglich in Rettungsfolterfällen, die an enge Voraussetzungen gekoppelt sind, möglich erscheint, könnte dadurch dennoch gegen internationales Recht bzw. internationale Verpflichtungen der Bundesrepublik verstoßen werden. Sollte dies der Fall sein, was erst an späterer Stelle eruiert wird,[1566] so könnten entsprechende Verpflichtungen aufgrund der klaren grundgesetzlichen Wertungen jedoch keine Wirksamkeit entfalten.[1567]

V) Ergebnis 2. Kapitel

Wie am Anfang dieses Kapitels gezeigt, kann es zu Irrtümern führen, von einer absoluten Menschenwürde zu sprechen. Ginge man davon aus, hinter dem Schlagwort verberge sich ein Verbot jeglicher Abwägung, solange die Menschenwürde nur einer Person tangiert würde, so entspräche dies bereits nicht der tagtäglichen (Rechts-)Praxis. Angesichts der Unbestimmtheit des Terminus Würde bleibt es häufig am Bundesverfassungsgericht, eine Maßnahme als Würdeverletzung zu klassifizieren. Vorrangig steht die Klassifizierungsmöglichkeit allerdings dem Gesetzgeber zu. So gibt es gesetzlich sanktionierte Eingriffsformen, die auf den ersten Anschein Würdeverletzungen beinhalten, in den geregelten Fällen aber gerade nicht als eine derartige Verletzung gewertet werden.

Als Prinzipien, die zur Begründung der Zulässigkeit von Eingriffen in die Würde dienen, konnten konkret ein Nützlichkeits-, ein Vorverhaltens- und ergänzend ein Autonomieprinzip herausgearbeitet werden. Danach ist für Eingriffe in die Würde ein rechtsgutsgefährdendes oder -verletzendes, gesetzeswidriges Vorver-

---

1566 Siehe unten, 2. Teil, Drittes Kap., III), 2).

1567 Erb, Jura 2005, S. 28, der sich bei seinen Ausführungen insbesondere auf das Notwehrrecht bezieht.

halten nebst einer andauernden Rechtsgütergefährdung zu verlangen. Hinzutreten muss eine Pflicht und Möglichkeit der Gefahrbeseitigung. Teilweise ist anstelle der zwei letztgenannten Aspekte die mutmaßlich fortdauernde Gefährlichkeit des Maßnahmeadressaten Voraussetzung. Zudem erscheint eine Würdebeeinträchtigung bei zunehmender Gewichtigkeit der Gefährdung oder Schädigung rechtlicher Positionen immer opportuner, wobei Orientierungsmaßstab das „soziale Gesamtergebnis" ist. Wechselwirkungen von Nützlichkeits- und Vorverhaltensprinzip führen zu einer Begrenzung der jeweiligen Schwächen, wodurch gegebenenfalls extremen Ergebnissen vorgebeugt wird. Letztlich können Eingriffe, die prima facie als würdeverletzend und unzulässig betrachtet würden, bei Vorliegen der Bedingungen vorgenannter Prinzipien ausnahmsweise nicht als Würdeverletzung betrachtet werden.

Anhand einer vergleichenden Betrachtung konnte weiter festgestellt werden, dass es zwar kein gesetzlich sanktioniertes Rechtsinstitut gibt, das vollends vergleichbar mit der Rettungsfolter ist. Es gibt aber gesetzlich zulässige Eingriffsformen, die sich auf den Adressaten ähnlich stark auswirken, wie es die (Rettungs-)Folter tut. Dennoch erfüllt staatliche Rettungsfolter zumindest die Bedingungen des Nützlichkeitsprinzips nicht. Gleiches gilt für „mildere" Formen der Aussageerzwingung. Denn die ex ante Gestattung hoheitlicher Folter i.w.S. bedingt stets – unabhängig von einer ihr gegebenenfalls zu Grunde liegenden guten Intention – die Gefahr eines Dammbruchs und eines Verlustes von Rechtsstaatlichkeit.

Da insbesondere diese Gefahren bei einer Rechtfertigung von Notwehrrettungsfolter nach § 32 StGB nicht zu besorgen sind, ist eine entsprechende individuelle Straffreistellung sowohl für Privatpersonen, als auch für Hoheitsträger möglich. Ebenso kann „Privaten" das Nothilferecht zugebilligt werden, da besagte Risiken sich dadurch ebenfalls nicht einstellen würden. Um Missbrauch vorzubeugen, der besonders in einer Umgehung der an den Verhältnismäßigkeitsgrundsatz gebundenen öffentlich-rechtlichen Eingriffsbestimmungen zu sehen wäre, ist Nothilferettungsfolter durch Polizisten o.Ä. aber nur dann zulässig, wenn es um die Verteidigung naher Angehöriger geht.

Auf rechtfertigenden Notstand können sich weder Privatpersonen noch Hoheitsträger berufen, denn eine Notstandsrechtfertigung brächte angesichts der Weiten des Tatbestandes bei beiden Gruppen ein noch größeres Missbrauchs- und Dammbruchrisiko mit sich, als es bereits grundsätzlich bei Nothilfe der Fall wäre.

Anders verhält es sich bei den Entschuldigungsgründen, auf die sich sowohl Privatpersonen als im Allgemeinen auch Hoheitsträger berufen können, da es sich bei diesen lediglich um vom Einzelfall abhängige, rein individuelle Möglichkeiten eines Verantwortungsausschlusses handelt.

Drittes Kapitel – Ausnahmefähigkeit des Verbots der Folter i.w.S. auf internationaler Ebene

Im Folgenden soll untersucht werden, ob dem völkerrechtlichen Verbot der Folter i.w.S., so wie es sich in den wesentlichen Konventionen und im Völkergewohnheitsrecht zeigt, de lege lata Möglichkeiten einer Relativierung immanent sind.

Begonnen werden soll mit der Situation im Humanitären Völkerrecht. Aufgrund der besonderen tatsächlichen Tragweite soll in diesem Zusammenhang vorrangig untersucht werden, ob die von den USA im Kampf gegen den internationalen Terrorismus praktizierte Relativierung der Misshandlungsverbote des IHL über die Figur des „unlawful combatant“ einer rechtlichen Überprüfung standhält. Der Frage wird am Beispiel der im Zuge des Afghanistankonfliktes gefangen genommenen Al Qaida- und Taliban-Kämpfer nachgegangen. Etwaigen bei der Analyse aufgedeckten Schwächen der Situation de lege lata soll mit Verbesserungsvorschlägen de lege ferenda begegnet werden. Daneben wird aber auch allgemein auf die Möglichkeit etwaiger Relativierungen des kriegsrechtlichen Misshandlungsschutzes eingegangen.

Im Anschluss werden Ausnahmemöglichkeiten des IHRL-Folterverbots i.w.S. geprüft. Insbesondere wird die Frage nach der Absolutheit/Notstandsfestigkeit des menschenrechtlichen Folterverbots einer eingehenden rechtlichen Prüfung unterzogen. Relativierungen sind bereits auf Schutzbereichs-, aber auch erst auf Rechtswidrigkeitsebene denkbar.

Schließlich sind in der Gewährung von Straffreistellungsmöglichkeiten zu erblickende Relativierungen des Verbots auf völkerstrafrechtlicher Ebene vorstellbar. Ob derartige Möglichkeiten bestehen, wird getrennt nach dem ICCS und der Situation für Folter als „delictum iuris gentium“ geprüft.

I) Relativierbarkeit des Verbots im Humanitären Völkerrecht

Es stellt sich die Frage, ob Ausnahmen von den Misshandlungsverboten des IHL möglich sind.

Aufgrund der Öffentlichkeitswirksamkeit und der weiterhin gegebenen Aktualität soll dieser Frage zu Beginn durch Analyse eines Argumentationsmusters nachgegangen werden, dessen sich die amerikanische Regierung seit den Anschlägen des 11.09.2001 bedient. Danach handele es sich bei den im Zuge des „War on Terror“ insbesondere in Afghanistan ergriffenen „Gotteskriegern“ grundsätzlich nicht um Kriegsgefangene, sondern um sogenannte „unlawful combatants“. Diesen kämen in Ermangelung des POW-Status nicht die entsprechenden Privilegien des IHL zu.

Daneben soll geklärt werden, ob das IHL etwaige andere Möglichkeiten vorsieht, den ihm generell innewohnenden Misshandlungsschutz einzuschränken.

1) Ausnahmemöglichkeit aufgrund eines „unlawful combatant"-Status

Aus verschiedenen Gründen, die letztlich alle mit der offenkundig empfundenen Notwendigkeit einer Umgehung des strengen IHL-Regimes durch die amerikanischen Regierungen seit der Ära George W. Bushs verbunden sind, hat sich bei den US-Streitkräften und dem CIA eine Praxis etabliert, ergriffenen islamistischen Kämpfern weder den Status von Zivilisten, noch den von Kombattanten zuzuerkennen. Es stellt sich danach die Frage, ob der Personenstatus als „unlawful combatant" und die damit u.a. einhergehende Versagung des im Humanitären Völkerrecht vorgesehenen Misshandlungsschutzes den rechtlichen Vorgaben entspricht.

a) Rechtsstellung der im „War on Terror" gefangengenommenen islamistischen Kämpfer und Folterschutz

Seit dem 11.09.2001 und dem folgenden, von der US-Regierung unter George W. Bush proklamierten „War on Terror" hat eine fragwürdige Praxis im Umgang mit den im Zuge dieses „Krieges" gefangen genommenen bzw. inhaftierten „Terroristen" eingesetzt. Exemplarisch seien die durch die USA ihrer Freiheit entzogenen, am Afghanistankonflikt beteiligten Al Qaida- und Taliban-Kämpfer genannt. Nach offiziellem US-Regierungsverständnis des Jahres 2002 unterlagen diese Kämpfer nicht dem Kriegsgefangenenstatus des GA III.[1568] Sie wurden und werden weiterhin, denn an besagter Praxis hat sich bis in die Gegenwart im Kern nichts geändert, was auch in (weiter-)bestehenden Unsicherheiten hinsichtlich des Verfahrens zum Ausdruck kommt,[1569] keinem im Sinne des GA III ordentlichen Gerichtsverfahren unterzogen.[1570] Aufgrund der somit gegebenen Aktualität der Problematik ist es – besonders wegen der in diesem Kontext im-

---

1568 Siehe Memorandum from President George W. Bush to the Vice President, the Secretary of State, the Secretary of Defence, the Attorney General, Chief of Staff to the President, Director of CIA, Assistant to the President for National Security Affairs, Chairman of the Joint Chiefs of Staff, February 7, 2002 = Memo 11 („Human Treatment of al Qaeda and Taliban Detainees") in Greenberg/Dratel, Torture Papers, S. 134.

1569 Zu den weiterhin bestehenden Unsicherheiten, insbesondere im Umgang mit Al Qaida Mitgliedern, s. Kreß, NJW-aktuell 2010, S. 16f. Schon das Bestehen von Rechtsunsicherheit lässt am Vorliegen der Anforderungen eines fairen, vorhersehbaren und rechtsstaatlichen Verfahrens zweifeln.

1570 Marx, KJ 2006, 151 (158).

mer wieder aufkommenden Foltervorwürfe –[1571] angezeigt, die wesentlichen Fragen dieses Problemkomplexes in einem eigenen Unterabschnitt zur erörtern.

Sollte den gefangengenommenen Kämpfern der Kriegsgefangenenstatus zukommen, müssten sie einem im Einklang mit den Bestimmungen des GA III stehenden Militärstrafprozess unterzogen werden. Doch weder dies geschah in jüngerer Vergangenheit, noch wurde diesen Personen ein Prozess nach dem zivilen Recht der USA gemacht. Vielmehr wurden die Kämpfer als „unlawful combatants" vor Sondergerichte, sogenannte „military commissions",[1572] gestellt.[1573] Durch dieses Verfahren und die ihm zugrunde liegende Einordnung in die völkerrechtlich nicht geläufige Kategorie der „unlawful combatants",[1574] von der man sich mittlerweile offiziell losgesagt hat, kam den Gefangenen ein geringerer Schutz zu.[1575] Insbesondere der Schutz vor Folter i.w.S. wurde durch besagte Kategorisierung umgangen bzw. geschmälert.[1576] Schließlich stünden den genannten Personen – sollte man das Humanitäre Völkerrecht als grundsätzlich auf

---

1571 Derartige Vorwürfe werden immer noch, also auch nachdem Präsident Obama direkt nach seinem Amtsantritt Folter und sog. „harsh interrogations" offiziell untersagt hat, erhoben (s. z.B. Goetz/Sandberg, Spiegel 30/2009, S. 95).

1572 Diese wurden mit der Anordnung vom 13.11.2001 durch Präsident G.W. Bush ins Leben gerufen (s. International Legal Materials 41 (2002), S. 252).

1573 Im Zuge der Errichtung besagter „Military Commissions" wurde bspw. in Guantánamo Bay das „Combat Status Review Tribunal" und das „Administrative Review Board" geschaffen (s. Report of the Special Rapporteur on the promotion and protection of human rights and fundamental freedoms while countering terrorism, Martin Scheinin, Addendum: Mission to the United States of America v. 22.11.2007 = Un-Doc. A/HRC/6/17/Add. 3, S. 10f.). Der ehemalige United Nations High Commissioner for Human Rights, Bertrand Ramcharan, bezweifelt die Kompatibilität der „Military Commissions" mit den Verpflichtungen der USA aus Art. 14 IPbpR (Ramcharan, Defence of Human Rights, S. 195).

1574 Zu dem Begriff s. O'Connell, Ohio State Law Journal 2005, S. 1230 (1242), Fn. 43 m.w.N..

1575 So äußerte die Washington Post, die Versagung des Kriegsgefangenenstatus habe hinsichtlich der Al Qaida-Kämpfer direkt zur Misshandlung von Gefangenen in Afghanistan und im Irak geführt (s. Zitat bei: MacDonald (in Greenberg: Torture Debate), How to interrogate Terrorists, S. 84).

1576 De facto ist es zu Folterungen von im Zuge des „War on Terror" gefangen genommenen bzw. inhaftierten Personen gekommen. Exemplarisch hierfür sind nicht nur die Vorgänge in Abu Ghuraib. Betreffend das Gefangenenlager Guantanamo Bay wurde Ähnliches berichtet. Allerdings bieten nicht nur öffentlich gewordene evidente Folterfälle Anlass zur Diskussion, die auch unter der Regierung von George W. Bush nicht (offiziell) gutgeheißen wurden. Vielmehr ist auch das von US-Regierungskreisen öffentlich propagierte Verständnis dessen, was Folter sei und was dagegen i.R. einer „harsh interrogation" von „unlawful combatants" zulässig sei, für welche die einschlägigen Bestimmungen der GA nicht gelten, klärungsbedürftig.

sie anwendbar erklären – umfassende Schutzrechte zur Seite, insbesondere als Kriegsgefangene nach GA III, aber auch als Zivilisten gem. GA IV.

Die Gefangenen sollten nach einer auf Februar 2002 datierenden Weisung des ehemaligen US-Präsidenten Bush zwar human und in Einklang mit dem Genfer Recht behandelt werden, allerdings nur soweit es die militärische Notwendigkeit zuließe.[1577]

Ein Memorandum für Alberto R. Gonzales[1578] vom August 2002, das Jay S. Bybee[1579] auf eine Anfrage der CIA erarbeiten ließ, welche Befragungstechniken bei Abu Zubaydah[1580] zulässig wären, ging noch weiter.[1581] Nach Bybees Auffassung habe ein der Ratifikation der VNAFK folgendes inneramerikanisches Transformationsgesetz lediglich die Zufügung körperlicher Qualen verboten, die vergleichbar mit den Leiden bei schweren Verletzungen seien, z.B. bei Organversagen, bei Beeinträchtigungen von Körperfunktionen oder beim Tod. Die Zufügung seelischen Schmerzes sei nur dann verboten, wenn dieser Schmerz zu einer signifikanten Verletzung der Psyche von nicht unerheblicher Dauer (Monate oder Jahre) führe. Ferner würden weder das amerikanische VNAFK-Transformationsgesetz noch internationale Menschenrechtsverträge die Exekutive in Zeiten des Krieges binden.

Auch wenn der ehemalige Verteidigungsminister Donald Rumsfeld im Jahr 2003 das Spektrum von Befragungstechniken, die durch die Mitarbeiter des Verteidigungsministeriums im Gefangenenlager Guantanamo Bay angewandt werden durften, weiter einschränkte,[1582] ist davon auszugehen, dass das Bybee-

1577 Siehe Memorandum from President George W. Bush to the Vice President, the Secretary of State, the Secretary of Defence, the Attorney General, Chief of Staff to the President, Director of CIA, Assistant to the President for National Security Affairs, Chairman of the Joint Chiefs of Staff, February 7, 2002 = Memo 11 („Human Treatment of al Qaeda and Taliban Detainees") in Greenberg/Dratel, Torture Papers, S. 134.

1578 Alberto R. Gonzales war zu dieser Zeit „Counsel to the President".

1579 Jay S. Bybee bekleidete damals den Posten des „Assistant Attorney General".

1580 Abu Zubaydah war in den 1990er Jahren Osama bin Ladens Hauptverantwortlicher für die Rekrutierung neuer Kämpfer.

1581 Memorandum from Assistant Attorney General Jay S. Bybee to Alberto Gonzales, Counsel to the President, August 1, 2002 = Memo 14 („Standards of Conduct for Interrogation under 18 U.S.C. §§ 2340-2340A") in Greenberg/Dratel, Torture Papers, S. 172ff.

1582 Siehe Memorandum from Secretary of Defence Donald Rumsfeld to Commander U.S. Southern Command, January 15, 2003. Memo 23 („Counter-Resistance Techniques") in Greenberg/Dratel, Torture Papers, S. 239ff. und Memorandum from Secretary of Defence Donald Rumsfeld to James T. Hill, Commander, U.S. Southern Command, April 16, 2003 = Memo 27 („Counter-Resistance Techniques in the War on Terrorism") in Greenberg/Dratel, Torture Papers, S. 360ff.

Memorandum zumindest den Umgang der CIA mit Al Qaida- und Taliban-Kämpfern nachhaltig geprägt hat.[1583]

Die Regierung unter Präsident Obama hält an der Rechtsfigur der "unlawful combatants" nicht fest. Man befinde sich in einem Umbewertungsprozess, inwieweit die Menschenrechte im „War on Terror"[1584] geachtet werden könnten.[1585] Der Präsident hat innerhalb dieses Prozesses durch Zeichnung eines im Widerspruch zu seinen Wahlkampfversprechungen stehenden „Anti-Terror-Gesetzes" allerdings Fakten geschaffen. Besagtes Gesetz macht es quasi unmöglich, das Lager Guantanamo zu schließen. Zudem ermöglicht es, Terrorverdächtige weiterhin ohne Gerichtsverfahren festzusetzen.[1586] Das belegt, neben den von Meinungsführern der Republikanischen Partei häufig zu vernehmenden Rufen nach folterähnlichen Verhörmethoden,[1587] die fortbestehende Klärungsbedürftigkeit des Rechtsstatus der im „War on Terror" gefangengenommenen islamistischen Kämpfer.

So gilt es, am Beispiel der im Afghanistankonflikt durch die USA der Freiheit entzogenen Taliban- und Al Qaida-Kämpfer zu klären, ob die sie betreffende pauschale Versagung des Kriegsgefangenenstatus und des damit verbunden spezifischen (Folter-)Schutzes, ja letztlich die gänzliche Ausklammerung wesentlicher Elemente der GA, rechtmäßig ist. Schließlich genügt der dieser Personen-

---

1583 So enthält der bereits zitierte Bericht Martin Scheinins aus dem Jahre 2007 folgende Feststellung (Report of the Special Rapporteur on the promotion and protection of human rights and fundamental freedoms while countering terrorism, Martin Scheinin, Addendum: Mission to the United States of America v. 22.11.2007 (Un-Doc. A/HRC/6/17/Add. 3, S. 17)): „(...) the Special Rapporteur can only conclude that the conduct of his country visit gives further support to the suspicion that the CIA had indeed been involved, and continued to be involved, in the use of enhanced interrogation techniques that violate international law." Bemerkenswert ist in diesem Zusammenhang auch, dass Präsident Obama schon im Frühjahr 2009 äußerte, keine eigene (straf-)juristische Aufarbeitung der Foltervorwürfe gegen Geheimdienstmitarbeiter (CIA u.a.) anzustreben. Vielmehr sollen betreffende Mitarbeiter den vollen Schutz der Regierung Obama genießen, egal ob ihnen der Prozess im In- oder Ausland gemacht werden soll. Dies wird mit der damaligen Rechtsauslegung durch die Regierung unter Präsident Bush jun. bzw. das Justizministerium begründet, nach der z.B. „harsh interrogations" zeitweilig zulässig waren und man insofern darauf habe vertrauen dürfen, im Rahmen der Gesetze zu handeln.

1584 Dieser Begriff wird nach Sprachregelung der US-Administration unter Präsident Obama vermieden (Kreß, NJW-aktuell 2010, S. 16).

1585 Vgl. Darnstädt/Goetz et al., Spiegel 49/2009, S. 28 (33). Zur amerikanischen Völkerrechtspolitik im Bezug zum „War on Terror" unter der neuen US-Administration-Obama s. Kreß, NJW-aktuell 2010, S. 16f.

1586 Vgl. Musharbash, Spiegel online v. 04.01.2012.

1587 Vgl. Musharbash, Spiegel online v. 04.01.2012.

gruppe zukommende (Folter-)Schutz im Status als „unlawful combatant“, genauso wie im unklaren aktuellen Status, den Bestimmungen des Genfer Rechts nicht.

Fraglich ist eingangs, ob es sich beim Afghanistankonflikt überhaupt um einen internationalen oder internen bewaffneten Konflikt im Sinne des Kriegsvölkerrechts handelt. Denn nur dann wäre das Humanitäre Völkerrecht überhaupt anwendbar.

aa) Begriffsbestimmung bewaffneter Konflikt

Ein bewaffneter Konflikt setzt voraus, dass eine Konfliktpartei gegen eine andere Waffengewalt anwendet. Die bloße Drohung damit reicht nicht.[1588] Um schon dem ersten Opfer einer Auseinandersetzung den Schutz des Humanitären Völkerrechts zukommen zu lassen, ist es notwendig, auch Kleinstkonflikte, sogenannte Zwischenfälle, etwa einen Schusswechsel an der Grenze oder einen einmaligen Angriff auf eine einzelne Einheit fremder Streitkräfte, durch extensive Auslegung des Merkmals bewaffneter Konflikt dem Anwendungsbereich des Kriegsvölkerrechts zu erschließen.[1589] Deshalb ist es nicht mehr nötig, Feindseligkeiten von einer – bemessen an der jeweils angewandten Waffengewalt – gewissen Intensität vorauszusetzen.[1590]

Auch wenn keine massive Anwendung von Waffengewalt mehr verlangt wird, so werden innerstaatliche Situationen von Aufruhr und Repression, welche nicht die Intensität eines Bürgerkriegs aufweisen, auch heute nicht als bewaffneter Konflikt im Sinne des Humanitären Völkerrechts gewertet. Für derartige Situationen gelten die Bestimmungen des Kriegsrechts also nicht.[1591] Da interne Konflikte häufig nicht die Intensität eines Bürgerkrieges aufweisen, ist de lege lata der Anwendungsbereich des Humanitären Völkerrechts im Falle von Terrorismus zumeist nicht eröffnet.[1592] Es ist jedoch stets eine Betrachtung der Besonderheiten des Einzelfalls vonnöten, was die Analyse am Beispiel Afghanistan zeigen wird.

1588 Stein/v. Buttlar, Völkerrecht, Rn. 1216.

1589 Graf Vitzthum-Bothe, 8. Abschn., Rn. 62.

1590 Stein/v. Buttlar, Völkerrecht, Rn. 1216.

1591 Gasser, (in Hangartner/Trechsel: Völkerrecht im Dienste des Menschen), Genfer Abkommen und Terrorismusverbot. S. 69.

1592 Beutler, Strafbarkeit der Folter zu Vernehmungszwecken, S. 134; Ipsen, Völkerrecht, S. 1208.

ab) Afghanistankonflikt als internationaler bewaffneter Konflikt

Für einen internationalen bewaffneten Konflikt reicht grundsätzlich jede Art der von einem Staat gegen einen anderen ausgeübten Waffengewalt aus. Umfasst sind auch „militärische Interventionen“, „Polizeioperationen“, „kriegsähnliche Maßnahmen“ und sonstige „Schutzmaßnahmen“.[1593]

Die Ausübung von Waffengewalt gegen das Taliban-Regime seitens der USA und ihrer Verbündeten ist eine Tatsache. Einzig fraglich bleibt, ob damit Gewalt gegen einen „anderen Staat“ ausgeübt wurde. Auch wenn die meisten Länder dem von den Taliban 1996 ausgerufenen „Islamischen Emirat Afghanistan“ die diplomatische Anerkennung versagten, kann an der politischen Existenz dieses Staates trotz mangelnder Anerkennung kein Zweifel bestehen. Schließlich kontrollierte das Taliban-Regime nahezu das ganze Gebiet der ehemaligen Demokratischen Republik (1978-1992) bzw. des Islamischen Staats Afghanistan (1992-1996).[1594] Für die Frage, ob die Parteien eines möglichen internationalen bewaffneten Konfliktes, die für die Geltung des Humanitären Völkerrechts notwendige Staatsqualität aufweisen, sind objektive Kriterien heranzuziehen und nicht subjektive Gesichtspunkte, wie die Anerkennung einer konfliktbeteiligten Partei als solche.[1595] Im Ergebnis erfüllte das „Islamische Emirat Afghanistan“ das Staatserfordernis.

Mit der im Oktober 2001 initiierten Invasion in Afghanistan lag also ein internationaler bewaffneter Konflikt vor.[1596]

ac) Vertragliche Bindung der USA und Afghanistans an die GA

Da die GA unmittelbar nur unter Vertragsstaaten Anwendung finden,[1597] müssten sowohl Afghanistan als auch die USA (und ihre Alliierten) Mitgliedstaaten der Abkommen sein. Für die USA[1598] und ihre Verbündeten besteht daran kein Zweifel.

1593 Stein/v. Buttlar, Völkerrecht, Rn. 1217.

1594 Damit waren die drei „klassischen“ Kriterien Staatsvolk, Staatsgebiet und nach dem Gesagten ebenso eine effektive Regierung, also die notwendige Staatsgewalt, als konstitutive Voraussetzungen eines jeden Staates erfüllt. Zudem ist nach der heute herrschenden „deklaratorischen Theorie“ die Anerkennung keine Bedingung mehr für die Existenz eines Staates (Graf Vitzthum-Hailbronner, 3. Abschn., Rn. 168).

1595 Fleck, Handbuch, Rn. 206, S. 39.

1596 Aldrich, HuV-I 2002, S. 203.

1597 Für Nicht-Vertragsstaaten gelten die GA nur, soweit sie Gewohnheitsrecht kodifiziert haben oder zu Gewohnheitsrecht erwachsen sind.

1598 Die USA haben die GA am 12.08.1949 signiert und am 02.08.1955 ratifiziert. Allerdings sind sie bis in die Gegenwart bei keinem der drei Zusatzprotokolle Vertragspartei.

Afghanistan ist seit Mitte der 1950er-Jahre Vertragsstaat der GA.[1599] Es ist jedoch gleich den USA keine Vertragspartei der Zusatzprotokolle. Der vor der Machtergreifung durch die Taliban zuletzt bestehende Afghanische Staat könnte jedoch untergegangen sein. Dann stellte sich die Frage, ob ein Nachfolgestaat, hier möglicherweise das „Islamische Emirat Afghanistan", auch weiterhin an die völkerrechtlichen Verträge des Vorgängerstaates gebunden wäre. Da jedoch weder Verfassungsänderungen noch Revolutionen oder Regierungswechsel auf den Bestand oder die Identität eines Staates Auswirkungen haben, der Untergang eines Staates vielmehr nur durch dauerhaften und gänzlichen Verlust des Staatsgebietes oder des Staatsvolkes möglich ist,[1600] und es soweit im Fall Afghanistans nicht gekommen ist, gelten die völkervertraglichen Bindungen des weiterhin bestehenden Staates Afghanistan fort. Im Ergebnis finden die GA auf den Afghanistankonflikt Anwendung.[1601] Zudem ist das Kriegsvölkergewohnheitsrecht fruchtbar zu machen.[1602]

ad) Kriegsgefangenenstatus und ergriffene Taliban- bzw. Al Qaida-Kämpfer vor der Amtseinführung Hamid Karzais

Besonders wichtig ist die Klärung der Frage, ob die in die Hände des Feindes (meist der US-Streitkräfte) gefallenen Al Qaida- und Taliban-Kämpfer den privilegierten Status als Kriegsgefangene im Sinne des GA III genießen. Dabei ist nicht nur zwischen den Taliban-Kämpfern einerseits und den Al Qaida-Mitgliedern andererseits, sondern ebenfalls zwischen dem Zeitraum vor der Inauguration Hamid Karzais im Sommer 2002 und der Zeit danach zu unterscheiden. Begonnen werden soll mit erstgenanntem Zeitabschnitt.

(1) Taliban-Kämpfer

Die Taliban-Kämpfer, womit die (ehemaligen) Angehörigen der afghanischen Streitkräfte des Taliban-Regimes gemeint sind, genießen nach überwiegender Ansicht der Völkerrechtler den Status als Kriegsgefangene, dies entweder direkt als Angehörige der bewaffneten Kräfte einer am Konflikt beteiligten Partei (Art. 4 lit. A Nr. 1 Var. 1 GA III) oder als Angehörige von Milizen oder Freiwilligenkorps, die zu den bewaffneten Kräften einer am Konflikt beteiligten Partei gehören (Art. 4 lit. A Nr. 1 Var. 2 GA III).[1603] Das gegen diese Argumentation anführbare Argument, das Taliban-Regime hätte keine bewaffneten Kräfte gem.

1599 Zeichnung am 08.12.1949, Ratifikation am 26.09.1956.

1600 Graf Vitzthum-Hailbronner, 3. Abschn., Rn. 162.

1601 Aldrich, HuV-I 2002, S. 203.

1602 Aldrich, HuV-I 2002, S. 203.

1603 Vgl. Tomuschat, DÖV 2006, S. 357 (363), Fn. 40 m.w.N.

Art. 4 lit. A Nr. 1 GA III gehabt, vielmehr hätte es in Afghanistan nur Kämpfer von verschiedenen, sich gegenseitig bekriegenden Warlords gegeben,[1604] verfängt nicht. Genauso verhält es sich mit der Annahme, die Taliban-Kämpfer hätten nicht im Sinne von Art. 4 lit. A Nr. 1 GA III zu Afghanistan gehört.[1605] Beide Ansätze leiden nämlich an der schon oben abgelehnten Annahme, die Taliban hätten aufgrund vermeintlich mangelnder Staatsgewalt keinen Staat zu formen vermocht.

Schließlich würde das Genfer Recht ad absurdum geführt, wenn die Gewährung des Schutzes der Abkommen von der Anerkennung einer Regierung durch die feindliche Konfliktpartei, hier der Taliban-Regierung durch die USA, abhängig gemacht würde.[1606] Dies gilt insbesondere, wenn es sich zwar um eine nicht-anerkannte, aber effektiv die Staatsgewalt ausübende Regierung handelt. Ebenfalls können argumentatorische Winkelzüge derart, der Staat, für den gekämpft wurde, sei untergegangen oder sein Territorium sei Bestandteil des die Kämpfer gefangen nehmenden Staates, nicht geeignet sein, den Kriegsgefangenenstatus auszuschließen.[1607]

Ferner könnte vorgebracht werden, die im „Auffangtatbestand" des Art. 4 lit. A Nr. 2 unter lit. a bis d GA III genannten Voraussetzungen seien auf alle „bewaffneten Kräfte" im Sinne des GA III anwendbar, insbesondere auch auf die „bewaffneten Kräfte einer am Konflikt beteiligten Partei" gem. Art. 4 lit. A Nr. 1 GA III.[1608] Systematisch wäre es jedoch unüblich Art. 4 lit. A Nr. 2 GA III nicht voranzustellen, sollte man ihn quasi als „Grundtatbestand" verstehen. Die Aufführung an zweiter Stelle unter einer eigenen Ziffer weist eher darauf hin, dass es sich bei Art. 4 lit. A Nr. 1 und Nr. 2 GA III zwar um korrespondierende, aber dennoch selbstständige, voneinander unabhängige „Tatbestände" handelt. Wollte man z.B. die Bestimmung des Art. 4 lit. A Nr. 2 lit. d GA III auf alle „bewaffneten Kräfte" anwenden, so läge darin ein Widerspruch zum Sinn und

---

1604 Nach Aldrich hätte sich die US-Regierung unter G.W. Bush dieser Behauptung zur Untermauerung ihrer Positionen im Umgang mit ergriffenen Taliban-Kämpfern bedienen können (Aldrich, HuV-I 2002, S. 204).

1605 Auch diese Position hätte Teil der Argumentation der US-Regierung unter G.W. Bush sein können (so Aldrich, HuV-I 2002, S. 204).

1606 Dieser Ratio folgt auch der das Humanitäre Völkerrecht weiterentwickelnde Art. 43 ZP I, nachdem „die Streitkräfte einer am Konflikt beteiligten Partei aus der Gesamtheit der organisierten bewaffneten Verbände, Gruppen und Einheiten bestehen (...); *dies gilt auch dann, wenn diese Partei durch eine Regierung oder ein Organ vertreten ist, die von einer gegnerischen Partei nicht anerkannt werden* [Hervorhebung durch den Verf.]."

1607 Vgl. Fleck, Handbuch, Rn. 705, S. 273.

1608 Vgl. Aldrich, HuV-I 2002, S. 204, Fn. 8 m.w.N.

Zweck des GA III.[1609] Dies würde nämlich zu einer Erstreckung des Missbrauchspotentials von Art. 4 lit. A Nr. 2 lit. d GA III auf alle „bewaffneten Kräfte“ im Sinne des GA III führen. So könnte den gesamten bewaffneten Kräften des Gegners der Status als Kriegsgefangene z.B. unter dem Vorwand verwehrt werden, seine Kombattanten begingen Kriegsverbrechen.[1610]

Allerdings ist der Gedanke einer Kombattantenpflicht zur Unterscheidung von der Zivilbevölkerung,[1611] wie er für Widerstandskämpfer in lit. b und c zum Ausdruck kommt, auch auf die Kombattanten „regulärer“ Streitkräfte im Sinne des Art. 4 A Nr. 1 GA III anzuwenden (vgl. Art. 44 Nr. 3 S. 1 ZP I). So tragen nach allgemeiner Staatenpraxis die Angehörigen regulärer bewaffneter Einheiten eine Uniform (vgl. Art. 44 Nr. 7 ZP I). Zudem müssen ebenso Kombattanten, die nicht zu den uniformierten Streitkräften gehören, ein bleibendes, aus der Ferne erkennbares Erkennungszeichen tragen und ihre Waffen offen führen.[1612] Verstöße gegen dieses auch gewohnheitsrechtlich anerkannte Unterscheidungsgebot können äußerstenfalls sogar zum Verlust des Kriegsgefangenenstatus führen (vgl. Art. 44 Nr. 4 S. 1 HS. 1 ZP I)[1613].[1614] Auch wenn Art. 44 Nr. 4 S. 1 HS. 2 ZP I, die USA als Nicht-Vertragsstaat des ZP nicht binden sollte wären derartige Personen dennoch im Einklang mit dem Großteil des Regelungsgehalts von Art. 75 ZP I zu behandeln.[1615]

Darüber hinaus ist auf die durch Art. 5 GA III gewährte Rechtsschutzmöglichkeit hinzuweisen. Solange nicht durch Entscheidung eines zuständigen Gerichts geklärt worden ist, ob eine Person, die eine kriegerische Handlung begangen hat und in die Hand des Feindes gefallen ist, einer der in Art. 4 genannten Kategorien angehört, genießt sie vorerst den Kriegsgefangenenstatus. Flankiert wird

---

1609 Der Sinn und Zweck des GA III ist der Präambel der Genfer Konvention über die Behandlung von Kriegsgefangenen vom 27.07.1929 zu entnehmen, da die GA III laut ihrer Präambel eine Revision eben dieser ihr vorausgegangenen Konvention ist. Ausweislich der Präambel der Genfer Konvention über die Behandlung von Kriegsgefangenen vom 27.07.1929 ist Zeck des Abkommens die bestmögliche Verringerung der unvermeidlich mit Krieg einhergehenden Härten sowie die Verbesserung der Bedingungen der Kriegsgefangenen.

1610 Eine derartige Taktik verfolgten z.B. Nordkorea und Nordvietnam in ihren gegen US-Streitkräfte geführten Kriegen des 20. Jahrhunderts (Aldrich, HuV-I 2002, S. 204).

1611 Diese Pflicht verfolgt den außerordentlich wichtigen Schutz der Zivilbevölkerung vor den Auswirkungen der Kampfhandlungen (Fleck, Handbuch, Rn. 308, S. 64).

1612 Fleck, Handbuch, Rn. 308, S. 64.

1613 Nach Art. 44 Nr. 4 S. 1 HS. 2 ZP I ist den gegen das Unterscheidungsgebot verstoßenden Kämpfern jedoch ein dem GA III und dem ZP I gleichwertiger Schutz zu gewähren, der auch den Schutz bei Strafverfolgung mit einschließt (Art. 44 Nr. 4 S. 2 ZP I).

1614 Fleck, Handbuch, Rn. 308, S. 64.

1615 Schließlich gehört dieser mittlerweile zum Völkergewohnheitsrecht (s.o. 1. Teil, Zweites Kap., I), 2), a)).

die Bestimmung von den Festlegungen des Art. 45 Nr. 1 und 2 ZP I, die mittlerweile wohl zum Kriegsvölkergewohnheitsrecht zählen und demnach auch im Afghanistankonflikt Anwendung finden.[1616] Nach Art. 45 Nr. 1 ZP I ist zugunsten einer an Feindseligkeiten beteiligte Person, die in die Hand des Gegners gerät und den Status als Kriegsgefangener beansprucht bzw. Anspruch auf diesen Status zu haben scheint, der Kriegsgefangenenstatus zu vermuten. Diese Vermutung kann nur durch die Entscheidung eines zuständigen Gerichts widerlegt werden. Gefangene, die einer mit den Feindseligkeiten im Zusammenhang stehenden Straftat bezichtigt und nicht als Kriegsgefangene angesehen werden, haben gem. Art. 45 Nr. 2 ZP I ein Recht, sich vor Gericht auf den Status als Kriegsgefangene zu berufen, wobei über diesen Status dann möglichst vor einer Entscheidung in der Hauptsache befunden werden soll.

Es ist stark zu bezweifeln, ob die von den USA eingesetzten „military commissions“ die notwendigen Voraussetzungen eines „zuständigen Gerichts“ gem. Art. 5 GA III oder 45 ZP I erfüllen.[1617] Dies gilt insbesondere für das in Guantánamo Bay errichtete „Combat Status Review Tribunal“ und das „Administrative Review Board“.[1618] Schließlich war es von vornherein Absicht der US-Regierung unter G.W. Bush, weder den bei Kampfhandlungen in Afghanistan ergriffenen Personen eine richterliche Überprüfung ihrer Haft zu ermöglichen,[1619] noch denjenigen ein ordentliches Gerichtsverfahren zu gewähren, die wegen Straftaten verfolgt werden sollten.[1620] Wie oben bereits angedeutet, ist unter einem ordentlichen Gerichtsverfahren ein Verfahren zu verstehen, das sich entweder nach dem zivilen Recht der USA, oder – betreffend Kriegsgefangene – nach den Bestimmungen einer Militärstrafprozessordnung[1621] richtet.[1622]

Unter Berücksichtigung des Gesagten ist eine Rechtsauffassung, die den als Angehörige der Streitkräfte des Taliban-Regimes zu klassifizierenden Taliban-Kämpfern den Status als Kriegsgefangene von vornherein abspricht, nicht haltbar.[1623] Insofern war und ist eine pauschale Einordnung – treffender Stigmatisie-

1616 Aldrich, HuV-I 2002, S. 205f.

1617 Aldrich, HuV-I 2002, S. 205; Tomuschat, DÖV 2006, S. 357 (363).

1618 Vertiefend hierzu s. report of the Special Rapporteur on the promotion and protection of human rights and fundamental freedoms while countering terrorism, Martin Scheinin, Addendum: Mission to the United States of America v. 22.11.2007 = Un-Doc. A/HRC/6/17/Add. 3, S. 10f.

1619 Das betrifft auch Personen, die im Zuge des „War on Terror“ in anderen Ländern ergriffen wurden (Tomuschat, DÖV 2006, S. 357 (363)).

1620 Tomuschat, DÖV 2006, S. 357 (363).

1621 Diese müsste ihrerseits wiederum im Einklang mit den zum Teil bereits genannten Bestimmungen des Kriegsvölker(gewohnheits)rechts stehen.

1622 Tomuschat, DÖV 2006, S. 357 (363).

1623 Vgl. Van der Vyver, ALR 2003, S. 427 (445).

rung – aller während der Kämpfe in Afghanistan festgenommenen Personen unter dem Schlagwort „unlawful combatant", die einer teilweisen Entrechtung gleichkommt,[1624] unzulässig.

Auch der derzeitige Zustand rechtfertigt das Unrechtmäßigkeitsverdikt. Die US-Exekutive mag zwar davon abgekommen sein, den Terminus „unlawful combatant" zu verwenden, das angewandte Rechtsregime birgt aber weiterhin vergleichbare Unsicherheiten bzw. Unwägbarkeiten.

Diejenigen unter den Taliban-Kämpfern, die Kriegsverbrechen oder andere Völkerrechtsverbrechen begangen haben, z.B. Verbrechen gegen die Menschlichkeit, sollen derentwegen gewiss verfolgt werden. Der Verfolgung stünde eine Klassifizierung als Kriegsgefangene auch nicht im Wege. Vielmehr müssen Kriegsverbrecher, denen der Kriegsgefangenenstatus zukommt z.B. für Terrorakte belangt werden, da darin eine im Sinne des Kriegsvölkerrechts unzulässige Form von Gewaltausübung liegt.[1625] Der Verfolgungsansatz für völkerrechtswidriges Verhalten im Zusammenhang mit der Teilnahme an Kampfhandlungen ergibt sich aus Art. 85 GA III, nach dem einem Kriegsgefangenen im Falle einer Verurteilung allerdings auch die in GA III enthaltenen Rechte garantiert werden. Für alle Straf- und Disziplinarmaßnahmen gilt gem. Art. 87 Abs. 3 GA III:

„(…) sämtliche Körperstrafen, jedes Einsperren in Räume ohne Tageslicht und ganz allgemein jede Art von Folter und Grausamkeit sind verboten."

Ferner ist gem. Art. 108 GA III ein humaner Strafvollzug zu gewährleisten. Darüber hinaus ist die Gewahrsamspartei gehalten, einer verfolgten Person der gegnerischen Konfliktpartei die sich aus einem Vergleich zwischen dem GA III und der im Gros zu Gewohnheitsrecht erstarkten Regel des Art. 75 ZP I ergebende günstigere Behandlung zukommen zu lassen.[1626]

Letztlich müssen Verstöße gegen das Unterscheidungsgebot in Anbetracht der evidenten Notwendigkeit einer dem Schutze von Zivilisten dienenden Unterscheidbarkeit zwischen ihnen und Kombattanten zum Verlust des Kriegsgefangenenstatus führen können.[1627] Sollte sich diese Ansicht durchsetzen, was einer wünschenswerten Aufwertung des Unterscheidungsgebots zugute käme, so wären die Auswirkungen auf die sich weiterhin nicht von der afghanischen Zivilbevölkerung abhebenden Taliban beachtlich.[1628]

1624 Vgl. Tomuschat, DÖV 2006, S. 357 (364).

1625 Aldrich, HuV-I 2002, S. 204.

1626 Vgl. Fleck, Handbuch, Rn. 317, S. 79.

1627 Fleck, Handbuch, Rn. 308, S. 64.

1628 U.a. wegen Verstoßes gegen das „Unterscheidungsgebot" hat die US-Regierung unter G.W. Bush den Taliban-Kämpfern im Jahre 2002 den Kriegsgefangenenstatus kollektiv abgesprochen (s. Press Release, Status of the Detainees at Guantanamo, Fact Sheet and Statement v. 07.02.2002).

Ergäbe sich nach einer in Übereinstimmung mit den einschlägigen Bestimmungen durchgeführten Wertung, dass der Kriegsgefangenenstatus für einen Taliban-Kämpfer nicht greift, so wäre dieser aber zumindest im Einklang mit den gewohnheitsrechtlichen Garantien des Art. 75 ZP I zu behandeln, sofern er nicht als Zivilist im Sinne des GA IV eine günstigere Behandlung zu erfahren hätte.[1629]

(2) Al Qaida-Kämpfer

Äußerst fraglich ist die Bewertung des Status der am Afghanistankonflikt beteiligten Al Qaida-Kämpfer.

In diesem Zusammenhang sind folgende Vorüberlegungen zu berücksichtigen:

Nur eine Konfliktpartei, die Völkerrechtssubjekt[1630] ist, kann Streitkräfte[1631] haben, deren Mitglieder Kombattanten sind.[1632] Der Kombattantenstatus ist wiederum – abgesehen von den in Art. 4 lit. A Nr. 4ff. GA III normierten Ausnahmefällen – Voraussetzung für den Kriegsgefangenenstatus.[1633]

Geht man von zwei letztlich unabhängigen bewaffneten Konflikten in Afghanistan aus, wobei der eine zwischen den Taliban und der amerikanisch dominierten Allianz, der andere zwischen eben dieser Koalition und der Al Qaida ausgetragen wird,[1634] müsste Al Qaida selbst Völkerrechtssubjekt sein. Ansonsten hätte ihren Kämpfern kein Kombattanten- und damit auch kein Kriegsgefangenenstatus zukommen können.

Bei Al Qaida handelt es sich um eine transnational operierende (Geheim-)Organisation, die sich aus Mitgliedern verschiedener Nationalitäten zusammensetzt, welche ihre politischen und religiösen Ziele mit weltweitem Terrorismus durchzusetzen versuchen. Dieser Organisation dürfte weder im Jahre 2001/2002

1629 Dies besagt auch Art. 45 Nr. 3 ZP I.

1630 Grds. sind Staaten Völkerrechtssubjekte. Allerdings sind auch Sonderfälle denkbar. So kann Aufständischen (wie den in Art. 1 Nr. 4 ZP I genannten Befreiungsbewegungen) und de-facto-Regimes unter gewissen Bedingungen ebenfalls der Status als Völkerrechtssubjekt zugesprochen werden (s. dazu Stein/v. Buttlar, Völkerrecht, Rn. 488).

1631 Die Streitkräftedefinition folgt hier dem weiten Streitkräftebegriff des Art. 43 Nr. 1 ZP I, der neben den regulären Streitkräften (Art. 4 A Nr. 1 GA III) auch Mitglieder von Milizen, Freiwilligenkorps und organisierten Widerstandsbewegungen, die zu einer am Konflikt beteiligten Partei gehören (Art. 4 A Nr. 2 GA III), umfasst.

1632 Fleck, Handbuch, Rn. 301, S. 57.

1633 Fleck, Handbuch, Rn. 705, S. 271.

1634 So die vom White House Press Secretary im Jahre 2002 veröffentlichte Position der US-Regierung (s. Press Release, Status of the Detainees at Guantanamo, Fact Sheet and Statement v. 07.02.2002), der auch Aldrich zustimmt (Aldrich, HuV-I 2002, S. 203).

noch derzeit Völkerrechtssubjektivität zukommen.[1635]Demnach konnte der Kombattanten- bzw. Kriegsgefangenenstatus zumindest nicht aufgrund der Al Qaida-Zugehörigkeit gegeben sein.

Vertritt man die These zweier unabhängiger Konflikte, musste der Kombattanten- bzw. Kriegsgefangenenstatus für Al Qaida-Kämpfer über eine der verschiedenen, nach Art. 4 GA III denkbaren Ein- oder Angliederungsmöglichkeiten an die Taliban-Kämpfer scheitern, da die Al Qaida-Kämpfer dann in keiner Weise zu den Taliban gezählt hätten.

Personen, die ohne Kombattantenstatus unmittelbar an Feindseligkeiten teilnehmen und in die Hand des Gegners fallen, werden als Freischärler behandelt.[1636] Ihnen fehlt die Berechtigung zur Teilnahme an den Feindseligkeiten, weshalb sie schon alleine aufgrund der Teilnahme wegen Tötungs- und anderen Delikten nach nationalem Recht verfolgt und verurteilt werden können.[1637] Allerdings müssten wohl auch für Al Qaida-Kämpfer Art. 5 GA III und der zu Kriegsvölkergewohnheitsrecht erstarkte Art. 45 Nr. 1 (und 2) ZP I zur Anwendung kommen.[1638] Dann könnte ebenso für sie die Vermutung des Kriegsgefangenenstatus gelten und damit eine gerichtliche Vorabentscheidung über diesen Status in Betracht kommen.[1639] Sollte man dies anders sehen, so hätte ein ergriffener Al Qaida-Kämpfer zumindest im Einklang mit den zu Gewohnheitsrecht erstarkten Garantien des Art. 75 ZP I behandelt werden müssen, sofern er nicht als Zivilist nach GA III eine günstigere Behandlung zu erfahren gehabt hätte.[1640]

Wird hingegen von nur einem bewaffneten Konflikt in Afghanistan ausgegangen, nämlich jenem zwischen den Taliban und der Allianz, wäre eine Einbindung von Al Qaida-Kämpfern in Talibaneinheiten anzudenken. Aufgrund dieser Einbettung könnten die Vorschriften des GA III, entweder direkt als Angehörige der bewaffneten Kräfte einer am Konflikt beteiligten Partei (Art. 4 lit. A Nr. 1 Var. 1 GA III) oder als Angehörige von Milizen oder Freiwilligenkorps, die zu den bewaffneten Kräften einer am Konflikt beteiligten Partei gehören (Art. 4 lit. A Nr. 1 Var. 2 GA III), auch für die Al Qaida-Kräfte fruchtbar gemacht werden.

1635 Aldrich, HuV-I 2002, S. 204.

1636 Fleck, Handbuch, Rn. 302, S. 58.

1637 Aldrich, HuV-I 2002, S. 202f.; Fleck, Handbuch, Rn. 302, S. 59.

1638 Auch Fleck scheint von einem Erstarken dieser Vorschriften zu Kriegsvölkergewohnheitsrecht auszugehen (Fleck, Handbuch, Rn. 302, S. 59).

1639 In diesem Kontext gilt das bereits zu den Taliban-Kämpfern Gesagte: Eine pauschale Verweigerung des Rechts auf Feststellung des Kriegsgefangenenstatus unter Verweis darauf, alle in den Afghanistankonflikt involvierten Taliban- und Al Qaida-Kämpfer seien „unlawful combatants“, erscheint unzulässig.

1640 Dörmann, IRRC 2003, S. 45 (73).

Eine derartige Einbindung lässt sich jedoch nicht belegen.[1641] Sie widerspräche der Organisationsform der Al Qaida, die – soweit sich dies anhand der öffentlich zugängigen Quellen sagen lässt – damals wie heute eine Struktur relativ autonomer Zellen kennzeichnet.

Allerdings wäre der Kriegsgefangenenstatus über Art. 4 lit. A Nr. 2 GA III möglich. Dafür hätten die in Afghanistan operierenden Al Qaida-Kämpfer Milizen- oder Freiwilligenverbände oder eine organisierte Widerstandsbewegung nach dem Abkommen darstellen müssen.

Alle drei Varianten verlangen die Formierung nach militärischem Muster. Somit hätten die elementaren, für Streitkräfte typischen Charakteristika in Hinblick auf Disziplin, Hierarchie, Verantwortlichkeit und Ehre erfüllt sein müssen.[1642] Andererseits ist eine derart starke Struktur, wie sie für die Widerstandsbewegungen im 2. Weltkrieg charakteristisch war, nicht erforderlich.[1643]

Eine zentrale Führung der Al Qaida durch Bin Laden und seinen ehemaligen Stellvertreter Aiman az-Zawahiri wird aber damals aufgrund des zwischen Herbst 2001 und Sommer 2002 erzeugten, weltweiten Fahndungsdrucks und damit verbundener Fluchtbewegungen des Führungskaders schon erheblich erschwert gewesen sein. Ob deshalb von einem „führerlosen Netzwerk“ gesprochen werden kann,[1644] ist in Anbetracht der nur bedingt ergiebigen Erkenntnisquellen unsicher. Die Unsicherheit wird durch die steten Veränderungen in Struktur und Organisationsform der Al Qaida verstärkt.[1645] Relativ sicher ist allerdings, dass die Al Qaida bzw. Osama bin Laden als (ideologischer) Impulsgeber für die jeweils agierenden unabhängigen Zellen fungierte.[1646] In Anbetracht der gewiss schon in den Jahren 2001/2002 beachtlichen militärischen Infrastruktur im für den Afghanistankonflikt wichtigen Grenzgebiet zu Pakistan wies zumindest der regionale Al Qaida-Ableger die notwendige Organisationsstruktur auf.

Für die Zugehörigkeit der Widerstandsbewegung zu einer am Konflikt beteiligten Partei bedurfte es keiner Eingliederung von Al Qaida-Mitgliedern in Taliban-Einheiten, wie etwa im Rahmen des Art. 4 lit. A Nr. 1 GA III. Hierfür genügte vielmehr eine rein tatsächliche Beziehung zwischen der Widerstandsbewegung und der eigentlichen Konfliktpartei, die darin zum Ausdruck kommen kann, dass die Operationen der Widerstandsbewegung klar erkennen lassen, für

1641 Aldrich, HuV-I 2002, S. 203.

1642 ICRC, Commentary, Geneva Convention III, art. 4, p. 58.

1643 ICRC, Commentary, Geneva Convention III, art. 4, p. 58.

1644 So Hoffman, Terrorismus, S. 77.

1645 Dazu s. Verfassungsschutzbericht 2008, S. 215.

1646 Siehe Verfassungsschutzbericht 2008, S. 215.

welche Seite sie kämpft.[1647] Eine gegebenenfalls sogar nur unausgesprochene taktische Übereinkunft ist ausreichend.[1648]

Nicht nur die ideologische Nähe, sondern auch die Tatsache, dass die traditionell einflussreichen Taliban, die der afghanischen Volksmehrheit der Paschtunen angehören, den größtenteils nicht afghanisch stämmigen Al Qaida-Kämpfern seit Jahren die Möglichkeit einräumen, auf dem von ihnen kontrollierten Gebiet eigene Strukturen zu unterhalten, z.B. besagte Ausbildungslager, lässt auf ein großes Maß an Einvernehmen zwischen den zwei Gruppierungen schließen. Bei Feuergefechten mit der ISAF und mit Kräften der Enduring Freedom Operation fanden sich neben getöteten Taliban nicht selten Leichen von Al Qaida-Kämpfern. Demnach gehörten die Al Qaida-Kämpfer im Sinne des Art. 4 lit. A Nr. 2 GA III zu den Taliban.

Um vom GA III privilegiert zu werden, müssten die Al Qaida-Kräfte ferner die in den Unterabschnitten lit. a bis d aufgeführten speziellen Bedingungen erfüllt haben.

So müssten sie von einer für Untergebene verantwortlichen Person befehligt worden sein (Art. 4 lit. A Nr. 2 lit. a GA III). Es ist davon auszugehen, dass die Al Qaida, sollte damals keine, oder nur noch eine eingeschränkte zentrale Befehlsgewalt vorgelegen haben, zumindest an der Spitze der jeweiligen Zelle eine für ihre Untergebenen verantwortliche Person hatte. Der Befehlshaber muss nicht zwangsläufig ein Militär sein, es kann sich auch um einen Zivilisten handeln.[1649] Er muss aber in der Lage sein, eine Disziplin in der Truppe aufrecht zu erhalten, die zur Durchsetzung der Einhaltung der im Folgenden noch zu prüfenden weiteren Voraussetzungen des Art. 4 lit. A Nr. 2 GA III taugt.[1650] Das Duo Osama bin Laden/Aiman az-Zawahiri und/oder die jeweiligen Zellen-Anführer dürften eine derartige Macht besessen haben.

Ein nach Art. 4 lit. A Nr. 2 lit. b GA III notwendiges, von Weitem erkennbares Zeichen trugen die Al Qaida-Kämpfer jedoch nicht.[1651]

Fraglich ist, ob sie ihre Waffen „offen" im Sinne von Art. 4 lit. A Nr. 2 lit. c GA III trugen. Nach dieser Vorschrift muss nicht jedwede Waffe außen am Körper getragen werden. Sie soll nicht dazu dienen, jedes kriegsrechtskonforme militärische Überraschungsmoment auszuschließen. Vielmehr soll sie den Feind in die Lage versetzen, gegnerische Kämpfer so als Kombattanten zu erkennen, wie es

1647 ICRC, Commentary, Geneva Convention III, art. 4, p. 57.
1648 ICRC, Commentary, Geneva Convention III, art. 4, p. 57.
1649 ICRC, Commentary, Geneva Convention III, art. 4, p. 59.
1650 ICRC, Commentary, Geneva Convention III, art. 4, p. 59.
1651 Ein Beispiel für ein derartiges, unverwechselbares Erkennungszeichen ist die rote UCK Armbinde, welche die Albanischen Kämpfer während des Kosovo-Krieges trugen.

bei regulären Streitkräften möglich sein muss.[1652] Dadurch soll die Ausnutzung von nicht der militärischen Fairness entsprechenden Vorteilen verhindert werden, z.B. das erschlichene Betreten eines militärischen Postens durch einen vermeintlichen Zivilisten, der dann den Überraschungseffekt ausnutzt und das Feuer eröffnet.[1653] Es entspricht aber gerade der Strategie des Al Qaida-Guerillakampfes, die Überlegenheit des Gegners durch überraschende Angriffe zu kompensieren, z.B. durch Eröffnung des Feuers aus einer Menschenmenge heraus, oder durch Selbstmordattentate. Aufgrund dieser Strategie wird das diskutierte Kriterium in den meisten Fällen nicht erfüllt gewesen sein.

Die nicht gegebenen letztgenannten Bedingungen, welche letztlich eine Pflicht zur Unterscheidung von der Zivilbevölkerung festschreiben, werden jedoch gem. Art. 44 Nr. 3 S. 2 ZP I für internationale bewaffnete Konflikte in gewissen Situationen eingeschränkt. Sollte sich ein bewaffneter Kombattant aufgrund der Art der Feindseligkeiten nicht von der Zivilbevölkerung unterscheiden können, so wird eine Ausnahme vom Unterscheidungsgrundsatz zugelassen, wenn er:

„während jedes militärischen Einsatzes seine Waffen offen trägt und während eines militärischen Aufmarsches vor Beginn eines Angriffs, an dem er teilnehmen soll, seine Waffen so lange offen trägt, wie er für den Gegner sichtbar ist."

Auch wenn Art. 44 Nr. 3 ZP I Teil des Kriegsvölkergewohnheitsrechts und damit überhaupt anwendbar gewesen wäre, wäre schon fraglich, ob sich die in den Afghanistankonflikt involvierten Al Qaida-Kämpfer aufgrund der Art der Feindseligkeiten nicht von der Zivilbevölkerung unterscheiden konnten.

Höchst umstritten ist insofern, ob dies eine Situation der Besatzung, eines nationalen Befreiungskrieges nach Art. 1 Nr. 4 ZP I oder eines Guerillakrieges voraussetzt. Zudem ist ungewiss, ob die Verpflichtung des Art. 44 Nr. 3 S. 2 lit. a und b ZP I, wie es der Wortlaut nahelegt, nur bewaffnete Kombattanten trifft.[1654] Diese Fragen können hier jedoch nicht abgehandelt werden. Vielmehr soll Ausgangspunkt die Frage sein, ob wenigstens der weiteste Fall, welcher eine Ausnahme vom Unterscheidungsgebot des Art. 44 Nr. 3 S. 1 ZP I (bzw. des Art. Art. 4 lit. A Nr. 2 lit. b und c GA III) zu rechtfertigen vermag, nämlich der Guerillakrieg, vorgelegen hat.

Dieser setzt eine militärische Situation voraus, die einer Konfliktpartei keine andere Alternative als die Kriegsführung mittels Guerillataktik[1655] belässt, was

1652 ICRC, Commentary, Geneva Convention III, art. 4, p. 61.

1653 ICRC, Commentary, Geneva Convention III, art. 4, p. 61.

1654 Zu den verschiedenen Meinungen s. ICRC, Commentary, Geneva Convention III, art. 4, p. 527ff.

1655 Zu den Spezifika der Guerillakriegsführung s. ICRC, Commentary, Geneva Convention III, art. 4, p. 529, Fn. 40.

vor allem ein starkes Ungleichgewicht der militärischen Kräfte erfordert.[1656] Für den Konflikt der Al Qaida mit den Einsatzkräften der Operation Enduring Freedom, der ISAF und der sogenannten afghanischen „Nord-Allianz" ist dieses militärische Ungleichgewicht in Anbetracht der Truppenstärke, der Ausrüstung und der Logistik zu bejahen. Aus Al Qaida-Perspektive erschienen einzig typische Guerillakampfformen wie Überraschungsangriffe, Straßenkampf, Sabotageakte und das Errichten von Hinterhalten zielführend. Damit wären die Grundvoraussetzungen des Art. 44 Nr. 3 S. 2 ZP I erfüllt.

Doch auch die Ausnahme nach Art. 44 Nr. 3 S. 2 ZP I hebelt nicht die ratio legis der gesamten Nr. 3 des Artikels aus. Die Ausnahme selbst ist begrenzt durch das Gebot, die Zivilbevölkerung davor zu bewahren, Ziel von Kampfhandlungen zu werden. Dieser Gedanke spiegelt sich in Art. 44 Nr. 3 S. 2 lit. a und b ZP I wider. Die Achtung des darin zum Ausdruck kommenden Gebots, während jedes militärischen Einsatzes bzw. während eines militärischen Aufmarsches vor Beginn eines Angriffs die Waffen für den Gegner offen, also sichtbar, zu tragen, scheint in Anbetracht der perfiden Al Qaida-Vorgehensweise kaum möglich. Bis heute kommt es zu Feuerüberfällen von als Zivilisten getarnten Al Qaida-Kämpfern aus einer Menschenmenge heraus, bei denen die Waffen weder im Vorfeld des Angriffs (Art. 44 Nr. 3 S. 2 lit. b ZP I), noch das Gefecht über (Art. 44 Nr. 3 S. 2 lit. a ZP I) offen getragen werden. Vielmehr mischen die Kämpfer sich zeitweilig immer wieder unter die Zivilisten. Zudem wählt und wählte man andere Formen eines nicht im Einklang mit der Bestimmung befindlichen Kampfes, z.B. Selbstmordanschläge mittels von der Zivilkleidung verdeckter Sprengstoffgürtel.

Es ist aber gerade die Akzeptanz des Risikos, durch das zeitweilige offene Tragen der Waffe(-n) als legitimes militärisches Ziel erkannt zu werden, die einen Guerillakämpfer von einem Terroristen unterscheidet.[1657]

Der in den genannten Al Qaida-Methoden liegende Verstoß gegen die in Art. 44 Nr. 3 S. 2 ZP I formulierten Minimalvoraussetzungen führt gem. Art. 44 Nr. 4 S. 1 HS. 1 ZP I zu einer Verwirkung des Kriegsgefangenenstatus.[1658] Dennoch müssten die Kämpfer nach Art. 44 Nr. 4 S. 1 HS. 2 ZP I einen dem GA III und dem ZP I gleichwertigen Schutz erfahren haben. Dieser müsste nach Art. 44 Nr. 4 S. 2 ZP I auch den Schutz bei Strafverfolgung eingeschlossen haben.[1659]

1656 ICRC, Commentary, Geneva Convention III, art. 4, p. 533.

1657 ICRC, Commentary, Geneva Convention III, art. 4, p. 536.

1658 Vgl. ICRC, Commentary, Geneva Convention III, art. 4, p. 529.

1659 Im Falle eines Verstoßes ist eine Verfolgung und Bestrafung nach den Strafvorschriften des Gewahrsamsstaats vorgesehen, allerdings unter Achtung der GA III Grundsätze für Straf- und Disziplinarmaßnahmen.

Es sind jedoch Fälle denkbar, in denen sich nur erlaubter Kriegslist bedient wurde, z.B. eines Hinterhalts,[1660] die im Einklang mit den Kriterien des Art. 44 Nr. 3 S. 2 ZP I stehen. Für dabei ergriffene Kämpfer könnte die Ausnahme von der Unterscheidungspflicht – im Falle ihres Erstarkens zu Gewohnheitsrecht – gelten.

Dann wäre der noch letzte nicht geprüfte Punkt der Regelung des Art. 4 lit. A Nr. 2GA III zu prüfen, nämlich lit. d, wonach Kämpfer, die der Ausnahme von der Unterscheidungspflicht unterfielen, sich zur Erlangung des Kriegsgefangenenstatus an die „Gesetze und Gebräuche des Krieges" gehalten haben müssten. Damit sind die zulässigen Kampfmittel und -methoden betreffenden Kriegsvölkerrechtsregeln gemeint.[1661]

Insofern ist das Haager Recht zu berücksichtigen, dessen gewohnheitsrechtliche Ausformung in den dies betreffenden Vorschriften des ZP I kodifiziert wurde. Unter Berücksichtigung der Terrorstrategie von Al Qaida ist beispielsweise auf Art. 51 Nr. 2 ZP I zu verweisen. Nach dieser Vorschrift sind Gewaltakte, die hauptsächlich bezwecken, Schrecken unter der Zivilbevölkerung zu verbreiten, verboten. Solche Handlungen müssen sich nicht zwangsläufig gegen Zivilisten selber richten.[1662] Sie können auch Angehörigen der Streitkräfte gelten, solange sie nur das Ziel verfolgen, Schrecken unter der Zivilbevölkerung zu verbreiten. Zum anderen ist auf das Verbot „kein Pardon zu geben" nach Art. 40 ZP I hinzuweisen. Wurden z.B. diese Regeln verletzt, wovon im Falle des Al Qaida-Terrorkriegs zumeist auszugehen ist, kann der gegen die Verbote Verstoßende keinen Kriegsgefangenenstatus nach Art. 4 lit. A GA III beanspruchen.

Letztlich ist der Kriegsgefangenenstatus aber für jene (wenigen) Al Qaida-Kämpfer denkbar, welche die genannten Voraussetzungen allesamt erfüllt haben.

Zudem müssten grundsätzlich alle Al Qaida-Kämpfer von den Regelungen des Art. 5 Nr. 2 GA III sowie des Art. 45 Nr. 1 (und 2) ZP I profitieren können. Dies gilt hinsichtlich des letztgenannten Artikels aber nur für den Fall seines Erstarkens zu Gewohnheitsrecht. Doch allein aufgrund des Art. 5 Nr. 2 GA III hätten alle Al Qaida-Kämpfer, die an kriegerischen Handlungen beteiligt waren und in

---

1660 Ein Hinterhalt ist z.B. dann kriegsrechtskonform, wenn es die natürliche oder künstliche Umgebung ist, die den Kombattanten vor dem Gegner verbergen soll, nicht aber seine Zivilkleidung. Zusätzlich sollte ein Guerillero seine Waffe auf die gleiche Art tragen, wie es ein Soldat regulärer Truppen tun würde (ICRC, Commentary, Geneva Convention III, art. 4, p. 534).

1661 Sog. „Haager Recht" (dazu s. Gasser, (in Hangartner / Trechsel: Völkerrecht im Dienste des Menschen), Genfer Abkommen und Terrorismusverbot. S. 73).

1662 Gasser, (in Hangartner/Trechsel: Völkerrecht im Dienste des Menschen), Genfer Abkommen und Terrorismusverbot. S. 73.

die Hände der USA gefallen sind, unter dem Schutz der Vermutung stehen müssen, Kriegsgefangene zu sein. Diese Vermutung hätte solange aufrechterhalten werden müssen, bis ihr Status von einem zuständigen Gericht aufgrund eines ordnungsgemäßen Verfahrens durch Gerichtsentscheidung geklärt worden wäre.[1663]

Hätte der Kriegsgefangenenstatus für Al Qaida-Kämpfer im Einzelfall nicht gegolten, so hätten ihnen aber zumindest die gewohnheitsrechtlichen Garantien des Art. 75 ZP I zugute kommen müssen, sofern man ihnen nicht als Zivilisten im Sinne des GA IV eine günstigere Behandlung hätte angedeihen lassen müssen.

ae) Kriegsgefangenenstatus und ergriffene Taliban- bzw. Al Qaida-Kämpfer nach der Amtseinführung Hamid Karzais

Der Status gefangener militanter Islamisten könnte sich allerdings schon kurz nach Beginn des militärischen Eingreifens der Amerikaner und ihrer Verbündeten in Afghanistan anders dargestellt haben.

Spätestens seit der Legitimierung Hamid Karzais als Übergangsregierungschef durch die Loya Jirga im Juni 2002, wenn nicht bereits mit dem Sturz des Taliban-Regimes, liegt nämlich eventuell schon kein bewaffneter Konflikt, zumindest kein internationaler bewaffneter Konflikt im Sinne des Humanitären Völkerrechts mehr vor. Ab diesem Zeitpunkt haben die neue afghanische Regierung und die USA mit ihren Verbündeten etwaige Feindseligkeiten zwischen dem Staat Afghanistan und der Koalition eingestellt. Die weiterhin bestehende Präsenz von US-Streitkräften nebst Verbündeter ist keine Besatzung. Schließlich geschieht sie auf Wunsch der amtierenden afghanischen Regierung. Da jedoch weiterhin eine mit militärischen Mitteln ausgetragene Auseinandersetzung zwischen der Regierung Karzai und Al Qaida- nebst Taliban-Kämpfern besteht, bei der die USA und ihre Verbündeten die afghanische Regierung in ihren Militäraktionen unterstützen, liegt weiterhin ein bewaffneter Konflikt vor.[1664] Diesem fehlt es aus vorgenannten Gründen aber an Internationalität.

Trotz dieser Sachlage könnte zwischen den auf Seiten der Regierungstruppen kämpfenden Staaten und den von ihnen bekämpften Taliban- und Al Qaida-Kräften das Recht des internationalen bewaffneten Konflikts anwendbar sein.

Eine Eröffnung des Kombattanten- und Kriegsgefangenenstatus für islamistische Kämpfer wäre im vorliegenden Zusammenhang allerdings nur über eine

1663 Wie bereits hinsichtlich der Taliban-Kämpfer festgestellt, erscheint die pauschale Verweigerung des Rechts auf Feststellung des Kriegsgefangenenstatus unter Verweis darauf, alle in den Afghanistan-Konflikt verstrickten Al Qaida-Mitglieder seien „unlawful combatants“, unzulässig.

1664 Wieczorek, Unrechtmäßige Kombattanten, S. 187.

Anwendung des Art. 1 Nr. 4 ZP I denkbar. Abgesehen von der schon nicht bestehenden Bindung der USA an das ZP I fallen aber weder am Konflikt beteiligte Al Qaida- noch Taliban-Gruppen unter das Merkmal „Befreiungsbewegung" nach Art. 1 Nr. 4 ZP I. Schließlich fällt die Regierung Karzais nicht unter die Begriffe fremde Besatzung, Kolonialherrschaft oder rassistisches Regime, sodass ihr nicht im „Befreiungskampf" entgegengetreten werden kann. Zudem fehlt es an der notwendigen Erklärung gem. Art. 96 Nr. 3 ZP I, in der sich die „Bewegung" verpflichtet, die Regelungen des ZP I anzuwenden. Eine derartige Erklärung wird mit an Sicherheit grenzender Wahrscheinlichkeit auch in Zukunft weder seitens der Al Qaida noch der Taliban abgegeben.[1665]

Der Status gefangengenommener islamistischer Kämpfer kann sich also spätestens seit der Amtseinführung Hamid Karzais nicht mehr nach dem Humanitären Völkerrecht des internationalen Konfliktes bestimmen.

Es bleibt der Rückgriff auf das Recht des nicht-internationalen bewaffneten Konfliktes, also auf die gemeinsame Regel der Art. 3 GA.[1666] Diese sieht kein Privileg für Kombattanten vor, also auch kein Recht auf die Teilnahme an Feindseligkeiten und keine strafrechtliche Immunität für die Ausübung von Gewalt im Rahmen von Kampfhandlungen.[1667] Alle Personen, die sich „hors de combat" befinden, also nicht mehr aktiv oder direkt an den Kampfhandlungen teilnehmen bzw. die Waffen gestreckt haben und durch den Gegner ergriffen oder inhaftiert wurden, stehen aber unter dem Schutz der Verbürgungen des Art. 3 GA. Sie sind insbesondere nicht zu foltern und menschenwürdig zu behandeln, namentlich keiner erniedrigenden und entwürdigenden Behandlung zu unterziehen.[1668]

b) Bewertung

Am Beispiel der am Afghanistankonflikt beteiligten Taliban- und Al Qaida-Kämpfer wurde eruiert, welcher Rechtsstatus den im Zuge des „War on Terror" gefangen genommenen „Gotteskriegern" zukommen muss. Insbesondere galt es zu klären, ob die pauschale Versagung des Kriegsgefangenenstatus und des damit verbundenen spezifischen (Folter-)Schutzes des GA III unter dem allgemeinen Verweis, die islamistischen Kämpfer seien „unlawful combatants", zulässig ist.

1665 Wieczorek, Unrechtmäßige Kombattanten, S. 187f.

1666 Von einem Abstellen auf die Regeln des ZP II muss grundsätzlich abgesehen werden, da die USA – wie bereits erwähnt (2. Teil, Drittes Kap., I), 1), a), ac)) – keine Vertragspartei des ZP II sind.

1667 Dörmann, IRRC 2003, S. 45 (47).

1668 Siehe oben 1. Teil, Zweites Kap., 2), a).

Dazu musste vorab festgestellt werden, ob die GA in diesem Konflikt überhaupt zur Anwendung kommen. Der insofern notwendige (internationale) bewaffnete Konflikt lag mit der im Jahre 2001 begonnenen Invasion in Afghanistan vor. Ferner sind sowohl Afghanistan als auch die USA Mitgliedstaaten der GA, allerdings nicht der Zusatzprotokolle. Deren Vorschriften finden aber zumindest soweit Anwendung, als sie zum Kriegsvölkergewohnheitsrecht zählen.

Nach einer zwischen der Zugehörigkeit zu den Taliban und der Al Qaida differenzierenden Analyse zeigt sich, dass eine pauschale Verweigerung des Kriegsgefangenenstatus für beide Personengruppen zumindest für die vor der Amtseinführung Hamid Karzais liegende Zeit nicht haltbar ist. Vielmehr müsste die Bestimmung des Art. 5 GA III (ggf. i.V.m. Art. 45 ZP I) greifen, nach der zugunsten eines in die Hände des Gegners gefallenen Kämpfers der Kriegsgefangenenstatus vermutet wird. Diese Vermutung kann nur durch Entscheidung eines zuständigen Gerichts widerlegt werden. Das Gericht und das angewendete Verfahren müssen wiederum gewissen rechtsstaatlichen Standards entsprechen. Diese Standards werden und wurden durch die „military commissions" nicht gewährleistet.

Die Klärung der Frage, ob Verstöße gegen das Unterscheidungsgebot zum Verlust des Kriegsgefangenenstatus führen, kann letztlich dahinstehen. Sollte der Kriegsgefangenenstatus für einen Taliban- oder Al Qaida-Kämpfer nicht greifen, so ist dieser zumindest im Einklang mit den gewohnheitsrechtlichen Verbürgungen von Art. 75 ZP I zu behandeln, sofern er nicht als Zivilist im Sinne des GA IV eine günstigere Behandlung zu erfahren hat.

Die von „Terroristen" begangenen Kriegsverbrechen können bzw. müssen vom Gewahrsamsstaat verfolgt werden. Der Kriegsgefangenenstatus steht einer Verfolgung wegen Kriegsverbrechen nicht entgegen, er bedingt sie sogar. Dabei sind aber die Standards internationalen Rechts, insbesondere das in den GA enthaltene Verbot der Folter zu berücksichtigen. An dieser Feststellung kann auch die eigenmächtige, rechtlich nicht fundierte Kategorisierung als „unlawful combatants" nichts ändern.

Ab der Inauguration Karzais sprechen die überwiegenden Argumente zwar gegen eine Gewährung des Kriegsgefangenenstatus, schließlich ist aber ab diesem Zeitpunkt von einem Bürgerkrieg auszugehen, in dem kein Kombattantenprivileg existiert. Alle nicht mehr aktiv oder direkt an Kampfhandlungen beteiligten Gegner stehen dann aber unter dem Schutz des Art. 3 GA. Also gilt u.a. ein Verbot der Folter i.w.S.

c) Probleme der Situation de lege lata/Lösungsansätze de lege ferenda

Die völlige Lossagung von jedweder Bindung an kriegsvölkerrechtliche Vorschriften durch islamistische Kämpfer,[1669] deren Hauptkampftaktik – Terrorismus in Form von (Selbstmord-)Anschlägen – nicht nur völkerrechtswidrig ist, sondern ein Völkerrechtsverbrechen darstellt,[1670] baut für sich gesehen schon emotionale Hürden auf, solchen Personen die privilegierte Stellung als POWs zukommen zu lassen.

Aber es sind vorrangig objektive Gründe, die eine Anwendung des POW-Status – wie er de lege lata beschaffen ist – äußerst problematisch erscheinen lassen.

Die den GA zu Grunde liegende – historisch außergewöhnliche – Abkehr vom Reziprozitätsgedanken ist mit der von Asymmetrie gekennzeichneten, weltweiten Auseinandersetzung mit islamistischen Terroristen nur schwer in Einklang zu bringen. Nach dem zur Zeit der Verabschiedung der Genfer Konventionen, also im Jahr 1949, herrschenden Verständnis, fanden kriegerische Auseinandersetzungen zwischen regulären, zumeist zwangsverpflichteten Truppen souveräner Staaten statt.[1671] Daneben unterstellten die Urheber der GA ein ursprüngliches Interesse Kriegsgefangener an der Selbsterhaltung und an der Aufrechterhaltung einer militärischen Disziplin innerhalb ihrer Reihen, die vergleichbar mit der Disziplin in einer regulären Einheit ist. Schließlich ging man von einem Interesse kriegführender Staaten aus, die Kriegsfolgen für die eigene Bevölkerung durch kriegsrechtskonformes Verhalten zu minimieren. Nach diesen Grundannahmen kommen Kriegsrechtsverletzungen eher situativ als systematisch vor und sind eher die Ausnahme als die Regel.

Da die genannten Annahmen nicht auf den Kampf gegen den internationalen islamistischen Terrorismus passen, könnte eine Rückbesinnung auf das Reziprozitätsprinzip opportun sein. Hierdurch könnte ein auch bei „Terroristen" wirkender Anreiz geschaffen werden, sich kriegsrechtskonform zu verhalten.[1672] Denn Lebensweise und Weltanschauung der „Gotteskrieger" sind archaisch. Aus alter

---

1669 Ambos, SZ v. 01.12.2008, S. 2.

1670 Unabhängig von den Schwierigkeiten, einen Konsens hinsichtlich einer völkerrechtlichen Definition des Begriffs Terrorismus (dazu s. Tomuschat, DÖV 2006, S. 357 (360f.)) zu finden, ist jedenfalls gewiss, dass terroristische Handlungen bei Hinzutreten gewisser Faktoren sogar Völkerrechtsverbrechen in Form von Kriegs- und Humanitätsverbrechen darstellen können (s. dazu Cassese, Int. Criminal Law, S. 162ff.).

1671 Casey/Rivkin Jr. (in Greenberg: Torture Debate), Rethinking the Geneva Conventions, S. 203ff.

1672 Casey/Rivkin Jr. (in Greenberg: Torture Debate), Rethinking the Geneva Conventions, S. 204ff. Shany sieht in dem Reziprozitätsprinzip auch heute generell noch einen entscheidenden Faktor, die an einem bewaffneten Konflikt beteiligten Parteien zur Einhaltung der Verpflichtungen des Humanitären Völkerrechts anzuhalten (Shany, CULR 2007, Rn. 848).

Zeit stammt auch das dem Reziprozitätsgedanken innewohnende Prinzip „Auge um Auge, Zahn um Zahn". Die mit einer Beachtung dieses Prinzips einhergehende Klarheit und Unmissverständlichkeit dürfte – aus Perspektive vorgenannter Krieger – die Achtung vor dem (westlichen) Gegner stärken. Den „Gotteskriegern" würde deutlich vor Augen geführt, welch hohen Preis die eigenen Kämpfer zu bezahlen haben, sollten sie die in ihre Gewalt gefallenen Gegner misshandeln.[1673]

Weiterhin würde die Behandlung islamistischer Kämpfer als (gewöhnliche) Kriegsgefangene das legitime Sicherheitsinteresse der Verwaltung von Kriegsgefangenenlagern und der anrainenden Zivilisten unterminieren. Schließlich genießen Kriegsgefangene innerhalb der Einfriedung eines Lagers grundsätzlich das Recht zur Freizügigkeit. Das Einsperren in einer Zelle darf dagegen nur im Rahmen von disziplinarischen, strafrechtlichen oder dem Gesundheitsschutz dienenden Maßnahmen erfolgen.[1674] Nach Art. 87 GA III sind sämtliche Kollektivstrafen für Handlungen Einzelner verboten. Fanatische islamistische Kämpfer, die sich nicht einmal auf den in den GA zum Ausdruck kommenden Grundkonsens der Völkergemeinschaft einlassen wollen, werden aber alles daransetzen, ihren Kampf in der Gefangenschaft weiterzuführen. Diese Bereitschaft wird durch die Tatsache angefacht, dass der weltweite „Terrorkrieg" kein Ende kennt, z.B. durch eine endgültige Niederlage einer Partei.[1675] Die relativ freien Bedingungen in einem den Vorgaben der GA III entsprechenden Kriegsgefangenenlager und der Katalog vorgesehener Disziplinarmaßnahmen, die eher dazu dienen, das Missverhalten Einzelner zu kommentieren, nicht aber eine kollektive Ablehnung der Autorität der Gewahrsamsmacht zu bekämpfen, sind nicht dazu geeignet, der von den Islamisten weiterhin kollektiv ausgehenden Gefahr in ausreichendem Maße zu begegnen.

Ferner bergen die strafprozessualen Regeln des GA III Probleme. Gem. Art. 105 GA III sind angeklagten Kriegsgefangenen und ihren Verteidigern die für die Anklage wesentlichen Dokumente zuzustellen. Hierdurch besteht die Gefahr,

---

1673 Wohlgemerkt sollen ergriffene „Gotteskrieger" nicht zu „Vogelfreien" erklärt werden. Welche Einschränkungen notwendig, aber auch vertretbar sind, wird noch im Verlauf dieses Gliederungspunktes geklärt.

1674 Ferner ist das zeitliche Quantum freiheitsentziehender Maßnahmen stark limitiert. Nach Art. 90 GA III darf Arrest als Disziplinarstrafe nicht länger als 30 Tage am Stück dauern. Untersuchungshaft in Disziplinarfällen darf gem. Art. 95 GA III maximal für zwei Wochen, in Strafsachen maximal für drei Monate verhängt werden, Art. 103 GA III.

1675 Die Vermutung andauernder Gefährlichkeit inhaftierter Islamisten wird durch die hohen "Rückfallraten" belegt. So haben viele der aus Guantanamo entlassenen Kämpfer den bewaffneten Terrorkampf umgehend wieder aufgenommen (Teevs, Spiegel Online v. 23.01.2009; Wernicke, Süddeutsche.de v. 07.03.2011).

dass Untersuchungsmethoden und Quellen der nachrichtendienstlichen Anti-Terror-Aufklärung aufgedeckt und damit gefährdet werden. Die Informationsgewinnung ist im Kampf gegen Terrorismus aber entscheidend.[1676] Des Weiteren ist es zur Erlangung nicht selten lebensrettender Informationen, z.B. über ein nächstes Anschlagsziel, notwendig, die gefangen genommenen Kämpfer zu vernehmen. Art. 17 Abs. 4 GA III setzt hier jedoch zu enge Grenzen. So ist zur Erlangung von Auskünften durch Kriegsgefangene neben der Folter jede Art der Ausübung von Zwang verboten. „Kriegsgefangenen, die eine Auskunft verweigern, [dürfen] weder bedroht noch beleidigt noch Unannehmlichkeiten oder Nachteilen irgendwelcher Art ausgesetzt werden." Danach könnten schon gewöhnliche Befragungsmethoden wie das Rollenspiel „good cop, bad cop", wie es nicht nur von Polizisten in den USA angewandt wird, verboten sein.[1677] Das durch Art. 17 Abs. 4 GA III gewährte Recht, militärische Geheimnisse zu wahren, ist bei Kriegsgefangenen gerechtfertigt. Unstreitig dürfte dieses Recht Terroristen aber nicht in gleichem Maße zustehen.

Ebenfalls erscheint eine Behandlung gefangener Al Qaida- und Taliban-Kämpfer als Zivilisten nach GA IV problematisch.

Insofern bestehen abermals starke Restriktionen für Vernehmungen. Nach Art. 31 GA IV darf auf Zivilisten im Sinne des Abkommens keinerlei physischer oder moralischer Zwang ausgeübt werden, um von ihnen oder Dritten Auskünfte zu erlangen. Ferner dürfen Zivilisten nicht Ziel militärischer Operationen sein. Sie müssen wie einer Straftat verdächtige Zivilpersonen behandelt werden. Das hätte im Afghanistankonflikt zu dem absurden Ergebnis geführt, dass man weder gegen Al Qaida-Terrorlager noch gegen die Taliban militärisch hätte vorgehen können. So wäre man aber der Al Qaida-Kämpfer kaum habhaft geworden, da das Taliban-Regime zu einer Auslieferung nicht bereit war. Eine Möglichkeit zur Bekämpfung der militärischen Infrastruktur islamistischer Kräfte in Afghanistan hätte ebenfalls nicht bestanden.

Auch das ZP I, das den Schutzbereich der GA auf weitere Konfliktarten ausdehnt und den Kombattantenstatus (und damit auch den POW-Status) durch Einschränkungen des Unterscheidungsgrundsatzes auf Guerilleros ausweitet, hat nicht – wie gehofft – dazu verholfen, diese zur Achtung des Kriegsvölkerrechts zu bewegen.[1678]

Weiterhin bringen die im ZP I enthaltenen Vorschriften, die den Umgang mit festgenommenen Personen regeln, welche – ohne die rechtlichen Kriterien eines

---

1676 Tomuschat, DÖV 2006, S. 357 (360f.).

1677 Casey/Rivkin Jr. (in Greenberg: Torture Debate), Rethinking the Geneva Conventions, S. 210.

1678 Casey/Rivkin Jr. (in Greenberg: Torture Debate), Rethinking the Geneva Conventions, S. 209.

gesetzmäßigen Kombattanten zu erfüllen – an Feindseligkeiten teilgenommen haben (Art. 44 Nr. 4 und 45 Nr. 3 ZP I), einige der bereits beschriebenen Probleme mit sich. Das gilt insbesondere für die spezifischen Schutzvorschriften im Falle von Strafverfolgung und Disziplinarmaßnahmen, welche nach Art. 44 Nr. 4 S. 2 ZP I Anwendung finden müssten, da den genannten Personen ein Schutz zuteilwerden soll, der dem – eben problembehafteten – Schutz von Kriegsgefangenen gleichwertig ist.

Darüber hinaus kann ein „gewöhnlicher" strafrechtlicher Ansatz hinsichtlich der in den Afghanistankonflikt verstrickten Islamisten schon aus rechtstheoretischen Erwägungen nicht greifen. Strafrecht ist kein Gefahrenabwehrrecht, zumindest nicht im eigentlichen Sinne, und die ihm immanenten abschreckenden Komponenten[1679] greifen bei Überzeugungstätern wie islamistischen Terroristen nicht. Die mangelnde Wirkung strafrechtlicher Sanktionen und ihr hohes Gefahrenpotential lässt derartige Personen als fortwährende Gefahrenquelle erscheinen. Wird ein Täter aber als Risikofaktor angesehen, geht es primär um die Abwehr (künftig) von ihm ausgehender Gefahren.

Um vergleichbaren Tätertypen zu begegnen, gibt es im deutschen Recht spezifische Rechtsinstitute. Man denke an die Sicherungsverwahrung (§§ 61 Nr. 3, 66 StGB), bei der es sich um eine Maßregel handelt, deren Fokus mehr auf der Zukunft liegt, als auf der Vergangenheit. Denn die eigentlich abzuurteilende Tat ist insofern reduziert auf ihre indizielle Wirkung. Ein Täter, dessen „Hang zu erheblichen Straftaten" sich auch zukünftig für die Allgemeinheit gefährlich auswirken könnte, wird als gefährliches Individuum wahrgenommen, gegen das mit einer Maßregel, nicht mit einer Strafe, vorgegangen werden muss. Der Gefahrenabwehraspekt rückt deutlich in den Vordergrund. Dieser Gesichtspunkt dominiert auch die sogenannte „Bekämpfungsgesetzgebung" (z.B. bei Wirtschaftskriminalität, organisierter Kriminalität, Sexualdelikten und eben Terrorismus). Da es dabei primär um die Eindämmung von Gefahren geht, wird die Strafbarkeit weit vorverlagert.

Im Ergebnis kann eine konsequente Behandlung ergriffener Al Qaida- und Taliban-Kämpfer nach Genfer Recht, insbesondere als Kriegsgefangene (i.S. des GA III) oder als Zivilisten (i.S. des GA IV), durchaus die Gefährdung des für die Weltgemeinschaft eminent wichtigen Ziels, den internationalen Terrorismus zu ächten und zu bekämpfen, implizieren.[1680] Daneben birgt sie Gefahren für die

---

1679 Einzig der Schutz der Allgemeinheit vor dem Täter – als ein Element der negativen Spezialprävention – dürfte, anders als die Abschreckung des Täters, auch bei Überzeugungstätern gewährleistet sein.

1680 Die Bekämpfung des Terrorismus ist u.a. Gegenstand oder Bestandteil folgender UN-Konventionen: Convention on the Prevention and Punishment of Crimes against Inter-

Sicherheit von Soldaten der Allianz bzw. zivilen Aufbauhelfern, welche in die Hände von „Terroristen" gefallen sind.

Eine denkbare Möglichkeit wäre es, die im Afghanistankonflikt ergriffenen „Terroristen" de lege ferenda unter eine gesetzliche Sondermaterie fallen zu lassen, die teilweise an der vorgenannten Strafgesetzgebung in Deutschland, welche die Gefahrenabwehr in den Fokus der Betrachtung rückt, orientiert werden könnte.[1681] Man könnte von einem „Sicherungs(straf)recht"[1682] sprechen, das im internationalen Recht beispielsweise als Sonderteil des Kriegsrechts geschaffen werden könnte.[1683] Dabei wäre ergänzend an die Schaffung eines neuen Rechtsstatus für die im Zuge des internationalen Kampfs gegen den Terrorismus gefassten islamistischen Kämpfer zu denken, der die spezifischen Probleme des asymmetrischen Anti-Terrorkampfes aufgreift. Ein solcher neuer Rechtsstatus müsste allerdings durch eine abstrakt-generelle Formulierung seiner Voraussetzungen gekennzeichnet sein. Schließlich dürfte er vernünftigerweise nicht nur

---

nationally Protected Persons, including Diplomatic Agents, adopted by the General Assembly of the United Nations on 14 December 1973; International Convention against the Taking of Hostages, adopted by the General Assembly of the United Nations on 17 December 1979; International Convention for the Suppression of Terrorist Bombings, adopted by the General Assembly of the United Nations on 15 December 1997; International Convention for the Suppression of the Financing of Terrorism, adopted by the General Assembly of the United Nations on 9 December 1999; International Convention for the Suppression of Acts of Nuclear Terrorism New York, adopted by the General Assembly of the United Nations on 13 April 2005.

1681 Ob es im Falle extremistischer Überzeugungstäter sinnvoll ist, den Gebrauch des staatlichen Gewaltmonopols auf einen Rahmen einzugrenzen, wie ihn beispielsweise das StGB vorsieht, wird teilweise bezweifelt (s. zu dieser Problematik Del Valle (in Pawlik/Zaczyk: Festschrift Jakobs), Begründung des Feindstrafrechts, S. 515ff.; Jakobs, ZStW 1985, S. 751ff.; ders., HRRS 2004, S. 88ff.; Pawlik, Der Terrorist und sein Recht, S. 38ff.; Polaino Navarrete (in Pawlik/Zaczyk: Festschrift Jakobs), Strafe beim Feindstrafrecht, S. 529ff.). Jakobs stellt in diesem Zusammenhang die paradigmatische Frage, „(...) ob nicht durch die strikte Fixierung allein auf die Kategorie des Verbrechens dem Staat eine Bindung auferlegt wird – eben die Notwendigkeit, den Täter als Person zu respektieren –, die gegenüber einem Terroristen, der die Erwartung generell personalen Verhaltens gerade nicht rechtfertigt, schlechthin unangemessen ist (Jakobs, HRRS 2004, S. 92)."

1682 Der von Jakobs in ähnlichem Zusammenhang verwandte Begriff „Feindstrafrecht" ist aufgrund seiner bellizistischen Konnotation generell abzulehnen. Ihm fehlt einerseits das versöhnliche Element, andererseits könnte er fälschlicherweise dahingehend verstanden werden, ein Feind besitze keine Rechte, im Geist des Cicero-Zitats „inter arma elim silent leges".

1683 Auf „Sekundärebene" (Völkerstrafrecht i.w.S.; dazu s.o. 1. Teil, Fünftes Kap. am Anfang) könnten entsprechenden Völkerrechtsregeln (straf-)rechtliche Umsetzungsverpflichtungen in den nationalen Rechtsordnungen folgen.

für besagte islamistische Kämpfer gelten, sondern er müsste gleichermaßen andere international mit militärischen Mitteln operierende Terroristen umfassen. Alternativ wäre es ebenso denkbar, das bestehende Regelwerk anzupassen bzw. zu ergänzen, wobei die Grenzen zur Schaffung einer gesetzlichen Sondermaterie gewiss fließend sein dürften.

Davon unabhängig wäre in jedem Fall die Aufnahme eines Terrorismustatbestandes in das ICCS wünschenswert.[1684]

Wichtig bei allen Bestrebungen wäre es, die Verquickung von straf- und gefahrenabwehrrechtlichen Komponenten in genügendem Maße zu erreichen. Dies setzt eine größere Einschränkbarkeit von Rechten voraus, als sie momentan beispielsweise im GA III und IV vorgesehen ist. Dennoch ist auch im Umgang mit Terroristen ein unverhandelbares Minimum an Humanität zu wahren.[1685] Dabei muss das die Eingangsschwelle der Misshandlungsverbote darstellende Verbot erniedrigender Behandlungen – wie es z.B. im gemeinsamen Art. 3 GA niedergeschrieben ist – die Grenze bilden. Wie im 1. Teil dieser Arbeit bereits festgestellt, bestehen angesichts der Reichweite des Begriffs „erniedrigende Behandlung" aber große Unsicherheiten. Die Bemerkung der US-Delegation bei den Beratungen zur VNAFK, in Friedenszeiten könne ein und dieselbe Handlung notwendigerweise anders als im Ausnahmezustand bzw. im Kriegsfall bewertet werden,[1686] trifft zu.

Zur Wertung einer Maßnahme bzw. eines Verhaltens kann an dieser Stelle letztlich auf dieselben Prinzipien zurückgegriffen werden, welche nach obiger Analyse zur Bestimmung einer Verletzung der Menschenwürde herangezogen werden.[1687] Danach müsste es zur Erlangung – aller Voraussicht nach – lebensrettender Informationen grundsätzlich erlaubt sein, auf einen ergriffenen „Terrorkämpfer" Zwang auszuüben. Denkbar wären u.a. folgende Maßnahmen:

Aberkennung bzw. generelle Versagung von Haftprivilegien, Reduzierung von Lebensmittelrationen auf das gesundheitlich vertretbare Minimum, Ausschluss von Gemeinschaftsaktivitäten oder (in Ausnahmefällen) relative temporäre Isolationshaft[1688].

1684 Hiermit ginge auch die besonders aus strafrechtlicher Sicht dringend nötigte Rechtssicherheit im Umgang mit dem Begriff „Terrorismus" einher. Vorbild kann insofern der Aggressionsverbrechenstatbestand des ICCS samt der zwischenzeitlich verabschiedeten Definition der darunter subsumierbaren Verhaltensweisen sein (dazu s. Kreß, JICJ 2010, S. 179ff.).

1685 Dazu s. statt vieler Tomuschat, DÖV 2006, S. 357ff.

1686 S.o. 1. Teil, Drittes Kap., V), Fn. 934.

1687 S.o. 2. Teil, Zweites Kap., II).

1688 Damit Isolationshaft nicht die Eingangsschwelle zu den Misshandlungsverboten überschreitet, müsste sie allerdings den oben genannten Maßstäben entsprechen (s.o. 1.

Gewiss dürften zur Verhinderung bevorstehender Terrorattacken auch Befragungsmethoden wie das Rollenspiel „good cop, bad cop“ angewandt werden. Ein Einsatz der „fünf Techniken“[1689], Schläge, Scheinexekutionen, gravierende Absenkung der Zellentemperatur und Ähnliches müsste hingegen (weiterhin) unter die Misshandlungsverbote fallen.[1690]

2) Sonstige Ausnahmemöglichkeiten

Im internationalen Konflikt ist die Möglichkeit von besonderem Interesse, eine Einschränkung des kriegsrechtlichen Misshandlungsschutzes aufgrund der Regelung des Art. 5 Abs. 1 GA IV für auf dem Gebiet einer Konfliktpartei befindliche Zivilisten anzudenken.

Der bei den Allgemeinen Bestimmungen des GA IV stehende Art. 5 Abs. 1 eröffnet die Möglichkeit, die sich aus GA IV ergebenden Rechte und Privilegien einzuschränken, wenn eine auf dem Territorium einer Vertragspartei befindliche Person die Staatssicherheit gefährdende Tätigkeiten entfaltet oder unter dem gerechtfertigten Verdacht steht, solche Tätigkeiten auszuüben. Bei rein „grammatischer“ Auslegung könnte diese Klausel auch Einschränkungen der Verbürgungen beispielsweise des Art. 32 GA IV zulassen. Allerdings spricht Art. 5 Abs. 3 GA IV gegen eine Einschränkbarkeit des Schutzbereichs, denn ihm zufolge muss ein Zivilist auch im Falle der Einschränkung seiner Rechte mit Menschlichkeit behandelt werden.

Greift man den Gedanken einer Einschränkbarkeit z.B. des Art. 32 GA IV aufgrund des Art. 5 Abs. 1 GA IV aber unter Berücksichtigung der Feststellungen über „schwere Verletzungen“ der Abkommen erneut auf, so fällt ins Auge, dass zwar Folterungen und unmenschliche Behandlungen sich aufgrund des Telos der Konvention(-en) grundsätzlich verbieten, dies kann aber für die namentlich im GA IV nicht genannten erniedrigenden Behandlungen nicht ohne Weiteres gelten. So kann sich beispielsweise der Telos des Art. 5 Abs. 1 GA IV – Schutz der Staatssicherheit – auf das Verständnis dessen, was man unter einer Behandlung mit Menschlichkeit im Sinne des Art. 5 Abs. 3 GA IV zu verstehen hat, einschränkend auswirken. Eine dem Schutz der Staatssicherheit dienende Maßnahme gegenüber Zivilisten, die unter den Begriff der erniedrigenden Behandlung fällt, müsste sich demzufolge nicht per se verbieten.

Teil, Zweites Kap., II), 2), a), ab), (1), (c) und 1. Teil, Zweites Kap., II), 2), b), aa), (1), (a), (aa)).

1689 Dazu s.o. 1. Teil, Zweites Kap., II), 2), b), aa), (1), (a), (aa).

1690 Dies gilt insgesamt für die oben beschriebenen Methoden, welcher sich die USA im Zuge des „War on Terror“ in ihren Internierungsanstalten bedienten und die verschleiernd unter dem wenig aussagekräftigen Begriff „harsh interrogations“ zusammengefasst wurden (s.o. 2. Teil, Zweites Kap., III), 2), b)).

Da die von dem Abkommen geschützten Personen gem. Art. 27 GA IV Kontroll- und Sicherheitsmaßnahmen unterzogen werden können,[1691] „die sich zufolge des Kriegszustandes als notwendig erweisen könnten“, erscheint vorgenannte Überlegung noch einleuchtender. Wenn mit der Klausel nur Maßnahmen für zulässig erklärt werden sollten, die schon ihrer Natur nach nicht den skizzierten, sehr weiten Schutzbereich des Art. 27 Abs. 1 bis 3 bzw. des Art. 32 GA IV berühren, fragt sich, warum die „Konventionsväter“ den Passus überhaupt hätten aufnehmen sollen. Er wäre in diesem Fall schlichtweg überflüssig. Da Behandlungen, die keine großen Leiden verursachen und rein seelisch wirken, nicht unter das Regime der „schweren Verletzungen“ fallen,[1692] erscheint es jedenfalls denkbar, gewisse erniedrigend anmutende Maßnahmen im Falle ihrer kriegsbedingten Notwendigkeit als Kontroll- und Sicherheitsmaßnahmen nach Art. 27 Abs. 4, oder als Staatssicherheitsmaßnahmen nach Art. 5 Abs. 1 GA IV für zulässig zu erachten. An die Prüfung der jeweiligen Voraussetzungen wären allerdings höchste Anforderungen zu stellen und die Frage ihres Fortbestehens müsste einer ständigen Revision unterliegen.

Nach dem das Humanitäre Völkerrecht in internationalen Konflikten erweiternden Art. 75 ZP I müssen durch ihn verbotene Verhaltensweisen von Militärpersonen oder zivilen Bediensteten ausgehen. Er setzt also gleich der VNAFK die staatliche Involvierung voraus. Hierdurch verengt sich zwangsläufig das Spektrum potentiell unter das Verbot und die insofern aufgespannte sachliche Schutzsphäre fallender Verhaltensweisen. Auch der persönliche Schutzbereich des Art. 75 ZP I unterliegt gegebenenfalls Einschränkungen. So ist es streitig, ob eigene Staatsangehörige in den Schutzbereich fallen.[1693]

In nicht-internationalen Konflikten existiert definitiv eine Einschränkung des Misshandlungsschutzes auf Ebene des personalen Schutzbereichs. So gewährt der gemeinsame Art. 3 GA der gegnerischen Seite nur Schutz vor Kriegsrechts-

1691 In Art. 27 Abs. 4 GA IV sind übrigens keinerlei Einschränkungen formuliert. Aufgrund des systematischen Zusammenhangs mit Art. 27 Abs. 1 GA IV, nach dem geschützte Personen „jederzeit mit Menschlichkeit“ zu behandeln sind, ist jedoch von einer Beschränkung der Kontroll- und Sicherheitsmaßnahmen auf das mit der „Menschlichkeit“ zu vereinbarende Maß auszugehen. Allerdings ist diesbezüglich im Kriegzustand gewiss eine andere „Messlatte“ anzulegen als zu Friedenszeiten.

1692 Siehe oben 1. Teil, Zweites Kap., I), 2), b), aa).

1693 Zum Streistand s. ICRC, Commentary, Protocol I additional to the Geneva Conventions of 12 August 1949, art. 75, p. 868f. Zur ebenfalls hier angesiedelten Problematik, ob eine Person, die in den Streitkräften des Gegners gegen den eigenen Staat kämpft, nach der Gefangennahme den Kriegsgefangenenstatus genießt, s. Fleck, Handbuch, Rn. 103, S. 10.

verstößen, in Bürgerkriegen typischerweise eigener Staatsangehöriger. Er schützt jedoch nicht vor Übergriffen der eigenen Staatsmacht bzw. Partei auf angebliche Deserteure, Verräter oder Spione aus den eigenen Reihen.[1694]

In Art. 3 GA werden zwar grausame oder erniedrigende Behandlungen ausdrücklich verboten, fraglich ist aber, wie es um den Schutz vor entsprechenden Strafen steht. In der Auslassung ihrer Erwähnung könnte eine sie betreffende Einschränkung des sachlichen Schutzbereichs liegen. Nach dem explizit in Art. 3 GA festgeschriebenen Gebot der menschenwürdigen Behandlung dürften aber auch grausame oder erniedrigende Strafen verboten sein. Hierfür spricht weiterhin die Überlegung, dass der Vollzug einer Strafe ja letztlich auch eine Behandlung darstellt. Demnach ist Strafe als Unterform der Behandlung miterfasst. Die Bestimmung bietet also einen umfassenden Schutz vor Folter und ähnlichen Misshandlungen.

Ein etwaiges gewohnheitsrechtliches Verbot von „torture, cruel or inhuman treatment and outrages on personal dignity (...)" im Humanitären Völkerrecht könnte jedenfalls dann, wenn es sich aus Art. 3 GA und Art. 75 ZP I entwickelt hat,[1695] nicht über deren lückenhaften persönlichen Schutzbereich hinaus wirken. Danach wäre es zwar umfassend, aber nicht allumfassend.[1696] Geht man allerdings von einer sukzessiven Loslösung der einschlägigen Verbote (z.B. Art. 75 ZP I) von den ursprünglichen Bezugsgrößen aus, so könnten sie zu „fundamental general principles of humanitarian law" geworden sein, welche nun auch die ursprünglich ausgenommenen Personengruppen schützen. Diese Annahme scheitert allerdings an der unsicheren Prämisse besagter „Entkoppelung".

Das wesentliche Problem der Begründung eines gewohnheitsrechtlichen Verbots folternaher Misshandlungsarten im IHL ist die mangelnde Bestimmtheit der Begrifflichkeiten. Für grausame, unmenschliche oder erniedrigende Strafen oder Behandlungen werden nämlich weder im IHL Legaldefinitionen gegeben, noch gibt es eine als Orientierungsquelle heranziehbare positiv-rechtliche Begriffsbestimmung im IHRL. Ein gewohnheitsrechtliches Verbot konnte sich – gleich der Situation im IHRL – kaum entwickeln. Weiterhin könnte sich aus Art. 75 ZP I speziell für grausame Behandlungen schlechterdings kein Verbot entwickelt haben, da diese namentlich in besagtem Artikel überhaupt nicht erwähnt werden. Ferner ließe sich auch aus dem gemeinsamen Art. 3 GA kein allgemeines, also auch in internationalen bewaffneten Konflikten geltendes Verbot grausamer Be-

1694 Raess, Schutz vor Folter im Völkerrecht, S. 69.

1695 Zu den Ergebnissen einer Studie des ICRC, die dies nahelegt, s. Rodley, DJILP 2006, S. 145 (151); s. auch oben 1. Teil, Zweites Kap., I), 2), a).

1696 Vertiefend s. Rodley, DJILP 2006, S. 145 (151), Fn. 34.

handlungen entnehmen, denn der Wortlaut des vorgenannten Artikels ist eindeutig auf Bürgerkriege beschränkt.[1697]

Im Ergebnis ist Folter im eigentlichen Sinne durch die Konventionen absolut verboten.

Für „unmenschliche Behandlungen" ist aufgrund ihres Unterfallens unter das „grave breaches"-Regime jedenfalls keine Rechtfertigung denkbar, was die entsprechenden Verbote ebenfalls als absolut erscheinen lässt. In Ermangelung definitorischer Sicherheit besteht insofern aber eine Möglichkeit von Relativierungen auf „Tatbestandsebene".

An der Bestimmtheit mangelt es auch hinsichtlich der „erniedrigenden Behandlungen", wodurch abermals Einschränkungen auf Schutzbereichsebene möglich erscheinen.[1698]

Daneben wohnt den im Rahmen des GA IV explizit vorgesehenen Beschränkungsmöglichkeiten für den Schutz von Zivilisten die Option inne, gewisse erniedrigend anmutende Maßnahmen auf Schutzbereichsebene vom „Unmenschlichkeitsverdikt" auszunehmen. Man könnte hierin auch die Möglichkeit einer Rechtfertigung für erniedrigende Maßnahmen sehen, die im Rahmen der jeweiligen Ausnahmebestimmung ergriffen wurden. Demnach ist von einem absoluten Verbot erniedrigender Behandlungen zumindest für Zivilisten nach GA IV nicht zweifellos auszugehen.[1699] Diese Zweifel könnten allenfalls durch die Annahme eines gewohnheitsrechtlichen Verbots erniedrigender Behandlungen in bewaffneten Konflikten ausgeräumt werden. Angesichts der Bestimmtheitsprobleme lässt sich ein gewohnheitsrechtliches Verbot jedoch nicht belegen.

Darüber hinaus ist der persönliche Schutzbereich der Konventionen nach einer gewichtigen Ansicht sowohl in internationalen Konflikten, als auch in Bürger-

1697 A.A. Rodley, DJILP 2006, S. 145 (150).

1698 Man mag nunmehr in den derartige Behandlungen betreffenden Passagen der „Elements of Crimes" (dazu s.o. 1. Teil, Fünftes Kap., III), 3)) die notwendigen begrifflichen Anhaltspunkte erblicken. Allerdings sind diese immer noch Völkerstraf- und eben nicht Kriegsrecht.

1699 Im Gegensatz hierzu geht die wohl herrschende Meinung von einer Absolutheit des Verbotes erniedrigender Behandlungen im gesamten Humanitären Völkerrecht aus (ICRC, Commentary, Protocol I additional to the Geneva Conventions of 12 August 1949, art. 75, p. 870). Danach bestünde auch i.R. von Staatenverantwortlichkeitserwägungen keine Möglichkeit, sich auf den allgemeinen völkerrechtlichen Notstand zu berufen. Hier wird ebenfalls das bereits angeklungene Argument bemüht, nachdem das IHL originär den Ausnahmezustand reglementiere. Einen „Ausnahmefall im Ausnahmezustand", der eine Abkehr von den Kriegsrechtsverpflichtungen erlaube, könne es nicht geben (vgl. Shany, CULR 2007, Rn. 859, m.w.N. in Fn. 88).

kriegen lückenhaft. In erstgenannten Situationen ist ein Ausschluss des Kriegsgefangenenstatus für eigene Staatsangehörige denkbar, die in den Reihen des Gegners gekämpft haben und ergriffen wurden. In Bürgerkriegen ist von einer Beschränkung des persönlichen Schutzbereichs auf Angehörige der Gegenpartei auszugehen.[1700]

Unter Berücksichtigung der Einschränkungen auf Ebene des persönlichen Schutzbereichs kann aber in Ermangelung von Bestimmtheitsproblemen zumindest von einem absoluten gewohnheitsrechtlichen Verbot der Folter i.e.S. im IHL ausgegangen werden.

3) Zwischenergebnis

Da das IHL für Folter i.e.S. und für grausame bzw. unmenschliche Behandlungen keinerlei Möglichkeiten einer Rechtfertigung von Verstößen vorsieht, kann insofern von absoluten Verboten gesprochen werden. Auch das Verbot der Folter i.e.S. nach Kriegsvölkergewohnheitsrecht ist ein absolutes.

Hingegen könnten in den Beschränkungsmöglichkeiten für den Schutz von Zivilisten im Rahmen des GA IV durchaus eine Rechtfertigungsmöglichkeit für Maßnahmen erblickt werden, die eventuell erniedrigend erscheinen mögen. Dies stünde zumindest einem absoluten Verbot derartiger Behandlungen nach GA IV entgegen. Daneben spricht die fehlende Erwähnung erniedrigender Behandlungen im Rahmen des „grave breaches"-Regimes der GA ganz generell gegen die Absolutheit der entsprechenden Verbote.[1701]

An der begrifflichen Unsicherheit, die neben den erniedrigenden auch die grausamen Behandlungen betrifft, scheitert ein gewohnheitsrechtliches Verbot derartiger Behandlungsarten.

Durch die terminologische Unbestimmtheit wird nach hiesigem Begriffsverständnis jedoch nicht die konstatierte Absolutheit des Verbots grausamer, unmenschlicher Behandlungen in Frage gestellt. Gewisse verdeckte, also auf „Tatbestandsebene" angesiedelte Rechtseinschränkungen, stehen einem Absolutheitsanspruch nämlich nicht generell entgegen. Sie sind vielmehr praktische Notwendigkeit empirisch unvermeidlicher Konflikte im Extremfall.[1702] Bei einem an der Gemeinnützigkeit orientierten Absolutheitskonzept stehen das mah-

---

1700 Dadurch sind solche Personen jedoch nicht rechtlos gestellt. Es greifen nämlich dort, wo keine Vorschrift des IHL den Status regelt, die (Schutz-)Bestimmungen des IHRL (s.o. 1. Teil, Zweites Kap., I), 2), d)).

1701 Dies betrifft freilich nur erniedrigende Maßnahmen, die keine großen Leiden oder schweren Beeinträchtigungen der körperlichen Integrität oder Gesundheit bedingen (s.o. 1. Teil, Zweites Kap., I), 2), b), aa)).

1702 Vgl. die Menschenwürdediskussion oben 2. Teil, Zweites Kap., I).

nende Postulat und die Vorrangigkeit eines Rechts in *nahezu* allen erdenklichen Fällen im Vordergrund, nicht jedoch die in jeder Hinsicht bedingungslose Aufrechterhaltung einer Rechtsgeltung im Sinne eines „fiat iustitia et pereat mundus“[1703], wie es bei deontologischen Ansätzen der Fall ist.[1704]

Zusätzlich sind die (str.) Einschränkungen auf Schutzbereichsebene zu berücksichtigen, welche für das gesamte Verbot der Folter i.w.S. gelten.

Hingegen lässt sich eine Einschränkung des kriegsrechtlichen Misshandlungsschutzes durch die Wertung als „unlawful combatant“ weder für am Afghanistankonflikt beteiligte islamistische „Gotteskrieger“ noch sonstige militärisch operierende „Terroristen“ begründen. Der Begriff ist kriegsrechtlich nicht anerkannt und vermag eine rechtsstaatlichen Standards entsprechende Prüfung des Status eines Ergriffenen in Übereinstimmung mit Art. 5 GA III (ggf. i.V.m. Art. 45 ZP I) nicht zu ersetzen. Sollte eine derartige Prüfung zu dem Ergebnis führen, dass eine Person nicht unter den POW-Status fällt, so wäre sie zumindest im Einklang mit den gewohnheitsrechtlichen Verbürgungen von Art. 75 ZP I zu behandeln, sofern sie nicht als Zivilist im Sinne des GA IV eine günstigere Behandlung zu erfahren hätte. Praktiken wie das bereits als Folter eingestufte „Waterboarding“[1705], dürfen nicht angewandt werden.

Für die während eines Bürgerkriegs ergriffenen Gegner besteht zwar kein Kombattantenprivileg, sie stehen jedoch unter dem umfassenden (Misshandlungs-)Schutz des Art. 3 GA.

Da die sehr weiten Schutzbestimmungen des Genfer Rechts der spezifischen Situation des asymmetrischen Kampfs gegen Terroristen, die weltweit militärisch agieren, nicht zu Genüge Rechnung tragen, sollten sie unter eine neu zu

---

1703 Dazu s. Fahl, JR 2004, S. 182 (190); Merkel (in Pawlik/Zaczyk: Festschrift Jakobs), Folter und Notwehr, S. 375 (384).

1704 Durch die nutzenorientierte Erklärung für absolute Rechtsregeln lässt Saliger einen dem hier vertretenen Konzept ähnlichen Ansatz durchblicken (Saliger, ZStW 2004; S. 35 (65)): „Absolute Rechtsregeln sind das Ergebnis wertender Abwägungen in dynamischen Argumentationsprozessen. Wenn man so will, stehen hinter allen unverfügbaren Rechtsregeln (und –prinzipien) Abwägungsergebnisse einer zweiten Stufe: Dass die absolute Regel auf der ersten Stufe (im Recht, in der Praxis) abwägungsfest ist, ist das Ergebnis einer Abwägung auf der zweiten Stufe (im öffentlichen und wissenschaftlichen Diskurs). Im Falle des Folterverbots: Dass wir an ihm als unverfügbarer, abwägungsfester Rechtsregel festhalten, ist das Ergebnis einer abwägenden Verrechnung der individuellen und kollektiven Kosten mit dem individuellen und kollektiven Nutzen einer Lockerung des Folterverbots im Fall der Rettungsfolter. Das Tabu besteht also nur auf der ersten Stufe; auf der zweiten vermag (nahezu) alles kontingent zu werden. *So gesehen gibt es jedenfalls in der Moderne weder abwägungsfreie Unverfügbarkeit noch grundlose Tabus* [Hervorhebung durch den Verf.].“

1705 Dazu 1. Teil, Zweites Kap., III).

schaffende konfliktrechtliche Sondermaterie fallen. Für dieses internationale „Sicherungs(straf)recht“ dürfte die sogenannte „Bekämpfungsgesetzgebung“, aber auch das Rechtsinstitut der Sicherungsverwahrung Vorbild sein. Wie beim „grave breaches“-Regime sollten (straf-)rechtliche Umsetzungsverpflichtungen für die nationalen Rechtsordnungen festgeschrieben werden. Damit korrespondieren könnte ein eigener völkerrechtlicher Status derartiger „Terroristen“, welcher aus berechtigten Sicherheitsaspekten mehr Rechtseinschränkungen ermöglichen sollte, als aktuell bei den vom Genfer Recht geschützten Personengruppen vorgesehen. Für die Grenzen solcher Einschränkungen kann die Regelung der Art. 3 GA Orientierungshilfe geben. Angesichts der oben skizzierten Sicherheitsaspekte wäre in diesem Kontext insbesondere der Begriff „erniedrigend“ eher restriktiv auszulegen. Schließlich sollte ein Terrorismustatbestand in das ICCS aufgenommen werden.

II) Relativierbarkeit des Verbots im IHRL

Die Frage, ob das IHRL Relativierungen des Verbots der Folter i.w.S. zulässt, wurde in der Fachwelt umfassend und zum Teil kontrovers diskutiert.[1706] Angesichts dieses Befundes sollen hier nur einige wichtige Streitpunkte einer eigenen, prägnanten Analyse unterzogen werden. Diese soll vorrangig unter Berücksichtigung der wichtigsten Konventionen erfolgen, worunter der IPbpR, die VNAFK und die EMRK fallen.[1707]

Anfänglich wird eruiert, ob definitorische Ausnahmen vom Folterverbot i.w.S. denkbar sind. Im Anschluss wird geprüft, ob eine Rechtfertigung einschlägiger Misshandlungen – insbesondere aufgrund kollidierender „ius cogens“-Normen – möglich ist.

1706 Siehe Beutler, Strafbarkeit der Folter zu Vernehmungszwecken, S. 133ff.; Brugger, Der Staat 1996, S. 72ff.; Gaede (in Camprubi: Angst und Streben nach Sicherheit), Fragilität des Folterverbots, S. 155ff.; Gössel (in Dannecker et al.: Festschrift Otto), »Absolute« Folterverbote, S. 42ff.; Götz, NJW 2005, S. 953 (956f.); Gromes, Präventionsfolter, S. 254f.; Pajarola, Gewalt im Verhör, S. 149ff.; Schlenzka, Rettungsfolter, S. 338ff.; Stein, Verbot der Folter, S. 317ff.; Wagenländer, Strafrechtliche Beurteilung der Rettungsfolter, S. 191ff.

1707 Wie bei der Ergründung von Völkergewohnheitsrecht kann ergänzend auf weitere Quellen zurückgegriffen werden. Zu möglichen Quellen s.o. 1. Teil, Drittes Kap., I).

1) Ausnahmemöglichkeiten auf definitorischer Ebene

Zwar sprechen gewisse Einschränkungen auf Schutzbereichs- bzw. Definitionsebene im Allgemeinen noch nicht gegen die Absolutheit der Misshandlungsverbote.[1708]

Letztlich kann die Auslegung der Verbote in gewissen Situationen aber zu Einschränkungen des Misshandlungsschutzes führen. Vor allem ist in diesem Zusammenhang an die „Klausel gesetzlich zulässiger Sanktionen" nach Art. 1 Abs. 1 S. 2 VNAFK[1709] zu denken. Sie könnte sich bei sehr weitem Verständnis wie eine Art „Freibrief" zur nationalen Freistellung von Folter und ähnlichen Misshandlungsformen auswirken. Zudem bieten die Merkmale der Folterdefinition Ansatzpunkte für Einschränkungen. So ist insbesondere fraglich, ob das Ohnmachts- und Zweckkriterium im Falle der Rettungsfolter vorliegen. Auch die Differenzierung zwischen Folter im engeren und im weiteren Sinn oder die Bemessung der Eingangsschwelle zu den Misshandlungsverboten, namentlich zur erniedrigenden Behandlung, kann zu Einschränkungen des Schutzes führen.

a) Ausnahmemöglichkeit durch Einschränkung des Folterbegriffs i.e.S. nach Art. 1 Abs. 1 S. 2 VNAFK

Gössel erblickt in Art. 1 Abs. 1 S. 2 VNAFK einen Beleg für die Relativität des Folterschutzes. Über den Passus könnten schließlich Verhaltensweisen aus dem Folterschutzbereich ausgenommen werden, solange sie nur eine innerstaatlich zulässige Sanktion darstellten, auch wenn sie von der Folterdefinition des Art. 1 Abs. 1 S. 1 der Konvention eigentlich erfasst würden.[1710]

Möglich wäre also, dass die Klausel es den Vertragsstaaten quasi „durch die Hintertür" ermöglicht, durch nationales Gesetz Folterhandlungen zu legalisieren und von der Folterdefinition der VNAFK auszunehmen. Danach könnte jeder Vertragsstaat individuell, nach eigenem freien Ermessen z.B. im jeweiligen Strafrecht bestimmen, welche Zwangsmaßnahmen zulässig sind. Ob des mit einem solchen Verständnis verbundenen, letztlich der Willkür der Vertragsstaaten unterliegenden, unbestimmten Schutzumfangs des Verbots, würde Gössels „Relativitätsschluss" im Falle der Erweislichkeit des ihm zugrunde liegenden Auslegungsansatzes folgerichtig sein.

Andererseits könnte die Klausel aber auch dahingehend verstanden werden, nur solche innerstaatlichen Zwangsmaßnahmen seien gesetzlich zulässig, die mit geltendem Völkerrecht übereinstimmen.

1708 Siehe oben 2. Teil, Drittes Kap., I), 3).

1709 „Der Ausdruck [Folter] umfasst nicht Schmerzen oder Leiden, die sich lediglich aus gesetzlich zulässigen Sanktionen ergeben, dazu gehören oder damit verbunden sind."

1710 Gössel (in Dannecker et al.: Festschrift Otto), »Absolute« Folterverbote, S. 41 (46).

Für die erste Interpretation spricht einzig der Wortlaut, wonach die mit dem Strafvollzug verbundenen, in den Vertragsstaaten entsprechend ihrer jeweiligen Rechtstradition zulässigen Beeinträchtigungen der physischen und psychischen Integrität nebst ihrer Folgewirkungen vom Begriff der Folter im Sinne der Konvention ausgenommen sind.[1711]

Historisch betrachtet ist die Klausel als Konzession an gewisse Länder zu verstehen, deren Strafrecht zum damaligen Zeitpunkt entweder schon den Vorgaben der Scharia entsprach oder im Wege einer Reislamisierung der Strafgesetzbücher einiger muslimischer Staaten im Begriff dazu war, dies zu tun.[1712] So sehen bis in die heutige Zeit beispielsweise die Strafrechtssysteme Irans[1713], Pakistans, Libyens[1714], Saudi-Arabiens, Sudans, Nigerias (in den zwölf nördlichen Bundesstaaten), Mauretaniens und der Vereinigten Arabischen Emirate grausame Körper- und Todesstrafen vor, u.a. Verstümmelung (Hand-/Fußamputation), Auspeitschung, Stockschläge, Enthauptung, Kreuzigung und Steinigung.[1715]

Die historische Bezugnahme legt jedoch lediglich nahe, dass der Beitritt zur VNAFK für besagte Staaten nicht zwangsläufig mit einer umfassenden Reform ihrer Strafrechtssysteme hätte verbunden sein dürfen. Sonst wären betreffende Länder der Konvention wohl kaum beigetreten, bzw. wäre ein Zustandekommen der VNAFK eventuell erst gar nicht möglich gewesen.[1716] Dies ist aber kein Beleg für die Richtigkeit des erstgenannten Verständnisses der Klausel. Vielmehr ist davon auszugehen, dass die Klausel sich als Kompromiss zwischen dem westlich-aufgeklärten und dem fundamental-islamischen Verständnis von zulässigen Sanktionen darstellt. Die Verfechter der westlich-aufgeklärten Sichtweise haben mit ihrer Zustimmung zur Aufnahme der Klausel bereits „guten Willen" gegenüber den Verfechtern des fundamental-islamischen Blickwinkels gezeigt. So haben sie ihnen ein Maximum an Gestaltungsfreiheit für ihre nationalen Sanktionssysteme belassen.

1711 Betr. der identisch formulierten Einschränkung in Art. 7 Abs. 2 lit. e ICCS s.o. 1. Teil, Fünftes Kap., III), 2).

1712 Marx, ZRP 1986, S. 81 (84); Tomuschat (in Schulz-Hageleit: Alltag, Macht, Folter), Rechtlicher Schutz gegen Folter, S. 102.

1713 Zu grausamen Todesstrafen nach dem iranischen Strafrecht s. Van der Vyver, ALR 2003, S. 427 (433f.).

1714 Abzuwarten bleibt, ob sich hieran nach dem Sturz des Diktators Muammar al-Gaddafi im Zuge einer – noch ausstehenden – belastbaren Etablierung neuer Machtstrukturen etwas ändern wird.

1715 Marx, ZRP 1986, S. 81 (84); Raess, Schutz vor Folter im Völkerrecht, S.129.

1716 Siehe Beutler, Strafbarkeit der Folter zu Vernehmungszwecken, S. 61; Machacek (in Morscher et al.: Festschrift Klecatsky), Für die Menschenwürde, S. 143 (147); Tomuschat (in Schulz-Hageleit: Alltag, Macht, Folter), Rechtlicher Schutz gegen Folter, S. 102.

Die Klausel so zu verstehen, als sei nicht jedwede – sei sie auch noch so grausam – Art der Sanktion zulässig, steht auch nicht grundsätzlich im Widerspruch zu (strengeren) islamischen (Rechts-)Ansätzen. Die Zugehörigkeit der grausamen Körper- und Todesstrafen zu den Grundfesten der islamischen Gesellschaft ist schließlich nicht belegt. Des Weiteren ist ihre Zuordnung zu dem das islamische Rechtssystem stützenden Wertekanon (ordre public des Islam) zumindest zweifelhaft. So sind die Scharia-Strafen in weiten Teilen der islamischen Welt schon in der Vergangenheit nicht angewandt worden und bilden in den meisten islamischen Ländern auch heutzutage keinen Bestandteil des Strafrechts.[1717] Ferner geht gleichfalls die Scharia von einer dem Menschen naturgemäß zukommenden spezifischen Würde aus, was sie als grundsätzlich vereinbar mit den Misshandlungsverboten erscheinen lässt.[1718] Nicht zuletzt teilen auch viele muslimische Juristen die Annahme eines Verbots von Folter oder grausamer und inhumaner Behandlung oder Strafe.[1719]

Leider nur wohlklingend liest sich allerdings Art. 20 der „Kairoer Erklärung der Menschenrechte im Islam“, die von den Außenministern der „Organisation der Islamischen Konferenz“ am 05.08.1990 angenommen wurde:[1720]

„It is not permitted to subject [an individual] to physical or psychological torture or any form of humiliatian, cruelty or indignity. Nor is it permitted to subject an individual to medical or scientific experimentation without his consent or at the risk of his health or of his life. Nor is it permitted to promulgate emergency laws that would provide executive authority for such actions.“

Jedoch erscheint die Erklärung als Ganzes, wie auch jedes einzelne in ihr benannte Recht, dem Vorbehalt der Vereinbarkeit mit der Scharia zu unterlie-

---

1717 Bielefeldt (in Voigt, Schriften zur Triadik und Ontodynamik, Bd. 14), Scharia und Menschenrechte, S. 232. Weilert weist am Beispiel des pakistanischen Rechts nach, das aufgrund seiner Islamisierung eng an der Sharia orientiert und insofern exemplarisch ist, dass Körperstrafen zwar einfachgesetzlich erlaubt sind, ihre besonders harten Erscheinungsformen wie Amputationen oder Steinigungen bisher aber nicht von offizieller Seite vollstreckt wurden (Weilert, Grundlagen und Grenzen des Folterverbotes, S. 384ff., 399; weitere Nachweise zur fehlenden praktischen Umsetzung islamischer Körperstrafen in Pakistan finden sich bei Mehdi, The Islamization of the Law in Pakistan, S. 115). Stein vertritt sogar die – wohl gewagte – These, grausame Körperstrafen verstießen gegen den ordre public des Islam (Stein, Verbot der Folter, S. 133).

1718 Baderin, IHR and Islamic Law, S. 76.

1719 Baderin, IHR and Islamic Law, S. 77.

1720 Die Erklärung ist abgedruckt in Baderin, IHR and Islamic Law, Annexe, S. 237-242. Bielefeldt zufolge ist sie nach der Annahme durch die Außenminister jedoch nicht offiziell von der Organisation der Konferenz bestätigt worden. Demnach habe sie lediglich den Charakter eines Entwurfs (Bielefeldt (in Voigt, Schriften zur Triadik und Ontodynamik, Bd. 14), Scharia und Menschenrechte, S. 232, Fn. 12).

gen.[1721] Zusätzlich ist die Scharia laut Art. 25 die einzige zulässige Auslegungsquelle. Durch die Bindung an die Scharia wird einer kritischen Eigenständigkeit der Menschenrechte aber entgegengewirkt. Insofern könnte die Kairoer Erklärung auch als politisches Dokument, das einen Bruch mit den Menschenrechtsstandards der VN vollzieht, verstanden werden.[1722] Dies könnte der oben aufgeworfenen These widersprechen, nach der grausame Körper- und Todesstrafen nicht zu den Grundfesten der islamischen Gesellschaft zählen, und ihre Zugehörigkeit zum ordre public des Islams zumindest zweifelhaft ist.

Allerdings findet sich mittlerweile sogar in diversen Stellungnahmen konservativer oder orthodoxer Muslime eine gewisse Bereitschaft zu einem humanen Pragmatismus im Umgang mit den Weisungen der Scharia. Dies lässt zumindest eine Annäherung an zeitgenössische internationale Rechtsstandards möglich erscheinen.[1723]

Nach all dem stellt es auch unter Berücksichtigung der Grundfesten der islamischen Gesellschaft bzw. des ordre public des Islam keine Diskreditierung islamischer Rechtsvorstellungen dar, über die Ausschlussklausel nur solche innerstaatlichen Zwangsmaßnahmen vom Folterverdikt auszunehmen, die mit geltendem Völkerrecht übereinstimmen.

Zudem sind nach Art. 31 des Wiener Übereinkommens über das Recht der Verträge Ziel und Zweck einer Konvention, betreffend die VNAFK also die Verbesserung des (Rechts-)Schutzes vor Folter, bei ihrer Auslegung zu berücksichtigen. Dies spricht abermals gegen die erstgenannte Auslegung. Es wäre nämlich höchst fragwürdig, die Erreichung dieses Vertragszwecks quasi unter den Generalvorbehalt entgegenstehender nationaler Regelungen zu stellen. In Art. 27 S. 1 des Wiener Übereinkommens kommt klar zum Ausdruck, dass es Vertragsparteien völkerrechtlicher Verträge nicht möglich sein soll, ihr nationales Recht als Rechtfertigungsgrund für die Nichteinhaltung vertraglicher Verpflichtungen anzuführen. Ein mit nationalen Regeln bzw. Erlaubnissen begründetes Verhalten, das den Zielsetzungen der VNAFK widerspricht, kann also nur unzulässig sein, denn sonst führte sich die Konvention selbst ad absurdum.[1724] Auch das Derogationsverbot des Art. 2 Abs. 2 VNAFK verlöre jedwede Bedeutung. In Anbe-

---

1721 Bielefeldt (in Voigt, Schriften zur Triadik und Ontodynamik, Bd. 14), Scharia und Menschenrechte, S. 229f.

1722 So Bielefeldt (in Voigt, Schriften zur Triadik und Ontodynamik, Bd. 14), Scharia und Menschenrechte, S. 231.

1723 Vgl. Bielefeldt (in Voigt, Schriften zur Triadik und Ontodynamik, Bd. 14), Scharia und Menschenrechte, S. 231; s. insofern auch den Hinweis Weilerts (in Grundlagen und Grenzen des Folterverbotes, S. 386) auf die bloß „intellektuelle Übung" islamischen Rechts im Zusammenhang mit der Sanktionierung von Diebstahl.

1724 Vgl. Bruha/Steiger, Folterverbot im Völkerrecht, S. 33; Marx, ZRP 1986, S. 81 (84); Raess, Schutz vor Folter im Völkerrecht, S. 130.

tracht dieser Erwägungen wäre die Konvention bei ausschließlich „grammatischer“ Auslegung der Klausel letztlich hinfällig.

Um dem Sinn und Zweck der VNAFK gerecht zu werden, ist also eine Interpretation vorzugswürdig, nach der nur die Zwangsmaßnahmen zulässig sind, die im internationalen Recht allgemein zulässig sind.[1725] Im Allgemeinen zulässig und auch notwendig sind gewisse Formen des Freiheitsentzugs, z.B. Straf- und Zwangshaft[1726]. Diese Rechtsinstitute dürfen nicht etwa pauschal dem Folterverdikt unterfallen. Solange sie sich im Rahmen dessen halten, was mit den aufgrund ihrer völkergewohnheitsrechtlichen Dimension zweckmäßigerweise als Maßstab heranzuziehenden „Mindestbestimmungen über die Behandlung von Strafgefangenen“ im Einklang steht, sind sie über Art. 1 Abs. 1 S. 2 VNAFK vom Folterbegriff auszunehmen.[1727]

1725 Vgl. Bruha/Steiger, Folterverbot im Völkerrecht, S. 33; Burgers/Danelius, Convention against Torture, S. 122; Marx, ZRP 1986, S. 81 (82)); Raess, Schutz vor Folter im Völkerrecht, S. 129ff.; Wendland, UN Convention against Torture, S.29f.; a.A.: Gössel (in Dannecker et al.: Festschrift Otto), »Absolute« Folterverbote, S. 41 (46); Hailbronner/Randelzhofer, EuGRZ 1986, S. 641 (642); Löwe/Rosenberg, Bd. 8, Art. 3 EMRK/Art. 7 IPbpR, Rn.20.

1726 Zum Rechtsinstitut der Zwangshaft s.o. 2. Teil, Zweites Kap., I), 2), b).

1727 Die „Mindestbestimmungen“ wurden zwar lediglich als unverbindliche Resolution des Wirtschafts- und Sozialrates verabschiedet, dies allerdings bereits im Jahre 1957 bzw. 1977. Mittlerweile sind sie aber entweder Abbild geltenden Völkergewohnheitsrechts, oder aber selber bereits Gewohnheitsrecht, was im Ergebnis dahinstehen kann. Diese Wertung rechtfertigt sich durch die hohe Akzeptanz, die den „Mindestbestimmungen“ auf internationaler Ebene zukommt. Sie wird schon daran deutlich, dass das Organ, welches die „Mindestbestimmungen“ erlassen hat, von eminenter Bedeutung innerhalb des Systems der VN ist (s. dazu Graf Vitzthum-Klein, 4. Abschn., Rn.155ff.). So kommt dem VNWSR gem. Art. 60 VNC neben der GV die herausragende Aufgabe der Wahrnehmung der im Kapitel IX der VNC mit der Überschrift „Internationale wirtschaftliche und soziale Zusammenarbeit“ zusammengefassten Themenbereiche zu. Da auch die Mitgliedsstaaten der VN die große Bedeutung des Rates früh erkannten, wurde seine Mitgliederzahl mehrfach erweitert. Im hier besonders relevanten Jahr 1977 lag sie bereits bei 54 Staaten, und damit bei dem noch immer aktuellen Stand. Ferner sind keine Stimmen ersichtlich, die den „Mindestbestimmungen“ im Allgemeinen ihre Berechtigung absprechen, auch wenn es in einigen wenigen islamischen Staaten die oben geschilderten Abweichungen von ihnen gibt. Angesichts der äußerst restriktiven Vollstreckungspraxis schwerer Körperstrafen in der islamischen Welt kann keine erhebliche Praxis angeführt werden, die der Annahme eines völkergewohnheitsrechtlichen Charakters der „Mindestbestimmungen“ entgegenstünde, sollte man das Praxiselement überhaupt noch als konstitutive Voraussetzung für die Bildung von Völkergewohnheitsrecht ansehen (dazu s.o. 1. Teil, Drittes Kap., I)). Letztlich sieht auch der VNM-RA in den „Mindestbestimmungen“ den entscheidenden Richtwert für menschliche

Ferner ist nach Art. 31 Abs. 2 des Wiener Übereinkommens über das Recht der Verträge ebenfalls die Präambel eines internationalen Vertrages bei dessen Auslegung zu berücksichtigen. Die Präambel der VNAFK bezieht sich u.a. auf Art. 7 IPbpR. Wie bereits aufgezeigt, verbietet der IPbpR körperliche Strafen.[1728] Gleiches muss auch für die VNAFK gelten.

Gegen diese Auslegung spricht auch nicht das Fehlen einer ausdrücklichen Bezugnahme auf die „Mindestbestimmungen" in Art. 1 Abs. 1 S. 2 VNAFK, obwohl eine derartige Verbindung in der AFD und dem Schwedischen Konventionsentwurf explizit hergestellt wird. Schließlich beruht dieses Fehlen allein auf rechtsdogmatischen Gründen. In einem bindenden völkerrechtlichen Vertrag wie der VNAFK konnte nämlich schwerlich auf eine damals noch unverbindliche Resolution des Wirtschafts- und Sozialrates Bezug genommen werden.[1729] Da aber kein bindender völkerrechtlicher Vertrag bestand, der präzise definierte, welche Zwangsmaßnahmen mit internationalen Standards übereinstimm(t)en, gab es schlichtweg keine Regelung, auf die hätte Bezug genommen werden können.

Im Ergebnis kann der Vorbehalt der gesetzlich zulässigen Sanktion sich notwendigerweise nur auf solche Sanktionen beziehen, die von einem Großteil der Völkergemeinschaft als rechtmäßig empfunden werden und mit den gewohnheitsrechtlichen „Mindestbestimmungen über die Behandlung von Strafgefangenen" übereinstimmen.[1730]

Haftbedingungen (s. Nachweis bei Seidel, Handbuch Grund- und Menschenrechte, S. 20f.).

1728 Siehe oben 1. Teil, Zweites Kap., II), 2), a), ab), (1), (b), (aa).

1729 Marx, ZRP 1986, S. 81 (84).

1730 Eine andere, wohlgemerkt widersprüchliche Meinung vertritt Gollwitzer, der im Strafvollzug nur im Einklang mit den „Mindestbestimmungen" befindliche Sanktionen für zulässig erachtet, andererseits aber die nach islamischen Recht vorgesehenen grausamen Leibes- und Todesstrafen über die Einschränkungsklausel vom Folterbegriff ausnehmen will (Löwe/Rosenberg, Bd. 8, Art. 3 EMRK/Art. 7 IPbpR, Rn. 20). Kurzsichtig auch Schröder, der zwar bemerkt, dass die Subsumtion jedweder noch so inhumanen Sanktion unter die Klausel zur völligen Wirkungslosigkeit des Verbots derartiger Maßnahmen führen würde (Schroeder (in Courakis: Festschrift Spinellis), Begriff der Folter, S. 983 (1002)). Dennoch vollzieht er gedanklich nicht den Schritt hin zu einem restriktiven Verständnis der Klausel, wie es hier vertreten wird. Werle merkt im Kontext des § 7 Abs. 1 Nr. 5 VStGB dagegen vollkommen richtig an, „staatliche Legalisierung macht Folter (..) nicht automatisch 'gesetzlich zulässig'; ausschlaggebend sind völkerrechtliche Standards (Werle, Völkerstrafrecht, Rn. 945)."

Sollte Art. 1 Abs. 1 S. 2 VNAFK entgegen der hier vertretenen Meinung als Möglichkeit verstanden werden, vom nationalen Gesetz vorgesehene grausame Körper- und Todesstrafen aus dem Folterbegriff auszunehmen, so bliebe dennoch die Erwägung, derartige Handlungen unter das in Art. 16 VNAFK statuierte Verbot der grausamen, unmenschlichen oder erniedrigenden Behandlung oder Strafe zu fassen.[1731] Damit wäre ein – hier nicht vertretenes – weites Verständnis der Ausschlussklausel des Art. 1 Abs. 1 S. 2 VNAFK auch nicht mittels eines „Kunstgriffs" ad absurdum geführt. Schließlich ist die konventionsinterne Regelungsdichte des Verbots grausamer, unmenschlicher oder erniedrigender Behandlung oder Strafe bei weitem nicht so ausdifferenziert, wie es bei der Folter i.e.S. der Fall ist, was letztlich ein geringeres Schutzniveau für derartige Misshandlungsformen bedingt.[1732]

b) Ausnahmemöglichkeit durch Wegfall der folterspezifischen Objektqualität oder des Zweckkriteriums bei Rettungs- bzw. Notwehrfolter

Eine Einschränkung des Schutzbereichs der Folterverbote könnte ferner durch Ausnahme der Rettungs- oder Notwehrfolter von der Definition erreicht werden.[1733] Die insofern typischen Situationen könnten Möglichkeiten bieten, am Vorliegen von Ohnmachts- und Zweckkriterium zu zweifeln.

Folgt man der hier vertretenen Mindermeinung, nach der die Machtlosigkeit des Misshandlungsopfers unverzichtbare Voraussetzung des Folterverdikts ist,[1734] so könnte die beharrliche Verweigerung eines Angreifers, eine lebensrettende Information preiszugeben, dann berechtigten Zweifel am Vorliegen des folterspezifischen Ausgeliefertseins schüren, wenn er trotz Möglichkeit der Aufklärung, bestehender Aufklärungspflicht, Äquivalenz von Tun und Unterlassen sowie Zumutbarkeit der Aufklärung unkooperativ bliebe.[1735] Hätte ein Angreifer also eine Gefahrenlage für Würde, Leib und Leben Dritter (mit-)verschuldet bzw. in Gang gesetzt, z.B. eine tickende Zeitbombe an exponierter, unbekannter Stelle einer Metropole deponiert, und suchen Staatsbedienstete nun, die lebensrettende

1731 Pajarola, Gewalt im Verhör, S. 145.

1732 Dazu s.o. 1. Teil, Zweites Kap., II), 2), a), ac), (2).

1733 Dafür spricht sich beispielsweise Trapp in Folter, S. 39ff. aus. Er favorisiert (a.a.O., S. 44) in derartigen Konstellationen die Bezeichnung „selbstverschuldete finale Rettungsbefragung (SRB)".

1734 Siehe oben 1. Teil, Zweites Kap., II), 2), a), ab), (1), (a), (ac).

1735 Die genannten Voraussetzungen lassen sich unschwer als wesentliche Merkmale einer Unterlassensstrafbarkeit nach deutscher Strafrechtsdogmatik erkennen. Auch wenn z.B. ein Terrorist, der vor seiner Ergreifung eine Zeitbombe aktiviert hat, im Falle der Detonation nicht als Unterlassungstäter zu bestrafen wäre, überwiegt bei einer isolierten Betrachtung der Verhörsituation das Unterlassungsmoment, was die Heranziehung der Unterlassungstäterschaftskriterienrechtfertigt.

Information, namentlich das Verstecks der Bombe, per Zwangsanwendung zu bekommen, so könnte man schlussfolgern, das „Opfer“ als quasi Ingerent wäre nicht nur eigentlicher Initiator des Geschehens. Vielmehr könne es eine Zwangsanwendung durch pflichtgemäße Informationspreisgabe jederzeit beenden oder bereits von vornherein vermeiden. Demnach steuere der Störer/Angreifer gewissermaßen auch seine eigene Misshandlung.

Dieser Ansatz krankt allerdings an den vom intendierten Ergebnis her gewerteten tatsächlichen Prämissen. Wie bereits im Zusammenhang mit der Figur eigenverantwortlicher Selbstgefährdung bzw. -Schädigung dargelegt, ist die einseitige Zuschreibung der Handlungshoheit beim Angreifer willkürlich.[1736] Zusätzlich setzt das Autonomieprinzip, was hier neben dem Vorverhaltensprinzip ausschlaggebend ist, eine realistische Verhaltensalternative voraus. Jedenfalls bei gewissen Tätertypen (insb. Gesinnungstätern) kann die Informationspreisgabe aber durchaus außerhalb des Spektrums ernsthafter Verhaltensalternativen liegen.[1737]

Demnach besteht sogar in derartigen Ausnahmesituationen kein berechtigter Zweifel am Vorliegen des Ausgeliefertseins- bzw. Ohnmachtskriteriums.

Weiterhin zweifelt Trapp die (ethische) Vereinbarkeit der mit Rettungsfolter einhergehenden „guten Intention“ mit dem Verdikt Folter an.[1738] Nach dem gesichert gewohnheitsrechtlichen „kleinsten gemeinsamen Vielfachen“ einer völkerrechtlichen Folterdefinition ist ein irgendwie gearteter Folterzweck oder eine diskriminierende Folterursache nicht einmal zu verlangen. Will man – wofür gute Gründe sprechen –[1739] dennoch einen der in Art. 1 Abs. 1 VNAFK genannten Zwecke bzw. eine diskriminierende Folterursache als notwendige Voraussetzungen der Folterdefinition ansehen, so wäre Rettungsfolter unzweifelhaft „tatbestandlich“, denn per definitionem genügt die Misshandlung zur Informationsgewinnung. Dies ist auch aus gutem Grunde so, andernfalls wären staatlichen Schutzbehauptungen und damit Missbrauchsmöglichkeiten Tür und Tor geöffnet.

Mag man Trapp aufgrund der großen Mitverantwortung des Täters für seine eigene Misshandlung, vielleicht gar der überwiegenden Verantwortung für das Gesamtgeschehen, zwar zugestehen, dass die Rettungsfolter einen Grenzbereich

---

1736 Siehe oben 2. Teil, Zweites Kap., IV), dort Fn. 1429 (Stichwort „Tatherrschaft“).

1737 Siehe oben 2. Teil, Zweites Kap., IV), dort Fn. 1429.

1738 Trapp, Folter, S. 43. Auf einen allgemeineren Ansatz, über das Zweckkriterium Ausnahmen vom Folterverbot zu erreichen, verweist Pajarola in Gewalt im Verhör, S. 156, mit Nachweis in Fn. 993.

1739 Siehe oben 1. Teil, Zweites Kap., II), 2), a), ab), (1), (a), (ae).

betrifft, in dem ethisch verschiedene Wertungen vertretbar sein mögen, so ändert das nichts am Folterverdikt.[1740]

c) Ausnahmemöglichkeit durch Wegfall des Zweckkriteriums im Falle eines öffentlich-rechtlichen Notstands

Da Misshandlungen, die sich als (staatliche) Notstandsmaßnahmen zeigen, gleich der Rettungsfolter gewissermaßen einem „guten Zweck" dienen, nämlich der Wiederherstellung der öffentlichen Sicherheit und Ordnung, könnte gemutmaßt werden, sie unterfielen bereits nicht der Folterdefinition.

Die hinsichtlich des Verbots der Folter i.e.S. äußerst homogenen Vorschriften des IPbpR, der EMRK und der VNAFK versagen für Folter allerdings allesamt eine Berufung auf den „allgemeinen völkerrechtlichen Notstandsgrundsatz".[1741] Hinzu tritt die für das Zweckkriterium bereits festgestellte völlige Unbeachtlichkeit einer Misshandlungen eventuell zugrunde liegenden „guten Absicht".

Unabhängig von diesem, das Zweckkriterium betreffenden Befund, würden die Derogationsverbote jedes Sinns beraubt, könnten Konventionsstaaten Misshandlungen, die alle Kriterien der Folterdefinition erfüllen, einfach unter Hinweis auf einen Notstandscharakter von der Definition ausnehmen.

Demnach ist im Falle öffentlicher Notstände keine Einschränkungsmöglichkeit des Folterverbots i.e.S. gegeben.[1742]

Diese Feststellung trifft angesichts der EMRK und des IPbpR sogar für Folter i.w.S. zu. Lehnt man mit dem Autor bereits ein einfach gewohnheitsrechtliches

---

1740 Trapps ethische Bedenken sollten nicht auf Definitions-, sondern – wie oben dargestellt (2. Teil, Zweites Kap., IV)) – im Einzelfall auf Ebene des Strafrechts Berücksichtigung finden.

1741 Pajarola, Gewalt im Verhör, S. 150, Fn. 941 m.w.N. und s. dazu auch bereits oben 1. Teil, Zweites Kap., II), 2). Der Begriff „allgemeiner völkerrechtlicher Notstandsgrundsatz" erscheint im hiesigen Zusammenhang allerdings etwas unglücklich, könnte damit genauso gut der einen völkerrechtlichen Pflichtenverstoß rechtfertigenden und damit die Staatenverantwortlichkeit ausschließenden völkerrechtlichen Rechtfertigungsgrund des Notstandes i.S.v. Art. 25 ILC-Entwurf über die Staatenverantwortlichkeit gemeint sein.

1742 Dieses Ergebnis bestärkt obige Überlegung, nach der eine Relativierung des Zweckkriteriums im Notwehr- bzw. Rettungsfolterfall nicht in Betracht kommt. Denn wenn Staaten noch nicht einmal in einer so prekären Situation, wie der des öffentlichen Notstands, ein Recht auf Relativierung des Folterverbots beanspruchen können, können sie das Verbot erst recht nicht in „einfachen" Rettungsfolterkonstellationen, also in Fällen von minderer Brisanz, außer Kraft setzen. Insofern verbieten sich also Relativierungen auf definitorischer Ebene. Gleiches dürfte für entsprechende Relativierungsversuche auf Rechtswidrigkeitsebene gelten (dazu s.u. 2. Teil, Drittes Kap., II), 2)).

Verbot grausamer, unmenschlicher oder erniedrigender Strafen oder Behandlungen ab, so ist es aber jedenfalls solchen Staaten, die ausschließlich an die nur ein Derogationsverbot für Folter i.e.S. enthaltende VNAFK gebunden sind, unbenommen, Notstandsmaßnahmen in Form besagter (Misshandlungs-)Praktiken zu ergreifen. Eingedenk dieser Feststellung und angesichts des insgesamt nur sehr dürftigen Schutzregimes betreffend folternahe Praktiken, enthält die VNAFK bereits kein (mittelbares) Verbot solcher Maßnahmen. Damit erübrigt sich letztlich die Folgefrage, ob Relativierungen eines solchen Verbots bereits durch Verneinung der „Tatbestandsmäßigkeit“ entsprechender Notstandsmaßnahmen möglich wären, oder ob sie alternativ auf Rechtfertigungsebene denkbar erschienen.

d) Ausnahmemöglichkeit aufgrund Gössels Thesen zur „definitorischen Relativität“

Würde man Gössels These teilen, nachdem die Misshandlungen in Abu Ghuraib nicht das erweiterte Zweckkriterium der VNAFK-Folterdefinition erfüllt hätten, da es sich dabei um ausschließlich sadistische Quälereien gehandelt habe,[1743] so läge darin gewiss eine Reduktion des Schutzbereichs. Aufgrund des Ausnahmecharakters wirklich „nur“ sadistischer Misshandlung könnte eine entsprechende Schutzbereichsreduktion aber keine generellen Zweifel an der Absolutheit des Folterverbots schüren.[1744]

Bei Misshandlungen durch Hoheitsträger wird aber fast immer ein anderer in der Folterdefinition des Art. 1 VNAFK genannter Zweck oder eine diskriminierende Ursache neben die sadistische Motivation treten. So bezweckten die Misshandlungen der Gefangenen in Abu Ghuraib offensichtlich, sie einzuschüchtern und zu nötigen. Daneben handelten die Peiniger auf eine Art und Weise, die offen von Disrespekt für die Kultur der Misshandelten zeugte. Damit beruhten die Misshandlungen ebenfalls auf einem diskriminierenden Grund im Sinne der VNAFK-Folterdefinition. Da sie ohne eine rassistische Grundstimmung gegenüber Muslimen in den Reihen des amerikanischen Geheimdienstes und Militärs kaum denkbar gewesen wären,[1745] bestehen auch am subjektiven Zusammenhang mit hoheitlichen Interessen kaum Zweifel. Folglich scheitert eine Wertung besagter Misshandlungen als Folter jedenfalls nicht am Zweckkriterium.

1743 Gössel (in Dannecker et al.: Festschrift Otto), »Absolute« Folterverbote, S. 41 (45).

1744 A.A. Gössel, (in Dannecker et al.: Festschrift Otto), »Absolute« Folterverbote, S. 41 (45).

1745 Vgl. Stein, Verbot der Folter, S. 387.

Weiter sieht Gössel in der (str.) Ausnahme privater Misshandlungen vom Folterverbot i.e.S. einen Beleg für seine „Relativitätsthese".[1746]

Nach dem „kleinsten gemeinsamen Vielfachen" einer völkerrechtlichen Folterdefinition ist der Hoheitsbezug allerdings (leider) schon kein notwendiges Definitionskriterium. Zudem können sogar nach der VNAFK Misshandlungen durch „Private" als Folter klassifiziert werden, solange sie ausreichenden Staatsbezug im Sinne des Art. 1 Abs. 1 VNAFK aufweisen, also zumindest von der Duldung einer „anderen in amtlicher Eigenschaft handelnden Person" gedeckt sind.[1747] Schließlich wäre der nach hiesigem Verständnis dem Sinn und Zweck der Folterverbote gerade nicht entgegenstehende begriffliche Ausschluss rein privater Misshandlungen, die zwar alle weiteren Merkmale der VNAFK-Folterdefinition, nicht aber das Hoheitskriterium erfüllen, unbeachtlich, da in ihm überhaupt keine merkliche Begrenzung des Misshandlungsschutzes läge.[1748]

e) Weitere Ausnahmemöglichkeiten auf definitorischer Ebene

Neben den bereits genannten Ansätzen könnte die Differenzierung zwischen Folter i.e.S. und den folternahen Praktiken zu Einschränkungen des Misshandlungsschutzes führen.

Diese Aussage gilt augenscheinlich nicht für Staaten, die Mitglied der EMRK und/oder des IPbpR sind, da deren Schutzregimes für die „milderen" Misshandlungsformen nicht vom (wohl) absoluten, notstandsfesten Schutz vor Folter i.e.S. abweichen. Für Staaten, die lediglich Vertragspartei der VNAFK sind, ist die Subsumtion einer Verhaltensweise entweder unter Folter i.e.S., oder unter die folternahen Misshandlungsformen, angesichts der verschieden ausgeprägten Schutzniveaus allerdings essentiell.

Die Uneinigkeit bei der Abgrenzung der verschiedenen Misshandlungsarten führt zu einer begrifflichen Unbestimmtheit auf Schutzbereichsebene, die in Grenzfällen verschiedene Wertungen ermöglicht.[1749] Sollte Folter mit dem EGMR schon zur unmenschlichen Strafe oder Behandlung – für die ja ebenfalls eine hohe Eingriffsintensität zu verlangen ist –[1750] über das Intensitätskriterium unterschieden werden, so spielte dies der (Abgrenzungs-)Relativität zusätzlich in die Hände. Schließlich ist schon in dem allgemeinen Abstellen auf Schmerzen oder Leiden eine „naturalistische Psychologisierung"[1751] zu erblicken, die erheb-

1746 Gössel (in Dannecker et al.: Festschrift Otto), »Absolute« Folterverbote, S. 41 (45f.).
1747 Siehe oben 1. Teil, Zweites Kap., II), 2), a), ab), (1), (a), (ab).
1748 Siehe oben 1. Teil, Zweites Kap., II), 2), a), ab), (1), (a), (ab).
1749 Vgl. Sabatello, A Torturer Or A Tortured Democracy, S. 13f., 17.
1750 Siehe oben 1. Teil, Zweites Kap., II), 2), a), ab), (1), (b), (aa).
1751 Greco, GAS 2007, S. 628.

liche Unsicherheiten nach sich zieht. Wenn aber bereits die Begriffe Schmerzen oder Leiden äußerst wertungsbedürftig sind, so ist es die daneben verlangte besondere Größe der Einwirkungsintensität erst recht. All dies ist durch die „(...) nachweisbar individuell wie kulturell unterschiedlich hohe Schwelle der Schmerztoleranz (...)“[1752] erklärbar.

Im Ergebnis führen die begrifflichen Unsicherheiten bei grausamen, unmenschlichen oder erniedrigenden Strafen oder Behandlungen nebst der Abgrenzungsschwierigkeiten zwischen ihnen und Folter i.e.S. zu einer Relativierung des Verbots, die sich jedoch nur dann als ernsthafte Einschränkung des völkerrechtlichen Misshandlungsschutzes darstellt, wenn es um Verhaltensweisen geht, die Staaten zuzurechnen sind, welche lediglich dem Schutzregime der VNAFK unterliegen.

Ein weiterer Ansatzpunkt für Ausnahmemöglichkeiten des völkerrechtlichen Misshandlungsschutzes liegt darin, gewisse Zwangsformen unterhalb des Eingangsbereichs einer erniedrigenden Strafe oder Behandlung zu verorten. Schließlich endet der Schutz durch internationale Bestimmungen just an dieser Stelle.

Da es für erniedrigende Maßnahmen keine völkerrechtlich bindende Definition gibt, und man diesbezüglich weit entfernt von einem begrifflichen Konsens ist,[1753] ist es nicht nur in Grenzfällen ungewiss, welche Verhaltensweisen die – laut EGMR hoch anzusetzende – Eingriffsschwelle überschreitet. Dies erklärt an dieser Stelle ansetzende Einschränkungsüberlegungen in der Wissenschaft. So muss es laut Frowein in Staatsnotstandsfällen die Möglichkeit einer Interessenabwägung auf Schutzbereichsebene geben, die an der Eintrittsschwelle zu Art. 3 EMRK anzusiedeln sei.[1754] Gewisse Maßnahmen könnten in einer Ausnahmesituation trotz Derogationsverbot für den gesamten Art. 3 EMRK als nicht erniedrigend gewertet werden, die im Normalfall verboten wären.[1755] Dem ist beizupflichten,[1756] denn die Frage nach dem Überschreiten der Schwelle zur Erniedrigung bemisst sich danach, ob eine Behandlung die Würde verletzt. Dies bestimmt sich wiederum nicht rein modal, sondern ist von gewissen Vorgaben abhängig, die mit den Prinzipien Vorverhaltens-, Autonomie- und Nützlichkeitsprinzip beschrieben wurden.[1757] Diesem Gedanken folgt der Hinweis Pajarolas,

1752 Stobbe (in Beestermöller/Brunkhorst: Rückkehr der Folter), Unmenschlichkeit der Folter, S. 40.

1753 Siehe oben 1. Teil, Zweites Kap., III).

1754 Frowein/Peukert, EMRK, Art. 15, Rn. 12.

1755 Frowein/Peukert, EMRK, Art. 15, Rn. 12.

1756 Diesem Gedanken folgt auch der Hinweis, dass „die Grenze zwischen Barbarei und Zivilisation unsicher und fließend ist (Davy (in Grewe/Gusy, Menschenrechte in der Bewährung), Darf Deutschland foltern? S. 177 (203)).“

1757 Siehe oben 2. Teil, Zweites Kap., II).

dem Vorverhalten eines Gefangenen könne – bei unbedingter Notwendigkeit– durch erniedrigend anmutende Zwangsmaßnahmen begegnet werden, die dann keine erniedrigende Behandlung im Sinne des Art. 3 EMRK darstellen würden.[1758]

2) Rechtfertigungsmöglichkeiten

Gegen jegliche Folterrechtfertigungsmöglichkeit für Staaten spricht die ganz herrschende Meinung, nach der das Folterverbot nicht nur notstandsfest, sondern auch absolut ist. Danach unterliegt das Verbot keinerlei Schranken, und jede Zuwiderhandlung ist zwingend und ausnahmslos eine Verletzung.[1759]

Dennoch sei die spezifische Situation des öffentlichen Notstands auch hier, also außerhalb einer normimmanenten Einschränkung, angesprochen. Wenn nicht auf Schutzbereichs-, so wäre eine Relativierung aus Notstandsgesichtspunkten vielleicht auf Rechtfertigungsebene denkbar. Im Rahmen der VNAFK ist aber schon nach dem Wortlaut des Derogationsverbots in Art. 2 Abs. 2 VNAFK keine Rechtfertigung für Folter im Notstandsfall zulässig. Da nach Art. 15 Abs. 2 EMRK *„in keinem Fall"* vom umfassenden Misshandlungsverbot der Konvention abgewichen werden kann, ist mit dem oben in diesem Zusammenhang bereits zitierten EGMR[1760] von einem allgemeinen Rechtfertigungsausschluss für jegliche unter Art. 3 EMRK fallende Misshandlung auszugehen. Ausweislich des im hiesigen Zusammenhang bereits zitierten „General Comment" No. 29, dessen Festlegungen in jeder Hinsicht schlüssig erscheinen, lässt gleichsam der IPbpR keinerlei Rechtfertigung für die unter Art. 7 IPbpR fallenden Misshandlungen zu. Somit kann auch der Notstandscharakter einer Maßnahme nicht zu einer Rechtfertigung führen.

Eine Relativierung wäre letztlich nur in Fällen denkbar, in denen es zu einem Konflikt des zum „ius cogens" zählenden Folterverbots mit anderen Normen des zwingenden Völkerrechts kommt,[1761] z.B. mit einer „ius cogens"-Norm des

---

1758 Pajarola, Gewalt im Verhör, S. 165, mit Rechtsprechungsnachweis in Fn. 1043.

1759 Pajarola, Gewalt im Verhör, S. 150f.

1760 Siehe oben 1. Teil, Zweites Kap., II), 2), b), aa), (1), (d).

1761 Ein prominenter weiterer, jedoch abzulehnender Ansatz zur Rechtfertigung der Rettungsfolter wird von Brugger vertreten (Brugger, VBlBW 1995, S. 446ff; ders., Der Staat 1996, S. 67ff.; ders., JZ 2000, S. 165ff.). Methodisch will er die für Rettungsfoltersituationen unterstellte Wertungslücke über eine teleologische Reduktion von Art. 3 EMRK in Verbindung mit einer analogen Anwendung des Art. 2 lit. a EMRK (zu dieser Regelung im Folgenden mehr) schließen. Dabei handelt es sich aber um eine Rechtsfortbildung contra legem, hat der Gesetzgeber doch aufgrund des unmissverständlichen Wortlautes seinen Willen, Folter absolut zu verbieten, klar zum Ausdruck

Würde- oder des Lebensschutzes.[1762] Diese Rechte müssten durch den zu Folternden bedroht/verletzt sein, und es müsste entweder eine Situation der Wahl zwischen zwei Übeln bestehen, wobei zumindest eine Rechtsverletzung im Ergebnis unvermeidbar wäre, oder es müsste sich bereits ein Vorrang der Pflicht zum Schutze der bedrohten Dritten begründen lassen.

Das Recht auf Leben ist in völkerrechtlichen Bestimmungen aber in vielerlei Hinsicht relativ. So ist das Töten eines gegnerischen Kombattanten im „ius in bello" normalerweise gestattet. Dem IHRL ist kein absolutes Verbot der Todesstrafe zu entnehmen (s. z.B. Art. 6 IPbpR, Art. 2 Abs. 1 S. 2 HS 2 EMRK). Zudem besteht sowohl für den Staat, als auch für Privatpersonen, so denn eine (mittelbare) Geltung internationaler menschenrechtlicher Konventionen für letztgenannte überhaupt bejaht wird, die Möglichkeit zu tödlicher Notwehr oder Nothilfe (s. z.B. Art. 2 lit. a EMRK). Demnach sind Eingriffe in das Lebensrecht einer Rechtfertigung zugänglich. Sollte mit Wagenländer dennoch von einer „ius cogens"-Qualität des Rechts auf Leben ausgegangen werden,[1763] so müsste eine entsprechende Norm jedenfalls vorgenannte Einschränkungen reflektieren. Vergleichbaren Beschränkungen unterliegt das absolute Folterverbot aber gerade nicht. Somit stehen sich eine relative staatliche Verpflichtung zum Lebensschutz und eine uneingeschränkte Verpflichtung zur Achtung des absoluten Folterverbots gegenüber. Das Recht auf Leben (allein) vermag eine Einschränkung des Folterverbots im Rahmen einer Abwägung also nicht zu begründen.

Letztlich könnte nur die Menschenwürde der bedrohten Dritten das sprichwörtliche „Zünglein an der Waage" sein. Die Unteilbarkeit der Menschenwürde sei ein globales Rechtsprinzip, worüber ein „nahezu unverfügbarer Konsens zwischen den meisten zivilisierten Staaten" bestünde.[1764] Könnte diese Aussage noch dahingehend verstanden werden, der Autor sähe die Menschenwürde (lediglich) als ein allgemeines Rechtsprinzip im Sinne des Art. 38 Nr. 1 lit. c IGHS an, so kann die Feststellung, sie müsse „(…) als zentraler (und schrankenloser)

---

gebracht (zur umfassenden Kritik an den Thesen Bruggers s. statt vieler Beutler, Strafbarkeit der Folter zu Vernehmungszwecken, S. 138ff.; Pajarola, Gewalt im Verhör, S. 151ff.; Schlenzka, Rettungsfolter, S. 247ff.; Stein, Verbot der Folter, S. 334ff.).

1762 Zur Lösung von Kollisionsfällen im IHRL s. Brems, Conflicts between fundamental rights. Die (im Entstehen begriffene) Normenhierarchie im internationalen Recht wird untersucht bei De Wet, EJIL 2004, S. 97 (112ff.). Ob neben einem eventuellen Konflikt mit dem Lebens- und Würdeschutz eine Spannung zwischen Folterverbot und Notwehr- bzw. Nothilferecht existiert, und welche Folgen dies haben könnte, ist eine Frage der Relativierbarkeit des Verbots auf strafrechtlicher Ebene, da es dabei um die Geltendmachung individueller Notrechte als Straffreistellungsgründe geht (dazu s.u. 2. Teil, Drittes Kap., III), 2)).

1763 Wagenländer, Strafrechtliche Beurteilung der Rettungsfolter, S. 195.

1764 Albrecht, ZStW 2006,S. 852.

Bestandteil des Völkergewohnheitsrechts gelten“[1765], nur dahingehend verstanden werden, die Menschenwürde besitze bereits den Status von zwingendem Völkerrecht. Da die Frage nach der „ius cogens“-Qualität des Menschenwürdeschutzes hier nicht geklärt werden kann, ohne den Rahmen der Arbeit zu überdehnen,[1766] soll die „ius cogens“-Qualität als Arbeitshypothese unterstellt werden. Wittreck formuliert an vorgenannter Stelle weiter, auf Ebene des internationalen Rechts entstünde „(...) die gleiche Pattsituation zwischen Folterverbot und Würde des Opfers, welche die Rechtslage unter dem Grundgesetz kennzeichnet“.[1767] Hinsichtlich der grundsätzlichen Vergleichbarkeit der Rechtskollision auf internationaler mit der auf nationaler Ebene, ist Wittreck noch beizupflichten. Allerdings kann ausweislich obiger Ausführungen nicht die Rede von einer Pattsituation sein.[1768] Vielmehr muss eine Ermächtigung des Staates zur Anwendung von Folter aufgrund der im Rahmen des Nützlichkeitsprinzips angestellten Überlegungen kategorisch ausscheiden. Da schon kein Recht zur Folter besteht, existiert eine entsprechende Pflicht erst recht nicht, weshalb auch die von Wittreck unterstellte rechtfertigende Pflichtenkollision in Ermangelung einer Kollision zweier mindestens gleichrangiger Handlungspflichten ausgeschlossen ist.[1769]

Genau den vorgenannten Maßgaben entsprechen die einschlägigen Artikel der untersuchten internationalen Übereinkünfte. Das positive Recht reflektiert bereits, um es mit den bereits zitierten Worten Saligers zu sagen, „das Ergebnis einer Abwägung auf der zweiten Stufe“.[1770]

Die Folterverbote dienen zwar – was sich unabhängig von der Frage nach einer eigenständigen „ius cogens“-Norm des Würdeschutzes feststellen lässt – ebenfalls primär dem Würdeschutz. Hieraus kann aber keinesfalls gefolgert werden, der Würdeschutz als legitimatorischer Ansatzpunkt besagter Verbotsvorschriften müsse gleichermaßen für die einer Bedrohung ausgesetzten Dritten gelten. Nach Stein, der sich zu dem insofern exemplarischen Art. 3 EMRK äußert, werden „die von der Bombe bedrohten Bürger nicht von dem Schutz des Art. 3 EMRK erfasst, da Art. 3 EMRK eine völlig andere Interessen- und Konfliktlage beschreibt. Der Normzweck des Art. 3 EMRK bezieht sich nämlich gerade auf die Sachlage, die dem Terroristen durch die Vernehmung der zuständigen Beamten droht, um die entsprechenden Informationen zu erlangen. Zwar schützt Art. 3

1765 Wittreck, DÖV 2003, S. 873 (881), m.w.N. in Fn. 73.

1766 Weiterführend zum Status der Menschenwürde im internationalen Recht s. Frowein (in Kretzmer/Klein, Concept of Human Dignity), Human Dignity in International Law, S. 121ff.; Meyer-Ladewig, NJW 2004, S. 981ff.

1767 Wittreck, DÖV 2003, S. 873 (881), m.w.N. in Fn. 73.

1768 Siehe oben 2. Teil, Zweites Kap., III), 2), b).

1769 A.A. Wittreck, DÖV 2003, S. 873 (881), m.w.N. in Fn. 73.

1770 Siehe oben 2. Teil, Drittes Kap., I), 3), dort Fn. 1704.

EMRK indirekt die Würde des Menschen, aber eben nur in dem speziellen Fall der Folter oder der unmenschlichen oder erniedrigenden Strafe oder Behandlung."[1771] Dem ist nichts hinzuzufügen.

Als vorläufiges Ergebnis kann festgehalten werden, dass keine Norm des zwingenden Völkerrechts ersichtlich ist, die eine Rechtfertigung von Folter ermöglicht.[1772]

3) Zwischenergebnis

Nach dem Vorgesagten ist es nicht nur den Vertragsparteien menschenrechtlicher Konventionen, sondern allen Staaten dieser Welt aufgrund zwingenden Völkerrechts verwehrt, eine Folterermächtigungsgrundlage auf nationaler Ebene zu schaffen.[1773] Andererseits dürfte es Staaten, die ausschließlich die VNAFK ratifiziert haben, unbenommen sein, unter Berücksichtigung etwaiger Restriktionen (z.B. des Verhältnismäßigkeitsgrundsatzes) Ermächtigungsgrundlagen für folternahe Notstandsmaßnahmen zu schaffen.

Insbesondere weil das völker(vertrags)rechtliche Verbot der Folter (i.w.S.) de lege lata grundsätzlich absolut und nicht-derogierbar ist, ist die wiederholt angemahnte restriktive Auslegung der Begrifflichkeiten vonnöten.[1774]Eingeschränkt können notwendige Güterabwägungen auf Schutzbereichsebene stattfinden, indem die Eingangsschwelle zu den Misshandlungsverboten weit oben angesetzt wird, oder zumindest das äußerst stigmatisierende Folterverdikt vermieden wird, beispielweise durch Verneinung einer ausreichenden Einwirkungsintensität. Stets unzulässig ist allerdings eine Gestattung bzw. Rechtfertigung von Beschränkungen.[1775]

1771 Stein, Verbot der Folter, S. 341. Auch Wagenländer bemerkt noch zutreffend, Art. 3 EMRK stelle lediglich eine Konkretisierung der Würde des Entführers dar, um dann jedoch – u.a. unter Verweis auf eine (unterstellte) eigenständige Würdenorm des zwingenden Völkerrechts – in Verkennung der Gebote des Nützlichkeitsprinzips zu dem falschen Ergebnis zu gelangen, die staatliche Pflicht zum Schutz des Lebens als vitaler Basis der Würde müsse sich gegen das Folterverbot durchsetzen (Wagenländer, Strafrechtliche Beurteilung der Rettungsfolter, S. 193ff.).

1772 Dieser Befund gilt allerdings uneingeschränkt nur für Folter i.e.S. Wie im vorangegangenen Abschnitt zur etwaigen Relativierbarkeit des Verbots im IHRL festgestellt, erscheint eine Relativierung des Schutzes vor folternahen Maßnahmen für Staaten, die lediglich Vertragspartei der VNAFK sind, im Einzelfall möglich – sei es auf Schutzbereichs- oder Rechtfertigungsebene.

1773 Schlenzka, Rettungsfolter, S. 339, 346.

1774 So auch Pajarola, Gewalt im Verhör, S. 157f.

1775 Pajarola, Gewalt im Verhör, m.w.N. in Fn. 992.

Staaten können einen derart zwingenden Charakter des Verbots und der mit ihm verbundenen Achtungspflicht auf (zwischen-)staatlicher Ebene vereinbaren und ihre Schutzpflicht für im Einzelfall durch das generelle Absehen von Folter benachteiligte Dritten derart verengen. Ob diese Festlegungen nach internationalem Recht in gleichem Maße für das Individuum bindend sind, wird im folgenden Abschnitt zu klären sein.

III) Relativierbarkeit des Verbots auf völkerstrafrechtlicher Ebene

Wie bereits im Rahmen der Prüfung von Straffreistellungsmöglichkeiten nach deutschem Recht ersichtlich, sind im hiesigen Zusammenhang insbesondere persönliche Momente zu berücksichtigen, die in der staatsrechtlichen Prüfung keine Berücksichtigung finden konnten, z.B. Schuldaspekte. Daneben birgt die strafrechtliche Rechtfertigung einer Einzelperson gesellschaftlich weniger Risiken als eine Billigung der Folter auf staatlicher Ebene.[1776]

Ob und wie sich diese Überlegungen auf die Möglichkeit der Geltendmachung von „defences" auswirken, wird genauso zu prüfen sein, wie ein möglicher Einfluss des Folterverbots i.w.S. des IHRL auf die strafrechtliche Prüfung.

1) Straffreistellungsmöglichkeit nach ICCS

Das ICCS beinhaltet in den Art. 31 ff. diverse Straffreistellungsgründe.

Wenn der Hauptanwendungsfall für sie auch bei den Kriegsverbrechen liegen mag – dort war in der bisherigen Völkerstrafrechtspraxis insbesondere das Handeln auf Befehl und der Nötigungsnotstand relevant –[1777], so ist eine Anwendung der „defences" auf Völkermord und Humanitätsverbrechen nicht per se ausgeschlossen[1778]. Bei rein dogmatischer Betrachtung drängt sich diese Feststellung geradezu auf, sind die Straffreistellungsgründe doch im Teil 3 des ICCS angesiedelt, der die „Allgemeinen Grundsätze des Strafrechts" festschreibt, also Regeln betrifft, die allgemeine Rechtsfragen losgelöst von den Verbrechenstatbeständen behandeln. Demnach ist eine Straffreistellung für Misshandlungssachverhalte grundsätzlich für alle im ICCS geregelten Verbrechenstatbestände denkbar.

1776 S.o. 2. Teil, Zweites Kap., IV).

1777 Ambos, Internationales Strafrecht, § 7, Rn. 79; Werle, Völkerstrafrecht, Rn. 584.

1778 Werle, Völkerstrafrecht, Rn. 584; insofern aber skeptisch Kreß, IYHR 2000, S. 103 (151).

Zur Illustration stelle man sich folgenden Fall vor:

Amerikanische Soldaten ergreifen in Kabul eine verdächtige Person in Zivilkleidung, die einen Lieferwagen in der Nähe eines UN-Gebäudes abstellt. Der Ergriffene entpuppt sich als Al Qaida-Kämpfer, der Lieferwagen als mit Granaten, die chemische Kampfstoffe beinhalten, beladene Terrorwaffe. Der Zeitzündmechanismus wurde aktiviert, es bleiben nur knapp 15 Minuten bis zur Detonation, und es stellt sich heraus, dass in unmittelbarer Nähe noch weitere aktivierte chemische Sprengsätze deponiert wurden. Da der Mann keinerlei Auskunft gibt, wird er von einem Verhörspezialisten des US-Militärs einer „harsh interrogation" unterzogen, z.B. der „Water Torture".

Obigen Ausführungen folgend, müssten für den sich „hors de combat" befindenden Ergriffenen die Verbürgungen des Art. 3 GA greifen. Eine Folter darstellende Verhörmethode wäre demnach verboten. In ihr läge ein Kriegsverbrechen gem. Art. 8 Abs. 2, lit. c, i, Var. 4 ICCS.

Im Folgenden soll dieser Beispielsfall bei der Erörterung der einzelnen Straffreistellungsmöglichkeiten als Bezugspunkt dienen.

a) Gründe für den Ausschluss der strafrechtlichen Verantwortlichkeit nach Art. 31 ICCS

Die im vorliegenden Kontext zentrale Vorschrift des Statuts ist Art. 31, der die Notwehr („self-defence"), den Notstand („necessity") und den Nötigungsnotstand („duress") umfasst. Es findet sich im Statut zwar eine Differenzierung zwischen den Ebenen Rechtswidrigkeit und Schuld. Ausweislich der Vorschrift ist diese jedoch nicht derart klar, wie es in den Gesetzbüchern der kontinentaleuropäischen Staaten der Fall ist.[1779] Obwohl alle drei genannten „defences" in einer Norm, also in Art. 31 Abs. 1 ICCS geregelt sind, greifen sie auf verschiedenen Ebenen. Notwehr und Notstand schließen die Rechtswidrigkeit, Nötigungsnotstand hingegen die Schuld aus.[1780]

aa) Notwehr nach Art. 31 Abs. 1 lit. c ICCS

Im Beispielsfall wäre zuerst an eine Notwehrrechtfertigung gem. Art. 31 Abs. 1 lit. c ICCS zu denken. Ähnlich der Situation im deutschen Recht, verlangt die Notwehrbestimmung des Statuts eine Notwehrlage. Diese ist durch die drohende und rechtswidrige Anwendung von Gewalt gekennzeichnet. Im vorliegenden

1779 Ambos, Internationales Strafrecht, § 7, Rn. 77. Eine kurze Einordnung der „defences" in das System von Rechtswidrigkeit und Schuld findet sich im Folgenden im Rahmen der Auseinandersetzung mit dem jeweiligen Straffreistellungsgrund.

1780 Ambos, Internationales Strafrecht, § 7, Rn. 78.

Beispiel ist (auch) der folternde Soldat selbst bedroht. Aufgrund der kurz bevorstehenden Detonationen ist die Gefahr unmittelbar („imminent"). Bedroht sind ferner notwehrfähige Rechtsgüter, nämlich Schutzgüter der Person.[1781] Ebenso dürfte gewährleistet sein, dass der Soldat sich vorliegend (auch) selbst verteidigt, wobei sich die Verteidigungshandlung gegen den Angreifer richtet.[1782] Da auch am subjektiv zu verlangenden Verteidigungswillen[1783] kein Zweifel besteht, ist einzig fraglich, ob die Verteidigungshandlung, also die „Water Torture", den Bedingungen des Art. 31 Abs. 1 lit c ICCS entspricht. Vorausgesetzt wird eine angemessene („reasonable") und verhältnismäßige („proportionate") Verteidigungsmaßnahme.

Hierbei handelt es sich aber letztlich um ein einziges Verhältnismäßigkeitserfordernis.[1784] Das Merkmal „reasonable" setzt eine Verteidigungshandlung voraus, die das mildeste verfügbare Mittel darstellen muss.[1785] Angesichts obiger Ausführungen und der spezifischen Situation des Falls besteht hieran kein Zweifel.[1786]

Aufgrund des Merkmals „proportionate" darf die Verteidigungsmaßnahme daneben nicht außer Verhältnis zum Grad der Gefahr stehen, die der Person oder Sache droht.[1787] Dabei handelt es sich lediglich um einen negativen „Unverhältnismäßigkeitstest", denn nur so besitzt der Gerichtshof die notwendige Flexibilität zur Entscheidung des Einzelfalls.[1788] Das Merkmal „Grad der drohenden Gefahr" bietet dem Gerichtshof weitgehende Abwägungsmöglichkeiten.[1789] In Anbetracht der oben im Zusammenhang mit der (Notwehr-)Rettungsfolter bereits dargestellten, konfligierenden Rechtsgüter und des Grades der ihnen drohenden Gefahr,[1790] erscheint die „Water Torture" vorliegend durchaus nicht unverhält-

1781 Zu diesem Erfordernis s. Werle, Völkerstrafrecht, Rn. 591ff. m.w.N. in Fn. 416.

1782 Hierzu s. Ambos, JICJ 2008, S. 261 (273), m.w.N. in Fn. 66. Zur Begrenzung der Verteidigung auf die Person des Angreifers s. Kreß, IYHR 2000, S. 103 (152).

1783 Zum subjektiven Notwehrelement s. Werle,Völkerstrafrecht, Rn. 596, m.w.N. in Fn. 425.

1784 Kreß, IYHR 2000, S. 103 (152); Werle, Völkerstrafrecht, Rn. 595, Fn. 423.

1785 Kreß, IYHR 2000, S. 103 (152). Ambos verweist insofern auf die Erforderlichkeit der Verteidigungshandlung, bei der es sich um das entsprechende Tatbestandsmerkmal in § 32 StGB handele. Danach müsse eine Maßnahme zur Angriffsabwehr über das Erfordernis „reasonably" wie im deutschen Strafrecht geeignet und das relativ mildeste Mittel sein (Ambos, JICJ 2008, S. 261 (275), Fn. 79).

1786 Vgl. Ambos, JICJ 2008, S. 261 (275).

1787 Werle, Völkerstrafrecht, Rn. 595; Eser in Triffterer, Rome Statute Commentary. Art. 31, Rn. 47.

1788 Eser in Triffterer, Rome Statute Commentary. Art. 31, Rn. 47; vgl. auch Merkel, ZStW 2002, S. 437 (445f.).

1789 Eser in Triffterer, Rome Statute Commentary. Art. 31, Rn. 47.

1790 Siehe oben 2. Teil, Zweites Kap., III) und IV).

nismäßig. Für dieses Ergebnis spricht auch die kaum zu befürchtende Gefahr eines Dammbruchs im Falle einer rein strafrechtlichen „ex-post-Lösung“ bei Selbstschutzmaßnahmen.[1791]

Besitzt der Gerichtshof nach Art. 31 Abs. 2 des Statuts auch ein weites Ermessen bei der Auslegung der Straffreistellungsgründe,[1792] so ist dennoch Art. 21 Abs. 3 ICCS zu beachten, der die Kompatibilität des angewandten bzw. ausgelegten Völkerstrafrechts mit internationalen Menschenrechtsstandards verlangt.[1793] Danach ist eine menschenrechtskonforme Auslegung bindend. Fraglich ist somit, wie sich das Folterverbot des IHRL mit seinem zwingenden Charakter auf die Straffreistellungsgründe auswirkt. Da für die Normen des Kriegsvölkerstrafrechts insbesondere von einer Akzessorietät zu den ihnen zugrundeliegenden IHL-Verbotsbestimmungen auszugehen ist,[1794] ist ebenso das (absolute) Verbot der Folter (i.e.S.) des IHL zu berücksichtigen.

Gegen einen Durchgriff der Misshandlungsverbote des IHL spricht aber bereits formal, „dass sich Humanitäres Völkerrecht und Strafrecht an je unterschiedliche Adressaten wenden: Ersteres betrifft das Verhalten von Staaten und ihren Führungen, letzteres regelt das Verhalten Einzelner“.[1795] Diese Aussage gilt grundsätzlich auch für das IHRL. Sie wird aber durch die eine „horizontale Wirkung“ von Art. 3 EMRK unterstellende Rechtsprechung des EGMR und die Art. 7 IPbpR betreffende vergleichbare Stellungnahmen des VNMRA in „General Comment“ No. 20 relativiert.[1796]

Die beschriebene Terrorattacke stellt allerdings nicht nur irgendeinen rechtswidrigen Angriff dar. Vielmehr handelt es sich dabei (ebenfalls) um ein Kriegsverbrechen, gegebenenfalls gar um ein Verbrechen gegen die Menschlichkeit (beides „core crimes“ des zwingenden Völkerrechts). Zudem lassen die diversen internationalen Abkommen gegen Terrorismus zumindest auf ein einfach-völkergewohnheitsrechtliches Verbot dieser Menschheitsgeißel schließen.

Weiterhin liegt es nicht fern, auch das Notwehrrecht im Rang von Völkergewohnheitsrecht zu verorten. Hierfür spricht schon der vorrechtliche Charakter der Notrechte, z.B. der vorliegend diskutierten Notwehrbestimmung des ICCS. Diese Rechte leiten sich nämlich „(...) aus dem überpositiven, natürlichen Men-

---

1791 Siehe oben 2. Teil, Zweites Kap., IV), 2).

1792 Ambos, Internationales Strafrecht, § 7, Rn. 78.

1793 Zur Auslegung siehe Satzger, Internationales und Europäisches Strafrecht, § 15, Rn. 9ff. und Werle, Völkerstrafrecht, Rn. 171ff.

1794 Werle, Völkerstrafrecht, Rn. 190ff.

1795 Weigend (in Sieber et al.: Festschrift Tiedemann), Notwehr im Völkerstrafrecht, S. 1439 (1443).

1796 Zur „horizontalen Wirkung“ s.o. 1. Teil, Zweites Kap., II), 2), a), ab), (1), (a), (ab).

schenrecht auf Verteidigung ab“[1797]. Diesen Gedanken aufgreifend, ist in Art. 51 der VNC von einem „(...) naturgegebene(n) Recht zur individuellen (...) Selbstverteidigung (...)“ die Rede.[1798] Eindeutiger wird der ICTY. Ihm zufolge spiegelt Art. 31 Abs. 1 lit. c ICCS nicht nur entsprechende Regelungen in den meisten nationalen Strafgesetzbüchern, sondern bereits eine eigenständige völkergewohnheitsrechtliche Regelung wider.[1799] Aufgrund der weit verbreiteten Verankerung vergleichbarer Vorschriften kann ebenso von einem „principle of law“ gesprochen werden.[1800] Greift man den Gedankenwieder auf, nachdem den grundlegenden Menschenrechten heutzutage fast unumstritten ein „ius cogens“-Charakter zu eigen ist,[1801] spricht vieles dafür, zumindest für Notwehr als Selbstschutzmaßnahme sogar eine „ius cogens“-Qualität zu unterstellen. Schließlich werden durch die Verteidigungshandlung höchste Individualrechtsgüter von globaler Akzeptanz, wie Leben, körperliche Integrität, Willens- und Handlungsfreiheit sowie die Rechtsordnung geschützt.

Demnach kommt dem Notwehrrecht mindestens der Rang einfachen Gewohnheitsrechts, im Fall von Selbstschutzmaßnahmen gar die Stellung von zwingendem Völkerrecht, zu.

All dies spricht neben weiteren, bereits oben – insbesondere unter den Stichworten Vorverhaltens-, Autonomie- und Nützlichkeitsprinzip – genannten Argumenten für eine Möglichkeit der Notwehrrechtfertigung.[1802] Im Ergebnis dürfte die (völker-)strafrechtliche Berufung auf Notwehr also in Rettungsfolterfällen möglich sein.[1803]

1797 Rupprecht, NJW 1973, S. 263 (264). Nach Kant impliziert das „Recht im Naturzustand“ die Ausübung von Notwehr zur Selbstverteidigung: „Die Verteidigung des Lebens und Körpers ist Anwendung meiner rechtmäßigen Gewalt, die Gewalt andrer abzuhalten, die mir noch mein Leben bedroht (Kant zitiert nach Fahl, JR 2004, S. 182 (186f.), Fn. 65).“

1798 Unter Bezugnahme auf Art. 51 VNC erfolgt von Eser der Hinweis, der Notwehrgedanke sei dem internationalen Strafrecht jedenfalls nicht fremd (Eser (in Schmoller: Festschrift Triffterer), Defences,S. 755 (766)).

1799 ICTY, Prosecutor vers. Kordic & Cerkez, Case No. IT-95-14/2-T, Judgement v. 26.02.2001, http://www.icty.org/cases/party/706/4, Abs. 451; s. auch Ambos, Internationales Strafrecht, § 7, Rn. 82, m.w.N. in Fn. 398; Knoops, Defences, S. 138; Kreß, IYHR 2000, S. 103 (151); Weigend (in Sieber et al.: Festschrift Tiedemann), Notwehr im Völkerstrafrecht, S. 1439 (1445).

1800 Scaliotti, ICLR 2001, S. 111 (158).

1801 Siehe oben 1. Teil, Drittes Kap., II).

1802 Ob diesem Ergebnis IHRL-Bestimmungen überhaupt entgegenstünden, wird im Folgenden geklärt (s.u. 2. Teil, Drittes Kap., III), 2)).

1803 Bezweifelt werden darf jedoch, ob dieses Ergebnis ebenso für Nothilfe gilt. Die im Falle reiner Fremdschutzmaßnahmen leicht zu besorgende Degeneration der Nothilfe

Ob aufgrund der Möglichkeit einer Straffreistellung mit Weigend davon auszugehen ist, die Verbote des IHL gälten eben nicht ausnahmslos,[1804] ist eine Frage der Wertung. Da es sich im Falle des Völkerstrafrechts und des Kriegsvölkerrechts aufgrund der differierenden Grundausrichtung um unterschiedliche Materien handelt, und weil die Misshandlungsverbote nicht zwangsläufig nur mit ausnahmsloser (Individual-)Strafe effektiv abgesichert werden können,[1805] wäre es bei wertender Betrachtung durchaus vertretbar, die Verbote aufgrund des damit verbundenen Appells als „ausnahmslos" zu bezeichnen, zumal die strafrechtliche Rechtfertigung eines Kämpfers nicht automatisch die ihm zugehörige Konfliktpartei von der Staatenverantwortlichkeit freistellen müsste. Wie im nationalen Recht, könnte aus Nützlichkeitserwägungen – namentlich zur Verhinderung von Dammbrüchen – durchaus befürwortet werden, den Staat trotz einer individuellen strafrechtlichen Rechtfertigung nach Völkerdeliktsrecht haften zu lassen, und daneben einen gegen den Staat gerichteten individuellen Kompensationsanspruch des Geschädigten anzudenken.

ab) Notstand nach Art. 31 Abs. 1 lit. d ICCS

Als nächster Strafausschließungsgrund kommt der Notstand gem. Art. 31 Abs. 1 lit. d ICCS in Betracht, welcher gleich der Notwehr auf Rechtswidrigkeitsebene wirkt und eine vollständige Straffreistellung ermöglicht.[1806] „Necessity" setzt

---

von einer ex post Strafbefreiung im Einzelfall zu einem quasi ex ante Ausnahmetatbestand impliziert nämlich die oft beschworene Dammbruchgefahr. Da das Handeln von Militärangehörigen in Rede steht, die einerseits erhebliche Macht(-mittel) besitzen, denen spiegelbildlich hochsensible Ausnahmesituationen gegenüber stehen, welche die Rechtstreue der Kombattanten enorm auf die Probe stellen, wiegt die Dammbruchgefahr umso schwerer.

1804 Weigend, (in Sieber et al.: Festschrift Tiedemann), Notwehr im Völkerstrafrecht, S. 1439 (1444).

1805 Siehe oben 2. Teil, Zweites Kap., IV), 2), b).

1806 Vgl. Ambos, Internationales Strafrecht, § 7, Rn. 78; Werle, Völkerstrafrecht, Rn. 601. Der ebenfalls unter Art. 31 Abs. 1 lit. d ICCS fallende Nötigungsnotstand ist im vorliegenden Fall irrelevant, setzt er doch eine unmittelbare Zwangsausübung auf den Notstandstäter durch einen Dritten voraus, deren Ergebnis dann die (erzwungene) Begehung einer Straftat ist (Werle, Völkerstrafrecht, Rn. 600). Man erinnere das Bild der „auf die Brust gesetzten Pistole". Für den Nötigungsnotstand ist der durch die Drohung unmittelbar bedingte Mangel an Handlungs- und Entscheidungsautonomie kennzeichnend (Knoops, ICLR 2004, S. 211 (225)). Es handelt sich um einen Entschuldigungsgrund (Knoops, ICLR 2004, S. 211 (225), Fn. 45). Da Entschuldigungsgründen kein Rechtmäßigkeitsurteil innewohnt – durch sie wird lediglich ein Mangel persönlicher Vorwerfbarkeit im Einzelfall berücksichtigt (s.o. 2. Teil, Zweites Kap., IV), 5)) – dürfte aber grundsätzlich eine Straffreistellung (unabhängig von der Stellung des Täters als

das Bestehen einer Notstandslage, eine angemessene Rettungshandlung und einen Gefahrabwendungswillen voraus.[1807] Subjektiv darf die vom Notstandstäter aufgrund der Notstandsmaßnahme beabsichtigte Schädigung kein größeres Ausmaß annehmen, als der Schaden, der abgewendet werden soll.[1808] Letztgenannte Voraussetzung beschreibt – allerdings aus der Täterperspektive – die notstandstypische „choice of evils"-Situation.[1809]

Die Notstandslage erfasst regelmäßig alle erdenklichen natürlichen, und daneben die von Menschen hervorgerufenen, Gefahrenquellen.[1810] Die alsbald detonierenden Giftgasbomben begründen zweifellos eine Notstandslage. Die Notstandshandlung muss einerseits „necessary" sein, was bedeutet, dass keine anderen Mittel zur sofortigen Gefahrbeseitigung zur Verfügung stehen dürfen.[1811] Aufgrund der Kürze der Zeit und der Typik des Al Qaida-Kämpfers als Überzeugungstäter ist Rettungsfolter das einzig noch Hoffnung versprechende Mittel. Andererseits muss die Notstandsmaßnahme – was problematischer erscheint – „reasonable" sein. Hiermit könnte eine wertende, objektive Verhältnismäßigkeitsprüfung im engeren Sinne – gleich der notstandsspezifischen Interessenabwägung im Rahmen des § 34 StGB – gemeint sein.[1812] Dagegen wurden allerdings von Eser bedeutende Argumente vorgebracht. So erfordert der Begriff ausweislich der gleichlautenden Bedingung im Rahmen der Notwehr nicht zwangsläufig eine objektive Interessenabwägung. Sonst hätte in Art. 31 Abs. 1 lit. c ICCS der Terminus „proportionate" nicht ergänzend hinzugefügt werden müssen.[1813] Weiterhin deutet die am Willen des Notstandstäters orientierte Formulierung des Verhältnismäßigkeitsgedankens in Art. 31 Abs. 1 lit. d ICCS auf eine bewusst subjektive Konzeption.[1814] Aus den genannten Gründen ist „reasonable" wie das Merkmal der „Gebotenheit" bei § 32 StGB zu interpretieren. Danach wäre eine Maßnahme nur bei krassem Missverhältnis von bewahr-

---

Privatperson oder Hoheitsträger) auch im Falle der Folter i.e.S. möglich sein, sollten die (engen) Voraussetzungen des Nötigungsnotstands einmal vorliegen.

1807 Werle, Völkerstrafrecht, Rn. 603.

1808 Werle, Völkerstrafrecht, Rn. 603.

1809 Vgl. Ambos, JICJ 2008, S. 261 (280), wo auch vom „balancing of interests" gesprochen wird. Übrigens ist eine Interessenabwägung im Falle des Nötigungsnotstandes gerade nicht erforderlich.

1810 Ambos, Internationales Strafrecht, § 7, Rn. 94.

1811 Eser in Triffterer, Rome Statute Commentary. Art. 31, Rn. 58.

1812 Vgl. Kreß, HuV-I 1999, S. 4 (7); Werle, Völkerstrafrecht, Rn. 606.

1813 Eser in Triffterer, Rome Statute Commentary. Art. 31, Rn. 59.

1814 Eser in Triffterer, Rome Statute Commentary. Art. 31, Rn. 59, der zusätzlich ein überzeugendes rechtshistorisches Argument anführt.

tem und verletztem Interesse „unreasonable".[1815] Dies wäre als begrenzendes Korrektiv zur sonst subjektiven Orientierung des Notstandes gem. Art. 31 Abs. 1 lit. d ICCS objektiv zu bestimmen. Von einem krassen Missverhältnis ist angesichts der konfligierenden Positionen, der Verantwortlichkeiten und einer Kosten-Nutzen-Analyse wohl nicht auszugehen.[1816] Des Weiteren sollte es hier weder am Verteidigungswillen noch an der (vorrangigen) subjektiven Verhältnismäßigkeit mangeln.

Denkbar wäre allerdings eine Einschränkung des Notstands aufgrund der besonderen Stellung des Täters als Soldat.[1817] So kann von einem Soldaten, der im Umgang mit lebensbedrohlichen Situationen geschult und geübt sein dürfte, eine höhere Standhaftigkeit und Besonnenheit verlangt werden als von einem Durchschnittsbürger. Man denke an § 6 WStG, nach dem Furcht vor persönlicher Gefahr eine Tat nicht entschuldigt, wenn die soldatische Pflicht verlangt, die Gefahr zu bestehen. Aufgrund oben genannter Argumente[1818], und unter Berücksichtigung der dargelegten fallspezifischen Aspekte bzw. Wertungen, kann jedoch nicht die Rede davon sein, die soldatische Pflicht verlange den Verzicht auf das einzige noch Rettung versprechende Mittel, und damit die – auch militärisch – sinnlose Selbstaufopferung.

Im Ergebnis wäre eine Rechtfertigung aus individuellen Notstandsaspekten aufgrund der subjektiven Konzeption des Art. 31 Abs. 1 lit. d ICCS – anders als nach deutscher Rechtslage – also möglich.[1819]

1815 Ebenso wären natürlich die weiteren hergebrachten Fallgruppen heranzuziehen (dazu s.o. 2. Teil, Zweites Kap., IV), 2)), die zu einer Einschränkung der Notwehr führen können.

1816 Siehe auch Knoops, ICLR 2004, S. 211 (227).

1817 Dazu s. Werle, Völkerstrafrecht, Rn. 612.

1818 Siehe oben 2. Teil, Zweites Kap., IV), 2), b).

1819 Vgl. Israeli Supreme Court, Judgment Concerning the Legality of the GSS-Interrogation Methods, Urt. v. 06.09.1999, http://www.derechos.org/human-rights/mena/doc/torture.html, Rn. 34ff.; Knoops, ICLR 2004, S. 211 (224ff.); ders., Defences, S. 92ff. Mit Knoops ist allerdings eine Berufung des Individuums auf Notstandshilfe zu Gunsten des Staates abzulehnen. Ein öffentlicher Notstand kann hier – aus strafrechtlicher Sicht – zumindest solange nicht zur Rechtfertigung individueller Gefahrenabwehrmaßnahmen angeführt werden, wie nicht zugleich die Voraussetzungen des „privaten" Notstands i.S.v. Art. 31 Abs. 1 lit. d ICCS vorliegen. Gleiches gilt für die Notwehr. Gewiss ist das Recht eines jeden Staates, sich gegen völkerrechtswidrige Angriffe zu wehren, völkergewohnheitsrechtlich anerkannt (Werle, Völkerstrafrecht, Rn. 598). Ausweislich des Art. 31 Abs. 1 lit. c ICCS kann aber allein die Teilnahme an einem von Truppen durchgeführten Verteidigungseinsatz nicht zu einem Ausschluss der strafrechtlichen Verantwortlichkeit über das Rechtsinstitut der Notwehr führen. Die Gestattung von Not(stands)hilfe zugunsten des Staates als Straffreistellungsgrund würde – aufgrund der damit verbundenen ungesicherten Prämissen – den

b) Weitere Straffreistellungsgründe im ICCS

Ein weiterer Entschuldigungsgrund ist das sogenannte „Handeln auf Befehl“, welches in Art. 33 ICCS geregelt ist.[1820] Obiger Beispielsfall könnte insofern um die Angabe ergänzt werden, dem die „Water Torture“ anwendenden Soldaten sei diese Maßnahme befohlen worden.

Eine Straffreistellung nach Art. 33 des Statuts ist möglich, „(...) wenn der Untergebene allgemein zum Gehorsam verpflichtet war, nicht wusste, dass die „Anordnung“ rechtswidrig war, und sie auch nicht offensichtlich rechtswidrig war.“[1821] Da die Anordnung der Begehung von Völkermord und Humanitätsverbrechen stets „offensichtlich rechtswidrig“ ist, was in Art. 33 Abs. 2 ICCS ausdrücklich festgestellt wird, können letztlich nur Kriegsverbrechen wegen „Handelns auf Befehl“ von Strafe freigestellt werden.[1822]

Der Soldat im geschilderten Fall wäre gewiss allgemein zu Gehorsam verpflichtet gewesen.[1823] Es stellt sich jedoch die Frage, ob der Befehl zur Anwendung der „Water Torture“ nicht bereits „offensichtlich rechtswidrig“ im Sinne von Art. 33 Abs. 1 lit. c ICCS ist. Maßstab ist insofern der durchschnittliche Beobachter, welcher das in Frage stehende Geschehen objektiv aus ex ante Sicht beurteilt.[1824] Die Rechtswidrigkeit des Befehls müsste sich dem Untergebenen förmlich aufgedrängt haben.[1825]

Angesichts der sowohl im IHL als auch im IHRL[1826] eindeutigen Rechtslage im Falle des absoluten Folterverbots, über das der Soldat – gerade aufgrund der

häufig befürchteten Dammbruch begünstigen. Wie bereits zuvor für Nothilfe festgestellt, spricht die hohe Dammbruchgefahr im Falle reiner Fremdschutzmaßnahmen vehement gegen eine Rechtfertigung über Notstandshilfe.

1820 Zum „Handeln auf Befehl“ im Allgemeinen s. Eser (in Schmoller: Festschrift Triffterer), Defences, S. 755 (758ff.); Korte, Handeln auf Befehl als Strafausschließungsgrund, passim.

1821 Ambos, Internationales Strafrecht, § 7, Rn. 87.

1822 Satzger, Internationales und Europäisches Strafrecht, § 15, Rn. 39.

1823 Zu diesem Erfordernis s. Ambos, Internationales Strafrecht, § 7, Rn. 87, Fn. 425.

1824 Werle, Völkerstrafrecht, Rn. 639.

1825 Ambos, Internationales Strafrecht, § 7, Rn. 89.

1826 Angesichts der Verknüpfung von Verbotsnorm und Strafnorm ist bei Folter als Kriegsverbrechen natürlich vorrangig eine Auslegung orientiert am Humanitären Völkerrecht vorzunehmen (Werle, Völkerstrafrecht, Rn. 190). Die in Art. 21 Abs. 3 ICCS zum Ausdruck kommende enge Verbindung von Völkerstrafrecht und Menschenrechtsschutz (dazu s. Werle, a.a.O., Rn. 391) rechtfertigt aber daneben einen Blick in das IHRL. Hier ist vor allem auf Art. 2 Abs. 3 VNAFK hinzuweisen, der „Handeln auf Befehl“ als Rechtfertigungsgrund für Folter i.e.S. kategorisch ausschließt (s.o. 1. Teil, Zweites Kap., II, 2), a), ac), (5)). Da vorbezeichneter Artikel allerdings auf die folternahen Misshandlungsarten keine Anwendung findet (Nowak/McArthur, Convention

zentralen Rolle des Verbots – z.B. wegen Art. 83 ZP I[1827] aufgeklärt sein dürfte, ist zumindest der Befehl zur Ergreifung von Foltermaßnahmen i.e.S. als „offensichtlich rechtswidrig“ einzustufen. Daran ändert auch die Möglichkeit einer individuellen Straffreistellung aufgrund von Notwehr- und Notstandsgesichtspunkten nichts. Beide Rechtsinstitute berechtigen lediglich zu Notrechtsmaßnahmen, sie verpflichten hierzu aber nicht. Ein Befehlsrecht lässt sich für Vorgesetzte aus diesen Rechtsinstituten gerade nicht herleiten.

In Anbetracht der ausgebliebenen Erwähnung erniedrigender Behandlungen bei den „grave breaches“ und der Bestimmtheitsprobleme könnte der Befehl zu entsprechenden Maßnahmen vor dem Hintergrund der geschilderten Extremsituation nicht als bereits „offensichtlich rechtswidrig“ eingestuft werden. Wusste der Täter nichts von der Rechtswidrigkeit eines solchen Befehls, wäre eine Entschuldigung nach Art. 33 ICCS denkbar.

Eine Pflichtenkollision kommt auch im (Humanitären) Völkerrecht nicht in Betracht,[1828] schließlich besteht keine Misshandlungspflicht.

Irrtümer, die den Tatbestandsvorsatz ausschließen, sind nach dem ICCS zweifellos beachtlich.[1829] Sie können in Form von Fehlvorstellungen über deskriptive Tatbestandsmerkmale (Art. 32 Abs. 1 ICCS) oder über tatsächliche Voraussetzungen eines Rechtfertigungs- oder Entschuldigungsgrundes vorliegen.[1830] Neben diesen reinen Tatsachenirrtümern sind als Rechtsirrtümer der Irrtum über die Rechtswidrigkeit einer nicht offensichtlich rechtswidrigen Anordnung eines Vorgesetzten zur Begehung eines Kriegsverbrechens (Art. 32 Abs. 2 S. 2 Alt. 2 ICCS) und der Irrtum über normative Tatbestandsmerkmale (Art. 32 Abs. 2 S. 2 Alt. 1 ICCS) anerkannt.

In Misshandlungssachverhalten kämen beide Irrtumsarten in Betracht. Aufgrund der (relativen) Eindeutigkeit von tatbestandlichen Folterhandlungen scheint ein Irrtum über Tatbestandsmerkmale aber auf Fälle erniedrigender Behandlungen begrenzt, in denen der Handelnde aufgrund persönlicher Fehlvorstellungen eine Maßnahme als nicht würdeverletzend betrachtet. Da allerdings eine korrekte

---

against Torture, Art. 2, Rn. 66), schließt er besagten Entschuldigungsgrund insofern nicht aus.

1827 Dazu s.o. 1. Teil, Zweites Kap., I), 2), b), aa).

1828 Zu diesem Rechtsinstitut im Völkerstrafrecht s. Werle, Völkerstrafrecht, Rn. 664, m.w.N. in Fn. 562. Siehe auch schon oben 2. Teil, Zweites Kap., IV), 4), dort Fn. 1551.

1829 Vgl. Ambos, Internationales Strafrecht, § 7, Rn. 97.

1830 Ambos, Internationales Strafrecht, § 7, Rn. 97. Ob Irrtümer über die tatsächlichen Voraussetzungen eines Rechtfertigungs- oder Entschuldigungsgrundes direkt über Art. 32 ICCS (so wohl Ambos, Internationales Strafrecht, § 7, Rn. 97f.), oder über die „allgemeinen Rechtsgrundsätze“ nach Art. 22 Abs. 1 lit. c ICCS (so Werle, Völkerstrafrecht, Rn. 620) geltend gemacht werden können, kann hier dahinstehen.

Wertung des sozialen Bedeutungsgehalts des normativen Merkmals ausreicht (sog. „Parallelwertung in der Laiensphäre"),[1831] dürften auch solche Irrtümer höchst selten sein. Als Tatsachenirrtümer sind vorrangig Irrtümer über die tatsächlichen Voraussetzungen einer Notwehr- oder Notstandslage denkbar. Im hiesigen Fall wäre an die fälschliche Annahme zu denken, ein Zündvorgang sei bereits eingeleitet, obwohl sich nachher herausstellt, dass der Zündmechanismus defekt war.

2) Nationale Straffreistellungsmöglichkeit für Folter als „delictum iuris gentium" pp.

Fraglich bleibt, ob die nach nationalem Recht mögliche Straffreistellung im Rettungsfolterfall im Einklang mit den internationalen Bestimmungen steht.

Für Folter (i.w.S.) als „delictum iuris gentium" im Sinne der GA kann die Existenz verschiedener Straffreistellungsmöglichkeiten als erwiesen betrachtet werden. Hinsichtlich des Kriegsverbrechens der Folter i.w.S. können nämlich – wie die entsprechenden Gewohnheitsrecht abbildenden Regelungen im ICCS belegen – zweifellos Straffreistellungsgründe geltend gemacht werden.

Auf den ersten Blick anders verhält es sich bei Folter (i.e.S.) als „delictum iuris gentium" im Sinne der VNAFK. Hier könnte bereits das absolute und nicht suspendierbare Folterverbot zu einem systematischen Ausschluss von Straffreistellungsgründen führen. Aufgrund des absoluten Charakters würde jedes unter die Definition subsumierbare Verhalten stets und zwingend eine Verletzung des Verbots darstellen.[1832] Daraus könnte sich ein unbedingter und ausnahmsloser Bestrafungszwang ableiten lassen. Die VNAFK-Bestimmungen zur Strafbarkeit und Anwendbarkeit von Straffreistellungsgründen kennzeichnet jedoch ein „non-self-executing"-Charakter. Zur Wirkungsentfaltung bedarf es einer an ihnen orientierten Auslegung des nationalen Rechts.[1833]Genauso wirkt das IHRL-Folterverbot nicht unmittelbar auf „Private".[1834]

Somit ist zu prüfen, ob Auswirkungen auf eine eventuelle Straffreistellung in einem nationalen Strafverfahren aufgrund einer mittelbaren Wirkung des Verbots bzw. der begleitenden Regelungen zu besorgen sind. Zusätzlich müssen die für die Bundesrepublik Deutschland bindenden Konventionen EMRK und IPbpR berücksichtigt werden. Schließlich soll der Frage nach einer nationalen Straffreistellungsmöglichkeit am Beispiel Deutschlands nachgegangen werden.

1831 Werle, Völkerstrafrecht, Rn. 624.

1832 Pajarola, Gewalt im Verhör, S. 159.

1833 Beutler, Strafbarkeit der Folter zu Vernehmungszwecken, S. 284, Fn. 1606 m.w.N.

1834 Dazu s.o. 1. Teil, Zweites Kap., II), 2), a), ab), (1), (a), (ab) und vgl. Pajarola, Gewalt im Verhör, S. 225.

Obwohl das der VNAFK folgende „discrete crime“ nur Folter i.e.S. betrifft, ist wegen etwaiger Auswirkungen vorgenannter Übereinkommen auf das staatliche Strafverfahren gegebenenfalls zwischen der Folter i.e.S. und den folternahen Misshandlungsformen zu unterscheiden, da nicht alle einschlägigen Bestimmungen gleichermaßen erstere und letztere betreffen. Bei den Überlegungen soll – soweit angezeigt – zugleich auf gewohnheitsrechtliche Bezüge geachtet werden.

Die Frage, ob auch im strafrechtlichen Bereich jegliche Möglichkeit einer Relativierung des Folterverbots ausgeschlossen ist, hängt konkret davon ab, wie das Derogationsverbot der VNAFK zu verstehen ist. Weiter gilt zu klären, ob die Gewährleistungspflichten im Rahmen von EMRK/IPbpR und die VNAFK-Pönalisierungspflicht wirklich die ausnahmslose Bestrafung erforderlich machen.

a) Nationale Straffreistellung und die Vorgaben des Derogationsverbots gem. Art. 2 Abs. 2 VNAFK

Ob das Derogationsverbot der VNAFK auch den (rechtfertigenden)strafrechtlichen Notstand oder gar jedweden Straffreistellungsgrund umfasst bzw. ausschließt, ist strittig.[1835]

Bei der Analyse wird sich an der wie folgt lautenden, englischen Fassung des Art. 2 Abs. 3 VNAFK orientiert, da sie nach Art. 33 Abs. 1 VNAFK – anders als der deutsche Wortlaut – bindend ist:

„No exceptional circumstances whatsoever, whether a state of war or a threat or war, internal political instability or any other public emergency, may be invoked as a justification of torture.“

Einerseits gilt es somit zu klären, was unter einem „öffentlichen Notstand“ („public emergency“) zu verstehen ist, andererseits ist fraglich, was unter den Begriff „Rechtfertigung“ („justification“) fällt.

Vorab sei der Hinweis gegeben, dass sowohl das Derogationsverbot in Art. 2 Abs. 2 VNAFK, als auch die Pönalisierungspflicht in Art. 4 Abs. 1 S. 1 VNAFK (dazu im nächsten Abschnitt mehr) nur für Folter mit hoheitlicher Involvierung im Sinne der Folterdefinition in Art. 1 Abs. 1 S. 1 VNAFK gilt. Auf folternahe Misshandlungsarten finden beide Vorschriften – anders als im Rahmen von EMRK/IPbpR – von vornherein keine Anwendung.

1835 Vgl. Beutler, Strafbarkeit der Folter zu Vernehmungszwecken, S. 283ff.; Burgers/Danelius, Convention against Torture, S. 125.; Fahl, Jura 2007, S. 743 (748f.); Nowak/McArthur, Convention against Torture, Art. 2, Rn. 62f.; Schlenzka, Rettungsfolter, S. 342f.; Shany, CULR 2007, Rn. 864.

Nach Nowak kann die Auslegung des Begriffs „öffentlicher Notstand“ in Art. 2 Abs. 2 VNAFK dahin stehen, da die VNAFK anders als die Menschenrechtsabkommen, keine Notstandsklausel enthalte, von der dann für Folter eine Rückausnahme gemacht werden müsse.[1836] Er behauptet unter Berufung auf eine Formulierung im VNAFK-Entwurf der International Association of Penal Law, Folter könne ganz allgemein niemals gerechtfertigt werden.[1837] Eine der zitierten Formulierung gleichende Passage fand aber gerade keinen Einzug in die VNAFK. Wäre die von Nowak favorisierte, auch den strafrechtlichen Notstand umfassende, weite Ausschlussformel gewollt gewesen, hätte einfach nur besagter Formulierungsvorschlag übernommen werden müssen. Dies ist aber unterblieben. Zudem ist die VNAFK insbesondere in den Bereichen, in denen sie den Vertragsstaaten die Schaffung nationaler strafrechtlicher Bestimmungen aufträgt, restriktiv auszulegen. Schließlich zählt das Strafrecht zum Kernbereich staatlicher Autonomie.

Die im Derogationsverbot ausdrücklich genannten Beispiele Krieg, Kriegsgefahr und innenpolitische Instabilität sind zwar nicht abschließend,[1838] legen aber Zeugnis darüber ab, was unter dem Auffangbegriff „öffentlicher Notstand“ zu verstehen ist. So ist ihnen allesamt eine außerordentliche Lage zu eigen, bei der eine erhebliche Gefahr für Staat und Bevölkerung besteht. Genauso sind typische Staatsnotstandsfälle beschaffen.[1839] Denn den Staatsnotstand kennzeichnet vor allem die Staatsnotstandslage, worunter „(...) eine gegenwärtige, im konkreten Einzelfall tatsächlich bestehende und existenzielle Gefährdung der Schutzgüter Staatsvolk, Staatsgebiet oder Staatsgewalt“ zu verstehen ist.[1840]

Die Formulierung „öffentlicher Notstand“ findet sich ebenso in den Derogationsverboten der EMRK und des IPbpR.[1841]

Im Rahmen von Art. 4 Abs. 1 IPbpR verlangt der VNMRA eine Situation, die zu einem öffentlichen, den Bestand der Nation gefährdenden Notstand gediehen sein muss.[1842] Nicht schon jede Störung der öffentlichen Ordnung oder jedwede

---

1836 Nowak/McArthur, Convention against Torture, Art. 2, Rn. 62.

1837 Die genaue Formulierung im VNAFK-Entwurf der International Association of Penal Law lautete (zitiert nach Nowak/McArthur, Convention against Torture, Art. 2, Rn. 62, Fn. 162): „Torture can in no circumstances be justified or excused by a state or threat of war or armed conflict, a state of siege, emergency or other exceptional circumstances, or by any necessity or any urgency of obtaining information, or by any other reason.“

1838 Nowak/McArthur, Convention against Torture, Art. 2, Rn. 62.

1839 Vgl. Pajarola, Gewalt im Verhör, S. 25.

1840 Jahn, Strafrecht des Staatsnotstandes, S. 604.

1841 Siehe oben 1. Teil, Zweites Kap., II), 2), a), ab), (1), (e) und 1. Teil, Zweites Kap., II), 2), b), aa), (1), (d).

1842 „General Comment“ No. 29 para. 2.

Katastrophe könne als öffentlicher Notstand im Sinne der Vorschrift gelten.[1843] Die Notstandsklausel des IPbpR dient danach dem Schutz von überindividuellen Rechtsgütern, die für den Bestand des Staates essentiell sind. Nach dem VNM-RA können unter den Tatbestand des Verbrechens gegen die Menschlichkeit fallende Verhaltensweisen niemals im Sinne des Art. 4 Abs. 1 IPbpR zulässig sein.[1844] Ein Notstand könne den Staat nicht von seiner Verantwortung für das einer Notstandsmaßnahme zugrunde liegende menschliche Verhalten befreien. Im Umkehrschluss könnte ein Handeln im persönlichen Notstand sich für das Individuum aber durchaus positiv anführen lassen. So auch die Regelungen im ICCS, auf das der VNMRA an angegebener Stelle explizit Bezug nimmt.

Aufgrund der ausdrücklichen Bezugnahme der VNAFK-Präambel auf den IP-bpR können die zum Begriff „öffentlicher Notstand" in Art. 4 IPbpR aufgestellten Kriterien gleichsam für die VNAFK fruchtbar gemacht werden.[1845]

Der EGMR weist in den Entscheidungen zum Fall Gäfgen/Germany im Zusammenhang von Derogations- und Folterverbot (i.w.S.) der EMRK darauf hin, genauso wenig wie ein „öffentlicher Notstand" könne als „Minus" die Bedrohung einer einzigen Person zu einer im Sinne des Art. 3 EMRK tatbestandlichen Maßnahme berechtigen.[1846] Schlenzka folgert hieraus, „die Bedrohung eines einzelnen Menschenlebens ist zwar als privater Notstand zu sehen, [der] aber dennoch von dem Tatbestand des öffentlichen Notstandes mit umfasst sein soll. (...) Durch die Ausdehnung des Verbots in Art. 3 EMRK auch auf Privatpersonen kann sich auch eine Uminterpretation des Art. 15 I EMRK anschließen, so dass dieser auch eine horizontale Dimension erhält."[1847]

Ein Vergleich zur Situation im Rahmen des Art. 2 Abs. 2 lit. a EMRK spricht aber gegen Schlenzkas Interpretationsansatz. Vorgenannter Vorschrift zufolge ist die Tötung nur zur Verteidigung eines Menschen zulässig. Nach ganz herrschender Meinung begrenzt die Bestimmung aber nur das Notwehr- bzw. Nothilferecht des Staates, nicht hingegen das entsprechende Recht der Staatsbürger

---

1843 „General Comment" No. 29 para. 3.

1844 „General Comment" No. 29 para. 12.

1845 Nowak verweist in diesem Kontext auf die Parallelen von VNAFK und IPbpR, wobei er ausdrücklich auch die EMRK mit einbezieht (Nowak/McArthur, Convention against Torture, Art. 2, Rn. 62).

1846 EGMR, Gäfgen/Germany, application no. 22978/05, Kammer-Urt. v. 30.06.2008, HUDOC, Rn. 69 und EGMR, Gäfgen/Germany, application no. 22978/05, Urt. Große Kammer v. 01.06.2010, HUDOC, Rn. 87.

1847 Schlenzka, Rettungsfolter, S. 342. Dort erfolgt allerdings auch der treffliche Hinweis, der Staatsnotstand sei aufgrund der anderen Schutzrichtung ein aliud zum privaten Notstand. Hierdurch verbiete sich ein Schluss a maiore ad minus (Schlenzka, a.a.O., S. 343).

untereinander.[1848] Kann die EMRK aber nicht einmal das Recht der einzelnen Staatsbürger ausschließen, zur Abwehr von Angriffen auf Sachwerte tödliche Gewalt anzuwenden, wie soll die Konvention einem bedrohten Menschen dann das Recht zur Notwehr als Selbstschutzmaßnahme verwehren? Diese Frage drängt sich angesichts des Status der Notwehr – zumindest wenn sie der Selbstverteidigung dient – als Rechtsinstitut des zwingenden Völkerrechts förmlich auf.[1849] Zudem muss nach dem für „öffentliche Notstände" im Sinne von Art. 15 Abs. 1 EMRK ausgearbeiteten, landläufigen Kriterienkatalog der Konventionsorgane eine direkte Bedrohung vorliegen, deren Auswirkungen die ganze Nation betreffen, ein gedeihliches Zusammenleben ungewiss machen, und denen mit gewöhnlichen Rechtseinschränkungen nicht mit hinreichender Erfolgsaussicht begegnet werden kann.[1850] Es sind jedoch keine Gründe ersichtlich, die vorliegend ein Abweichen von diesem Kriterienkatalog rechtfertigen. So weist auch Schlenzka darauf hin, der von ihr genannte Interpretationsansatz sei keinesfalls zwingend.[1851] Wollte man Schlenzkas Interpretationsansatz dennoch teilen, so ist zu berücksichtigen, dass die Auslegung der EMRK durch den EGMR nur für diese Konvention – und nur für deren Vertragsstaaten – bindend ist. Ihr kommt keine bindende Wirkung für die Auslegung der VNAFK zu.

Nach dem Vorgesagten ist der über den Begriff „öffentlicher Notstand" in Art. 2 Abs. 2 VNAFK vermittelte Zweck, den hoheitlichen Zugriff auf unveräußerliche Rechte unter Verweis auf übergeordnete Belange des Gemeinwesens zu versagen.[1852] Eine völlig andere Situation ist die „(...) punktuell zugespitzte Konfliktlage des einzelnen (...), der im Kampf mit einem akuten Rechtsbruch mit ganz konkreten verheerenden Auswirkungen konfrontiert wird (...)"[1853].

Da rein grammatisch ein „individueller" eben kein „öffentlicher Notstand" ist, legt auch der Wortlaut eine Beschränkung auf Fälle des Staatsnotstandes nah. Zudem besitzt der Begriff „emergency" nicht einmal eine Verbindung zum strafrechtlichen Notstandsregime, das durch die Begriffe „duress" und „necessity"

1848 Fahl, Jura 2007, S. 743 (748f.), Fn. 106; Fischer, § 32, Rn. 40; s. auch Nachweise bei Roxin, Strafrecht AT, Band I, § 15, Rn. 86, Fn. 190.

1849 Zur „ius cogens"-Qualität der Notwehr s.o. 2. Teil, Drittes Kap., III), 1), a), aa).

1850 Diese Kriterien gewinnt Nowak aus der „Staßburger Praxis" (Nowak, IPbpR, Art. 4, Rn. 14).

1851 Schlenzka, Rettungsfolter, S. 342. Die Annahme ergebe sich weder aus dem Normtext, noch könne sie aufgrund eines Schluss a maiore ad minus dergestalt hergeleitet werden, „(...) wenn schon kein Staatsnotstand die Folter ausnahmsweise rechtfertigen kann, [könne] es der Tod eines Einzelnen schon gar nicht (...), da der Staatsnotstand (...) ein aliud zum privaten Notstand ist (Schlenzka, a.a.O., S. 342f.)."

1852 Erb, Jura 2005, S. 24 (28).

1853 Erb, Jura 2005, S. 24 (28).

gekennzeichnet ist.[1854] Letztlich ist und bleibt „emergency" ein staatsrechtlicher Terminus.

Ein systematischer Ansatz, der einen Ausschluss jeglicher Berufung auf Straffreistellungsgründe zu begründen sucht, vermag nicht zu überzeugen. So falle die Verpflichtung des Art. 7 VNAFK[1855] unter das Regime des Art. 2 VNAFK, wodurch für das Regime der erstgenannten Vorschrift auch der Ausschluss in Art. 2 Abs. 2 VNFK gelte.[1856] Es mag aus Gründen der Teleologie, insbesondere der effektiven Umsetzung des Vertragsziels (vgl. Art. 2 Abs. 1 VNAFK), sinnvoll erscheinen, den Art. 7 VNAFK dem Regime des Art. 2 Abs. 2 VNAFK zu unterstellen. Einerseits kann das Vertragsziel jedoch trotz Möglichkeit der Geltendmachung von Straffreistellungsgründen erreicht werden. Wie gezeigt, führt eine ex post Straffreistellung im Einzelfall nicht unbedingt zu dem notorischen Dammbruch.[1857] Andererseits stehen die vorbezeichneten Artikel nicht einmal in unmittelbarer Folge. Sie sind lediglich im Teil I der VNAFK aufgeführt. Dort stehen aber auch Vorschriften, die nur folternahe Misshandlungsarten betreffen (insb. Art. 16 VNAFK), während andere der dortigen Bestimmungen nur für Folter i.e.S. gelten. Ausweislich obiger Ausführungen handelt es sich um stark differierende Regimes.[1858] So kann der gemeinsamen Nennung in Teil I der Konvention keine enge Interdependenz zwischen Art. 7 und Art. 2 Abs. 2 VNAFK entnommen werden.

Nach dem von Shany vertretenen systematischen Ansatz soll sich die Regelung des Art. 2 Abs. 2 VNAFK jedoch auch deshalb im strafrechtlichen Bereich auswirken, weil der nachfolgende Art. 2 Abs. 3 VNAFK sich (was unstreitig gestellt wird) auf Strafverfahren beziehe.[1859] Wäre eine strafrechtliche Dimension beabsichtigt gewesen, hätte aber analog Art. 2 Abs. 3 VNAFK ein strafrechtlich konnotierender Wortlaut gewählt werden müssen. Diese Wertung wird durch die Regelung des Art. 4 VNAFK bestärkt, wo die Pönalisierungspflicht umfassend und konkret beschrieben wird. Danach benennt die Konvention strafrechtliche Pflichten entweder ausdrücklich als solche, oder sie ergeben sich unzweifelhaft aus Sinn und Zweck einer Vorschrift, deren Wortlaut einen entsprechenden Schluss auch zweifellos ermöglicht. Dies ist der besonderen Legitimationsbedürftigkeit strafrechtlicher Vorgaben in internationalen Übereinkünften geschuldet. Anders verhält es sich jedoch in Art. 2 Abs. 2 VNAFK, der weder einen

---

1854 Siehe oben 2. Teil, Drittes Kap., III), 1), a).

1855 Im Wesentlichen ist in Art. 7 VNAFK der Grundsatz „aut dedere, aut iudicare" festgeschrieben.

1856 Shany, CULR 2007, Rn. 864, Fn. 108.

1857 Siehe oben 2.Teil, Zweites Kap., IV).

1858 Siehe oben 1. Teil, Zweites Kap., II), 2), a), ac), (2).

1859 Shany, CULR 2007, Rn. 864, Fn. 108; vgl. auch Nowak/McArthur, Convention against Torture, Art. 2, Rn. 63.

ausdrücklichen strafrechtlichen Bezug aufweist, noch eines Sinns benommen würde, sähe man ihn nicht (auch) im strafrechtlichen Kontext. Besonders bei materiell strafrechtlichen, belastenden Vorschriften erfordert das dem Gewohnheitsrecht unterfallende Gesetzlichkeitsprinzip eine präzise Formulierung des Vertragstextes, um nicht Gefahr eines Verstoßes gegen Analogieverbot und Bestimmtheitsgrundsatz zu laufen.

Ferner ist ein Hinweis Burgers erwähnenswert, nach dem das Derogationsverbot der VNAFK im Zusammenhang mit dem humanitären Völkerrecht zu sehen ist,[1860] welches für bewaffnete Konflikte ein striktes Folterverbot statuiert. Einer Person, die sich einer Anklage wegen Kriegsverbrechen gegenübersieht, steht es ausweislich obiger Ausführungen nun gerade zu, sich auf individuellen Notstand und andere Straffreistellungsgründe zu berufen.[1861] Wenn aber sogar für Kriegsverbrechen, also Taten, die ein unrechtsverstärkendes Kontextelement erfüllen, Straffreistellungsgründe geltend gemacht werden können, ist nicht ersichtlich, warum dies im Falle der Folter in Friedenszeiten – ohne Erfüllung des chapeau der Menschlichkeitsverbrechen – nicht möglich sein sollte. Zumal diese Möglichkeit grundsätzlich auch in Verfahren wegen anderer „core crimes" besteht.

Danach kann die Auslegung des Begriffs „justification (of torture)" in Art. 2 Abs. 2 VNAFK eigentlich dahinstehen.

Dennoch soll der Hinweis nicht ausbleiben, dass der Begriff keinesfalls mit dem Terminus „defences" gleichgesetzt werden kann.[1862] So mag die Unterscheidung zwischen Rechtfertigungs- und Entschuldigungsgründen für das überkommene Völkerstrafrecht nicht primär maßgeblich sein.[1863] Im common law wurde bei Totschlag bis 1828 allerdings auch in der Praxis zwischen Rechtfertigungs- und Schuldebene unterschieden.[1864] Danach wurde jedenfalls in der Rechtswissenschaft weiterhin an der Unterscheidung festgehalten, was durchaus – wenn auch selten – Auswirkungen auf die Praxis hatte.[1865]

Sollte entgegen hiesiger Ansicht überhaupt eine strafrechtliche Wirkung des Art. 2 Abs. 2 VNAFK beabsichtigt sein, so sprechen die überwiegenden Gründe für eine Wirkung des Ausschlusses lediglich auf Rechtfertigungsebene. Neben dem Wortlaut spricht hierfür, dass bei einer Rechtfertigung im Einklang mit der Rechtsordnung gehandelt wurde, im Rahmen eines Schuldausschlusses jedoch nur deshalb keine Straftat vorliegt, weil besondere Gründe gegeben sind, welche

1860 Burgers/Danelius, Convention against Torture, S. 125.

1861 S.o. 2. Teil, Drittes Kap., III), 1).

1862 A.A. Beutler, Strafbarkeit der Folter zu Vernehmungszwecken, S. 283ff.

1863 Vgl. Beutler, Strafbarkeit der Folter zu Vernehmungszwecken, S. 284.

1864 Schlenzka, Rettungsfolter, S. 165.

1865 Schlenzka, Rettungsfolter, S. 166.

die persönliche Vorwerfbarkeit ausschließen.[1866] Anders als bei einer Rechtfertigung, liegt der Erfolg bei einer Entschuldigung nicht im Interesse des (Rechts-) Staates.[1867] Auf diesen Überlegungen fußt die von Schlenzka vertretene „Entschuldigungslösung".[1868] Wenn überhaupt, so erscheint ein daran orientierter strafrechtlicher Telos der Ausschlussklausel des Art. 2 Abs. 2 VNAFK denkbar. Ferner kommt dem Schuldprinzip völkergewohnheitsrechtliche Qualität zu.[1869] Ein zugleich Entschuldigungsgründe umfassender Ausschluss wäre somit höchst problematisch.[1870] Da der weite Begriff „defences" auch prozessuale Verfolgungshindernisse wie die Strafunmündigkeit umfasst,[1871] müsste nach dem extensiven Verständnis Beutlers beispielsweise ein Minderjähriger, gar ein Kind, wegen Folter bestraft werden. Obwohl es international differierende Auffassungen über das Alter der Strafmündigkeit geben mag,[1872] ist es ausweislich der Aufnahme von Art. 26 in das ICCS doch weitestgehend Konsens, geistige Reife bzw. Entwicklung als Strafverfolgungsvoraussetzung zu begreifen. Dies spricht ebenfalls gegen Beutlers weite Interpretation der Klausel.

Eine Erstreckung des Derogationsverbots in Art. 2 Abs. 2 VNAFK auf den strafrechtlichen Bereich lässt sich im Ergebnis nicht belegen.[1873] Sollte eine strafrechtliche Dimension entgegen hiesiger Meinung dennoch unterstellt werden, so wäre über die Klausel allenfalls die Geltendmachung von Rechtfertigungsgründen für Folter i.e.S. ausgeschlossen.

b) Nationale Straffreistellung und Gewährleistungs- bzw. Pönalisierungspflichten

Nun gilt es zu klären, ob Pönalisierungs- bzw. Gewährleistungspflichten verlangen, eine Verletzung des Folterverbots stets und unabhängig vom Vorliegen individueller Straffreistellungsgründe zu bestrafen. Dies ist ebenfalls umstritten.[1874]

1866 Schlenzka, Rettungsfolter, S. 165f.

1867 Schlenzka, Rettungsfolter, S. 165f.

1868 Dazu s.o. 2. Teil, Zweites Kap., IV), 5).

1869 Werle, Völkerstrafrecht, Rn. 116, m.w.N. in Fn. 228.

1870 Freilich gilt dies (sogar in gesteigertem Maße) auch für Notwehr als Selbstschutzmaßnahme. Unter anderem deshalb wird hier ja eine generelle Unbeachtlichkeit des Art. 2 Abs. 2 VNAFK im strafrechtlichen Kontext angenommen.

1871 Werle, Völkerstrafrecht, Rn. 397, Fn. 14 m.w.N.

1872 Dazu s. Clark/Triffterer in Triffterer, Rome Statute Commentary. Art. 26, Rn. 1ff.

1873 Gössel (in Dannecker et al.: Festschrift Otto), »Absolute« Folterverbote, S. 41 (46); Schlenzka, Rettungsfolter, S. 344.

1874 Vgl. Fahl, JR 2004, S. 182 (183); Fahl, Jura 2007, S. 743 (747f.); Gaede (in Camprubi: Angst und Streben nach Sicherheit), Fragilität des Folterverbots, S. 155 (186ff.); Gös-

Nach Art. 4 VNAFK sind die Vertragsstaaten verpflichtet, Folter i.e.S. zu pönalisieren. Fraglich ist, ob dadurch vorgeschrieben wird, jedes „tatbestandliche" Verhalten ausnahmslos zu bestrafen.

Art. 4 Abs. 2 VNAFK schreibt eine Strafbewehrung „(...) mit angemessenen Strafen, welche die Schwere der Tat berücksichtigen" vor. Da die Schwere von Folterungen variiert, ist mit dem AFA von einem Strafrahmen auszugehen, der sich nach vorbezeichnetem Ausschuss auf zwischen 6 und 20 Jahren Freiheitsstrafe belaufen soll.[1875] Mit dem jeweiligen Unrecht einer Foltertat korrespondiert die individuell verwirklichte Schuld. Die Konvention erkennt den Schuldgrundsatz somit (mittelbar) an, warum sie die Geltendmachung von Entschuldigungsgründen auch nicht ausschließen dürfte.[1876] Außerdem stellt die Konvention – gewiss aus Gründen des Gesetzlichkeitsprinzips – unmissverständlich klar, wenn sie einen Straffreistellungsgrund generell ausschließen will. Da dies nur in Art. 2 Abs. 3 VNAFK geschehen ist, ist von einem konventionsbedingten Ausschluss weiterer „defences" nicht auszugehen. „Überdies zielt ein Pönalisierungsgebot ohnehin immer nur auf die generelle Strafbewehrung eines Rechtsguts, ohne die Details an den Strafandrohungsrändern zu dirigieren (...)."[1877] Damit folgt der VNAFK-Pönalisierungspflicht schon grundsätzlich keine ausnahmslose Strafpflicht.

Eine Bestrafungspflicht lässt sich im Völkergewohnheitsrecht – gleich der Situation im Rahmen der VNAFK – nur für Folter i.e.S. belegen.[1878] Mögen die inhaltlichen Einzelheiten einer derartigen Pflicht auch ungewiss sein,[1879] so ist jedenfalls sicher, dass ihr kein absolutes völkerrechtliches Verbot von Straffreistellungsmaßnahmen folgt.[1880]

Der IPbpR enthält überhaupt keine expliziten Pönalisierungs- bzw. Strafverfolgungspflichten. Solche Pflichten werden durch den VNMRA jedoch aufgrund

---

sel (in Dannecker et al.: Festschrift Otto), »Absolute« Folterverbote, S. 41 (46); Jerouschek/Kölbel, JZ 2003, S. 613 (619f.); Perron (in Heinrich et al.: Festschrift Weber), Foltern in Notwehr, S. 143 (152).

1875 So die Analyse einschlägiger AFA-Verlautbarungen von Ingelse in NQHR 2000, S. 307 (342).

1876 Folgerichtig geht Fahl davon aus, die VNAFK würde einer Negation der Strafbarkeit wegen alkoholbedingter Schuldunfähigkeit oder (unvermeidbarem) Verbotsirrtum nicht entgegenstehen (Fahl, JR 2004, S. 182 (183), Fn. 87).

1877 Jerouschek/Kölbel, JZ 2003, S. 613 (619f.).

1878 Siehe oben 1. Teil, Drittes Kap., V).

1879 Beutler, Strafbarkeit der Folter zu Vernehmungszwecken, S. 293.

1880 Vgl. Ambos, AVR 1999, S. 318 (356). Nach vorgenanntem Autor belegen solche Pflichten lediglich bei schweren Menschenrechtsverletzungen eine Unzulässigkeit von absoluter Straffreistellung, womit insbesondere Amnestien gemeint sind (Ambos, a.a.O. unter Verweis auf „General Comment" No. 20, para. 15).

eines Zusammenwirkens der Artikel 2 und 7 IPbpR unterstellt. Die Feststellungen des Menschenrechtsausschusses sind aber nicht bindend. Zudem bedingt eine Pönalisierungspflicht keinesfalls den Ausschluss jedweder „defences“. Letztgenannter Aussage steht aber möglicherweise entgegen, dass dem VNMRA zufolge „(...) kein Grund, einschließlich des Befehls eines Vorgesetzten oder einer öffentlichen Behörde, als Rechtfertigung oder mildernder Umstand zur Entschuldigung einer Verletzung des Art. 7 [IPbpR] geltend gemacht werden kann“.[1881] Diese Formulierung verwundert, sind Konventionsverletzungen durch Individuen doch trotz unterstellter „horizontaler Wirkung“ nicht möglich. Da es sich bei Art. 7 IPbpR um keine völkerstrafrechtliche Bestimmung handelt, spricht einiges dafür, davon auszugehen, der VNMRA verlange den Vertragsstaaten im Rahmen der Gewährleistungs- bzw. Schutzpflichtendimension ab, ihr Strafrecht an besagte Vorgabe anzupassen und jedweden Straffreistellungsgrund für Folter i.w.S. auszuschließen. Allerdings mangelt es nach Ansicht des Ausschusses zumeist gar nicht an strafrechtlichen Verurteilungen bzw. Schuldsprüchen. Vielmehr kritisiert der VNMRA die lasche Strafvollstreckungspraxis, beispielsweise im Falle einiger spanischer Polizisten, die sich Misshandlungsvorwürfen gegenübersahen.[1882] Weiter stellt er lediglich fest, Verhaltensweisen, die im Sinne von Art. 7 IPbpR „tatbestandlich“ seien, müssten angemessen bestraft werden.[1883] Diesen Überlegungen ist nicht zu entnehmen, ob sich der VNMRA überhaupt mit der Problematik der strafrechtlichen Bewertung von Selbstschutzmaßnahmen in Rettungsfoltersituationen auseinandergesetzt hat. Eine strafrechtliche Berücksichtigung solcher Situationen schließen vorgenannte Erwägungen nicht zwangsläufig aus. Ferner hat der Ausschuss Amnestien nur für Folter i.e.S. und nur grundsätzlich für inkompatibel mit den in Rede stehenden Pflichten gehalten.[1884] Hält er aber Amnestien für folternahe Misshandlungen, vielleicht sogar – im Einzelfall und unter engsten Voraussetzungen – für Folter i.e.S. denkbar, so kann nicht unterstellt werden, er verlange ausnahmslos eine Bestrafung der unter das Verbot fallenden Verhaltensweisen. Sollte „General Comment“ No. 20 para. 3 dennoch den Ausschluss jeglicher Straffreistellungsgründe bezwecken, so wäre dies jedenfalls nicht verbindlich.

Eine Pönalisierungs- bzw. Strafverfolgungspflicht wird vom EGMR zwar bindend unterstellt, den Ausführungen des EGMR ist aber kein Gebot zu entnehmen, nachdem Folterer ausnahmslos zu bestrafen sind.[1885] Nicht einmal die naheliegende Heranziehung des Ausschlusses der Berufung auf Befehlsnotstand,

---

1881 „General Comment“ No. 20 para. 3.

1882 UN doc. CCPR/C/79/Add. 61.

1883 UN doc. CCPR/C/79/Add. 94, para. 13.

1884 „General Comment“ No. 20 para. 15.

1885 Gaede (in Camprubi: Angst und Streben nach Sicherheit), Fragilität des Folterverbots, S. 155 (187); s. auch oben 1. Teil, Zweites Kap., II), 2), b), aa), (1), (e).

wie in der VNAFK geregelt, findet sich in der Rechtsprechung des Gerichtshofs zu Art. 3 EMRK. Vielmehr hat der Gerichtshof die Überprüfung der individuellen Strafbarkeit von Personen, deren Verhalten Grundlage eines Konventionsverletzungsverfahrens war, im Verantwortungsbereich des jeweiligen Mitgliedsstaates gesehen.[1886] Liegt die strafrechtliche Verfolgung vorgenannter Fälle aber im Verantwortungsbereich der Mitgliedsstaaten, so unterliegen sie auch gänzlich der staatlichen Strafrechtsordnung, die regelmäßig Straffreistellungsgründe vorsehen wird. Dieser Befund wird dadurch unterstrichen, dass der Schuldgrundsatz auch der EMRK nicht fremd ist.[1887] Demnach sind Straffreistellungsgründe auf Ebene der Schuld definitiv anwendbar. Eine Ausprägung konventionsbedingter Gewährleistungspflichten dahingehend, Straffreistellungsgründe seien kategorisch ausgeschlossen, könnte sich überhaupt nur durch ein andernfalls zu befürchtendes „Leerlaufen" des Art. 3 EMRK begründen. Ausweislich obiger Erwägungen impliziert eine ex post Straffreistellung im Einzelfall aber kein Dammbruchrisiko. Neben der grundsätzlich unabhängig von einer Straffreistellung bestehenden Staatenverantwortlichkeit und des mit ihr verbundenen kollektiven Abschreckungspotentials wirken im (entscheidenden) Falle des Handelns von Hoheitsträgern – neben dem generell bestehenden Strafbarkeitsrisiko – disziplinarische Konsequenzen individuell abschreckend. Gaede wittert bei jeglicher Straffreistellung einen „Widerspruch zum rechtlichen Prinzip".[1888] Einen solchen Widerspruch würde er für eine Rechtfertigung wohl zweifellos unterstellen, ist ihr doch zu entnehmen, dass das zugrundeliegende Verhalten im Einklang mit der Rechtsordnung steht. Entgegen dieser Einschätzung wahrt die strafrechtliche „Rechtfertigungslösung" aber nicht nur die wichtigsten Momente des Folterverbots. Vielmehr führt sie zu einem nützlichen Ausgleich der (Gesamt-)Interessen bei konsequenter Berücksichtigung der Verantwortlichkeiten.[1889]

1886 So konzedierte der EGMR den französischen Strafgerichten im Fall Selmouni/France die Entscheidungshoheit über die strafrechtliche Aburteilung von Beamten, die der Folter verdächtig waren (EGMR, NJW 2001, S. 56ff.).

1887 Gaede (in Camprubi: Angst und Streben nach Sicherheit), Fragilität des Folterverbots, S. 155 (188).

1888 Gaede (in Camprubi: Angst und Streben nach Sicherheit), Fragilität des Folterverbots, S. 155 (187). Wohlgemerkt thematisiert er die Problematik im Zusammenhang mit dem Verhalten von Amtsträgern. Ob er sich gleichermaßen strikt gegen die Straffreistellung von „Privaten" aussprechen würde, bleibt offen.

1889 Bei Gromes erfolgt der zweckdienliche Hinweis, nach dem der Konvention über Art. 2 EMRK angelegen sei, das Bemühen um den Schutz schuldlos angegriffener Menschen anzuerkennen (Gromes, Präventionsfolter, S. 196). Demnach bürde die EMRK auch keinem Amtsträger auf, persönlich für seine Nothilfe in einem Sinne haftbar gemacht zu werden, der gleichsam eine strafrechtliche Rechtfertigung ausschließt (Gromes, a.a.O.).

Im Ergebnis besteht keine aus VNAFK, EMRK, IPbpR oder dem Völkergewohnheitsrecht resultierende Pflicht, Folter i.w.S. ausnahmslos zu bestrafen.[1890]

3) Zwischenergebnis

Im Rahmen des ICCS ist eine Straffreistellung für Rettungsfolter auf verschiedene Arten und grundsätzlich auch für alle vom Statut erfassten Völkerrechtsverbrechen denkbar.

Wie im deutschen Strafrecht ist Notwehr als Rechtfertigungsgrund vorgesehen (Art. 31 Abs. 1 lit. c ICCS), der für Rettungsfolter gegebenenfalls fruchtbar gemacht werden kann. Aufgrund der subjektiven Konzeption des Art. 31 Abs. 1 lit. d ICCS kommt – entgegen der Rechtslage in Deutschland – auch im Falle des Handelns eines Soldaten, also eines Hoheitsträgers, eine Notstandsrechtfertigung in Betracht. Die vorgenannten Rechtfertigungsgründe können aber nur bei Selbstschutzmaßnahmen geltend gemacht werden, da bei einer Rechtfertigungsmöglichkeit für Rettungsfolter als Verteidigungs- bzw. Notstandsmaßnahme zugunsten Dritter eine unkalkulierbare Dammbruchgefahr zu befürchten stünde. Auf Ebene der Schuld kann unter Berufung auf „Handeln auf Befehl" im Sinne von Art. 33 ICCS lediglich eine erniedrigende Behandlung zur Aussageabnötigung im Rahmen der Kriegsverbrechen von Strafe freigestellt werden. Hingegen können Tatsachen- und (eingeschränkt) Rechtsirrtümer zu einer Straffreistellung für Folter i.w.S. führen.[1891]

Für Folter i.w.S. als „delictum iuris gentium" im Sinne der GA lässt sich unter Rückgriff auf die Allgemeinen Grundsätze des Strafrechts im Teil 3 des ICCS festhalten, dass Straffreistellungsgründe definitiv geltend gemacht werden können.

Daneben können solche Gründe für Folter i.e.S. als „discrete crime" im Sinne der VNAFK fruchtbar gemacht werden. Zudem erfassen weder das Derogationsverbot der VNAFK noch die entsprechenden Regelungen im IPbpR oder der EMRK ein situatives individuelles Angriffs- bzw. Bedrohungsszenario, welches

---

1890 Vgl. Erb, Jura 2005, S. 24 (28), Fn. 46; Fahl, Jura 2007, S. 743 (748), Fn. 106; Jerouschek/Kölbel, JZ 2003, S. 613 (620), Fn. 74; a.A. Perron (in Heinrich et al.: Festschrift Weber), Foltern in Notwehr, S. 143 (152).

1891 Unter Umständen könnten auch innerstaatliche Amnestien einer Zulässigkeit eines Verfahrens vor dem ICC entgegenstehen (vgl. Werle, Völkerstrafrecht, Rn. 251, m.w.N. in Fn. 516), weshalb sie nicht unerwähnt bleiben sollen (s. ergänzend Gropengiesser/Meissner, ICLR 2005, S. 267ff.). Immunitäten sind ausweislich der Regelung in Art. 27 Abs. 1 ICCS völkerstrafrechtlich weitestgehend unbeachtlich. Ansonsten würde der Schutzzweck des Völkerstrafrechts auch schwerwiegend konterkarriert, denn ein wirksamer Immunitätsschutz käme gerade den mächtigsten Urhebern von Völkerrechtsverbrechen zu Gute (Werle, a.a.O., Rn. 695ff.).

Grundlage einer Straffreistellung sein kann. Weiterhin schließen weder gewohnheitsrechtliche, noch konventionsbedingte Pönalisierungspflichten die Möglichkeit für Einzelpersonen aus, sich in einem Strafverfahren wegen Folter i.w.S. auf Strafausschlussgründe zu berufen.

IV) Ergebnis 3. Kapitel

Wie die Ausführungen in diesem Kapitel gezeigt haben, bestehen im IHL und im IHRL überhaupt keine Möglichkeiten, Ausnahmen vom Verbot der Folter i.e.S. zu machen. Das Verbot ist dort durchweg absolut und notstandsfest gewährleistet, und es wird durch gleichartige gewohnheitsrechtliche Verbote flankiert.

Im Kriegsvölkerrecht ist der Schutz von Zivilisten allerdings insofern etwas schwächer ausgestaltet, als es bei den anderen durch das Genfer Recht geschützten Gruppen der Fall ist, da nach GA IV unter gewissen Umständen Einschränkungen im Schutz vor erniedrigenden Behandlungen denkbar sind. Im IHL könnte ganz generell daran gezweifelt werden, ob der Schutz vor folternahen Misshandlungsarten das für Folter i.e.S. etablierte Schutzniveau erreicht. Jedenfalls fallen erniedrigende Behandlungen nicht unter das „grave breaches"-Regime. Zudem bestehen gewisse Unsicherheiten, welche Verhaltensweisen sich unter die grausame, unmenschliche oder erniedrigende Strafen oder Behandlungen betreffenden Vorschriften subsumieren lassen. Hieran scheitert ein entsprechendes gewohnheitsrechtliches Verbot. Allerdings unterminieren die Unsicherheiten auf Definitionsebene nach hiesigem Verständnis nicht die Absolutheit der dies betreffenden Bestimmungen. Gleiches gilt für Einschränkungen auf Schutzbereichsebene, welche das gesamte Verbot der Folter i.w.S. betreffen. Exemplarisch für solche Beschränkungen ist das Problem um die Ungewissheit, ob eigene Staatsangehörige in den Schutzbereich des Art. 75 ZP I fallen.

Auch das IHRL zeigt sich angesichts des Misshandlungsschutzes – nicht nur betreffend Folter i.e.S. – unnachgiebig. Dort existiert zwar ebenfalls kein gewohnheitsrechtliches Verbot folternaher Misshandlungsarten, der weltweit wirkungsmächtige IPbpR und regionale Menschenrechtskonventionen wie die EMRK und die AMRK verbriefen aber auch insofern einen absoluten und notstandsfesten Schutz. Einschränkungen im Schutz vor solchen Misshandlungen sind jedoch dort zu besorgen, wo ein Staat weder Mitglied in einschlägigen internationalen, noch in entsprechenden regionalen Übereinkünften ist.

Wegen der strikten Vorgaben in IHL und IHRL sind die relevanten Begrifflichkeiten generell restriktiv auszulegen, was aufgrund des unbedingt zu erhaltenden besonderen Stigmas in gesteigertem Maße für Folter i.e.S. gilt. Im Einzelfall angezeigte Interessenabwägungen können durch besonders restriktive Auslegung auf „Tatbestandsebene" vorgenommen werden.

Eingedenk der Situation de lege lata sind die wenig glaubhaft als Exzess Taten Einzelner relativierten Misshandlungen von islamistischen „Gotteskriegern“, die zumeist durch zivile oder militärische US-Hoheitsträger begangen wurden, eindeutig völkerrechtswidrig. Aus Perspektive des Kriegsvölkerrechts muss allerdings festgestellt werden, dass der Gleichklang zum Misshandlungsschutz im IHRL, welches wohlgemerkt auf Friedenszeiten zugeschnitten ist, der Situation des asymmetrischen Kampfs gegen den internationalen Terrorismus nicht vollends gerecht wird. Die besonderen Notwendigkeiten und berechtigten Sicherheitsanliegen beispielsweise der USA im Kampf in Afghanistan oder dem „Nachkriegsirak“ erfordern eine vorsichtige Anpassung des Konfliktrechts de lege ferenda. Insofern sind weitgehendere Einschränkungsmöglichkeiten des Selbstbestimmungsrechts Gefangener vonnöten.

Eine andere Frage ist es hingegen, ob im Völkerstrafrecht eine ausnahmslose Pflicht zur Bestrafung tatbestandlicher Misshandlungen besteht.

Da Strafrecht „ultima ratio“ ist und bleiben soll, ist die individuelle Ebene grundsätzlich von der staatlichen zu trennen. Nicht alles, was dem Staat als überlegenem Machtapparat aus gutem Grunde verboten ist, muss auch dem Individuum mit seinen begrenzten Möglichkeiten – sogar bei Strafandrohung – verboten sein. Dieser Erkenntnis folgt auch das Völkerstrafrecht.

So erkennt es im Rahmen des weitestgehend Gewohnheitsrecht abbildenden ICCS im Allgemeinen für alle erfassten „core crimes“ eine Möglichkeit der Straffreistellung an. Dies geschieht unabhängig von der Stellung eines Täters als Hoheitsträger. Schließlich werden die meisten Völkerrechtsverbrechen von irgendwie in einen staatlichen oder sonstigen Machtapparat integrierten Personen begangen. Anders wäre das jeweils notwendige Kontextelement auch kaum erfüllbar. Für Rettungsfolter als Selbstschutzmaßnahme besteht eine Rechtfertigungsmöglichkeit über Notwehr und Notstand. Daneben können Entschuldigungsgründe und Irrtümer geltend gemacht werden. Nicht anders zeigt sich die Situation bezüglich des „delictum iuris gentium“ der Folter i.w.S. nach den GA bzw. der Folter i.e.S. nach der VNAFK. Ferner besagen weder Gewohnheitsrecht, EMRK noch IPbpR, Folter i.w.S. müsse aufgrund etwaiger Gewährleistungs- bzw. Pönalisierungspflichten ausnahmslos bestraft werden.

Zusammenfassung 2. Teil

Ausweislich der Analyse zu Beginn des 2. Teils können durch die Anwendung der Folter verschiedene Rechtsgüter tangiert werden, die in den Menschen- und Grundrechten verwurzelt sind. Hier ist an vorderster Stelle die Menschenwürde als Eigenwert zu nennen, die daneben in weiteren subjektiven Rechten anklingt, welche ihrerseits einen eigenständigen Geltungsanspruch besitzen. Neben der Verletzung individueller ist die Beeinträchtigung überindividueller Rechtsgüter denkbar, z.B. des Rechts auf ein faires Verfahren.

Wie die sodann angestellten Überlegungen belegen, ist die emphatisch propagierte Absolutheit der Menschenwürde sogar in Deutschland, wo das Grundrecht an prominentester Stelle der Verfassung steht, nicht jeder Abwägung entzogen. Dies konnte anhand verschiedener Rechtsinstitute, welche bei nüchterner Betrachtung allesamt Eingriffe in die Menschenwürde der ihnen unterworfenen Personen beinhalten, und der Rechtsprechung des Bundesverfassungsgerichts festgestellt werden. Einschränkungen des Würdeschutzes sind allerdings an feste Grundsätze gebunden, für die drei maßgebliche Prinzipien herausgearbeitet werden konnten: Nützlichkeits-, Vorverhaltens- und Autonomieprinzip.

Weiter wurde festgestellt, dass keines der analysierten Rechtsinstitute vollends die Implikationen mit Folter teilt. Dies gilt insbesondere auch für den finalen Rettungsschuss, der von Winfried Brugger und anderen Befürwortern einer Ausnahme vom Folterverbot im Extremfall gerne angeführt wird. Schließlich führt dieser unmittelbar zur Rettung, Folter jedoch – wenn überhaupt – nur indirekt. Zudem ist der Erschossene ziemlich sicher Täter, während der „peinlich" Befragte häufig nur Verdächtiger ist. Da weder Folter, noch ihr ähnelnde Misshandlungsarten, rechtsstaatlich handhabbar gemacht werden können, ist eine Prozeduralisierung nicht möglich. Eine Gestattung der Folter i.w.S. vermittels öffentlich-rechtlicher Ermächtigungsgrundlage würde nicht zuletzt wegen des erheblichen Dammbruchrisikos mehr Fluch als Segen bringen, weshalb sie im Widerspruch zum Nützlichkeitsprinzip stünde.

Anders als die Situation im öffentlichen Recht, wo auch die Gestattung lediglich im Extremfall bereits einen Ausnahmetatbestand schaffen würde, fällt die Bewertung aus einer strafrechtlichen Perspektive aus. Die strafrechtliche ex post Betrachtung ermöglicht es grundsätzlich, den von einer Einzelperson zu gewärtigenden Angriff bzw. die durch einen Aggressor bedungene Gefährdung höchster Rechtsgüter als Grund für eine Straffreistellung von Rettungsfolter anzuerkennen. Eine Dammbruchgefahr wäre lediglich im Falle der Nothilfe durch hoheitliche Sicherheitskräfte zu besorgen, weshalb eine entsprechende Rechtfertigung nur in dem Ausnahmefall engster (Verwandtschafts-)Bindung zwischen Verteidiger und Verteidigtem akzeptabel erscheint. Hingegen steht die Notwehrrechtfertigung im Falle von Selbstschutzmaßnahmen generell im Einklang mit der Rechtsordnung. Es wäre schlichtweg inakzeptabel, wenn ein Mensch, der sich in einer Notsituation mit Maßnahmen der Informationsabnötigung verteidigt, vom eigentlichen Angreifer – gerechtfertigt über Notwehr – sogar getötet werden dürfte. Dieses Ergebnis wäre bei strikter Anwendung der strafrechtlichen Dogmatik aber zwingend, alleine, es stünde den Verantwortlichkeiten und (grund-)rechtlichen Wertentscheidungen diametral entgegen. Ein rechtfertigender Notstand kann im Falle der Rettungsfolter wegen der tatbestandlichen Weiten der Norm und der damit einhergehenden Missbrauchsgefahr weder von Privatpersonen noch von Hoheitsträgern geltend gemacht werden. Da strafrechtliche Entschuldigungsgründe eine Tat nicht vom Unrechtsverdikt befreien, und ein Normgeltungsschaden für die öffentlich-rechtlichen Folterverbote i.w.S. durch die Möglichkeit der Berufung auf sie nicht zu befürchten steht, sind sie unabhängig von einer hoheitlichen Stellung des Verteidigers allgemein anwendbar.

Gleich der Situation in Deutschland, ist das Verbot der Folter i.e.S. sowohl im IHL, als auch im IHRL absolut und notstandsfest. Diese strikte Konzeption rechtfertigt sich durch die klare Adressierung der entsprechenden Regelungen allein an Staaten und durch den erheblichen Appellcharakter, der damit verbunden ist, wenn Rechte als unantastbar charakterisiert werden. Mit vorgenannter Konzeption kann die berechtigte Hoffnung zunehmender Normgeltung durch Normfestschreibung verbunden werden.

Trotz einiger Schwächen in der Ausgestaltung des Verbots folternaher Misshandlungsarten im IHL – besonders hinsichtlich erniedrigender Behandlungen – besteht sowohl im menschen-, als auch im konfliktrechtlichen Völkervertragsrecht ein dem Schutz vor Folter i.e.S. ähnelndes Schutzniveau. Da kein gewohnheitsrechtliches Verbot solcher Misshandlungsarten existiert, und insbesondere die menschenrechtlichen Abkommen nicht vollends flächendeckend verbreitet sind, ist der völkerrechtliche Schutz vor ihnen jedoch bereits geographisch nicht lückenlos.

Wie in Deutschland, sind auch auf völkerstrafrechtlicher Ebene Ausnahmen von den einschlägigen Tatbeständen denkbar. Richtungsweisend ist dabei das ICCS, wonach sogar für die schlimmsten völkerrechtlichen Verbrechen Möglichkeiten der Straffreistellung bestehen. Mit Ausnahme des rechtfertigenden Notstands, der im ICCS einer subjektiven (Verhältnismäßigkeits-)Konzeption folgt, und deshalb entgegen der nationalen Rechtslage zur Rechtfertigung (von Selbstschutzmaßnahmen) angeführt werden kann, stimmt das Straffreistellungsgefüge angesichts der Rettungsfolter weitestgehend mit der Lage in Deutschland überein.

Da die „core crimes“ allesamt ein unrechtsverschärfendes Kontextelement aufweisen, was ihre internationale Dimension betont und gewährleistet, ist es nicht ersichtlich, warum für Folter als „discrete crime“ bzw. generell für Folter i.w.S. in einem nationalen Strafverfahren keine Straffreistellungsgründe geltend gemacht werden sollten. Schließlich setzt nicht einmal Folter i.e.S. nach einer (abzulehnenden) Ansicht die Involvierung hoheitlicher Stellen voraus. Solche Foltertaten weisen aber eine viel geringere Unrechtsdimension als vorbezeichnete Völkerrechtsverbrechen i.e.S. auf. Alleine deshalb erscheint ein Ausschluss von Straffreistellungsmöglichkeiten bei Taten ohne „core crime“-Qualität widersinnig. So verwundert es nicht, dass eine derartige Exklusion weder durch geltendes Völkervertrags- noch durch Völkergewohnheitsrecht verlangt wird.

Ergebnis

Vorliegende Arbeit hat das völkerrechtliche Folterverbot i.w.S. als eine der wichtigsten Errungenschaften des erstarkten weltweiten Menschenrechtsschutzes herausgearbeitet. Da aber die Durchsetzung des Verbots sowohl im Humanitären Völkerrecht als auch im IHRL teilweise unzureichend ist, stellt das Völkerstrafrecht nicht nur die logische, sondern vielmehr die notwendige Ergänzung des internationalen Misshandlungs- bzw. Menschenrechtsschutzes dar.

Wohlgemerkt dürfen menschenrechtliche Schutzräume bzw. Mechanismen in ihrer Tragweite nicht unterschätzt werden. Neben dem unabdingbaren politischen Druck, den sie durch die öffentlichkeitswirksame Arbeit ihrer Organe – vorausgesetzt, diese sind mit der notwendigen rechtlichen und faktischen Kompetenz versehen – auf Staaten ausüben, in denen es zu Folter i.w.S. kommt, besteht vor allem mit der bindenden EMRK ein wirkungsmächtiges justizförmiges System. Die positiven Effekte, welche hierdurch nicht nur bezüglich des regionalen Misshandlungsschutzes erreicht werden können, lassen sich empirisch belegt an der Unterrepräsentierung der EMRK-Staaten in den Berichten menschenrechtlicher Organisationen ablesen, z.B. in den Jahresberichten von Amnesty International. Vorbenannter Öffentlichkeitsdruck führt zu einer strikten Zurückweisung von Misshandlungsvorwürfen durch Regierungen, die sich Foltervorwürfen ausgesetzt sehen. Hierdurch ändert sich nicht eo ipso das Schicksal Betroffener. Dennoch lässt das gewissermaßen unvermeidliche „Dementi" im Falle von Foltervorwürfen darauf schließen, dass folternde Staaten nicht etwa ein Recht zur Misshandlung beanspruchen. Vielmehr bestätigen sie durch die Verleugnung entsprechender Vorwürfe indirekt den allgemeinen Ächtungskonsens. Ohne begleitenden wirtschaftlichen Druck, der international zwangsläufig im Rahmen der VN, dort insbesondere durch den Sicherheitsrat, aufgebaut werden muss, ist Folter nebst ihrer verheerenden individuellen und gesellschaftlichen Konsequenzen nicht zu besiegen. Neben internationalen Maßnahmen auf staatlicher Ebene, zu denen die zunehmende Umsetzung völkerdeliktsrechtlicher Aspekte gehört, ist abermals die Bedeutung der individuellen strafrechtlichen Verantwortlichkeit nach Völkerrecht zu betonen. Für die schlimmsten Urheber von systematischer Folter, beispielsweise einen Diktator und seine Paladine, muss zu dem erfreulichen Bedeutungsverlust strafrechtlicher Immunitäten der entschlossene politische Wille treten, solche Personen vor allem an den ICC zu überstellen.

Weiterhin führt die Tendenz im Völkerrecht, Normschöpfung mit Normgeltung zu verwechseln, zuweilen zu merkwürdigen bis zweifelhaften Blüten, wie sich am Beispiel der Praxis menschenrechtlicher Organe belegen lässt, die einer immer weiteren Interpretation des normativen Rechtsbegriffs der Folter i.e.S. das Wort reden. Insofern drängt sich der Eindruck auf, man suche den Mangel an Rechtsdurchsetzungsmöglichkeiten durch eine quasi überschießende Innentendenz an „guter Absicht" mittels Begriffsextension über zu kompensieren. Dieses Konzept ist zum Scheitern verurteilt, denn es nimmt dem Folterbegriff eines seiner wichtigsten Elemente, nämlich sein ausgenommenes Stigma. Deswegen ist eine an Art. 1 Abs. 1 VNAFK orientierte restriktive Begriffsbestimmung vorzuziehen. Dies gilt letztlich für alle untersuchten Rechtsgebiete, also für das IHL, das IHRL und das Völkerstrafrecht.

Anders als Staaten, die sich vertraglich verpflichten können und sollen, dem Misshandlungsschutz durch entsprechende Normierung einen unbedingten Appell der Absolutheit und Notstandsfestigkeit anzufügen, kann einem Individuum, welches sich Misshandlungsvorwürfen gegenübersieht, die Berufung auf Straffreistellungsgründe nicht schon grundsätzlich versagt werden.

Eine derartige Ansicht würde zwei Grundsätze verkennen, die sowohl in der nationalen Rechtsordnung, als auch im Völkerrecht von Bedeutung sind:

So kann der Normenbestand, selbst wenn er mit dem positiv kodifizierten Normtext gleichgesetzt würde, jedenfalls aus strafrechtlicher Sicht nicht lückenlos geschlossen sein. Zwar eröffnet Folter im Allgemeinen die Staatenverantwortlichkeit, und sie ist dem Staat, wie es beispielsweise das deutsche Polizei- und Ordnungsrecht zeigt, aus gutem Grunde ausnahmslos verboten. Dieser liegt in der Unmöglichkeit einer Prozeduralisierung der (Rettungs-)Folter nach rechtsstaatlichen Standards und dem Dammbruchrisiko, das auch mit einer nur auf extreme Ausnahmefälle zugeschnittenen öffentlich-rechtlichen Ermächtigungsgrundlage verbunden wäre. Die Anwendbarkeit einer strafrechtlichen Erlaubnisnorm auf derartige Sachverhalte stände dazu aber nicht in Widerspruch, „(...) vielmehr löst das Strafrecht damit seinen Status als ultima ratio ein, indem es sich fragmentarisch verhält und außerstrafrechtliche Verbote nicht vollständig mit Strafe bewährt."[1892]

Zugleich ist eine Beschneidung des individuellen Selbstschutzrechts nicht nur unethisch, sondern zugleich unrechtlich. Nach Kant „(...) wäre [schon] eine jede Begrenzung des Notwehrrechts durch Proportionalitätsgesichtspunkte der Begründung dieses Rechtsinstituts gegenüber *äußerlich*."[1893] Dies erkennt im Grundsatz auch das Völkerstrafrecht an, wo zumindest Notwehr als Selbstschutzmaßnahme „ius cogens"-Qualität besitzt.

Aufgrund der größtenteils Gewohnheitsrecht kodifizierenden Regeln zu Straffreistellungsgründen im ICCS sind grundsätzlich alle unter die Jurisdiktion des ICC fallenden Völkerrechtsverbrechen (i.e.S.) einer Straffreistellung im Einzelfall zugänglich. Da es sich bei diesen Tatbeständen zwangsläufig um Verbrechen mit verschärft makrokrimineller Unrechtsdimension handelt, ist bereits nicht ersichtlich, warum in einem staatlichen Strafverfahren keine Möglichkeit

---

1892 Jerouschek/Kölbel, JZ 2003, S. 613 (620).
1893 Pawlik, ZStW 2002, S. 259 (276).

der Straffreistellung für mindergewichtige Misshandlungssachverhalte bestehen sollte.

Die Ausführungen zum nationalen Recht haben dann auch ergeben, dass die häufig angeführte Menschenwürde nicht dazu geeignet ist, einem Individuum, welches einem gegenwärtigen rechtswidrigen Angriff eines Terroristen o.Ä. ausgesetzt ist, zu verwehren, sich dieses Angriffs äußerstenfalls auch mit Rettungsfolter zu erwehren. In einem derartigen Fall streiten die anhand einschlägiger Rechtsinstitute und der Rechtsprechung des Bundesverfassungsgerichts herausgearbeiteten Prinzipien, insbesondere auch ein Nützlichkeitserwägungen reflektierendes Prinzip, für das Bestehen einer rein strafrechtlichen ex post Rechtfertigungs- oder Entschuldigungsmöglichkeit. Dabei betrifft die besonders aufhorchen lassende Rechtfertigungsoption ausschließlich Notwehr- oder Nothilfesituationen. Sie ist deshalb eröffnet, weil eine individuelle Verteidigungsmaßnahme unter den restriktiven Voraussetzungen des § 32 StGB gerade nicht die Risiken einer vergleichbaren kollektiven Verteidigungsmaßnahme birgt. Aufgrund dieses Befundes und der klaren Verantwortlichkeiten liegt in ihr eine Bestätigung und kein Bruch der Rechtsordnung.

Im Ergebnis wird die eingangs vom ehemaligen Verfassungsrichter Di Fabio in Bezug genommene „Alltagsvernunft der Menschen" durch die Rechtslage de lege lata bestätigt. Folter i.w.S. muss der Hoheitsmacht unter allen Umständen verboten sein, dem einzelnen Individuum in einer ausweglosen Lage ist aber die Möglichkeit gegeben, den Achtungsanspruch als Mensch und die Verteidigung des Lebens äußerstenfalls auch mit der strafrechtlich vollumfänglich sanktionierten Möglichkeit der Informationsabnötigung als Selbstschutzmaßnahme durchzusetzen.

Eines Rückgriffs auf überpositive Gedanken, beispielsweise auf Radbruchs Idee vom „gesetzlichen Unrecht" und dessen Nichtigkeit,[1894] bedarf es glücklicherweise nicht.

1894 Radbruch, SJZ 1946, S. 105ff.; ergänzend s. Adachi, Radbruchsche Formel, S. 78ff.; Scholler, Gustav Radbruch, S. 95ff.

Literaturverzeichnis

Ackermann, Jürg-Beat Disziplinarstrafen in Züricher Gefängnissen und EMRK 3. In: Donatsch, Andreas/Foster, Marc/Schwarzenegger, Christian (Hg.): Festschrift für Stefan Trechsel zum 65. Geburtstag. Zürich u.a. 2002. S. 835-859. Zitierweise: Ackermann (in Donatsch et al.: Festschrift Trechsel), Disziplinarstrafen in Züricher Gefängnissen und EMRK 3.

Adachi, Hidehiko Die Radbruchsche Formel. Baden-Baden 2006 (zugl.: Kiel, Universität, Diss., 2005). Zitierweise: Adachi, Radbruchsche Formel.

Albrecht, Ernst Der Staat – Idee und Wirklichkeit. 2. Auflage, Stuttgart-Degerloch 1976. Zitierweise: Albrecht, Der Staat.

Albrecht, Peter-Alexis „Krieg gegen den Terror" – Konsequenzen für ein rechtsstaatliches Strafrecht. In: ZStW 2006, S. 852-864. Zitierweise: Albrecht, ZStW 2006.

Aldrich, George H. The Taliban, al Qaeda, and the determination of illegal combatants. In: Humanitäres Völkerrecht – Informationsschriften 2002, S. 202-206. Zitierweise: Aldrich, HuV-I 2002.

Alff, Richard/Poretschkin, Jörg/Scherer, Werner Soldatengesetz Kommentar. 8. Auflage, München 2008. Zitierweise: Scherer/Alff/Poretschkin, §, Rn.

Ambos, Kai Völkerrechtliche Bestrafungspflichten bei schweren Menschenrechtsverletzungen. In: AVR 1999, S. 318-356. Zitierweise: Ambos, AVR 1999.

Ambos, Kai May a State Torture Suspects to Save the Life of Innocents? In: JICJ 2008, S. 261-287. Zitierweise: Ambos, JICJ 2008.

Ambos, Kai Ein Präsident und seine Taten. In: Süddeutsche Zeitung vom 01.12.2008, S. 2. Zitierweise: Ambos, SZ 01.12.2008.

Ambos, Kai Internationales Strafrecht. 3. Auflage, München 2011. Zitierweise: Ambos, Internationales Strafrecht.

Ambos, Kai/Eser, Albin Straflosigkeit von Menschenrechtsverletzungen. Freiburg im Breisgau 1997. Zitierweise: Ambos/Eser, Straflosigkeit von Menschenrechtsverletzungen.

Amelung, Knut Die Rechtfertigung von Polizeivollzugsbeamten. In: JuS 1986, S. 329-337. Zitierweise: Amelung, JuS 1986.

Arnold, Roberta Human Rights in times of terrorism. In: Zeitschrift für ausländisches öffentliches Recht und Völkerrecht 2006, S. 297-319. Zitierweise: Arnold, ZaöRV 2006.

Baderin, Mashood A. International Human Rights and Islamic Law. New York 2003. Zitierweise: Baderin, IHR and Islamic Law.

Bantekas, Ilias/Nash, Susan International Criminal Law. London u.a. 2003. Zitierweise: Bantekas/Nash, International Criminal Law.

Basak, Denis Abu Ghraib, das Pentagon und die deutsche Justiz. Zur Zuständigkeit der deutschen Strafverfolgungsbehörden für Kriegsverbrechen im Irak nach dem Inkrafttreten des VStGB. In: Humanitäres Völkerrecht – Informationsschriften 2005, S. 85-93. Zitierweise: Basak, HuV-I 2005.

Bassiouni, M. Cherif/Wise, Edward M. Aut dedere aut iudicare: The duty to extradite or prosecute in International Law. Dordrecht u.a. 1995. Zitierweise: Bassiouni/Wise, Aut dedere aut iudicare.

Becker, Astrid Tatbestand des Verbrechens gegen die Menschlichkeit. Berlin 1996 (zugl.: Regensburg, Universität, Diss., 1995). Zitierweise: Becker, Tatbestand des Verbrechens gegen die Menschlichkeit.

Beestermöller, Gerhard Folter – Daumenschrauben an der Würde des Menschen. Zur Ausnahmslosigkeit eines absoluten Verbotes. In: Beestermöller/Brunkhorst (Hg.): Rückkehr der Folter. München 2006. S. 115-129. Zitierweise: Beestermöller (in Beestermöller/Brunkhorst: Rückkehr der Folter), Daumenschrauben an der Würde des Menschen.

Behrendt, Urs P. Die Verfolgung des Völkermordes in Ruanda durch internationale und nationale Gerichte. Berlin 2005. Zitierweise: Behrendt, Verfolgung des Völkermordes in Ruanda.

Benedek, Wolfgang Durchsetzung von Rechten des Menschen und der Völker in Afrika auf regionaler und nationaler Ebene. In: Zeitschrift für ausländisches öffentliches Recht und Völkerrecht 1994, S. 150-181. Zitierweise: Benedek, ZaöRV 1994.

Beutler, Björn Strafbarkeit der Folter zu Vernehmungszwecken. Frankfurt a.M. 2006 (zugl.: Passau, Universität, Diss., 2006). Zitierweise: Beutler, Strafbarkeit der Folter zu Vernehmungszwecken.

Bielefeldt, Heiner Zwischen Scharia und Menschenrechten: Facetten der islamischen Menschenrechtsdiskussion. In: Voigt, Uwe (Hg.): Schriften zur Triadik und Ontodynamik. Bd. 14, Frankfurt a.M. u.a. 1998, S. 227-237. Zitierweise: Bielefeldt (in Voigt, Schriften zur Triadik und Ontodynamik, Bd. 14), Scharia und Menschenrechte.

Bleckmann, Albert Die Praxis des Völkergewohnheitsrechts als konsekutive Rechtsetzung. In: Bernhardt, Rudolf/Geck, Wilhelm Karl/Jaenicke, Günther/Steinberger, Helmut (Hg.): Festschrift für Hermann Mosler, Berlin 1983. S. 89-110. Zitierweise: Bleckmann (in Bernhardt et al.: Festschrift Mosler), Praxis des Völkergewohnheitsrechts als konsekutive Rechtsetzung.

Bossuyt, Marc J. Two new regional conventions with respect to the prohibition of torture. In: Matscher, Franz (Hg.): Folterverbot sowie Religions- und Gewissensfreiheit im Rechtsvergleich. Schriften des Österreichischen Instituts für Menschenrechte. Bd. 2, Kehl am Rhein u.a. 1990, S. 81-92. Zitierweise: Bossuyt (in Matscher: Folterverbot sowie Religions- und Gewissensfreiheit im Rechtsvergleich), Two new regional conventions with respect to the prohibition of torture.

Brems, Eva (Hg.) Conflicts between fundamental rights. Antwerpen u.a. 2008. Zitierweise: Brems, Conflicts between fundamental rights.

Brockhaus Redaktion Brockhaus. Enzyklopädie. Erster Band, Wiesbaden 1966. Zitierweise: Brockhaus, Bd. 1.

Brockhaus Redaktion Brockhaus. Enzyklopädie. Zweiter Band, Wiesbaden 1967. Zitierweise: Brockhaus, Bd. 2.

Brugger, Winfried Würde gegen Würde – Lösung des Fallbeispiels in VBlBW 1995, 414. In: VBlBW 1995, S. 446-455. Zitierweise: Brugger, VBlBW 1995.

Brugger, Winfried Darf der Staat ausnahmsweise foltern? In: Der Staat 1996, S. 67-97. Zitierweise: Brugger, Der Staat 1996.

Brugger, Winfried Vom unbedingten Verbot der Folter zum bedingten Recht auf Folter? In: JZ 2000, S. 165-173. Zitierweise: Brugger, JZ 2000.

Bruha, Thomas/Steiger, Dominik Das Folterverbot im Völkerrecht. Stuttgart 2006. Zitierweise: Bruha/Steiger, Folterverbot im Völkerrecht.

Bruha, Thomas/Tams, Christian J. Folter und Völkerrecht. In: Aus Politik und Zeitgeschichte 2006, S. 16-22. Zitierweise: Bruha/Tams, APuZ 2006.

Burchard, Christoph Torture in the Jurisprudence of the Ad Hoc Tribunals. In: Journal of International Criminal Justice 2008, S. 159-182. Zitierweise: Burchard, JICJ 2008.

Burgers, J. Herman/Danelius, Hans (Verf.) The United Nations Convention against Torture. Dordrecht u.a. 1988. Zitierweise: Burgers/Danelius, Convention against Torture.

Casey, Lee A./Rivkin Jr., David B. Rethinking the Geneva Conventions. In: Greenberg, Karen J. (Hg.): The Torture Debate in America. 1. Auflage, Cambridge, New York u.a. (2006). S. 203-213. Zitierweise: Casey/Rivkin Jr. (in Greenberg: Torture Debate), Rethinking the Geneva Conventions.

Cassese, Antonio International Criminal Law. 2. Auflage, Oxford, New York u.a. 2008. Zitierweise: Cassese, Int. Criminal Law.

Cassese, Antonio/Acquaviva, Guido/Fan, Mary/Whiting, Alex International Criminal Law: Cases and Commentary. Oxford, New York u.a. 2011. Zitierweise: Cassese, Cases and Commentary.

Cassese, Antonio/Gaeta, Paola/Jones, John R.W.D. (Hg.) The Rome Statute of the International Criminal Court: A Commentary. Volume II. Oxford, New York u.a. 2002. Zitierweise: Bearbeiter in Cassese, Rome Statute Commentary. Vol. II.

Chemillier-Gendreau, Monique Das Folterverbot im Völkerrecht – eine gefährdete Errungenschaft. In: Hankel, Gerd (Hg.): Die Macht und das Recht. 1. Auflage, Hamburg 2008. S. 251-265. Zitierweise: Chemillier-Gendreau (in Hankel: Macht und Recht), Folterverbot im Völkerrecht.

Darnstädt, Thomas/Goetz, John/Koelbl, Susanne/Meyer, Cordula/Schult, Christoph Welt-Streit ums Töten. In: Der Spiegel, Heft 49/2009, S. 28-35. Zitierweise: Darnstädt/Goetz et al., Spiegel 2009.

Daschner, Wolfgang „Ich hatte in dieser Situation keine andere Möglichkeit". In: FAZ.NET vom 21.02.2003, http:://www.&faz.net/aktuell/gesellschaft/frankfurter-folter-affaere-ich-hatte-in-dieser-situation-keine-andere-moeglichkeit-191758.html. Zitierweise: Daschner, FAZ.NET v. 21.02.2003.

Davy, Ulrike Darf Deutschland wirklich ausnahmsweise foltern? Eine europäische Antwort. In: Grewe, Constance/Gusy, Christoph (Hg.): Menschenrechte in der Bewährung. Baden-Baden 2005. S. 177-204. Zitierweise: Davy (in Grewe/Gusy, Menschenrechte in der Bewährung), Darf Deutschland foltern?

De Mello, Sergio Vieira Fragen an UN-Menschenrechtskommissar de Mello. In: Frankfurter Allgemeine Zeitung vom 17.03.2003, S. 6. Zitierweise: De Mello, FAZ v. 17.03.2003.

De Wet, Erika The Prohobition Of Torture As An International Norm Of Jus Cogens And Its Implications For National And Customary Law. In: EJIL 2004, S. 97-123. Zitierweise: De Wet, EJIL 2004.

De Zayas, Alfred-Maurice Der Nürnberger Prozess vor dem internationalen Militär Tribunal (1945-1946). In: Demandt, Alexander (Hg.): Macht und Recht. 2. Auflage, München 1991, S. 249-270. Zitierweise: De Zayas (in Demandt: Macht und Recht), Nürnberger Prozess.

Del Valle, Carlos Pérez Zur rechtsphilosophischen Begründung des Feindstrafrechts. In: Pawlik, Michael/Zaczyk, Rainer (Hg.): Festschrift für Günther Jakobs zum 70. Geburtstag am 26. Juli 2007. Köln 2007. S. 515- 528. Zitierweise: Del Valle (in Pawlik/Zaczyk: Festschrift Jakobs), Begründung des Feindstrafrechts.

Depenheuer, Otto Das Bürgeropfer im Rechtsstaat. In: Depenheuer, Otto et al. (Hg.): Staat im Wort. Festschrift für Josef Isensee. Heidelberg u.a. 2007. S. 43-60. Zitierweise: Depenheuer (in Depenheuer et al.: Festschrift Isensee), Bürgeropfer.

Derschka, Harald Rainer Der Schwabenspiegel. Übertragen in heutiges Deutsch mit Illustrationen aus alten Handschriften. München 2002. Zitierweise: Derschka, Schwabenspiegel.

Dershowitz, Alan Tortured Reasoning. In: Levinson, Sanford (Hg.): Torture. A Collection. New York 2004. S. 257-280. Zitierweise: Dershowitz (in Levinson: Torture), Tortured Reasoning.

Di Fabio, Udo Sicherheit in Freiheit. In: NJW 2008, S. 421-425. Zitierweise: Di Fabio, NJW 2008.

Dinstein, Yoram The erga omnes Applicability of Human Rights. In: AVR 1992, S. 15-21. Zitierweise: Dinstein, AVR 1992.

Doehring, Karl Völkerrecht. 2. Auflage, Heidelberg 2004. Zitierweise: Doehring, Völkerrecht.

Dörmann, Knut Elements of War Crimes under the Rome Statute of the International Criminal Court. Cambridge u.a. 2003. Zitierweise: Dörmann, Elements of War Crimes.

Dörmann, Knut The legal situation of „unlawful/unprivileged combatants“. In: IRRC 2003, S. 45-74. Zitierweise: Dörmann, IRRC 2003.

Dörmann, Knut/Kreß, Claus Verfahrens- und Beweisregeln sowie Verbrechenselemente zum Römischen Statut des Internationalen Strafgerichtshofs: Eine Zwischenbilanz nach den ersten beiden Sitzungen der Vorbereitungskommission für den Internationalen Strafgerichtshof. In: HuV-I 1999, S. 200-212. Zitierweise: Dörmann/Kreß, HuV-I 1999.

Ehrlich, Avishai/Johannsen, Margret Folter im Dienste der Sicherheit? In: Hasse, Jana et al. (Hg.): Menschenrechte, 1. Auflage, Baden-Baden 2002, S. 332-359. Zitierweise: Ehrlich/Johannsen (in Hasse et al.: Menschenrechte), Folter.

Eisele, Jörg Die einzelnen Beschuldigtenrechte der Europäischen Menschenrechtskonvention. In: Juristische Arbeitsblätter 2005, S. 901-908. Zitierweise: Eisele, JA 2005.

Elsner, Thomas/Schobert, Klara Gedanken zur Abwägungsresistenz der Menschenwürde – angestoßen durch das Urteil des Bundesverfassungsgerichts zur Verfassungsmäßigkeit der Sicherheitsverwahrung. In: DVBl 2007, S. 278-287. Zitierweise: Elsner/Schobert, DVBl 2007.

Erb, Volker Nothilfe durch Folter. In: Jura 2005, S. 24-30. Zitierweise: Erb, Jura 2005.

Erb, Volker/Esser, Robert/Franke, Ulrich/Graalmann-Scheerer, Kirsten/Hilger, Hans/Ignor, Alexander (Hg.) Löwe-Rosenberg. Die Strafprozessordnung und das Gerichtsverfassungsgesetz. Großkommentar. Band 2, §§ 48 bis 93, 26. Auflage, Berlin 2008. Zitierweise: Bearbeiter in Löwe/Rosenberg, Bd. 2, Paragraph, Rn.

Eser, Albin „Defences" in Strafverfahren wegen Kriegsverbrechen. In: Schmoller, Kurt (Hg.): Festschrift für Otto Triffterer zum 65. Geburtstag. Wien 1996. S. 755-775. Zitierweise: Eser (in Schmoller: Festschrift Triffterer), Defences.

Eser, Albin et al. (Verf.) Schönke/Schröder. Strafgesetzbuch. Kommentar. 27. Auflage, München 2006. Zitierweise: Schönke/Schröder, Bearbeiter, §, Rn.

Fahl, Christian Angewandte Rechtsphilosophie – Darf der Staat foltern? In: Juristische Rundschau 2004, S. 182-191. Zitierweise: Fahl, JR 2004.

Fahl, Christian Neue „sozialethische Einschränkungen" der Notwehr: „Folter". In: Jura 2007, S. 743-749. Zitierweise: Fahl, Jura 2007.

Ferencz, Benjamin Von Nürnberg nach Rom. In: Aufbau. Das jüdische Monatsmagazin 2006, Ausgabe 2, Februar 2006, S. 6ff. Zitierweise: Ferencz, Aufbau 2006.

Fischer, Thomas Strafgesetzbuch und Nebengesetze. 58. Auflage, München 2011. Zitierweise: Fischer, §, Rn.

Fleck, Dieter Handbuch des humanitären Völkerrechts in bewaffneten Konflikten. München 1994. Zitierweise: Fleck, Handbuch.

Frankenberg, Günter Kritik des Bekämpfungsrechts. In: KJ 2005, S. 370-386. Zitierweise: Frankenberg, KJ 2005.

Frowein, Jochen Abraham Die Europäische und die Amerikanische Menschenrechtskonvention – Ein Vergleich. In: Europäische Grundrechte Zeitschrift 1980, S. 442-449. Zitierweise: Frowein, EuGRZ 1980.

Frowein, Jochen Abraham Die Verpflichtung erga omnes im Völkerrecht und ihre Durchsetzung. In: Bernhardt, Rudolf/Geck, Wilhelm Karl/Jaenicke, Günther/Steinberger, Helmut (Hg.): Völkerrecht als Rechtsordnung, Internationale Gerichtsbarkeit, Menschenrechte. Festschrift für Hermann Mosler, Berlin u.a. 1983. S. 241-262. Zitierweise: Frowein (in Bernhardt et al.: Festschrift Mosler), Verpflichtung erga omnes.

Frowein, Jochen Abraham Analysis of the legal implications for States ratifying both the European Convention on Human Rights and its protocols and the Convention on Human Rights of the Commonwealth of Independent States (CIS). In: Human Rights Law Journal 1996, S. 181-184. Zitierweise: Frowein, HRLR 1996.

Frowein, Jochen Abraham Human Dignity in International Law. In: Kretzmer, David/Klein, Eckart (Hg.): The Concept of Human Dignity in Human Rights Discourse. Den Haag, London, Boston 2002, S. 121-132. Zitierweise: Frowein (in Kretzmer / Klein, Concept of Human Dignity), Human Dignity in International Law.

Frowein, Jochen Abraham/Peukert, Wolfgang (Verf.) Europäische Menschenrechtskonvention. EMRK-Kommentar. 2. Auflage, Kehl am Rhein u.a. 1996. Zitierweise: Frowein/Peukert, EMRK.

Gaede, Karsten Die Fragilität des Folterverbots – Präventiv begründete Ausnahmen vom absoluten Folterverbot zur Herstellung absoluter Sicherheit? In: Camprubi, Madeleine (Hg.): Angst und Streben nach Sicherheit in Gesetzgebung und Praxis. 1. Auflage, Zürich 2004, S. 155-190. Zitierweise: Gaede (in Camprubi: Angst und Streben nach Sicherheit), Fragilität des Folterverbots.

Gaede, Karsten Deutscher Brechmitteleinsatz menschenrechtswidrig: Begründungsgang und Konsequenzen der Grundsatzentscheidung des EGMR im Fall Jalloh. In: HRRS 2006, S. 241-249. Zitierweise: Gaede, HRRS 2006.

Gaeta, Paola May Necessity Be Available as a Defence for Torture in the Interrogation of Suspected Terrorists? In: JICJ 2004, S. 785-794. Zitierweise: Gaeta, JICJ 2004.

Gaeta, Paola When is the Involvement of State Officials a Requirement for the Crime of Torture? In: JICJ 2008, S. 183-214. Zitierweise: Gaeta, JICJ 2008.

Gasser, Hans-Peter Genfer Abkommen und Terrorismusverbot. In: Hangartner, Yvo/Trechsel, Stefan (Hg.): Völkerrecht im Dienste des Menschen. Festschrift für Hans Haug. Bern, Stuttgart 1986. S. 69-80. Zitierweise: Gasser (in Hangartner/Trechsel: Völkerrecht im Dienste des Menschen), Genfer Abkommen und Terrorismusverbot.

Gebauer, Peer Zur Grundlage des absoluten Folterverbots. In: Neue Zeitschrift für Verwaltungsrecht 2004, S. 1405-1409. Zitierweise: Gebauer, NVwZ 2004.

Giffard, Camille The Torture reporting Handbook. Colchester 2000. Zitierweise: Giffard, Torture reporting Handbook.

Glienicke, Frank Regionaler Menschenrechtsschutz in Asien. In: Menschenrechtsmagazin 2007, S. 323-331. Zitierweise: Glienicke, MRM 2007.

Goetz, John/Sandberg, Britta Der freie Gefangene. In: Der Spiegel, Heft 30/2009, S. 95. Zitierweise: Goetz/Sandberg, Spiegel 2009.

Gössel, Karl Heinz Enthält das deutsche Recht ausnahmslos geltende, »absolute« Folterverbote? In: Dannecker, Gerhard et al. (Hg.): Festschrift für Harro Otto zum 70. Geburtstag am 1. April 2007. Köln u.a. 2007. S. 41-61. Zitierweise: Gössel (in Dannecker et al.: Festschrift Otto), »Absolute« Folterverbote.

Götz, Heinrich Das Urteil gegen Daschner im Lichte der Wertordnung des Grundgesetzes. In: NJW 2005, S. 953-957. Zitierweise: Götz, NJW 2005.

Grabenwarter, Christoph Europäische Menschenrechtskonvention. 1. Auflage, München 2003. Zitierweise: Grabenwarter, EMRK.

Greco, Luis Die Regel hinter der Ausnahme. Gedanken zur Folter in sog. ticking time bomb-Konstellationen. In: GAS 2007, S. 628-643. Zitierweise: Greco, GAS 2007.

Greenberg, Karen/Dratel, Joshua L. (Hg.) The Torture Papers. Cambridge, New York u.a. 2005. Zitierweise: Greenberg/Dratel, Torture Papers.

Gretscher, Sabine Die "allgemeinen Grundsätze des Verwaltungsrechts" und die deutsche Rechtsquellenlehre. Jena, Universität, Diss., 2004. Zitierweise: Gretscher, Grundsätze des Verwaltungsrechts.

Gromes, Maximilian Präventionsfolter – ein Rechtsgebietsübergreifendes Problem. Berlin 2007 (zugl.: Würzburg, Universität, Diss., 2007). Zitierweise: Gromes, Präventionsfolter.

Gropengiesser, Helmut/Meissner, Jörg Amnesties and the Rome Statute of the International Criminal Court. In: ICLR 2005, S. 267-300. Zitierweise: Gropengiesser/Meissner, ICLR 2005.

Günther, Hans-Ludwig Strafrechtswidrigkeit und Strafunrechtsausschluss. Köln 1983 (zugl.: Trier, Universität, Habilitation, 1981). Zitierweise: Günther, Strafrechtswidrigkeit und Strafunrechtsausschluss.

Guradze, Heinz Die Europäische Menschenrechtskonvention. Konvention zum Schutze der Menschenrechte und Grundfreiheiten nebst Zusatzprotokollen. ommentar. Berlin, Frankfurt a.M. 1968. Zitierweise: Guradze, EMRK.

Hailbronner, Kay/Randelzhofer, Albrecht Zur Zeichnung der UN-Folterkonvention durch die Bundesrepublik Deutschland. In: Europäische Grundrechte Zeitschrift 1986, S. 641-648. Zitierweise: Hailbronner/Randelzhofer, EuGRZ 1986.

Hamm, Rainer Schluss der Debatte über Ausnahmen vom Folterverbot! In: NJW 2003, S. 946-947. Zitierweise: Hamm, NJW 2003.

Hartmann, Peter (Hg.) Baumbach/Lauterbach/Albers/Hartmann, Zivilprozessordnung. 68. Auflage, München 2010. Zitierweise: Baumbach, ZPO.

Haug, Hans Das Folterverbot im universellen Friedensvölkerrecht. In: Riklin, Alois (Hg.): Internationale Konvention gegen die Folter. Bern 1979. S. 63-68. Zitierweise: Haug (in Riklin: Internationale Konvention gegen die Folter), Folterverbot.

Haurand, Günter/Vahle, Jürgen Rechtliche Aspekte der Gefahrenabwehr in Entführungsfällen. In: NVwZ 2003, S. 513-521. Zitierweise: Haurand/Vahle, NVwZ 2003.

Hecker, Wolfgang Relativierung des Folterverbots in der BRD? In: KJ 2003, S. 210-218. Zitierweise: Hecker, KJ 2003.

Heer-Reißmann, Christine Straßburg oder Luxemburg? – Der EGMR zum Grundrechtsschutz bei Verordnungen der EG in der Rechtssache Bosphorus. In: NJW 2006, S. 192-1994. Zitierweise: Heer-Reißmann, NJW 2006.

Herzberg, Rolf Dietrich Folter und Menschenwürde. In: JZ 2005, S. 321-328. Zitierweise: Herzberg, JZ 2005.

Herzog, Roman/Scholz, Rupert/Herdegen, Matthias/Klein,Hans H. (Hg.) Maunz/Dürig. Grundgesetz. Band I, Art. 1-5. München. 60. Auflage, Stand Oktober 2008. Zitierweise: Bearbeiter in Maunz/Dürig, Kommentar zum GG, Bd. I, Art., Rn.

Hesse, Konrad Grundzüge des Verfassungsrechts der Bundesrepublik Deutschland. 20. Auflage, Heidelberg 1995. Zitierweise: Hesse, Verfassungsrecht.

Hilgendorf, Eric Folter im Rechtsstaat? In: JZ 2004, S. 331-339. Zitierweise: Hilgendorf, JZ 2004.

Hill, Clauspeter Erwartungen an die ASEAN-Menschenrechtskommission. In: KAS Auslandsinformationen, 7/2010, S. 26-40. Zitierweise: Hill, KAS 7/2010.

Hobe, Stephan/Kimminich, Otto Einführung in das Völkerrecht. 8. Auflage, Tübingen, Basel 2004. Zitierweise: Hobe/Kimminich, Völkerrecht.

Hoffman, Bruce Terrorismus – Der unerklärte Krieg: Neue Gefahren politischer Gewalt. Aktualisierte Neuausgabe, Frankfurt a.M. 2006. Zitierweise: Hoffman, Terrorismus.

Hofmann, Rainer Das völkerrechtliche Folterverbot. In: Ostendorf, Heribert (Hg.): Folter. Münster 2005, S. 9-34. Zitierweise: Hofmann (in Ostendorf: Folter), Völkerrechtliches Folterverbot.

Hollweg, Carsten Das neue Internationale Tribunal der UNO und der Jugoslawienkonflikt. In: JZ 1993, S. 980-989. Zitierweise: Hollweg, JZ 1993.

Huber, Bertold Die Änderungen des Ausländer- und Asylrechts durch das Terrorismusbekämpfungsgesetz. In: Neue Zeitschrift für Verwaltungsrecht 2002, S. 787-794. Zitierweise: Huber, NVwZ 2002.

Hummer, Waldemar/Karl, Wolfram Regionaler Menschenrechtsschutz. Dokumente samt Einführungen. Bd. I, Teilband I/1. 1. Auflage, Baden-Baden 2009. Zitierweise: Hummer/Karl, Regionaler Menschenrechtsschutz, Bd. I, Teilbd. I/1.

Hummer, Waldemar/Karl, Wolfram Regionaler Menschenrechtsschutz. Dokumente samt Einführungen. Bd. I, Teilband I/2. 1. Auflage, Baden-Baden 2009. Zitierweise: Hummer/Karl, Regionaler Menschenrechtsschutz, Bd. I, Teilbd. I/2.

Hünerbein, Iris Straftatkonkurrenzen im Völkerstrafrecht. Berlin 2005 (zugl.: Köln, Universität, Diss., 2004). Zitierweise: Hünerbein, Straftatkonkurrenzen.

ICRC Commentary on the Geneva Conventions of 12 August 1949, Convention III relative to the Treatment of Prisoners of War. International Committee of the Red Cross. http:://www.&icrc.org/ihl.nsf/CONVPRES?OpenView. Zitierweise: ICRC, Commentary, Geneva Convention III, art., p.

Ignatieff, Michael The Lesser Evil: Political Ethics in an Age of Terror. Edinburgh 2004. Zitierweise: Ignatieff, Lesser Evil.

Ingelse, Chris „The Committee Against Torture: One Step Forward, One Step Back." In: NQHR 2000, S. 307-327. Zitierweise: Ingelse, NQHR 2000.

Ipsen, Knut Völkerrecht. 5. Auflage, München 2004. Zitierweise: Ipsen, Völkerrecht.

Irmscher, Tobias H. Einzelhaft und Folterverbot – Die Carlos-Entscheidung des EGMR. In: EuGRZ 2007, S. 135-141. Zitierweise: Irmscher, EuGRZ 2007.

Jäger, Christian Das Verbot der Folter als Ausdruck der Würde des Staates. In: Putzke, Holm et al. (Hg.): Strafrecht zwischen System und Telos. Festschrift für Rolf Dietrich Herzberg zum siebzigsten Geburtstag. Tübingen 2008, S. 539-553. Zitierweise: Jäger (in Putzke et al.: Festschrift Herzberg), Verbot der Folter.

Jahn, Matthias Gute Folter – schlechte Folter? In: KritV 2004, S. 24-49. Zitierweise: Jahn, KritV 2004.

Jahn, Matthias Das Strafrecht des Staatsnotstandes. Frankfurt a.M. 2004. Zitierweise: Jahn, Strafrecht des Staatsnotstandes.

Jähnke, Burkhard/Laufhütte, Heinrich Wilhelm/Odersky, Walter (Hg.) Strafgesetzbuch. Leipziger Kommentar. Großkommentar. 11., neu bearbeitete Auflage. Zweiter Band. §§ 32 bis 60. Berlin 2003. Zitierweise: Bearbeiter in LK-StGB, 11. Aufl., Bd. 2, Paragraph, Rn.

Jakobs, Günther Kriminalisierung im Vorfeld einer Rechtsgutsverletzung. In: ZStW 1985, S. 751-785. Zitierweise: Jakobs, ZStW 1985.

Jakobs, Günther Bürgerstrafrecht und Feindstrafrecht. In: HRRS 2004, S. 88-95. Zitierweise: Jakobs, HRRS 2004.

Jerouschek, Günter/Behringer, Wolfgang (Hg.) Der Hexenhammer. Kommentierte Neuübersetzung. 4. Auflage, München 2004. Zitierweise: Der Hexenhammer.

Jerouschek, Günter/Kölbel, Ralf Folter von Staats wegen? In: JZ 2003, S. 613-620. Zitierweise: Jerouschek/Kölbel, JZ 2003.

Jeßberger, Florian „Wenn Du nicht redest, füge ich Dir große Schmerzen zu.“ In: Jura 2003, S. 711-715. Zitierweise: Jeßberger, Jura 2003.

Joecks, Wolfgang Studienkommentar Strafgesetzbuch. 9. Auflage, München 2010. Zitierweise: Studienkommentar StGB, §, Rn.

Joecks, Wolfgang/Miebach, Klaus (Hg.) Münchener Kommentar zum Strafgesetzbuch. Band 1, §§ 1-37 StGB, 2. Auflage, München 2011. Zitierweise: MüKo StGB/Bearbeiter, §, Rn.

Joecks, Wolfgang/Miebach, Klaus (Hg.) Münchener Kommentar zum Strafgesetzbuch. Band 4, §§ 263-358 StGB, §§ 1-8, 105, 106 JGG, 1. Auflage, München 2006. Zitierweise: MüKo StGB/Bearbeiter, §, Rn.

Joseph, Sarah/Schultz, Jenny/Castan, Melissa (Hg.) The International Covenant on Civil and Political Rights. Second Edition, New York u.a. 2004. Zitierweise: Joseph/Schultz/Castan, IPbpR.

Kaiser, Günther Folter und Misshandlung in Europa. In: Köhne, Gunnar (Hg.), Die Zukunft der Menschenrechte. 50 Jahre UN-Erklärung: Bilanz eines Aufbruchs. Reinbeck 1998, S. 141 – 161. Zitierweise: Kaiser (in Köhne: Zukunft der Menschenrechte), Folter.

Kaiser, Günther Folter, Misshandlung und krimineller Machtmissbrauch heute. In: KrimJ 2003, S. 243-259. Zitierweise: Kaiser, KrimJ 2003.

Kälin, Walter/Künzli, Jörg Universeller Menschenrechtsschutz. Basel, München u.a. 2005. Zitierweise: Kälin/Künzli, Universeller Menschenrechtsschutz.

Kaufmann, Arthur Strafloser Schwangerschaftsabbruch: rechtswidrig, rechtmäßig oder was? In: JZ 1992, 981-985. Zitierweise: Kaufmann, JZ 1992.

Kempfler, Klaus Friedrich Die Allgemeine Erklärung der Menschenrechte: Grundlage des modernen Menschenrechtsschutzes – Eine Einführung. In: JA 2004, S. 577-583. Zitierweise: Kempfler, JA 2004.

Kern, Bernd-Rüdiger Die Folter in der rechtsgeschichtlichen Entwicklung. In: Goerlich, Helmut (Hg.): Staatliche Folter. Paderborn 2007. S. 41-49. Zitierweise: Kern, (in Goerlich: Staatliche Folter), Folter in der rechtsgeschichtlichen Entwicklung.

Kinzig, Jörg Not kennt kein Gebot? Die strafrechtlichen Konsequenzen von Folterhandlungen an Tatverdächtigen durch Polizeibeamte mit präventiver Zielsetzung. In: ZStW 2003, S. 791-814. Zitierweise: Kinzig, ZStW 2003.

Kissling, Claudia Menschenrechtlicher Mindeststandard. In: Humboldt Forum Recht. Die juristische Internet-Zeitschrift an der Humboldt-Universität zu Berlin. Jahrgang 2001, S. 81-97. Zitierweise: Kissling, HFR 2001.

Kittichaisaree, Kriangsak International Criminal Law. New York u.a. 2001. Zitierweise: Kittichaisaree, International Criminal Law.

Klein, Eckart Die Allgemeinen Bemerkungen und Empfehlungen der VN-Vertragsorgane. In: Bielefeld, Heiner (Hg.): Die „General Comments" zu den VN-Menschenrechtsverträgen. 1. Auflage, Baden-Baden 2005. S. 19-159. Zitierweise: Klein (in Bielefeld: „General Comments"), Allg. Bemerkungen und Empfehlungen der VN-Vertragsorgane.

Klingst, Martin Ein bisschen Folter gibt es nicht. In: Zeit Online vom 25.11.2004, http:://www.&zeit.de/2004/49/Folter. Zitierweise: Klingst, Zeit Online v. 25.11.2004.

Klingst, Martin Die rote Linie. In: Die Zeit vom 22.11.2007, S. 18-19. Zitierweise: Klingst, Die Zeit v. 22.11.2007.

Kloepfer, Michael Grundrechtstatbestand und Grundrechtsschranken in der Rechtsprechung des Bundesverfassungsgerichts – dargestellt am Beispiel der Menschenwürde. In: Starck, Christian (Hg): Bundesverfassungsgericht und Grundgesetz, Band II, Tübingen 1976, S. 405-420. Zitierweise: Kloepfer (in Starck: BVerfG und GG), Grundrechtstatbestand und Grundrechtsschranken.

Klugmann, Marcel Europäische Menschenrechtskonvention und antiterroristische Maßnahmen. Frankfurt a.M. u.a. 2002 (zugl.: Bonn, Universität, Diss., 2001). Zitierweise: Klugmann, EMRK.

Kluth, Winfried Menschenwürde zwischen Naturrecht und Tabu. In: Depenheuer, Otto et al. (Hg.): Staat im Wort. Festschrift für Josef Isensee. Heidelberg u.a. 2007. S. 535-548. Zitierweise: Kluth (in Depenheuer et al.: Festschrift Isensee), Menschenwürde.

Knoops, Geert-Jan Alexander International criminal liability for interrogation methods by military personnel under customary international law and the ICC Statute. In: International Criminal Law Review 2004, S. 211-229. Zitierweise: Knoops, ICLR 2004.

Knoops, Geert-Jan Alexander Defences in Contemporary International Criminal Law. 2. Auflage, Leiden 2008. Zitierweise: Knoops, Defences.

Köbler, Gerhard Juristisches Wörterbuch. 7. Auflage, München 1995. Zitierweise: Köbler, Juristisches Wörterbuch.

Koch, Arnd Tötung Unschuldiger als straflose Rettungshandlung? In: JA 2005, S. 745-749. Zitierweise: Koch, JA 2005.

Kokott, Juliane Das interamerikanische System zum Schutz der Menschenrechte. Heidelberg u.a. 1986. Zitierweise: Kokott, Interamerikanisches Menschenrechtssystem.

Kölbel, Ralf Über die Wirkung außerstrafrechtlicher Normen auf die Strafrechtsauslegung. In: GA 2002, S. 403-423. Zitierweise: Kölbel, GA 2002.

Kölbl, Bettina T. Menschenrechte in der Gemeinschaft unabhängiger Staaten. In: Global View 2004, S. 15. Zitierweise: Kölbl, Global View 2004.

Kooijmans, Peter H. The Role and Action of the UN Special Rapporteur on Torture. In: Cassese, Antonio (Hg.): The International Fight Against Torture. 1. Auflage Baden-Baden 1991. S. 56-72. Zitierweise: Kooijmans (in Cassese: Int. Fight Against Torture), The UN Special Rapporteur on Torture.

Kornicker, Eva Ius cogens und Umweltvölkerrecht – Kriterien, Quellen und Rechtsfolgen zwingender Völkerrechtsnormen und deren Anwendung auf das Umweltvölkerrecht. Basel, Frankfurt a.M. 1997. Zitierweise: Kornicker, Ius cogens und Umweltvölkerrecht.

Korte, Marcus Das Handeln auf Befehl als Strafausschließungsgrund. Baden-Baden 2004 (zugl.: Düsseldorf, Universität, Diss., 2003). Zitierweise: Korte, Handeln auf Befehl als Strafausschließungsgrund.

Krasmann, Susanne/Wehrheim, Jan Folter und die Grenzen des Rechtsstaats. In: Monatsschrift für Kriminologie und Strafrechtsreform 2006, S. 265-275. Zitierweise: Krasmann/Wehrheim, MschrKrim 2006.

Kremnitzer, Mordechai/Segev, Re'em The Legality of Interrogational Torture: A Question of Proper Authorization or a Substantive Moral Issue. In: ILR 2000, S. 509-559. Zitierweise: Kremnitzer/Segev, ILR 2000.

Kreß, Claus Friedenssicherungs- und Konfliktvölkerrecht auf der Schwelle zur Postmoderne. In: EuGRZ 1996, S. 638-648. Zitierweise: Kreß, EuGRZ 1996.

Kreß, Claus Die Kristallisation eines Allgemeinen Teils des Völkerstrafrechts. In: HuV-I 1999, S. 4-10. Zitierweise: Kreß, HuV-I 1999.

Kreß, Claus Zur Methode der Rechtsfindung im Allgemeinen Teil des Völkerstrafrechts. In: ZStW 1999, S. 597-623. Zitierweise: Kreß, ZStW 1999.

Kreß, Claus War Crimes Committed in Non-International Armed Conflicts and the Emerging System of International Criminal Justice. In: IYHR 2000, S. 103-178. Zitierweise: Kreß, IYHR 2000.

Kreß, Claus Völkerstrafrecht und Weltrechtsprinzip im Blickfeld des Internationalen Gerichtshofs. In: ZStW 2002, S. 818-849. Zitierweise: Kreß, ZStW 2002.

Kreß, Claus Strafrecht und Angriffskrieg im Lichte des „Falles Irak". In: ZStW 2003, S. 294-351. Zitierweise: Kreß, ZStW 2003.

Kreß, Claus Versailles-Nürnberg-Den Haag: Deutschland und das Völkerstrafrecht. In: JZ 2006, S. 981 - 991. Zitierweise: Kreß, JZ 2006.

Kreß, Claus Reflections on the Iudicare Limb of the Grave Breaches Regime. In: JICJ 2009, S. 789-809. Zitierweise: Kreß, JICJ 2009.

Kreß, Claus Konturen der Völkerrechtspolitik der Regierung Obama. In: NJW-aktuell, Heft 18/2010, S. 16f. Zitierweise: Kreß, NJW-aktuell 2010.

Kreß, Claus The Kampala Compromise on the Crime of Aggression. In: JICJ 2010, S. 1179-1217. Zitierweise: Kreß, JICJ 2010.

Kretschmer, Bernard Folter in Deutschland: Rückkehr einer Ungeheuerlichkeit? In: Recht und Politik 2003, S. 102-118. Zitierweise: Kretschmer, RuP 2003.

Kühner, Rolf Torture. In: Bernhardt, Rudolf (Hg.): Encyclopedia of Public International Law, Volume IV, Amsterdam u.a. 2000. Zitierweise: Kühner (in Bernhardt: Encyclopedia of Public International Law, Volume IV), Torture.

Lauff, Werner Der Schutz bürgerlicher und politischer Rechte durch die Vereinten Nationen. In: Neue Juristische Wochenschrift 1981, S. 2611-2614. Zitierweise: Lauff, NJW 1981.

Laufhütte, Heinrich Wilhelm/Rissing-van Saan, Ruth/Tiedemann, Klaus (Hg.) Strafgesetzbuch. Leipziger Kommentar. Großkommentar. 12., neu bearbeitete Auflage. Erster Band. §§ 1 bis 31. Berlin 2006. Zitierweise: Bearbeiter in LK-StGB, Bd. 1, Paragraph, Rn.

Laufhütte, Heinrich Wilhelm/Rissing-van Saan, Ruth/Tiedemann, Klaus (Hg.) Strafgesetzbuch. Leipziger Kommentar. Großkommentar. 12., neu bearbeitete Auflage. Zweiter Band. §§ 32 bis 55. Berlin 2006. Zitierweise: Bearbeiter in LK-StGB, Bd. 2, Paragraph, Rn.

Lerner, Nathan The UN-Convention on Torture. In: Israel Yearbook on Human Rights 1986, S. 126-142. Zitierweise: Lerner, VNAFK.

Lewis, Neil A. Red Cross Finds Detainee Abuse in Guantánamo. In: New York Times Onlineausgabe v. 30.11.2004, http://www.nytimes.com/2004/11/30/politics/30gitmo.html. Zitierweise: Lewis, NY Times v. 30.11.2004.

Lipps, Ernst Psychologie und Folter. In: Schulz-Hageleit, Peter (Hg.): Alltag, Macht, Folter. Düsseldorf 1989. S. 46-60. Zitierweise: Lipps (in Schulz-Hageleit: Folter), Psychologie und Folter.

Lübbe, Weyma Konsequenzialismus und Folter – Kommentar zu R. Poscher. In: Lenzen, Wolfgang Daniel (Hg.): Ist Folter erlaubt? Paderborn 2006, S. 67-76. Zitierweise: Lübbe (in Lenzen: Folter), Konsequenzialismus und Folter.

Lüders, Barbara Die Strafbarkeit von Völkermord nach dem Römischen Statut für den Internationalen Strafgerichtshof. Berlin 2004 (zugl.: Berlin, Humbold-Universität, Diss., 2004). Zitierweise: Lüders, Strafbarkeit von Völkermord nach dem ICC-Statut.

Lüderssen, Klaus Aufgeklärte Kriminalpolitik oder Kampf gegen das Böse. Band III Makrodelinquenz, Baden-Baden 1998. Zitierweise: Bearbeiter in Lüderssen, Kriminalpolitik III.

Lüderssen, Klaus Die Folter bleibt tabu – kein Paradigmenwechsel ist geboten. In: Rogall, Klaus/Puppe, Ingeborg/Stein, Ulrich/Wolter, Jürgen (Hg.): Festschrift für Hans-Joachim Rudolphi zum 70. Geburtstag. Neuwied 2004. S. 691-712. Zitierweise: Lüderssen (in Rogall et al.: Festschrift Rudolphi), Folter bleibt tabu.

Lüderssen, Klaus (Hg.) Rechtsfreie Räume? Berlin 2012. Zitierweise: Lüderssen, Rechtsfreie Räume.

Lüthke, Karsten Die Europäische Konvention über den Schutz inhaftierter Personen vor Folter. In: Zeitschrift für Rechtspolitik 1988, S. 52-55. Zitierweise: Lüthke, ZRP 1988.

MacDonald, Heather How to interrogate Terrorists. In: Greenberg, Karen J. (Hg.): The Torture Debate in America. 1. Auflage, Cambridge, New York u.a. (2006). S. 84-97. Zitierweise: MacDonald (in Greenberg: Torture Debate), How to interrogate Terrorists.

Machacek, Rudolf Für die Menschenwürde – eine Welt ohne Folter. In: Morscher, Siegbert et al. (Hg.): Recht als Aufgabe und Verantwortung. Festschrift zum 70. Geburtstag von Hans R. Klecatsky. Wien 1990, S. 143-157. Zitierweise: Machacek (in Morscher et al.: Festschrift Klecatsky), Für die Menschenwürde.

Maierhöfer, Christian „Aut dedere – aut iudicare“. Berlin 2006 (zugl.: Bonn, Universität, Diss., 2005). Zitierweise: Maierhöfer, „Aut dedere, aut iudicare“.

Maihold, Harald Folterknechte im Dienste des Rechtsstaats? Die „Präventivfolter“ vor dem Forum des Strafrechts. In: Humboldt Forum Recht. Die juristische Internet-Zeitschrift an der Humboldt-Universität zu Berlin. Jahrgang 2004, S. 57-63. Zitierweise: Maihold, HFR 2004.

Marx, Reinhard Die Konvention der Vereinten Nationen gegen Folter und andere grausame, unmenschliche oder erniedrigende Behandlung oder Strafe. In: Zeitschrift für Rechtspolitik 1986, S. 81-104. Zitierweise: Marx, ZRP 1986.

Marx, Reinhard Folter: eine zulässige polizeiliche Präventionsmaßnahme? In: Kritische Justiz 2004, S.278-304. Zitierweise: Marx, KJ 2004.

Marx, Reinhard >>Globaler Krieg gegen den Terrorismus<< und territorial gebrochene Menschenrechte. In: Kritische Justiz 2006, S. 151-178. Zitierweise: Marx, KJ 2006.

Maurer, Hartmut Allgemeines Verwaltungsrecht. 17. Auflage, München 2009. Zitierweise: Maurer, Verwaltungsrecht.

McEwan, Ian Wir sind verunsichert bis ins Mark. In: Der Spiegel, Heft 29/2005, S. 112. Zitierweise: McEwan, Spiegel 29/2005.

Mehdi, Rubya The Islamization of the Law in Pakistan. Richmond, Surrey 1994. Zitierweise: Mehdi, The Islamization of the Law in Pakistan.

Membrez, Francois Folter. In: Grant, Philip (Hg.): Der Kampf gegen die Straflosigkeit im schweizerischen Recht, Genf 2003, S. 81-91. Zitierweise: Membrez (in Grant: Kampf gegen die Straflosigkeit), Folter.

Merkel, Reinhard Gründe für den Ausschluss der Strafbarkeit im Völkerstrafrecht. In: ZStW 2002, S. 437-454. Zitierweise: Merkel, ZStW 2002.

Merkel, Reinhard Folter und Notwehr. In: Pawlik, Michael/Zaczyk, Rainer (Hg.): Festschrift für Günther Jakobs zum 70. Geburtstag am 26. Juli 2007. Köln 2007. S. 375- 403. Zitierweise: Merkel (in Pawlik/Zaczyk: Festschrift Jakobs), Folter und Notwehr.

Merten, Jan O. Folterverbot und Grundrechtsdogmatik – Zugleich ein Beitrag zur aktuellen Diskussion um die Menschenwürde – In: Juristische Rundschau 2003, S. 404-408. Zitierweise: Merten, JR 2003.

Meseke, Stephan Der Tatbestand der Verbrechen gegen die Menschlichkeit nach dem Römischen Statut des Internationalen Strafgerichtshofs. Berlin 2004 (zugl.: Berlin, Universität, Diss., 2004). Zitierweise: Meseke, Verbrechen gegen die Menschlichkeit.

Mettraux, Guénael International Crimes and the ad hoc Tribunals. New York u.a. 2005. Zitierweise: Mettraux, International Crimes.

Meyer-Goßner, Lutz/Cierniak, Jürgen (Verf.) Strafprozessordnung. Kurzkommentar. 53. Auflage, München 2010. Zitierweise: Meyer-Goßner.

Meyer-Ladewig, Jens Menschenwürde und Europäische Menschenrechtskonvention. In: NJW 2004, S. 981-984. Zitierweise: Meyer-Ladewig, NJW 2004.

Meyer-Ladewig, Jens (Verf.) Konvention zum Schutz der Menschenrechte und Grundfreiheiten. Handkommentar. 3. Auflage, Baden-Baden 2011. Zitierweise: Meyer-Ladewig.

Meyer, Jürgen (Hg.) Charta der Grundrechte der Europäischen Union. Kommentar. 2. Auflage, Baden-Baden 2006. Zitierweise: Meyer – Bearbeiter.

Miehe, Olaf Nochmals: Die Debatte über Ausnahmen vom Folterverbot. In: NJW 2003, S. 1219-1220. Zitierweise: Miehe, NJW 2003.

Milgram, Stanley Das Milgram-Experiment. 16. Auflage, Reinbek 2009. Zitierweise: Milgram, Milgram-Experiment.

Münchhalffen, Gaby/Gatzweiler, Norbert Das Recht der Untersuchungshaft. 3. Auflage, München 2009. Zitierweise: Münchhalffen/Gatzweiler, Untersuchungshaft.

Musharbash, Yassin Obamas Anti-Terror-Gesetz empört Bürgerrechtler. In: Spiegel Online v. 04.01.2012, http://www.spiegel.de/politik/ausland/0,1518,807132,00.html. Zitierweise: Musharbash, Spiegel Online v. 04.01.2012.

Nikken, Pedro L´action contre la torture dans le système interaméricain des droits de l'homme. In: Cassese, Antonio (Hg.): The International Fight Against Torture. 1. Auflage, Baden-Baden 1991. S. 73-96. Zitierweise: Nikken (in Cassese: Int. Fight Against Torture), L´action contre la torture dans le système interaméricain.

Norouzi, Ali B. Folter in Nothilfe – geboten?! In: Juristische Arbeitsblätter 2005, S. 306-310. Zitierweise: Norouzi, JA 2005.

Nowak, Manfred Die UNO-Konvention gegen die Folter vom 10. Dezember 1984. In: EuGRZ 1985, S. 109-116. Zitierweise. Nowak, EuGRZ 1985.

Nowak, Manfred (Hg.) U.N. Covenant on Civil and Political Rights. CCPR Commentary. Second revised Edition, Kehl 2005. Zitierweise: Nowak, IPbpR.

Nowak, Manfred Das System Guantanamo. In: Aus Politik und Zeitgeschichte 2006, S. 22-30. Zitierweise: Nowak, APuZ 2006.

Nowak, Manfred/McArthur, Elizabeth (Verf.) The United Nations Convention against Torture. A Commentary. Oxford, New York 2008. Zitierweise: Nowak/McArthur, Convention against Torture.

O'Connell, Mary Ellen Affirming the Ban on Harsh Interrogation. In: Ohio State Law Journal 2005, S. 1230-1267. Zitierweise: O'Connell, Ohio State Law Journal 2005.

Oehler, Dietrich Internationales Strafrecht. 2. Auflage, Köln u.a. 1983. Zitierweise: Oehler, Internationales Strafrecht.

Ohlin, Jens David The Bounds of Necessity. In: JICJ 2008, S. 289-308. Zitierweise: Ohlin, JICJ 2008.

Otto, Harro Die strafrechtliche Beurteilung der Kollision rechtlich gleichrangiger Interessen. In: Jura 2005, S. 470-480. Zitierweise: Otto, Jura 2005.

Otto, Harro Diskurs über Gerechtigkeit, Menschenwürde und Menschenrechte. In: JZ 2005, S. 473-481. Zitierweise: Otto, JZ 2005.

Pajarola, Umberto Gewalt im Verhör zur Rettung von Menschen. Bern 2007 (zugl.: Zürich, Universität, Diss., 2007). Zitierweise: Pajarola, Gewalt im Verhör.

Paulus, Andreas L. Triumph und Tragik des Völkerstrafrechts. In: NJW 1999, S. 2644-2646. Zitierweise: Paulus, NJW 1999.

Pawlik, Michael Die Notwehr nach Kant und Hegel. In: ZStW 2002, S. 259-299. Zitierweise: Pawlik, ZStW 2002.

Pawlik, Michael Der Terrorist und sein Recht. München 2008. Zitierweise: Pawlik, Der Terrorist und sein Recht.

Perron, Walter Foltern in Notwehr. In: Heinrich, Bernd et al. (Hg.): Festschrift für Ulrich Weber zum 70. Geburtstag. Bielefeld 2004, S. 143-154. Zitierweise: Perron (in Heinrich et al.: Festschrift Weber), Foltern in Notwehr?

Peters, Edward Folter. 1. Auflage, Hamburg 1991. Zitierweise: Peters, Folter.

Pieroth, Bodo/Schlink, Bernhard Grundrechte Staatsrecht II. 24. Auflage, Heidelberg u.a. 2008. Zitierweise: Pieroth/Schlink, Grundrechte.

Pitzke, Marc Republikaner auf dem Kriegspfad. In: Spiegel Online vom 13.11.2011, http://www.spiegel.de/politik/ausland/us-debatte-zur-aussenpolitik-republikaner-auf-dem-kriegspfad-a-797466.html. Zitierweise: Pitzke, Spiegel Online v. 13.11.2011.

Polaino Navarrete, Miguel Die Funktion der Strafe beim Feindstrafrecht. In: Pawlik, Michael/Zaczyk, Rainer (Hg.): Festschrift für Günther Jakobs zum 70. Geburtstag am 26. Juli 2007. Köln 2007. S. 529-552. Zitierweise: Polaino Navarrete (in Pawlik/Zaczyk: Festschrift Jakobs), Strafe beim Feindstrafrecht.

Prantl, Heribert Folter ist nie erlaubt, unter keinen Umständen. In: Süddeutsche Zeitung vom 01.07.2008, S. 4. Zitierweise: Prantl, SZ v. 01.07.2008.

Prittwitz, Cornelius Strafwürdigkeit und Strafbarkeit von Folter und Folterandrohung im Rechtsstaat. In: Putzke, Holm et al. (Hg.): Strafrecht zwischen System und Telos. Festschrift für Rolf Dietrich Herzberg zum siebzigsten Geburtstag. Tübingen 2008, S. 515-538. Zitierweise: Prittwitz (in Putzke et al.: Festschrift Herzberg), Folter und Folterandrohung im Rechtsstaat.

Radbruch, Gustav Gesetzliches Unrecht und übergesetzliches Recht. In: SJZ 1946, S. 105-108. Zitierweise: Radbruch, SJZ 1946.

Raess, Markus Der Schutz vor Folter im Völkerrecht. Zürich 1989 (zugl.: Zürich, Universität, Diss., 1988). Zitierweise: Raess, Schutz vor Folter im Völkerrecht.

Ramcharan, Bertrand A UN High Comissioner in Defence of Human Right's. Leiden 2005. Zitierweise: Ramcharan, Defence of Human Right's.

Reemtsma, Jan Philipp Folter im Rechtsstaat? Hamburg 2005. Zitierweise: Reemtsma, Folter.

Reichold, Klaus/Hüßtege, Rainer (Verf.) Thomas/Putzo. Zivilprozessordnung. Kommentar. 29. Auflage, München 2008. Zitierweise: Thomas/Putzo.

Rengeling, Hans-Werner/Szczekalla, Peter Grundrechte in der Europäischen Union: Charta der Grundrechte und Allgemeine Rechtsgrundsätze. Köln 2004. Zitierweise: Rengeling/Szczekalla, EU-Grundrechte.

Rieß, Peter (Hg.) Löwe-Rosenberg. Die Strafprozessordnung und das Gerichtsverfassungsgesetz. Großkommentar. Band 8, MRK, IPBPR, 25. Auflage, 30. Lieferung, Berlin 2005. Zitierweise: Löwe/Rosenberg, Bd. 8, Art., Rn.

Rishmawi, Mervat The Revised Arab Charter on Human Rights: A Step Forward? In: Human Rights Law Review 2005, S. 361-376. Zitierweise: Rishmawi, HRLR 2005.

Robertson, Arthur/Merrills, John Human Rights in Europe. A Study of the European Convention on Human Rights. 3. Auflage, Manchester 1993. Zitierweise: Robertson/Merrills, ECHR.

Rodley, Nigel S. The prohibition of torture: absolute means absolute. In: Denver Journal of International Law and Policy 2006, S. 145-161. Zitierweise: Rodley, DJILP 2006.

Rosas, Allen The legal Status of Prisoners of War. A Study in International Humanitarian Law applicable in Armed Conflicts. Helsinki 1976 (zugl.: Turku, Universität, Diss., 1976). Zitierweise: Rosas, The legal Status of POWs.

Rose-Sender, Sarah Katleen/Ferstman, Carla (Hg.) Redress. Terrorism, Counter-Terrorism and Torture. London, Report July 2004. Zitierweise: Redress Report July 2004.

Ross, James A History of Torture. In: Roth/Worden (Hg.): Torture. New York 2005. S. 3-17. Zitierweise: Ross (in Roth/Worden: Torture), History of Torture.

Roxin, Claus Strafrecht Allgemeiner Teil. Band I. 4. Auflage, München 2006. Zitierweise: Roxin, Strafrecht AT, Band I.

Rupprecht, Reinhard Die tödliche Abwehr des Angriffs auf menschliches Leben. In: JZ 1973, S. 263-267. Zitierweise: Rupprecht, JZ 1973.

Sabatello, Maya A Torturer Or A Tortured Democracy: The GSS Case in Israel and the International Law. Beitrag zur Konferenz: Security versus Liberty: The Constitution and War. 2007. Zitierweise: Sabatello, A Torturer Or A Tortured Democracy.

Saliger, Frank Absolutes im Strafprozeß? Über das Folterverbot, seine Verletzung und die Folgen seiner Verletzung. In: ZStW 2004, S. 35-65. Zitierweise: Saliger, ZStW 2004.

Sander, Lisa Kathrin Menschenwürde und „Exklusion“ - Zum Selbstverständnis eines rechtsstaatlichen Strafrechts. In: Albrecht, Peter-Alexis et al. (Hg.): Frankfurter kriminalwissenschaftliche Studien 100. Jenseits des rechtsstaatlichen Strafrechts. Frankfurt a.M. 2007, S. 253-276. Zitierweise: Sander (in Albrecht: Jenseits des rechtsstaatlichen Strafrechts), Menschenwürde und Exklusion.

Sandoz, Yves/Swinarski, Christophe/Zimmermann, Bruno (Hg.) Commentary on the Additional Protocols of 8 June 1977 to the Geneva Conventions of 12 August 1949. International Committee of the Red Cross. http://www.icrc.org/ihl.nsf/CONVPRES?OpenView. Zitierweise: ICRC, Commentary, Protocol I or II additional to the Geneva Conventions of 12 August 1949, art., p.

Satzger, Helmut Internationales und Europäisches Strafrecht. 5. Auflage, Baden-Baden 2011. Zitierweise: Satzger, Internationales und Europäisches Strafrecht.

Scaliotti, Massimo Defences before the international criminal court: Substantive grounds for excluding criminal responsibility – Part 1. In: ICLR 2001, S. 111-172. Zitierweise: Scaliotti, ICLR 2001.

Schabas, William A. The UN International Criminal Tribunals. Cambridge u.a. 2006. Zitierweise: Schabas, UN International Criminal Tribunals.

Scheidle, Christina Asymmetrische Konflikte - Kapituliert das humanitäre Völkerrecht vor neuen Formen der Gewalt? In: Humboldt Forum Recht. Die juristische Internet-Zeitschrift an der Humboldt-Universität zu Berlin. Jahrgang 2009, S. 220-236. Zitierweise: Scheidle, HFR 2009.

Schild, Wolfgang/Vormbaum, Thomas/Zwiehoff, Gabriele (Hg.) Arbeitsentwurf eines Gesetzes zur Einführung des Völkerstrafgesetzbuchs. 1. Auflage, Baden-Baden 2001. Zitierweise: Arbeitsentwurf VStGB.

Schilling, Theodor Internationaler Menschenrechtsschutz. Tübingen 2004. Zitierweise: Schilling, Internationaler Menschenrechtsschutz.

Schily, Otto Wir sind im Visier der Terroristen. In: Der Spiegel, Heft 29/2005, S. 42. Zitierweise: Schily, Spiegel 29/2005.

Schlenzka, Jasmin Die Rettungsfolter in Deutschland und Israel - ein Rechtsvergleich (zugl.: Köln, Universität, Diss., 2011). Zitierweise: Schlenzka, Rettungsfolter.

Schmahl, Stefanie/Steiger, Dominik Völkerrechtliche Implikationen des Falls Daschner. In: AVR 2005, S. 358-373. Zitierweise: Schmahl/Steiger, AVR 2005.

Schmidt, Joachim Nochmals: Die bewußte Tötung bei polizeilichem Schusswaffengebrauch. In: NJW 1973, S. 449-450. Zitierweise: Schmidt, NJW 1973.

Schmitt Glaeser, Walter Folter als Mittel staatlicher Schutzpflicht? In: Depenheuer, Otto et al. (Hg.): Staat im Wort. Festschrift für Josef Isensee. Heidelberg u.a. 2007. S. 507-523. Zitierweise: Schmitt Glaeser (in Depenheuer et al.: Festschrift Isensee), Folter.

Scholler, Heinrich Die Rechtsvergleichung bei Gustav Radbruch und seine Lehre vom überpositiven Recht. Berlin 2002. Zitierweise: Scholler, Gustav Radbruch.

Schroeder, Friedrich-Christian Der Begriff der Folter. In: Courakis, Nestor (Hg.): Die Strafrechtswissenschaft im 21. Jahrhundert. Festschrift für Dionysios Spinellis. Band II. Athen 2001, S. 983-1003. Zitierweise: Schroeder (in Courakis: Festschrift Spinellis), Begriff der Folter.

Schünemann, Bernd Die deutschsprachige Strafrechtswissenschaft nach der Strafrechtsreform im Spiegel des Leipziger Kommentars und des Wiener Kommentars. In: GA 1985, S. 341-380. Zitierweise: Schünemann, GA 1985.

Schünemann, Bernd Kommentar zur Abhandlung von Luis Greco. In: GAS 2007, S. 644-647. Zitierweise: Schünemann, GAS 2007.

Seidel, Gerd Handbuch der Grund- und Menschenrechte auf staatlicher, europäischer und universeller Ebene. 1. Auflage, Baden-Baden 1996. Zitierweise: Seidel, Handbuch Grund- und Menschenrechte.

Selbmann, Frank Die Rechtsfigur der >>Rettungsfolter<< und das Völkerrecht. In: NJ 2005, S. 300-301. Zitierweise: Selbmann, NJ 2005.

Shany, Yuval Symposium on Reexamining the Law of War: The Prohibition against Torture and cruel, inhuman, and degrading Treatment and Punishment: Can the Absolute be relativized under existing International Law? In: The Catholic University Law Review 2007, S. 837-869. Zitierweise: Shany, CULR 2007.

Simma, Bruno International Human Rights and General International Law. A Comparative Analysis. In: Academy of European Law (Hg.): Collected Courses of the Academy of European Law. Vol. 4, Book 2, Florenz 1994. S. 153-263. Zitierweise: Simma (in Academy of European Law: Collected Courses of the Academy), International Human Rights and General International Law.

Slackman, Michael The World: A Dangerous Calculus; What's Wrong With Torturing a Qaeda Higher-Up? In: New York Times Onlineausgabe v. 16.05.2004, http://www.nytimes.com/2004/05/16/weekinreview/16slac.html?ex=1400040000&en=d016acfc4bf57bbf&ei=5007&partner=USERLAND. Zitierweise: Slackman, NY Times v. 16.05.2004.

Sofsky, Wolfgang Traktat über die Gewalt. Frankfurt a.M. 1996. Zitierweise: Sofsky, Traktat.

Sørensen, Bent/Kemp Genefke, Inge Medical aspects of torture. In: Cassese, Antonio (Hg.): The international fight against torture. Baden-Baden 1991.

Zitierweise: Sørensen/Kemp Genefke (in Cassese: International fight against torture), Medical aspects of torture.

Starck, Christian (Hg.) Von Mangoldt/Klein/Starck. Kommentar zum Grundgesetz: GG. Band 1: Präambel, Artikel 1 bis 19, 5. Auflage, München 2005. Zitierweise: Bearbeiter in v. Mangoldt/Klein/Starck, GG I, Art, Rn.

Steiger, Dominik „Krieg“ gegen den Terror? Über die Anwendbarkeit des Kriegsvölkerrechts auf den Kampf gegen den Terrorismus. In: Humboldt Forum Recht. Die juristische Internet-Zeitschrift an der Humboldt-Universität zu Berlin. Jahrgang 2009, S. 197-219. Zitierweise: Steiger, HFR 2009.

Stein, Alexander Das Verbot der Folter im internationalen und nationalen Recht. Hamburg 2007 (zugl.: Frankfurt a.M., Universität, Diss., 2007). Zitierweise: Stein, Verbot der Folter.

Stein, Torsten/von Buttlar, Christian Völkerrecht. 11. Auflage, Köln u.a. 2005. Zitierweise: Stein/v. Buttlar, Völkerrecht.

Stobbe, Heinz-Günther Die Unmenschlichkeit der Folter. Ein Fragment, Thomas Pröpper gewidmet. In: Beestermöller/Brunkhorst (Hg.): Rückkehr der Folter. München 2006. S. 36-44. Zitierweise: Stobbe (in Beestermöller/Brunkhorst: Rückkehr der Folter), Unmenschlichkeit der Folter.

Stocker, Werner Das Prinzip des Common Heritage of Mankind als Ausdruck des Staatengemeinschaftsinteresses im Völkerrecht. Zürich 1993 (zugl.: Zürich, Universität, Diss., 1992). Zitierweise: Stocker, Prinzip des Common Heritage of Mankind.

Teevs, Christian Vom Terrorknast in den Terrorkampf. In: Spiegel Online v. 23.01.2009, http://www.spiegel.de/politik/ausland/bericht-ueber-ex-guantanamo-haeftling-vom-terrorknast-in-den-terrorkampf-a-603136.html. Zitierweise: Teevs, Spiegel Online v. 23.01.2009.

Theissen, Gunnar Mehr als nur ein Namenswechsel. Der neue Menschenrechtsrat der Vereinten Nationen. In: Vereinte Nationen 2006, S. 138-145. Zitierweise: Theissen, VN 2006.

Tomuschat, Christian Rechtlicher Schutz gegen Folter? Zum Verhältnis von nationalen und internationalen Rechtsnormen. In: Schulz-Hageleit, Peter (Hg.): Alltag, Macht, Folter: Elf Kapitel über die Verletzung der Menschenwürde. Düsseldorf 1989, S. 95-118. Zitierweise: Tomuschat (in Schulz-Hageleit: Alltag, Macht, Folter), Rechtlicher Schutz gegen Folter.

Tomuschat, Christian Human Rights. Oxford, New York u.a. 2003. Zitierweise: Tomuschat, Human Rights.

Tomuschat, Christian (Hg.) Völkerrecht. 3. Auflage, Baden-Baden 2005. Zitierweise: Tomuschat, Völkerrecht.

Tomuschat, Christian Internationale Terrorismusbekämpfung als Herausforderung für das Völkerrecht. In: DÖV 2006, S. 357-369. Zitierweise: Tomuschat, DÖV 2006.

Trapp, Rainer Werner Nicht-klassischer Utilitarismus. Eine Theorie der Gerechtigkeit. Frankfurt a.M. 1988. Zitierweise: Trapp, Nicht-klassischer Utilitarismus.

Trapp, Rainer Werner Folter oder selbstverschuldete Rettungsbefragung? Paderborn 2006. Zitierweise: Trapp, Folter.

Trechsel, Stefan Inflation im Bereich der Menschenrechte? In: Zeitschrift für Europarechtliche Studien 1998, S. 371-388. Zitierweise: Trechsel, ZEuS 1998.

Triffterer, Otto (Hg.) Commentary of the Rome Statute of the International Criminal Court. Second Edition. München 2008. Zitierweise: Bearbeiter in Triffterer, Rome Statute Commentary.

Uerpmann-Wittzack, Robert Höchstpersönliche Rechte und Diskriminierungsverbot. In: Ehlers, Dirk (Hg.): Europäische Grundrechte und Grundfreiheiten, Berlin 2003, S. 81-112. Zitierweise: Uerpmann-Wittzack (in Ehlers: Europäische Grundrechte), Höchstpersönliche Rechte.

Van der Vyver, Johan D. Torture as a Crime under International Law. In: Albany Law Review 2003, S. 427-463. Zitierweise: Van der Vyver, ALR 2003.

Vec, Milos Schmerz gegen Wahrheit? Oder Not kennt kein Gebot. In: Frankfurter Allgemeine Zeitung vom 04.03.2003, S. 38. Zitierweise: Vec, FAZ v. 04.03.2003.

Verdross, Alfred/Simma, Bruno Universelles Völkerrecht. Theorie und Praxis. 3. Auflage, Berlin 1984. Zitierweise: Verdross/Simma, Völkerrecht.

Villiger, Mark E. Neuere Entwicklungen in der Rechtsprechung des Europäischen Gerichtshofs für Menschenrechte zu Art. 3 EMRK (Verbot der unmenschlichen oder erniedrigenden Behandlung und Strafe sowie der Folter). In: Thürer, Daniel (Hg.): EMRK: Neuere Entwicklungen. Zürich 2005, S. 61-78. Zitierweise: Villiger (in Thürer: EMRK), Rspr. EGMR zu Art. 3 EMRK.

Vitzthum, Wolfgang Graf v. Völkerrecht. 4. Auflage, Berlin 2007. Zitierweise: Graf Vitzthum-Bearbeiter, Abschnitt, Rn.

von Münch, Ingo Staatsrecht. Band II. 5. Auflage, Stuttgart u.a. 2002. Zitierweise: Münch, Staatsrecht Bd. II.

von Winterfeld, Achim Der Todesschuss der Polizei. In: NJW 1972, S. 1881-1884. Zitierweise: von Winterfeld, NJW 1972.

Wagenländer, Georg Zur Strafrechtlichen Beurteilung der Rettungsfolter. Berlin 2006 (zugl.: Hamburg, Bucerius Law School, Diss., 2005). Zitierweise: Wagenländer, Strafrechtliche Beurteilung der Rettungsfolter.

Wahrig-Burfeind, Renate (Hg.) Wahrig Deutsches Wörterbuch. 8. Auflage, Gütersloh, München 2008. Zitierweise: Deutsches Wörterbuch.

Wefing, Heinrich Der Fall Demjanjuk: Der letzte große NS-Prozess. München 2011. Zitierweise: Wefing, Demjanjuk.

Weigend, Thomas Notwehr im Völkerstrafrecht. In: Sieber, Ulrich et al. (Hg.): Festschrift für Klaus Tiedemann zum 70. Geburtstag. Köln, München 2008. S. 1439-1451. Zitierweise: Weigend (in Sieber et al.: Festschrift Tiedemann), Notwehr im Völkerstrafrecht.

Weiland, Severin Bundeswehrprofessor räsoniert über Vorzüge der Folter. In: Spiegel Online vom 11.05.2004, http://www.spiegel.de/politik/deutschland/menschenrechte-bundeswehrprofessor-raesoniert-ueber-vorzuege-der-folter-a-299381.html. Zitierweise: Weiland, Spiegel Online v. 11.05.2004.

Weilert, Anja Katarina Grundlagen und Grenzen des Folterverbotes in verschiedenen Rechtskreisen. Heidelberg 2009 (zugl.: Berlin, Freie Universität, Diss.,2007) Zitierweise: Weilert, Grundlagen und Grenzen des Folterverbotes.

Welding, Steen Olaf Die Folter als Maßnahme in Notfällen. In: Recht und Politik 2003, S. 222-227. Zitierweise: Welding, RuP 2003.

Wendland, Lene A Handbook on State Obligations under the UN Convention against Torture. Genf 2002. Zitierweise: Wendland, UN Convention against Torture.

Werle, Gerhard Menschenrechtsschutz durch Völkerstrafrecht. In: ZStW 1997, S. 808-829. Zitierweise: Werle, ZStW 1997.

Werle, Gerhard Völkerstrafrecht. 3. Auflage, Tübingen 2012. Zitierweise: Werle, Völkerstrafrecht.

Werle, Gerhard/Nerlich, Volker Die Strafbarkeit von Kriegsverbrechen nach deutschem Recht. In: HuV-I 2002, S. 124-134. Zitierweise: Werle/Nerlich, HuV-I 2002.

Wermke, Matthias/Kunkel-Razum, Kathrin/Scholzen-Stubenrecht, Werner (Hg.) Duden. Das Bedeutungswörterbuch. 3. Auflage, Mannheim 2002. Zitierweise: Bedeutungswörterbuch.

Wernicke, Christian Obama billigt neue Militärprozesse. In: Süddeutsche.de, 07.03.2011, http://www.sueddeutsche.de/politik/us-gefangenenlager-guantanamo-obama-billigt-neue-militaerprozesse-1.1069085. Zitierweise: Wernicke, Süddeutsche.de v. 07.03.2011.

Wesel, Uwe Frühformen des Rechts in vorstaatlichen Gesellschaften. 1. Auflage, Frankfurt a.M. 1985. Zitierweise: Wesel, Frühformen des Rechts.

Wieczorek, Judith Unrechtmäßige Kombattanten und humanitäres Völkerrecht. Berlin 2005 (zugl.: Kiel, Universität, Diss., 2004). Zitierweise: Wieczorek, Unrechtmäßige Kombattanten.

Wildhaber, Luzius Erfahrungen mit der Europäischen Menschenrechtskonvention. In: Zeitschrift für Schweizerisches Recht 1979, S. 232-379. Zitierweise: Wildhaber, ZSR 1979.

Wise, Edward M./Podgor, Ellen S. International Criminal Law: Cases and Materials. New York u.a. 2000. Zitierweise: Wise/Podgor, International Criminal Law.

Wittinger, Michaela Die drei regionalen Menschenrechtssysteme. In: Jura 1999, S. 405-411. Zitierweise: Wittinger, Jura 1999.

Wittreck, Fabian Menschenwürde und Folterverbot. Zum Dogma von der ausnahmslosen Unabwägbarkeit des Art. 1 Abs. 1 GG. In: Die Öffentliche Verwaltung 2003, S. 873-882. Zitierweise: Wittreck, DÖV 2003.

Woetzel, Robert K. The Nuremberg Trials in International Law. London u.a. 1960. Zitierweise: Woetzel, Nuremberg Trials.

Wolf, Christin Folgen einer Geiselnahme: Das Stockholmsyndrom. 1. Auflage, München 2010. Zitierweise: Wolf, Stockholmsyndrom.

Wolter, Jürgen Untersuchungshaft, Vorbeugehaft und vorläufige Sanktionen. In: ZStW 1981, S. 452-506. Zitierweise: Wolter, ZStW 1981.

Zimmermann, Andreas Die Charta der Grundrechte der Europäischen Union zwischen Gemeinschaftsrecht, Grundgesetz und EMRK. 1. Auflage, Baden-Baden 2002. Zitierweise: Zimmermann, Europäische Grundrechtecharta.

Deutsches, europäisches und internationales Strafrecht und Strafprozessrecht

Herausgegeben von Martin Paul Waßmer

Band 1 Jan-Maximilian Zeller: Folter vor dem Forum des Rechts. 2014.

www.peterlang.com

www.ingramcontent.com/pod-product-compliance
Ingram Content Group UK Ltd.
Pitfield, Milton Keynes, MK11 3LW, UK
UKHW022106051026
15623UKWH00003B/716